20 世纪儒学研究大系

主编：傅永聚　韩钟文

儒释比较研究

本卷主编　李景明　唐明贵

中 华 书 局

20 世纪儒学研究大系
编辑委员会

中国文化的基本精神（代序）

　　在现今时代，做一个中国人，最重要的是具有爱国意识。爱国意识有一定的思想基础。必须感到祖国的可爱，才能具有爱国意识。而要感到祖国的可爱，又必须对于中国文化的优秀传统有正确的理解。中国文化，从传说中的羲、农、黄帝以来，延续发展了四五千年，在15世纪以前一直居于世界文化的前列。15世纪，中国的四大发明传入欧洲，促进了西方近代文明的发展，于是西方文化突飞猛进，中国落后了。19世纪40年代之后，中国受到资本主义列强的侵略凌辱，中国各阶层的志士仁人，奋起抗争，努力寻求救国的道路，经过一百多年的艰苦斗争，终于取得了胜利，于1949年建立了新中国，"中国人民站起来了！"中国文化虽然一度落后，但又能奋发图强，大步前进。这不是偶然的，必有其内在的思想基础。中国文化长期延续发展，虽曾经走过曲折的道路，但仍能自我更新，继续前进。这种发展更新的思想基础，就是中国文化的基本精神。

　　何谓精神？精神即是思维运动发展的精微的内在动力。中国文化中的基本精神，在中国历史上确实起到了推动社会发展的作用，成为历史发展的内在思想源泉。当然，社会发展的基本原因在于生产力的发展，但是思想意识在一定条件下也有一定的积极作用。文化的基本精神必须具有两个特点：一是具有广泛的影响，为大多数人民所接受领会,对于广大人民起了熏陶作用;二是具有激励进步、促进发展的积极作用。必须具有这两方面的表现,才可以称为文化的基本精神。

我认为,中国几千年来文化传统的基本精神的主要内涵有四项基本观念,即(1)天人合一;(2)以人为本;(3)刚健有为;(4)以和为贵。

一　天人合一

天人合一即肯定人与自然的统一,亦即认为人与自然界不是敌对的,而具有不可割裂的关系。所谓合一指对立的统一,即两方面相互依存的关系。天人合一思想在春秋时即已有之。《左传·昭公二十五年》记载郑大夫子大叔述子产之言说:"夫礼,天之经也,地之义也,民之行也。天地之经,而民实则之。"又记子大叔之言说:"礼,上下之纪,天地之经纬也,民之所以生也,是以先王尚之。"这是认为礼是天经地义,即自然界的必然准则,"天经"与"民行"是统一的。应注意,这里天是对地而言,天地相连并称,显然是指自然之天。子产将天经地义与民则统一起来,但也重视天与人的区别,他曾断言:"天道远,人道迩,非所及也,何以知之?"(《左传·昭公十八年》)当时占星术利用所谓天道传播迷信,讲天象与人事祸福的联系,子产是予以否定的。孟子将天道与人性联系起来,他说:"尽其心者,知其性也。知其性,则知天矣。"(《孟子·尽心上》)孟子认为人性是天赋的,所以知性便能知天。但孟子没有做出明确的论证。《周易大传》提出"裁成辅相"之说,《象传》云:"天地交,泰。后以裁成天地之道,辅相天地之宜,以左右民。"《系辞》云:"范围天地之化而不过,曲成万物而不遗。"《文言》提出"与天地合德"的思想:"夫'大人'者,与天地合其德,与日月合其明,与四时合其序,与鬼神合其吉凶。先天而天弗违,后天而奉天时。"这里所谓先天指为天之前导,后天即从天而动。与天地合德即与自然界相互适应,相互调谐。

汉代董仲舒讲天人合一,宣扬"天副人数",陷于牵强附会。宋代张载明确提出"天人合一"的四字成语,在所著《西铭》中以形象语言宣示天人合一的原则。《西铭》云:"乾称父,坤称母,予兹藐焉,乃混然中处。故天地之塞,吾其体;天地之帅,吾其性。民吾同胞,物吾与也。"所谓天地之塞指气,所谓天地之帅指气之本性,就是说:"天地犹如父母,人与万物都是天地所生,人与万物都是气构成的,气的本性也就是人与万物的本性,人民都是我的兄弟,万物都是我的朋友。这充分肯定了人与自然界的统一。但张载也承认天与人的区别,他在《易说》中讲:"鼓万物而不与圣人同忧者,此直谓天也,天则无心……圣人所以有忧者,圣人之仁也。不可以忧言者天也。"天是没有思虑的,圣人则不能无忧,这是天人之别。所谓天人合一是指人与自然界既有区别,而又有统一的关系,人是自然界所产生的,是自然界的一部分,人可以认识自然并加以改变调整,但不应破坏自然。这"天人合一"的观念与西方所谓"克服自然"、"战胜自然"有很大区别。在历史上,中西不同的观点各有短长,西方近代的科学技术取得了改造自然的辉煌成绩,但也破坏了自然界的生态平衡。时至今日,重新认识人与自然的统一,确实是必要的了。

二　以人为本

以人为本是相对于宗教家以神为本而言的,可以称为人本思想。孔子虽然承认天命,却又怀疑鬼神。他说:"务民之义,敬鬼神而远之,可谓知矣。"(《论语·雍也》)认为人生最重要的是提高道德觉悟,而不必求助于鬼神。孔子更认为应重视生的问题,而不必考虑死后的问题。《论语》记载:"季路问事鬼神,子曰:'未能事人,焉能事鬼?'曰:'敢问死!'曰:'未知生,焉知死?'"(《先进》)孔子更不赞成祈祷,《论语》载:"子疾病,子路请祷。子曰:'有诸?'子路对曰:有之,诔曰:'祷尔于上下神祇。'子曰:'丘之祷久矣。'"(《述而》)孔子对于鬼神采取存疑的态度,既不否定,亦不肯定,但认为应该努力解决现实生活中的问题,而不必向鬼神祈祷。孔子这种思想观点可以说是非常深刻的。

这种以人为本的思想,后汉思想家仲长统讲得最为鲜明。仲长统说:"所贵乎用天之道者,则指星辰以授民事,顺四时而兴功业,其大略也,吉凶之祥,又何取焉? ……所取于天道者,谓四时之宜也;所壹于人事者,谓治乱之实也。……从此言之,人事为本,天道为末,不其然与?"(《全后汉文》卷八十九)这里提出"人事为本",可以说是儒家"人本"思想最明确的表述。所谓以人为本,不是说人是宇宙之本,而是说人是社会生活之本。

佛教东来,宣传灵魂不灭、三世轮回的观念,一般群众颇受其影响,但是儒家学者起而予以反驳。南北朝时何承天著《达性论》,宣扬人本观念。何承天说:"人非天地不生,天地非人不灵……安得与夫飞沈蠕蠕,并为众生哉? ……至于生必有死,形毙神散,犹春荣秋落,四时代换,奚有于更受形哉!"这完全否定了灵魂不灭、三世轮回的迷信。范缜著《神灭论》,提出形为质而神为用的学说,更彻底批驳了神不灭论。

宋明理学中,不论是气本论,或理本论,或心本论,都不承认灵魂不灭,不承认鬼神存在,而都高度肯定精神生活的价值。气本论以天地之间"气"的统一性来论证道德的根据,理本论断言道德原于宇宙本原之"理",心本论则认为道德伦理出于"本心"的要求。这些道德起源论未必正确,但是都摆脱了宗教信仰。受儒家影响的中国知识分子,宗教意识都比较淡薄,在中国文化中,有一个以道德教育代替宗教的传统。虽然道德也是有时代性的,但是这一道德传统仍有其积极的意义。

三 刚健自强

先秦儒家曾提出"刚健"、"自强"的人生准则。孔子重视"刚"的品德,他说:"刚毅木讷近仁。"(《论语·子路》)刚毅即是具有坚定性。孔子弟子曾子说:"可以托六尺之孤,可以寄百里之命,临大节而不可夺也。君子人与? 君子人也。"(《论语·泰伯》)临大节而不可夺,即是刚毅的表现。《周易大传》提出"刚健"、"自强不息"的生活准则。《大有·象传》云:"大有,柔得尊位大中,而上下应之,曰大有。其德刚健而文明,应乎天而时行,是以元亨。"《乾·文言传》云:"大哉乾乎! 刚健中正,纯粹精也。"《乾·象传》云:"天行健,君子以自强不息。"乾指天而言,天行即日月星辰的运行。日月星辰运行不已,从不间断,称之曰健,亦曰刚健。人应效法天之运行不已,而自强不息。自强即是努力向上、积极进取。《系辞下传》又论健云:"夫乾,天下之至健也,德行恒易以知险。"这是说,天下之至健在于能知险而克服之以达到恒易(险指艰险,易指平易)。所谓自强,含有克服艰险而不断前进之意。儒家重视"不息",《中庸》云:"故至诚无息。不息则久,久则征;征则悠远,悠远则博厚,博厚则高明。……《诗》云:'维天之命,於穆不已。'盖曰天之所以为天也。'於乎不显,文王之德之纯!'盖曰文王之所以为文也,纯亦不已。"儒家强调不懈的努力,这是有积极意义的。

在古代哲学中,与刚健自强有密切联系的是关于独立意志、独立人格和为坚持原则可以牺牲个人生命的思想。孔子肯定人人都有独立的意志,他说:"三军可夺帅也,匹夫不可夺志也。"(《论语·子罕》)又赞扬伯夷叔齐"不降其志,不辱其身"(《论语·微子》),即赞扬坚持独立的人格。孔子更认为,为了实行仁德可以牺牲个人的生命,他说:"志士仁人,无求生以害仁,有杀身以成仁。"(《论语·卫灵公》)孟子进而提出:"生亦我所欲也,义亦我所欲也,二者不可得兼,舍生而取义者也。生亦我所欲,所欲有甚于生者,故不为苟得也;死亦我所恶,所恶有甚于死者,故患有所不辟也。"(《孟子·告子上》)这里所谓"所欲有甚于生者"即义,其中包括人格的尊严。他举例说:"一箪食、一豆羹,得之则生,弗得则死。呼尔而与之,行道之人弗受;蹴尔而与之,乞人不屑也。"不受嗟来之食,即为了保持人格的尊严。坚持自己的人格尊严,这是刚健自强的最基本的要求。

先秦时代,儒道两家曾有关于刚柔的论争。与儒家重刚相反,老子"贵柔"。老子提出"柔弱胜刚强"(《老子》三十六章),认为"天下之至柔,驰骋天下之至坚"(《老子》四十三章)。他以水为喻来证明柔能胜强:"天下柔弱莫过于水,而攻坚强,莫之能先,其无以易之。故弱胜强,柔胜刚,天下莫能知,莫能行。"(《老子》七十八章)老子贵柔,意在以柔克刚,柔只是一种手段,胜刚才是目的,贵柔乃是求胜之道。孔子重刚,老子贵柔,其实是相反相成的。

在中国古代哲学中,儒家宣扬"刚健自强",道家则崇尚"以柔克刚",这构成中国文化思想的两个方面。儒家学说的影响还是大于道家的,在文化思想中长期占有主导的地位。刚健自强的思想可以说是中国文化思想的主旋律。《周易大传》"天行健,君子以自强不息"的名言,在历史上,对于知识分子和广大人民,确实起了激励鼓舞的积极作用。

四　以和为贵

中国古代以"和"为最高的价值。孔子弟子有若说:"礼之用,和为贵。先王之道斯为美，小大由之。"(《论语·学而》)孔子亦说：
"君子和而不同，小人同而不和。"(《论语·子路》)区别了"和"与
"同"。按：和同之辨始见于西周末年周太史史伯的言论中。《国
语》记述史伯之言说："夫和实生物，同则不继。以他平他谓之和，
故能丰长而物归之。若以同裨同，尽乃弃矣。"(《郑语》)这里解释
和的意义最为明确。不同的事物相互为"他"，"以他平他"即聚集
不同的事物而达到平衡，这叫做"和"，这样才能产生新事物。如果
以相同的事物相加，这是"同"，是不能产生新事物的。春秋时齐晏
子也强调"和"与"同"的区别，他以君臣关系为例说："君所谓可而
有否焉，臣献其否，以成其可。君所谓否而有可焉，臣献其可，以去
其否。"这称为"和"。如果"君所谓可"，臣亦曰可；"君所谓否"，臣
亦曰否，那就是"同"，而不是"和"了。晏子说："若以水济水，谁能
食之？若琴瑟之专一，谁能听之？同之不可也如是。"(《左传·昭公
二十年》)这是说，必须能容纳不同的意见，兼容不同的观点，才能
使原来的思想"成其可"、"去其否"，达到正确的结论。孔子所谓
"和而不同"也就是能保留自己的意见而不人云亦云。"和"的观
念，肯定多样性的统一，主张容纳不同的意见，对于文化的发展确
有积极的促进作用。

　　老子亦讲"和"，《老子》四十二章："万物负阴而抱阳，冲气以为
和。"又五十五章："知和曰常，知常曰明。"这都肯定了"和"的重要。
但是老子冲淡了"和"与"同"的区别，既重视"和"，也肯定"同"。五
十六章："塞其兑，闭其门，挫其锐，解其忿，和其光，同其尘，是谓玄
同。"这"和光同尘"之教把西周以来的和同之辨消除了。

　　墨子反对儒家，不承认和同之辨，而提出"尚同"之说。墨家有
许多进步思想，但是尚同之说却是比和同之辨后退一步了。

　　儒家仍然宣扬和的观念，《周易大传》提出"大和"观念，《乾·彖
传》说："乾道变化，各正性命，保合大和，乃利贞。"这里所谓大和指

20世纪儒学研究大系

自然界万物并存共育的景况。儒家认为,包含人类在内的自然界基本上是和谐的。《中庸》云:"万物并育而不相害,道并行而不相悖。"这正是儒家所构想的"大和"景象。

孟子提出"人和",他说:"天时不如地利,地利不如人和。三里之城,七里之郭,环而攻之而不胜。夫环而攻之,必有得天时者矣;然而不胜者,是天时不如地利也。城非不高也,池非不深也,兵革非不坚利也,米粟非不多也,委而去之,是地利不如人和也。故曰:域民不以封疆之界,固国不以山溪之险,威天下不以兵革之利。得道者多助,失道者寡助。寡助之至,亲戚畔之;多助之至,天下顺之。"(《孟子·公孙丑下》)这里所谓人和是指人民的团结,人民的团结是胜利的决定性条件。"得道多助,失道寡助",这是今天仍然必须承认的真理。

儒家以和为贵的思想在历史上曾经起了促进民族团结、加强民族凝聚力,促进民族融合、加强民族文化同化力的积极作用。在历史上,得民心者得天下,失民心者失天下,已成为长期起作用的客观规律。在历史上,汉族本是由许多民族融合而成的;在近代,汉族又和五十几个少数民族融合而成中华民族。中华民族内部密切团结而成为一个统一的整体。中华民族是多元的统一体,中国文化也是多元的统一体。多元的统一,正是中国古代哲学家所谓"和"的体现。所谓"和",不是不承认矛盾对立,而是认为应该解决矛盾而达到更高的统一。

以上所谓"天人合一"、"以人为本"、"刚健自强"、"以和为贵",都是用的旧有名词。如果采用新的术语,"天人合一"应云"人与自然的统一",或者如恩格斯所说"人与自然的一致"(《自然辩证法》,人民出版社1971年版第159页)、"自然界与精神的统一"(同上第200页)。"以人为本",应云人本主义无神论。"刚健自强",应云发扬主体能动性。"以和为贵",即肯定多样性的统一。这些都是中国古代哲学中的精湛思想,亦即中国文化基本精神之所在。

以上,我们肯定"天人合一"、"以人为本"、"刚健自强"、"以和为贵"等思想观念在历史上曾经起了促进文化发展的积极作用。但是,历史的实际情况是非常复杂的,许多思想观念的含义也不是单纯的。正确的观念与荒谬的观念、进步的现象与反动的落后的现象,往往纠缠在一起。所谓天人合一,在历史上不同的思想家用来表示不同的含义。例如董仲舒所谓天人合一主要是指"人副天数"、"天人感应",那完全是穿凿附会之谈。程颐强调"天道人道只是一道",认为仁义礼智即是天道的基本内容,也是主观的偏见。在董仲舒以前,有一种天象人事相应的神学思想。认为天上星辰与人间官职是相互应合的,所以《史记》的天文卷称为"天官书",但这不是后来哲学家所谓的"天人合一"。如果将上古时代天象与人事相应的神学思想称为天人合一,那就把问题搞乱了。这是应该分别清楚的。儒家肯定"人事为本",表现了无神论的倾向,但是这并不意味着宗教迷信在中国社会并无较大的影响。事实上,中国旧社会中,多数人民是信仰佛教、道教以及原始的多神教的。但是这种情况也不降低儒家人本思想的价值。"以和为贵"是儒家所宣扬的,但是阶级斗争、集团之间的斗争、个人与个人的斗争也往往是很激烈的。我们肯定"和"和观念的价值,并不是宣扬调和论。

中国文化具有优秀传统。同时也具有陈陋传统。简单说来,中国文化的缺陷主要表现于四点:(1)等级观念;(2)浑沦思维;(3)近效取向;(4)家族本位。从殷周以来,区分上下贵贱的等级,是传统文化的一个最严重的痼疾,辛亥革命推翻了君主专制,但等级观念至今仍有待于彻底消除。中国哲学长于辩证思维,却不善于分析思维。事实上,科学的发展是离不开分析思维的。如何在发扬辩证思维的同时学会西方实验科学的分析方法,是一个严肃的课题。中国学术向来注重人伦日用,注重切近的效益,没有"为真理而求真理"的态度,表现为一种实用主义倾向,这也是中国没有产生自己近代实验科学的原因之一。中国近代以前的社会可以说是以家族为本位。西方近代社会可以说是"自我中心、个人本位",而中国近代以前则不重视个人的权益,这是一个严重的缺陷。五四运动以来,传统的家族本位已经打破了。在社会主义时代,应该是社会本位、兼顾个人权益。

我们现在的历史任务是创建社会主义的新文化,正确认识中国传统文化的长短得失,是完全必要的。

傅永聚、韩钟文同志主编的《20世纪儒学研究大系》,循百年思想学术发展的脉络,以现代学术分类的原则,择选有学术价值、文献价值的代表文章,以"大系"的形式编纂而成,共有21卷,每卷附有专题研究的"导言"一篇。这部《20世纪儒学研究大系》是由曲阜师范大学、孔子研究院、山东大学、复旦大学等单位的中青年学者合力编纂而成,说明了儒学研究事业后继有人。《大系》被列入国家社会科学基金规划项目,又由中华书局出版,这是在弘扬和培育中华民族精神方面做出了一件非常有意义的事情,我感到十分欣慰。编者征求我的意见,于是略陈关于中国文化的基本精神和儒家文化传统的一些感想,以之为序。

张岱年

前　言

傅永聚　韩钟文

　　儒学犹如一条源远流长的大河,导源于洙泗,经过二千五百多年生生不息的奔腾,从曲阜、邹城一带流向中原,形成波澜壮阔的江河,涉及整个中国,辐射东亚,流向全球,泽惠万方。儒学曾经是中华文化的主流,东亚文明的精神内核。但是进入 20 世纪后的儒学,遭遇到空前严峻的挑战,也面临着再生与复兴的历史机遇。一百多年来,儒学几经曲折,备受挫折,又有贞下起元、一阳来复之象,至 20、21 世纪之交成为参与"文明对话"的重要角色。

　　牟宗三先生说:"察业识莫若佛,观事变莫若道,而知性尽性,开价值之源,树价值之主体,莫若儒。"(《生命的学问》)儒、道、释及西方的哲学、耶教等都指示人的生命意义的方向,但就中国人特别是中国古代知识分子而言,儒学是安身立命之道。孔子、儒家追求的"内圣外王之道",一直是中国人的人格修养与经世事业的价值理想。"士不可以不弘毅,任重而道远。仁以为己任,不亦重乎?死而后已,不亦远乎?"(《论语·泰伯》)从孔子、曾子、子思、孟子至康有为、梁启超、梁漱溟、熊十力、牟宗三,中国的儒学代表人物就是怀抱志仁弘道的精神去实践自己的生命价值,开拓教化天下的事业与创建文化中国的理想的。中华文化历尽艰难,几经跌宕,却如黄河、长江一样流淌不息,且代有高潮,蔚成奇观,与孔子及其所创建的儒家学派所做的贡献是分不开的。

儒学一直对中华文化各个层面产生着巨大而又深远的影响。儒学统摄宗教、哲学、伦理、政治、教育、艺术等人文社会科学的学术品格及关怀现世人生的精神,使它成为一套全面安排人间秩序的思想体系,从一个人的生存方式,到家、国、天下的构成,都在儒学关怀与实践的范围之内。经过二千多年的传播、积淀,儒学一直影响着中华民族的民族性格、心理结构的形成。然而,进入20世纪,又出现类似唐宋之际"儒门淡泊,收拾不住"的危机,陷入困境之中。唐君毅以"花果飘零"、余英时以"游魂"形容儒学危机之严峻,张灏则称这是现代中国之"意义危机"、"思想危机"。

从19世纪中后期开始,中国社会、文化进入从传统农业社会向现代工业社会、从传统文化向现代文化转型的时代。1905年废除科举制度,1911年辛亥革命推翻了帝制,"五四"新文化运动的兴起,西方各种思潮、主义潮水般地涌入,风起云涌的政治革命、文化革命、社会转型、文化转型,导致了传统士阶层的解体与分化,新型知识分子的诞生与在文化思想领域倡导"新思潮"、"新学说",激进的反传统思潮的勃兴,现代化进程的启动和在动荡不安中急遽推进,使20世纪中国处于"三千年未有之大变局"的境遇之中,儒学的危机也由此而生。

一个世纪以来,儒学的命运与中国现代化的历史进程相消长,也与学术界、思想界及政治界对儒学与现代化的关系、儒学与西方文化的关系、儒学与全球的"文明对话"的关系所形成的认识有关。从19世纪末至21世纪初,一百多年来,中国的学术界、思想界与政治界围绕着孔子、儒家及儒学的命运、前景问题展开了广泛的、持久的争鸣,而这类争鸣又直接或间接地同传统文化与现代化、中学与西学、新学与旧学、科学主义与人文主义、全球化与中国化、文明冲突与文明对话、西方智慧与东方智慧等等论题交织在一起,使有关儒学的思想争鸣远远超出中国儒学史的范围,而成为 20 世纪中国思想史、学术史的有机组成部分。

百年儒学的历史大致沿着两个方向演进:一、儒学精神的新开展,使儒学于危机中、困境中得以延续、再生或创造性转化;二、儒家学术思想的研究,包括批判性研究、诠释性研究、创造性研究在内。由于 20 世纪中国是以"革命"为主潮的世纪,学术研究与政治革命的关系特别密切,故批判性研究常常烙上激进的政治革命的烙印,超出学术研究的范围,并形成批判儒学、否定儒学的思潮,酿成批判论者、诠释论者与复兴论者的百年大论争,并一直延续到21 世纪。

回顾百年儒学精神新开展与儒学研究的历程,有一奇特现象值得重视。活跃于 20 世纪中国思想界、学术界、政治界、教育界的精英或代表人物,都不同程度地介入或参与了有关孔子、儒家思想的争鸣。如:早期马克思主义者陈独秀、李大钊、瞿秋白、李达、郭沫若、范文澜、侯外庐等,三民主义者蔡元培、陶希圣、戴季陶等,自由主义的代表人物严复、胡适、殷海光、林毓生等,无政府主义者吴稚晖、朱谦之等,现代新儒学的代表人物梁漱溟、熊十力、唐君毅、牟宗三、徐复观等,学衡派的代表人物梅光迪、吴宓、陈寅恪、汤用彤等,东方文化派的杜亚泉、钱智修等,新士林学派的罗光等,以及张申府、张岱年等,都参与了有关儒学的争鸣,并在争鸣中形成思想的分野,蔚成中国近代思想文化史上最壮观的一幕。

20 世纪中国思想史的复杂性、丰富性远远超出了唐宋之际和明清之际,其思想争鸣具有现代性或现代精神的特色。美国学者列文森在《儒教中国及其现代命运》中以"博物馆化"象征儒学生命的终结,有些中国学者也说儒学已到"寿终正寝的时节"。但从百年儒学的精神开展与儒学研究的种种迹象看,儒学的生命仍然如古老的大树一样延续着。儒学曾经创造性地回应了印度佛教文化的挑战,儒学也正在忧患之中奋然挺立,回应西方文化的挑战。这是儒学传统现代创造性转换的契机。人们在展望"儒学第三期"或"儒学第四期"的来临。百年儒学的经历虽曲折艰难,时兴时衰,但仍是薪火相传,慧命接续,间有高潮,巨星璀璨,跨出本土,落根东亚,走向世界,成为一种国际性的思潮,在全球性的"文明对话"中扮演着重要角色,为人类重建文明秩序提供了可资汲取的智慧。儒学并没有"博物馆化",儒学的新生命正在开始。因此,对百年儒学作系统的全面的反思与总结,是一项具有历史意义与现实意义的学术课题。

　　纵观百年儒学的历程,大致经历了五个阶段,在这五个阶段中,儒学的命运、所遭遇的景况不尽相同,分述如下:

　　19 世纪末至 1911 年辛亥革命为第一阶段　洋务运动、戊戌变法导致儒家经世思想的重新崛起,晚清今文经学的复兴,特别是康有为《新学伪经考》、《孔子改制考》的出版,托古改制,以复古为解放,既开导儒学的新方向,又开启"西潮"的闸门,如思想"飓风",如"火山火喷"。章太炎标举古文经学的旗帜,与以康有为为代表的今文经学派展开经学论争,而这场思想学术争鸣又与政治上的革命与改良、反清与保皇、君主立宪与民主共和等论争交错在一起,显得格外严峻与深沉。诸子学的复兴,西学输入高潮的到来,政治革命的风暴席卷神州,社会解体与重建进程加速发展,传统士阶层的分化与新型知识分子的诞生,预示后经学时代的降临。思想界、学术界先觉之士以"诸子学"、"西学"为参照系,批判儒学或重新诠释儒学,传统儒学向现代儒学转型已初见端倪。

　　以辛亥革命至 1928 年南京政府成立为第二阶段　康有为、陈焕章等仿效董仲舒的"崇儒更化"运动创建孔教会,"五四"新文化运动兴起,吴虞、胡适等提倡"打孔家店",《新青年》派陈独秀、胡适与文化保守主义者梁启超、梁漱溟、杜亚泉等,学衡派梅光迪、吴宓等展开思想文化争鸣,以张君劢、梁启超等为代表的人文主义与以丁文江、胡适、王星拱等为代表的科学主义的论辩,马克思主义者李大钊、瞿秋白等也积极参与思想争鸣,各大思潮的冲突与互动,不论是批判儒学,还是重释儒学及复兴儒学,都有一个共同的特点,就是将儒学的研究纳入现代思想学术的领域之中,使思想争鸣具有了现代性,从而导致儒学向现代思想学术转型。20世纪中国人文社会科学的学科建制、研究方法深受"西学"的影响,有关孔子、儒学的论争已不同于经学时代,且与国际上各种思潮的论争息息相通。以现代西方哲学、科学、政治等学科的范畴、概念、方法去解读、分析、批判或重新诠释儒学,成为一时的学术风气,并出现了"援西学入儒学"的现象。有些思想家、哲学家试图摄纳西学、诸子学及佛学中有价值的东西重建儒学,如梁启超的《儒家哲学》及《欧游心影录》,梁漱溟的《东西文化及其哲学》,冯友兰的《人生哲学》,已透露出现代新儒学即将崛起的消息。

1928 年至 1949 年中华人民共和国建立为第三阶段　30年代后,中国思想界、学术界出现"后五四建设性心态"。吸取西学的思想、方法,以反哺儒学传统,创造性地重建传统儒学,如张君劢、冯友兰、贺麟等;或者回归儒学传统,谋求儒学的重建,如熊十力、钱穆、马一浮等;即使是"五四"时期反传统的学者,在胡适提倡"研究问题,输入学理,整理国故,再造文明"之后,也将儒学作为"国故"的重要组成部分,作为学术史、思想史、文化史的思想资料加以系统的研究。胡适的《说儒》就是一篇以科学方法研究孔子、儒学的示范之作。"后五四建设性心态"的形成,对中国现代学术的建构起了积极的作用。一大批专家、学者参照西方人文社会科学学科建制的原则与方法,分哲学、宗教学、政治学、经济学、伦理学、社会学、法学、史学、美学、文学艺术、教育学、心理学等等,对儒学进行系统的研究,还对不同学科的发展史作深入的探讨。如中国哲学史、中国教育思想史、中国政治思想史、中国学术史、中国伦理学史、中国文化史、中国通史等等,儒学研究也纳入分门别类的学科及学科发展史的研究之中。钱穆在《现代中国学术论衡》中说:"民国以来,中国学术界分门别类,务为专家,与中国传统通人通儒之学大相违异。"将数千年经学、儒学作为学术思想的资源或资料,分门别类地纳入学科专题研究之中,虽然使儒家"内圣外王之道"的"道"变为"学术",由"专门之学"代替"通儒之学",但恰恰是这种转变,才促使了儒学由传统形态向现代形态转型。这一阶段是中国社会动荡不安的年代,令人惊异的是,在动荡的岁月中出现了一个学术繁荣期,学术研究的深度与广度并不亚于乾嘉时代,儒学研究也是如此。"专门之学"代替"通儒之学"乃大势所趋,是现代学术的进步。

抗日战争的爆发、救亡运动的高涨,把民族文化复兴运动推向高潮,为儒学精神的新开展或创造性重建提供了历史机缘。儒学在民族文化复兴的大潮中获得再生并走向现代。1937 年沈有鼎在《中国哲学今后的开展》,1941 年贺麟在《儒家思想之开展》,1948 年牟宗三在《鹅湖书院缘起》中,都强调中国进入一个"民族复兴的时代"。民族复兴应该由民族文化复兴为先导,儒家文化是中华文化的主流,儒家文化的命运与民族文化的命运血脉相连、息息相关。他们认为,如果中华民族不能以儒家思想或民族精神为主体去儒化或汉化西洋文化,则中国将失掉文化上的自主权,而陷于文化上的殖民地。他们期望"儒学第三期"的出现,上接宋明儒学的血脉,对儒学作创造性的诠释,或者会通儒学与西学,使古典儒学向现代思想学术形态转换。以熊十力、贺麟、牟宗三等为代表的新心学,以冯友兰、金岳霖等为代表的新理学,是儒学获得现代性并走向成熟的重要标志。此外,王新命、何炳松等十教授发表

《中国本位的文化建设宣言》(1935 年 1 月 10 日)，新启蒙运动倡导者张申府、张岱年等提出"打倒孔家店，救出孔夫子"的口号及综合创造论，都体现了"后五四建设性心态"，都有利于儒学的学术研究之开展。

1949 年至 1976 年"文革"结束为第四阶段　余英时在《现代儒学论》序言中指出：20 世纪中国以 1949 年为分水岭，在前半个世纪与后半个世纪，中国的文化传统特别是儒家命运截然不同。1949 年以前，无论是反对或同情儒家的知识分子大部分曾是儒家文化的参与者，他们的生活经验中渗透了儒家价值。即使是激进的反传统者，他们并没有权力可以禁止不同的或相反的观点，故批判儒学或复兴儒学之争可以并存甚至互相影响。1949 年以后，儒家的中心价值在中国人的生活方式中已退居边缘，知识分子无论对儒学抱着肯定或否定的态度，已失去作为参与者的机会了，儒学和制度之间的联系中断，成为陷于困境的"游魂"。

就实际状况而言，这一阶段的儒学研究或者儒家思想之开展，比余英时分析的还要复杂。其中值得注意的是分化现象：大陆出现批判儒学的新趋向，50 年代至 60 年代中期，以批判性研究为主，除梁漱溟、熊十力、陈寅恪等少数学人外，像冯友兰、贺麟、金岳霖等新理学与新心学的代表人物，都在思想改造、脱胎换骨之后批判自己的学说，即使写研究孔子、儒学的文章，也离不开批判的框框。当时思想界、学术界的儒学研究，多以"苏联哲学"为范式，进行"唯心"或"唯物"二分式排列，批判与解构儒学成为当时的风潮。70 年代中期出现群众性的批孔批儒运动，真正的学术研究根本无法进行。儒学已经边缘化了。在港台地区和海外华人社群中，儒学却得到不同程度的认同，移居港台、海外的学者，如张君劢、钱穆、陈荣捷、唐君毅、牟宗三、徐复观、方东美等，继续以弘扬儒家人文精神为己任，立足于学术界、教育界，开拓儒学精神的新方向，成就了不少持之有据、言之成理的"一家之言"。

70 年代后期至 21 世纪初为第五阶段 中国大陆的改革开放,思想解放运动,传统文化与现代化的论争,"文化热"的出现,以及日本、韩国、新加坡等国与香港、台湾地区经济腾飞所产生的影响,东亚现代化模式的兴起,全球化进程中形成的文化多元格局,文明对话,全球伦理,生态平衡,以及"文化中国"等等课题的讨论,使人们对孔子、儒学的研究逐渐复苏,重评孔子、儒学的论文、论著陆续出版,有关孔子、儒学、中国文化的学术会议频繁举行,中国孔子基金会、国际儒学联合会、中华孔子学会、中国文化书院、孔子研究院等学术团体和研究机构的建立,历代儒家著作及其注解、白话文翻译、解读本的大量出版,有关儒家的人物评传、思想研究、专题研究以及儒学与道、释、西方哲学及宗教的比较研究,成为学术界关注的课题。还有分门别类的人文社会科学及自然科学,也将儒学纳入其中作专门研究,如儒家哲学思想、儒家伦理思想、儒家美学思想、儒家史学思想、儒家政治思想、儒家教育思想、儒家宗教思想、儒家科学思想、儒家管理思想等等。专门史的研究也涉及儒学,如中国哲学史、中国经济思想史、中国教育思想史、中国伦理思想史等等,一旦抽掉孔子、儒家与儒学,就会显得十分单薄。此外,原来处于边缘化的港台、海外新儒家,乘改革开放的机遇,或者进入大陆进行学术交流,或者将其思想、学说传入大陆。至 90 年代,出现当代新儒家、自由主义与马克思主义重新论辩、对话与互动的格局,有关"儒学第三期"、"儒学第四期"的展望,儒学在国际思想界再度引起重视,说明儒学的确在展示着其"一阳来复"的态势。

纵观百年儒学的历程,不论在哪一个阶段,不论是儒家思想之新开展,或者是有关儒学的学术研究,都积有丰富的思想资源或文献资料,已经到了对百年儒学进行系统研究、全面总结的时候了。站在世纪之交的高度,我们组织编纂《20 世纪儒学研究大系》,就是为了完成这一学术使命。

　　《20世纪儒学研究大系》是孔子研究院成立后确定的一项浩大的学术工程,现已列入2002年国家社会科学基金项目。《大系》的编纂与出版,实为孔子、儒学研究的一大盛事,必将对21世纪的儒学研究产生积极而又深远的影响。

编选原则及体例

　　《20世纪儒学研究大系》是一部大型的相对成套的专题分卷的儒学研究丛书,力求通过选编20世纪学术界研究儒学的代表性论文、论著,全面反映一百年来专家、学者研究儒学的学术成果及水平,为进一步研究儒学提供一部比较系统的学术文献。

　　一、将20世纪海内外专家、学者研究儒学的代表性论文、论著按研究专题汇集成册,共分21卷。所选以名家、名篇及具有代表性的观点为原则,不在多而在精,力求反映20世纪儒学研究的全貌。

　　二、所选以学术性讨论材料、思想流派性材料为主,兼收一些具有代表性并产生过重大影响的批判性文章。

　　三、每一卷包括导言、正文、论著目录索引三个主干部分。

　　四、每卷之始,撰写导言,综论20世纪该专题研究的大势及得失,阐发本专题研究的学术价值和意义,为阅读利用本卷提示门径。

　　五、一般作者原则上只入选一篇具有代表性的成果,重要代表人物可选2—3篇。

　　六、所收文章均加简要按语,介绍作者学术生平及本文内容。合作创作的论著,只介绍第一作者。

　　七、每卷所收文章,原则上按公开发表或正式出版的时间先后为序。

八、所收文章，尽量使用最初发表的版本，并详细注释文章出处、发表或写作时间。

九、入选文章、论著篇幅过长者，适当予以删节，并予以注明。

十、为统一体例，入选文章一律改用标准简化字，一律使用新式标点。

十一、所选文章的注释一律改为文中注和页末注，以保持丛书的整体风格。材料出处为文中注（楷体），解释性文字为页末注。

十二、每卷后均列论著目录索引，将未能入选但又有学术价值与参考价值的论著列出。论文和著作分门别类，并按公开发表和正式出版的时间先后为序。

目　录

20世纪儒学研究大系

导　言

李景明　　唐明贵

公元前 6 世纪至公元前 5 世纪几乎是同时出现的儒学(日本、韩国学者和我国的部分学者认为是宗教,因而称为"儒教")与佛教,是人类文化在古代东方的早期结晶,两者遥相辉映,分别成为世界性的巨大学派。

在我国春秋末期,由孔子创立的儒家学派,"祖述尧舜,宪章文武",既重视继承与维护三代特别是西周以来的礼乐文化传统,又"留意于仁义之际",强调"仁"的思想,倡导仁礼有机结合。儒学是"人学",关注现实人生、人类社会问题,注重道德伦理,以至于有些学者认为儒学基本上是一整套伦理道德哲学。由于儒家学说比墨家、法家、道家等其他各家学说在适应中国古代社会需要方面更有优势,因而在战国时期成为"显学"。后又赢得了自汉代以来历代王朝统治者的重视,自汉武帝独尊儒术起,被视为正统思想学说,一直处于支配地位,因而成为中国文化的主干,古代的主流文化。儒家思想文化在我国古代社会的各个领域都产生了重大深远影响,而且持续影响到现在。

相传佛教由古印度迦毗罗卫国(在今尼泊尔南部提男拉科特附近)王子悉达多·乔答摩(即释迦牟尼)创立。自公元前 3 世纪摩揭陀国孔雀王朝的阿育王(前 273—前 232)时期,佛教开始从恒河中下游地区传播到印度各地,并且不断向周围国家传播。后逐渐发展为世界性宗教,成为世界三大宗教之一。史书记载,佛教于汉哀帝元寿元年(公元前 2 年)传入我国内地。东汉初期,汉明帝曾经派人去印度求法。东汉末年以后,我国西部地区和外国的僧人来内地者增多,翻译出不少佛教经典,小乘佛教和大乘佛教同时被介绍到中国。魏晋时期佛教佛学进一步发展,南北朝时期佛教兴盛。其间佛教在中国扎根,成为中国社会上层建筑和民族文化的一个组成部分,在思想上、经济上都为隋唐时期佛教的鼎盛、创立具有中国民族色彩的佛教宗派准备了条件。隋唐时期佛教达到鼎盛,而且产生了中国的佛教——禅宗。从宋代起,由于以宋明理学为代表的儒家学说成为维护封建统治秩序的指导思想,一些主要佛教宗派的基本观点为宋明理学所吸收等原因,佛教开始逐渐衰微。但是在社会生活的各个方面仍然具有一定影响。在西藏地区,唐初松赞干布提倡佛教,8 世纪后逐渐形成喇嘛教(藏传佛教),至元初忽必烈封八思巴(1235—1280)为帝师,逐步确立政教合一的统治体制。15 世纪以后,宗喀巴(1357—1419)创立的黄教(格鲁派)逐渐成为西藏佛教的主流派。喇嘛教还流传于藏族居住的其它地区和蒙古族地区。从近代社会以后,佛教更是日趋衰微,在汉族地区影响日小,但是至今在藏、蒙、傣等少数民族地区几乎还是全民信仰。佛教从汉代传入我国以后,其思想文化逐渐成为中国传统文化的一部分,魏晋南北朝以来的中国文化就是儒佛道等各家融合而成的文化。在近两千年的漫长岁月里,佛教思想文化渗透到中国社会的各个领域,对哲学、道德、文学、音乐、雕塑、美术、建筑等许多领域产生了广泛而深刻的影响①。

儒佛两家自汉代在我国相遇以来的两千年里，既相互对立、斗争又相互渗透、融合，可以说是你中有我，我中有你。两家既保持自身独有特色又形成不少相同相近之处。因此，不论是为了深入研究与正确把握儒学或者佛教佛学，还是深入研究与正确把握中国文化，得出令人信服的结论，总结出符合历史实际的规律，都不能不进行儒佛比较研究。所以自古代起就有僧俗人士开始进行既有学术意义又有现实意义的儒佛比较研究。例如，柳宗元、王阳明等人寻求儒佛之同以便儒化佛学，佛家人物寻求儒佛之同以便佛化儒学。南北朝隋唐以来为了确定对佛教或者提倡三教合一的政策，都有人进行儒佛比较或者儒道佛比较研究。当然，真正的科学研究是现代开始的。综观20世纪的儒佛比较研究，取得了引人注目的进展和成果。

一

20世纪的儒佛比较研究（主要是中国大陆的儒佛比较研究），

────────────

①　关于佛教对中国文化的影响与作用，请参见赵朴初《佛教与中国文化的关系》等论文，邓子美《传统佛教与中国近现代化：百年文化冲撞与交流》（华东师范大学出版社1994年4月）、张英《彼岸世界：东方民族与佛教》（四川民族出版社1994年9月）等专著。关于20世纪佛教佛学研究的情况，方立天《中国大陆佛教研究的回顾与展望》（《宗教》双月刊2002年第2期）、陈兵《中国20世纪佛学研究的成果》（《宗教学研究》1999年第3期，又见《宗教》2000年第3期）、张风雷《"佛教与宗教学理论研究的回顾与展望"研讨会综述》（《宗教》2001年第2期）、黄夏年《四十年来汉传佛教研究综述》（《宗教学研究》1999年第3期）与《二十世纪中国佛教学术会议综述》（《宗教》双月刊2001年第5期）等文章都作了总结和介绍。

由于不同时段社会政治形势、意识形态、学术取向以及学术研究活动等方面的情况各不相同,因而呈现出不同的阶段性特征,大致可分为三个阶段。

第一个阶段(1900—1949)是儒佛比较研究的兴盛阶段。20世纪初期,思想界、学术界研究风气大开,像章太炎、康有为、谭嗣同、梁启超、王国维、欧阳渐、太虚大师(吕沛林)、杨度、梁漱溟、吕澂、陈寅恪、马一浮等一大批僧俗一流学者或学术大师都精通儒学佛学,对儒佛两家思想理论进行比较。当时一些仁人志士还从佛学中寻求"救国救民"的道理,对佛学进行"改革"。杨文会居士(创办金陵刻经处和佛教学堂)、太虚和尚(办学和办刊物)等一些佛教界人士还通过各种措施以发起"佛教复兴运动"。如梁启超在其《论佛教与群治之关系》一文中说,他的师友都尊佛治佛学。他在论及康有为时说:"先生于佛教尤为受用者也。先生由阳明学以入佛学,故最得力于禅宗,而以华严宗为归宿焉。"(《饮冰室文集》六)他论谭嗣同说:"又治佛教之唯识宗、华严宗,用以为思想之基础,而通之以科学,又用今文学家'太平'、'大同'之义,以为'世法'之极轨,而通于佛学。""《仁学》之作,欲将科学哲学宗教冶为一炉。"(《清代学术概论》)他认为康有为、谭嗣同的思想是将今文经学与佛学、陆王心学与佛学的融通。梁启超著《佛学研究十八篇》,在其佛学研究中,儒佛比较研究问题是重点之一。如他论释迦与孔子说:"释迦恰是那时印度的孔子,他在群言淆乱之中,折中长短,以中庸为教。"张灏《烈士精神与批判意识》中说,谭嗣同的思想特别是其《仁学》,是由儒家的孟子、张载、道家庄子与大乘佛教等因素构成,康有为、梁启超、谭嗣同所倡导的"心学"来源于儒家和大乘佛教,并且对儒佛两家的"心"的观念作了大量的儒佛比较分析。太虚大师(《佛法与孔子之道》等)、谢扶雅(《宗教哲学》之《儒释耶三教所启示宗教发展之原理》)、范文澜等都有儒佛比较研究的文章。据不完全统计,在当时时局艰难的形势下,仍然发表文章近50篇。另外还有一大批专著,特别是佛学著作中也含有儒佛比较背景和或多或少的儒佛比较的内容。当然受社会形势的影响,还没有专门进行儒佛比较研究的专著出版。至于研究的广度、深度等方面,与第三阶段相比,也都有待发展和提高。

第二个阶段(1950—1978)是儒佛比较研究的停滞阶段。这一阶段,先是人们忙于新中国的政治经济建设,后来则由于来自三年自然灾害、极左路线和思潮、十年"文革"等方面的干扰,大陆上失去进行儒佛比较研究的环境和氛围,儒佛比较研究处于停滞状态(从后来发表的科研成果看,有极个别的大陆学者依然在默默地进行儒佛比较研究),不但没有儒佛比较研究的论著出版,连一篇严格意义上的论文也没有发表。港台的学者与佛教界人士的研究著述则仍在进行,且成果颇多。如方东美、钱穆、唐君毅、牟宗三等僧俗两界的学者都有儒佛比较的论述,还出版了如杜而末《儒佛道信仰研究》(学生书局1977年版)等专著。

第三个阶段(1979—2000)是儒佛比较研究复兴兴盛阶段。1978年"文革"宣告结束,随着"思想解放"和"改革开放",政治气候、学术研究环境逐步改善,大陆学术界迎来了学术研究的春天,儒佛比较研究也和其他领域的研究一样,由复兴而很快走向繁荣兴盛。有关儒佛比较研究的论文越来越多地发表,儒佛比较研究专著不断出版。根据不完全统计,在这20多年的时间里发表论文近150篇,是前半世纪的数倍,不仅数量多,而且有不少高质量的。一些目前学术界的名流当时纷纷撰文,发表自己的见解,一些国外专家学者的相关论文也被翻译发表。同时,还先后出版了严北溟《儒道佛思想散论》(湖南人民出版社1988年)、汤一介《中国传统文化中的儒道释》(中国和平出版社1988年10月)、张文勋《儒道佛美学思想探索》(中国社会科学出版社1988年)、丁钢《中国佛教教育:儒佛道教育比较》(四川教育出版社 1988 年)、曾锦坤《儒佛异同与儒佛交涉》(谷风出版社 1990 年)、赖永海《佛学与儒学》(浙江人民出版社 1992 年)、卢升法《佛学与现代新儒家》(辽宁大学出版社 1994 年)、李军《变异与整合——玄儒佛道教育思想比较研究》(湖北教育出版社 1997 年)、汤一介论文集《儒释道与内在超越》(江西人民出版社 1991 年)、彭自强《佛教与儒道的冲突与融合——以汉魏两晋时期为中心》(巴蜀书社 2000 年 8 月)等 10 部。另外出版了梁漱溟《人心与人生》(学林出版社 1984 年 9 月)、梁漱溟《东方学术概观》(巴蜀书社 1986 年 11 月)、梁漱溟《中国文化要义》(学林出版社 1987 年 6 月)、苏渊雷《佛教与中国传统文化》(湖南教育出版社 1988 年)、方立天《中国佛教与传统文化》(上海人民出版社 1988 年 4 月)、赖永海《中国佛性论》(上海人民出版社 1988 年)、汤用彤《理学·佛学·玄学》(北京大学出版社 1991 年 2 月)、邓子美《传统佛教与中国近现代化:百年文化冲撞与交流》(华东师范大学出版社 1994 年 4 月)、张英《彼岸世界:东方民族与佛教》(四川民族出版社 1994 年 9 月)、周群《儒释道与晚明文学思潮》(上海书店出版社 2000 年 3 月)、程恭让《抉择于真伪之间——欧阳竟无佛学思想探微》(华东师范大学出版社 2000 年 9 月)等著作,出版了一批关于佛学佛教历史或者思想的著作(参见"论著索引"),这些著作虽然不是专门进行儒佛比较的专著,其中也有直接间接进行儒佛比较的内容或者暗含儒佛比较的背景。这些著作的出版,促进了儒佛比较研究的繁荣。

这一阶段与此前相比,明显形成了自己的特点:

其一,这期间正是文化讨论热之际,人们从文化角度审视佛教佛学,教内教外学者都提出佛教不是"迷信"而是"文化",应该作为文化来研究。例如,赵朴初《佛教与中国文化的关系》(《文史知识》编辑部编、中华书局 1988 年版《佛教与中国文化》)一文就特别强调,"佛教文化是中国传统文化的一部分",佛教是"无神论"宗教,不是"迷信"。所谓"佛教","广义地说,它是一种宗教,包括它的经典、教法、仪式、制度、习惯、教团组织等等;狭义地说,它就是佛所说的言教"。"佛是人,而不是神。他是公元前6世纪时的人,有名有姓,名字是悉达多,姓乔达摩。因为他属于释迦牟尼族,人们又称他为释迦牟尼,即释迦族的圣人。佛,是'佛陀'的简称,是 sud-dha 的音译,意为'觉者'或'智者'"。"根据佛教教义,佛不是造物主,他虽有超人的智慧和能力,却不能主宰人的吉凶祸福。佛教还认为过去有人成佛,未来也会有人成佛,一切人都有觉悟的可能性"。"在世界观上,佛教否认有至高无上的'神',认为事物是处在无始无终,无边无际的因果网络之中。因此,在西方学术界中有人认为佛教是唯一的'无神论'的宗教"。因为僧俗学者把佛教当作"文化"而不是"迷信"看待,所以为佛学佛教研究与儒佛比较研究排除了一些障碍,推动了儒佛比较研究的发展。人们可以理直气壮地探讨儒佛两家异同点、各自的优长与特色,强调两家的互补互济。

其二,这期间随着中国文化和儒道佛研究的深入展开,人们注意到"中国传统文化"的外延远比儒家或儒道两家之学宽广,中国传统文化是齐鲁、荆楚、吴越、秦晋、燕赵等文化的综合体,是"百家"的总和,佛家思想文化也是其重要组成部分。佛教自汉代传入,魏晋南北朝时期发展兴盛,隋唐时期佛教与儒家、道家鼎立而三,而且形成独特的中国佛教。宋明理学是儒释道三教合一、援佛入儒的产物,佛学思想理论对社会各个领域发生影响,大量佛教文化成果生成。这些客观存在都说明佛教在中国传统文化中占有重要位置。因此,促进了佛学研究和儒佛比较研究。

其三,在思想大解放的潮流中,儒佛比较研究的范围扩大,深度增加,提出了一些新观点。在这一时期,僧俗学者不但继续对诸如儒佛两家的基本异同点、人生哲学等方面的一些问题进行比较研究,而且对儒佛两家美学、教育等方面进行比较研究,对儒佛两家的现代意义等进行研究,扩展了儒佛比较研究的范围和领域。如,张文勋《儒道佛美学思想探索》(中国社会科学出版社 1988 年)对儒佛两家美学思想理论进行比较研究(详见下文)。这一期间,不论是对老问题的研究还是对新领域新问题的研究,都比较深入。例如,将这一阶段对儒佛两家人生哲学比较研究与此前的研究相比,非常明显地看出更加深细。卢升法《佛学与现代新儒家》一书在佛学对现代新儒家影响方面进行了较前深细的研究。

　　以上所有这些表现,都说明儒佛比较研究的兴盛繁荣,说明这一阶段的研究达到了 20 世纪儒佛比较研究的新的水平,自然也是达到了整个儒佛比较研究历史上的新水平。

　　综观 20 世纪的儒佛比较研究,尽管也有曲折乃至于停滞,但是基本趋势是在发展,在研究广度与深度上都在进展。在 20 世纪里,学者们围绕儒佛两家异同、儒佛两家教育、儒佛关系、儒佛对中国文化的影响等不少方面进行了比较研究,获得引人注目的进展与成果。

二

　　探索儒佛两家在思想理论上的根本异同点和契合点,是儒佛比较研究的重要方面,因此,在 20 世纪的儒佛比较研究中,学者们对此给予了很大关注。这类论文在 20 世纪所发表的儒佛比较研究论文中占了较大比重。这些论文论著,或者通论儒佛基本异同,或者分论儒佛两家在某一或者某些方面的异同;或者探讨整个儒学与整个佛教佛学的基本异同点,或者就儒学某一学派与佛教佛学某宗派某学派的基本异同点进行研究。

蔡元培《佛教救国论》(《蔡元培全集》,中华书局 1984 年)、梁启超《佛教与群治之关系》(《新民丛报》第 23 号)、熊十力《易佛儒——答薛生》(《大公报》民国 23 年 9 月 20 日)、马浮《与蒋再唐论儒佛义》(《蠲戏斋文选》,河北教育出版社)、姚永朴《三教异同说》(《民彝杂志》第 6 期,1927 年夏历 7 月 21 日)、欧阳渐《孔佛》(1936 年演讲,后收入 1941 年刻印的《孔学杂著》)与《孔佛概论之概论》(见 1941 年刻印的《孔学杂著》)、太虚《佛法与孔子之道》(《太虚大师全书·国学》,善导寺佛经流通处印)、吕澂与熊十力《辨佛学根本问题》(《中国哲学》第 11 辑)、黄公伟《从知德一致论儒佛精神的融贯》(《中华国学》第 4 期 1977 年 4 月)、梁漱溟《儒佛异同论》(《东方学术概观》,巴蜀书社 1986 年 11 月)、方立天《佛教的人生哲学——兼论佛儒人生哲学之异同》(《中国哲学史研究》1989 年第 1 期)与《儒佛人生价值观之比较》(《中国社会科学》1990 年第 1 期)及《儒、佛以心性论为中心的互动互补》(《中国哲学史》2000 年第 2 期)、李申《三教关系论纲》(《世界宗教研究》1996 年第 3 期)、赖永海《佛性与人性——论儒佛之异同暨相互影响》(《哲学研究》1989 年第 11 期)、韩东育《关于儒、道、佛三家的理论极限》(《东北师大学报》1996 年第 3 期)等很多论文都围绕儒佛的根本异同和契合点进行了研究与论述。

姚永朴《三教异同说》认为,"天下同归而殊途,一致而百虑",儒家和佛家在求道(即存真去妄)方面是相同的,只是两家在"所从入之路"上不同。欧阳渐在《孔佛概论之概论》中,以寂灭寂静义、用依于体义、相应不二义、舍染取净义四点,系统阐述儒佛二家的异同。认为"孔学是菩萨分学,佛学则全部分学也"。一切哲学,都是在求安身立命、安邦定国的道体,而其间的差异,不过是求道的深浅、广狭而已,即"佛学渊而广,孔学简而晦"。就趋向人生究竟而论,孔学是菩萨分学,佛学则全部分学。孔行而无果,佛则是行即是果。然而,根据真俗、体用不二的辩证关系,儒学若无超世出世之精神,则不能排除意、必固、我之封执;佛学若无入世治世之方便,则流入顽空守寂的小乘境界。因此,佛不碍儒,得佛法而儒道愈精深;儒不碍佛,得儒术而佛法以普被。"知孔道之为行者说生生,生生,行也,非流转于有漏,奔于习染也。知佛法之为果者说无生,无生,果也,非熏歇、烬灭、光沉、响绝之无也。淆孔于佛,坏无生义;淆佛于孔,坏生生义。"明白体用不二的原理,则儒学的发扬光大,就是救亡图存的当务之急。熊十力《易佛儒——答薛生》一文,也论述了儒佛两家在追求真理过程中所起的不同作用及各自的长短。作者指出:"汝深信佛学,却不知中国儒家哲学尤可贵也。往尝与林宰平先生言,当今学哲学者应兼备三方面:始于西洋哲学,实测之术,分析之方,正其基矣。但彼陷于知识窠臼,卜度境相,终不能与真理相应。是故次学印度佛学,剥落一切所知,荡然无相,迥超意计,方是真机。然真非离俗,本即俗而见真。大乘虽不舍众生,以众生未度故,而起大悲,回真向俗。要其愿力毕竟主于度脱,吾故谓佛家人生态度别是一般,即究竟出世是也。故乃应学中国儒家哲学,形色即天性,日用皆是真理之流行。此所谓居安资深,左右逢源,而真理元不待外求,更不是知识所推测的境界。至矣尽矣,佛家大处深处,不能外是。其智之过而求出离,以逆本体之流行,吾儒既免之矣。天可崩,地可裂,吾儒之道,范围天地之化而不过,是无可崩裂者也。学哲学而不薪至乎是,是安于小知间间,暴弃而无可救药者也。吾又何言! 阳明子所以言知行合一,其哀思人类也深哉!"同时熊十力在其他论文论著中也就儒佛两家的基本异同点进行了探讨阐述。他认为,儒佛相同的根本点是都讲心性论。"儒佛二家之学,推其根极,要归于见性而已。诚能见自本性,则日用间恒有主宰,不随境转,此则儒佛所大同而不能或异也。"(《十力语要》卷二第 79 页)关于儒佛之异,熊十力认为:首先,儒学是哲学不是宗教，佛学是宗教而不是哲学；儒学是积极入世的，佛学归趋出世的。儒学是不离开现实人生的，而佛学的"根本迷误之点"是主张"有迥脱形骸之神识，因欲超生。推其归趣，本属非人生的。"(同上第33页)其次，儒学尽生之理，佛学逆生之流；儒学于空寂而识生化之源，佛学讲空寂而不讲生化创造。看起来两家都讲万物刹那生灭，然佛氏侧重灭之方面，儒家侧重生的方面。佛教在性体寂静方面领会较深，但是未免滞寂溺静，把生生不已变化不机遏绝无余；儒家则以舍故生新、创造不竭的宇宙大生命之禀赋来界定人性，以生动创化、刚健自强、大用流行、德陪天地的内涵说明"心体"，以之推广于社会人生，则自强不息、精进不止，人类的文化即由是而创建、累积、丰富、发展。欧阳竟无则认为孔佛相似和一致之处是都在讲明人的本心，而本心之体在儒家曰仁，佛家曰寂，此乃转凡成圣的根据。因此，熊十力反对欧阳竟无以唯识学的立场融会儒佛的做法(详见郭齐勇《熊十力思想研究·儒佛心性论之辨析》)。梁漱溟《儒佛异同论》一文通过多层面的论述，指出儒家属于世间法，佛家属于出世法，两家修养功夫不同，存在种种显而易见的差别，但是两家同属于"对人而说话(佛家说话的对象或者不止于人，但是人仍是其主要的)"，同是生命上自己向内用功进修提高的一种学问，大方向是一致的。张晋国《孔子思想与佛学》一文论述了孔子思想与佛学的异同。他指出，孔子多谈人生问题，佛教多谈人死问题；孔子追求活在人心中，佛教追求活在鬼神心中；孔子重视在现实人类社会中之不朽，佛教重视超越现实精神领域之永恒。由于孔子与佛教所追求对象不同，因此孔子与佛教在现实舞台中所表演的角色与主题不同，孔子在现实有限性中所找的立足点是"仁"，即一颗爱人之心。孔子与佛教既有不同之处，也有相通相同之处：佛学所讲的慈悲与孔子所讲的仁可以相通，佛学所讲的戒律与孔子所讲的礼有共同点，佛学所讲的业与孔子所论的命也有类似之处。梁隐盦《儒佛两家思想的异同》一文认为，儒佛两家对宇宙和生命的看法不同、对人生价值看法不同、解决方法不同、修养方法不同、终极目的不同。两家又有相同之处：一、无神论。二、人本论。三、从实际生活去解脱。四、求知方法（都不外求而求诸内）。五、利他。朱世龙《同体精神之对照》一文，就儒佛两家各自的同体精神进行了对照，论述了儒佛两家义理上本源精神的融通。作者认为，儒家义理之本源即在同体精神。此同体精神，儒家谓之仁，也就是人与天地万物是一体的同然之理、同然之德。此理此德内在于人的本性之中，也内在于天地万物的本性之中，故就本性而言则谓之同体。此同体大心，一名为仁体天心，以其精神，已经超越小我之个性，而为天心道体之遍在。佛家也深悟于同体精神，《华严经》展现一真法界同体大心之精神。可见儒佛两家之大本大源相与融通而无碍。林继平《从阳明憨山之释大学看儒佛疆界》一文认为，王阳明是明代儒家代表人物，可以代表明代的儒家，憨山则是明代著名僧人，可以代表明代的禅宗。《大学》是儒学重要典籍。通过王阳明在解释《大学》时的融佛归儒，憨山在解释《大学》时的融儒归佛、将《大学》禅化，揭示了儒佛（禅宗）两家的疆界：儒家重"仁"，佛家重"智"，儒家以"仁"为体，佛家以"智"为体；儒家用"仁"以修、齐、治、平，佛家用"智"以了生脱死。朱维焕《儒佛教义的生活领导》，作者从人间常道的铺设、日常生活的指导、人生理想的归趣三方面，对两家异同加以比较，从而指出：两家同是面对人生以领导生活。但是又不同：儒教比较正视现实，就人生之现实情况，解析其生命理则，开辟心理世界，以领导人生从现实世界超拔，归于自性，然后复随顺天之理、心之则，抒发理想，实践于人间，所以理想与现实不隔，是为圆教。佛教则解析现实世界之形成，由于因缘和合，所以为"无常"，而寄托理想于涅槃彼岸，随顺世间，利乐众生只是过程中的俗谛，佛化人生的究竟义必须观苦观空以超凡入圣,所以理想与现实隔离,是为离教。方立天《儒佛人生价值观之比较》等论文指出,儒学和佛学所探讨的对象都是人,它们都对人生价值的一系列问题作出了独特的说明,人生价值观是两家思想的核心。儒家主张现实主义,佛教主张出世主义,由此在对待人的地位、生命、生活、理想、生死等问题上,两家有相异甚至截然不同的看法。但是儒佛在突出道德价值的重要意义、重视内向自律的修养方法和强调人性本善等方面,又有相近相通之处。儒佛的人生价值观是古代东方学者对人类自我反思的认识成果,在弃除其中的等级观念、出世主义和轻视人的物质生活需要等内容的同时,还应该有分析地继承他们重视道德价值和道德理想的因素。赖永海《佛性与人性——论儒佛之异同暨相互影响》从作为佛教核心问题的佛性论与传统儒学根本问题的人性论的异同与关系进行探讨。作者认为,儒家重人,佛教重抽象本体,这个差别导致了儒佛二家在许多基本点上的歧异。首先,虽然儒佛二家均重"性论",但是佛教所谈的"性",多指抽象本体的本性,儒家所说之"性",则多指人的本性。其次,由于佛教的本体是抽象的、非人格的,因此,佛教之论"性",多从"染"、"净"入手;儒家所说之"人",是社会性的生物,是道德的主体,多从"善"、"恶"置论。徐文明《出世之教与治世之道——试论儒佛的根本分际》认为,佛家强调出世,儒家强调入世,这已经成为一般学者的共识,但对其背后隐含的思想内涵则似乎较少发见。儒家也说"有道则仕,无道则隐",并不一味强调入世;佛教也谈在世而离世,不只入世,甚至还要下地狱救度众生,亦未单说出世。因此只是从现象上来看问题,还不足以说明问题的本质。分判一种教说是出世的还是入世的,关键要看它对社会世间和人性的根本态度观点,如果它是采取否定的态度,就说明其为出世之教;如果是肯定的,就说明其为入世之道。佛教认为人生是苦、世间不净、人性有贪嗔痴三毒,所以是出世之教,而儒家对世间生活和人性是基本肯定的,所以是入世之道。尽管儒释两家有相辅相容的一面和趋向,但是根本特质是不可改变的。正如儒者无论怎样努力都无法改变孔子缺乏神性的一面,使创立儒教的努力总是归于流产一样,佛教无论怎样世俗化都无法改变自己作为出世之教的性质,避免不了与现实社会的冲突。不过,正是由于各自的特质不变,才有了两家生存的意义。今天双方各自独特的价值还会在融合和冲突中显现出来,共同成为继往开来的有生力量。韩焕忠《佛性论与儒家人性论重建》一文也对儒佛性论的差异进行了探讨。该文说:在价值取向上,儒家性论关注的是现实的是非善恶,佛性论追求出世的涅槃解脱;在思想方法上儒家使用的主要是一种心理体验和价值判断的方法,佛性论使用的是本体论的思想方法;在修养途径方面,儒家人性论成善禁恶的办法是自身修养与政令教化相结合,既主张个人的自觉,又提倡君亲的范导、约束与强制,佛性论证圣成佛的途径则是自家的转迷开悟,外界只能起启发开导的辅助作用;就政治作用而言,儒家心性论直接为封建政权的合理性进行论证,为政权行为寻找合理的途径,佛性论虽然也为君父的优越性进行论证,但是将其列入世间法之内,为不了义,非究竟义。儒家心性论立足于社会现实,具有人伦和政治等多方面的优势;佛性论作为一种宗教学说,具有理论思辨和心灵慰藉等方面的长处。佛性论的基本特征是:理想人格(佛)、最高境界(涅槃)、所以然之理(缘起)、所当然之则(觉)合而为一。儒家人性论的价值取向、修养方法则缺乏本体层面的理论论证,从而不如佛性论那样对人的心灵有吸引力和说服力。但是儒佛两家也有一些相通之处,例如都以现实人性为理论起点,以自觉修养为理论中介,以得道成圣为理论归宿等。二者有异有同,各有优长。

三

儒佛两家思想理论的比较研究是儒佛比较研究的重中之重。在 20 世纪,许多僧俗学者都致力于儒佛两家思想理论的比较研究,发表了很多论文。这些论文论著,较多地集中在对儒佛哲学思想理论的比较研究方面,只有为数不多学者对儒佛两家美学思想、伦理思想、教育思想等进行比较研究。

(一)儒佛哲学思想理论的比较研究

对儒佛两家哲学思想理论的比较研究,从范围看,既有通论儒佛两家思想理论的异同的,也有研究儒家与佛家某学派以及某一个思想家或者学者思想理论异同的。对宋明理学(包括心学)与佛教佛学理论的比较研究更属于学者始终高度重视、下力气多的方面,成果也多。

1.通论儒佛两家哲学思想理论的异同

(1)儒佛人生哲学的异同

李荣祥《佛教与人生》(《海潮音》第 8 卷第 2 期,1927 年 3 月)、李石岑《人生之意义与价值》(《海潮音》第 13 卷第 5 期,1933 年 5 月)、虞愚《佛家哲学》(《现代佛学》1959 年 2 月)、竺摩《佛教如何观察人生》(《无尽灯》第 37 期,1967 年 9 月、1969 年 5 月)、卢莹通《由儒释道三家之人生观谈安身立命之道》(《中国国学》12 期,1984 年 10 月)、方立天《佛教的人生哲学——兼论佛儒人生哲学之异同》(《中国哲学史研究》1989 年第 1 期)、张恒寿《佛性与人性——六朝儒经注疏中之佛学影响》(《中国社会与思想文化》,人民出版社 1989 年 8 月)、赖永海《佛性与人性——论儒佛之异同暨相互影响》(《哲学研究》1989 年第 11 期)、方立天《儒佛人生价值观之比较》(《中国社会科学》1990 年第 1 期)等论文都就儒佛两家人生哲学思想理论进行了探讨和比较。其中有代表性的是方立天《儒学与佛教》(《文史知识》1988 年第 6 期)一文。该文认为，儒学与佛教探讨的对象都是人，都对人生的意义、价值做出了独特的判断，都十分重视道德修养，并且设计出通过道德修养之路，达到人生最高理想境界的方案，各自形成了一套人生哲学体系。也就是说，从哲学的层面来看，儒学和佛教都是主体性的哲学，都是阐述个体的自我塑造、改良和完善，以实现最高主体性的哲学。由于地理、历史和传统等条件的不同，儒学和佛教的观点，虽有相通之处，但总的说来相差甚远。同时他分几个方面比较系统地就儒佛两家深层思想的异同加以论述：

人类在宇宙中的地位　儒学重视人的地位，称人并天与地为"三才"，又强调人优于禽兽，为万物之灵，带有人本的色彩。同时儒学倾向于人在人伦关系网中存在的意义，而比较忽视个人存在的价值。佛教把宇宙间有情识的生命体分为两类十等。一类是佛、菩萨等"四圣"，一类是人在其中的"六凡"。六凡由高到低按等次排列为天(指天神)、人、阿修罗(魔神)、畜生、饿鬼、地狱。这六类都是没有解脱生死的，与已超脱生死的四圣相比，人的地位是低的，但人在六凡中居第二位，处于较高的地位。佛教又说：天过于享乐，不会修行；畜生、饿鬼、地狱则太愚蠢，难得有机会修行；只有人身难得，可以修行。佛教重视人的地位的转化，这与儒学重视对人的教化有一致之处。

人生的价值　儒学认为人生是乐，主张"自乐其乐"，"乐知天命"。儒者强调，从人的观感上看，一切现象都觉得是活泼泼地；人不滞情于外物，则乐自生于心中。佛教则从变化流动，即无常的视角来观察人生，认为人及其所处的环境都处于不断变化的过程中，自身的生、老、病、死，作为生理规律是不可改变的。人类对自由、永恒的主观追求，与不断变化的客观现实形成冲突，这都造成了矛盾的人生,痛苦的人生。乐与苦,儒、佛对人生价值的这两类不同看法,实际上反映了人生实现价值的不同方面。

人生的理想　儒学重视人生的地位并赞美人生,所以也重视社会组织和人与人的关系,即社会内部整体的事情。由此,人生的理想是修身、齐家、治国、平天下,是积极涉世、入世的。佛教认为人生是痛苦,人间世界是苦海、火宅,要求出家脱离日常生活,进而超脱现实世界,成就为佛,是超世、出世的。所以儒学具有强烈的现实性和政治性,佛教则具有鲜明的虚幻性和超俗性。两者又形成了尖锐的对立。

人的生死　儒佛对人生价值和理想看法的不同,有其深刻的认识论根源,即对人的生死有不同的了解和态度,由生死问题的不同看法又必然引出鬼神问题。生死、鬼神问题是牵动人们情志不安的大问题。儒学认为人的生死是自然现象,有生就有死;同时由于男女交配,生儿育女,传宗接代,人类是生生不息的,"生生之谓易"。孔子关注人生,而不重视人死,"未知生,焉知死?""未能事人,焉能事鬼?""敬鬼神而远之",独重现世而不讲来世。佛教则大讲"生死事大,无常迅速",宣传因果报应,轮回转世。与儒学重视人生问题相比较,佛教重视人死的问题,由此就必然生出一套鬼神系统。这都是儒佛两家带有根本性的思想差异。

人伦与道德　儒佛两家对人伦持截然相反的立场,但又都十分重视道德修养。儒家重视现世,必然重视人际关系,有五伦、三纲、六纪的区分和规定。与儒学笃于人伦不同,佛教超俗出世,要求出家修行,专心静修,屏除百事,这就必然淡漠人世,弃绝人伦。但是,佛教不仅与儒学同样重视个体自我道德修养,而且它的一系列道德规范,如三戒、十善等,实质上也可说是被神圣化了的世俗道德。在修养实践上,儒佛虽然修养方向和修养具体方法有所不同,但都重视个体向内用功。孔子主张"为仁由己","默而识之",

后来儒家要求在人伦日用中,随处体认,以尽性知命;佛教讲止观、内照、证悟,两者在修养途径上有相通之处。由此两者又都重视心性本源的探讨。

作者指出,正是由于儒佛两家在思想理论方面的这些异同与交涉点,所以在人生价值和主体塑造等问题上造成了两者相互碰撞、摩擦、冲突、斗争,同时也造成了两者相互调和、融汇、吸取、合一。

(2)儒佛两家其他哲学思想理论的异同

熊慕新《论宇宙事物的中心与儒佛的中道》(《海潮音》第23卷第10期,民国31年10月)、王明《儒释道论报应》(《世间解》第7期,1948年1月)、娄良乐《儒家的中庸与佛家的中道》(《人生》第225期,1960年3月)、竺摩《佛之"三觉"与儒之"三纲"》(《海潮音》第47卷第10期,1966年10月)、远光《原始佛教的中道思想》(《南洋佛学》第3、4期,1969年7、8月)、黄公伟《从知德一致论看儒佛精神的融贯》(《中华国学》第4期,1977年4月)、郑晓江《论佛家的死亡智慧——兼及佛儒道死亡观之区别》(《青海社会科学》1992年2期)、吕澂《"学"与"人之自觉"》(《孔孟学报》第23期,1972年4月)、郭德茂《中:儒道释的智慧与误区》(《孔子研究》1994年第4期)、高玉春《巴哈伊教与中庸之道——兼论与儒教的中庸和佛教的中道的关系》(《世界宗教文化》1995年2期)、郭德茂《儒、道、释论"中"》(《暨南学报》1996年第1期)、蒙培元《儒、佛、道的境界说及其异同》(《世界宗教研究》1996年第2期)、韩东育《关于儒、道、佛三家的理论极限》(《东北师大学报》1996年第3期)、漆侠《儒家的中庸之道与佛家的中道义:兼评释智圆有关中庸中道义的论点》(《北京大学学报》1999年第3期)等文论述了儒佛两家"中道"、"境界"等思想理论的异同。

蒙培元《儒、佛、道的境界说及其异同》一文对三家关于"境界"

的理论学说进行了探讨与比较。该文指出，三大流派哲学上的共同点是主张境界(即心境、心灵境界)说而反对实体论，并且都主张心灵有感性经验层次和超越或者先验的形上层次。但是三大流派又各自提出了不同的理想境界和实现理想境界的方法，因而在历史发展过程中又互相影响、渗透，并且最终达到某种程度的融合。佛教哲学以破除一切主客内外的对立手段，以实现绝对超越的涅槃境界为目的。儒家从正面回答心灵问题，以肯定的方式实现自我超越，以"仁"为最高境界；道与佛则从负面回答心灵问题，以否定的方式实现自我超越，以"无"和"空"为最高境界。"仁"的境界除了完成一种理想人格，还要实现普遍和谐的理想社会，"无"的境界主要是实现人的精神自由，"空"的境界则是实现彻底解脱。但是在实现心灵的自我超越这一点上，它们又是共同的。三大流派所说的境界都是功夫境界。三家修养功夫：儒家"主敬"，道家"主静"，而佛教"主定"。"敬"以庄敬严肃为特征，"静"以无欲虚静为特征，"定"以止寂无念为特征，三者各有所重，但都以实践为宗旨。特别值得指出的是，儒、佛不仅提倡"体即是用，用即是体"的"体用一源"说，而且提倡"本体即功夫、功夫即本体"的修养论，这标志着境界与功夫、目的与方法的最终统一。"成圣"、"成佛"的目的已转变为实践过程，以修行程度衡量其境界之高低。目的即方法，方法即目的，最高境界的实现是现实的，又是永无止境的，这就是它的辩证法。

　　韩东育《关于儒、道、佛三家的理论极限》一文，则从"终极关怀"角度看，对儒道佛(主要指禅宗)三家理论自身的理论极限进行了探讨与比较。该文认为，三家理论各有自身的理论极限，在儒家为"天命"，在道家为"无极"，在佛家为"拈花之境"。三家理论既有纵向的衔接性，又有横向的涵纳性。道家以无极实现了对儒家的超越，佛家以"心法"实现了对道家的超越，最后由宋明理学完成了对三家的综合性超越。准确找到这三个极限,对于在宏观上重新认识三家在哲学史上的不同地位和作用,或者可以提供一个新视角。

娄良乐《儒家的中庸与佛家的中道》、高玉春《巴哈伊教与中庸之道——兼论与儒教的中庸和佛教的中道的关系》等文则对儒家中庸哲学与佛家中道学说进行了比较研究。娄良乐《儒家的中庸与佛家的中道》一文既进行了综合对比,又分别把法相宗、三论宗、天台宗的中道与儒家的中庸之道进行了对比,认为儒家的中庸思想与佛家的中道在本质上大致相同,所不同的只在二者的发展路线方面,前者从现象界追溯原因而涉及于本体界,再从本体界回到现象界以求中庸思想表现于人生理想和政治理想的实现上面。后者则从现象界直探于本体界,而以破空破假并且破执中为手段,以求证见本体实相,以使人生有超然的解脱。这就是两者的异同分界所在,也就是儒家所以非为宗教而佛家所以成为宗教的根源所在。

竺摩《佛之"三觉"与儒之"三纲"》一文将佛家的三觉(自觉、觉他、觉行圆满)与儒家的三纲(指《大学》"三纲领"之三纲,不是"三纲五常"之三纲)进行比较,认为从教育角度看,二者"立名或说法虽有不同,而为人生教育的意义和理想目标是颇相似的",都是在教人为学做人的。

郑晓江《论佛家的死亡智慧——兼及佛儒道死亡观之区别》(《青海社会科学》1992 年 2 期)、郭德茂《儒、道、释论"中"》、郭德茂《中:儒道释的智慧与误区》等论文还对儒佛两家其他方面的思想理论进行了比较研究。

2. 玄学与佛学理论的比较研究

一些学者对玄学与佛学理论进行了比较研究,方立天《论魏晋时代佛学和玄学的异同》(《哲学研究》1980 年第 10 期)、殷鼎《晋宋佛教般若学派与魏晋玄学在哲学思想上的歧异》(《南开学报》1980 年 4 期)、杨曾文《佛教般若经思想与玄学的比较》(《世界宗教研究》1983 年第 4 期)、石峻、方立天《论魏晋时代佛学和玄学的异同》(《中国佛学论集》,陕西人民出版社 1984 年版)、王晓毅《汉魏佛教与何晏早期玄学》(《世界宗教研究》1993 年第 3 期)等论文即属此类,汤用彤所著《理学·佛学·玄学》(北京大学出版社 1991 年 2 月第 1 版)与《魏晋玄学论稿》(人民出版社 1957 年)以及郭朋《汉魏两晋南北朝佛教》(齐鲁书社 1986 年 6 月)、方立天《魏晋南北朝佛教论丛》(中华书局 1982 年 4 月)等一些佛学史专著和论文集中也包含着这方面的内容。杨曾文《佛教般若经思想与玄学的比较》一文,就大乘佛教般若思想与魏晋玄学这两种不同思想体系的若干重要命题、概念、论证方法,进行了比较研究。该文提出,二者都认为世界万物有着统一的精神性本体,玄学谓“无”,般若言“空”;二者都认为现象世界从本体看是没有运动变化的,玄学讲“返本”,复归虚静,般若说法无来去,“诸法不动”;玄学强调“言不尽意”,“得意忘言”,般若大谈“真谛”,“不可分数”,借“俗谛”体认“真谛”,并随机教化;玄学主张名教反映自然,进而把二者等同,般若力说“善巧方便”,从而取消了“世间”与“出世间”的界限;玄学鼓吹“独化”、“自足其性”,教人安分守己,般若宣扬因果报应、一切如幻,使人满足现状。

3. 理学与佛学理论的比较研究

在儒佛思想理论比较研究中,宋明理学与佛学(特别是禅宗)在思想理论上的异同也始终是学者关注的重点。杨大膺《宋明理学与佛学异同》(《青鹤杂志》第 2 卷第 20－23 期)、钱穆《禅宗与理学》、《再论禅宗与理学》、《三论禅宗与理学》、向世陵《见礼见性与穷理尽性——传统儒学、佛学(华严禅)与理学》(《中国哲学史》2000 年第 2 期)等论文、汤一介《论儒道释与内在超越问题》等专著以及一批论述佛学与理学(包括心学)关系的论文专著对佛学与宋明理学思想理论的异同进行探研。这些论文既有综论整个理学与整个佛学异同的,也有对理学某一支派与佛教某一宗派的异同进行论述的。

杨大膺《宋明理学与佛学异同》(《青鹤杂志》第 2 卷第 20－23 期)是 20 世纪较早论述宋明理学与佛学异同问题的文章。

钱穆连续发表了三篇论文论述禅宗与理学的异同点,指出宋明理学与禅学既有诸如出世淑世等不同点,又有诸如二者同有反教行为与精神、共同认为人心自有超欲之理等相同点契合点。在宋明理学内部,陆王心学比程朱理学更接近禅学,因而比程朱理学更接近孔孟儒学。他在《禅宗与理学》中指出,罗整庵"粹然程朱,其《困知记》排击陆王,因及禅学,极为后儒所称。高景逸所谓先生于禅学尤极探讨,发其所以不同之故,自唐以来,排斥佛氏,未有若是之明且悉者也"。作者通过对罗整庵《困知记》辨禅辨陆王各节的辨析研究,却发现就言心性者论之,则"禅宗意见有转近孔孟,而程朱之离孔孟有视禅宗为转远者。陆王较近禅,故亦较孔孟近"。因此,作者认为,"若就此大纲节处著眼,则程朱儒也,陆王亦儒也。其一段淑世不离世精神,要自与宗门出世不著世者分别,不得谓程朱儒而陆王独禅也。然禅家实为佛教出世精神之反动,禅宗之在东土,亦如西欧之有宗教革命。禅宗之在唐宋,实为中国思想界由释返儒之一段中间过渡时期也。故禅宗思想路径,颇有极与孔孟儒学相接近者,此宋明理学家所以斥之为弥近似而大乱真也。然禅宗之所由以异夫孔孟儒学,特以为宗教形式所拘,既已出家离俗,修齐治平非其分内事,故其精神面貌终不能与儒家孔孟异,程朱继起,欲倡儒学,则不得不斥禅行。然禅学之在当时,其风力盖甚劲,有非一时一人之所得尽其摧陷廓清之能事者,故虽程朱毕生孳孳,以兴儒排禅为己任,而时有潜染于禅学而不自知者,又有用

力过甚,排所不必排,转自陷于矫枉过正,因排禅学而转远于孔孟,
有失儒学之本旨者。陆王又起,而矫程朱之失,则转又近于禅,故
宋明理学者乃先秦儒学与唐宋禅学之一种混合产物也。论其精
神,则断然儒学也,而其路径意趣则终为染涉于禅学而不能洗脱净
尽,此则宋明理学之大致也。若必以陆王为禅,以程朱为儒,此则
门户之见,不足以语夫学术源流派分之真相也"。

在《再论禅宗与理学》中,作者通过对禅宗机锋、棒喝等行为的
分析探讨,揭示了禅宗将佛教原有理论、教条、清规戒律以及对佛
祖、经典信仰等一一否定破除的行为与现象。例如,禅宗将成佛、
往生、求法、出家这些佛教所以成为宗教的大节——否定解脱。宗
教必依他力。《坛经》则说:"自性迷即是众生,自性觉即是佛,慈悲
即是观音,喜舍名为势至,能净即释迦,平直即弥陀。"——返向自
心,由外转内,舍他归己,即心即佛,教味淡而悟理深。宗教所薪向
必在外。六祖则告诉韦使君说,东方人造罪念佛,求生西方,西方
人造罪念佛,求生何国?如此则皈依薪向一无所著,往生西方极乐
世界之念可歇。宗教必有经典、教条,期望共信共守。六祖却谓一
切修多罗及诸文字,皆因人置。若无世人,一切万法本自不有。又
说:汝等诸人,自心是佛,莫更狐疑,外无一物而能建立,皆是本心
生万种法。如此则经典法训,自性不实。宗教又必有威仪戒律,使
人由此出世离俗。六祖则说:若欲修行,在家亦得,不由在寺。在
家能行,如东方人心善,在寺不修,如西方人心恶。如此则出家限
制亦不存在。因此,作者认为,既然禅宗将佛教之所以为宗教的大
节——否定破除,则禅宗实为佛教出世思想之反动,乃发生在东土
的一种宗教革命。本文为下文从教理之争的角度论述禅宗与理学
的异同点提供了基础。因为这种发生在佛教内部的反教行为,或
者说教理之争,与宋明理学在教理之争方面既有不同点又有不少
相同相通之处。

在《三论禅宗与理学》中,作者从教理之争的角度,把禅宗和宋明理学放在广阔漫长的学术史的大背景下,通过对禅宗和儒家孔孟荀之儒学、程朱理学、陆王心学在教理之争的历史过程中,其理论的发展变化的考察与对比,说明了禅宗与宋明理学的异同点契合点。例如,禅学与宋明理学都致力于反教趋理而又都反教未尽、共同主张人心自有超欲之理等。在宋明理学内部,陆王心学比程朱理学更接近禅学,因而比程朱理学更接近孔孟儒学。

汤一介《论儒道释与内在超越问题》一书的《论儒家哲学中的内在性和超越性》与《论禅宗思想中的内在性和超越性》两文中就儒家与禅宗两家的"内在性"与"超越性"问题进行研究。作者认为,儒家哲学和禅宗哲学一样,都是以"内在超越"为特征。儒家哲学的"内在性"应是指"人的本性",如"仁",如"神明"等;所谓"超越性"应是指宇宙存在的根据或宇宙本体,如"天道"、"天理"、"太极"等。儒家哲学的"超越性"和"内在性"是统一的,或者说是在不断论证着这两者的统一,这样就形成了"内在的超越性"或者"超越的内在性"的问题。"内在的超越性"或者"超越的内在性"成为儒家哲学"天人合一"的思想基础,是儒家所追求的一种理想境界,也是儒家之所以为儒家的精神所在。儒家哲学是一种以"内在超越"为特征的思想体系。佛教作为一种宗教自有宣扬教义的经典、一套固定的仪式、必须遵守的戒律和礼拜的对象等等,但是自慧能以后的禅宗则把上述一切都抛弃了,成佛达到涅槃境界只靠自己一心的觉悟,即所谓"一念觉,即佛;一念迷,即众生",也就是人成佛达到超越的境界完全在其内在本心的作用。中国禅宗哲学也是以"内在超越"为特征。禅宗把以"外在超越"为特征的宗教转变成以"内在超越"为特征的非宗教的宗教,由出世转向入世,把人们引向在现实生活中实现超越现实的目的,否认了在现实世界之外与之对立的天堂与地狱,表现出"世间法即佛法,佛法即世间法"的世俗精神。它之所以深深影响宋明理学特别是陆王心学,正在于其思想的"内在超越性"。由于儒家和禅宗都是以"内在超越"为特征的哲学思想体系,因此在忽视以至于否定"外在超越"方面也有相近相同之处。在孔子等个别儒家人物思想中虽然也有某些"外在超越"因素,但是没有得到发挥,而是强调"内在性"、"内在超越",因此导致忽视乃至于否定对"外在超越"的强调和发挥。其结果造成一种泛道德主义倾向等缺陷。这种以"内在超越"为特征的哲学是人类的一种美好理想,是人类文化中的宝贵财富,有其特殊价值,但是这种以"内在超越"为特征的哲学思想体系不利于建立维系社会的客观有效的政治法律制度,"圣王"理想往往造就"王圣"(因在"王"之位而自己以为或者被人推崇为"圣人")结果。禅宗这种思想体系有着鲜明的主观主义特色,必然导致否定任何客观标准和客观有效性。这既不利于对外在世界的探讨和建立客观有效的社会制度和法律秩序,同时在对探讨宇宙人生终极关切问题上也不无缺陷。儒家和禅宗又有不同之处。例如,如果说以"内在超越"为特征的儒家学说所追求的是道德上的理想人格超越"自我"而成"圣",以"内在超越"为特征的禅宗则是追求一种瞬间永恒的神秘境界,超越"自我"而成"佛"。就这一点说禅宗仍旧具有某种宗教的形式。

(二)儒佛两家美学思想比较研究

儒佛两家美学思想理论的比较研究,也引起某些学者的重视。张文勋《儒道佛美学思想之比较》(《思想战线》1987年第3期)、杜道明《儒道禅美学思想异同论》(《中国文化研究》1994年秋之卷)、高长江《儒道禅审美观素描》(《云南师范大学学报》1995年第3期)、李兴武《道儒佛与真善美》(《社会科学辑刊》1999年第5期)、袁作兴《儒释道与真善美理想境界的追求》(《怀化师专学报》1993年第3期)等论文和张文勋《儒道佛美学思想探索》(中国社会科出版社1988年)一书,都对儒佛美学思想进行了比较研究。其中张文勋《儒、道、佛美学思想之比较》一文,从审美观念、审美判断、审美趣味三方面进行了比较。作者认为,尽善尽美,美善统一,是孔子的最高要求,而善是真正美的先决条件,离开善的内容,而徒有形式之美,就不是真正的美。美善统一,以善为主的观点几乎是先秦儒家的不移之论(当然,各人论述有所不同,侧重面也不一样)。与道家相比,儒家的审美观念是理性主义的。佛家则以空为美,以净土为美,以彼岸为美。三家美的观念很不相同,甚至是对立的。在审美判断方面,儒家认为符合伦理标准才是美的,是一种纯粹理性的判断。由于儒家把政治伦理作为审美判断的主要标准,因此对审美能力的培养也着眼于道德的修养。与儒家重理性判断、强调伦理修养不同,佛家主"妙觉"、"妙悟",强调万法皆空。佛教既然以"空"为至高无上的善和美的境界,则要求达到这种境界的途径,既不是伦理道德的修养与社会政治的实践,也不是靠相对主义的思辨以达到否定一切的目的,而是通过主观精神的"悟"去领会"空"的妙谛,以达到出世的目的。但是后来出现儒佛道三家美学思想合流、融合现象,如苏轼美学思想里,既不乏儒家卫道之论,也不少老庄任性自然、佛家参禅悟道之议。在审美趣味方面,三家也是不同的。儒家是追求理性的胜利与功利的实现,因此在文艺创作和鉴赏中,强调符合伦理规范和具有经世致用的社会效果。佛家则希望摆脱现实的束缚而进入一个没有烦恼没有矛盾的理想境界,即从主观精神上悟得的空无的境界,也就是超现实的彼岸世界。换言之,佛家的审美趣味,就是对"虚空"境界的追求。张文勋《儒道佛美学思想探索》(中国社会科学出版社1988年)一书共收论文12篇,看似分散,其实相互联系,环环相扣,形成了一个完整的思想体系。该书以丰富的资料为依据,从不同侧面研究了儒、道、佛三家的审美观念、审美体验、审美趣味的异同,梳理了

这三家学说相互对立、相互交融的发展情况,探讨了儒、道、佛三家
对中国古典美学某些基本理论的影响及作用。评述比较深入中
肯,提出了不少有见地的看法。

(三)儒佛伦理思想理论的异同

崔连仲《论佛陀与孔子的道德观》(《南亚研究》1992 年第 1
期)、武文《佛陀的"六方"与孔子的"五伦"》(《辽宁大学学报》1992
年第 6 期)、李书有《儒家仁爱与佛教慈悲之比较》(《纪念孔子诞辰
2550 年国际学术讨论会论文集》,国际文化出版公司 2000 年)、张
树卿《简论儒释道的义利观》(《松辽学刊》2000 年第 5 期)等论文
则对儒佛伦理思想理论的异同进行了探讨。

(四)教育思想理论的异同

儒佛两家教育思想理论的异同,也有个别学者进行了探研(见
下文)。

四

儒佛两家在教育制度、教育思想、教育方法等方面既有不同,
也有相同相近之处,各自形成自家的特色。在历史上,两家既各自
坚持独有特色,又互相渗透影响。因此,关于儒佛两家在教育方面
的异同与互相影响问题,也有学者给以关注。丁钢《中国佛教教育
——儒佛道教育比较研究》(四川教育出版社 1988 年)、李军《变异
与整和——玄儒佛道教育思想比较研究》(湖北教育出版社 1997
年 5 月第 1 版)以及魏承思《中国佛教文化论稿》(上海人民出版社
1991 年)第四章"中国佛教教育"都对此进行了研究。丁钢《中国
佛教教育——儒佛道教育比较研究》比较系统、全面地论述了中国
佛教教育发生发展的历史源流和主要特点,并且从比较文化的角
度,从中外文化交流、斗争、融合的角度对儒佛道三家的教育思想、

制度和方法进行了对比研究。李军《变异与整和——玄儒佛道教育思想比较研究》则主要从两家教育思想的异同及相互影响方面进行研究。魏承思在《中国佛教文化论稿》(上海人民出版社1991年)第四章"中国佛教教育"中则主要对禅宗教育与儒家教育的异同和互相影响进行了探讨揭示。

五

儒佛关系问题是自古以来学者、政治家就给予重视的问题。在20世纪的儒佛研究中,也始终是僧俗两界众多学者关注的问题,这方面的论文论著很多,在整个儒佛比较研究论文论著中所占比重最大。这类论文论著中既有论述儒佛关系(相互影响与作用)的,也有就一些历史人物关于儒佛关系思想进行探研的。

(一)儒佛关系(相互影响与作用)研究

综观儒佛关系研究的论文论著,学者们大都集中在对儒佛两家相互影响与作用的探研上。其中有一些通论儒佛关系的,更多的则论述儒家某一学派与佛教某宗某派的关系。

1. 通论儒佛关系

熊十力《与张东荪论学书》(宋明理学取佛家修养方法问题)(《中心评论》第4—9期,1936年4月)、高观如《唐代以前儒佛两家之关系》(《微妙声》1卷1期,1936年11月)、高观如《唐代儒家与佛学》(《微妙声》第1期第3期,1937年1月)、林继平《从阳明憨山之释大学看儒佛疆界》(《人生》第293、294期,1963年1月)、印顺《中国的宗教兴衰与儒家》(《海潮音》第34卷第4—6期,1953年4—6月)、王国炎《魏晋南北朝的儒佛融合思潮和颜之推的儒佛一体论》(《江西大学学报》1984年第4期)、曾召南《汉魏两晋儒释道关系简论》(《四川大学学报》1986年第3期)、任继愈《佛教与儒教》(《文史知识》1986 年第 10 期)、杜继文《儒释三议》(《孔子研究》1987 年第 1 期)、赖永海《从魏晋南北朝佛学的中国化看外来宗教与传统思想的关系》(《浙江学刊》1987 年第 2 期)、雷莹《佛教对中国传统文化的渗透》(《北京大学研究生学刊》1987 年第 2 期)、乌以风《中国儒释道三教同源思想的历史演变》(《安庆师院学报》1987 年第 2 期)、洪修平《也谈两晋时代的玄佛合流问题》(《中国哲学史研究》1987 年第 2 期)、张立文等《中国传统哲学与儒释道的融合统一》(《传统文化与现代化》,中国人民大学出版社 1987 年 8 月)、孙昌武《论"儒释调和"》(《哲学研究》1988 年第 5 期)、许抗生《儒家与佛、道两教的纷争与融合》(《文史知识》1988 年第 10 期)、赖永海《佛性与人性——论儒佛之异同暨相互影响》(《哲学研究》1989 年第 11 期)、孙实明《唐宋间儒释道的地位及其相互关系》(《学术交流》1990 年第 4 期)、魏琪《简述儒学借鉴佛道宗教文化的历史必然性》(《西藏民族学院学报》1991 年第 2 期)、周可真《试论儒释道之联结点》(《苏州大学学报》1991 年第 3 期)、宫云维《宋初文化政策与儒佛道之关系》(《孔子研究》1997 年第 4 期)、方立天《儒佛以心性论为中心的互动互补》(《中国哲学史》2000 年第 2 期)、李广良《近代儒佛关系史述略》(《学术月刊》2000 年第 2 期)、任继愈《从佛教到儒教》(杨曾文等编《佛教与历史文化》,宗教文化出版社 2001 年 1 月)、李斌斌《唐前期道儒释三教在朝廷的斗争》(杨曾文等编《佛教与历史文化》,宗教文化出版社 2001 年 1 月)等一批论文,李绅《三教关系论纲》(《世界宗教研究》1996 年第 3 期)、彭自强《佛教与儒道的冲突与融合——以汉魏两晋时期为中心》(巴蜀书社 2000 年 8 月)等专著以及一些儒学通史著作,都对儒佛两家关系进行了研究。这些论文论著既研究了儒学对佛教佛学的作用影响,又研究了佛教佛学对儒学的作用和影响,围绕儒佛两家复杂的相互关系、作用、影响进行了多角度多层面的探讨。

任继愈《佛教与儒教》认为,佛教与儒教有直接继承关系,特别是在心性论上,儒教是接着佛教讲的。宋明理学接过佛教在隋唐反复讨论的心性论与儒家的纲常名教相结合,从而形成了一种新的哲学(社会上叫理学,元朝人称为道学,西方学术界称为新儒学,任继愈等部分学者则称为儒教)。佛教经过儒教加工改造后,其宗教修养方法,特别是心性之学的修养方法,在儒教合法化,成了主静、主敬,禅定成了静坐。从儒佛两家共同关心的思想方法、修养目的、修养方式以及它们研究的问题着眼,很容易看到儒佛道之间互相影响、互相渗透:儒教以自己为主,吸收了道教、佛教,佛教、道教则向儒教的纲常名教靠拢,走向三教合一。

杜继文《儒释三议》一文指出,由于没有对史实弄清楚,因此在学术界议论较多的儒释关系问题上造成一些重要误解。例如,学术界有一种相当流行的看法,认为佛教是经历了"方术化"、"玄学化"和"儒学化",而后实现中国化的。这种意见并不能反映历史的全貌,可推敲处实多。第一,通常把佛教的初传归结为对方术的依附,忽视一开始就有儒学对佛教的改造,忽视了儒家从一开始就制约着佛教发展的基本方向,这是由于对史实了解不全面而引起的重要误解。作者认为,说佛教初传是依附于"方术",在原则上是对的,但决不能认为"方术"只是以后道教弘扬的那种巫术或神仙术,因为当时的"方术",其实就包容在汉武帝独尊的"儒术"中。在儒术与方术混一、儒生与方士难分的总的社会文化背景下,不能忽视佛教初传就依附儒学的一面。如,楚元王刘英蓄养"嗓门",斋戒祀佛,同他招纳"方士"、造作图谶一样,不被视为与"儒术"有何抵触。从佛教文献看,佛教更多的向儒家靠拢而对道家的神仙方术逐渐采取排斥态度。例如《牟子理惑论》大量引用儒家典故,把佛学解释得比儒学还儒学,却从佛教的立场对道教的神仙方术作了激烈的抨击。三国时期康僧会明确提出了"儒典之格言,即佛教之明训"，他通过编译《六度集经》将佛教的"菩萨行"纳进儒学的"仁道"的轨道，理论重点也从申诉个人痛苦和探索个人解脱转向"悲愍众生"、"慈育人物"方面，强调发挥佛教的社会作用。他说"诸佛以仁为三界上宝"，故王者"为天牧民，当以仁道"。把佛、天、王、民在"仁道"上统一起来，并且以此作为推进"菩萨行"的出发点。两晋佛教的儒学化，加重在译介大乘佛典时向儒学比附的风气，就可能与康僧会的倡导也有关系。其次，作者通过对慧远的所作所为以及东晋南北朝历史事实的考察，指出：认为佛教依附玄学是魏晋南北朝的主流而忽视其间儒学对佛学的改造，也是片面的认识。至于东晋，佛教与儒家在社会政治思想、伦理观念和宗教观念等主要点上已经基本融合。南北朝则是这种融合的展开和扩大。第三，学术界视儒学为反佛排佛的旗帜，却否认佛教对我国民族文化的巨大影响，这种观点尤与史实不符。其实佛教正是以自己独特的思想体系，满足着儒学、传统文化所不能满足的社会需要，才使它在广大土地上流传两千多年。"儒家过分切近的经验主义，使它自身无力解决人们需要深度思考和解决的问题，从而给佛教的扩展留下了充分的余地"。例如有关人的本原和社会不平等的根源、宇宙本体论、认识的可靠性、宗教观念等方面，就是儒家所短，而佛学却擅长。儒释关系是中外文化交流的一种表现，而交流总是相互作用的。外来文化若不保持自己某些固有的独特性，以补充和丰富传统文化或缺或弱的内容，就像它不改形变态以适应传统文化的接受程度一样，决不会得到广泛持久的传播。作者还强调，对儒释的相互作用不能作抽象的理解，它们是在特定的社会机体上进行的，受到特定的政治和经济的制约，最终由时代和人群的需要加以抉择。佛教之特别与儒学关系密切，就是因为儒学更稳定地反映了我国封建主义的基本结构。在这方面，我们对史实的把握也需要增强。

赖永海《佛性与人性——论儒佛之异同暨相互影响》从作为佛教核心问题的佛性论与传统儒学根本问题的人性论关系角度对儒佛关系进行了探讨。作者认为，儒佛既各以其自身特色而独立，又互相作用影响。唐宋以后，佛教由于受到注重人性、心性的儒家和中国传统文化的影响，也逐渐走上注重人性、心性的道路，因此也多有以"善"、"恶"论性的。《坛经》最基本的思想就是"心即佛"，慧能则把着眼点由注重抽象本体转变为注重现实的人。其学说的特点之一就是喜欢直接谈人，谈人心，谈人性，而且不像以往的佛教思想家那样作虚玄抽象的推衍论证。这种直接把佛性归结于现实的人性的思想和做法，与总是把佛性诉诸于抽象本体的思想大异其趣（把眼光从抽象本体转向人，也导致了中国佛教的另一根本性变化：由注重出世，一改而为注重入世，倡导即世间求解脱）。儒家受到以佛性为本体的佛教学说的影响，也出现了以人性、心性为本体的倾向。这种倾向至禅宗倡导"即心即佛"，把一切归诸自性、自心，"心"的具体化就被发展到新的阶段。例如，儒家向来重人、重人性而不谈抽象本体，自隋唐以后则倡导天人合一的心性本体论。李翱的《复性书》的思想理论与表达方法与中国佛教的佛性理论多有相近相通之处。宋明理学家虽然大多反佛，但是却在反佛旗号下大量吸收佛教的佛性理论。心学家受禅学影响更大更深。王学及王门后学不论在思想内容还是思想风格上都与禅宗极其相近，以至于有的思想家和学者称王学为禅学。在宋代以前，儒家一直攻击排斥佛教伦理。佛教如果不在伦理观方面有所改变，便很难在中国长期存在并且求得很大发展。因此佛教在此作出很大调整。如，宋代名僧契嵩全面论述佛教孝道的《孝论》把佛教的"五戒"比为儒家的"五常"，提出"儒佛者，圣人之教也。其所出虽不同，而同归乎治"，认为两家殊途同归。该书声称："夫孝，诸教皆尊之，而佛教殊尊也"，"夫孝，天之经也，地之义也，民之行也"，"圣人之善,以孝为端",并把父母作为"天下三大本"之一。明代僧人也著《孝闻说》、《广孝序》等,大谈孝道。唐宋以后,佛儒合流,中国佛教变为一种世俗化、人性化的宗教,注重人与人之间的关系也成为中国佛教的一种内在需要,而不单纯是一种让步、一种策略。

方立天《儒佛以心性论为中心的互动互补》一文揭示和论述了儒佛两家以心性论为中心互动互补。

赖永海《佛学与儒学》(浙江人民出版社 1992 年 9 月)一书,则分"佛法要义"、"佛本与人本"、"佛性与人性"、"顿悟见性与修心养性"、"出世与入世"、"理学与佛学"、"心学与禅学"、"儒佛交融与人间佛教"八章,从思维模式、思想重心、学术特点、理论旨趣等多个方面,对佛学与儒学两大思想体系的异同、相互影响、历史演变进行了系统的探讨。

2. 理学与佛教的关系

论述儒佛两家相互关系与影响在整个儒佛比较研究中所占比重最大,而关于理学(包括心学)与佛学佛教关系、影响的论述则在整个儒佛两家相互关系与影响的论述中所占比重最大。杨大膺《宋明理学与佛学异同》(《青鹤杂志》第 2 卷第 20－23 期)、熊十力《与张东荪论学书(宋明理学取佛家修养方法问题)》(《中心评论》第 4—9 期,1936 年 4 月)、太虚《王阳明格竹衍论》(《太虚大师全书·国学》,善导寺佛经流通处印)、冯友兰《新儒家的兴起及其所受佛教和道教的影响》(英文,美国哈佛《亚洲研究》1942 年)、钱穆《禅宗与理学》《再论禅宗与理学》与《三论禅宗与理学》(《思想与时代》第 38—40 期,1944—1945 年)、谢慧霖《论儒佛与理学》(《志学月刊》19、20 期,1945 年)、季羡林《佛教对于宋代理学的影响》(《申报·文史副刊》24 期, 1948 年 5 月 22 日)、杨胜南《理学家与佛教之关系及其排佛原因》(《弘化月刊》第 8 期,1942 年 2 月)、张君劢

《儒家受佛教影响后之复活》（印度协会 1949 年印）、胡谷怀《宋明理学与佛学》（《人生》第 24 卷第 6 期，1962 年 8 月）、黎明《宋明理学与佛老之学》（《人生》第 25 卷第 2 期，1962 年 12 月）、唐君毅《略谈宋明儒学与佛学之关系》（《哲学与文化》第 3 期，1976 年 1 月）、黄公伟《宋明理学与佛学的心论》（《学园》第 2 卷第 9 期，1967 年 5 月）、东初《宋明理学与禅宗文化》（《海潮音》第 50 卷第 5 期，1969 年 5 月）、南怀瑾《宋明理学与禅宗》（《孔孟学报》第 23 期，1972 年 4 月）、唐君毅《略谈宋明儒学与佛学之关系》（《哲学与文化》第 3 期，1976 年 1 月）、姚思周《从宋明儒之儒佛之辨说起》（《铎声》第 15 卷第 4 期，1977 年 4 月）、陈正夫等《儒、佛、道的融合与程朱理学》（《江西大学学报》1979 年第 4 期）、陈国钧《朱熹理学与儒、佛、道的关系》（《江西师范学院学报》1981 年第 4 期）、贾顺先《儒释道的融合和宋明理学的产生》（《四川大学学报》1982 年第 4 期）、任继愈《朱熹与宗教》（《中国社会科学》1982 年第 5 期）、朱日耀《略论程朱理学之援佛入儒》（《宋明理学讨论会论文集》，浙江人民出版社 1983 年）、张君劢《佛教对于新儒家之刺激》（美国《中国佛教》28 卷第 6 期，1984 年）、乐九波《佛教禅宗对王阳明哲学的影响》（《中国哲学史研究》1985 年 2 期）、严北溟《佛教思想对宋明理学的影响》（《中国佛教哲学简史》，上海人民出版社 1985 年 12 月）、戴斗勇《二程的"以易胜佛"与儒学的突变》（《江西社会科学》1989 年第 1 期）、杨仁忠《略论二程"援引佛学改造儒学"的思想》（《河南师大学报》1990 年第 3 期）、颜晨华《儒佛之争与〈四书〉的崛起（泛论朱子哲学的文化意义）》（《齐鲁学刊》1991 年第 2 期）、陈来《南宋的心学与佛教》（《世界宗教研究》1992 年第 2 期）、冯菊盛等《佛学对儒家价值理想建构的影响》（《世界宗教研究》1993 年第 1 期）、唐长孺《南朝高僧与儒学》（《传统文化与现代化》1993 年第 1 期）、史继忠《儒道佛的纷争和融合》（《贵州民族学院学报》1993 年第 3 期）、夏金华《试论佛教曹洞宗对〈易〉的利用》（《周易研究》1994 年第 1 期）、崔大华《论理学之消化佛学》（《中国文化研究》1997 年第 4 期）、曾召南《佛道兼融的王畿理学》（《宗教学研究》1999 年第 1 期）、张立文《儒佛之辩与宋明理学》（《中国哲学史》2000 年第 2 期）、向世陵《见礼见性与穷理尽性——传统儒学、佛学（华严禅）与理学》（《中国哲学史》2000 年第 2 期）、何静《程颐天理论之建构及与佛学之关联》（《浙江学刊》2000 年第 3 期）、董群《论华严禅在佛学和理学之间的中介作用》（《中国哲学史》2000 年第 2 期）等一批论文论述了宋明理学或者理学某些流派与佛教佛学或者佛教某宗某派的异同与关系。在关于理学与佛学佛教关系的论述中，禅宗与宋明理学的相互关系与作用成为人们关注的重点。对禅宗与宋明理学相互关系与作用，不但有一批论文加以论述，而且在佛学佛教通史著作，特别是关于禅宗禅学的专著与关于宋明理学的专著大都加以论述。

　　对于理学与佛学佛教相互关系、影响的问题，持不同意见的学者之间还展开了争论。例如有的学者认为宋明理学是受佛学刺激、影响而产生，甚至是对佛学（主要是禅学）的"改头换面"，是"阳儒阴释"；而有的学者则反对上述说法，否认理学受到佛学佛教的影响。两者展开了争论。例如，蒋维乔、杨大临《中国哲学史纲要》卷下第 4 页说："自来学者都说宋明理学和佛学的深刻关系在乎根本思想，我们则认为只在乎方法。由方法的相同，所以外表上彼此有些类似；其实两家的思想虽有一二相通的地方，一是世间法，一是出世间法，实在是水火不相容的。"季羡林《佛教对宋代理学的影响》一文则针对上文的说法提出反驳。作者就清代尹明绶《学规举隅》卷上论入德之方时在"克治"一段所引朱熹关于投豆的话，研究考察了与佛教有关内容的关系，从而证明"宋代理学不但在大的思想方面受了佛教的影响，连许多人们平常不注意的末节也居然受到佛教的影响。南怀瑾《宋明理学与禅宗》通过对理学和禅宗在不同时期相互排斥、渗透、吸收等方面的探讨,揭示了二者的异同及其关系,并且指出禅宗在宋代已衰落,而理学兴起,元明以后禅宗已渗有理学成分。换言之,理学是宋代新兴的"儒家之禅学",元明以后的禅宗则已等同是"禅宗之理学"。东初《宋明理学与禅宗文化》认为把宋明理学的兴起归功于韩愈的排佛是错误的,通过对宋儒与禅宗禅学关系的考察,指出宋儒受禅宗禅学影响,"遂开出此后的宋明理学"。唐君毅《略谈宋明儒学与佛学之关系》批评了认为宋明理学是"阳儒阴释",甚至于只是将释老加以改头换面之说,指出此说不合宋初儒学实际,或许适合晚明儒学实际,宋儒反对佛学,佛学影响多是反面的,直到晚明儒家才对佛学采取融通的态度。郭朋《佛教禅宗与程朱理学》通过对受禅宗思想影响的程朱理学几个主要观点的剖析,说明程朱理学大师虽以"辟佛"自居,实都从禅学摭取思想资料以滋补自己,都是"外儒内佛"。任继愈《佛教与儒教》在重申和坚持儒学(宋明理学)是儒教这一观点的前提下,阐述了佛教对儒教(理学)的影响与作用。曾普信《禅学与道儒思想》通过对禅宗与道家、儒家思想的对比研究,指出道儒促成了禅学的产生,禅学促成了"新儒学"(宋明理学)的形成,互相吸收和融合了对方的一些思想资源。同时又指出,儒道与禅学虽有密切关系,但是不能把禅学与儒道(特别是庄子学说)混同,它有自己的特色。

　　3. 现代儒学与佛学的关系

　　佛学与现代儒学(也称为新儒学)的关系也是学者关注的问题之一。卢升法《现代新儒家梁漱溟的儒佛会通观》(《南开学报》1989 年第 4 期)、杨丹荷《熊十力思想与儒、道、佛及西学的关系》(《华侨大学学报》1999 年第 3 期)等论文以及卢升法《儒学与现代新儒家》(辽宁大学出版社 1994 年)、郭齐勇《熊十力思想研究》(天津人民出版社 1993 年 6 月)等专著都就佛学与现代新儒家人物思想的关系进行了研究,从而探讨了现代新儒学与佛学佛教的关系。此外,一些研究新儒家的论著中也涉及到新儒学与佛学的关系。僧俗学者都认为,现代新儒家的大部分代表人物都对佛学有深入的研究,在建构自己的思想体系和建设新儒学的过程中接受了佛学的影响,吸取了佛学的思想理论资源。因此,现代新儒家、现代儒学的产生发展与佛学佛教有着重要关系。

(二)历史人物儒佛关系思想的研究

韩秉方等《林兆恩三教合一思想与三一教》(《世界宗教研究》1984 年第 3 期)、林国平《论林兆恩三教合一思想》(《中国哲学史研究》1988 年第 3 期)、余秉颐《唐甄评儒、道、释三教》(《学术月刊》1988 年第 6 期)、李锦全《柳宗元与"统合儒释"思潮》(《晋阳学刊》1990 年第 6 期)、李天纲《"补儒易佛"——徐光启的比较宗教观》(《上海社科院学术季刊》1990 年第 3 期)、郎宝如《柳宗元"统合儒释"思想评价》(《内蒙古大学学报》1992 年第 3 期)、李存山《罗钦顺的儒释之辨》(《中州学刊》1993 年第 3 期)、马西沙《林兆恩的三教合一思想》(《世界宗教研究》1996 年第 2 期)、陈晓萍《薛侃儒佛道三教同异论探》(《韩山师院学报》1999 年第 3 期)、潘桂明《梁肃与李翱的儒释会通思想》(杨增文等编《佛教与历史文化》,宗教文化出版社 2001 年 1 月)等论著中,对于历史上一些人物有关于儒佛关系的思想进行了分析研究。

(三)历史人物与儒佛关系研究

学者们不但对儒学思想家与佛学思想家们与佛儒的关系进行了探研,而且对其他历史人物与儒佛的关系进行了探研。如林一新《谭嗣同的思想及其与儒佛之关系》(《文化建设》1 卷第 12 期,1935 年 9 月)、陈志明《明中叶学者的儒释之辨》(《孔子研究》1991 年第 4 期)、常为群《论苏轼的人生态度及与儒释道的交融》(《南京师大学报》1992 年第 3 期)、马兰州《韩愈崇儒反佛思想论析》(《天津外国语学院学报》2000 年第 2 期)、金周淳《陶渊明诗文中的儒佛思想》(《赣南师范学院学报》2000 年第 2 期)便对一些历史人物与儒佛的关系进行了探讨。

六

关于儒佛两家各自以其独具特色的思想理论、智慧等共同影响中国文化,也是 20 世纪众多学者关注的问题。其中既有很多学者研究儒佛两家对中国传统文化的影响,也有个别学者论述儒佛两家对现代文化建设的启示与意义。

严昌洪《中国风俗与传统文化——风俗与儒释道的关系》(《华中师大学报》1992 年第 4 期)、王显春《儒道佛文化合流与元杂剧的道德观》(《社会科学研究》1992 年第 3 期)、张弓《隋唐儒释道论议与学风流变》(《历史研究》1993 年第 1 期)、曾红《儒道佛理想人格的融合及其对国人的影响》(《江西师大学报》1994 年第 4 期)、黄宝华《论黄庭坚儒、佛、道合一的思想特色》(《复旦学报》1983 年第 1 期)、赖永海《柳宗元与佛教》(《哲学研究》1984 年第 3 期)、陈宝良《明太祖与儒佛道三教》(《福建论坛》1993 年第 5 期)、马兰州《韩愈崇儒反佛思想论析》(《天津外国语学院学报》2000 年第 2 期)、金周淳《陶渊明诗文中的儒佛思想》(《赣南师范学院学报》2000 年第 2 期)、魏琪《简述儒学借鉴佛道宗教文化的历史必然性》(《西藏民族学院学报》1991 年第 2 期)、金太军《试论中国传统文化的儒释道互补格局》(《青海社会科学》1994 年第 5 期)、邓刚《从〈理惑论〉看东汉末年儒佛之争及其影响》(《江西教育学院学报》1995 年第 2 期)等论文论述了儒佛两家对中国传统文化的影响与作用。

陈启智《儒佛关系及其对现代文化建设的启示》(《文史哲》1995 年第 2 期)、方立天《儒道佛人生价值观及其现代意义》(《中国哲学史》1996 年第 1—2 期)等论文则论述了儒佛两家的现代意义。

七

开展儒佛比较研究,具有重大意义。

(一)进行儒佛比较研究,具有重要学术意义

1. 进行儒佛比较研究是深入认识儒学和佛教佛学异同和特点的需要。要达到深入认识儒学和佛教佛学的目的,除了分别开展儒学研究、佛学研究以外,还必须就儒佛两家在思想理论、对中国文化的作用与影响等许多具有可比性的方面进行科学深入的比较研究。通过科学深入的比较研究,才能正确而深入地认识和了解儒学和佛教佛学,才能更清晰更深入地把握儒佛两家各自独有的特点和优长,进而深入认识和准确把握中国传统文化。

2. 进行儒佛比较研究是深入研究和正确认识中国传统文化所必需。中国传统文化是儒道佛等各家文化的综合体,如果不对作为中国传统文化主干的儒学和成为中国传统文化重要组成部分的佛教佛学加以深入研究和确切的把握,不了解其各自的特点优长,便无法得出令人信服的科学结论,无法真正认识中国传统文化。例如,新中国建立以来,在中国传统哲学研究上取得很大进展,但是对作为哲学极为重要内容的"人的哲学"、"生命哲学"的研究却是薄弱的。究其原因,固然是多方面的,其中重要原因之一就是对儒家与佛家心性论研究的薄弱。因此,开展儒佛人生哲学特别是儒佛两家人性论、佛性论、心性论的讨论和研究,将会促进中国哲学和中国文化研究的深入。

（二）开展儒佛比较研究，具有重大现实意义

1. 开展科学而深入的儒佛比较研究是确立正确对待和处理儒佛关系政策的需要。不言而喻，要做到在思想上、政策上正确对待和处理儒佛关系，就必须首先通过儒佛比较研究，正确认识和充分了解儒佛各自的特点优长与相互关系。同时，了解历史上怎样对待儒佛两家、实行什么样的政策，从而给今人和政府提供借鉴。

2. 科学深入地进行儒佛比较研究有助于现代哲学和新文化体系的建构。众所周知，任何新的思想、理论、学说都不是凭空产生的，都有它的历史继承性。建构现代哲学与新文化体系同样需要广泛吸取已有思想文化资源。作为中国传统文化重要资源的儒佛两家的思想文化资源，自然也应该吸收。要具体采纳儒家和佛家的哪些思想文化资源，将所采纳的儒家、佛家思想文化资源置于新文化结构的哪一层面，诸如此类的举措则必须在科学深入研究从而准确把握儒佛两家不同特色、功能的基础上才能进行。同时，分析研究历史上如何吸取儒佛两家思想文化资源、如何处理儒佛两家的关系，也可以为今天建构新文化体系提供经验教训。

3. 进行科学深入的儒佛比较研究有助于超越传统开辟未来。认识昨天，有助于把握今天，走向美好的明天。人们常说，现代化的关键是人的现代化。要搞好人的现代化，既有赖于继续进行经济政治和文化变革以更新人们的思想观念和开拓人们的视野等，还有赖于借鉴和吸收包括儒家佛家等"百家"在人生境界的提升与完善、心性修养、价值追求等过程中的经验和教训及其人生哲学思想理论资源。对儒佛两家在人生境界的提升与完善、心性修养、价值追求等过程中的经验和教训进行科学深入的分析、对比与评判，以供今人选择、借鉴，显然对现代中国人身心的健康发展，对民族精神的再造，对人的现代化乃至人的全面发展大有裨益。

八

回顾 20 世纪的儒佛比较研究,虽然历经艰难曲折,但是最终走向兴盛繁荣,取得了引人注目的成绩。一、有一批儒佛比较研究的论文和一些专著发表与出版。二、儒佛比较研究虽然从古代就已经开始,但是科学的研究则是从 20 世纪开始的。20 世纪是中国学术史上开辟科学的儒佛比较研究的新世纪。三、20 世纪儒佛比较研究与此前相比,不但范围扩大,涉及了此前不曾涉及的领域与问题,而且研究水平提升,对此前已经涉及和未曾涉及的领域与问题的研究都较为深入。四、问世的研究成果不仅有一定数量,而且不少论文有相当高的质量。五、在对儒佛两家的异同点、契合点、特色、功能等方面的认识上达成了某些共识。

当然,20 世纪的儒佛比较研究还存在一些缺陷和问题。例如,因为没有专门机构和专业队伍,这一领域的研究工作,完全是学者出于将所从事专业的研究推向深入的需要,或者社会政治人士出于非学术的需要的自发行为。这样的研究自然是没有规划和计划的、分散的、连带的、手工作坊式的、随意性的,受非学术因素、外部因素的影响很大。一方面存在许多空白和薄弱环节需要填补和加强,另一方面又存在着重复劳动效率低下、论文真正有水平有价值的嫌少而重复的可有可无的较多等现象。特别要指出的是,对儒学和佛教佛学理解上失之偏颇的地方不少。在这样的基础上所进行的比较,所得出的结论很难令人信服。有这些现象存在,很难保证儒佛比较研究的顺利持续发展和整体质量的不间断提升。又如,在儒佛比较研究领域基本上是各说各的,没有争论,然而众所周知,真理是越辩越明的。再如,从儒佛比较研究的学术发展的需要与 21 世纪思想文化建设等实际需要来看,20 世纪儒佛比较研究的广度、深度、精密度都存在缺陷,有待改进提高。

回顾过去是为了展望未来。对 20 世纪儒佛比较研究进行反思,是为了使意义重大的儒佛比较研究在 21 世纪自觉地扬长补缺纠偏,持续健康发展,再创历史新高。儒佛比较研究任重道远,在专家学者们的共同努力下,必将获得更大的进展,更理想的成就!

佛教护国论

蔡元培

孟子曰:"人之为道也,饱食暖衣,逸居而无教,则近于禽兽。"国者,积人而成者也。教者,所以明人与人相接之道者也。国无教,则人近禽兽而国亡,是故教者无不以护国为宗旨者也。

我国之教,始于契,及孔子而始有教士。于时暴君代作,产国而奴人,恶教士之说护国而仇之,如陈、蔡、匡人、桓司马之属,其证也。孔子深循体合之义,乃危行逊言,取旧教之粗迹,略见真理端倪,以告于人人,而高等真理,则口授高第弟子,而不敢著于竹帛焉。及亡国,郁极而发,处士横议,民权萌芽,新学大兴,孟子乃敢以孔教第二真理大声而发挥之,而庄子亦以寓言道其第一真理焉。既皆不见用,而绝于秦,混于汉,孔子第二真理之徒本体合之旨,以求容于世主,杂以当时俗学,如《公羊春秋》是也。其后为利禄所扼,并旧教之粗迹而亡之矣。晋宋以后,郁极而又发,得所译佛经之助,畅述蒙庄,取其辨学而已,于真理未有得焉,此梁武王衍所以读庄、佛之书,仍背护国之理,以取灭亡者也。于时佛氏之徒,入君主之国,知真理之不见容,而思有以体合之也,乃造为布施功德之说,附以委巷不经之事,以求容于世之愚夫妇也。而后与扼于利禄之愚儒同,其差胜者,不臣于天子,而得自由已耳。然而为布施所扼矣,犹不能自存焉,乃造为经忏以市利焉,于是仍不得自由,而与愚儒同。而傅□、韩愈之徒,乃持愚儒所以媚君主者断断焉与之争，而□□辈亦遂持愚僧所以媚君主者断断焉与之争。呜呼，真蛮触也夫！宋明之间，郁极而又发，儒者秉佛氏之心理以证孔教矣，然而见九牛之一毛耳，而又讳之深，以为不得于佛而自得于儒也。此陈恒之窃国也，知五百不知一十者也。终以不明，是以孔、佛并绝，而我国遂为无教之国，日近于禽兽矣。

　　然而吾读日本哲学家井上氏之书而始悟。井上氏曰："佛教者，真理也，所以护国者也。"又曰："佛教者，因理学、哲学以为宗教者也。小乘义者，理学也；权大乘义者，有象哲学也；实大乘义者，无象哲学也。"呜呼！何其似吾夫子与吾夫子之言。《论语》者，小乘也；《孟子》所推，权大乘也；《庄子》所推，实大乘也。《论语》、《孟子》、《庄子》所未详，吾取之佛氏之言而有余矣。且孔与佛皆以明教为目的者也。教既明矣，何孔何佛，即佛即孔，不界可也。井上氏又曰："纯一无杂者，佛教之种实也，以社会百般之文物为食，摄取于其体内，而变其种实中所包原形之质，而次第发育为数十丈之大干与几千万之枝叶也。此所谓进化而发达者也。"

　　嗟乎！彼耶氏之徒，诮人之拜偶像，而不知其拜空气之同一无理也。袭君主之故智，称天以祸福人而恶哲学之害己也而仇之，是亦教之极无理者矣。然而耶氏之徒能摄取社会之文物以为食，体魄甚恶，如猛兽也，脑质虽蠢，而逞其暴力，非寻常之人所能制也。况乎儒佛之脑质极灵，而又以文物为食者乎？痛乎哉，吾国儒佛之枵腹以死也！而耶氏者，以其电力深入白种人之脑，而且占印度佛氏之故虚也，浸寻而欲占我国孔教之虚矣。使其教而果真理与，则即耶即佛可也，即耶即孔可也，不界可也。然而耶氏之非真理，则既言之矣。

　　呜呼！儒佛之中，有能食文物而强大于体质以抵制之者乎？儒之中，盖有知之者矣，然而儒者扼于世法者也，集网甚密也，资本无出也。譬之食也，设盛筵，张三席，耶也，佛也，儒也。其馔有美者焉,有益于体;有至美者焉,有益于脑。席各一豆也,耶者饱餐其美者而已,其至美,不敢食焉。儒与佛之位,犹未有坐者,有无数恶犬焉,恐人食儒之食以饱心益力而制我也,则聚于其席之傍,伺来者而噬之。人或不畏其噬而来焉,则又无匕箸焉。佛之席则恶犬所不至,而匕箸又秩然焉。佛之教,昔所谓无君者。自唐以来,毁寺杀僧之举,未闻是恶犬不至之说也。恭读二十四年□月上谕,有因佛寺为学堂之议,是匕箸秩然之说也。学者而有志护国焉者,舍佛教而何藉乎?虽然,今之佛寺,则有不可不改革者焉。吾将游日本求导师而后从事焉。略举鄙见数事,以俟核定。

一、当删去念经拜忏之事,而专用意于教事。

二、当仿日本本愿寺章程,设普通学堂及专门学堂。

三、当由体操而进之以兵学,以资护国之用。

四、禁肉食者,推戒杀义也,此佛教最精义也。何则?人之生本禽兽也,进化而已耳。人所以食禽兽者,岂不曰彼愚而我知也,彼弱而我强也?然而,推此义也,则人与人固有知愚强弱之异矣,将亦智食愚而强食弱乎?鸣呼,此白种之所以蹂躏异种人也。佛氏有见于此,故禁肉食。虽然,人固禽兽之进化者,而禽兽则植物之进化者也。植物不能动,而未尝无生性也。不食动物而食植物,非杀乎?且一滴之水,以显微镜视之,有无数微生物也,饮之者非杀乎?然则佛氏之不肉食,盖亦儒者远庖厨之义耳。既同此义,则不肉食可也,肉食亦可也。他日化学大进,能知动物益人之质皆可取之于植物矣,而后不食动物。厥后知植物若水之质皆可取之于空气,而后不食植物若水,则佛氏戒杀之义完全矣。今日者,虽援日本真宗之例、而仍肉食焉可也。虽然,必依卫生之理,而不可苟以滋味为意也。

五、禁取妻者,乃迁僧恐生齿之繁,地力不足养之,唱此义以平争耳。不知社会进化,则生齿自减。观严幼陵所译斯宾塞氏之说可知也。他日进化之极，至于人纯以灵魂相接，无借乎肉体，成不生不灭之质，则无取乎男女之交，而取妻之风自绝矣。今日者，姑援日本真宗之例，不禁取妻焉可也。虽然，必依夫妇公约以从事而不可苟也。

（选自《蔡元培全集》，中华书局，1984 年）

蔡元培（1868—1940），近代著名思想家、教育家。26 岁中进士。曾任翰林院庶吉士、翰林院编修。与人共同创立光复会。游学欧洲 10 年，大部分时间在德国法国。先后担任同盟会上海分会会长、中华民国教育总长、北京大学校长、中央研究院院长等职务。著作编为《蔡元培全集》。

《佛教护国论》写于光绪 26 年 2 月（1900 年 3 月），稿件上方注有："论语＝＝君主＝＝小乘；孟子＝＝民权不废君＝＝权大乘；庄子＝＝＝有民无君＝＝＝实大乘。"它是 20 世纪最早涉及儒佛比较（会通）的论文。作者主张在中国"孔佛并绝"、成为无教之国的形势下，借助佛教（加以"改革"）来立教护国。

论佛教与群治之关系

梁启超

　　吾祖国前途有一大问题，曰"中国群治当以无信仰而获进乎？抑当以有信仰而获进乎？"是也。信仰必根于宗教，宗教非文明之极则也。虽然，今日之世界，其去完全文明尚下数十级，于是乎宗教遂为天地间不可少之一物。人亦有言，教育可以代宗教。此语也吾未敢遽谓然也。即其果然，其在彼教育普及之国，人人皆渐渍熏染，以习惯而成第二之天性，其德力智力日趋于平等，如是则虽或缺信仰而犹不为害，今我中国犹非其时也。于是乎信仰问题终不可以不讲。（参观宗教家与哲学家之长短得失篇。）因此一问题，而复生出第二之问题，曰"中国而必需信仰也，则所信仰者当属于何宗教乎？"是也。吾提此问题，闻者将疑焉，曰：吾中国自有孔教在，而何容复商榷为也？虽然，吾以孔教者，教育之教也，非宗教之教也，其为教也，主于实行，不主于信仰，故在文明时代之效或稍多，而在野蛮时代之效或反少。亦有心醉西风者流，睹欧美人之以信仰景教而致强也，欲舍而从之以自代，此尤不达体要之言也。无论景教与我民族之感情枘凿已久，与因势利导之义相反背也，又无论彼之有眈眈逐逐者梏于其后，数强国利用之以为钓饵，稍不谨而末流之祸将不测也，抑其教义非有甚深微妙，可以涵盖万有鼓铸群生者。吾以畴昔无信仰之国而欲求一新信仰，则亦求之于最高尚者而已，而何必惟势利之为趋也。吾师友多治佛学，吾请言佛学。

一　佛教之信仰乃智信而非迷信

孔子曰:"知之为知之,不知为不知,是知也。"又曰:"吾有知乎哉? 无知也。"又曰:"及其至也,虽圣人亦有所不知焉。"又曰:"未知生,焉知死?"盖孔教本有阙疑之一义,言论之间,三致意焉。此实力行教之不二法门也。至如各教者,则皆以起信为第一义。夫知焉而信焉可也,不知焉而强信焉,是自欺也。吾尝见迷信者流,叩以微妙最上之理,辄曰:是造化主之所知,非吾侪所能及焉。是何异专制君主之法律,不可以与民共见也。佛教不然。佛教之最大纲领曰"悲智双修",自初发心以迄成佛,恒以转迷成悟为一大事业。其所谓悟者,又非徒知有佛焉而盲信之之谓也。故其教义云:"不知佛而自谓信佛,其罪尚过于谤佛者。"何以故? 谤佛者有怀疑心,由疑入信,其信乃真。故世尊说法四十九年,其讲义关于哲学学理者十而八九,反覆辨难,弗明弗措,凡以使人积真智求真信而已。浅见者或以彼微妙之论为不切于群治,试问希腊及近世欧洲之哲学,其于世界之文明为有裨乎,为无裨乎? 彼哲学家论理之圆满犹不及佛说十之一,今欧美学者方且竞采此以资研究矣,而岂我辈所宜诟病也。要之,他教之言信仰也,以为教主之智慧万非教徒之所能及,故以强信为究竟。佛教之言信仰也,则以为教徒之智慧必可与教主相平等,故以起信为法门。佛教之所以信而不迷,正坐是也。近儒斯宾塞之言哲学也,区为"可知"与"不可知"之二大部,盖从孔子阙疑之训,救景教徇物之弊,而谋宗教与哲学之调和也。若佛教则于不可知之中而终必求其可知者也。斯氏之言,学界之过渡义也,佛说则学界之究竟义也。

二 佛教之信仰乃兼善而非独善

凡立教者必欲以其教易天下,故推教主之意,未有不以兼善为归者也,至于以此为信仰之一专条者,则莫如佛教。佛说曰:"有一众生不成佛者,我誓不成佛。"此犹自言之也。至其教人也,则曰"惟行菩萨行者得成佛,其修独觉禅者永不得成佛。"独觉者何? 以自证自果为满足者也。学佛者有二途,其一则由凡夫而行直行菩萨,由菩萨而成佛者也;其他则由凡夫而证阿罗汉果,而证阿那含果,而证斯陀含果,而证辟支佛果者也。辟支佛果即独觉位也,亦谓之声闻,亦谓之二乘。辟支佛与佛相去一间耳,而修声闻二乘者,证至此已究竟矣。故佛又曰:"吾誓不为二乘声闻人说法。"佛果何恶于彼而痛绝之甚? 盖以为凡夫与谤佛者,犹可望其有成佛之一日,若彼辈则真自绝于佛性也。所谓菩萨行者何也? 佛说又曰:"己已得度,回向度他,是为佛行;未能自度,而先度人,是为菩萨发心。"故初地菩萨之造诣或比之阿罗汉阿那含尚下数级焉,而以发心度人之故,即为此后证无上果之基础。彼菩萨者,皆至今未成佛者也。其有已成佛而现菩萨身者,则吾不敢知。何以故? 有一众生未成佛彼誓不成佛故。夫学佛者以成佛为希望之究竟者也,今彼以众生故,乃并此最大之希望而牺牲之,则其他更何论焉。故舍己救人之大业,惟佛教足以当之矣。虽然,彼非有所矫强而云然也,彼实见夫众生性与佛性本同一源,苟众生迷而曰我独悟,众生苦而曰我独乐,无有是处。譬诸国然,吾既托生此国矣,未有国民愚而我可以独智,国民危而我可以独安,国民悴而我可以独荣者也。知此义者,则虽牺牲躯躬种种之利益以为国家,其必不辞矣。

三　佛教之信仰乃入世而非厌世

明乎菩萨与独觉之别,则佛教之非厌世教可知矣。宋儒之谤佛者,动以是为清净寂灭而已,是与佛之大乘法适成反比例者也。景教者,衍佛之小乘者也,翘然日悬一与人绝之天国以歆世俗,此宁非引进愚民之一要术,然自佛视之,则已堕落二乘声闻界矣。佛固言天堂也,然所祈向者非有形之天堂,而无形之天堂,非他界之天堂,而本心之天堂。故其言曰:"不厌生死,不爱涅槃。"又曰:"地狱天堂,皆为净土。"何以故?菩萨发心当如是故。世界既未至"一切众生皆成佛"之位置,则安往而得一文明极乐之地?彼迷而愚者既待救于人,无望能造新世界焉矣;使悟而智者又复有所歆于他界,而有所厌于侪辈,则进化之责谁与任之也?故佛弟子有问佛者曰:"谁当下地狱?"佛曰:"佛当下地狱。不惟下地狱也,且常住地狱;不惟常住也,且常乐地狱;不惟常乐也,且庄严地狱。"夫学道而至于庄严地狱,则其悲愿之宏大其威力之广远岂复可思议也!然非常住常乐之,乌克有此!彼欧美数百年前犹是一地狱世界,而今日已骤进化若彼者,皆赖百数十仁人君子住之乐之而庄严之也。知此义者,小之可以救一国,大之可以度世界矣。

四　佛教之信仰乃无量而非有限

宗教之所以异于哲学者,以其言灵魂也。知灵魂,则其希望长,而无或易召失望以至堕落。虽然,他教之言灵魂,其义不如佛教之完。景教之所揭橥也,曰永生天国,曰末日审判。夫永生犹可言也,谓其所生者在魂不在形,于本义犹未悖也。至末日审判之义,则谓人之死者,至末日期至,皆从塚中起,而受全知能者之鞫讯,然则鞠讯者,仍形耳,而非魂也。借曰魂也,则此魂与形俱生,与形俱灭,而曾何足贵也?故孔教专衍形者也,则曰:善不善报诸子孙。佛教专衍魂者也,则曰:善不善报诸永劫。其义虽不同,而各圆满具足者也。惟景教乃介两者之间,故吾以为景教之言末日,犹未脱埃及时代野蛮宗教之迷见者也。(埃及人之木乃伊术保全躯尸壳必有所为,殆令为将来再生永生地也。又按景教杂形以言魂者甚多,即如所言亚当犯罪其子孙堕落云云,亦其一端也。如耶氏之教则吾辈之形虽受于亚当,然其魂则固受诸上帝也。亚当一人有罪,何至罚及其数百万年以后之裔孙?此殆犹是积善之家有余庆不善之家有余殃之义而已,仍属衍形教不可谓之衍魂教也。耶氏言末日审判之义峭紧严悚,于度世法门亦自有独胜之处,未可厚非,特其言魂学之圆满固不如佛耳。)夫人生也有涯,而知也无涯,故为信仰者苟不扩其量于此数十寒暑以外,则其所信者终有所挠。浏阳《仁学》云:"好生而恶死,可谓大惑不解者矣,盖于不生不灭瞢焉。瞢而惑,故明知是义,特不胜其死亡之惧,缩朒而不敢为,方更于人祸之所不及,益以纵肆于恶。而顾景汲汲,而四方蹙蹙,惟取自心快已尔,天下岂复有可治也。今使灵魂之说明,虽至闇者犹知死后有莫大之事及无穷之苦乐,必不于生前之暂苦暂乐而生贪著厌离之想,知天堂地狱森列于心目,必不敢欺饰放纵,将日迁善以自兢惕。知身为不死之物,虽杀之亦不死,则成仁取义,必无怛怖于其衷。且此生未及竟者,来生固可以补之,复何所惮而不亹亹!"呜呼!此"应用佛学"之言也。西人于学术每分纯理与应用两门,如纯理哲学、应用哲学、纯理经济学、应用生计学等是也。浏阳《仁学》,吾谓可名为应用佛学。浏阳一生得力在此,吾辈所以崇拜浏阳步趋浏阳者亦当在此。若此者,殆舍佛教末由。

五　佛教之信仰乃平等而非差别

他教者,率众生以受治于一尊之下者也,惟佛不然。故曰:"一切众生,皆有佛性。"又曰:"一切众生,本来成佛,生死涅槃,皆如昨梦。"其立教之目的,则在使人人皆与佛平等而已。夫专制政体固使人服从也。立宪政体亦使人服从也。而其顺逆相反者,一则以我服从于他,使我由之而不使我知之也;一则以我服从于我,吉凶与我同患也。故他教虽善;终不免为据乱世小康世之教,若佛教则兼三世而通之者也。故信仰他教或有流弊,而佛教决无流弊也。

六　佛教之信仰乃自力而非他力

凡宗教必言祸福。而祸福所自出,恒在他力,若祈祷焉,若礼拜焉,皆修福之最要法门也。佛教未尝无言他力者,然只以施诸小乘,不以施诸大乘。其通三乘摄三藏而一贯之者,惟因果之义,此义者,实佛教中小大精粗无往而不具者也。佛说现在之果,即过去之因;现在之因,即未来之果。既造恶因,而欲今后之无恶果焉,不可得避也;既造善因,而惧后此之无善果焉,亦不必忧也。因果之感召,如发电报者然,在海东者动其电机,长短多寡若干度,则虽隔数千里外,而海西电机之发露,其长短多寡若干度与之相应,丝毫不容假借。人之熏其业缘于"阿赖耶"识阿赖耶识者,八识中之第八识也。其义不可得译,故先辈唯译音焉。欲知之者宜读楞伽经及成唯识论。也,亦复如是。故学道者必慎于造因。吾所已造者,非他人所能代消也;吾所未造者,非他人所能代劳也。又不徒吾之一身而已,佛说此五浊恶世者,亦由众生业识熏结而成。众生所造之恶业,有一部分属于普通者,有一部分属于特别者。其属于普通之部分,则递相熏积相结而为此器世间;(佛说有所谓器世间,有情世间者,一指宇宙,一指众生也。)其特别之部分,则各各之灵魂,(灵魂本一也,妄生分别故,故为各各。)自作而自受之;而此两者自无始以来又互相熏焉,以递引于无穷。故学道者(一)当急造切实之善因以救吾本身之堕落;(二)当急造宏大之善因以救吾所居之器世间之堕落。何也?苟器世间犹在恶浊,则吾之一身未有能达净土者也,所谓有一众生不成佛则我不能成佛,是实事也,非虚言也。嘻!知此义者可以通于治国矣。一国之所以腐败衰弱,其由来也非一朝一夕,前此之人蒔其恶地,而我辈今日刈其恶果。然我辈今日非可诿咎于前人而以自解免也。我辈今日而亟造善因焉,则其善果或一二年后而收之,或十余年后而收之,或数百年后而收之,造善因者递续不断,而吾国遂可以进化而无穷。造恶因者亦然。前此恶因既已蔓苗,而我复灌溉而播殖之,其贻祸将来者,更安有艾也。又不徒一群为然也,一身亦然。吾蒙此社会种种恶业之熏染,受而化之,旋复以熏染社会。我非自洗涤之而与之更始,于此而妄曰吾善吾群,吾度吾群,非大愚则自欺也。故佛之说因果,实天地间最高尚完满博深切明之学说也。近世达尔文斯宾塞诸贤言进化学者,其公理大例莫能出此二字之范围。而彼则言其理,而此则并详其法,此佛学所以切于人事,征于实用也。夫寻常宗教家之所短者,在导入以倚赖根性而已,虽有“天助自助者”一语以为之弥缝,然常横天助二字于胸中,则其独立不羁之念所减杀已不少矣。若佛说者,则父母不能有所增益于其子,怨敌不能有所咒损于其仇,无歆羡,无畔援,无罣碍,无恐怖,独往独来,一听众生之自择。中国先哲之言曰:“天作孽,犹可违,自作孽,不可逭。”又曰:“自求多福,在我而已。”此之谓也。特其所言因果相应之理,不如佛说之深切著明耳。佛教洵伟乎远哉。

以上六者,实鄙人信仰佛教之条件也。于戏!佛学广矣,大矣,深矣,微矣,岂区区末学所能窥其万一! 以佛耳听之,不知以此为赞佛语耶,抑谤佛语耶? 虽然,即曰谤佛,吾仍冀可以此为学佛之一法门。吾愿造是因,且为此南赡部洲有情众生造是因。佛力无尽,我愿亦无尽。

难者曰:子言佛教有益于群治,辩矣。印度者,佛教祖国也,今何为至此? 应之曰:嘻! 子何阔于历史! 印度之亡,非亡于佛教,正亡于其不行佛教也。自佛灭度后十世纪,全印即已无一佛迹,而婆罗门之余焰尽取而夺之,佛教之平等观念乐世观念悉已摧亡,而旧习之喀私德及苦行生涯遂与印相终始焉。后更乱以回教,末流遂极于今日。然则印之亡,佛果有罪乎哉? 吾子为是言,则彼景教所自出之犹太,今又安在也? 夫宁得亦以犹太之亡为景教优劣之试验案也? 虽然,世界两大教皆不行于其祖国,其祖国皆不存于今日,亦可称天地间一怪现象矣。

(选自 1902 年 12 月 30 日《新民丛报》第 23 号)

梁启超(1873—1929),广东新会人。光绪举人。随康有为参与"公车上书"、戊戌变法。后逃亡日本。辛亥革命后,曾策动蔡锷反袁,先后出任司法总长、财政总长。曾主编《时务报》、《清议报》、《新民丛报》,介绍西方学说。倡导"诗界革命"与"小说界革命",开白话文风气之先。晚年在清华学校任教。著述宏富,编为《饮冰室合集》等。

在本文中,作者提出,孔教是"教育之教"而非宗教,因此中国应当以佛教为宗教信仰。佛教之信仰"乃智信而非迷信"、"兼善而非独善"、"入世而非厌世"、"无量而非有限"、"平等而非差别"、"自力而非他力",有益于中国之群治。

佛法与孔子之道

太 虚

我未入佛法以前,亦曾寝馈于孔、孟学术之中。迨皈佛修学以后,复将孔教经籍之精华取而与佛乘相印证,觉以前见解,不如学佛以后所得之别有精微广大深切著明之处。今日幸得机会,以此题与在座诸君共同研究之。

讲到本题,先分孔子之道与佛法之二段以说明之。何谓佛?原音乃佛陀二字,迨后简称曰佛,其义盖谓觉悟者。醒觉之人乃名曰佛,如有学问之人称学者,由学而得醒觉之人称觉者。译其意义:一般众生咸在迷梦颠倒之中,无有能豁破此迷梦而得大觉悟者,自觉觉人以拯斯世,惟佛能之,故佛为觉者;然非绝对超然于人生以外若他教所奉之天神也。一切众生如能大彻大悟,醒觉这梦,自觉觉人,皆可成佛。佛之释义,如是如是。何谓佛法?佛法也者,并非佛另造之法。缘吾人类等众生于此迷梦之身世,不能彻见真相,认识其本来面目,妄执物我,造业受报;如在梦中,误以其梦为真,悲欢苦乐,不能解脱。而佛为大觉大悟,解脱迷梦,彻见一心十法界如是如是之本来面目者,其视众生,如有而盲,一切不知,以手扪索,一知半解而自满足,妄立种种宗教、种种学说,愈益迷梦,沉溺忘返。佛以大智慧洞彻谛了,明明白白,实际如何还他如何,恰如其分际,非支支节节之知解,乃完全普遍彻底之了悟。豁破此迷梦而得达迷梦界非迷梦界之真象,此为佛所证明之法,谓之佛法者一也。自觉如是,依自觉以觉他,必使世界众生悉皆同成大觉,而苦于众生不能了解。佛于是生大悲悯心,应现迷梦之众生世界中以觉悟众生,将佛智慧所了知之真理真象,因机制宜,以最善巧之言说推证明白,使闻者皆易于了解。更凭佛之智慧能力,在种种行事上启发光明之路,俾众生平平坦坦、明明白白之而如法修行,由行得证,与佛一样,得从迷梦中而大觉大悟,洞彻一心一法界之真理真象,此为佛悟他之法谓之佛法者二也。何谓佛,何谓佛法,大致已讲解矣。

复次,更讲孔子之道。孔道精要之所在,我以为,天地之间,万物之中,有矿物,有生物,生物分为植物、动物,动物之中分为羽毛鳞角裸,而人类在焉,类类不同,便更有类类相同之点,人之四肢百骸中含矿质,死化为土,是同于矿物类也。人人爪甲毛须能生长而不知痛痒,是同于植物类也。饮食男女巢穴游戏之需,与鸟兽等,是同于动物类也。关于生命上之操作、营求、储蓄、供给,和人类与动物类共同自然而有,胥不足以显示人类特长之德性,及人格上之地位与价值,何以歧异于草木鸟兽也耶? 我以为,孔子之道注意人类在万物中特殊不同之德性,所藉以歧异超尚于其他动物者在此,即孟子所谓人之异于禽兽者几希是也。此几希之别,庶民法之,君子存之,保全人格,崇尚人生特长之德性,廓充而长养之,可以为贤为圣;小人反之,则可下侪禽兽。从人类特长之德性以开发恢宏之,孟子所谓恻隐之心、羞恶之心、恭敬之心、是非之心人皆有之,养而充之,仁、义、礼、智不胜其用者是也。但人人有超乎动物之上蕴乎中之理性同,而能否发扬充尽之,则人人殊。仁、义、礼、智非由外铄,人生本有,善为维护,如草木之萌芽,不使夭折损害,俟其长养成功,为贤为圣,不外乎此。

笃于内行,发为伦常之德。世界人类,近而家庭,远而社会、国家,应当为如此即如此,父子、兄弟、夫妇、朋友各尽其道。立身处世,先须保存德行,扩充理性,各安其分,各适其宜,人到恰好地位,使人类有人类之道德,异于禽兽,方有人生之真价值。故曰:孔子之道,为人生在世最正当之办法。然孔子之道对于为万物灵长之德性,注重如此,亦非将人生需求之衣食住等生活问题屏而不讲也。实有见于人生先明人性,后乃从事生活,方为人类生活,安其生,乐其业,完全恃此德性为之维持,非以禽兽共同之生活而泊没有性也。谋国及治一地方者,仅仅以富强为目的者,其见毋乃舛谬!孟子见梁惠王,王曰:叟!不远千里而来,亦将有以利吾国乎?孟子为曰:王何必曰利!亦有仁义而已矣。殊不思国与国之间,此亦谋富强,彼亦谋富强,以至国内各省,此亦谋富强,彼亦谋富强;甚至一县、一村、一家、一人,上行下效,相率同风,交征利,利害冲突,必出于争,争之不已,战斗之事不可避免,非仅失败者不堪闻问,即优胜获得者亦损害无偿!可见富强绝非最高目的。既富矣而后教之,即发挥人群理性中之伦常道德,方为不埋没人类理性,不失堕人类价值,方为不虚生为人。即饮食、男女、居处亦与他动物有别,以其有理性为之条贯也。以此言之,孔子之道,为人生在世最正当之办法,可无疑义。人类生活需要,亦以人性驭之为运用,而不妨害正义,此又为研究孔子之道者所当注意之前提。

孔子之伟大人格,生有自来,非常人可及。人之希望,勉强学之,随其造诣,各臻其相当之境域与地位,圣人则不可能也。然孔子则殆为天纵之圣,生有自来,超乎常人之上。如孔子喟叹为五十而知天命,六十而耳须,七十而从心所欲不逾矩,将一生经过约略表现,而彼时及门弟子亲炙其训诲,皆学之而弗及。颜子天才不及孔子,而以好学见称于师,用功太过,不幸短命而死。尤可见孔子非常人所能学而企及也,明矣!

孔子高尚精神,别有寄托,非现世为限。孔子一生修养功纯,其高尚之精神,实超越寻常人生世界之上。观乎"天生德于予",

"天之未丧斯文也"二语,可以观其精神寄托之所在。所谓天也者,既非蔚蓝无际穹窿在上之天,亦非世俗人心理中备具人格之天,不过表明其精神所寄托之不思议力,善其所当善,恶其所当恶,不为事事物物所牢笼,提高精神,俯察一切现世之生活,万不足以限制之。孔子虽不曾明言,而就子贡谓"夫子之言性与天道,不可得而闻",颜子谓"仰之弥高,钻之弥坚"等语观之,则精神寄托之所在,虽不以之示人,而最亲近之弟子则窥知一二。孔子又曰:"朝闻道,夕死可矣!"人生不百年,幼稚无知,求学明理,至近亦在中年以外,余则老病死耳!死则灭没,尚何闻道之亟需,朝闻道而以夕死为可?则现世界以外别有境地,从可知矣。子路问事鬼,子曰:"未能事人,焉能事鬼?"子路问死,子曰:"未知生,焉知死!"是孔子之教化他人,注重先正当作人,复以子路未臻圣境,非所宜问,不如以生知死,以事人知事鬼之为切近也。庄子评孔子:"六合之外存而不论。"六合者,人生世界之宇宙时间空间是也。既曰存而不论,绝不曾直斥为无,而确然有序,是可知孔子精神之寄托,殆超乎常人人生宇宙之上也。质言之,即不以现世为限。故吾于孔子之经典,入佛以后复取而研究之,觉其精义奥理即讲之百年,亦不能尽,今大致说明,如此而已。

孔子曰"仁者不忧,智者不惑,勇者不惧",必如何而可得之?必成永久完全快乐调和之地位乃可得之。迷梦打不破,即不能不常在忧患、疑惑、恐惧之中。文王演《易》,孔子作《春秋》,即成功于此之心境中。吾人欲超脱忧患、疑惑、恐惧而达仁智勇之境,必须以佛法为依归,而念念趋向无上真觉,然后遇不测之危难,或人生不能终免之病死,得从容暇逸,处之裕如,不至徬徨无着矣。此即非佛法不能为孔家精神谋得一最高之寄托,使之发达无阂之明证也。

结论以佛法目的而令一切众生皆成佛,一切迷梦皆大觉悟,今姑不论。但就人生在世,须知孔子之道不可须臾离,欲完全一作人之品格,必由孔子之道而成就;然必经佛法之甄陶,乃之胸襟,必以佛法为归宿,乃得安身立命。至其余直认在世无价值无意味而生出世心者,亦必以佛法度之,方可解脱。更须知人身之难得,佛法之难闻,既有人身,即有闻佛法之资格凭借,下一番深研究细功夫,期得彻底之了解,庶不虚生人世! 如其见道不真,向道不勇,遇度不度,可惜孰甚! 太虚至贵省,承诸团体之欢迎,深愧无所贡献,简短之谈语,愿诸善知识加以研究! 幸甚!

(选自《太虚大师全书》,善导寺佛经流通处印行)

太虚(1890—1947),今浙江桐乡人,佛学大师。16 岁出家,从杨文会学习。曾与人创办中国佛教协进会、"觉社",武昌佛学院、"中国佛教会"在巴黎共筹"世界佛学苑"。先后担任《佛教月报》总编、《觉社丛刊》(次年改为《海潮音》月刊)主编、厦门南普陀寺住持兼闽南佛学院院长、"中国佛教整理委员会"主任等。曾出访英、法、德、荷兰、比利时、美、日及南亚各国。主要著作收入《太虚大师全书》。

本文认为,孔子之道与佛法对人生各有其独特价值和作用。人生在世,不能离开孔子之道,要成就人格,必由孔子之道而成就;然而必经佛法甄陶乃能生养如孔子与孔门诸贤之伟大人格。于入世之志,具出世情怀,必以佛法为归宿才得安身立命。

三教异同说

姚永朴

《易大传》曰:"天下同归而殊途,一致而百虑。"老佛之于儒亦若是尔矣。盖老子所宗本周先王遗教,其后鉴文胜之弊,持论稍偏。然《道德经》述侯王称孤寡不谷及吉事尚左、凶事尚右,于礼何尝不言之津津,岂真以为可去哉?佛生西方,与吾国圣贤未尝相接,因悼世人迷于根尘而入五蕴,惑四相,囿二执,造三业,爰导之解脱,俾永断无明以成正果。此其修己之严,教人之切,又何如?或据弃君臣、去父子、禁相生相养之道为之罪,不知彼特以求道之急而然,非必率天下之人而缁之而髡之也。观佛在时,令出家者冬夏入兰若听讲,春秋归养父母,在家者亦冬夏入兰若,思欲则归,重来者听。迨灭度后遗制,凡受戒,每坛三人,过为滥法,其意可见矣。间尝即二氏书与吾儒参考之。夫人之生也自无中来,亦自无中去,惟性之命于天者为真,其诱于物而动者妄也。老子言:"为学日益,为道日损,损之又损,以至于无为。"佛言一切贤圣皆以无为法,正以此。《论语》曰:"毋意,毋必,毋固,毋我。"曰:"无适无莫。"曰:"无可无不可。"曰:"吾有知乎哉?无知也。"曰:"予欲无言。"其论尧曰:"民无能名。"论舜曰:"无为而治。"论泰伯曰:"民无德而称。"而《中庸》篇末归于无声无臭。此诗之所以咏文王也。吾先圣何尝不出一辙?但所谓无者,就诱于物者言之,非谓命于天者亦可无也。故老子曰:"惚兮恍兮,其中有象,恍兮惚兮,其中有物,窈兮冥兮,其中有精,其精甚真,其中有信。"佛言有相,又言实相,而曰此道非实非虚。此与《易大传》成性存道,又何以异?然则三教将无同乎?曰其归一也。何谓归?去妄存真是也。若夫所从入之路则有不容牵合者。盖老子以生不辰而有厌世之意,佛之道尤以出世为宗,故一尚自然,一归圆觉。其所以自修者在此,斯其所以诏人者亦在此。孔孟则不然。其为道也,主乎经世,虽了然于死生之说而必务民之义,故谆谆焉教以人伦,维之以礼乐刑政。观《六经》所言,何其恳挚而详备也。昔孔子曰,彼游方之外者也,而丘游方之内者也,外内不相及。斯言也,其考佛与儒之辨也与?惟其所从入者之异路,故曰"道不同不相为谋"。惟其归也一,故曰"道并行而不相悖"。方今沧海横流,人心陷溺已深,固不可拔,故老佛之言,吾徒自不妨取之以为他山之助。若夫事亲从兄与所以治天下国家者,孔孟遗书具在,抑何可置而不讲哉!唐宋儒者必诋二氏为异端,甚至比之淫声美色而不敢近。使诚如此,何以孔子惜子桑伯子之简,未尝不许其可,而见老子且叹为犹龙?至崇信二氏者又或谓孔子未若彼所造之深广,是但以词章考据家之所得者为《六经》,而昧昧于诸经之微言大义,亦所谓不登其堂,不哜其胾者也。

(选自《民彝杂志》第六期,1927 年夏历 7 月 21 日)

姚永朴(1861—1939),字仲实,安徽桐城人,1894 年甲午科举人。历任广东启凤书院、山东高等学堂、安徽高等学堂、京师政法学堂、京师大学堂教员,北京大学教授,清史馆协修。1920 年南归,在江苏东南大学、安徽大学等处从事教学。1935 年因病回归故里。著作有《尚书谊略》、《论语解注合编》、《大学古本解》、《十三经举要》、《群经考略》、《诸子考略》、《群儒考略》、《蜕私轩易说》、《蜕私轩诗文集》等。

　　本文就儒佛的根本异同和契合点进行了论述。作者认为,"天下同归而殊途,一致而百虑",儒家和佛家在求道(即存真去妄)方面是相同的,只是两家在"所从入之路"上不同。

孔佛概论之概论

欧阳渐

佛学渊而广,孔学简而晦,概论所以需要也。顾概论亦难,今日且谈概论中之概论。

毗卢遮那顶上行,六经皆我注脚,求人之所以为人斯已耳,何佛之学,何孔之学?然圣人先得我心之所同然者,求然之同故,佛须学,孔须学。孔学是菩萨分学,佛学则全部分学也。斯义亦据圣言量耳。知必以圣言为量,故不具四例不可以为学。

一、不可以凡夫思想为基而必以等流无漏为基也。有漏称凡夫,杂故染故,无量劫来,烦恼扰乱,识海汪洋,充满其种。譬如读书,岂能一字一字如定者数息终日不摇,处囊之锥东西突出,空中楼阁结撰奔驰,一息之条贯不能,万里之蛛丝安索?盐车之浑水无灵,尘刹之根株何鉴?以如是杂染心判断不可思议无上法门,而曰圣言之量不如我思之量也,天下有如是理耶?若夫圣言,则等流无漏也,从心所欲不逾矩也。畏天命,畏大人,畏圣人之言,君子有三畏;小人则不知天命而不畏也,狎大人,侮圣人之言,乌足以为学?

二、不可主观而必客观也。主观心实,客观心虚;主观有对,客观无对;实故不入,虚故能入;有对故封拒,无对故到处皆学。主观者先有结论,但采纳以为敷佐,可利用则断章节取,有何义之研讨?客观者先无结论,博学审问,慎思明辨,比较而择善,舍己而从人。

主观有心,客观无心,深山有宝,无心于宝者得之,故主观不可以为学。

三、不可宥于世间见而必超于不思议也。公孙宏曲学何世无论矣,子诚齐人,但知管晏,且畏羲皇,况秕糠尧舜?是故顺世外道,无当于理事。仲尼之徒,不道乎桓文,盖身在山中,不识匡庐真面,欲穷千里,要知更上一层也。豪杰之士举足下足,自道场来,动念生心,无非尚友。临济观佛有鼻有口,曰"我可作佛",他日竟作祖开宗。象山幼时思天际不得,读古往今来,悟无穷无尽,遂为南宋大儒。一乡之迷倾一国,一国之迷倾天下,天下尽迷,谁倾之哉?如有,必为圣人之志者,是必超于不可思议也。

四、不可以结论处置怀疑而必以学问思辨解决怀疑也。天下有二种人:一盲从,盖无知识不用思想者,此无论矣。二怀疑,是有知识能用思想者学以是而入,亦以是而得也。疑必求析,若急于析,则稍相应,必作结论以是处置怀疑者,古之人、今之人驱而内诸罟攫陷阱之中盖比比也。吾尝终日而思矣,不如须臾之所学也。学不析则问,能问于不能,多问于寡,则无不可矣。问而不析,又思,思日慎有矩有绳矣。思犹不析,则彻底而剖辨之,所谓明辨是也。分析必于极微,至教不可以人情也。以是而析疑,而疑可析,结论乃得焉。

四例既具,可学矣,可以谈孔学佛学概论矣。略举四义而谈:一、寂灭寂静义;二、用依于体义;三、相应不二义;四、舍染取净义。四义皆本诸二家之经,佛家则凡大乘经,除疑伪者皆是;孔家则性道如《中庸》、《大学》、《论语》、《周易》皆是,文章如《诗》、《书》、《三礼》、《春秋》皆是。

一、寂灭寂静义。

自韩、欧诸文学家,误解清净寂灭以为消极无物、世界沦亡之义,于是千有余年雠弃根本,不识性命所归,宁非冤痛!原夫宇宙人生,必有所依以为命者,此为依之物,舍"寂"之一字,谁堪其能?是则,寂之为本休,无可移易之理也。寂非无物也。寂灭寂静,即是涅槃。灯灭炉存,垢尽衣存,烦恼灭除,一真清净,所谓人欲净尽,天理纯全是也。欲明斯旨,佛家当读《大涅槃经》、《瑜伽师地论·无余依地》也,孔家应读《学》、《庸》、《周易》也。孔道概于《学》、《庸》,《大学》之道又纲领于"在止于至善"一句,至善即寂灭寂静是也。何谓善?一阴一阳之谓道,继之者善也,成之者性也。就相应寂灭而言谓之道,成是无欠谓之性,继此不断谓之善,道也、性也、善也,其极一也。善而曰至,何耶? 天命之谓性,于穆不已之谓天,无声臭之谓于穆。上天之载,无声无臭,至矣! 则至善之谓无声臭也。至善为无声臭,非寂灭寂静而何耶? 明其明德而在止至善,非归极于寂灭寂静而何耶? 不知寂灭寂静,是无本之学,何有于学,何有于佛学,何有于孔学? 吾为揭橥孔学佛学之旨于经,而得二言焉,曰:"古之欲明明德于天下者,我皆令入涅槃而灭度之。"

二、用依于体义。

寂灭寂静,常也,不生不灭也,真如也,涅槃也,体也;变生万有,无常也,生灭也,正智也,菩提也,用也。体则终古不动,用则毕竟是动。动非凝然,非凝然者不为主宰,故动必依于不动,故用必依于体也。此依即依他起之依,依他有净即菩提是,依他有染即无明十二因缘也。盖用之为物,变动不居,非守故,常幻化而幻化之,是曰菩提;幻化而真执之,是曰无明也;用之性质有如此也。是故说用依体可也,有去来故也;说体随缘不可也,祖父从来不出门也。大衍之数五十,其用四十有九,余一不用也。不用者何也? 与体相应也。何以必与体相应耶? 盖不用而后能生用,用根于不用,其用乃神。孔家肝髓实在乎此。发而皆中节,根于未发之中,感而遂通天下之故,根于寂然不动,两仪、四象、八卦根于太极,皆是也。然此不用,非即是体。何也? 仍是五十内之数,数之性质犹在也。凡孔家言性、言命、言天,皆依体之用也。易之道广矣、备矣,而命名为易。易者,用也。曰交易,阴阳交而成卦也;曰变易,六爻发挥,惟变是适也;曰不易,与体相应,无思无为而能冒天下之道,所谓生生之谓易是也。吾尝有言:"孔学依体之用也,佛学则依体之用而用满之体也。"

三、相应不二义。

用依于体而用犹在,不可说一,明明相依,不可说二,是故阐《般若》义者曰不二法门,是故阐《瑜伽》义者曰相应善巧。既曰相依矣,相应于一处矣,无孤立之寂,亦无独行之智,而言无余涅槃者,就寂而诠寂故也。独阳不长,不可离阴而谈阳也,而乾之为卦,六爻纯阳,就阳而诠阳也;孤阴不生,诠坤亦尔也。是故谈涅槃者须知三德,伊字三点,不纵不横,不即不离,是涅槃也。唯有不二法门,唯有相应善巧之可谈也。

四、舍染取净义。

舍染取净,立教之原,无著菩萨显扬圣教,作《显扬圣教论》,一部论旨唯明是义而已。扶阳抑阴,孔学之教。阳,善也、净也、君子也;阴,恶也、染也、小人也。扶抑即取舍,则孔亦舍染取净也。《易》之夬、垢、复、剥、泰、否六卦于义尤显,比而观之,可以知要。

☰☱　夬,扬于王庭,孚号有厉。阴势已微,犹扬犹号者,极其力而夬去之也。

☴☰　垢,女壮,勿用取女。阴之初起,侈而言之曰壮,厉而禁之曰勿用也。

☷☳　复,至日闭关,商旅不行,后不省方。养之令长如是。

☶☷　剥,硕果不食。珍之护惜如是。

☷☰　泰,小往大来,君子道长,小人道消。

☰☷　否,大往小来,君子道消,小人道长。往来消长而判泰否,其义又如是。

了此四义,可知人之所以为人,天之所以为天,孔佛为二,循序渐进,极深研几,是在智者。

(选自支那内学院蜀院 1941 年刻《孔学杂著》)

欧阳渐(1871—1943),字竟无,江西宜黄人,世称"宜黄大师"。早年习儒,后随杨文会学佛。他经营"金陵刻经处",编辑《藏要》,印出大批佛经等,并通过为所印书籍写序言以阐发佛学的究竟义、真实义。创办支那内学院,后又设立内学院蜀院,培养出梁漱溟、熊十力等一批学生。先研究瑜伽系学说,后深入研究《般若》、《涅槃》等经。"九·一八事变"后,提倡孔佛学说的会通。著《竟无内外学》26 种。

本文从寂灭寂静义、用依于体义、相应不二义、舍染取净义四点,阐述了儒佛二家的异同。作者认为孔、佛二家哲学都是在求安身立命、安邦定国的道体,差异不过是求道的深浅广狭而已,即"佛学渊而广,孔学简而晦"。就趋向人生究竟而论,"孔学是菩萨分学,佛学则全部分学"。然而,根据真俗、体用不二的辩证关系,儒学若无超世出世之精神,则不能排除意、必、固、我之封执;佛学若无入世治世之方便,则流入顽空守寂的小乘境界。因此,佛不碍儒,得佛法而儒道愈精深;儒不碍佛,得儒术而佛法以普被。

20世纪儒学研究大系

唐代儒家与佛学

高观如

一、唐代儒佛二家与其关系

隋唐之代为中土佛教最隆盛之时期,诸宗并兴,名僧辈出。当时一般之思想界,殆为此佛教所支配。其时聪明俊彦之士多归佛而舍儒。虽儒学经唐太宗之奖励提倡,厘定《五经正义》,然学者跼促于正义之范围以内,无努力以究新说者。而其时文学昌明,诗文见重,亦为儒术转衰之一因。然当时人士多受佛学思想之熏陶,而儒林文苑中乃与佛教多有关系。至若因佛学之影响而使儒学于义理上有所发扬,如韩愈、李翱辈又足为宋明理学之先导焉。

一

六朝时代蔚然兴起、深浸民心之佛教至隋唐时益开展,高僧名德辈出于时,诸派各宗并演于世。其最著者,如吉藏大师,宏通三论;智顗灌顶,扬阐天台;智首道宣,开启律宗;玄奘窥基,演弘法相;无畏不空,广宣密教;智俨法藏,妙兴华严;神秀慧能,盛启禅门;道绰善导,大倡净教。以上开启宗派诸师,除密教外,皆是此土贤哲,非若六朝时代悉为西来高德之弘导也。盖以义学发达之结果,中土学者之造诣已臻上乘。换言之,即中土上智之士多已入于佛乘也。历代高僧之特出与众多,人民奉佛之诚笃与普遍,诚未有过于唐代者。至在译经方面,则玄奘所译凡 75 部 1325 卷,义净所译凡 61 部 239 卷,此皆我唐僧留印归来传述之业绩也。他如西土大德来华传译者,亦有实叉难陀、菩提流志、地婆柯罗、善无畏、不空等数十人,所出经典几及千卷。此外章疏论文之制述,于时亦呈空前之隆况。盖中土佛教文化之盛,未有盛于此时者也。

然至贞元之后,禅宗特盛。五家七派,相继兴起。次之则净土、天台、华严亦呈相当隆况。其他各宗,则渐次微替,不存旧观。而唐时佛教与儒者及文士间发生之影响,亦以禅净华天诸学为多。其轶事则如《居士传》、《分灯录》、《金汤篇》、《法喜志》、《先觉宗乘》及《传灯录》等并详载之。

二

唐太宗以好学之君,于崇尚佛教外,尤益奖励儒学。置弘文馆,招天下名儒为学官,选文学之士为学士。鉴于南北朝来经义纷争,久而莫决,为欲学说之统一,使颜师古校正《五经》之脱误,令孔颖达撰定《五经正义》,成《周易正义》10 卷、《尚书正义》20 卷、《毛诗正义》20 卷、《礼记正义》63 卷、《春秋正义》60 卷。自《五经正义》厘定后,南北学说之纷争乃绝,由是学者皆伏案而遵正义,不复更有进究新说者。南北学派之争端虽泯,而儒学思想亦坐是而不进焉。

且当时佛学思想之盛亦为儒学致衰之一因。佛教在当时发达之势已如旭日丽天,百花竞放,思想界之豪哲多去儒而归佛,故佛教之人才鼎盛而儒门人物亦因是而空虚也。

次之,唐代重文学,以此为科举之要目,由是天下人士多萃其才力诗文方面。于是文有韩柳,诗有李杜王白之伦,文学界之光辉灿烂,其质其量均非后世之所能及。诗文之努力者多,儒术之研求者寡,此亦儒学衰微之一因也。

然而唐代文士如柳柳州、白香山等，其文章固足千古，而于内外二学亦并有相当之学养与持奉。虽非纯儒或纯佛者，然其著述中思想之表现，在儒佛关系史上亦实有可观之价值也。

宋儒周必大氏曰："自唐以来，禅学日盛，才智之士，往往出乎其间。"（《寒严升禅师塔铭》）盖唐时儒者及文士，受佛学之熏陶者甚多。如颜师古（见《金汤编》八）、李子奢（《金汤编》八）、韩愈（《分灯录》一、《先觉宗乘》四、《金汤编》八）、李翱（《分灯录》一、《先觉宗乘》三、《金汤编》八）、张说（《金汤编》八）、李华（《居士传》十三、《金汤编》八）、颜真卿（《居士传》十六、《金汤编》八）、王维（《居士传》十九、《金汤编》八）、杜鸿渐（《先觉宗乘》四、《金汤编》八）、王勃（《金汤编》八）、李白（《金汤编》八）、权德舆（《金汤编》八）、梁肃（《居士传》十三、《金汤编》八）、白居易（《居士传》十九、《分灯录》一、《先觉宗乘》三、《金汤编》八）、柳宗元（《居士传》十九、《金汤编》八）、刘禹锡（《先觉宗乘》四、《金汤编》八）、裴休（《居士传》十三、《先觉宗乘》二、《分灯录》一、《金汤编》八）等，殆无不曾经佛学之熏习者。他如唐朝诸帝及诸宰臣之奉佛者尤多，其事迹并详诸传录中。

其由儒门出家为僧之学者，则有荆溪湛然、圭峰宗密、马祖道一、雪峰义存、岩头全、丹霞天然、云门文偃诸师。诚如张方平所谓："儒门淡泊，收拾不住，皆归释氏。"当时之思潮，盖可见之矣！

尚有章敬寺百岩禅师，以佛理阐明《中庸》诚明尽性之道（见权德舆《百岩大师碑铭》）；南岩草衣禅师，言返静于动复性于情之理（见权德舆《信州南岩草衣禅师宴坐记》）；河南元生，学通孔佛，会异为同（见柳宗元《送元十八山人南游序》）。斯皆为内外会通、足为后世援佛入儒之先兆。而若李翱著《复性书》，据佛说儒，恢张孔道，尤足开宋明学术之前路焉！

二、韩昌黎与佛学

　　昌黎韩氏杰出于唐思想界,力倡儒学,生平以卫道自许,著《原道》及《论佛骨表》等文,以排佛教。然昌黎于佛未所深知,故其所云率不应理,后之学者咸非难之。迨其晚年,从大颠禅师游,粗解于道,稍启崇信。但昌黎在思想上受佛学之影响亦多,于儒家之道有所启发。至为宋明理学之阶渐,斯亦多有足述者焉。

一

　　有唐一代儒学式微,然有韩昌黎、李习之二氏出于其间,力扬儒学,为思想界之晓星,又均略以稍闻佛道,于儒义上所启发,本其所得,发为文章,遂至于近世学术界之影响甚深。此于儒佛关系史上,实可特笔而书者焉!
　　韩愈,字退之,邓州南阳人。世居昌黎,因以为号焉。唐代宗大历三年(768)生,贞元(德宗)中擢进士第,累官至刑部侍郎。以宪宗元和十四年(817)谏迎佛骨,贬潮州刺史。旋移袁州,寻又召还,拜国子祭酒。穆宗长庆四年(824)以吏部侍郎卒于官,年五十七。所著有文集及《论语笔解》十卷。
　　昌黎生平好儒者之道,以昌明儒学自任,推崇周孔,佐佑《六经》,著《原道》、《原性》等文以彰孔子之道。其为文章,则深探本源,卓然树立,力扫六朝绮靡之习,以成一家之言,在文学与思想上皆为有唐一代之特出者。惜乎对于佛书未事深究,不知佛家之教义何若,仅凭门户之见排斥佛教,不遗余力,斯则为识者所深慨焉!

二

　　然昌黎之于佛学,有时亦启崇信之念。观其贬谪潮州以前,可称为排佛思想最甚之时期。及其潮州遇大颠后,稍识佛理,于其晚年之思想上亦有所转移也。但其信解之处犹浅而门户之执甚深,故犹未为知道者也。

元和八年,昌黎作《进学解》以自见。其言曰:"抵排异端,攘斥佛老,苴补罅漏,张皇幽眇,寻坠绪之茫茫,独旁搜而远绍。障百川而东之,廻狂澜于既倒。先生之于儒,可谓有劳矣!"此则昌黎对于儒学上自任之态度也。虽亦尝与方外者游,而其慢憎之态度溢于言表。送惠师诗执傲尤甚。如云:

> 吾言子当去,子道非吾遵。江鱼不能活,野鸡难笼驯。吾非西方教,怜子狂且淳。吾嫉游惰者,怜子愚且谆。去矣各异趣,何为浪沾巾!

至昌黎排佛之说,均见于其《原道》及《论佛骨表》二篇中。综其所排,凡有四端:一、曰佛是夷狄之法,非古圣人之道也。如云:"佛本夷狄之人,与中国言语不通,衣服殊制,口不道先王之法言,身不服先王之法服。"二、曰佛教舍家修行,废弃伦常也。如云:"必弃而君臣,去而父子,禁而相生相养之道,以求所谓清净寂灭者。""不知君臣之义,父子之情。"三、曰坐食者多,不事耕织也。如云:"农之家一,而食粟之家六;工之家一,而用器之家六;贾之家一,而资焉之家六。奈之何民不穷且困也!"四、曰梁武信佛,因而亡国也。如云:"梁武帝在位四十八年,前后三度事佛。宗庙之祭,不用牲牢,昼夜一食,止于菜果。其后竟为侯景所逼,饿死台城,国亦寻灭。事佛求福,乃更得祸。"

然观其所云第一端中,则纯为闭关时代顽固之思想,无足道耳。其第二端所云,盖不知释迦道中固有在家出家二众之分,且亦未知大乘菩萨六度万行之可宝耳。其第三端,则宗教教育于人类之需要,精神文明为人民之宝液,亦昌黎之所不知也。其四端者,亦讵知梁武亡国,非亡于佛教,而亡于梁武之不能真实奉行大乘佛道哉!

昌黎之不深究佛书,于佛教之教理制度沿革都无所知,徒本其执见,逞其文词,以鼓示于天下后世,自惑惑人,斯尤识者所深慨焉!

三

苏子由曰:"愈之学,朝夕从事于仁义礼智刑名度数之间,自形而上者,愈所不知也。《原道》之作,遂指道德为虚位,而斥佛老与杨墨同科,岂为知道哉?"王船山曰:"韩愈谏佛骨,古今以为辟异端之昌言,岂其然哉?"盖昌黎之不明佛理而妄事攻伐,言不契理,古今学者有同见也。

然昌黎能以文鸣于天下,后之人士学为古文,均慕昌黎,排佛而尊孔子。迄乎宋代,此风益盛。欧阳永叔又作《本论》三篇,步武昌黎,非难佛教。明教契嵩乃著《辅教篇》及《非韩》等文,明乎儒释一贯之道,以抗其说。时永叔及李泰伯、王荆公、苏子瞻兄弟等见其书,咸皆心折而惊服焉。嵩师所著《非韩》,为卷有三,为篇三十。于昌黎所为诸文,莫不秉儒理而加以反驳,而于《原道》一篇论证尤精。又著《辅教篇》,以明佛教治世之功,著《孝论》,以阐佛教伦常之理。

继明教嵩师之后而破昌黎排佛之说者,则有张无尽与刘谧。无尽著《护法论》,畅论昌黎、永叔等排佛之非是,谓:"欲排其教,则当尽读其书,深求其理,摭其不合吾儒者与学佛之见,析疑辨惑而后排之可也。今不通其理,而妄排之,则是斥鹦笑鲲鹏、朝菌轻松柏耳。"刘谧著《三教平心论》二卷,明儒佛相资之理,于昌黎《原道》及《论佛骨表》中所云"华夷"、"治世"、"生养"、"伦常"诸问题驳论尤详。

四

昌黎以元和十四年正月谪潮州,其思想上乃有所移转。闻郡之灵山有大颠禅师者,道高望重,以书召之,三召乃至,留居旬日。

其第一书曰：

> 愈启：孟夏渐热，惟道体安和。愈弊劣无谓，坐事贬官到此。久闻道德，切思见颜。缘昨到来，未获参谒。倘能暂垂见过，实为多幸！已帖县令具人船奉迎。日久竚瞻，不宣。愈白。

第二书曰：

> 愈启：海上穷处，无与话言，侧承道高，思获披接。专辄有此咨屈。倘惠能降喻，非所敢望也。至此一二日，却归高居，亦无不可，旦夕渴望，不宣。愈白。

第三书曰：

> 愈启：惠匀至辱答问，珍悚无已，所示广大深回，非造次可谕。《易大传》曰："书不尽言，言不尽意。"然则圣人之意，其终不可得而见邪？如此而论，读来一百遍，不如亲对颜色，随问而对之易了。此旬来晴明，旦夕不甚热，倘能乘间一访，幸甚！旦夕驰望。愈闻道无疑滞，行止系缚，苟非所恋者，则山林闲寂，与城郭无异。大颠师论甚宏博，而必守山林，义不至城郭，自激修行，独立空旷无累之地者，非通道也。劳于一来，安于所适，道故如是。不宣。愈顿首。(均据朱文公校《昌黎先生集》)

观其书中所云："辱答问，珍悚无已，所示广大深回，非造次可谕。""读来一百遍，不如亲对颜色，随问而对之易了。"可知昌黎于未会晤大颠，已闻其语而喜其道，为礼之恭与其往日慢僧之态度大殊。乃后之文士不揣此故，至有谓此书为佛者所杜撰，此实未之思也。昔欧阳永叔见此书曰："实退之语，他意不及也。"欧公《集古录跋尾》云："文公与颠师书，世所罕传。予以集录古文，其求之博，盖久而后获。其以《系辞》为大传，谓著山林与著城郭无异等语，宜为退之之言。"(以上见《昌黎先生集》晦庵先生校注语)又《朱子大全》中亦刊入此三书,定为昌黎所作。晦庵先生并云:"殊不知其言既曰久闻道德,侧闻道高;又曰所示广大深回,非造次可谕;又曰论甚宏博;安得初无崇信其说之意耶! 韩公之事,余于答孟简书已论其详矣,故不复论。(中略)以此观之,则其绝为韩公之文,而非他人之所能作无疑矣!"

昌黎以其年冬又移袁州。将离潮时,复造颠庐,留衣二袭而别。既抵袁州,尚书孟简闻其与颠游,以书抵愈,嘉其信向。昌黎答书略曰:

> 潮州时,有一老僧号大颠,颇聪明,识道理。远地无可与语者,故自山召至州郭,留十数日。实能外形骸,以理自胜,不为事物侵乱。与之语,虽不尽解,要自胸中无滞疑,以为难得,因与来往。(晦庵先生考注,此书称许大颠语句,多为后人妄意隐避,删简太过,故多脱落,失其正意,如上两条,犹无大利害云。)

夫昌黎拘于门户之别,怵于成见之深,虽有信之之意,固不欲人之知也。虽识"外形骸以理自胜,不为事物侵乱"之可贵,而亦不能移其偏固之执也。知之而不能坚其信,见其末而未能悟其本。昌黎匪唯不识佛,抑且不知儒焉。善哉! 晦庵先生之言曰:

> 盖韩公之学见于《原道》者,虽有以识夫人用之流行,而于本然之全体,则疑其有所未睹。且于日用之间亦未见其有以存养省察而体之于身也。是以虽其所以自任者不为不重,而其生平用力深处终不离乎文字言语之工。至其好乐之私,则又未能卓然有以自拔于流俗。所与游者,不过一时之文士;其于僧道,则亦仅得毛干畅观灵惠之流耳。是其身心内外,所立所资,不越乎此,亦何所据以为息邪拒诐之本,而充其所以自任之心乎! 是以一旦放逐,憔悴亡聊之中,无复平日饮博过从之乐,方且郁郁不能自遣。而卒然见夫瘴海之滨,异端之学,

乃有能以义理良胜，不为事物侵乱之人与之语，虽不尽解，亦岂不足以荡涤情累而暂空其滞碍之怀乎？然则凡此称誉之言，自不必讳。而于公所谓不求其福，不畏其祸，不学其道者，初亦不相妨也。（见晦庵校注《昌黎先生集》）

至于昌黎之会晤大颠，当时岂无崇信之意哉？明儒周汝登《圣学宗传》五云：

> 或问朱子曰："昌黎从大颠，不审有崇信之意否？"曰："真个是有崇修底意。他是贬从那潮州去，无聊后被他说转了。不知大颠与他说个什么，得恁他倾心信向。"

又周子（濂溪）《题大颠壁》曰："退之自谓如夫子，原道深排佛老非。不识大颠何似者，数书珍重更留衣。"此外昌黎关于佛学之事迹，尚见《分灯录》、《先觉宗乘》、《稽古略》、《金汤编》、《解惑编》、《指月录》等中，今概从略。

五

夫昌黎于儒学于佛学，固均未有深切之明解也，然能毅然以儒学为天下倡，于儒学史上亦有其特殊之业绩。且当其时，佛学之思想已笼罩于全社会，佛学之所以弘通，固有其教义之特点。昌黎或亦有见于当时之思潮，乃亦于方法上探取佛教之数点而用于儒学，且为后世宋明理学思想之先河耳。

司马温公《书心经后》曰："世称韩文公不喜佛，尝排之。予观其与孟尚书论大颠云能‘以理自胜，不为事物侵乱’，乃知公于书无所不观，盖尝遍观佛书，取其精粹而排其糟粕耳。不然，何以知不为事物侵乱为学佛者所先耶？"惜乎温公称许昌黎之语，正昌黎所不能逮也。唯云"不为事物侵乱"之言，则固昌黎之所视可贵耳。即如其《送高闲上人序》亦云："今闲师浮屠氏，一死生，解外胶，是其为心必泊然无所起，其于世必淡然无所嗜。"昌黎于释氏一生死、解外胶、不为事物侵乱,认为可贵之问题,乃转而求之儒典中,而孟子之学即含有此种之倾向。如言心言性,言“万物皆备于我,反身而诚”,乃至“养心”、“寡欲”之修养方法,皆具有此倾向之特点。此昌黎之所以推尊孟子,以为得孔子之正传,言“孟子为淳乎淳,荀与杨大淳而小疵”者欤!孟子之学经昌黎之倡导,遂为后世宋明理学之基础。而《孟子》一书亦为理学上所根据之要典,此不得谓非受自佛学之影响而为之也。

复次,“治心”一语本为佛家惯用之词,而亦当时人士乐道之言也。反而求之儒典中,则《大学》中亦有“正心”“诚意”“明明德”之语。此昌黎之所以特引《大学》以申儒家之说,以排释氏之论,并谓“古之所谓正心诚意者,将以有为也,今也正其心而外天下国家”,以见儒家之治心,犹不同于释氏之治心者欤!虽昌黎于佛学真理之不明,然其能于《礼记》中特提出《大学》一篇而弘昌之,致使后世宋明理学家亦以《大学》一书为所据之要典。此当亦由受自佛学之影响而为之也。

复次,佛家传道,法统甚明,历代相承,灯灯不绝。而昌黎《原道》所谓“尧以是传之舜,舜以是传之禹,禹以是传之汤,汤以是传之文武周公,文武周公传之孔子,孔子传之孟轲”,殆亦仿自佛家之说。此道统之言,宋明理学皆持之。当亦由昌黎之提倡,佛学之影响而为之也。

由是观之,昌黎于儒学之业绩殊不可没。其后宋明儒学复兴所得之于佛学者,亦终未可讳也。

三、李习之与佛学

唐代儒家之杰出者,昌黎而外,唯李习之。习之对于佛教之态度,初亦与昌黎相若也。其方外之交游亦多,于西堂、鹅湖、乐山、紫玉诸师常致参叩。著《复性书》，乃多取乎《起信论》、《圆觉经》之旨，盖又为受自于梁敬之乃至荆溪湛然之薰陶者。其儒佛贯通之观念，亦复启自梁权独孤乃至百严草衣之伦。然其性理之说，为开宋明道学之端，于后世学术多有贡献。而其得自佛学，抑又未容讳言者也。

一

李习之名翱，陇西成纪人，贞元十四年第进士，元和初为国子博士史馆修撰，元和十五年为朗州刺史，太和九年为襄州刺史，又充山东南道节度使，会昌中卒。其第进士时，假定为二十一岁，则朗州刺史时，当为四十三岁，卒年当近七十岁也。

习之与昌黎善，史称其"始从昌黎文章，辞致浑厚，见推当世"（《新唐书》本传）。又其所为文中屡称昌黎为兄（《答韩侍郎书》及《祭吏部韩侍郎文》），其视昌黎盖在师友之间也。习之于儒，亦以阐发孔门颜曾思孟以后不传之道统自任。即其对于佛教之态度，亦与昌黎相仿佛。盖昌黎以门户之见，排斥佛教，而于佛徒之养心离欲、不为外物侵乱之道，则又尝一再赞许。习之所见亦如昌黎，而其观解则尚过之。习之尝云："天下之人，以佛理证心者寡矣！"（《与本使杨尚书讲停修寺观钱状》）又云："佛法，论心术则不异于中土，考教迹则有蠹于生灵。"（《再讲停修寺观钱状》）其于佛教贬褒之处，殆与昌黎同一见解。又所著《复性书》三篇，更充分表现其儒表佛里、援释入儒之思想。其解《中庸》，则云"彼以事解，我以心通"（《复性书》中），以示其自异于恒人。夫"心通"云者，盖尝得之于佛学耳！

二

唐代以来，佛学发展之结果，积学之士多与方外人士相往还，而习之有关佛教之事迹尤多。如西堂智藏、鹅湖大义、乐山唯俨，紫玉通道诸师，皆习之之禅师禅友也。其中尤以与乐山之过从为频。今就诸传录中所载略一述之。

贞元中，习之尝问僧："马大师有什么言教?"僧云："大师或说即心即佛，或说非心非佛。"复问西堂智藏禅师："马大师有甚么言教?"藏呼李翱，习之应诺。藏曰："鼓角动也"(《景德录》七、《指月录》九、《分灯录》一、《先觉宗乘》三)又习之尝问信州鹅湖大义禅师："大悲用千手眼作么?"师云："今上用公作么?"有一僧台置塔，习之问云："教中不许将尸塔下过，又作么生?"僧无对。后僧诣鹅湖大义禅师举前语，义曰："他得大阐提。"(《佛祖历代通载》二、《分灯录》一、《先觉宗乘》三)习之又礼龙潭崇信禅师，问："如何是真如般若?"潭曰"我无真如般若。"习之曰："幸遇和尚。"潭曰："此犹分外之言。"(《指月录》十二、《先觉宗乘》三)公又常见老宿独坐，问曰："端坐丈室，当何所务?"宿曰："法身凝宿，无去无来。"(《先觉宗乘》三)

元和中，习之为朗州刺史，时久向乐山玄化，屡请不起，乃躬入山谒之。山执经卷不顾。侍者曰："太守在此。"习之性偏急，乃曰："见面不如闻名。"山呼太守，习之应诺。山曰："何得贵耳贱目?"习之遂顶礼拜起，问："如何是道?"乐山以手指天，复指净瓶。习之不会。乐山云："云在青天水在瓶。"习之拜谢，乃呈偈曰：

炼得身形似鹤形，千株松下两函经，我来问道无余事，云在青天月在瓶。(《指月录》九、《金汤编》九、《分灯录》一、《先觉宗乘》三)

习之又问："如何是戒定慧?"曰："贫道这里无此闲家具。"习之莫测玄旨。山曰："太守欲保任此事，直须向高高山顶立，深深海底行，闺阁中物舍不得，便为渗漏。"(《指月录》九、《分灯录》一、《先觉宗乘》三)习之问山："何姓?"山曰："正是时。"习之不委，却问院主：

"某甲适来问和尚姓,和尚曰'正是时',未审姓甚么?"主曰:"怎么则姓韩也。"山闻乃曰:"得怎么不识好恶!若是夏时,对他便是姓热。"(《指月录》九)

山一夜登山经行,忽云开见月,大啸一声,应沣阳东九十里许。明晨更相推问,直至药山。徒众曰:"昨夜和尚在山顶大啸。"习之赠诗曰:

> 选得幽居惬野情,终年无送亦无迎,有时直上孤峰顶,月下披云啸一声。(《指月录》九、《分灯录》一、《先觉宗乘》三)

习之又尝以《法华经·普门品》问药山:"如是恶风吹船,飘落鬼国?"山曰:"李翱小子何为?"习之怫然,怒行于色。师笑曰:"如此便是黑风吹船,飘入鬼国也。"(《居士传》三十四引《真西山语》)

太和中,习之为襄州刺史时,遇紫玉道通,益益奉道,相与往还。(《宋高僧传》十)

由此以观,习之熏习于禅门者已非一日。则其虽亦力振儒术,而思想上之不免于佛学之意味,固其宜也。

三

习之亦如昌黎,以儒学自任,然以内受佛教之薰陶而成其儒表佛里之思想。其学说具见于其所著《复性书》三篇中。上篇总论性情及圣人,中篇论所以修养成圣之法,下篇勉人修养之努力,皆本诸释理,敷此儒言。以去情复性为旨归,以仰承孔门四子之道统以自任,以《周易》《学》《庸》为要典,以开诚明致中和为至义,以弗思弗虑情则不生为复性之方,以虚明变化参乎天地为致用,以昏昏然肆情昧性为可悲,在此书三篇中已详言之矣!其说在当时儒者著述中,可谓精微卓绝、能直探本源者,即后世宋明性理之学实亦倡自习之此书。而习之思想之造诣,亦具在于此论性之一方面,以释氏之理述孔门之言。其言性与情,即佛家之所谓觉与幻也、智性与无明也、真如与妄心也。由此而推，则习之之书，以佛学之眼光观之，可类解者甚多，而于《起信论》及《圆觉经》之说尤多近似。今举例以明之：

《复性书》上曰："人之所以惑其性者，情也。……情既昏，性斯匿矣！……情不作，性斯充矣！性与情不相先也。"

《复性书》中曰："情者，女也，邪也。妄情既灭，本性清明，周流六虚，所以谓之复其性也。"……性本不失。及其复也，性本不生。人之性，亦犹水也。"

《圆觉经》曰："离幻（情）即觉（性）。"

又曰："譬如磨镜，垢（情）尽明（性）现。"

又曰："譬如空华，幻华虽灭，空性不坏。众生幻心，诸幻（妄情）灭尽，觉心（本性）不动。"

《起信论》曰："如大海水，因风波动，……若风止灭，动相则灭，湿性不坏故。如是众生自性清净心，因无明（妄情）风动。……若无明灭，相续则灭，智性（本性）不坏故。"

又曰："自性清净，……虽有染心，而常恒不变。"

以上是《复性书》中性情对待之说也。情息则性充（《复性书》），幻尽则觉满（《圆觉经》），无明灭则智性清净（《起信论》），此同于佛经论中所说者一也。

《复性书》上曰："无性则情无所生矣，是情由性而生。情不自情，因性而情；性不自性，由性（当作"情"——编选者）以明。"

《圆觉经》曰："一切众生，种种幻化（情），皆生如来圆觉妙心（性），犹如空华，从空而有。"

《起信论》曰："一切心识之相皆是无明。无明（情）之相，不离觉性（性）。"

又曰："依觉故迷，若离觉性，则无不觉。"

又曰:"若离不觉之心,则无真觉自相可说。"

以上是《复性书》中性情相生之说也。情由性而生,性由情以明(《复性书》),幻依觉以生,觉依幻而修(《圆觉经》、《起信论》)。此同于佛经论中所说者二也。

《复性书》上曰:"明与昏,谓之不同。明与昏,性本无有,则同与不同,二皆离矣! 夫明者,所以对昏,昏既灭,则明亦不立矣!"

《圆觉经》曰:"依幻说觉,亦名为幻。若说有觉,犹未离幻。说无觉者,亦复如是。"

《起信论》曰:"从本以来,离名字相,离言说相,离心缘相,……唯是一心,故名真如。"

以上是《复性书》中论性之本质之说也。明以对昏,昏灭何有明(《复性书》)? 觉以离幻,幻离何有觉(《圆觉经》、《起信论》)? 此同于佛经论中所说者三也。

《复性书》中曰:"弗虑弗思,情则不生。情既不生,乃为正思。正思者,无思无虑也。"

又曰:"此斋戒其心者也,犹未离于静焉! 有静必有动,有动必有静,动静不息,是乃情也!"

又曰:"知本无有思,动静皆离,寂然不动者,是至诚也。……诚则明矣!"

《圆觉经》曰:"欲求如来净圆觉心,应当正念远离诸幻。"

又曰:"动念息念,皆归迷网。"

又曰:"幻身灭故,幻心亦灭。……幻尘亦灭,……幻灭亦灭,……,非幻不灭,譬如磨镜,垢尽明现。"

又曰:"证得诸幻灭影像故,便得无方清净,无边虚空觉所显发。"

《起信论》曰:"虽说无有能说可说,虽念亦无能念可念,是名随顺。若离于念,名为得入。"

以上是《复性书》中所论复性息情之方也。正思离念,动静皆离(《复性书》),非幻不灭,幻尽明现(《圆觉经》、《起信论》)。此同于佛教经论中所说者四也。

《复性书》上曰:"诚者,圣人之性也。寂然不动,广大清明,照乎天地,感而遂通天下之故,行止语默,无不处于极也。"

又曰:"视听昭昭而不起于见闻者,斯可矣! 无不知也,无不为也。其心寂然,光照天地,是诚之明也。"

又曰:"圣人至诚而已矣! ……致中和,天地位焉,万物衍焉!"

又《复性书》中曰:"心寂不动,邪思自息,唯性明照,邪由何生?"

又曰:"敢问圣人之性,将复为嗜欲所混乎? 曰不复混也。……邪既为明所觉矣,觉则无邪,邪何由生也?"

《圆觉经》曰:"虚空性故,常不动故,如来藏中,无起灭故,如法界性,究竟圆满,遍十方故。"

又曰:"觉圆明故,显心清净,……六尘清净,……四大清净,……十二处十八界二十五有清净,……乃至尽虚空圆里,三世一切平等清净不动。"

又曰:"如销金矿,金非销有,既已成金,不重为矿,经无穷时,金性不坏,……如来圆觉,亦复如是。"

《起信论》曰:"离念相者,等虚空界无所不遍,法界一相,即是如来平等法身。"

又曰:"诸佛如来离于见想,无所不遍,心真实故,即是诸法之性,自体显照一切妄法,有大智用。"

以上《复性书》中所论复性之相也,寂然不动,参乎天地(《复性书》),清净不动,周遍法界(《圆觉经》、《起信论》)。此同于佛经论中所说五也。

　　《复性书》上曰:"圣人者,寂然不动,不往而到,不言而神,不耀而光,制作参乎天地,变化合乎阴阳,虽有情也,未尝有情也。"

　　又曰:"复其性者,贤人循之而不已者也。不已,则能归其源矣!"

　　又曰:"百姓——情之所昏,交相攻伐,故终其身而不自睹其性焉!"

　　《复性书》中又曰:"桀纣之性,犹尧舜之性也,其所以不睹其性者,嗜欲好恶之所昏也,非性之罪也。"

　　又曰:"圣人知人之性皆善,可以循之不息而至于圣也,故制礼以节之,作乐以和之,所以教人忘嗜欲而归性命之道也。"以上是《复性书》中关于圣贤庸愚等别之说也。而此在《圆觉经》中亦有四种随顺觉性与迷倒之差,在《起信论》中亦有本觉、始觉、不觉之别也。他如《复性书》下所称人生难得、岁月易逝、宁肆其心不专于道云云,其与佛家所说相悬者又几何哉?

四

　　习之学说有似乎《起信论》、《圆觉经》之说也如此。盖其得之于梁敬之而承于荆溪湛然,转受自《圆觉经》、《起信论》之影响者也。先是习之受知于安定梁敬之。敬之死,习之曾作《感知己赋》以悼之。其赋序云:

　　　　贞元九年,翱就州府之贡举人事。其九月,执文章一通,谒于右补阙梁君,亦既相见,遂于翱有相知之道焉。……期翱之名不朽于无穷,许翱以拂拭吹嘘,……遂赋感知己以自伤。
由此可知习之受敬之影响之深矣!

　　梁敬之,名肃,安定人,建中朝官翰林学士,守右补阙,侍皇太子。学天台教于荆溪湛然禅师,深得心要,著有《删定止观》六卷。贞元二年,敬之复撰《止观统例》,实为开显习之学说之轮廓者。习之《复性书》,即为元和十一年以后所作,则尚后于《止观统例》约三十年,受其影响亦意中事耳。《止观统例》云:

> 夫止观何为也,遵万法之理而复于实际者也(习之书云:复其性也)。实际者何也?性之本也。物之所以不能复者,昏与动使之然也(书云:情既昏,性斯匿矣!)。照昏者谓之明,驻动者谓之静(书云:夫明者,所以对昏。)……明与静,止观之体也。

此非习之性情对待说之所本乎?

> ……原夫圣人,有以见惑足以丧志,动足以失方,于是止而观之,静而明之(书云:心寂不动,邪思自息,唯性明照,邪何所生),使其动而能静,静而能明,因相待以成法(书云:弗思弗虑,情则不生),即绝待以照本(书曰:本无有思,动静皆离)……至微以尽性,至赜以体神。

此非习之所云复性之方之所本乎!

> ……举其要,则圣人极深研几,穷理尽性之说乎?(书云:此尽性命之道也。)昧者使明,塞者使通,通则悟,悟则至,至则常,常则尽矣!明则照,照则化,化则成,成则一矣!(书云:子思曰,唯天下至诚,为能尽其性;能尽其性,则能尽人之性,能尽人之性,则能尽物之性,能尽物之性,则可以赞天地之化育;可以赞天地之化育,则可以与天地参矣! 其次致曲,曲能有诚,诚则形,形则著,著则明,明则动,动则变,变则化,唯天下至诚为能化。)圣人有以弥纶万法而不差,旁礴万劫而不遗,涛载恒沙而不有,复归无物而不无,寓名之曰佛,强号之曰觉。究其旨,其解脱自在莫不极妙之德乎!(书云:《易》曰,与天地相似故不违,知周乎万物而道济天下故不过。旁行而不流,乐

天知命故不忧,安土敦乎仁故能爱,范围天地之化而不过,曲成万物而不遗,通乎昼夜之道而知,故神无方而易无体。)

此非习之圣贤说之所本乎?

……凡所为上圣之域,岂隔阔辽望、与凡境杳绝欤?是唯一性而已,得之为悟,失之为迷;一理而已,迷而为凡,悟而为圣(书云:桀纣之性,犹尧舜之性也,其所以不睹其性者,嗜欲好恶之所昏也,非性之罪也)。迷者出隔,理不隔也;失者自失,性不失也(书云:情有善有不善,而性无不善焉)。止观之作,所以离异同而究圣神,使群生正性而顺理者也。正性顺理,所以行觉路而至妙境也(书云:所以教人忘嗜欲而归性命之道也)。……道之不明也,我知之矣,出物累也(书云:人之所以惑其性者,情。喜怒哀乐爱恶欲七者,皆情之所为也。情既昏,性斯匿矣)。

此非习之性情诸说之所本乎?

由上以观,习之《复性书》之作,似就梁敬之之言加以发挥而已耳!然敬之之思想多受自于天台宗荆溪湛然禅师,即此《统例》之文亦为阐扬天台教义而作。湛然为天台中兴大师,其所著《金刚錍》一书中,即在阐明"无情有性"之旨,以性不变为有,随缘为无。而湛然此种论性之学说,则多以《起信论》之说为依据。盖当时《起信论》之思想实普及于全佛教界,若华严之宗密、天台之湛然,莫不用《起信论》之语以申述其自宗之教义。盖舍此而言,则不易为当时人士之所喻也(明《圆觉经》在当时亦盛行,理论与《起信论》同也)。湛然受自《起信论》之思想,经梁敬之而暗示于习之,习之《复性书》之受自佛家之影响,宁非显然。

五

复次,如《复性书》中以"中庸"、"大易"宣说佛理及言返静于

动、复性于情之义、率性修道之象,在唐时李习之以前实早有倡言之者。权载之(德舆)撰《唐故章敬寺百严大师碑铭》云:

> ……凡一灯所传,一雨所润,入法界者,不可胜书……或问心要者,答曰心本清净而无境者也,非遗境以会心,非去垢以取净。神妙独立,不与物俱。能悟斯者,不为习气生死之所累也,故荐绅先生知道入理者多游焉。尝试言之,以中庸之自诚而明以尽万物之性,以大易之寂然不动,感而遂通,则方袍褒衣,其极致一也。向使师与孔圣同时,其颜生、闵损之列欤! 释尊在代,其大慧纲明之伦欤! ……

夫所云以"中庸"之自诚而明以尽万物之性,以"大易"之寂然不动感而遂通会同佛理,非习之以《易》、《中庸》言性之先唱乎? 又载之撰《信州南岩草衣禅师宴坐》云:

> 其内则以三世五蕴皆从妄作,然后以有法谛观十缘。于正智中得真常真我,方寸之地,湛然虚无,身及智慧,二俱清净。……呜呼! 世人感物以游心,心倦于物则利害生焉,吉凶形焉。牵挛鞿璅,荡而不复。至人则返静于动,复性于情。……

夫所云返静于动,复性于情,又岂非习之复性之先唱乎? 又独孤至之(孤独及)《送少微上人之天台国清寺序》云:

> 或问上人曰:"文者,所以足言也。言语将忘,文字性离。示入此徒,无乃累一相乎?"答曰:"称示入者过矣! 以习气未之泯也。率性修道,庶几因言遗言。……"

夫所云率性修道,又岂非习之之先唱乎? 盖梁敬之、权载之、独孤至之均为唐大历建中贞元间儒林中之弘研佛乘、好以文辞为佛事者,三君又皆为忘年交。至之殁于大历丁巳四月常州刺史位,门下安定梁敬之缀其遗草三百篇以行世。敬之死于贞元九年,载之又作《祭梁补阙文》(见《权载之集》)以吊之。载之有女,又嫁独孤至之之子郁为妻。(见权载之《独孤氏亡女墓志铭》)郁又与李习之友善(见李习之《答独仙舍人书》),习之又受知于梁敬之。因梁、权、孤独及三君关系佛教之影响,与夫南岩草衣诸师之思想所及,由是习之作《复性书》,以集合其所受之佛学,而以儒者之言出之,虽曰可贵,又奚足以为异哉?

六

又习之受佛学之影响之多且深也如此。虽所明者儒而非佛,而其佛学之理致殊不可掩。此昌黎所以有"吾道萎迟,翱且逃矣"之叹。又昌黎撰《原性》中亦云:"今之言性者,杂佛老之言也。"盖均为对习之《复性书》之作而发焉。

夫习之学说所得于佛学固明,然其对于后世学术界之贡献也殊大。盖宋明道学之基础与轮廓,在唐代已由昌黎与习之确定之矣。金李屏山氏云:"李翱参药山,著《复性书》,而张载二程氏出。"其言良有以也。至在性理之一方面,习之之造诣尤过于昌黎。清儒孙夏峰氏云:"翱之时,诸儒未起,理学未明,而凿凿然以四子为归。且当少时真切为性命之忧,此而非儒也,谁可当此儒哉?"又云:"《原道》人犹訾其不淳,至《复性书》罕及焉。"又宋郑景望氏云:"李习之学识实过韩退之,习之《复性书》三篇于秦汉以下诸儒略无所袭,独超然知颜子之用心。"又云:"退之于《大学》而未至,习之学出《中庸》而不谬其言。"(《蒙斋笔谈》)又今之治学者,于唐代必称习之,于习之又必以《复性书》为言,庸讵知习之《复性书》之思想而皆得之于佛学耶?

复次,宋石室祖琇禅师云:"习之《复性书》盖得之于佛经,但文字援引为异耳。习之文学昌黎,昌黎著《原性》而实未见性,徒婉其词,设品目以歧之,当时明道君子咸无取焉。至习之斋戒其心,究乎动静俱离、寂照互融之旨,泯情而复性,至诚而见道,虽不明引佛经,其能隐乎!向使习之获入药山之室,其说更远而反不若是书之近众情也。"(《隆兴编年通论》)斯实为有见之论焉！

(选自《微妙声》第 3—4 期,1937 年 1 月)

高观如(1906—1979),江西安义人,1928 年赴日本留学。曾参编《佛学辞典》。建国后曾任三时学会编辑室副主任、《佛教百科全书》编辑主任、中国佛教协会理事、中国宗教学会理事。主要著作有《大乘佛教概述》、《法华经述要》、《佛乘宗要》、《中国佛教文学与美术》等,译著有《印度哲学宗教史》等。

本文主要通过分别对韩愈和李翱二人与佛学之关系的分析研究,说明了唐代在佛教鼎盛而儒学转衰形势下,儒学受佛学影响而在义理上有所发扬,开始向宋明理学转变,韩愈、李翱成为宋明理学的先导(李翱在义理上的贡献更大)。

谈"学"与"人之自觉"

吕　澂

昨闻陈君所谈佛说儒说同一源头,皆从人的腔子里出发,甚是。惟此言尚觉未尽,今更补充之曰"我,人也"。必有如是之自觉,始得谓之人,不然则禽兽耳。必从此立说始得谓之觉,不然则戏论耳。佛说儒说同一源头者,实在于此(儒说以"人"为中心,可不待言,佛法以人身而说,佛教于人道中施设,又以具足"丈夫相"而成佛,则"人"亦佛说之中心对象也)。宇宙间学说堪称为学而无愧者,其标准亦在于此。

蛛之结网,蜂之营巢,其技之工,虽大艺术家无以过之,然亘千万年而不变。此本能之生活,适应环境则尔也。人类之生,日新月异,导之向上,可无止境。此超乎本能之生活,创新环境则尔也。人类之思想论议若不从人之自觉出发,必限于开展本能顺应环境,仅足以图存,而无益于人生之向上,故不得谓之学。

学由于人之自觉,由自觉进而认识人之所以为人即所说人性者,又有深浅之不同,因之表现于学说者,究竟与不究竟各别。

其在儒家,孔之后自以孟、荀为两大派,皆知于心以求人性。但孟之所认识者为"心性",故曰"今人乍见孺子将入于井,皆有怵惕恻隐之'心',非所以纳交于孺子之父母也,非所以要誉乡党朋友也,非恶其声而然也。由是观之,无恻隐之'心',非人也。"此于透过好恶情欲之处洞见人性之为"心"。荀之所认识者为"情性",故曰"今人之性生而有好利焉,顺是故争夺生而辞让亡焉;生而有疾恶焉,顺是故残贼生而忠信亡焉;生而有好声色焉,顺是故淫乱生而礼义文理亡焉。然则从人之性、顺人之情,必出于争夺,合于犯分乱礼而归于暴……"此完全就纷乱之情欲以言人性,所见者浅,遂不得不归结于"人之性恶,其善者伪也"。刌实而谈,两家虽同宗孔,其真能发扬光大孔门"仁,人心也"之宗旨者,乃孟说而非荀说。后世儒学有意无意间皆以荀说为宗,今欲加以简别,揭示孔子之真宗旨,应改称孔学而不称儒学。

于此易附带论及者,老庄从否定人性之观点以立说,遗毒数千年,实不配称之学

老氏主张复归自然之常道,究其动机,实出于本能自利之一念。故其言曰"既以为人己愈有,既以与人己愈多。天之道利而不害,圣人之道为而不争","圣人后其身而身先,外其身而身存。非以其无私耶,故能成其私"。其所以待人者,乃在虚心实腹,弱智强骨,使民无知无欲,使夫智者不为。人而如此,其有异于禽兽者仅衣冠耳。迨夫庄氏,自利本能之发展益甚,不惜以人齐物,委身造化,并人之实亦取消之。故其言曰"有人之形,无人之情……吾所谓无情者,言人之不以好恶内伤其身,常因自然而不益生也"。又曰"大块载我以形,劳我以生,佚我以老,息我以死,故善吾生者,乃所善吾死也"。存亡之义一,人物之界消,庄周梦为胡蝶,不知周之为胡蝶欤,胡蝶之为周欤,于是终于"物化"。老庄之说不足称学,只是方术而已,《庄子·天下篇》亦自承之。孟曰"天下之言性也,则故而已矣,故者以利为本",荀曰"庄子蔽于天而不知人",可谓洞见此派之病根。方今世风颓弊,逐利之习达于极端,乃犹有新老庄之说□有益人生,而与以提倡者,甘毒药如醍醐,诚倒惑之至也。

再谈孟学。其高荀一着,固无可疑,但以佛法比,则还不如佛

法深透之究竟。孟言人心之四端,诚是也,然见诸实践者,则曰"大人者,不失其赤子之心者也","孩提之童无不知爱其亲也,及其长也,无不知敬其兄也"。爱亲,为仁之实,从兄,为义之实。由仁施义,遂诏"君子之于物也,爱之而弗仁,于民也,仁之而弗亲,亲之而仁民,仁民而爱物"。爱有差等,亲疏若本然(此即义内之说)。故其学为人而发亦仅极与人道而止。佛法则曰"若有发趣菩萨乘者,当生如是'心',所有一切众生之类,若卵生、胎生、湿生、化生,若有色无色,有想无想,非有想,非无想,尽诸世界所有众生,如是一切我皆令入无余涅槃而灭度之,虽令如是无量众生证圆寂已,而无一众生入圆寂者"。非但人也,凡是众生无不同具此"心",即无有不平等。通众生为一体,此心之不安即众生之疾痛处,此心之所安即众生之安乐处。佛心以圆寂为安,故大乘发心,一切众生皆令圆寂。此所诏大心人也。大心人不同入市交易,亦行其心之所不忍不行而已(此即悲心发动处)。源之远者其流长,根之深者其叶茂,此心所发,殆有雷霆万钧之力,六道四生无不贯澈,非但一"人道"足以限之,此则佛法之所以为大也。

但佛法有大小乘,其本源在认识"本寂之心性"相同,而其认识亦深浅各异。小乘所见于本寂之心性者,止可以得解脱(此即本寂之共相,远离烦惑,仅有消极的意义),其结果仅得解脱身。大乘所见于本寂之心性者,不仅解脱也,且即是如来之所自出,故诏之如来藏(此即本寂之自相,能生功德,具备积极的意义),其果乃得法身。佛法以成佛为究竟,故堪称真正佛法者,在大乘而非小乘。大乘由本寂心性以见如来藏,实为佛法最极根本,人生得以摆脱"无常故苦,苦故无我"之必然业运,而跃进"常乐我境"之佛境者,实此以为关键。《涅槃》云"我者即是如来藏义,一切众生悉有佛性,即是我义",《庄严经论》称之为"大我相","大我者一切众生为自作故"。是则认识及于如来藏,正由吾人之自觉而来。唯佛法之说我有从认识中之实体而言,有从价值之感受而言,前者为佛法之所破,后者乃佛法之所依。毫厘之差,千里之谬,不可不辩。经论中多有即蕴无我离蕴无我,蕴非我相之分别,《涅槃》更举实例。凡夫愚人所计我者,或言如大姆指,或如芥子,或如微尘,凡此之我皆就认识中的宾体而言,无毫末实在,佛法即以是义而说诸法无我也。价值之感受从自在义而说我发于人心之最深处,实为其学问之源泉。由是佛法之教人,不以一己之现实为足,必勇猛精进,积集功德,求充己之量而为圣为佛。又不以众生之现实为足,必尽世界所有众生我皆令入无余涅槃而灭度之。此是何等究竟痛彻!宇宙间有学,则佛学而已,有真正人生,则佛法人生而已。然此出于人之自觉,不可不知也。彼一往拘泥小乘之义而惧说我者,视众生有如水面浮萍,随风飘荡,六度万行,无边事业,复伊谁负之哉!

如上所谈,学问之源头即明,佛孔异同之故由是求之,庶几能得其实矣。

院友会座谈会讲
一九四四年十一月二十五日

(录于《吕澂佛学论著选集》,齐鲁书社 1986 年版)

吕澂(1896—1989),早年在南京民国大学经济系就读,在金陵刻经处研习部研习佛学。后到日本留学。回国后任上海美专教务长、支那内学院副院长、院长。解放后继续从事佛学研究。先后担任中国科学院哲学研究所兼职研究员、哲学社会科学学部委员、中国佛教协会常务理事。主要著作有《因明纲要》、《印度佛学源流略讲》、《中国佛学源流略讲》、《新编汉文大藏经目录》、《西洋美学史》等。

20世纪儒学研究大系

在本文中,作者认为儒学佛学源头在"人之自觉",即人之所以为人,孔佛异同之故必须由此寻求。同时对孔佛人性论进行了探讨比较。

新原道（节选）

冯友兰

第八章　禅　宗

　　禅宗的来源，可以推到道生。道生与僧肇同时同学。立有"善不受报义""顿悟成佛义"。又能"辩佛性义"。他的这些"义"是唐代的禅宗的理论底基础。

　　道生的著作，今多不存。其"善不受报义"的详细理论，今亦不可知。但与道生同时的慧远，有《明报应论》，亦主"善不受报义"。其说或受道生的影响。照慧远所说，所谓报应，就是心的感召。心有所贪爱，则即有所滞，有所著。有所滞者，则其作为即是有为。有为即在佛家所谓生死轮回中造因，有因即有果。果即是其所受底报应。慧远《明报应论》云："无用（当作明）掩其照，故情想凝滞于外物。贪爱流其性，故四大结而成形。形结则彼我有封。情滞则善恶有主。有封于彼我，则私其身而身不忘。有主于善恶，则恋其生而生不绝。于是甘寝大梦，昏于所迷。抱疑长夜，所存惟著。是故失得相推，祸福相袭。恶积而天殃自至，罪成则地狱斯罚。此乃必然之数，无所容疑矣。"（《弘明集》卷五）圣人应物，出于无心。所以虽应物而无所滞著。无所滞著则其应物，虽似有为，实是无为。所以虽有作为，而不于佛家所谓轮回中造因。无因亦无果。慧远《明报应论》云："（圣人）乘去来之自运，虽聚散而非我。寓群形于大梦,虽处有而同无。岂复有封于所受,有系于所恋哉?""若彼我同得,心无两对,游刃则泯一玄观,交兵则莫逆相遇。伤之岂唯无害于神,固亦无生可杀。""若然者","虽功被犹无赏,何罪罚之有耶?"圣人虽有作为而不于佛家中所谓生死轮回中造因。无因即无果。所以虽杀人亦"无生可杀"。他"虽处有而同无",所以虽有作为,而不受佛家所谓生死轮回中底因果律的支配。

道生的"顿悟成佛义",见于谢灵运的《辩宗论》。圣人"虽处有而同无",同无是圣人的境界。刘遗民与僧肇书云:"夫圣心冥寂,理极同无。""虽处有名之中,而远与无名同。"(见《肇论》)谢灵运《辩宗论》,亦说:"体无鉴周,理归一极。"无就是无相,无相就是诸法实相。对于诸法实相的知识,谓之般若。然诸法实相,不可为知的对象。所以般若是无知之知。得般若者之知诸法实相,实是与诸法实相同为一体。此即所谓"理极同无"。亦即所谓"体无鉴周,理归一极。"鉴是鉴照。周是周遍。与无同体者,普照诸法。故体无则鉴周。体无同无的境界,就是涅槃。涅槃与般若,是一件事的两个方面。涅槃是得般若者的境界,般若是得涅槃者的智慧。得涅槃则得般若,得般若则得涅槃。

因为同无是一同即同,所以涅槃般若,亦是一得即得。修行者不能今日同一部分无,明日又同一部分无。无不能有部分。他同无即一下同无,不同无即不同无。涅槃般若,亦是得即一下得,不得即不得。一下同无即一下得涅槃般若,此所谓顿悟成佛。顿悟是得般若,成佛是得涅槃。《辩宗论》谓:"有新论道士,以为寂鉴微妙,不容阶级。"又说:"阶级教愚之谈,一悟得意之论矣。"新论道士,即谓道生。

所谓"无"究竟是什么,关于此问题,有两种说法。一种说法,是:无不是什么,无就是"毕竟空"。空诸所有,又空其空。无是无相,无相故不能说是什么。圣人的心与无同体,所以说圣人心如虚空。另一种说法是：无是能生诸法底心，诸法都由心造。心生则种种法生，心灭则种种法灭。法的生灭，就是心的生灭。诸法实相，就是众生的本心，或称本性，或称佛性。见诸法实相，就是明心见性。道生称为"反迷归极，归极得本。"（《涅槃经集解》卷一引）僧肇持第一种说法。道生的佛性义，则似是持第二种说法。后来禅宗中亦有二种说法。有一派持第一种说法，常说：非心非佛；有一派持第二种说法，常说：即心即佛。用我们的标准说，第二种说法不如第一种说法之完全超乎形象。

　　禅宗中底人，无论持第一种说法或第二种说法，大概都主张下列五点：（一）第一义不可说，（二）道不可修，（三）究竟无得，（四）"佛法无多子"，（五）"担水砍柴，无非妙道"。

　　第一义不可说：因第一因义所拟说者，都在"攀缘之外，绝心之域"。（僧肇语）禅宗相传，神秀所作偈云："身如菩提树，心如明镜台。时时勤拂拭，莫使染尘埃"。反对此偈，慧能作偈云："菩提本无树，明镜亦非台，本来无一物，何处染尘埃。"（《六祖坛经》）神秀的偈前二句，是对于第一义所拟说者，有所说。有所说，则即与无相者以相。神秀的偈的后两句是说，欲得到第一义所拟说者，须用修行的工夫。慧能的偈前二句，是说：对于第一义所拟说者，不能有所说。后二句是说：欲得到第一义所拟说者，不可修行。不可修行，不是不修行，而是以不修行为修行。禅宗的人，大都以不说第一义为表显第一义的方法，其方法是"不道之道"。他们以不修行为修行的方法，其方法是"无修之修"。

　　慧能的大弟子怀让《语录》云："马祖（道一）居南岳传法院，独处一庵，惟习坐禅，凡有来访者都不顾。""（师）一日将砖于庵前磨，马祖亦不顾。时既久，乃问曰：'作什么？'师云：'磨作镜。'马祖云：'磨砖岂能成镜？'师云：'磨砖既不成镜，坐禅岂能成佛？'"（《古尊宿语录》卷一）说坐禅不能成佛，是说，道不可修。马祖《语录》云：

"问,'如何是修道?'师云:'道不属修。若言修得,修成还坏,如同声闻。若言不修,即同凡夫。"得道的方法,是非修非不修。非修非不修,就是无修之修。

有修之修,是有心底作为,就是所谓有为。有为是生灭法,是有生有灭底,所以修成还坏。黄檗(希运)云:"设使恒沙劫数,行六度万行,得佛菩提,亦非究竟。何以故?为属因缘造作故。因缘若尽,还归无常。又说:"诸行尽归无常,势力皆有尽期。犹如箭射于空,力尽还坠。都归生死轮回。如斯修行,不解佛意,虚受辛苦,岂非大错?"(《古尊宿语录》卷三)有心底修行,是有为法,其所得,亦是万法中之一法,不是超乎万法者。超乎万法者,就是禅宗所谓不与万法为侣者。庞居士问马祖:"不与万法为侣者是什么人?"马祖说:"待汝一口吸尽西江水,即向汝道。"(《古尊宿语录》卷一)不与万物为侣者,是不可说底。因为说之所说,即是一法,即是与万法为侣者。马祖说:"待汝一口吸尽西江水,即向汝道",即是说:"不能向汝道"。说不能向汝道,亦即是有所道。此即是"不道之道。"欲说不与万法为侣者,须以"不道之道";欲得不与万物为侣者,须用"无修之修"。

有修之修的修行,亦是一种行。有行即是于佛法所谓生死轮回中造因。造因即须受报。黄檗云:"若未会无心,著相皆属魔业。乃至作净土佛事,并皆成业。乃名佛障,障汝心故。被因果管束,立住无自由分。所以菩提等法,本不是有。如来所说,皆是化人。犹如黄叶为金钱,权止小儿啼。故实无法,名阿耨普提。如今既会意,何用驱驱?但随缘消旧业,莫更造新殃。"(《古尊宿语录》卷三)不造新业,所以无修。然此无修,正是修。所以此修是无修之修。

不造新业,并不是不作任何事,而是作事以无心。马祖云:"自性本来具足,但于善恶事上不滞,唤作修道人。取善舍恶,观空入定,即属造作。更若向外驰求。转疏转远。""经云:但以众法,合成此身。起时唯法起，灭时唯法灭。此法起时，不言我起；灭时，不言我灭。前念，后念，中念，念念不相待，念念寂灭，唤作海印三昧。"（《古尊宿语录》卷一）于善恶事上不滞，就是无心。不滞就是不著，也就是不住，也就是无情系。百丈怀海《语录》云："问：'如何是有情无佛性，无情有佛性？'师云：'从人至佛，是圣情执；从人至地狱，是凡情执。只如今但于凡圣二境，有染爱心，是名有情无佛性。只如今但于凡圣二境及一切有无诸法，都无取舍心，亦无取舍知解，是名无情有佛性。只是无其情系，故名无情。不同木石太虚，黄华翠竹之无情。'"又云："'若踏佛阶梯，无情有佛性。若未踏佛阶梯，有情无佛性。'"（《古尊宿语录》卷一）

　　无心也就是无念。《坛经》云："我此法门，从上以来，先立无念为宗，无相为体，无著为本。无相者，于相而无相。无念者，于念而无念。无住者，人之本性。""念念之中，不思前境。""于诸法上念念不住，即无缚也。""此是以无住为本。"所谓无念，不是"百物不思，念尽除却"。若"百物不思"，亦是"法缚"。（《坛经》）神会云："声闻修空，住空，被空缚；修定，住定，被定缚；修静，住静，被静缚；修寂，住寂，被寂缚。"（《神会遗集语录》卷一）"百物不思"，即"修空，住空"之类也。无念是"于诸境上心不染"，"常离诸境"。（《坛经》）"于诸境上心不染"，即是"于诸法上念念不住"，此即是无住。此亦即是"于相而离相"，亦即是"无相"。所以《坛经》所谓"无念为宗，无相为体，无住为本"，实只是"无念"。"前念著境即烦恼，后念离境即菩提。"（《坛经》）此即是"善不受报"，"顿悟成佛"之义。

　　临济（义玄）云："如今学者不得，病在甚处？病在不自信处。你若自信不及，便茫茫地徇一切境转，被它万境回换，不得自由。你若歇得念念驰求心，便与祖佛不别。你欲识得祖佛么？只你面前听法的是。"（《古尊宿语录》卷四）又说："道流佛法无用功处。只是平常无事，屙屎送尿，着衣吃饭，困来即卧。愚人笑我，智乃知焉。"(同上)学者要自信得及,一切放下。不必于日用平常行事外,别有用功,别有修行。只用于日用平常行事中,于相而无相,于念而无念。这就是不用功的用功,也就是无修之修。

临济又云:"有时夺人不夺境,有时夺境不夺人,有时人境俱夺,有时人境俱不夺。"人是能知底主体,境是所知底对象。禅宗传说:"明上座向六祖(慧能)求法。六祖云:'汝其暂时敛欲念,善恶都莫思量。'明上座乃禀言。六祖云:'不思善,不思恶,正当与么时,还我明上座父母未生时面目来。'明上座于言下忽然默契,便礼拜云'如人饮水,冷暖自知。'"(六祖《坛经》)父母未生明上座时,并无明上座。无明上座之人,亦无对此人之境。令明上座还其父母未生时面目,就是令其人境俱夺。人境俱夺,与"无"同体,谓之默契。契者契合,言其与无契合为一,并不是仅知有"无"。

忽然默契,就是所谓顿悟,所谓"一念相应,便成正觉"。(《神会语录》)悟与普通所谓知识不同。普通所谓知识,有能知与所知的对立。悟无能悟与所悟的对立。因其无对象,可以说是无知。但悟亦并不是普通所谓无知。悟是非有知非无知,是所谓无知之知。

赵州(从谂)《语录》云:"师问南泉(普愿):'如何是道?'泉云:'平常心是道。'师云:'还可趣向不?'泉云:'拟即乖。'师云:'不拟争知是道?'泉云:'道不属知不知。知是妄觉,不知是无记。若真达不疑之道,犹如太虚廓然,岂可强是非也。'"(《古尊宿语录》卷十三)舒州佛眼禅师(清远)云:"先师(法演)三十五,方落发。便在成都。听习唯识百法。因闻说:菩萨入见道时,智与理冥,境与神会,不分能证所证。外道就难,不分能所证,却以何为证? 时无能对者? 不鸣钟鼓,返披袈裟。后来唐三藏至彼,救此义云:'智与理冥,境与神会,如人饮水,冷暖自知。'遂自思维,冷暖则可矣,作么生是自知底事? 无不深疑。因问师,不知自知之理如何。讲师不能对。后来浮渡山见圆鉴,看他升堂入室,所说者尽皆说着心下事。遂住一年,令看'如来有密语,迦叶不覆藏'之语。一日云:'子何不早来,吾年老矣,可往参白云端和尚。'先师到白云,一日上法堂,便大悟:'如来有密语,迦叶不覆藏',果然果然。智与理冥,境与神会,如人饮水,冷暖自知,诚哉是言已。乃有投机颂云:'山前一片闲田地,叉手叮咛问祖翁。几度卖来还自买,为怜松竹引清风。'端和尚觑了点头。"(《古尊宿语录》卷三十二)理为智之对象。境为神之对象。智与神为能,理与境为所。"智与理冥,境与神会"即是知对象之能,与对象之所,冥合不分。不分而又自觉其是不分,此所谓"如人饮水,冷暖自知。"南泉云:"道不属知不知。"普通所谓知识之知,有能知所知之分。知道之知不能有此等分别。故曰:"知是妄觉。"道不属知。然人于悟中所得底能所不分,亦不是不自觉底。如其是不自觉底,则即是一个混沌,一个原始底无知,一个"顽空"。所以说:"不知是无记。"道不属不知。

禅宗人常形容悟"如桶底子脱"。桶底子脱,则桶中所有之物,均一时脱出。得道底人于悟时,以前所有底各种问题,均一时解决。其解决并不是积极地解决,而是在悟中,了解此等问题,本来都不是问题。所以悟后所得底道,为"不疑之道"。

悟之所得,并不是一种积极的知识,原来亦不是得到什么东西。舒州云:"如今明得了,向前明不得底,在什么处?所以道,向前迷底,便是即今悟底。即今悟底,便是向前迷底。"(《古尊宿语录》卷三十二)禅宗人常说:山是山,水是水。在你迷中,山是山,水是水。在你悟中,山还是山,水还是水。"山前一片闲田地","几度卖来还自买"。田地本来就只是那片田地,而且本来就是你的。除此外另找田地,谓之"骑驴觅驴"。既得驴之后,自以为真有所得,谓之"骑驴不肯下"。舒州云:"只有二种病,一是骑驴觅驴,一是骑驴不肯下。你道骑却驴了。更觅驴,可杀,是大病。山僧向你道,不要觅,灵利人当下识得。除却觅驴病,狂心遂息。既识得驴了,骑了不肯下,此一病最难医。山僧向你道,不要骑。你便是驴,尽山河大地是个驴,你作么生骑。你若骑,管取病不去。若不骑,十方世界廓落地。此二病一时去。心下无一事,名为道人,复有什么事?"(《古尊宿语录》卷三十二)

于悟前无道可修。于悟后亦无佛可成。黄檗《语录》云:"问:'今正悟时,佛在何处?'师云:'语默动静,一切声色,尽是佛事。何处觅佛? 不可更头上安头,嘴上安嘴。'"(《古尊宿语录》卷三)不但无佛可成,且亦无悟可得。"对迷说悟。本既无迷,悟亦不立。"(马祖语,见《古尊宿语录》卷一)此所谓"得无所得",亦谓为"究竟无得"。

所以圣人的生活,无异于平常人的生活。禅宗人常说:"著衣吃饭,屙屎送尿。"平常人所做底,是此等平常底事。圣人所做底,亦是此等平常底事。《续传灯录》载灵隐慧远禅师与宋孝宗谈话。"师云:'昔时叶县省禅师有一法嗣,住汉州什邡方水禅院,曾作偈示众曰:'方水潭中鳖鼻蛇,拟心相向便揶揄。何人拔得蛇头出?'上曰:'更有一句。'师曰:'只有三句。'上曰:'如何只有三句?'师对:'意有所待'。后大隋元靖长老举前三句了,乃著语云:'方水潭中鳖鼻蛇。'"(《续传灯录》)卷二十八)拔得蛇头出以后,还是方水潭中鳖鼻蛇。此所谓"究竟无得"。

禅宗的主要意思,说穿点破,实是明白简单。舒州云:"先师只道,参禅唤作金屎法。未会一似金,会了一似屎。"(《古尊宿语录》卷三十二)此主要意思,若说穿点破,亦毫无奇特秘密。所以禅宗人常说:"如来有密语,迦叶不覆藏。"云居(道膺)云:"汝若不会,世尊密语,汝若会,迦叶不覆藏。"(《传灯录》卷十七)密语之所以是密,因众人不会也。佛果云:"迦叶不覆藏,乃如来真密语也。当不覆藏即密,当密即不覆藏。"(《佛果禅师语录》卷十五)不覆藏底密,即所谓公开底秘密。

　　原来佛法中底宇宙论,心理学等,都可以说是"戏论之粪"(百丈语,见《古尊宿语录》卷二),亦可以说是"闲家具"(药山[惟俨]禅师语,见《传灯录》卷十四)。戏论之粪是需要"运出"底。闲家具是用不着底。把这些一扫而空之后,佛法所剩,就是这一点底公开底秘密。临济云:"在黄檗先师处,三度问佛法大意,三度被打。后于大愚处大悟云:'元来黄檗佛法无多子'"(《古尊宿语录》卷四)不只黄檗佛法无多子。佛法本无多子。《传灯录》卷十一,记临济此言,正作佛法无多子。

　　自迷而悟,谓之从凡入圣。入圣之后,圣人的生活,也无异于平常人的生活。"平常心是道",圣人的心也是平常心。此之谓从圣入凡。从圣入凡谓之堕。堕亦可说是堕落,亦可说是超圣。(此皆曹山[良价]《语录》中语)超圣是所谓"百尺竿头,更进一步"。南泉云:"直向那边会了,却来这里行履。"(《古尊宿语录》卷十二。《曹洞语录》引作"先过那边知有,却来这里行履"。)"直向那边会了",是从凡入圣。"却来这里行履,"是从圣入凡。

　　因为圣人做平常人所做底事,是从圣入凡,所以他所做底事虽只是平常人所做底事,而其做此等事,又与平常人所做此等事不同。百丈(怀海)云:"未悟未解时名贪嗔,悟了唤作佛慧。故云:'不异旧时人,只异旧时行履处。'"(《古尊宿语录》卷一)黄檗云:"但无一切心,即名无漏智。每日行住坐卧,一切言语,但莫著有为法,出言瞬目,尽同无漏。"(《古尊宿语录》卷二)庞居士偈云:"神通并妙用,担水及砍柴。"担水砍柴,平常人做之,只是担水砍柴;圣人做之,即是神通妙用。

　　因有此不同,所以圣人虽做平常人所做底事,而不受所谓生死轮回中底果报。黄檗《语录》云:"问:'斩草伐木,掘地垦土,为有罪相否?'师云:'不得定言有罪,亦不得定言无罪。有罪无罪,事在当人。若贪染一切有无等法,有取舍心在,透三句不过,此人定言有罪。若透三句外,心如虚空,亦莫作虚空道,此人定言无罪。''禅宗下相承,心如虚空,不停留一物,亦无虚空相,罪何处安著?'"(《古尊宿语录》卷一)圣人虽做平常人所做底事,但不沾滞于此等事,不为此等事所累。黄檗云:"但终日吃饭,未曾咬著一粒米。终日行,未曾踏着一片地。与么时,无人无我相等。终日不离一切事,不被诸境惑,方名自在人。"(《古尊宿语录》卷三)云门(文偃)亦说:"终日说事,未尝挂著唇齿,未尝道著一字。终日著衣吃饭,未尝触著一粒米,挂著一缕丝。"(《古尊宿语录》)卷十六)《洞山语录》云:"师与密师伯过水次,乃问曰:'过水事作么生?'伯曰:'不湿脚。'师曰:'老老大大,作这个话。'伯曰:'尔作么生道?'师曰:'脚不湿。'"过水而脚不湿,谓做事而不沾滞于事,不为事所累。圣人就是这一种底自在人,禅宗亦称为自由人。

这是"无修之修"所得底成就。于修时,也是要念念不著于相,于相而无相;于成就时,也是念念不著于相,于相而无相。不过于修行时如此,是出于努力;于成就时如此,则是不用努力,自能如此。这不是说,因为修行底人,养成了一种习惯,所以不必努力,自能如此。而是因为修行底人于成就时,顿悟"同无",所以不必努力,自能如此。

圣人的境界,就是所谓"人境俱不夺"底境界。在此等境界中,山还是山,水还是水,但人已不是旧日底,从凡入圣底人了。百丈所引:"不异旧时人,不异旧时行履处。"严格地说应该说:"只异旧时人,不异旧时行履处。"人是从圣入凡,所以虽有人有境,而仍若无人无境。"人境俱夺",是从凡入圣的工夫。"人境俱不夺",是从圣入凡的境界。

于上章我们说:玄学家所说:圣人亦应务应世,不过是说,圣人亦能应务应世。僧肇所谓:"圣人居动用之域,而止无为之境"。不过是说:"居动用之域"无碍于"止无为之境"。若此说,则圣人的玄远,与其应务应世,动用之域,与无为之境,仍是两行,不是一行。如照禅宗所说,则应务应世,对于圣人,就是妙道:"动用之域",就是"无为之境"。如此说,则只有一行,没有两行。

禅宗更进一步,统一了高明与中庸的对立。但如果担水砍柴,就是妙道,何以修道底人,仍须出家?何以"事父事君"不是妙道?这又须下一转语。宋明道学的使命,就在再下这一转语。

第九章　道　学

张横渠的《西铭》,是道学家的一篇重要文章。《西铭》云:"乾称父,坤称母。余兹藐焉,乃混然中处。故天地之塞吾其体,天地之帅吾其性。民吾同胞,物吾与也。""尊高年所以长其长,慈孤弱所以幼其幼,圣其合德,贤其秀也。""知化则善述其事,穷神则善续其志。""富贵福泽,将厚吾之生也。贫贱忧戚,庸玉汝于成也。存吾顺事,殁吾宁也。"(《正蒙·乾称》)当时及以后底道学家,都很推崇这篇文章。程明道说:"《西铭》某得此意,只是须得他子厚有此笔力。他人无缘做得。孟子后未有人及此。得此文字,省多少言语。"(《二程遗书》卷二上)

横渠以"气"为万物的根本。气之全体,他称之为太和或道。他说:"太和所谓道。中涵浮沉升降动静相感之性,是生细缊相荡胜负屈伸之始。"(《正蒙·太和》)气之中,涵有阴阳二性,气之涵有阴性者,是静底,是沉而下降底;气之涵有阳性者,是动底,是浮而上升底。气如是"升降飞扬,未尝止息","相荡","相感",故有聚散。聚则为物,散复为气。"气之聚散于太虚,犹冰凝释于水"。(同上)

乾坤是天地的别名。人物俱生于天地间。天地可以说是人物的父母。《西铭》说:"乾称父,坤称母。"人与物同以乾坤为父母。

不过人与物有不同者，就是人于人的形体之外，还得有"天地之性"。我与天地万物，都是一气之聚，所以我与天地万物本是一体。所以说"天地之塞吾其体"。"天地之性"是天地的主宰。我的性就是我所得于"天地之性"者，所以说："天地之帅吾其性"。就我的七尺之躯说，我在天地之间，是非常渺小底；就我的形体及心性的本源说，我是与天地万物为一体底。了解至此，则知"民吾同胞，物吾与也"。横渠说："性者，万物之一源，非有我之得私也。惟大人为能尽其道，是故立必俱立，知必周知，爱必兼爱，成不独成。彼自蔽而不知顺吾理者，则亦未如之何矣。"(《正蒙·诚明》)不但性是万物之一源，非有我所得私。气亦是万物之一源，非有我所得私。

人之性发为知觉。"合性与知觉，有心之名。"(《正蒙·太和》)人有心所以能觉解，性与气都是万物之一源，圣人有此觉解，所以"立必俱立，知必周知，爱必兼爱，成不独成"。此即是所谓能尽心，能尽性。横渠说："大其心则能体天下之物。物有未体，则心为有外。世人之心，止于闻见之狭。圣人尽性，不以闻见梏其心。其视天下无一物非我。孟子谓尽心，则知性，知天，以此。天大无外，故有外之心，不足以合天心。"(《正蒙·大心》)

无外者是至大，是大全。天无外。"大其心"者"合天心"，故亦无外。合天心者，一举一动都是"赞天地之化育"。所以《西铭》说："尊高年所以长其长，慈孤弱所以幼其幼。"篇中诸"其"字，都指天言。尊高年，慈孤弱，若只是长社会的长，社会的幼，则其事是道德底事，作此等事底行为，是道德行为。但社会的长，亦是天的长，社会的幼，亦是天的幼。合天心者本其觉解，以尊高年，慈孤弱，虽其事仍是尊高年，慈孤弱，但其行为的意义则是长天之长，幼天之幼，其行为的意义，是超道德底，科学上所谓研究自然，利用自然，在合天心者的觉解中，都是穷神知化的工作。穷神是穷天的神，知化是知天的化。天有神化，而人穷之知之。人继天的未继之功。合天心者做此等事,亦如子继其父之志,述其父之事。所以亦有事天的意义。合天心者本其觉解,做其在社会中所应该做底事。富贵亦可,贫贱亦可,寿亦可,夭亦可。一日生存,一日继续作其在社会中应做底事。一日死亡,即作永久底休息。此所谓"存吾顺事,殁吾宁也。"

此所说底是一种生活态度,亦是一种修养方法。此种修养方法,亦是所谓"集义"的方法。道学家的"圣功"都是用这一种方法。所以他们以为他们是直接孟子之传。合天心者,所做底事,虽仍是道德底事,但因他所做底事对于他底意义,是超道德底,所以他的境界亦是超道德底。他并不拘于社会之内,但对于他并没有方内方外之分。高明与中庸的对立,如是统一起来。横渠《西铭》讲明了这个义理。这就是这篇的价值之所在。

程明道说:"《西铭》某得此意"。此意就是"万物一体"之意。明道的《识仁篇》亦说此意。他说:"学者须先识仁。仁者浑然与物同体,义礼智信皆仁也。识得此理,以诚敬存之而已。""此道与物无对,大不足以明之。天地之用,皆我之用。孟子言万物皆备于我。须反身而诚,乃为大乐。若反身未诚,则犹是二物有对,以己合彼,终未有之,又安得乐?《订顽》(即《西铭》)意思,乃备言此体。以此意存之,更有何事?"(《遗书》卷二上)此所谓仁,是道学家所谓"万物一体之仁"。明道云:"医书言手足痿痹为不仁,此言最善名状。仁者以天地万物为一体,莫非己也。认得为己,何所不至? 若不有诸己,自与己不相干,如手足不仁,气己不贯,皆不属己。故博施济众,乃圣人之功用。"(《遗书》卷二上)于上第四章中,我们说:用道家的去知的方法,所得到底浑然底一,是知识上底浑然底一;用儒家底集义的方法,所得到底浑然底一,是情感上底浑然底一。明道所谓"浑然与物同体"之仁,正是情感上的浑然底一。仁者在情感与万物浑然一体。此一体是包括一切底。此一体是一个大全。不过此大全不只是一个形式底全,在实际上,大全中的一切,在其生意上,是彼此息息相通底。明道说:"天地之大德曰生。""万物之生意最可观。斯所谓仁也。仁与天地一物也,而人特自小之,何哉?"(《遗书》卷十一)万物的生意就是天地的仁。在情感上"浑然与万物同体",就是仁者的仁,仁者的仁,与天地同其广大,所以说:"仁与天地,一物也。"

　　仁与天地同其广大,所以说:"此道与物无对,大不足以名之。"就实际上说,任何事物,皆在天地的一团生意中,皆在天地的仁中,但不是任何事物皆觉解其是如此。大部分底人亦不觉解其是如此。此所谓"物自小之"。圣人在天地一团生意中,而又觉解其真是如此。此所谓"反身而诚"。反者如所谓"回光返照",是人的觉解的自反。自反而真觉解"万物皆备于我",是所谓反身而诚。若反身未诚,则仍有人我之分。我是我,天地是天地,"以己合彼",终未能与之相合,此所谓"终未有之"。"识得此理",即《新原人》所谓知天。又以实心实意,时时注意此理,即所谓"以诚敬存之"。如此之久,则可得到"浑然与物同体"的经验,是即《新原人》所谓同天。孟子养浩然之气的方法是集义。集义是孟子所谓"必有事焉"。时时集义,不可间断。此所谓无忘。集义既久,浩然之气,自然而生。不可求速效,助之长。此所谓无助。"必有事焉,勿忘无助",是集义的方法。明道于此说:"以诚敬存之而已,更有何事?""以诚敬存之",是"必有事焉",是"勿忘"。"更有何事",是"勿助"。

　　真正底仁者,就是圣人。圣人与天地万物为一体,所以天地万物,对于他不是外,他亦不是内。他与天地万物,不是"二物有对",所以中间没有内外之分。他于应物处世,亦无所谓内外之分。明道答张横渠书云:"所谓定者,动亦定,静亦定,无将迎,无内外。苟以外物为外,牵己而从之,是以己性为有内外也。且以己为随物于外,则当其在外时,何者为在内?是有意于绝外诱,而不知性之无内外也。既以内外为二本,则又乌可遽语定哉? 夫天地之常,以其心普万物而无心。圣人之常,以其情顺万事而无情。故君子之学,莫若廓然而大公,物来而顺应。""人之情各有所蔽,故不能适道。大率患在于自私而用智。自私则不能以有为为应迹;用智则不能以明觉为自然。与其非外而是内,不若内外之两忘也。两忘则澄然无事矣。无事则定,定则明,明则尚何应物之累哉?"(《明道文集》卷三)明道的这一封信,后人称为《定性书》,此书中所说底意思,有许多与禅宗相同。将禅宗的意思,推至其逻辑底结论,即有明道《定性书》的意思。

道学家所谓动静的对立,就是我们于上数章中所说入世出世,"游于方之内"及"游于方之外"的对立。出世底人,"游于方之外",离俗玄远,是主于静。入世底人,"游于方之内",应付世事,是主于动。老庄及原来底佛家,都是主于静。早期的道学家,亦注重静。周濂溪说:"圣人定之以中正仁义而主静,立人极焉。"(《太极图说》)后来道学家,说境界,则不说静,而说定;说方法,则不说静而说敬。这是一个很大底改变。静是与动对立底。定与敬不是动的对立,而是静与动的统一。就境界说,"动亦定,静亦定"。就方法说,动亦敬,静亦敬。

圣人动亦定,静亦定,对于他无所谓内外之分。因为他已"浑然与物同体"。"万物皆备于我","天地之用,皆我之用",故对于他无所谓"外物"。主静者以世间底事为"外物",视之为一种引诱,可以扰乱他的静者。但对于圣人,即无所谓外物,故亦不"有意于绝外诱"。他的心与天同其广大,亦与天地同其无私。其心是如"鉴空衡平"。有事来则顺心的明觉的自然反应以应之。此所谓"廓然而大公,物来而顺应"。

圣人不自私亦不用智。这就是玄学家及禅宗所谓无心。玄学家及禅宗都说圣人无心。道学家说:天地无心,圣人有心。明道说："天地之常，以其心普万物而无心。圣人之常，以其情顺万物而无情。"伊川说："天地无心而成化。圣人有心而无为。"不过玄学家及禅宗所谓圣人无心，亦是说圣人有心而无所沾滞系著。其意亦是如明道所说，"圣人之常，以其情顺万物而无情"；如伊川所说，"圣人有心而无为"。《定性书》说："自私则不能以有为为应迹。用智则不能以明觉为自然。"圣人廓然大公，物来顺应，应物以无心，这就是"以有为为应迹"，"以明觉为自然"。应顺物于明觉之自然，就是于念而无念；"以有为为应迹"，就是于相而无相。如此则有为即是无为。

说至此，可见明道《定性书》的意思，有许多与禅宗的意思相同。不过禅宗仍要出家出世，这就是他有"恶外物之心"，而"求照无物之地"。他们还不能"内外两忘"。他们有了一个意思，但还没有把那个意思，推到它的逻辑底结论。他们还不十分彻底。若真正内外两忘底人，则世间底事，与出世间事，对于他并无分别。不仅担水砍柴是妙道，即事父事君亦是妙道。就他的境界说，他是廓然大公，如"天地心普万物而无心"。就他的行为说，他是物来顺应，对于物体无所选择，无可无不可。高明与中庸的对立，如此即统一起来。

伊川与明道，旧日称为二程，旧日并以为二程的思想，是相同底。其实明道近于道家与禅宗，是道学中底心学一派的鼻祖。伊川是注重于《易传》所说的"道"，他重新阐发了理世界，为道学中底理学一派的领袖。

伊川云："天下物皆可以理照，有物必有则。一物须有一理。"（《遗书》卷十八）严格地说，他应该说，有一类物，须有一理。他的意思也是如此。在中国语言中，言物之多，则称为万物或百物；言理之多，亦曰万理或百理。伊川说："若论道则万理具备。"（《遗书》卷十五）又说："天理云者，万理具备，元无少欠。"（《遗书》卷十八）

万理都是本来有底,它们不会先无后有,亦不会先有后无。伊川云:"天理云者,这一个道理,更有甚穷已。不为尧存,不为桀亡。""这上头更怎生说得存亡加减。是它元无少欠,百理具备。"(《遗书》卷二上)又说:"此个亦不少,亦不剩,只是人看它不见。"(《遗书》卷二上)"人看它不见,"言其是超乎形象底。

理是不变底。伊川说:"理在天下,只是一个理,放诸四海而准。须是质诸天地,考诸三王,不易之理。"(《遗书》卷二上)理亦是不动底。伊川又说:"天理具备,元无少欠。不为尧存,不为桀亡。父子君臣,常理不易,何曾动得?"(《遗书》卷二上)。

实际底事物,是理的实例。理是本来如此底,人知之与否,对于其有,不发生影响。一理在实际上有实例与否,对于其有,亦不发生影响。伊川说:"百理具在平铺放著。几时道尧尽君道,添得些君道多。舜尽子道,添得些子道多,元来依旧。"(《遗书》卷二上)尧尽君道,为君道之理,立一实例。舜尽子道,为子道之理,立一实例。但君道之理,并不因有实例而有所增,亦不因无实例而有所减,它是"元来依旧"。此所谓:"不为尧存,不为桀亡。"

理世界中,"万理具备"。虽"看它不见"但它是不增不减,"元来依旧"。理世界是所谓"冲漠无朕,万象森然"。"冲漠无朕",言其是超乎形象。"万象森然",言"百理具在平铺放著"。

《易·系辞》说:"形而上者谓之道,形而下者谓之器。"照伊川的解释,理是形而上者,事物是形而下者。形而上者是本来如此底,不会先无后有,亦不会先有后无。这就是说,它是无生灭底,或可以说,它是无所谓生灭底。形而下者则是有生有灭底。其生由于气之聚,其灭由于气之散。形而下底事物之存在,以理为其形式,以气为其原质。用亚力士多德的话说,理是事物存在的式因;气是事物存在的质因。

理学的系统,至朱子始完全建立。形上形下,朱子分别更清。

朱子说:"形而上者,无形无影,是此理。形而下者,有情有状,是此器。"(《语类》九十五)在形上方面,必先有某理,然后在形下方面,始能有某种事物。朱子说:"做出那事,便是这里有那理。凡天地生出那物,便是那里有那理。"(《语类》卷一百一)又说:"阶砖便有阶砖之理,竹椅便有竹椅之理。"(《语类》卷四)有某理然后可有某种事物。有某种事物必有某理。但有某理,不必即有某种事物。朱子说:"若在理上看,则虽未有物而已有物之理。然亦但有其理而已,未尝实有是物也。"(《答刘叔文》,《文集》卷四十六)

一类事物的理,是一类事物的最完全底形式,亦是一类事物的最高底标准。标准亦称为极。《语录》云:"事物皆有个极,是道理极至。蒋元进曰:'如君之仁,臣之敬,便是极。'先生曰:'此是一事一物之极。总天地万物之理,便是太极。'"(《语类》九十四)太极是万理的总和,亦就是天地万物的最高标准。

太极是本来如此底。朱子云:"要之理之一字,不可以有无论。未有天地之时,便已如此了也。"(《答杨志仁》,《文集》卷五十八)我们亦不能问:太极在什么地方。朱子说:"太极无方所,无形体,无地位,可顿放。"(《语类》九十四)太极亦无动静。"太极理也,理如何动静?有形则有动静。太极无形,不可以动静言。"(郑子上问语,朱子以为然。见《文集》卷五十六)太极亦不能造作。朱子云:"若理则只是个洁静空阔底世界,无形迹,它却不会造作。"(《语类》卷一)

这是一个超乎形象底世界,"人看它不见,"但它却不是空底。朱子常称理为"实理",言其确是有底,其有是无妄底。朱子说:"太极是五行阴阳之理皆有,不是空底物事。若是空时,如释氏说性相似。"又曰:"释氏只见得皮壳,里面许多道理,他却不见,他皆以君臣父子为幻妄。"(《语类》卷九十四)又说:"释氏说空,不是便不是。但空里面须有道理始得。若只说道,我是个空,而不知有个实底道理,却做甚用? 譬如一渊清水,清泠澈底,看来一如无水相似。他便道此渊只是空底,不曾将手去探,是冷是温,不知道有水在那里面。释氏之见正如此。"(《语类》卷一二六)

道家、佛家均未说及理世界。他们说到超乎形象底,但其所说超乎形象底,均是不可言说,不可思议底。所以他们只能说无,只能说空。理是超乎形象底,但却是可言说,可思议底。严格底说,只有理才是可言说,可思议底。理才真正是言说思议底对象。严格底说:具体底事物,亦是不可言说,不可思议底。它只是可感觉底。理真正是有名。具体底事物,亦不是有名,它是可以有名。它是个"这",不过"这"是可以有名底。我们可以说:有不可感觉,亦不可思议底。这是无名。有只可思议,不可感觉底。这是有名。有不可思议,只可感觉底。这是可以有名。

理世界的重新发现,使人得一个超乎形象底,洁净空阔底世界。它是不增不减,不生不灭,无动无静。有某种实际底事物,必有某理。但有某理,不一定有某种实际底事物。人"见"此世界,方知其以前所见,拘于形象之内者,是如所谓井蛙之见。这个新"见",可以"开拓万古之心胸"。这是一个精神的极大底解放。

理不会造作,无动无静。其能动而"会造作"者是气。气是形下世界所以能构成底原质。朱子说:"天地之间,有理有气。理也者,形而上之道也,生物之本也。气也者,形而下之器也,生物之具也。是以人物之生,必禀此理,然后有性;必禀此气,然后有形。"(《答黄道夫》,《文集》卷五十八)又说:"疑此气,是依傍这理行。及此气之聚,则理亦在焉。盖气则能凝结造作,理却无情意,无计度,无造。只此气凝聚处,理便在其中。"(《语类》卷一)在理学的系统中,气的地位有似于在道家系统中底道。不过在此方面,程朱是横渠的继续,其所谓气,有似于横渠所谓气。横渠所谓气,如"野马尘埃。"(《正蒙·太和》)亦是一种物。朱子所谓气,虽未明说是如

"野马尘埃",但也有清浊正偏可说,所以仍是一种物,是可以有名,不是无名。他不是超乎形象底。在横渠及程朱的系统中,气之观念,不是一个形象底观念,是一个积极底观念。

气凝聚为某物,此某物必是某种物,必是禀受某理。其所禀受底某理,即是其性。所以说:"人物之生,必禀此理,然后有性。"某形则是气所凝聚。所以说:"必禀此气,然后有形。"

人禀受有知觉灵明之性,有仁义礼智之性,所以人能有知觉灵明,有恻隐、善恶、是非、辞让之情。知觉灵明之性,仁义礼智之性是未发。实际底知觉灵明,及恻隐、善恶、是非、辞让之情,是已发。未发谓之性,已发谓之情。所谓心包括已发未发。此所谓"心统性情。"

人的心中,不仅有上述诸理,而且有万理的全体。这就是说,人的心中,有整个底太极。不仅人如此,每一物皆如此。朱子说:"人人有一太极,物物有一太极。"(《语类》九十四)又说:"统体是一太极。然又一物物各具一太极。"(《语类》九十四)或问朱子:"如此,则是太极有分裂乎?"朱子说:"本只是一太极,而万物各有禀受,又自各全具一太极尔。如月在天,只一而已。及散在江湖,则随处而见,不可谓月已分也。"(《语类》九十四)

虽人人有一太极,物物有一太极,然因其所禀之气,有清浊偏正之不同,所以或知之,或不知之。人以外底物,所禀底气,是较浊而偏底,所以人以外底物,完全不知有理有太极。人所禀之气,较清而正,所以人可以知其禀受有理有太极。不过虽可以知,但仍须用一番工夫,然后能知。照朱子的说法,此工夫即是《大学》所说:"格物致知"的工夫。

朱子《大学章句》格物章补传云:"所谓致知在格物者,言欲致吾之知,在即物而穷其理也。盖人心之灵,莫不有知,而天下之物,莫不有理。惟于理有未穷,故其知有未尽也。是以大学始教,必使学者,即凡天下之物,莫不因其已知之理,而益穷之,以求至乎其极。至于用力之久,而一旦豁然贯通焉,则众物之表里精粗无不到,而吾心之全体大用无不明矣。"朱子此说,正如柏拉图的"回忆说"。照柏拉图的说法,人的灵魂,对于所有的"观念",本已有完全底知识。但因为肉体所拘,所以灵魂不记忆其本有底知识。哲学家或诗人,以灵感或其研究算学或科学底工夫,能使其灵魂上升,离肉体之拘,而回复其原有底知识。在此时,哲学家或诗人,如出了洞穴而重见天日。他在洞穴中,所见者不过是些事物的影像,及灯火的光。既出洞穴,他始能见真实底事物,及日月的光明。这是柏拉图于《理想国》中所设底比喻,以比喻一种境界。这种境界,是朱子所谓"一旦豁然贯通","众物之表里精粗无不到","吾心之全体大用无不明"的境界,有此等境界底人,朱子谓之圣人,柏拉图谓之哲学家或诗人。

有这种境界底人做底事,也就是君臣父子,人伦日用之事。不过这些事对于他都不只是事,而是永恒底理的实例。他的境界极高,而所做底仍就是一般人所做底事。高明与中庸的对立,亦如是统一起来。

继明道之后,心学的领袖是陆象山。象山可以说是直接为禅宗下转语者。象山的哲学及修养的方法,是禅宗的方法,至少可以说是,最近乎禅宗的方法底方法。

若用禅宗的方法,则见程朱理学一派,所求太多,所说亦太多。这就是象山所谓"支离"。象山幼时闻人诵伊川语,"自觉若伤我者"。"尝谓人曰:'伊川之言,奚为与孔子孟子不类。'""他日读古书,至宇宙二字,解者曰:'四方上下曰宇。往古来今曰宙。'忽大省曰:'宇宙内事,乃己分内事。己分内事,乃宇宙事。'又尝曰:'宇宙便是吾心,吾心便是宇宙。'"(《全集》卷三十三)他的"大省",就是禅宗所谓悟。有了此悟,以后只须自信得及,一切放下。明道《识仁篇》说:"识得此理,以诚敬存之而已,不须防检,不须穷索。"亦有此意。

学者须先有此悟。这就是所谓"先立乎其大者"。象山云:"近有议吾者云:'除了先立乎其大者一句,全无伎俩。'吾闻之曰;'诚然。'"(《全集》卷三十四)先立乎其大者以后,可以自信得及。自信者,自信"万物森然于方寸之间,满心而发,充塞宇宙,无非是理。"(《全集》卷三十四)于此点自信得及,则知"道遍满天下,无些子空阙。四端万善,皆天之所予,不劳人妆点,但是人自有病,与他相隔了。"(《全集》卷十五)知不劳妆点则即无须妆点。知有病则只须去病。此谓一切放下。

象山云:"此理在宇宙间,何尝有所碍?是你自沉埋,自蒙蔽,阴阴地在个陷阱中,更不知所谓高远底。要决裂破陷阱,窥测破罗网。"又说:"激厉奋迅,决破罗网,焚烧荆棘,荡夷污泽。"又说:"茧鸡终日营营,无超然之意。须是一刀二断。营营地讨个甚么?"这很有临济"逢著就杀"的意思。这也就是所谓"一切放下"。

象山自以为他的方法是减,朱子的方法是添。《语录》云:"因说定夫旧习未易消。若一处消了,百处皆可消。予谓晦庵诸事为他消不得,先生曰:'不可将此相比。他是添。'"(《全集》卷三十五)又说:"圣人之言自明白。且如'弟子入则孝,出则弟。'是分明说与你,入便孝,出便弟。何须得传注!学者疲精神于此,是以担子越重。到某这里,只是与他减担。"(《全集》三十五)

减的方法也是一切放下的方法。一切放下之后,只有我的一个心,我一个"人"。象山云:"仰首攀南斗,翻身依北辰。举头天外望,无我这般人。"此所谓我一个"人"正是"这般人"。这般人是所谓大人,大丈夫。象山云:"大世界不享,却要占个小蹊小径子。大人不做,却要为小儿态。可惜。"至此境界,不仅所谓传注的担子不必要,即六经也不必要。此所谓"学苟知本,六经皆我注脚。"(《全

集》卷三十四）

　　自信得及,一切放下。四端万善,皆吾性中所固有,只需顺之
而行。象山云:"人精神在外,至死也劳攘。须收拾作主宰。收得
精神在内。当恻隐即恻隐,当羞恶即羞恶,谁欺得你? 谁瞒得你?
见得端的后,常涵养,是甚次第!"所谓收拾精神,就是注意于自己。
这是所谓"反身"。亦是禅宗所谓"回光返照"。普通人都只注意于
外界事物。此所谓"精神在外,至死也劳攘"。收拾精神,回光返
照,能悟到宇宙即是吾心,吾心即是宇宙。则所谓外物,又不是外。
即应付外物,亦不是劳攘。其所以不是劳攘,因其心已是"廓然而
大公",其应事亦是"物来而顺应"也。象山云:"凡事莫如此滞滞泥
泥。某平生于此有长,都不去著他事。凡事累自家一毫不得。每
理会一事时,血脉骨髓,都在自家手中。然我此中都似个闲闲散
散,全不理会事底人,不陷事中。"此正是禅宗所谓:"终日吃饭,未
曾咬著一粒米。终日穿衣,未曾挂著一缕丝。"

　　由上所说,我们可见,象山的哲学及修养方法,是最近于禅宗
底。说他的哲学及修养方法是"易简",是"直捷",是不错底。程朱
一派,说象山是近禅,也是不错底。不过象山自己不承认他是近
禅,这也是不错底。因为他是说:事父事君,也是人的性分内事,也
是妙道。他下了这个转语,他所讲底,便是道学,不是禅宗。

　　心学的最后底大师是王阳明。阳明的哲学及修学方法,也是
注重在自信得及,一切放下。自信得及是自信自己有知善知恶的
良知。一切放下,是不拟议计较,只顺良知而行。阳明的《大学问》
解释《大学》的三纲领云:"大人者,以天地万物为一体者也。其视
天下犹一家,中国犹一人焉。若夫间形骸而分尔我者,小人矣。大
人之能以天地万物为一体也,非意之也,其心之仁,本若是其与天
地万物而为一也。岂惟大人,虽小人之心,亦莫不然,彼顾自小之
耳。""是故苟无私欲之蔽,则虽小人之心,而其一体之仁,犹大人

也。一有私欲之蔽,则虽大人之心,而其分隔隘陋,犹小人矣。故夫为大人之学者,亦惟去其私欲之蔽,以自明其德,复其天地万物一体之本然而已耳。非能于本体之外,而有所增益之也。""明明德者,立其天地万物一体之体也。亲民者,达其天地万物一体之用也。故明明德必在于亲民,而亲民乃所以明其明德也。""至善者,明德亲民之极则也。天命之性,粹然至善,其灵昭不昧者,此其至善之发现,是乃明德之本体,而即所谓良知者也。至善之发现,是而是焉,非而非焉,轻重厚薄,随感随应,变动不居,而亦莫不有天然之中,是乃民彝物则之极,而不容少有拟议增损于其间也。少有拟议增损于其间,则是私意小智,而非至善之谓矣。(《王文成公全书》卷二十六)人的良知,就是人的明德之发现。顺良知的命令而行,就是致良知。对于良知如有拟议增损,就是私意小智。私意小智就是明道《定性书》所谓自私用智。

良知是人的明德的发现。可以致良知乃所以回复人的明德的本体,人的"天地万物一体之仁"。阳明云:"人心是天渊,无所不赅。原是一个天,只为私欲障碍,则天之本体失了。""如此念念致良知,将此障碍窒塞,一齐去尽,则本体已复,便是天渊了。"(《全书》卷二)象山说:"宇宙不曾限隔人,人自限隔宇宙。"致良知就是所以去此限隔。

致良知就是明明德。明德是"天地万物一体之仁",所以明明德就在于实行仁。所以说:"明明德必在于亲民,而亲民乃所以明其明德也。"致良知也就是致良知于行事。顺良知的命令行事,然后良知之知,方为完成。这就是阳明所谓"知行合一"。《传习录》云:"爱曰:'如今人尽有知得父当孝,兄当弟者,却不能孝,不能弟。便是知与行分明是两件。'先生曰:'此已被私欲隔断,不是知行本体了。未有知而不行者,知而不行,只是未知。圣贤教人知行,正是要复那本体,不是着你只恁的便罢。'""某尝说:知是行的主意,行是知的功夫。知是行之始,行是知之成。若会得时,只说一个知,已自有行在;只说一个行,已自有知在。'"(《全书》卷一)人的心之本体,在其不为私欲所蔽之时,知行只是一事。如人"乍见孺子将入于井,有怵惕恻隐之心"。顺此心之自然发展,则必奔走往救之。此奔走往救之行,只是怵惕恻隐之心之自然发展,不是另一事。此所谓"知是行之始,行是知之成"。此时若有转念,或因畏难而不往,或因恶其父母而不往,则有知而无行,这都是由于自私用智,非知行本体如此。又如人知当孝父,顺此知之自然发展,则必实行孝之事。其有不能行孝之事,则亦是其心为私欲所蔽。其心为私欲所蔽,则有良知而不能致之,其良知之知亦不能完成。致良知就是去其私欲之蔽,以回复知行的本体,也就是回复明德的本体。

王阳明《传习录》云:"先生尝言,佛氏不著相,其实著了相。吾儒著相,其实不著相,请问。曰:'佛怕父子累,却逃了父子。怕君臣累,却逃了君臣。怕夫妇累,却逃了夫妇。都是为个君臣父子夫妇著了相,便须逃避。如吾儒有个父子,还他以仁。有个君臣,还他以义。有个夫妇,还他以别。何曾著父子君臣夫妇的相?'"这就是把禅宗的理论推至其逻辑底结论。禅宗说:于相而无相,于念而无念。如果如此,则何不于父子君臣夫妇之相,亦于相而无相;于事父事君之念,亦于念而无念? 这是禅宗的一间未达之处,亦是其不彻底处。心学就在这些处批评禅宗,也就在这些处接著禅宗。

良知是知,致良知是行,一心一意专注于致良知,即是用敬。真觉解良知是万物一体底明德的发现,而又一心一意专注于在行事上致良知,如此则高明与中庸的对立,即统一起来。阳明的形上学,不如明道象山的空灵。用禅宗的话说,他的形上学是有点"拖泥带水"。用我们的话说,他的形上学对于实际,太多肯定。不过致良知三字,把心学的修养方法,说得更确切,更清楚。

照以上所说,道学已把所谓高明,中庸,内外,本末,精粗等对立,统一起来。明道说:"居处恭,执事敬,与人忠。此是彻上彻下语。圣人元无二语。"(《遗书》卷二上)伊川说:"后人便将性命别作一般事说了。性命孝悌,只是一统底事。至如洒扫应对,与尽性至命,亦是一统底事。无有本末,无有精粗。""然今时非无孝悌之人,而不能尽性至命者,由之而不知也。"(《遗书》卷十八)圣人所做底事,就是这些事。虽就是这些事,但这些事圣人做之,都成妙道。此所谓"迷则为凡","悟则为圣"。彻上彻下,都是统一底事,是一行不是两行。事父事君,亦是妙道,这是把禅宗所一间未达者,也为之戳穿点破。这可以说是"百尺竿头,更进一步"了。

所以用道学家的方法而成为圣人底人,"及其所居之位,乐其日用之常","而其胸次悠然,直与天地万物,上下同流"。(《论语》曾点言志章朱子注)程明道诗云:"年来无事不从容,睡觉东窗日已红。万物静观皆自得,四时佳兴与人同。道通天地有形外,思入风云变态中。富贵不淫贫贱乐,男儿到此自豪雄。"(《明道文集》卷一)这就是道学家所谓孔颜乐处,也就是在天地境界底人的乐处。

(录自黄克剑等编《当代新儒学八大家集·冯友兰集》,群言出版社,1993 年)

冯友兰(1895—1990),著名学者、哲学家。北京大学中国哲学门毕业,1919 年到美国哥伦比亚大学研究生院学习,获哲学博士学位。回国后,曾任河南中州大学、广东大学、燕京大学、清华大学、西南联大、北京大学教授,中州大学文科主任、清华大学秘书长、文学院长兼哲学系主任、中国科学院哲学社会科学学部委员等职务。主要著作有《中国哲学史》、《中国哲学史新编》、《贞元六书》、《冯友兰学术精华录》、《三松堂全集》等。

　　本文节选自《冯友兰集·新原道》。作者认为,玄学、禅宗、道学各自承担了相继"再下一转语"的使命,为道论作出了贡献。

禅宗与理学（节选）

钱　穆

后世言理学,必谓其涉禅,顾理学家必辟禅,虽陆王不免,而程朱尤甚。今平心称量,姑拈其言必性者论之,则禅宗意见有转近孔孟,而程朱之离孔孟有视禅宗为转远者。陆王较近禅,故亦较孔孟近。此义绝少洗发,兹举罗整菴《困知记》辨禅辨陆王各节略申之。整菴粹然程朱,其《困知记》排击陆王,因及禅学,极为后儒所称。高景逸所谓先生于禅学尤极探讨,发其所以不同之故,自唐以来排斥佛氏未有若是之明且悉者也。……

《困知记》又云:"达摩告梁武帝,有云'净智妙圆自空寂',只此八字已尽佛性之形容矣。其后有神会者,尝著《显宗记》,反复数百语,说得他家道理亦有分明。其中有云:'湛然常寂,应用无方,用而常空,空而常用,用而不有,既是真空,空而不无,便成妙有。"妙有即摩诃般若,真空即清净涅槃,又足以尽达摩妙圆空寂之旨。余尝合而观之,与《系辞传》所谓寂然不动、感而遂通天下之故,殆无异也。然孰知其所甚异者正在于此也。夫《易》之神即人之心。程子尝言心一也,有指体而言者,寂然不动者是也,有指用而言者,感而遂通是也。盖吾儒以寂感言心,而佛氏以寂感为性,此其所以甚异也。良由彼不知性为至精之理,而以所谓神者当之,故其应用无方,虽亦识圆通之妙,而高下无所准,轻重无所权,卒归于冥行妄作而已矣。

今按《困知记》此条辨儒释异同极精要,顾复有可议者。《困知记》谓释氏不知性为至精之理,此不惟达摩以来宗门不之知,即孔孟当时言性亦未尝谓性是至精之理也。孔孟言性皆就人心言之。虽孟子曰"理义之悦吾心犹刍豢之悦吾口",然犹谓理义出于人心之同然。由人心之扩充尽改而有理义,非谓性为理义以一于心也。性即理之说出自程门,而朱子奉为极训。盖当时程朱倡学,自有一番苦心,正患禅宗言性,高下无准,轻重无权,圆通之极,流于冥行,故务反宗门以为说,遂以其所见天地间有所谓至精不易之理者而谓之性,而不知孔孟言性实不如是。即《易系》《中庸》言性亦不如是,即老庄言性亦不如是也。此乃程朱所特创,虽亦是以矫免一时宗门之流失,而矫枉常易过正,卒之其自身之流弊亦不胜。今《困知记》乃以程朱之言奉为儒说之正宗,是以未见其允也。

《困知记》又云:"宗杲有颂云:'断除烦恼重增病,趋向真如亦是邪,随顺世缘无罣碍,涅槃生死是空华。'尝见杲示人有水葫芦一言,此颂第三句即水上葫芦之谓也。佛家道理真是如此,《论语》'无适无莫'、莫非义之与比,何以异于水上葫芦哉?"

今按《困知记》此条辨儒释异同,可谓简而尽。伊川谓敬只是涵养一事,必有事焉须常集义,只知用敬不知集义,却是都无事也。窃谓"都无事"正是禅门宗旨。明道曰:"敬只是心中没事。"上蔡曰:"敬只是事到应之,不与之俱往。"又曰:"敬是常惺惺法。"朱子亦曰:"心中若无一事时便是敬。"窃谓此等心法皆从宗门来,孔孟旧义不如是。惟宗门可以心中无事,而理学家反释归儒,则不能心中无事。故必以孟子所谓"必有事焉者"为教,于是涵养之外增致知,居敬以外兼穷理,虽曰其道双修,其理一致,穷其极则不免于二本。程朱之反释归儒处在是,而其以理义为性、以务异于宗门之以此心之知觉言性者,亦其所由以异于孔门之旧辙也。

《困知记》又曰:"昔官京师,逢一老僧,漫问如何成佛。其以漫举禅语为答云：'佛在庭前柏树中。'愚意其必有所谓。至精思达旦，揽衣将起，则恍然而悟，不觉流汗通体。既而得《证道歌》读之，如合符节，自以为至奇至妙，天下之理莫或又加焉。后官南雍，圣贤之书未尝一日去手，潜玩久之，渐觉就实，始知以前所见者，乃此心虚灵之妙，而非性之理也。自此研磨体认积数十年，用心甚苦，年垂六十，始了然有见乎心性之真。朱陆之学于是乎仅能辨之，良亦钝矣。盖尝遍阅象山之书，大抵皆明心之说，其自谓所学因读《孟子》而自得之。时有议之者云：'除了"先立乎其大者"一句，全无伎俩。彼以为诚然。'然愚观孟子之言与象山之学自别。孟子云：'耳目之官不思则蔽于物，物交物则引之而已矣。心之官则思，思则得之，不思则不得也。此天之所以与我者，先立乎其大者，则其小者不能夺也。所贵乎先立其大者，以其能思也。'心之所思而得者，性之理也。是则孟子吃紧为人处，不出乎思之一言。故他日又云：'仁义礼智非由外铄我者也，我故有之也，弗思耳矣。'而象山之教学者，顾以为此心但存则此理自明，当恻隐处自恻隐，当羞恶处自羞恶，当辞逊处自辞逊，是非在前自能辨之，又云当宽裕温柔自宽裕温柔，当发强刚毅自发强刚毅，若然则无所用其思矣，非孟子'先立乎其大者'之本旨也。夫不思而得，乃圣人分上事，而其学者之所及哉？苟学而不思，此理终无由得。凡其当如此自如此者，虽或有出于灵觉之妙，而轻重短长类皆无所取中，非过焉斯不及矣。遂乃执灵觉以为至道，谓非禅学而何？盖心性至为难明，象山之误正在于此。故其发明心要，动辄数十百言，而言及性者觉少。间因学者有所问，不得已而言之，只是枝梧罩过，并无实落，良由所见不的，是诚不得于言也。尝考其言有云：'心即理也'，然则性果何物耶？又云'在天者为性，在人者为性'，然则性果不在人耶？既不知性之为性，舍灵觉即无以为道矣，谓之禅学，夫何疑？象山亦尝言致思，亦尝言格物，亦尝言穷理，然云格物致知者，格此物而致此知也。穷理者，穷此理也，思则得之，得此者，先立乎其大者，立此者也。凡所谓此者，皆指心而言，故其广引博证，无非以曲成其明心之说。求之圣贤本旨，竟乖戾而不合。杨简尝发本心之问，遂于象山言下忽有此心之清明，忽有此心之无始末，忽有此心之无所不通。詹阜民从游象山，安坐瞑目，用力操存，如此者半月，一日下楼，忽觉此心已复澄莹。象山目逆而视之，曰'此理已显也'。盖惟禅家有此机轴，试观孔曾思孟之相授受，曾有一言似此否？盖二子之所见，即愚往年所见之光景，愚是以能知其误而究言之，不敢为含糊两可之词也。"

今按《困知记》此条辨孟子象山异同，亦精刻有力。象山近禅处，罗氏指摘甚透彻。然象山正因近禅，故其论心性转近于孟子者，不如程朱务反禅故其论心性转反近乎老庄。此则罗氏所未逮也。罗氏曰"孟子先立乎其大者贵其能思"，此言是矣，顾曰"所思而得者性之理也"，此一语不免以程朱释孟子，未必孟子原意也。又曰"既不知性之所以为性，舍灵觉无以为道矣。"夫禅宗即吾心之灵觉以为道，以为性，此故失之，若程朱又务外乎吾心之灵觉以利求其所谓道，所谓性者，又岂得乎哉？大抵孔孟侧重言心，禅宗亦侧重言心，此其同也。孔孟言心不隐事，禅宗言事则不著事，此则其异。象山主事上磨炼，此其然为儒宗也。惟亦时有陷于禅家旧习而不自知者，如罗氏所举杨詹二例是也。此则虽在明道、上蔡有不免，即伊川晦翁亦有之，惟分数上有不同而已。禅宗在当时自有甚大力量，不足即为诸贤病也。若大体论之，则朱子近道、陆子近释，后人谓朱晦翁是一个道士，陆子静是一个和尚，实不可谓其全无是处耳。

《困知记》云："程子言性即理，象山言心即理，至当归一，精义无二，此是则彼非，彼是则此非，安可不明辨之。夫子赞《易》言性屡矣，曰'乾道变化，各正性命'，曰'成之者性'，曰'圣人作《易》，顺性命之理',曰'穷理尽性以至于命'。但详味上数言,性即理也明矣。于心亦屡言之,曰'圣人以此洗心',曰'易其心而后语',曰'能说诸心'。夫心而曰洗、曰易、曰说,洗心而曰以此。试详味此数语,谓心即理也可乎?且孟子尝言'理义之悦我心,犹刍豢之悦我口',尤为明白易见。"

今按《困知记》此条,取证经书以明程子"性即理"之说,亦约取之于《易系》,于《论语》则无证也。若孟子"理义之悦我心,犹刍豢之悦我口",正是言心不言性,乌得引以为证乎?且以性为理,其义正亦本于道家。盖道家言性,本物言之,而物则由于阴阳气化,阴阳气化乃有分理,庄子曰"留动而生物,物成生理,谓之形"(《天地》)是也。故庄子常言物理曰:"万物有成理"(《知北游》),"圣人者原天地之美而达万物之理"(同上)。又曰:"判天地之美,析万物之理。"(《天下》)又曰:"无知之物,动静不离于理。"(同上)曰"果蓏有理"(《知北游》),曰"万物殊理"(《则阳》),曰"与物得理"(同上)。又曰:"所以语大义之方,论万物之理也。"(《秋水》)夫其所谓物理者,其实即天理也。故又曰"依乎天理"(《养生主》),"去知与故,循天之理"(《刻意》),"至乐者,应之以天子,顺治以天理"(《天运》)。又曰:"从天之理。"(《盗跖》)再进而言之,则道家之所谓物理,即物性也;天理,则天性也。此数语者,在道家思想系统下,故可辗转而相通。故曰"知与恬交相养而和理出其性"(《缮性》),故曰"性理"。又曰"冷汰于物以为道理"(《天下》)是也。又曰:"德,和也,道理也。德无不容,仁也;道无不理,义也。"(《缮性》)今观于庄书之言物理天理道理性理,则程门性即理之说,其为近乎道家夫复何疑?故本物言性,以阴阳气化言物,则自当认为性为理矣。此庄子之意与程氏之所同也。孔孟然乎哉?禅宗言性,异乎程氏,正其近乎孔孟处也。象山近禅,则又乌得不与程氏异?

《困知记》云:"孟子曰:'孩提之童无不知亲其亲也,及其长也,无不知敬其兄也。'以此实良知良能之说,其义甚明,盖知良知乃人心之妙用,爱敬乃人心之天理也。以其不待思虑而自知,此故谓之良知。近时有以良知为天理者,然则爱敬果为何物乎?程子尝释'知觉'二字之义云:'知是知此事,觉是觉此理。'又云:'佛氏之云觉,甚底是觉斯道,甚底是觉斯民,正斥其知觉为性之谬耳。'"

今按《困知记》此条,强斥陆王以知觉为性,误也。爱敬乃人心之天理,此象山所以主心即理,阳明所以主良知即天理也。若必曰爱敬乃天理,良知不得为天理,然则爱敬岂外乎人心之良知乎?程朱必曰"性即理",不肯曰"心即理",然则性岂外于人心乎?程子曰:"圣贤千言万语,只是欲人将已放之心约之使反复入身来,自能寻向上去。"此即象山所谓此心但存此理自明也。若此等处,正是理学与禅宗异趋处,必以程朱为儒,陆王为禅,分别过甚,皆门户之见为之害也。若其末流之弊,则程门亦多入禅矣,何独病夫陆王?

《困知记》云:"上天之载,无声无臭,又安有形体可觅邪?然自知道者观之,即事即物之理,便是昭昭然在心目之间,非自外来,非自内出,自然一定而不可易。所谓如有所立卓尔,非想象之辞也。佛氏以寂灭为极致,与圣门卓尔之见绝不相同,彼旷而虚,此约而实也。以觉言仁固非,以觉言智亦非也。盖仁智皆吾心之定理,而觉乃其妙用,如以妙用为定理,则《大传》所谓'一阴一阳之谓道'、'阴阳不测之谓神',故何别耶?朱子尝言神亦形而下者,又云神乃气之精英,须曾实下工夫体究来,方信此言确乎其不可易。"

今按《困知记》此条,辨儒佛异同,语约而精,陆王心学末流往往陷于即妙用为定理,由儒入释,诚以有之。惟罗氏又引《易传》,以"一阴一阳之为道"为形而上,以"阴阳不测之谓神"为形而下,其意若以定理为形而上、妙用为形而下,盖性即指理言,心即指用言,然则性是形而上者,而心乃形而下者乎?要之此非孔孟之本旨矣。罗氏之理气,足以纠正朱子分析过甚之弊,最为后儒所推,顾罗氏论心性则一仍朱子旧轨。梨洲论之,谓先生之论心性颇与其论理气相矛盾。夫在天为气,在人为心,在天为理,在人为性,人受天之气以生,只有一心而已,而一动一静,喜怒哀乐,循环无已,当恻隐羞恶敬慕是非处自恻隐羞恶敬慕,千头万绪,缪辀纷纭,靡然不昧者,是即性也。初非别有一物立于心之先,附于心之中也。先生以为天性正于受生之初,明觉发于既生之后,明觉是心而非性。信如斯言,则明明先立一性以为此心之主,与理能生气之说无异,于先生理气之论,无乃大悖乎? 是知罗氏盖自说程朱圈套未尽也。

今要而论之,罗氏分析儒释异同,洵为有见。若就此大纲节处着眼,则程朱儒也,陆王亦儒也。其一段淑世不离世精神,要自与宗门出世不着世者分别,不得谓程朱儒而陆王独禅也。然禅家实为佛教出世精神之反动,禅宗之在东土,亦如西欧之有宗教革命。禅宗之在唐宋,实为中国思想界由释返儒之一段中间过渡时期也。故禅宗思想路径颇有极与孔孟儒学相接近者,此宋明理学家所以斥之为弥近似而大乱真也。然禅宗之所由以异夫孔孟儒学,特以为宗教形式所拘,既已出家离俗,修齐治平非其分内事,故其精神面貌终不能不与儒家孔孟异。程朱继起,欲倡儒学,则不得不斥禅行。然禅学之在当时,其风力盖甚劲,有非一时一人之所得尽其摧陷廓清之能事者,故虽程朱毕生孳孳以兴儒排禅为己任,而时有潜染于禅学而不自知者,又有用力过甚,排所不必排,转自陷于矫枉过正,因排禅学而转远于孔孟,有失儒学之本旨者。陆王又起而矫程朱之失,则转又近于禅。故宋明理学者乃先秦儒学与唐宋禅学之一种混合产物也。论其精神,则断然儒学也,而其路径意趣则终为染涉于禅学而不能洗脱净尽,此则宋明理学之大致也。若必以陆王为禅,以程朱为儒,此则门户之见,不足以语夫学术源流派分之真相也。

（选自《思想与时代》第 38 期，1944 年 12 月）

　　钱穆（1894—1990），江苏无锡人，中学肄业，自学成家。历任燕京、北京、清华、西南联大、华西、齐鲁、四川等大学及台湾中国文化学院（今文化大学）史学所教授，江南大学文学院、新亚书院院长、台湾故宫博物院特聘研究员。曾到日、美讲学。主要著作有《先秦诸子系年考辨》、《两汉经学今古文评议》、《秦汉史》、《国史大纲》、《四书释义》、《中国近三百年学术史》、《中国思想史》、《中国学术思想史论丛》等。

　　本文与《再论禅宗与理学》、《三论禅宗与理学》是姊妹篇。三文论述了禅宗与理学的不同与相同相通之处，指出宋明理学与禅学既有出世入世等不同点，又有反教行为与精神、认为人心自有超欲之理等相同相通之处与契合点。在宋明理学内部，陆王心学比程朱理学更接近禅学，因而更接近孔孟儒学。本文通过对罗整菴《困知记》辨禅辨陆王各节的辨析研究，指出，就言心性论而言，"禅宗意见有转近孔孟，而程朱之离孔孟有视禅宗为转远者。陆王较近禅，故亦较孔孟近"。因此，"若就此大纲节处著眼，则程朱儒也，陆王亦儒也"，"不得谓程朱儒而陆王独禅也"。

再论禅宗与理学（节选）

钱　穆

余尝谓唐代禅宗实为佛教出世思想之反动，乃东土之宗教革命，六祖乃佛门之马丁路德，《坛经》则其宗教革命之宣言也。夫宗教必依他力，《坛经》则曰"自性迷即是众生，自性觉即是佛，慈悲即是观音，喜舍名为势至，能净即释迦，平直即弥陀"，一一返向自心，由外转内，舍他归己，即心即佛，教味淡而悟理深。此一也。夫宗教依他力，其所薪向必在外。六祖告韦使君："佛言随其心净而佛土净，使君东方人，但心净则无罪，虽西方人心不净亦有愆。东方人造罪念佛，求生西方。西方人造罪念佛，求生何国？"如是则皈依薪向一无所著，往生西方极乐世界之念可歇。此二也。宗教必有经典，有教条，期于共信共守。六祖谓一切修多罗及诸文字皆因人置，因智慧性方能建立，若无世人，一切万法本自不有，故知万法本自人兴，一切经法缘人说有。又曰："汝等诸人，自心是佛，莫更狐疑，外无一物而能建立，皆是本心生万种法。"如是则经典法训自性不实，如病如药，药随病除。此三也。宗教又必有威仪戒律，使人由此出世离俗。六祖曰："若欲修行，在家亦得，不由在寺。在家能行，如东方人心善，在寺不修，如西方心恶。"如是则出家限制亦不存在。四也。故曰成佛、曰往生、曰求法、曰出家，此四者皆佛教所以成为宗教之大节，今即一一为之解脱破除，是非一种极彻底之宗教革命而何耶？

　　禅宗初期历史多出后人添造，未必尽可信。然即其传说亦不掩一种革命精神之流露，故二祖慧可以一百七龄之高年而犹遭杀害。其告三祖僧璨曰："汝受吾教，宜处深山，未可行化。"璨本一白衣，又不详其里贯（或云徐州人），而黄梅五祖则并不详其姓氏，种松老人之传说流为宗门神话，而六祖慧能则岭南一不识字之负薪孤儿也。五祖既传法，诫之曰："且当远隐，俟时行化。所谓受衣之人，命如悬丝也。"凡此云云，是否尽可信，可勿详论。要之见其教外别传之精神。诸祖师既多起于微末，又历尽艰辛，遁隐逼害，与当时高僧名德，自见为异，罕苍头之特起，然此皆所谓有开必先。若确然对佛法树革命之大旗，有反抗之精神者，则必自六祖始，故在当时禅宗虽分南北，神秀上座，虽以两京法主三帝国师之尊，而禅门正宗终归曹溪。直至宋代辽人尚犹焚弃《坛经》及《宝林传》等书，而东海僧众亦谓中国所行禅宗章句多涉异端，以此致疑于华夏之无人。以此见宗门新说，先行南土，嗣乃波及于北方，而域外守旧者则仍不许其为佛法正统也。而中国自宋以下则禅学推行日盛，乃若惟有禅宗始为佛法。此可见禅学掩袭之厚靡被之深也。

　　禅家接对，有所谓机锋者。慧可向达摩乞求安心。达摩曰："将心来，与汝安。"此因对方来势紧，躲闪不迭，直向对方当面遮拦，逼使对方折返自身照顾。是即机锋之一种也。僧问："如何是佛法大意？"清原曰："庐陵米作什么价？"僧问赵州："承闻和尚见南泉来？"答曰："镇州出大罗菔头。"此因对方来势较松，则向旁躲闪，使对方扑一空，立脚不稳，自不免仍折回自身照顾去。是又机锋之一种也。丹霞过慧林寺，遇天大寒，取木佛烧火向。院主呵曰："何得烧我木佛？"师以杖拨火曰："吾烧取舍利。"主曰："木佛何有舍利？"师曰："既无舍利，更取两尊烧。"此因对方使劲未足，逼其出手，乃乘势引拽，仍借对方自身力量拖之使倒。此又机锋之一种也。禅家本因一大事因缘出世，此一大事因缘维何？曰宗教革命是。革命不得不带杀机,然禅家革命主于教人自心自悟,故其运用机锋亦在使对方自心发落,自心悟彻。所谓禅门机锋者,实乃一种活泼机警之辩慧,锋锐如利刃,直刺人心。禅门大德,运用此种辩慧,乃以摧破对方之宗教信仰,解脱其内心缠缚,使之废然知道,焉然堕地。此实为一种大权大用,一种慈悲之方便法门也。惟其具此机锋,而后此一大事因缘乃得圆滑遂行。仅以扬眉瞬目而顺利完成此一番革命大业,更不烦剑拔弩张、箭上弦而刀出鞘,若西方之宗教革命然。此固佛法圆宏,悲智双修,不似他教狭窄,束人心智,不容异向,亦由东土众生根性利、智慧胜、不执著、不残忍,发者受者同能禀此聪明,具此机趣,故得以言笑往复而完成此信仰革命之大业。宗门又有所谓棒喝者,此亦一种大权大用,一种慈悲方便法门,实即变相之机锋也。盖机锋乃有言谈之棒喝,棒喝则为无言谈之机锋。亦可谓机锋乃棒喝之松弛,棒喝乃机锋之紧张,二者异貌同情。后人讥宗门一片杀机,机锋与棒喝皆宗门杀机之流露而不能自掩者。夫禅宗诸祖师欲完成此信仰革命一大事因缘,乌得不带杀机?唯禅门之杀机,仅止于机锋与棒喝,仅止于所谓扬眉瞬目与所谓掀翻禅床、喝散大众、拦鳃赠掌、拂袖便行,则禅门之杀机实甚仅矣。试以较之北欧之宗教革命杀人盈城、流血成渠,其为杀机者又如何?则禅门之机锋与棒喝真诸祖师之慈悲方便矣。

机锋之在宗门,盖与禅学相俱始,亦与禅学相俱终。禅师有机锋,正犹菩萨有慈悲,盖非机锋不足以为禅也。棒喝较机锋为后起,宗门棒喝,概似始于马祖(《坛经》六祖棒神会事不可信,敦煌古本无此记载,知系晚出),已在六祖下第二世矣。宗门之有棒喝,其事必以一种宗教心理之棒喝者,乃宗教心理中一种变态心理。此乃一种宗教信仰下之革命精神与反动心理之幽默而和平之流露也。夫宗门之与佛法,盖视为无佛可成,无法可得,乃对于佛教教理抱有一种一扫而空之态度者。当诸祖师披剃入山,参谒上堂,在彼当时,其心中何尝不视佛法为神圣、为庄严、为胜果、为正觉而赴之以期于必得必成之宏愿。一旦大彻大悟,而后乃始知毕竟无法可得,无佛可成,净躶躶,赤洒洒,一切放下。此在诸祖师胸中,固可如光明玻璃通体雪亮,存神过化,渣滓全融。然宗门不常曰烦恼即菩提乎,安知诸祖师意根心底有不留丝毫烦恼未净未化者?诸祖师对佛法彻底扫荡,安知其非意根心底此丝毫未净不化之烦恼所结所证之胜果与正觉乎?故棒喝者,纵谓诸祖师本身对佛法一种革命心理之表现亦无不可也。临济有言:"大善知识始敢毁佛毁祖,是非天下,排斥三藏教,骂辱诸小儿。"又曰:"逢佛杀佛,逢祖杀祖,逢罗汉杀罗汉,逢父母杀父母,逢亲眷杀亲眷,始得解脱,不与物拘,透脱自在。"此岂姑妄言之者?以逢佛杀佛之祖师,对此迷惑众生,仅止于一棒一喝打趁出去,岂不已十分慈悲,十分随俗乎?故曰禅门棒喝乃诸祖师自身一种革命精神之流露也。且彼迷惑僧众不辞千辛万苦,遍历名山,到处参谒,在彼心中岂不尚以为必有佛可成,必有法可得,必有胜果可结,有正觉可证?试问对此迷惑僧众,三藏经律论五千四十八卷,当从何说起?今既一字不说,而遽谓无佛可成,无法可得,佛是虚名,道亦妄立,二俱不实,总是假名(本净语),试问此辈迷惑僧众如何能会,又如何可信?在此无可奈何之境界下,只有付与三十棒,打趁出去,否则振威一喝,会作三日聋(马祖对百丈如是)。此正一种大权大用,一种慈悲方便,亦即一种革命手段。佛果云:"德山棒,临济喝,并是透顶彻底,直接剪断大葛藤,大机大用,千差万别,会归一源,可以与人解粘去缚。"宗果亦云:"德山见僧入门便棒,临济见僧入门便喝,诸方尊宿,唤做劈面提持,直接分付。"孟子曰:"不屑之教诲也者,是亦教诲之也已矣。"宗门棒喝正是不屑教诲之教诲,亦一种莫大聪明莫大慈悲之教诲也。故宗门之棒喝,无论其为施为受,莫非一种革命精神之自在流露也。

　　且宗门棒喝不仅祖师对僧众为然,即僧众对祖师亦莫不然,抑且僧众之对祖师棒之喝之,而施者受者亦若家常饭菜,夷然不以为此非。此非宗门故意捏怪,盖亦同此一种革命精神反动心理之自在流露。故祖师受僧众之棒喝,非惟不怪,抑且转引以为快焉。夫果革命种子流布飞扬,此在革命教理之志士故当引以为快矣!今试思之,一迷惑僧人不辞千辛万苦,历名山,谒大德,方期成佛得道,证正觉而结胜果,乃到处受棒受喝,左也不是,右也不是,无可拟议,无可捉摸,此其心下苦闷如何?一旦豁然明白,大彻大悟,原来无佛可成,无法可得,当下现成,立地圆满,一时通体轻快,此心得大自在大解脱,从此逢佛杀佛,逢祖杀祖,此亦无足多怪。佛书言,释迦牟尼佛生时放大智光明,照十方世界,地涌金莲花,自然捧双足,一手指天,一手指地,周行七步,目顾四方,曰“天上天下,惟我独尊”。云门曰:“我当时若见,一棒打杀,与狗子吃。”当知此非虚语,非妄谈。方一参禅学人,一时彻悟,心下明白,彼亦一手指天,一手指地,自谓天上天下,惟我独尊,此即所谓即心是佛也。唯其如此我慢,故曰真是遇释迦我慢,彼自将真个一棒打去,杀与狗吃。如此心理,在宗门始得谓之彻悟,始得谓之入禅。试问一迷误僧人一旦豁悟,得此境界,心下何等痛快舒服?平日受尽祖师大棒大喝,今早法宝到手,如醒得解,如梦方醒,尚已无佛无法,更何论祖师与清规,不免动手便打,开口即喝,此正极自然极平常事。真个是祖师见此僧人自必相视而笑,莫逆于心。或竟不免要道你对了对了呢!知棒喝者,正禅门一段革命精神之流露,不得以寻常故意作怪视之。迨至祖师僧众、堂上堂下彼此互打互喝,一片杀机弥漫僧院,而东土数百年佛教缠缚乃于此种喜剧下自在解脱。学者试一翻西方宗教革命史,自马丁路德以下,北欧诸国尝为扰攘激乱凶残暴杀者如何?则宗门妙理庶可跃然目前也。

　　欲论宗门之棒喝,其事莫如举临济之参黄檗为例。临济在黄檗会中三年,不曾参问。一日却去问:"如何是佛法的大意?"声未绝,黄檗便打。他日又问,檗又打。如是三度问,三度被打。临济辞去,往参大愚。愚问:"黄檗有何言句?"曰:"某甲三度问佛法的大意,三度被打。不知某甲有过无过?"愚曰:"黄檗与么老婆心切,为汝得彻困,更来这里问有过无过。"师于言下大悟,乃曰:"元来黄檗佛法无多子。"愚挡住曰:"这个尿床鬼子,适来道有过无过,如今却道黄檗佛法无多子。你见个什么道理? 速道速道。"临济于大愚肋下筑三拳。愚拓开,曰:"汝师黄檗,非干我事。"师辞大愚,却回黄檗。檗问:"大愚有何言句?"师举前话。檗曰:"大愚老汉饶舌,待来痛与一顿。"师曰:"说甚待来,即今便打。"随后便掌。檗曰:"这疯癫汉来这里捋虎须。"师便喝。檗唤侍者曰:"引这疯癫汉参堂去。"当知此处黄檗三顿棒,实于临济得力匪浅。香岩参沩山,未彻,屡乞沩山说破。沩山曰:"我若说似汝,汝以后骂我去。我说底是我底,终不干汝事。"一日香岩偶抛瓦砾,击竹作声,忽然省悟,遥礼沩山,赞曰:"和尚大慈恩逾父母,当时若为我说破,何有今日之事! 宗门佛法本无多子,只贵自心自悟。"临济当时饱受黄檗三顿打,乃得于大愚言下悟入。然大愚要临济说,却又说不出,只是心下自在解脱,痛快洞达。唯其痛快自在,故不免向大愚肋下筑三拳。及见黄檗,依然是此自在解脱洞达痛快心境,故忍不住又送黄檗一掌一喝。那时此疯颠汉早已守不得上堂问如何是佛法的大意时规矩矣,从此见佛杀佛,逢祖杀祖,无怪大愚黄檗都奈何他不得也。

　　佛法深微,其来东土缠缚已久,魏晋以来积数百年矣。当时宗门之祖师乃得于佛法中大彻大悟,解放摆脱,此非具异常心力者不办。然而僧院静寂,法堂清虚,诸祖宗以勇猛精进无际无限绝大心力,遁此空门,终不免有精力过剩之苦。一棒一喝,即是游戏三昧,盖有不可以常情测者。黄檗往参百丈。百丈问:"师什么去处来?"

曰:"大雄山下采菌子来。"丈曰:"还见大虫么?"师便作虎声。丈拈斧作斫势,师即打丈一掴。丈哈哈而笑,使归上堂。曰:"大雄山下有一大虫,汝等诸人也须好看,百丈老汉今日亲遭一口。"此等处苟以常情揣之,几难理解。当知唐代以来六百余年佛法革命,正在此种喜剧中轻松演出,狂涛喷薄,浪花四溅,世外聪明,漫烂横轶。凡所以打破山门之岑寂,发泄诸祖师之精力情趣者,正不得专以严肃的理智眼光绳之也。

……宋儒说,"独立圣门无一事,却输颜回得心斋。"这便是禅学精神。禅宗诸祖师只要你独立山门无一事,只屙矢送尿,然而无一事又并非顽空。达摩为慧可说法。可忽曰:"我已息诸缘。"祖曰:"莫成断灭去否?"可曰:"不成断灭。"祖曰:"此是诸佛所传心体,更勿疑也。"六祖《坛经》云:"前念不生即心,后念不灭即佛。成一切相即心,离一切相即佛。"禅宗只要你息诸缘而不断灭,只要你成一切相而离一切相,因此寻常无事还要屙矢送尿,而屙矢送尿,还是寻常无事。希迁对南岳让和尚谓宁可永劫受沉沦,不从诸圣求解脱。当知求解脱即非无事,即非息缘。宗杲则曰:"山野平昔大誓愿,宁以此身代一切众生受地狱苦,终不以此目将佛法以为人情,瞎一切人眼。当知宣扬佛法,亦非无事,亦非息缘。以一学佛人乃至誓不从诸圣求解脱,又誓不口宣佛法,如是则岂非独立山门无一事,除却吃饭屙矢以外,只成一无事人乎?……

余戏以唐代禅学比之西方之宗教革命。尚有一事颇相似者,西方耶教本盛于南欧拉丁诸邦,而新教革命则起于文化较晚起之北方日耳曼族。禅宗之于唐代,则大德宗师十九皆南人也……大抵文化较晚起,其心神较活泼,智慧较新鲜,其受旧传统之束缚亦转较松弛,其趋于新思想新宗教之改革,当较易于文化先进之域。故西欧之宗教革命起于北族,而东土则成于南人,此亦适可相比之一节也。

抑当时所谓宗教革命之空气，亦尚不仅在山门内法堂之上也。盖其时佛学方盛，流播社会群众间，固已渐渍之深无微不至。六祖乃一不识字人，负薪过市，闻客诵《金刚经》至"应无所住而生其心"，遂有感悟。盖其时则穷乡僻壤山陬海隅无往而不得闻佛法者，亦无妇孺穷苦而不知有佛法者。然新思想之萌苗，对佛法之反动怀疑，亦复遍于全社会。月晕础润，知风雨之将至。固不必叩山门，上法堂，参谒诸祖师，受其棒喝，乃始得闻此革命大旨，甚深妙理，即在市廛尘俗妇孺大众中固已新义络绎、机趣透迸矣……昔有跨驴人问众僧何往。僧曰："道场去。"其人曰："何处不是道场？"僧殴之，曰："这汉没道理，回道场里跨驴不下。"此则由机锋转入棒喝之一例也。德山早岁出家，精究律藏，闻南方禅席，颇气盛不平。曰："出家见千劫学佛威仪，万劫学佛细行，不得成佛。南方魔子敢直言直指人心，见性成佛，我当捣其窟穴灭其种类以报佛恩。"遂担《青龙钞》出蜀。至沣阳，路上见一婆子卖饼，因息肩买点心。婆指担，曰："这个是什么文字？"师曰："《青龙疏钞》。"婆曰："讲何经？"曰："《金刚经》。"婆曰："我有一问，你若答得，施与点心。若答不得，且别处去。《金刚经》道：'过去心不可得，现在心不可得，未来心不可得。'未审上座点那个心？"师无语。昔慧可见达摩，曰："心未宁，乞师与安。"祖曰："将心来与汝安。"可良久曰："觅心了，不可得。"祖曰："我与汝安心竟。"六祖则以闻《金刚经》因无所住而生其心入悟。不谓此沣阳路上老婆子亦已学得此机趣？德山老汉不待此后参龙潭、谒沩山、抵临济始向孤峰顶上盘结草庵呵佛骂祖去，只经此老婆子一顿盘问，早已将他一片报佛恩之诚心消融多许矣。此又考论唐代禅宗思想之演进者，所不可不知也。众生即佛，佛即众生，如是如是。

（选自《思想与时代》第 39 期，1945 年 1 月）

20世纪儒学研究大系

　　本文与《禅宗与理学》、《三论禅宗与理学》是姊妹篇。本文通过对禅宗机锋、棒喝等行为的分析探讨,揭示了禅宗将佛教原有理论、教条、清规戒律以及对佛祖、经典信仰等一一否定破除的情形。作者认为,既然禅宗将佛教之所以为宗教的大节一一否定破除,则禅宗实为佛教出世思想之反动,乃发生在东土的一种宗教革命。本文为下文从教理之争的角度论述禅宗与理学的不同点和相同相通之处提供了基础。

三论禅宗与理学

钱　穆

　　日本治学术思想史,每以先秦为一限断,此实未为谛当。以论政治,秦以前为封建,秦以后为郡县。(封建之在中国乃一政治制度,今以移译西方之社会形态,其间遂多牵混。)以秦为之限断犹未失也。若论社会经济,则不如以五代为划时代之界线。五代以前中国为门第社会(有贵族而非封建,故举旧称,创此新名),五代以后则为科举社会(此指以秀才与进士之考试代替唐以前之门第贵族言)。五代以前偏于以北方黄河流域之大农经济为主,五代以后则以南方长江流域之小农经济为主。此其异。倘论学术思想,则窃谓当以三国前后为界划。今以两汉以前为中国学术之第一期,三国以下为第二期,则此两期间确然不同之点,有可扼要略说者。汉前之中国学术乃为经学子学争衡之时代。以《汉书·艺文志》言之,经学即六艺属于王官学,子学则诸子,属于百家言,官学与家言之所由分则在上下公私之间。秦博士鲍白令之有言,五帝官天下,三王家天下,官天下者,以天下为公,家天下则以天下为私。故知官学与家言即以公私分也。以今语释之,则王官学乃古代传统之贵族学,而百家言则后世新兴之平民学也。古代学术争衡,大体在贵族平民两阶级消长之间。春秋以前,官师不分,政教合一,则学在王官,今世谓之贵族学。战国以下,处士横议,百家竟鸣,则学在民间(旧文谓之"家人"),今世谓之平民学。官学必尚传统,私学

（此即"家言"）必趋分裂（庄子曰："道术将为天下裂"）。自秦廷一统，而民间分裂之家言乃有重务于融会调协之需要。此自邹衍、吕不韦、刘安皆有意于为此。然仅主融会诸子，事才得半。秦皇汉武间新儒蔚起，如《易传》，如《礼记》，自伏生以至董仲舒，盖莫非经学六艺其表而家言子学其里，始融会古者王官传统与后世诸子家言而为一，功乃得全。而秦皇之焚书与夫汉武之立五经博士，亦莫非欲挽此官学家言分离之局而重绾之于一途也。今若割弃秦汉以下，视为别一系统，则先秦学术流趋不明不备，而古者王官学与百家言之分合消长亦将无可指说矣。至三国魏晋以下，其事乃迥然不同。盖此下乃南北朝隋唐之佛教与宋明理学迭起争长之时期也。简言之，此乃宗教与义理之争。以昔人语述之，即所谓教理之争也。

　　首举此"教理"二字为学术分野者为宋之谢灵运。其与诸道人辨宗论答法勖（见《广弘明集》卷十八）谓华氏易于见理难于受教，故闭其累学而开其一极，夷人易于受教难于见理，故闭其顿了而开其渐悟。此说也已为教理两途开设疆域。佛法贵受教，贵渐修，儒学贵悟理，贵顿了，此乃佛教与孔学之不同，亦即将来理学与佛教之不同也。同时竺道生亦云："由教而信，非不知也。但资彼之知，理在我表。资彼可以至我，庸得无功于日进？未是我知，何由有分于人照？岂不以见理于外，非复全昧，知不自中，未为能照耶？"今据谢竺二氏义，教理之辨不仅异顿渐，亦复判内外。盖教者资外为知，故必渐修而尚信。理者，由中起照，故必顿悟而贵知。此即为宗教与理学之大辨。竺道生又云："见解名悟，闻解名信。盖宗教闻而信之，事资于外，理学见而悟之，事本于中也。"释氏偏于教而儒家偏于理，顿渐内外，遂为魏晋以下迄于宋明学术争衡两大轨辙，绵历逾乎千岁，其事固非往者春秋战国秦汉诸儒所得预闻矣。

　　佛家顿悟义始创于竺道生。《高僧传》云："生既潜思日久，彻悟言外,乃喟然叹曰:'夫象以尽意,得意则忘象。言以诠理,入理则言息。自经典东流,译人重阻,多守滞文,鲜见圆义,若忘筌取鱼,始可与言道矣。'于是校阅真俗,研思因果,乃言善不受报,顿悟成佛。守文之徒,多生贤嫉与夺之声,纷然竞起。夫言善不受报,则三世轮回、小乘佛法所资以为宗教僧修之大体已不立。曰不守滞文,顿悟成佛,则不随言教,不立文字,即心即佛之宗门大义已显露。所谓顿悟者,指其入理。何以众生皆能顿悟入理,则以众生皆具佛性故。生公当涅槃后品未至,已言阐提皆当成佛。一时文字之师,诬为邪说,摈而遣之。而生公又时举理字,如曰"理不从我说为空"。(《罗摩经注》)又曰:"穷理乃睹。"(《法华注》)又曰:"真理自然。"(《涅槃集解》引生公)后世宋儒高抬"理"字,此在生公当时亦已蕴孕其大意。故禅宗也,理学也,皆此第二期学术史上所谓题中应有之义也。而远在竺道生时,即已先著其朕兆,先透其端倪矣。换言之,不仅宋明理学之对魏晋以下之佛教为一种教理之争,即隋唐禅宗之在佛教,亦早已为一种教理之争。即竺道生大乘顿悟义之在佛教,亦早已为一种教理之争矣。故自魏晋以迄宋明,年逾千祀,而学术史上惟一中心问题厥为此外信内悟教理之争。此其所以异于两汉以前之争官学与家言也。

何以此年逾千祀之学术思想乃为一教理之争乎?曰,此二者貌异而情协。盖此乃一事之两面,皆所以开其为此而禁其为彼,皆将以为吾人之持身涉世建标的而一宗趣,而皆以个人之观点为中心。此其异于两汉以前之学术者。两汉以前,无论为官学、为家言,亦适自成为一事之两面。彼时之学术,则几莫不以集体观点为重,故其精神意趣之所注,则偏于政治社会大群体制,与夫大群功业者为主。此不仅儒家为然,即墨家法家道名阴阳诸家亦莫不然。惟道家独为有个人观点之趋向。然既曰"内圣外王",又曰"王天下",曰"应帝王",则亦未尝不归极于大群体制与大群功业也。

故两汉前之学术思想,以贵族与平民为争衡之分野,而其中心意识则在大群体。斯时也,人生理想与其寄托即在政治社会之现实中,即以现世大群为归往趋向之目标。此为第一期学术之特征。及夫魏晋之际,现世大群之体制大坏,人生无所寄托,以往侧重集体意识之理想不足以资吾心之慰悦,于是转而期求个人之出路。老庄思想最先得势,佛教亦乘机而入。宗教偏于外信,其转途即为内悟,事貌虽异,其偏重于以个人小我观点为中心则一也。故竺道生之大乘顿悟义虽已为一种教理之争而仍据教中之经典。禅宗自称不立文字、为教外之别传而仍依宗教之面目。宋明理学始明白以反宗教为理趣,然仍不免以个人小我观点为根柢,则仍未脱净教下精神也。故宋明儒之与汉前儒虽同为儒家,同言心性义理,同讲修齐治平,然一重集体,一重小我,校然异辙。此在明清间诸儒已能加以剖辨,而中国学术思想亦于此始复有转途之兆焉。

尝试论之。凡宗教必求出世,凡求出世者必以个人小我观点为出发,即以西方耶教论亦靡不然。说者每以文艺复兴为西方个人主义之觉醒。就实论之,西方近代国家之兴起,资本社会之形成,民权革命之演进,何一而非集体大群事乎?盖西方自有文艺复兴而始重现世,重现世则必重集体大群,此以异于中世纪之以个人灵魂出世观念为人生归宿者。而中国自魏晋以下迄于宋明,其在思想界则正为宗教时代,虽不如西方中世纪之甚,然其偏重个人与出世则一也。禅宗已不主出世,然仍沿旧辙,遁迹山林,是不出世而逃俗也。不主来世成佛,不主往生西土而仍自剃披入山,逃俗即出世之初步,唐之禅宗盖欲摆脱佛教而未尽。宋明儒转讲修齐治平,不再逃俗,然必以个人之存心养性为之主。明道曰:"不得以天下万物扰己。己立后自能了当得天下万物。"故知宋明儒到底偏向在如何立己,不如汉前儒偏向在如何了当天下万物。若专据此点论,则宋明儒仍与禅宗一辙,仍是反教而未尽也。

在此期中有一事当细辨者。言教则于佛教外有道教，言理则于儒家所言之理以外复有道家所言之理，此不可不深论而明辨也。兹姑舍教而言理。盖理有超于欲外者，有随于欲后者。理之随于欲后者，俗诠谓之物理、事理。理之超于欲外者，俗诠谓之道理、情理。若据物理事理言，则宇宙间无不合理之事物。凡一事一物之呈现存在于天地之间，则必有其所以呈现与存在之理，故曰无一事一物而非理。此指事理、物理言也。子弑其父，理欤？曰理也。以事理言，其子必自幼失教，或骤得狂疾，或其他种种因缘，否则不至生心杀父。以物理言，或以刀绳，或以毒药，其子必有所以杀父之具，否则杀业不成。故谓子弑其父为非理者，乃指人理言。所谓人理，即俗诠所谓之情理与道理，而非物理事理也。人理与物理事理之别何在？曰人理起于欲外，事理物理随于欲后。即如此子忽然起念欲杀其父，则必研寻如何得下手成杀之理，如以夜不以昼，以静不以闹，以刀绳毒药，不以言笑涕吐一切不得成杀之物。当知此皆理也。唯其理随欲后，理为欲使，欲杀则寻成杀之理，欲淫则寻逞淫之理。至于淫之与杀，其事合理与否，则非欲淫与杀者之所问。此所以谓之理随欲后也。何以谓理超欲外？倘欲淫与杀者先自设问，我此欲淫与杀之念固理也欤？彼乃悯然懥然，自惩自艾，自谓非理，因此痛自裁抑，更不使欲淫欲杀之念再萌于心。此则更不须外求如何逞淫、如何成杀之事理与物理。盖就人情人道言，根本不许有此淫杀，此以谓之理超欲外，理为欲主也。儒家言理，常主前者，即超欲之理，而道家言理则常在后者，乃随欲之理也。道家主清净无欲，何以谓其言理乃主随欲之理乎？曰：道家言理，本于在外，理在自然造化，不为人心内在之所有，顺理所以全性，斯以谓之随欲之理也。

孟子曰："理义之悦我心，犹刍豢之悦我口。"此即超欲之理也。故曰："鱼我所欲也，熊掌亦我所欲也。二者不可得兼，舍鱼而取熊掌者也。生,我所欲也,义,亦我所欲也,二者不可得兼,舍生而取义者也。"又曰:"可欲之谓善。"盖人欲有可有不可,如欲得妻则谓之可欲,欲逾墙而搂东家之处子则为不可欲,欲生则谓之可欲,欲违义而偷生则为不可欲。若专就物理事理言,则欲搂东家之处子,惟问如何逾墙、如何而搂之不使诟谇呼号斯可矣。欲违义而偷生,则惟问如何而得偷生之道斯可矣。惟问欲之如何得遂、如何而不得遂,不问欲之可欲与不可欲,此则专知物理事理而不复知有人理者之所为也。物理事理之在道家则美其名而呼曰天理。庖丁告文惠君曰:"官知止而神欲行,依乎天理,批大郤,导大窾,因其固然,技经肯綮之未尝,恢恢乎其于游刃有余地矣。"夫人苟惟养生之是欲,则惟求所以全生之理,得此则猖狂而逍遥,游刃而自在,事物无足害之者斯已矣。故道家尚道德而讥仁义,以道德为天理,仁义则人理也。惟其仅主有天理(即事物理),而不欲重有人理,故道家之变,流而为权谋术数,此皆妙审事物之理以求遂我欲者。道家之又变,则流而为方伎符录。方伎符录者,亦妙审事物之理以求遂我欲而已。道家主清净无欲,然曰全性葆真,盖得之天者曰性,兴于人曰欲,苟其得之天,则欲即性也,苟其兴于人,则性亦欲也。其所谓神欲即天德也。其所谓天理,即大道也。彼之所谓循乎天理以全性而葆真,此即《易系》之所谓穷理尽性以至于命者。要之大体则理随欲变,理在外不在内。在外者,以其为事物自然之条理,不在内者,以理不于性,真人率性,不为理缚。若建理缚性,此即道家所讥之仁义,为无当于性真。此即儒道两家言理之大别也。(道家言理语已详第一篇,此不备举。)

　　荀子则讥之曰:"庄子知有天而不知有人。"然荀子言理实承道家,盖与庄旨相近,亦主理随欲后,不主有超欲之理也。故曰:"凡以知,人性也,可以知,物之理也。"(《解蔽》)此明言理在外物。又曰:"心之所可中理,则欲虽多奚伤于治,心之所可失理,欲虽寡,奚止于乱!"(《正名》)此明言中理即以遂欲,理随欲后而为欲使也。故曰:"圣人纵其欲兼其情而制焉者理矣,夫何强何忍何危?"(《解蔽》)圣人苟通知物理,则可以纵欲尽情而不过制,盖物理即人欲之限际也。故理愈明,则欲愈得纵,情愈得尽矣。故曰:"性者本始材朴也。伪者,文理隆盛也。无性则伪之无所加,无伪则性不能自美,性伪合然后成圣人。"(《性恶》)荀子之所讥庄子知天而不知人,盖讥其知性而不知伪。性得伪而美成,犹欲得理而畅遂。荀以文理为伪,即主理随欲后也。故曰:"礼义文理所以养情。"(《礼论》)"思物而物之,孰与物理而勿失之。"(《天论》)又曰:"天行有常,不为尧存,不为桀亡,应之以理则吉,应之以乱则凶。"(《天论》)此所谓理,即庄生之所谓天理与夫所谓万物之大理者。人能得此理以应物,则性遂足而吉,人不能得此理以应物,则性楛欲萎而凶。此荀卿之旨也。故治荀之学者,必尚知,必重积渐与修习,此其大较也。

荀卿之徒有韩非,今韩非书有《解老》、《喻老》。二篇之所言理,则亦随欲之理也。故曰:"理者成物之文,物有理不可以相薄。故理之为物之制,万物各异理,而道尽稽万物之理,故不得不化。不得不化故无常操。凡道之情,不制不形,柔弱随时,与理相应,万物得之以死,得之以生,得之以败,得之以成。"又曰:"理定而后可得道。故定理有存亡,有死生,有盛衰。凡物之有形者易裁也。何以论之?有形则有长短,有大小,有方圆、坚脆、轻重、白黑。短长大小方圆坚脆轻重白黑之谓理。理定而物易割也。故欲成方圆而随其规矩则万物之功形矣。"又曰:"尽随于万物之理者必具有天生。天生也者,生心也。故天下之道,尽之生也。故缘道理以从事者,无不能成。凡失其所欲之路而妄行者之谓迷,迷则不能至于所欲至矣。今众人之所以欲成功而反为败者,生于不知道理。众人之用神也躁,躁则多费,多费谓之侈。圣人之用神也静,静则少费,少费谓之啬。啬之谓术也,生于道理。夫能啬也,是从于道而服于理者也。众人离于患,陷于祸,犹未知退而不服从道理。圣人虽未见祸患之形,虚无服从于道理以称蚤服。今达于理者,其持禄也久,故曰深其根、体其道者,其生日长,故曰固其柢。"(以上皆《解老》)又曰:"物有常容,因乘以导之,因随物之容,故静则达乎德,动则顺乎道,不乘天地之资而载一人之身,不随道理之数,而学一人之智。此犹宋人三年而成一叶之行也。故曰恃万物之自然而不敢为。"(以上《喻老》)由此观之,韩非之所谓理,所谓天地万物自然之理者,皆指物理。随顺物理而因应得宜,则所欲遂而成,不随顺物理而因应失其宜,则所欲窒而败,岂非理者所以遂欲?此以谓之理随欲后也。故庄老之谓道,荀卿之谓儒,韩非之谓法,三家者其立说宗旨各不同,要其主理随后则一也。庄子曰:"人相忘于道术,鱼相忘于江湖。"老子曰:"使民老死不相往来。"庄老之道,主于坏植散群,人各因顺乎自然以全其性而葆其真。故庄老之道,其先也则曰清静无为,其继也则遁于山林江海而事神仙方术。荀卿韩非皆主有君臣国家,不欲使民散。然人各怀其欲则无以善其群,故必待圣王贤君出,为之制礼作法焉。荀主礼而韩主法,要之使人不敢竭其欲以坏吾之群也。

尝试论之,古今人类凡奉以为制行之标的者不外四宗,一曰天,二曰世,三曰物,四曰心。荀韩皆世宗也。在上者制礼作法以临制乎其下,使在下者不敢各展其所欲以乱群,斯乃借于群以使各遂其欲者。而庄老则欲解散群体,以谓凡使人不得恣其性而遂其欲,则皆群体之为之害,故必离群遣独,而始人遂其性焉。然亦必因顺乎天地万物自然之大理而自节适其欲,夫而后我之性得以全而我之欲得以遂。此以谓之物宗也。斯二者,其主有群与无群异,其或主节欲或主遂欲亦各不同,然其所以为节与遂者,则皆因应乎其外,不复主内心有理以为欲之主,此则二宗者之所同也。宗天者,推本上帝,信于神道,凡上帝之所欲,我始欲之,上帝所不欲,则人斯舍其欲而不敢存。故曰天宗、心宗者,可欲不可欲一判诸乎其心而不论乎其外也。凡举世之信教者皆宗天,崇法者皆宗世,考寻物理者皆宗物,主张人伦道德者则宗心。宗心者之所率循则曰理。此所谓理,乃超欲外,欲之无当于理者不使存也。故理以调欲克欲而与欲抗,不以随欲而为欲使,亦如信教者则以天与欲抗。今所谓教理之争,则争其所以克欲调欲者为外本之天乎,抑内本之心乎?其所争则在此而已矣。亦如世宗之与物宗,其争所以遂欲也,亦争其就群以求遂、抑离群而求遂乎之二途而已耳。

谢灵运之所谓理,亦主与欲相抗之理,不如庄老荀韩之所谓理也。故法勖之问难,则曰:"夫明达者以体理绝欲,悠悠者以迷惑婴累。绝欲本乎见理,婴累由于乖宗。"此可见谢氏之所谓理,乃绝欲尽累之理,即所谓理超欲外而为欲主之理也。则请继而观宋儒之所谓理者何指。明道自言:"吾学虽有所授受,天理二字却是自家体贴出来。"夫曰天理,取与人欲对。(《乐记》:"灭天理而穷人欲。")宋儒常有此言,则此理乃超欲而为欲主,决非随欲而为欲使矣。又曰此理是自家体贴出来,则内悟之于一心而非外穷之于万物矣。故曰:"学者识得此理,以诚敬存之而已。理有未得,故须穷索,存久自明,安待穷索?"(《仁识篇》)盖宋儒宗旨既不如荀卿之主性恶,又不如韩非之尚刑法,复不如老庄之主坏植散群、一任自然,又不能如释氏之宗仰教义、信于外力,则其标宗立极,必主有一超于欲外而为欲主之理。而此理者又为我心自所可得而自悟,夫而后人道始得其纲纪,乃可以善群而淑世也。然夷考程朱言理,则实有承续庄老荀韩,涉及事理物理,此乃随欲而资欲使,盖与自己内心所能体贴之天理不同。此乃程朱自身之歧义,为尚论者所不可不辨也。

明道曰:"天地万物之理,无独必有对,皆自然而然,非有安排也。每中夜以思,不知手之舞之,足之蹈之。"又曰:"万物莫不有对,一阴一阳,一善一恶,阳长则阴消,善增则恶灭。斯理也,推之其远乎? 人只要知此耳。"又曰:"质必有文,自然之理必有对待。一不独立,二则为文。天文,天之理也;人文,人之理也。"又曰:"事有善有恶,皆天理也。"此等所谓理,皆属事理物理,乃庄、老、荀、韩、《易系》之所谓理,而非孟子所谓理义悦心犹刍豢悦口之理矣。否则理有善有恶,岂善之与恶同悦我心如刍豢之悦口乎? 又此所谓天地万物之理皆当观化究变从事事物物探索研寻而得,岂亦能由自家体贴乎?

程门言理多偏于事物之理,此至伊川而始显。伊川之言曰:"一物须有一理。"又曰:"物物皆有理。"又曰:"事皆有理。"又曰:"理外之事则无。"又曰:"物则事也,凡事上穷极其理,则无不通。"此皆明言理在事物。既谓物皆有理,理外无事,合万事万物而总呼之则曰天。故曰:"天者理也。"又曰:"天者自然之理也。又指虚,曰皆是理,安得谓之虚。虚即天,即自然也。天只有一天,故理亦只有一理,故曰天下只有一个理。"又曰:"万理归于一理。"又曰:"一物之理即万物之理。然则何以不谓之自然而呼之曰理乎? 曰只归之自然则更无可观,更无可玩。盖理者乃天地事物自然中之所以然也。惟其为所以然,故必有事夫穷格,故曰物理须是要穷。若言天地之所以高深,鬼神之所以幽显,若言天只是高,地只是深,只是已辞,更有甚? 此所谓已辞者,乃谓已然叙述之辞。庄老言自然,则仅于天地已然之叙述。伊川主穷理,乃求于已然中推寻其所以然也。伊川由此乃进而论及性与理之辨,曰天下言性,则故而已矣。言性当推其元本,无伤其性也。故而已矣者,即伊川之所谓已辞,皆止于叙述已然,推其元本,则穷及其所以然矣。故曰生之谓性,止训所禀受也。天命之谓性,此言性之理。今人言天性柔缓,天性刚急,俗言天成,皆生来如此,此训所禀受。若性之理也则无不善。又曰:"仁之于父子,至知之于贤者,谓之命者,以其禀受有厚薄清浊,然其性善,可学而尽,故谓之性焉。"由此言之,孟子之所谓性,正伊川之所谓理。盖伊川之所谓性,指其禀受有善有恶,若言理则皆可学而至于善也。故曰:木可以为柱,理也,其曲直者性也,其所以曲直者命也。理、性、命一而已。此处伊川论性,实与荀卿无殊。彼谓性有曲直,则是谓性中可有恶也。谓木可以为柱,则如荀卿谓塗之人皆可以为禹也。然伊川此等处所谓理乃属可能之理,与其所主所以然之理又复不同。今若论所以然,则可谓万事万物皆本一理,若论可然,则不能谓万事万物皆可达至一同然之境也。如谓木可以为柱,水火即不可以为柱。故伊川所谓天地万物一理者,到底当主所以然言,不能主可然言。若主可然言,则惟专限于人性,若谓塗之人皆可以为禹始可也。故伊川又曰:"动物有知,植物无知,其性自异,但赋形于天地,其理则一。"此处所谓其理则一之理,决非木可能为柱之理,实相当于所以曲直者命也之命。可见伊川言理,自有歧义,惟伊川自为混同。其意谓凡所以然之天命,皆人事之可然,即此谓之理也。若如孟子所谓"理义之悦我心犹刍豢之悦我口",则是当然之理,与事物之所以然与可然者又不同。而伊川于此则殊少言及。其意盖谓凡天命之所以然与夫人事之可然者,即当然也。

孟子言理,惟主我心之当然,故曰义内,又曰反而求之有余师。伊川言理,因主事物之所以然与可然,故必推而索之于外,故曰理则须穷,性则须尽,穷理格物,遂为程门教法一大头脑。伊川曰:"一所务于穷理者,非道须尽穷了天下万物之理,又不道是穷得一理便到,只是要积累多后,自然见去。"又曰:"人患不得其要,要在明善,明善在乎格物穷理。穷至于物理则渐久后天下之物皆能穷,只是一。"伊川此处谓明善在乎格物穷理,则意在通理与善而为一。然善属当然之理,至于穷物理则属所以然与可然之理,二者穷不同。伊川乃欲汇而通之,其事颇不易也。或问:"观物察己,还因见物反求诸身否?"曰:"不如此说。物我一理,才明彼即晓此,合外内之道也。语其大至天地之高厚,语其小至一物之所以然,学者皆当理会。"又问:"致知先求之四端如何?"曰:"求之性情固是切于身,然一草一木皆有理,须是察。"或问:"格物是外物是性分中物?"曰:"不拘。凡眼前无非是物,物皆有理,如火之所以热,水之所以寒,至于君臣父子间皆是理。"此皆伊川格物穷理之要旨。然父子君臣间之理,与水寒炎热之理实有不同。水寒火热乃物理,父子君臣间则为性情之理。一属自然范围,乃主所以然与可然者;一属人伦道德范围,乃主当然者。二者毕竟不能无别,乌得谓才明彼即晓此乎? 或人所问观物与察己,外物与性分中物,确自有辨,今伊川混而同之,乃亦未见其有详细之阐说。若曰合外内之道,此在明道《定性书》已言之。曰性无内外,圣人之喜,以物之当喜,圣人之怒,以物之当怒,圣人之喜怒不系于心而系于物。此即伊川之所本。夫谓物之当喜,物之当怒,是已谓当喜当怒之理在物不在我也。不知离却吾心,物是块然之物,更不见有当喜当怒之理。我心之喜怒与外物之自然虽可相通,究属两事。今明道谓圣人之喜怒不系于心而系于物,是不啻谓我之喜怒不由心而由物,岂不成喜怒转在外乎? 此已显背合内外之旨矣。若如伊川言物我一理,才明彼即晓此,试问穷索一草一木之理,何从明得我心之当喜当怒? 盖喜怒乃性情之理,与草木无关。草木之理则只是自然,只是物理。惟庄老之主剿心去欲,又曰虚心应物,乃主一本诸自然。明道《定性书》本意近之。然明道所谓物来顺应,犹可不失我性情之自然流露。若至伊川主在事物上穷索,则穷索之极,既非物来而顺应,又何从明善而获理乎? 故程门言穷理,不得不并言居敬。当知居敬而穷,所穷即非事物自然之理,若曰性分中理,则明道已云以诚敬存之不须穷索矣。故知伊川所论,实视明道为流泛而愈远也。

伊川又曰："性即理也,所谓理,性是也。天下之理,原其所自来未有不善,喜怒哀乐之未发何尝不善,发而中节则无往而不善,发而不中节然后为不善。故凡言善恶,皆先善而后恶,言是非,皆先是而后非,言吉凶皆先吉而后凶。"今按伊川曾言动植性异而理一,此处又云性即理也,此性不知系专指人性言,抑兼动植言? 若兼动植言,则蠢蠢者生本无所谓善不善也。若专指人性言,则如云性有曲直,理可以为性,其间亦有辨,亦有不得谓性即理。大抵伊川言性,本有天地之性与气质之性之别。今谓天地之性则便是天地之理,故曰性即理。又曰未有不善,此乃未落形气一边事也。故曰原其所自未有不善。若既落形气,则性亦有善有恶,理亦有善有恶矣。伊川意恐如此。然试问天地间何处有不落形气之事乎? 故程门性即理也之说,其实只一虚语。要之其论性则近荀,其言理则近庄,与孟子之所谓性善与义理说心者自异也。

伊川亦时有依违躲闪语,如云致知在格物,格物之理不若察之于身,其得尤切,此即依违也。又曰人要明理,若止一物上明之,亦未济世,须是集众理,然后脱然自有悟处。然于物上理会也得不理会也得,此躲闪也。若曰天地万物之理,岂能察之于身其得尤切乎? 伊川又言,自其外者学之而得于内者谓之明,自其内者得之而兼于外者谓之诚,诚与明一也。又曰:"闻见之知非德性之知,物交物,则知之非内也,德性之知不假闻见。"夫既德性之知不假闻见,则其外穷事物之理若伊川之所谓集众理者,岂亦可不假闻见乎? 若伊川之所谓自其外者学之而得于内,又岂非闻见之知乎? 总之,伊川说理,或内或外,自有其不可弥缝之罅隙。此自明道已不免,盖至伊川而始显豁呈露也。

朱子之理气论则又沿袭伊川之说而推及之益远者。朱子曰:"太极只是天地万物之理,先有个天理了却有无,气积为质而性具焉。"又曰:"阴阳五行之理,须常常看得在目前。此所谓天地万物之理与夫阴阳五行之理皆非孟子所谓义理悦心之理也。"朱子又曰:"合天地万物而言,只是一个理,及在人则又各有一个理。此处所谓理,始着落到人身上。"朱子又曰:"论万物之一源,则理同而气异,观万物之异体则气犹相近而理绝不同。"(《答黄商伯书》)又曰:"气相近,如知寒暖、识饥饱、好生恶死、趋利避害,人与物都一般。理不同,如蜂蚁之君臣,只是他义上有一点子明。虎狼之父子,只是他仁上有一点子明,其他更推不去。恰似镜子,其他处都暗了,中间只有一两点子光。大凡物事禀得一边重,便占了其他的。如慈爱的人少断制,断制之人多残忍。盖仁多便遮了义,义多便遮了仁。"又曰:"人物之生,天晓之以此理,未尝不同。但人物之禀受自有异耳。如一汪水,你将勺去取,只得一勺,将碗去取,只得一碗。至于一桶一缸各自随器量不同。故理亦随以异。"又曰:"二气五行,交感万变,故人物之生,有精粗之不同。自气而言之,则人物皆受是气而生。自精粗而言,则人得其气之正且通者,物得其气之偏且塞者。惟人得其正,故自理通则无所塞。物得其偏,故是理塞而无所知。"今按此等处,朱子分说实较伊川远为细密。伊川所言多属理同而气异一边,朱子补出气犹相近而理绝不同,义始圆到。然既认人物之理有绝不同者,则如何又说才明彼即晓此? 如何又主即凡天下之物而格,以求其一旦之豁然贯通乎?

朱子又云:"是他元不曾禀得此道理,惟人则得其全,如动物则又近人之性。"又曰:"如虎狼之父子,蜂蚁之君臣,豺獭之报本,雎鸠之有别,物只有这一处通,便却专。人却事事理会得些,便觉泛泛。人与物以气禀之偏全而不同,草木之气又别,他都无知了。"朱子此等处虽本伊川理一分殊,然较伊川圆密细到。然既谓他元不曾禀得此道理,则如何又要向他格? 且不成父子之理向虎狼格、君臣之理向蜂蚁格? 则知伊川晦翁即物穷理之说终有歧异。朱子虽于人物之理分疏较密,然终沿袭伊川途径,摆脱未能净尽也。

朱子又屡称伊川性即理也之说。或问："枯槁瓦砾如何有理?"曰："且如大黄、附子亦是枯槁,然大黄不可为附子,附子不可为大黄。"或问："物之无情者亦有理否?"曰："固是有理。如舟只可行水,车只可行陆。"又曰："才有物便有理,天不曾生个笔,人把兔毫来做笔,才有笔便有理。"又问："笔上如何分仁义"曰："小小的不消恁地分仁义。"今按朱子谓瓦砾有理,此义实本庄老。庄老尚道德毁仁义,缘物理与人理本有界隔也。今伊川晦翁混而一之,故或问笔上如何分仁义,只能说小小的不消恁地分。然则格物穷理何为不避此等小小处而欲一草一木即凡天下之物而格乎?

朱子又屡辨儒释异同。其言曰："上蔡云:佛氏所谓性,正圣人所谓心,佛氏所谓心,正圣人所谓意。心只是该得理。佛氏原不识得这理一节,便认知觉运动做性。如视听言貌,圣人则视有视之理,听有听之理;佛氏则只认那能视能听能言能思能动的便是性。视明也得,不明也得,他都不管,横来竖来,他都认做性。此正告子生之谓性之说也。"今按耳能听,目能视,此正事物自然之理。若视思明,听思聪,此乃别一理,乃人群当然之理,非天地万物自然之理也。故禽兽亦能视听,然禽兽之视听无当人群道德之所谓聪明也。庶民均能视听,然庶民之视听亦多无当于人群道德之所谓聪明者。朱子此处所谓视有视理,听有听理,此则超欲之理,非随欲之理,乃人道之理,非天地万物自然之理矣。朱子又云:"释氏只知坐的是,交胫坐也得,叠足坐也得。吾儒必要理会坐之理当为尸,则交胫、叠足皆失坐理。"若以伊川所言,理外之事则无,则交胫叠足而坐者,亦自有其所以交胫叠足而坐之理在。理字含义所认不同,自当肇此争端矣。或问伊川:"某尝读《华严经》第一真空绝相观,第二事理无碍观,第三事事无碍观,譬如灯镜之类,包含万象,无有穷尽,此理如何?"曰:"此为释氏要周遮。一言以蔽之,不过曰万理归于一理也。"又问:"未知所以破他处?"曰:"亦未得道他不是。"据此知伊川于《华严》事理无碍之说本未认其不足,故谓理外之事则无。今如朱子所云,岂非交胫叠足成为理外之事耶?此等处皆是朱子细过伊川处。或问朱子:"万物各具一理,而万理同出一源?"曰:"释氏云,一月普现一切水,一切水月一月摄。这是那释氏也窥见得这些道理。濂溪通书只是说这一事。"是朱子亦未以《华严》事理无碍之说为未是。朱子仍未能明白跳出伊川圈套,故其立说亦终自枝梧生歧也。

朱子又曰:"知觉之理,是性所以当如此者。释氏不知他,但知知觉没这理"。今按此所谓知觉之理者,亦可有知觉当然之理,亦可有知觉之所以然之理。所以然之理则原本天性,当然之理则归于人事,所以然之理与当然之理自有辨。今朱子谓知觉之理,是性之所以当如此者,是又混所以然与当然为一也。朱子又曰:"性即理也,当然之理无有不善者。"今按理可以当然言,性不可以当然言也。性乃自然,否则可然,非当然也。伊川言理颇少指当然,朱子屡称理为当然,此又朱子细过伊川处。然朱子仍必迁就伊川,则不免以性亦谓之当然。是伊川失之于理,而朱子失之于性,所失亦维钧矣。盖伊川晦翁所谓性即理者,当指天地万物自然之理言。物各有性,即物各有理,其实即物各有其自然也。如此立说,显与庄老相通。惟程朱不肯如此说,故必推及于天地万物之所以然者。此所以然者,则命也。《中庸》谓"天命之谓性"是也。今程朱自以命理合一说之,则天命即天理,《中庸》"天命之谓性"到程朱便换成天理之谓性。盖程朱既不认有天之谆谆然之命,遂以天命为天理,又以天理为太极,此程朱"理"字之一解也。夫天地万物自然之理,有其已然,亦有其可然(将然之推说为可然),如木可以为柱,此可然也。伊川则谓是木之理。又有其不得不然,不得不然之谓必然,如大黄不得为附子、附子不得为大黄、舟必行水、车必行陆皆是也。此在朱子亦谓之理。凡此已然可然必然之理,皆物理,皆天地间自然之理也。复有所谓当然之理者,此与物理自然之理相别。木可以为柱,故不得谓木当为柱,此可然与当然之不同也。大黄不得为附子,固不得云大黄不当为附子,此必然与当然之又不同也。当然者固不能越出于自然,然而与自然不同。自然之中有必然、有可然而无当然。盖必有人之意见参乎其间而后始有所谓当然者。人之意见则有超乎欲而以为意见者,有随乎欲而以为意见者。子欲弑其父,则必以刀绳,否则以毒药,否则以手枪,盖此数者始可以成杀。此乃物理之自然。若随乎欲以言理,则杀人必以刀绳毒药者即理也。苟超乎欲以言理,则杀父之事既为非理,为不当然,而刀绳毒药之可以杀与必得杀,此理在所不论。然则杀父之事何以为非理?此事不当求之刀绳毒药而当求之人群之意见。老庄主解散人群,故于人群意见排摈不论。荀韩主团结人群矣,顾荀韩不信人心有超欲之理,故必待圣王焉为人制体定法以绳人群于必从。孔孟则谓人心自然有超欲之理,此孟子所谓礼义悦心犹刍豢之悦口也。故惟发明此理,斯人自知其可欲与不可欲,而当然即成为自然焉。夫苟以为不可欲,则刀绳毒药之可以得杀与否其事固可不论。若果以为可欲,其父有病,儿子进药,则不知大黄之为疗与夫附子之为治孰有当于其疾,孰为不当于其病,此则物理自然有不可以不论者。故即物而穷其自然之理,深明其必然与可然之性,乃深有益于人事之当然。否则孝子虽忧其父之疾,宁知大黄与附子之孰当乎?然谓穷格大黄附子之理,遂可以成孝子,则天下医师皆孝子也而可乎?程朱立说,盖几乎教人以医师为孝子,此则程朱混物理与人理之误也。

夫苟不主于解散人群,则必有人理焉以和会调协乎其间。此人理者,盖不仅以遂欲,亦将以克欲乃超乎欲之外而非随乎欲之后者。孔孟则主人心自有此理,故待人心之自悟。荀韩则主人心不能有此理,故必待圣王之制体作法以强人之从而服。释氏之为教,则不如孔孟之期人悟,亦不如荀韩之强人服,乃求以起人之信而教之渐修焉。若以释氏比之荀韩,则释氏之于孔孟盖较近矣。何者?荀韩束其外,释氏固已诱其内,故曰释氏近于孔孟。惟释氏主于起信,信心属内而所信犹属外。孔孟主于觉悟,悟心属内,而所悟者亦在内。此超欲之理者,本于吾心所自有,则属内而不属外也。何以吾心自有此超欲之理? 曰此亦天地之自然。人心自有此理,故以谓之性,性即自然也。

生公主阐提皆有佛性,此即孟子道性善,人皆可以为尧舜也。夫既人人皆有佛性,则顿悟成佛,外信转为内悟,此释家所以有教理之辨也。教理之为辨,亦惟内外之为辨而已。然释氏毕竟与孔孟不同,释氏主出世,而孔孟主淑世。迨夫隋唐禅宗兴,出世热忱已衰,则明心见性顿悟成佛者乃有其弓缴无其鹄的,既不想望于往生,又不转途为淑世,禅宗尊信乃疑,若脱空而玩世。然朱子排释,常以为其不知有理者为此也。然其鞭辟近专,重视内悟,实为自生公以来释氏教理之争之正统血脉,则不可诬也。程朱毅然以复明孔孟之道自任而排斥禅释不遗余力,乃其视理也,则如散在万事万物,必使人即物而格之,即事而穷之,则转内向外,反若庄老荀韩之为近,视禅宗而更远矣。故曰此为一歧途也。必自象山陆子而后始为重得孔孟之真传。或问:"陆先生教人何先?"曰:"辨志。"问:"何辨?"曰:"义利之辨。"孟子曰:"理义之悦心,犹刍豢之悦口。"若言穷理,则不知为物理欤? 人理欤? 若言辨义,义则显属人事,无所谓物义者。此非谓自然物理有所不必穷,盖谓先立乎大者,则其小者勿能夺也。故程朱曰居敬穷理,使人内外无所可,象山曰立志辨义利,则各能自知,能用力,求之己心而即得矣。故程朱曰性即理,而象山则曰心即理。若言性,则枯槁无情、大黄附子皆有性,若言心,则惟人为灵,理属人伦,不属万类。此则所谓超欲之理非俟人之自悟于心不可也。

阳明承象山之绪,而所辨偶有未尽析者,故曰物理不外于吾心,外吾心而求物理,无物理矣。遗物理而求吾心,吾心又何物理耶?故有孝亲之心即有孝之理,无孝亲之心即无孝之理矣。有忠君之心,即有忠之理,无忠君之心,即无忠之理矣。理岂外于吾心耶?此等处即阳明辨之未尽析也。夫忠孝之理乃人理,岂物理乎!惟阳明亦不免混物理人理而一之,故乃不得不谓天下无心外之物,又谓告子见一个性在内,见一个物在外,便见他于性有未透彻处。必谓性与物无内外之分,此则何以自异于晦翁之以格物穷理为尽性之功乎!罗整庵《困知记》辨此颇明析,谓盈天地之间者,惟万物,人固万物中一物耳。乾道变化,各正性命,人犹物也,我犹人也,其理容有二哉!格物之格,是通彻无间之意,盖工夫至到,则通彻无间,物即我,我即物,浑然一致。又曰吾之有此身,与万物之为物,孰非出于乾坤,其理固皆乾坤之理也。自我而观,物固物也,以理观之,我亦物也,浑然一致而已。夫何分于内外乎?以良知为天理,乃欲致吾心之良知于事事物物,则是道理全在人安排出事物,无复本然之则矣。则如川上之叹,鸢飞鱼跃之旨,试以吾意著于川之流、鸢之飞、鱼之跃,若之何正其不正以归于正耶?又曰人之有心,固然亦是一物,然专以格物为格此心则不可。于天地万物上良知二字自是安著不得也。又曰天命之谓性自其受气之初言也,率性之谓道自其成形之后言也,盖形质既成,人则率其人之性而为人之道,物则率其物之性而为物之道,其分既殊,其为道也自不容于无别。若谓天地人物之变化皆吾心之变化,而以发育万物归之吾心,是不知有分之殊也。夫发育万物,自是造化之工用,人何与焉!故曰天人一理,而其分不同,人生而静,此理固在于人,分则属乎天也。感物而动,此理固出乎天,分则属于人矣。所贵乎格物者,正欲即其分之殊而有以见乎理之一也。此理之在天下,由一以之万初非安排之力。会万而归一,岂容索合之私?是故察之与身,宜莫先于性情。今按整庵所辨天人物理之间可谓明析矣,凡阳明所谓孝亲忠君之心,此皆性情也。性情岂即物理乎? 又岂即造化乎? 阳明之病在推扩良知功能过其情实,即以之当物理,当造化;而晦翁之主格物穷理又病在欲于造化物理中求性情,皆非理一分殊之旨也。人之性情虽与物理造化相通,虽亦为造化物理中之一事,而究自有别。然整庵辨理学虽透切,而终不免回护晦翁,仍陷偏隅。此可于其论人之知识者见之。整庵之言曰:"人之知识不容有二,孟子但以不虑而知之者名之曰良,非谓别有一知也。今以知恻隐、羞恶、恭敬、是非为良知,知视听言动为知觉,是果有二知乎? 夫人知视听言动,不待思虑而知之者亦多矣,感通之妙,捷于桴鼓,何以异于恻隐羞恶恭敬是非之发乎? 四端之发,未有不关于视听言动者,果何从而见其异乎? 知惟一耳,而强生分别,吾圣贤之书未尝有也。"整庵之言如此。整庵独不悟孟子已有"性也有命,君子不谓之性,命也有性,君子不谓之命"之辨乎? 夫知视听言动,此孟子之所谓命,知恻隐羞恶恭敬是非,此乃孟子之所谓性。由前之知可以格物理,由后之知乃以达人理,此亦一理一而分殊也。整庵仍主晦翁性即理之说,而不肯承认陆王之所谓心即理,因推演而说此。然则仍是混义理与物理而不分之误也。

今再约而言之,有义理有物理。义理者,超乎物外,所以调欲物理者,随乎欲后而以给欲。此二理字含义实别。中国古籍言理,如孟子则言义理,而庄周则言物理。盖道家务期人性之自由而伸舒,而其于人性本身又不认有所谓理者,故老庄主于破弃群体而又因应万物得其宜,则内不为群所碍,外不为物所迫,而我之天性始得皇张而滋荣。此庄老之旨也。其流为神仙方术,此亦主摆脱人群而又驱驾万物得其宜也。近代西方言科学主自由,其态度与中国道家异,其理想之所趋赴,则与中国道家实有其大体之相似。故科学发展之另一方面当以无政府主义为归宿。否则得其一失其一,人性仍无绝对伸舒之境。而无奈科学昌明正赖群力,若觊无政府,即当牺牲科学之隆盛。即谓科学昌明而人尽自由,可以无政府,无群碍,然人欲终不能尽,此如与影竞走,终无及理。故以理给欲,理终不逮。至如荀韩主以圣王制礼作法以制人之欲,拘人之性,而使人群得以相安,以其胜夫外物,此则犹西方之言法治,要之非其极诣。科学日隆,法制日密,人性得遂于外物而见绌于群制,如陷泥窟,拔一足而他足之陷转深,竟难脱出。凡此皆不认人性中自有理以调制其欲也。耶教则主有超欲之理矣,惟彼归其理于天,亦不谓人心所自有。独释氏与他教异,他教皆尊天,释氏则曰诸天奉行,不尊天而尊己。释氏之所以尊者佛也,佛者己心之内觉,则凡有心者皆可有觉也。故西方反耶教者在科学,而东方佛教独有教理之争。自小乘教而有生公之大乘顿悟义。又自生公之大乘顿悟而有禅宗之即心即佛义。此皆佛教教义自身内部之演进,有其必然之趋势。而佛主出世,孔孟则主淑世,惟其谓人心自有超欲之理者一。故自禅宗又一转而为宋明之理学,又自程朱一转而为陆王之心学,此亦一种教理相争之阶段中所自有之演进也。

若论中国之道教,则实为道家思想之堕落。自庄老清净折入神仙方术,又折而成符录道教,此皆倒退,非上进,然要之皆属个人主义,皆为因应物理以求遂我之欲也。道教中陈义稍胜者,亦不过曰清净修炼而止耳。此于所谓教理之争者无涉,特其重个人、重自然,注意研寻造化物理,此则犹于此第二期学术思想史上有其重要之位置耳。

今论本期思想之转变,则晚明之际已露端倪。斯时也,以个人观点为中心之趋势渐衰,以大群集体观点为中心之要求渐盛,于是明清之际之学者,乃有由王返朱,由宋返汉,由后代返先秦之趋势。何以由后代返先秦,乃先之以由王返朱乎?曰:若以第二期学术思想之大统言,则陆王乃其正果,然陆王主心即理,其精神意趣专一内向,其弊更偏于以个人观点为中心。程朱博观物理,旁及自然,精神稍稍阔越,故必自此转途,乃为折入先秦之先导也。惟满清以部族政权,盗憎主人,学术思想受其桎梏,故有清二百四十年,乃不得自由向荣,而心力智慧大凑于古经籍之训诂考订,此固非明清之际始兆之所指。而此第三期新学术之曙光,乃不得不迟于清政权之解纽。继此则西风东渐,已非中土学术闭关自守之时,中外交会,发端实大,密云不雨,亦其宜矣。

　　今请附论戴东原之所以评宋儒之言理者以毕吾文。考东原著书,先有《绪言》,后有《孟子字义疏证》,而二书所诠理字含义亦微不同。《绪言》之说曰:“自然之极理是为理,期于无憾所谓理也。理非他,盖其必然也。就天地人物事为求其不易之则是为理,理要其后,非原其先,知条理之说者,其知理之谓矣。心之精爽所照者不谬是谓得理,可否之而当是谓理义。凡此之所谓者,皆自然物理也。故曰古人多言命,后人多言理,异名而同实。盖命之与理皆造化物理,皆即自然也。”又曰:“宋儒推崇理,于圣人之教不害。”盖东原既以造化自然之物理为理,此与程朱格物穷理之说差近,故谓其于圣人之教不害也。及其为《孟子字义疏证》,而所诠理字之含义乃稍稍变。故曰:“理者,情之不爽失也。未有情不得而理得者也。”又曰“理者,存乎欲者也。凡事为皆有欲,无欲则无为矣。有欲而后有为,有为而归于至当不可易之谓理。”又曰:“通天下之情,遂天下之欲,权之而分厘不爽谓之理。”至是而东原乃归重于人之情欲以言理。然人之情欲,亦自然也。随其后而给之,以使之畅遂无夭折者,理也。则东原之所谓理,仍不能自脱于物理自然之理也。惟曰“天理云者言乎自然之分理也。自然之分理,以我之情,系人之情,而无不得其平也”,此始有当于孔门之所谓恕道,乃始骎骎乎超越物理而达于人理之境。然东原固未知有所谓性情之理者,言恕而不言忠,则其所以为恕者本在外而不在内。岂孝亲忠君

亦由以我之情系人之情而始得乎？孟子之所谓良知良能者,岂亦
恕道乎？惟其不认人心内在自有理,故必向外求之。向外求之则
皆物理,非性情之理也。东原之言曰："苟舍情求理,其所谓理,无
非意见也。"宋儒言理,如有物焉得于天而具于心,于是未有不以意
见为理之君子。彼东原之所谓情者不知其何指？若曰恻隐羞恶恭
敬是非为情,则东原之言洵是矣。若专指饥寒号呼男女哀怨者以
为理,是东原仍不认人心内在自有理,仍以理为在外随欲以给欲之
理也。夫饥寒、男女之欲人禽之所同,恻隐羞恶恭敬是非之情则人
类之所独。故自物理以观人理,则人理者,真所谓人之意见耳。若
孝亲忠君,岂自然物理之所有,此岂非人之意见乎？特此所谓意见
者,乃非一人之私意见,而实为人类之公意见,此以不谓之意见而
谓之理也。然则此种意见,顾得谓非得于天而具于心乎？若东原
之折宋儒者,其实皆不足以折宋儒也。惟程朱言理,不能径就此人
意见者求之,而顾外求之天地万物,此则程朱之失,盖沿袭庄周荀
卿而不自知。至东原者,则又沿袭庄周荀卿以折宋儒。此真所谓
楚固失之,齐亦未得者也。故东原之折宋儒,实为自晋宋以来教理
之争之逆流,未足以定前贤之是非而开后学之新轨也。

（选自《思想与时代》第 40 期,1945 年 2 月）

　　本文与《禅宗与理学》、《再论禅宗与理学》是姊妹篇。作
者从教理之争的角度,对禅宗和儒家孔孟荀之儒学、程朱理
学、陆王心学的思想理论进行了考察与对比,探讨了禅宗与宋
明理学的不同点与相同相通之处。例如,禅学与宋明理学都
致力于反教趋理而又都反教未尽、共同主张人心自有超欲之
理等。在宋明理学内部,陆王心学比程朱理学更接近禅学,因
而比程朱理学更接近孔孟儒学。

略谈宋明儒学与佛学之关系

唐君毅

对于宋明儒学向来有"阳儒阴释"一类的评语,日本及清代的学者多持此说。在中国方面,清代及五四时代的反理学,批评理学是佛老化的儒学,认为理学只是将释老加以改头换面,并非纯正的儒学,欲因此而排斥之、否定之。日本的学者虽与戴东原①、颜元②等人同言理学加入了佛老的思想③,却抱着恰巧相反的态度。日

---

① 戴东原对宋明儒学之批评于其《孟子字义疏证》一书可见甚多。"程子朱子就老庄释氏所指者,转其说以言夫理,非援儒而入释,误以释氏之言杂入于儒耳。陆子静王文成诸人就老庄释氏所指者,即以理实之,是援儒以入于释者也。"(上书,页64,河洛图书出版社影印本)"自宋儒杂荀子及老庄释氏以入《六经》孔孟之书,学者莫知其非,而《六经》孔孟之道亡矣。"(同书,页72)由下句更可见戴氏对儒释相杂的反对态度。

② 颜元在《存学编》中说:"至宋而程朱出,乃动谈性命,相推发先儒所未发。以仆观之,何曾出《中庸》分毫,但见支离分裂,参杂于老释,徒令异端轻视吾道耳。"(《颜李丛书》,页128,广文书局影印本)

③ 日人宇井伯寿于其《儒佛道之关系史》一书中论宋明儒学部分亦持此见解。又日人宇野哲人曾说:"程朱学……,陆王学……,均对儒教而加佛老之思想,试为新解释者"。(唐玉贞译,《中国哲学史》,页155,中华文化出版事业委员会出版)又说:"佛学之影响于宋学者有二:一为积极的,佛教之教理换骨脱胎,用于宋学;一为消极的,刺激宋儒之对抗精神,俾其遍索《六经》,谓佛之性理学,吾儒久已有之矣,……宋学多有哲学色彩之主因,而佛教之刺激则为力最大。"(马福辰译,《中国近世儒学史》,页7,中华文化出版事业委员会出版)

本人向以佛学为尊,因此以为理学中加入了佛学,不但进一步地肯定佛学的价值,亦使理学本身增色许多。

但是这种说法并不是正确的,它或可适合晚明儒学,对宋初儒学则不适合。宋儒多是反对佛学的,其反对的理由不必皆能成立,其对佛学的了解亦有不足之处,但其反对佛学则是真诚的,其反对之所依的正面的思想绝不能说来自佛学。若必谓佛学对宋儒有影响,亦多只是反面的影响。事实上,直到晚明儒家才开始对佛学采取融通的态度。

至于说宋儒只不过将释老改头换面,也是有因而发的。宋初有一慈杲和尚见当时儒学衰微,甚为叹息,于是曾对张无垢提说,劝他将佛学义理"改头换面"来振兴儒学。但这只是一个特殊的例子,不能据此而论断宋明儒学就是佛学的改头换面。又有人根据周濂溪、程伊川、朱熹均与僧侣为友,或其文中见若干与佛语类似之句,便谓其受佛家思想影响,此实为幼稚之说。我们不能因其交友就断定其思想的脉络。

宋代儒学初起,乃以经学开其先,孙明复在泰山讲学即首重《春秋》一经。承此而下,有欧阳修撰《新五代史》、司马光撰《资治通鉴》,皆附带发挥己见以批评史事而显《春秋》寓褒贬之精神①。至明末王船山出,复承此宋初重《春秋》之传统而重经史之学。宋明儒学始于重《春秋》,终于重《春秋》,实有一保存华夏文化之民族精神贯注其间。其学说理论的背后有一真实生命的要求,自始至终欲以民族意识、文化意识来贯通学术思想,来抵抗夷狄,希望借着学术思想之深入的探究,在理论上建立牢不可破的自信,自信自己民族生命的值得继续存在发展。孙明复讲《春秋》,首重尊王攘

---

① 《宋元学案》亦称欧阳修"自撰《五代史记》,法严词约,多取《春秋》遗旨"。(《庐陵学案》,页 49,河洛影印本)

夷一义①,其高弟石介更将此转为文化意义上的攘夷而言辟佛②。但是石介的反佛学,缺乏理论的根据。于此欧阳修著《本论》而曰:"今佛之法……患深势盛,难与敌,非驯致而为之,莫能也。"(《宋元学案·庐陵学案》,页65,河洛影印本)此即谓只如石介之论不足以辟佛而主张"礼义者,胜佛之本也"。(《宋元学案·庐陵学案》,页63,河洛影印本)认为斥佛之道在于对中华文教之本身加以复兴,"修本以胜之"(同上)。此正为后之宋儒所以竭力于发明儒学之故,欧阳修可说是开风气于先者③。

理学家中反对佛学而有一套哲学理论者首为张横渠④。佛家喜言幻化、缘生、性空,横渠则虽言太虚而谓虚中有实(气),故亟反对佛

---

① 孙明复著有《春秋尊王发微》十二篇。

② 《宋元学案》记石介曰:"尝患文章之弊,佛老为蠹,著《怪说》三篇及《中国论》,言去此三者,乃可以有为。"(《泰山学案》,页96,河洛影印本)其《怪说》云:"尧舜禹汤文武周孔之道,万世常行,不可易之道也,佛老以妖妄怪诞之教坏乱之。"(同书,页99)

③ 欧阳修在其《本论》一文中直谓:"佛为夷狄,……及三代衰,王政阙,礼义废,后二百余年而佛至乎中国,由是言之,佛所以为吾患者,乘其阙废之时而来,此其受患之本也。补其阙,修其废,使王政明而礼义荒,则虽有佛无所施于吾民也。"(同上书,页62)"王道不明而仁义废,则夷狄之患至矣,及孔子作《春秋》,尊中国而贱夷狄,然后王道复明。"(上书,页64)由此则知欧阳修亦是承《春秋》精神而转为文化意义上的攘夷,更提出改革之道在修礼义以固本。

④ 横渠曾深自期许地说:"自古诐淫邪遁之辞,翕然并兴,一出于佛氏之门者于五百年,向非独立不惧、精一自信、有大过人之才,何以正立其间,与之较是非,计得失哉!"(《近思录》页326,商务版,《人人文库》)

家之幻化、性空之说①，此乃就形上学的立场来反对佛学。横渠之反
对佛学，自尚有其他理由，但主要是自形上学的立场说。程明道尝与
友人会，归而厌其相聚谈禅，叹谓今日即使数个孟子亦无力救此时风
之弊②，其反佛的理由主要是伦理的、文化的③。伊川为明道作行状，
谓明道反对当时学风"自谓之穷神知化而不足以开物成务，言为无不
周遍，而实外于伦理"。明道之学则在于"尽性至命，必本于孝悌；穷神
知化，由通于礼乐"。④二程以为尽性至命、穷神知化之高深的道理，应
本于对孝悌伦理之实践，而由礼乐之文化以开物成务⑤。

　　陆象山认为，若以佛家欲出三界的亲热来看儒家的圣贤，那么儒

----

①　张子《正蒙》："知虚空即气，则有无隐显，神化性命，通一无二，顾聚散出入形
不形，能推本所从来，则深于易者也，……，若谓万象为太虚中所见之物，则物与虚不相
资，形自形，性自性，形性天人不相待，而有陷于浮屠以山河大地为见病之说，此道不
明，正由懵者略知体虚空为性，不知本天道为用，反以人见之小，因缘天地，明有不尽，
则诬世界乾坤为幻化。"（《宋元学案·横渠学案》页九至页十，河洛影印本）

②　"昨日之会，大率谈禅，使人情思不乐，归而怅恨者久之。此说天下已成
风，……，今日之风，便先言性命道德，先驱了知者，才愈高明，则陷溺愈深，……，
据今日次第，便有数孟子亦无如之何。"（《二程遗书》，卷二上，页八，中华书局版）

③　"若尽为佛，则是无伦类，天下却都没人去理，然自亦以天下国家为不足
治，要逃世网。"（同上书，页九）

④　此二段话见《二程全书》册二，（《伊川文集》第七，页六，中华版）

⑤　明道先生亦有其他对佛学之批评。"杨墨之害，甚于申韩，佛老之害，甚
于杨墨，……，佛老其言近理，又非杨墨之比，此所以为害尤甚杨墨之害，杨墨之
害，亦经孟子辟之，所以廓如也……。"（《近思录》，页315至页316，商务版）言下之
义，颇有继孟子而去害者，舍我其谁，"彼释氏之学，于敬以直内，则有之矣，义以方
外，则未之有也，故滞固者入于枯槁，疏通者归于恣肆，此佛之教所以为隘也。"（同
书，页317）"释氏本怖死生为利，岂是云道，……，彼固曰出家独善，便于道体自不
足，或曰释氏地狱之类，皆是为下根之人设此怖，令为善，先生曰，至诚贯天地人尚
有不化，岂有立伪教而人可化乎？学于释氏之说，直须如淫声美色以远之，不尔
则驶驶然入于其中矣。"（同书，页318至页319）

家的圣贤均未能出三界,只是在生死海中浮沉。象山反对此说,依他所讲之"宇宙内事,即己分内事"①,无三界可出。象山之学最重者即辨义利,故承程明道言,而称一般佛家以生死说教,实乃以利心动人,儒家则自始即只见义而不见利,亦可不见此生死问题②。

朱子批评佛学则多由心性上说③,虽由心的虚灵处,亦可讲性空,但心亦有真实不虚的内容,此即心中的性、理,此理虽视之无形,但其能发为实际的行为,故是真实而非空。朱子意谓佛家只知心而不知理,故谓"吾儒万理皆实,释氏万理皆空"④。一事一物均

---

① 《宋元学案》记象山行状云:"他日读古书,至'宇宙'二字,解者曰'四方上下曰宇,往古来今曰宙',忽大省曰,宇宙内事,乃己分内事,己分内事,乃宇宙内事。"(《象山学案》,页五,河洛影印本)

② 象山与王顺伯书中曰:"尝见之如来书所举爱涅槃憎生死,正是未免生死,未出轮回;不了四相者,正是未免生死,未出轮回。"(《象山全集》,卷二,页四,中华版)又曰:"某尝谓,儒为大中,佛为大偏,以释与其他百家论,则百家为不及,释为过之,原其始要其终,则私与利而已。"(《同上》)

③ 朱子曰:"释氏只是恍惚之间见得些心性影子,却不曾仔细见得真实心性,所以都不见里面许多道理,致使有存养之功,亦只是存养得他所见影子,而不可谓之无所见,亦不可谓之不能养,但所见所养,非心性之真耳。"(《续近思录》,页235,世界书局版)朱子答李伯谏曰:"来书云,形有死生,真性常在,某谓性无伪冒,不必言真,未尝不在,不必言在,盖所谓性,即天地所以生物之理,……何尝不在,而岂有我之所能私乎? 释氏所云真性,不知其与此同乎否也? 同乎此,则古人尽心以知性知天,其学固有为,非欲其死而常在也,苟异乎此,而欲空妄心,见真性,唯恐其死而失之,非自私自利而何?"(同书,页232)

④ 朱子曰:"向来见子静与王顺伯论佛云,释氏与吾儒所见亦同,只是义利公私之间不同,此说不然。如此却是吾儒与释氏同一个道理,若是同时,何缘得有义利不同,只彼源头便不同,吾儒万理皆实,释氏万理皆空。"(同上书,页238)又曰:"凡古圣贤说性命,皆是就事实上说,如言尽性,便是尽得此君臣父子三纲五常之道而无余,言养性,便是养得此道而不害,至微之理,至著之事,一以贯之,略无余欠,非虚语也。"(同书,页237)

有其理,但一谈到出家,就不能不忽略许多事①,儒家则必须讲佛家所忽略的齐家治国之事之理。

宋代之理学家只杨慈湖②、真德秀不反对佛学。明初的儒家中,宋濂③、陈白沙④不反佛,尤其王阳明成学后,对于禅宗言语更是自由采用⑤。本人有论"阳明与禅"的书,即据阳明之用禅语,以证阳明学纯由禅来。此却不对,阳明之学乃由先对朱子之学下功夫,而由朱子之学中转出。但阳明成学后,却认为儒学与佛学只是毫厘之差⑥,一般要出家,脱离父子、夫妇、兄弟、君臣之关系,抛弃五伦中的四伦。佛家常言"不着相",但要脱离人伦,即是"大着相"处。阳明说儒家则"有个父子,还他以仁;有个君臣,还他以义;有

---

①　朱子曰:"禅学最害道,老庄于义理绝灭犹未至尽,佛则人伦已坏,禅又将许多义理,扫灭无余,故其为害最深。"(同上书,页242)又曰:"佛老之学,不待深辨而明,只是废三纲五常这一事,已是极大罪名,其他更不消说。"(同书,页229)

②　陈北溪《答陈师复书》曰:"浙间年来象山之学甚旺,由其门人杨(慈湖)……唱之,不读书,不穷理,专做打坐工夫,……又假托圣人之言,牵就释意,以文益之。"(《宋元学案》,《慈湖学案》,页68,河洛影印本)

③　全谢山《宋文宪公画像记》曰:"予尝谓婺中之学,……至公而渐流于佞佛者流。"(《宋元学案》,《北山四先生学案》,页79,河洛影印本)

④　陈白沙曰:"佛氏教人,曰静坐,吾亦曰静坐,曰惺惺,吾亦曰惺惺。"(《明儒学案》,卷五,页51,河洛本)

⑤　阳明诗云:"一窍谁将混沌开,千年样子道州来,须知太极元无极,始信心非明镜台。始信心非明镜台,须知明镜亦尘埃。人人有个圆圈在,莫向蒲团坐死灰。"(《理学六家诗抄》,页136,中华书局出版)又云:"乾坤是易原非画,心形何形得有尘。莫道先生学禅语,此言端的为君陈。"(同书,页142)

⑥　萧惠好仙释,先生警之曰:"大抵二氏之学,其妙与圣人只有毫厘之间。"(《阳明全书》,卷一,其27,中华版)又曰:"然释氏之说,亦自有同于吾儒,而不害其为异者,惟在于几微毫忽之间而已。"(《明儒学案》卷十,页27,河洛本)

个夫妇,还他以别",正是不着相(《明儒学案》卷十,页 77,河洛本)。阳明诗有:"无声无臭独知时,此是乾坤万古基。"①无声无臭之独知,正是一无声臭之相的虚灵明觉。阳明又说儒家圣人于平夜清明之际,心中是一片空空静静,此时与佛家所论无有异处②。但儒家有此空静之心仍可应事处世,应事时,依一一理应一一事③,应事后,心中仍是一片空静。故阳明认为真正的儒家之学中原有佛家的空和道家的虚。他曾作了个比喻,儒家原来住着三间房屋,除中间之屋外,两边之屋中即有佛家之空、道家之虚。后来渐自限制,只住中间一屋,而将一边屋让与道家,将一边屋让与佛家,儒家反变小了。

阳明之三间屋的比喻,其弟子王龙溪亦常提及。王门后学如

① 此诗是阳明《咏良知四首示诸生》之一首,下二句是"抛却自家无尽藏,沿门托钵效贫儿。"(钱穆辑,《理学六家诗抄》,页 141,中华版)

② 问儒者夜气,胸中思虑空空静静,天理在中,即是应事接物的心,应事接物的心,亦是循天理,便是夜气空空静静的心,故动静分别不得,知得动静合一,释氏毫厘差处,亦是莫掩矣。(《明儒学案》,卷十,页 77)

③ "问释氏亦务养心,然不可以治天下,何也?曰:吾儒养心,未尝离却事物,只顺其天则自然,便是工夫,释氏却要尽绝事物,把心看作幻相,与世间无些子交涉,所以不可治天下。"(同上书,页 78)"不思善不思恶时认本来面目,此佛氏为未识本来面目者设此方便,本来面目即吾圣门所谓良知,今既认得良知明白,即已不消如此说矣,随物而格是致知之功,即佛氏之常惺惺,亦是常存他本来面目耳,体段工夫大略相似,但佛氏有个自私自利之心,所以便有不同耳。"(《阳明全书》,卷二,页 20,中华版)

赵大州、焦竑、管东溟、陶望龄,皆兼通儒佛[①];以狂放名之李卓吾,
亦有三教归儒说。在明末,儒释道三家的界限不再森严,佛家学者
对于儒道的研究亦大有人在,如憨山与广益即对《四书》、《易》、
《老》、《庄》加以注解,而与隋唐之佛学大师如法藏、智颛、澄观、圭
峰提到中国儒道之学时皆先加以贬抑之态度大不相同,却与宋代
之智圆、契嵩等之兼通儒学之精神相接。这种会通的优点是去掉
学术的门户之见,缺点则在对儒释道之本来面貌不易分清。不过
在明末之儒者,仍有需严分儒佛的,如王船山即虽有讲相宗的书,
却力辟佛老之学,黄梨州亦以就对心与理的问题说,儒释之界邈若
山河。此下即是清代之颜习斋、戴东原等出来,连对宋明儒学皆视
为佛老化的儒学了。

今日所讲只是就学术思想史之事实讲,其是与非乃另一问题,
这需细细辨别讨论,不是几句话可以说得了的。

附记:此乃我在台大班上之一段讲话,只略谈宋明儒者对佛学之态度,并
不值得发表。但朱建民同学为之记下,并将我讲话中未暇引及之文献,大皆
加以一一查出,费了不少工夫,而我此一讲话,亦因之而方可发表了。

(选自《哲学与文化》第 3 期,1976 年 1 月)

---

① 赵大州曰:"夫谓灵觉明妙,禅者所有,而儒者所无,非灵觉明妙,则
滞窒昏愚,岂谓儒者必滞窒昏愚而后为正学耶?"(《明儒学案》,卷 33,页 102,
河洛本)《明儒学案》记焦竑云:"先生师事耿天台罗近溪而又笃信卓吾之学,
以为未必是圣人,可肩一狂字,坐圣人第二席,故以佛学即为圣学,而明道辟
佛之语,皆一一绌之。"(同书,卷 35,页 46)《明儒学案》记陶望龄云:"先生之
学,多得之海门,而泛滥于方外,以为明道、阳明之于佛氏阳抑而阴扶,盖得具
弥近理者,而不究失毫厘之辨也。其时湛然澄密云悟,皆先生所而进之,张皇
其教,遂使宗风盛于东浙。"(同书,卷三六,页 74)

　　唐君毅（**1909—1978**），广东五华人，就读于中俄、北京、中央大学。在中央大学、华西大学、广州华侨大学任教，曾任台湾大学哲学系客座教授、香港中文大学讲座教授。抗日战争期间与人创办《理想与文化》杂志、创办新亚书院并任教务长。退休后与牟宗三等人恢复新亚研究所，并任所长。著作宏富，主要有《中西哲学之比较研究集》、《道德自我之建立》、《心物与人生》、《中国文化之精神价值》、《人文精神之重建》、《文化意识与道的理性》、《人文精神之发展》、《中国哲学原论·导论》、《生命存在与心灵境界》等。

　　本文通过对宋明儒学与佛学关系的研究，批评了认为宋明理学是"阳儒阴释"、甚至于只是将释老改头换面之说，指出此说不合宋初儒学实际。宋儒不但多真诚地反对佛学，而且宋儒反对佛学时所依据的正面的思想绝不能说来自佛学。如果说佛学对宋儒有影响，也多是反面的影响。直到晚明儒家才开始对佛学采取融通的态度。

禅宗——适合中国士大夫口味的佛教

范文澜

　　佛教是设计极巧的一套大骗术,东汉以前,中国从来不曾出现过这样狡诈的大骗子,中国思想界无论在理论上经验上都缺乏有效的反对势力。自从佛教传来以后,它的神不灭说、因果报应说、以及有关天上人间,唯我独尊的无数神话,把人们催眠成昏迷状态,理智丧尽,贪欲炽盛,厌弃现世,或者贪得无厌,一心求来世更大的福报。上层僧徒过着安富尊荣的寄生动物生活,是剥削阶级里从外国搬来的一个新剥削阶层。唐德宗时杨炎奏称,"凡富人多丁,率为官为僧",官与僧同是富家子弟的两条出路,这种僧自然是上层僧徒,有些可以得到大富大贵的地位。孙樵《复佛寺奏》说,"若群髡(僧)者所饱必稻粱,所衣必锦縠,居则邃宇,出则肥马,是则中户不十,不足以活一髡,武皇帝(唐武宗)元年(841年),籍天下群髡凡十七万夫,以十家给一髡,是编民百七十万困于群髡矣。"会昌五年唐武宗灭佛,还俗僧尼二十六万人,本年全国户口帐为四百九十五万余户,按十户养一僧计算,是全国受僧害的民户在半数以上。辛替否《谏(唐中宗)兴佛寺奏》里说,"十分天下之财而佛有七八",并非夸大之语。佛教无疑是社会的大祸害。

　　自东晋到唐初禅宗南宗兴起以前,中国没有一个力量能够战胜佛教。反对佛教大抵有三个力量。一是朝廷与佛教发生利害冲突,因而用政治手段废除佛教。二是道教与佛教争夺宗教上的地位。三是儒家礼教排斥异端。佛教增多一个僧徒,即朝廷损失一个丁男的赋役,凡是多少有一些政治头脑的帝王和一般士大夫,总要感到佛教是侵夺人口的无底巨壑,还有一种威胁,即佛教从思想上俘虏中国人作佛奴,生活、礼仪、思想完全与天竺佛徒同化,甚至自称为佛子释种,不认自己是中国人。寺院有自己的法律(僧律),有自己的武装(僧兵),有自己的统治者与被统治者,不受国家律令的约束,一个寺院等于一个独立或半独立的佛国或佛刹(土)。佛国愈多,对当时政治统一的威胁愈大。朝廷废除佛教,拆毁寺院,是有理由的,佛教徒进行各种方式的敌对活动,总是突破朝廷的一切措施,求得自己发达的机会,以所谓空寂无诤为教义的佛教,反抗朝廷的斗争是很坚决的,因为僧徒要保持寄生动物的生活,必然全力护卫自己的佛国。

佛道两教,向来佛教居首位。唐太宗自称是老子李耳的后裔,637年(贞观十一年)下敕规定道先佛后,佛徒大不满意,纷纷到阙下上表反对道士位在僧尼之上。唐太宗使人宣旨说,法令久已施行,不伏者当受杖责。老年僧徒怕受杖,相顾退避。一个壮年僧徒智实声言不伏此理,结果挨了一顿棒,习惯于寄生生活的僧徒,一顿棒就活不成,这个智实因此病死了。唐朝廷要尊祖,先道后佛,本无不可,佛徒法琳面对唐太宗说,"陛下之李出鲜卑拓跋达阇,与陇西之李无关",劝唐太宗自认是阴山贵种的子孙,不要承认老聃的李姓,因老聃是牧母所生。这是多么卑劣的思想,僧徒都无耻地自以为是释迦贵种,不能屈居道后,誓死要力争首位,这是甘心做天竺僧奴仆的心理,给奴仆吃一顿棒是应该的。唐高祖时,太史令傅奕上书主张减少寺塔,废僧尼,指出佛教流弊十一条。佛徒法琳作《破邪论》《辩正论》,狂骂傅奕,为佛教辩护,呶呶不休,表现的态度,不是一般的奴仆而是盛气凌人的豪奴恶仆,以法琳为代表的僧徒,中国人的气味已经消失得不留丝毫了。唐太宗对待这个豪奴恶仆很合理,敕法琳说,"你著的《辩正论·信毁交报篇》里说,有念观音者,刀不能伤,现在给你七天去念观音,到期试刀,看是否不伤。"法琳的两论都是用大量谣言谎话构成的虚头把戏,最怕的是实验,这一下真难倒了法琳,他在狱中迫切哀求佛菩萨显灵保佑,当然哀求不出什么来。七日期满,法琳苦思救命之计,忽然想得一计,当敕使来问,"刑期已到,你念观音有灵否?"法琳答,"七日以来,我不念观音,只念陛下。"唐太宗使人问,"诏书令你念观音,为什么不念,却说只念陛下。"法琳答,"陛下功德巍巍,照经典说,陛下就是观音,所以只念陛下。"法琳说了一大套谄谀奉迎的话,豪奴的骄气黯然消失。唐太宗免法琳死罪,流放到远州僧寺,法琳在路上病死。佛奴仗佛势,令他拿出佛的实据来,所有奴仆的虚骄气,自然不打自消。对付佛教以及对付一切宗教的最好方法,就是不听空言,要求实据。

　　凡是天竺传来的宗派,都自以为圣法如此,丝毫不容变通,属于本宗派的中国僧徒,也盲目顺从,甘心作天竺僧徒的奴仆,大僧如玄奘、义净等人,都不免有奴仆相,更不用说其他僧徒了。陈、隋间中国佛徒成立半自立的宗派:天台与华严两宗,都标榜圆教,斥其他宗派为偏教。这两个所谓圆教,一方面企图调和佛教各宗派,另方面也企图与中国的反对派别谋调和,天台宗与道教接近,华严宗与儒学接近,两个所谓圆教的产生,自然是道儒与佛教长期斗争的结果。天台宗有修习止观坐禅除病法,与道教相似。智𫖮《修习止观坐禅法要杂说》:"脐下一寸名忧陀那,此云丹田,若能止心守此不散,经久即多有所治。"又说,"用六种气治病者,即是观能治病。何等六种气?一吹;二呼;三嘻;四呵;五嘘;六呬。颂曰:心配属呵肾属吹,脾呼肺呬圣皆知,肝藏热来嘘字至,三焦垂处但言嘻。"又说"十二种息(呼吸)能治众患,一上息;二下息;三满息;四焦息;五增长息;六灭坏息;七暖息;八冷息;九冲息;十持息;十一和息;十二补息"。守丹田属于止,六气十二息属于观,归根不外止观二法。天台宗也谈不死之药,湛然《止观辅行传弘决杂录》说,"太阳之草名曰黄精,食可长生;太阴之精名曰钩吻,入口则死。金丹者圆法也,初发心时成佛大仙,准龙树法飞金为丹,故曰金丹"。道士炼丹,佛徒也谈炼丹,佛徒坐禅调息,道士也谈静坐炼气,在这些方面佛道圆通了。

儒家礼教向来是统治阶级维持政权的基本工具,任何佞佛的帝王,礼法刑政总得依据儒家,凡明经进士两科出身的官吏,多半算是儒家中人,他们谋富贵的主要途径——仕途,不愁僧徒来夺取,因之儒佛间的冲突比佛道两教间要和缓些。不过,儒佛双方在意识形态上,存在着根本的矛盾,特别是对父母的关系有极大距离。儒家认为孝是"至德要道,百行之首";是"德之本也,教之所由生也"。"孝始于事亲,中于事君,终于立身"(《孝经》)。儒家谈孝道,深入人心,谁敢倡异议,必然要受到谴责。佛教却别有说法,佛书说,"识体(灵魂)轮回,六趣(地狱、饿鬼、畜生、阿修罗、人间、天上)无非父母,生死变易,三界(一欲界——上为六欲天,中为人世,下为地狱。二色界——在六欲天之上的天。三无色界——在色界之上的天,守五戒的人转生人间,行十善的人死后生天上为天人)孰辨怨亲"。又说,"无明覆慧眼,来往生死中,往来多所作,更互为父子,怨(仇人)数为知识(朋友),知识数为怨。是以沙门均庶类于天属,等禽气(一切动物)于己亲,行普正之心,等普亲之意"。照这种怪说,禽兽虫蚁可能是自己的七世父母,现在的父母,可能来世是自己的子孙,佛教的怪谬思想,儒家和受儒学影响的人是绝对不能容忍的。佛徒自知弱点所在,不得不向儒家让步。强调《智度论》所说,净饭王死,佛亲自执绳床一脚,舁尸体到火葬场,表示一切众生应该报生养之恩。法琳《辩正论》对道教怒目狂骂,对儒家也多有微辞,独表扬释迦舁父尸是孝子,说"孝敬表仪,兹亦备矣",

唯恐受不孝的责备。唐后期华严宗兼禅宗僧人宗密作《佛说盂兰盆经疏》，序里说"始于混沌，塞乎天地，通人神，贯贵贱，儒释皆宗之，其唯孝道矣"。这些话虽出于佛徒之口，可以说与儒生无甚区别。不过佛徒行孝的方法与儒不同。宗密说，"应孝子之恳诚，救二亲之苦厄，酬昊天恩德，其唯盂兰盆之教焉。"归根还是荒唐的因果报应。宗密作《华严原人论》，承认释迦、孔、老都是至圣，与法琳说释迦是大圣，孔、老是小圣，说法也不同。佛徒不敢用天竺怪说反对孝道，儒生才有调和的借口。柳宗元《送僧浚归淮南序》说，"金仙氏(佛)之道盖本于孝敬而后积以众德，归于空无。"又《送如海弟子浩初序》说，"浮图诚有不可斥者，往往与《易》《论语》合……不与孔子异道"。又说，"吾之所取者与《易》《论语》合。……退之(韩愈)所罪者其迹也。曰髡而缁，无夫妇父子，不为耕农蚕桑，若是，虽吾亦不乐也。"又《送文畅序》说，"上人之往也，将统合儒释。"又《送元暠序》说，"释之书有大报恩七篇，咸言由孝而极其业，世之荡诞慢弛者，虽为其道而好违其书，于元暠师吾见其不违且与儒合也。"柳宗元主张调和儒释，调和的根据是孝敬和与《易》《论语》合。与儒合的佛徒不是那些照天竺原样搬来的各宗派而是中国化的佛教。

　　朝廷反佛的力量，表面上打击力很重，但接着便是佛教更大的发达。三通得出这个经验，在《中说》里说，"程元曰，三教何如？子曰，政恶多门久矣。曰，废之何如？子曰，非尔所及也。真君(北魏太武帝)、建德(北周武帝)之事，适足推波助澜，纵风止燎耳。"反佛以后，反而佛教大盛，这是什么原因呢？首先因为佛教兴盛的社会基础，即阶级压迫并没有什么改变，而统治者之间又充满着矛盾和斗争。隋文帝给智颚诏书里说，"往者周武毁弃佛法，朕曾发心立愿，必许护持。及受命于天，遂即兴复。"一个皇帝反佛，另一个谋篡夺的野心家，对佛许下弥天大愿，求佛保佑。又灭佛的皇帝，一般是不久即死,因为灭佛多信道,信道必吃长生药,吃药必死,野心家得以减少篡夺的阻力。及篡夺成功,以为佛真有灵,不吝重价还愿,反佛以后,佛教大兴,原因在此。

拥护佛教的力量比反对佛教的力量大,封建时代要消除这个蠹国殃民的宗教几乎是不可能的。北周武帝灭佛就是一个例证。周武帝灭北齐,召集齐境大僧五百余人到宫中,宣布废佛教,令僧徒还俗,并允许僧众辩论。一个名叫慧远的僧徒,与周武帝往返辩驳,最后理屈辞穷,拿出所谓阿鼻地狱这个法宝来恐吓论敌。周武帝灭佛坚决,回答说,"只要百姓得乐,我也愿意受地狱之苦。"僧徒的法宝失效,只好俯首服从法令。又一个僧徒任道琳上表要求辩论,周武帝召到御座前,令任道琳尽量提出兴佛教的理由,周武帝一一据理驳回。任道琳理屈,愿同义学僧(有学问的僧人)十人入通道观学道教。佛教是统治者的一种工具,当统治者根据当时需要,觉得放弃这种工具更为有利时,便失去骗人的力量。阿鼻地狱这个吓人法宝,有理智的人听来无非是一种玩笑,根本不值一听,在僧徒听到法宝失效,却似天崩地拆,真是一切皆空了,还有什么别的可说。佛教的道理与地狱都被周武帝驳倒,因此佛教徒都觉得佛经所说佛死后一千五百年佛法将灭的预言得到证明,末日已到,大部分僧徒遵令还俗,也有个别僧徒为佛教办后事。例如三阶教的创立,及刻石板经,都是佛教作灭亡的准备。原来早在北魏孝文帝时期,魏国政治已趋向衰朽,社会腐败势力(佛教是其中之一)愈益上升,最后招致大乱以至亡国。北齐政权主要依靠内徙鲜卑的支持,基础薄弱,尤其需要佛教的助力。北魏孝文帝以后,朝廷及鲜卑贵族,一向求助于佛教,任其无限制地发达起来。北齐更大力推行佛教,僧徒增至二三百万人,北齐因此亡国(当然还有其他亡国原因,崇佛却是主要原因)。智𫖮给晋王杨广书里说,"从前北齐某帝,见负炭兵形容憔悴,悯其辛苦,放令出家,惟一人愿去。齐主叹曰,人皆有妻子之爱,谁肯孤房独宿,瞪视四壁,自弃在山林。"
这是富贵人的说法,事实上贫贱人出家,仍受寺院上层僧徒的统
治。这种统治是来自天竺奴隶制的,非常惨酷。只要看普通僧徒
生病,寺院不给予治疗,却给饮龙汤,促使速死,寺院的残酷可见一
斑。三阶教经书里说,"我教法中,恶法渐兴,实非沙门,自称沙门,
破戒比丘,处处充满,为利养故,不修道德,身被法服,经理俗务,市
肆贩卖,涉路往来,或复营农,贮积粲籴,或复商贾求利,或作种种
工巧之业。托附俗官,为动弦管,并共棋博,或行媒媾,令彼欢喜。
或假他势力,侵削道俗,所得财物,分与俗官。"这里说的种种谋利
之事,经营农工商各业,被剥削被奴役的对象,首先自然是寺院内
下层的普通僧徒。当时天竺奴隶制式样的寺院剥削比鲜卑更凶
残,所以负炭兵宁愿辛苦憔悴,不愿出家作僧徒,什么孤房独宿,瞪
视四壁,下层僧徒所受痛苦,何尝只是这些。佛教内部极端腐朽,
早已是打倒的对象,北魏流行的假经如《小法灭尽经》、《佛说法灭
尽经》、《五浊恶世经》,都是宣布佛教罪恶,末日已到的流行书籍。
外部又有儒与道教的攻击,周武帝灭佛收效极速,因为他代表着社
会的反佛趋势。但是,周武帝死后佛教又大发达起来。剥削阶级
需要宗教,佛教尤其适合剥削者的爱好,因此,灭佛以后必有各种
护法者出现,让佛教再兴。不消灭社会的剥削制度,佛教和其他宗
教只能暂时受挫,要它们根本消灭是不可能的。

　　三阶教创始人名叫信行,在周武帝灭佛后,采取佛经中最野蛮
最欺诈的部分,摘录成一本书名叫《三阶集录》,书凡二十六卷,又
采录《三阶佛法》四卷。所谓三阶,就是分人为贤、愚、中庸三等
(阶),用普通佛法教化他们。这叫做"只合行普,不合行别"(别是
各宗派各有所尊奉)。三阶教徒以苦行忍辱为宗旨,每天只吃一顿
乞求来的饭,吃寺院的饭算是不合法。在路上行走,见人不论男女
一概礼拜,竭力提倡布施,《决罪福经》说,"大福皆用货财,乃得成

耳。夫布施者,今现在世有十倍报,后世受时有亿倍报,不可计数。我常但说万倍报者,略少说耳。恐人不信,少说。"《示所犯者瑜伽法镜经》说"成佛皆因旷劫行檀布施,济救穷贫困厄众生,十方诸佛亦从布施而得成佛"。三阶教徒以身作则,死后置尸体在尸陀林(弃尸体的荒林),供鸟兽食,叫做以身布施,求无上道。愚人惊异,以为信行得了什么道,相率信奉三阶教。隋初,仆射高颎邀请信行到京都,聚徒众愈多,立五个寺来容纳徒众。三阶教创立无尽藏,积聚钱帛,分为三份,一份供天下修缮寺塔之用,一份施给天下一切老病贫穷悲田(穷人)乞人,一份供自由使用。三阶教反对净土宗提倡的念佛三昧,主张不念阿弥陀佛,只念地藏菩萨。又不许人寺,不许吃僧食,说一切佛像是泥龛,不须恭敬,一切众生是真佛,所以要恭敬。北方通行净土宗,贵族官吏刻剥民财,盛造佛寺,上层僧徒享受极其优厚,三阶教主张一切出家人,悉行少欲知足之行,俱不供养舍利,不礼塔庙,连一拜舍利塔庙也不许。

　　劳动群众一方面不免受佛教诱骗,但主要的是仇恨佛教。五一五年,北魏冀州沙门法庆聚众起兵,专毁寺庙,斩僧尼,法庆利用民愤来发动战事,足见佛教早为广大民众所唾弃。三阶教的一些主张,是想在民愤大爆发以前和以后,有所和缓和补救。无尽藏积聚钱物,准备补修被拆毁的寺庙。劳苦群众是铲除社会上一切秽恶的实在力量,三阶教人说一切众生是真佛身,合安在好妙处,自身(僧徒)既在好房舍,佛(众生)在下恶处,岂成平等?这是三阶教人说些空话来欺骗劳苦群众。净土宗盛修佛像,三阶教说是泥龛。佛徒自称应该享受,理由是佛犹如国王,僧犹如王子堪受国王的福荫,堪受如来的荫庇。又佛犹如父母,念佛人犹如儿女合得父母饭食衣服床榻卧具,这无非是僧徒给自己作无耻的辩护。三阶教看出僧徒必有一天受到惩罚,为逃避惩罚,因此说不得坐僧床,不得吃僧食,借以自别于一般僧徒。佛徒称说现在住持好处所,来生得生好国土,得证菩提,所以僧应该住持寺,也应该入寺舍好处。三阶教说僧徒不该住寺,甚至不许入寺。三阶教说菩萨不亲近国王王子大臣官长,这也是矫一般佛徒奔走权门借势害民的弊病。总之,三阶教的教义,在佛教看来是反常,是异端。这种异端能够产生并盛行,说明有些佛徒自知恶贯满盈,不可避免地要被消灭。

隋文帝大兴佛教,当然不能容忍这种专办后事的教派,开皇二十年,下令禁止。可是,佛徒不敢相信本教可以久存,还是尊信三阶教,分本寺房屋,让三阶教徒居住。唐高祖唐太宗都崇道抑佛,愚顽的智实受杖,法琳在狱中念观音不灵,佛徒愈觉末日不远。一个佛徒说,自从周武灭法,佛菩萨都回到西方去了,就是说佛菩萨都骗不了人了。迷信的人为了护法,尽量布施,无尽藏接受钱帛金玉,数量多到无法计算。施舍人往往车载钱帛,交给无尽藏僧人,不告姓名而去。武则天兴佛教,屡次禁止三阶教,没收无尽藏钱帛。唐玄宗开元元年,下令灭三阶教,所有钱帛分给京城诸寺。开元十三年,令诸寺收回分给三阶教的房屋,众僧不得别住,《三阶集录》不得编入佛书目录,如纲维(寺主等掌权人)放任三阶教徒私自传教诱人,发觉后勒令纲维还俗。尽管唐玄宗再三严禁,三阶教还是互相勾结,朋援繁多,在佛教极盛的唐朝,佛徒做贼心虚,总感觉末日的将到。这种对佛教施加压力的来源,可以说是汉族传统文化通过儒家学派的复兴,渐次夺回精神界被天竺文化占去的阵地。

佛教办的另一件后事,是隋炀帝大业年间,僧徒静琬在房山的石经山开始刻石板经,藏石窟中,准备佛法完全消灭后,依靠这些石板保存佛教。静琬前后刻经三十年,石板藏满七窟。他死后,他的弟子们相继刻石。辽、金、元、明各代,还有人当作修功德,继续补刻。窟中所藏和埋在地下的石板共有八千块以上。隋文帝大兴佛教以后,静琬还不敢有佛教不灭的信心,加紧刻石以备法灭,可见鲜卑统治结束,外来宗教失去依恃,周武帝灭佛,声称"朕非五胡,心无敬事,既非正教,所以废之"。对佛教无异宣布死刑。法琳要唐太宗自认是鲜卑人,也是企图胡人事胡神,而这一企图恰恰犯了唐太宗的忌讳。汉人建立的朝廷,必须承认儒学是正教,要维持封建统治,从经验里也证明儒比佛、道是较好的工具。儒学有两个要点,一是辨别华夷,二是强调忠孝。这两点,佛教在答辩上想说出理由是极困难的。封建统治者在国为君,在家为父,臣子服从君父,是维持封建秩序的根本所在。儒家学派坚执这两点,所以任何佞佛的帝王,例如梁武帝,也不能彻底废儒。形式上儒的地位比佛道低,实际是相反,儒拥有较大的潜在力。

佛教各宗派,都偏奉一经以立法门,如天台宗奉《法华经》,华严宗奉《华严经》。佛经出发点无非是苦空二字,所说不能不是一偏之见。宗派的成立,表示执持偏见,顽固不化。各宗派的大师,都想解释所尊奉的经典,求其通达。原来佛经以文辞琐碎烦杂、义旨暗昧难明为其特征,中国僧徒继承两汉今文经学的章句之学,解释佛经,愈讲愈难通,愈难通愈讲,恶性循环,经疏愈积愈臃肿,学徒愈学愈迷惑。义净《南海寄归内法传》有一段话,说佛学流弊,他说,"讲说撰录之家,遂乃章钞繁杂……上流之伍,苍髭乃成,中下之徒,白首宁就。律本自然落漠,读疏遂至终身,师弟相承,用为成则。论章段则科而更科,述结罪则句而还句。……又凡是制作之家,意在令人易解,岂得故为密语,而更作解嘲"。义净所说隋唐佛学,很像两汉今文经学。两汉今文章句之学,流弊也是极其烦琐,"幼童而守一艺,白首而后能言",结果是"通人恶烦,羞学章句"。尽管朝廷在上提倡,今文经学总不免趋于衰亡。魏晋玄学兴起,攻击儒经,两汉四百年作为利禄之途的大量章句,一字不留地消灭了。任何一种学术,如果出现烦琐的解释,说明这种学术已无新的境界可辟,随之而来的只能是衰落或灭亡。隋唐佛徒作了大量烦琐的义疏,表示佛学达到极盛的境界,同时也表示接近衰亡。代烦琐学派而兴起的总是简易的学派,禅宗就是佛教里比较简易的学派。特别是禅宗南宗,尤为简易,离开文句,抛弃经典,也能一旦贯通,得大师称号。恪守佛教烦苛的戒律,死抱白首宁就的义疏的僧徒,苦于前途渺茫,忽见禅宗南宗,正如魏晋某些士人放弃章句改谈玄学一样,从烦琐的戒律和义疏中解脱出来,自觉境界一新,精神得到自由。所以禅宗南宗一出,佛教各宗派为之风靡,许多僧徒愿意接近南宗以求精神界的出路。

　　魏晋玄学谈无,佛教大乘谈空,无与空是可以合流的。玄学是唯心主义哲学,佛教是发展得更高度的唯心主义哲学,当然又可以合流。玄学家发挥庄周的消极厌世思想,与佛教苦空完全一致。魏晋玄学家以旷达放荡纯任自然为风尚,蔑视礼法,这和禅宗都是统治阶级里面的放荡派。玄学家是高级士族,社会地位稳固,敢于肆无忌惮。禅宗僧徒没有这样的地位,必须依靠佛教的名义才能实行放荡,所以,禅宗是披天竺式袈裟的魏晋玄学,释迦其表,老庄(主要是庄周的思想)其实。禅宗思想,是魏晋玄学的再现,至少是受玄学的甚深影响。玄学与禅宗在思想上都是反动的,但玄学冲击儒家的奴仆礼法之士,禅宗冲击天竺佛教奴仆各宗派的死守者,在这个意义上,它们又都起着一些积极的作用,值得赞扬。佛教认为人在前生都是有大小不等的罪过,这实际是性恶论,和儒家正统派说人皆可以为尧舜的性善论正相矛盾,禅宗南宗改为性善论,以为狗子也有佛性,人人可以成佛,在人性的基本问题上与儒家一致了。按照轮回说,佛教认为当前的禽兽虫蚁,前生可能是自己的父母,当前的父母,后生可能是自己的子孙,所以孝父母是无意义的事。与儒家以孝悌为人之本的伦理学说如水火之不能相容。自从佛徒制造出不少讲孝的佛经,强调孝是成佛的根本,而且实行三年之丧,在唐朝,儒佛对孝的分歧,至少形式上得到一致。禅宗南宗废弃天竺传来的戒律和经典,更增加了儒佛求得一致的可能。中

国封建时代的士大夫,思想来源不外道儒两家的学说,既然道家
(不是道教)、儒家与佛教(主要是禅宗南宗)思想上基本取得一致,
那末,经过改造(宣传孝道)的佛教特别是禅宗南宗成为适合中国
士大夫口味的佛教,也就不容置疑了。攻佛最坚决的韩愈,在潮州
(广东潮安县)与大颠禅师往来,认为"颇聪明识道理"。所谓道理,
当然是儒家的道理,佛徒谈儒道,自然是颇为聪明。这些,正好说
明禅宗南宗是适合中国士大夫口味的佛教。唐朝佛教中国化,即
佛教玄学化,这是化的第一步。禅宗僧徒所作语录,除去佛徒必须
的门面话,思想与儒学几乎少有区别(特别是两宋禅僧如此),佛教
儒学化,是化的第二步。禅宗兴而其他各宗派都基本上消灭。禅
宗获胜的原因,主要是自立宗旨,不依傍他人,放弃天竺佛教传来
的奴仆面目,装上中国士大夫常见的普通相貌。这样,外来宗教在
中国封建社会里,得到统治阶级的容纳,作为统治的辅助工具之
一,与儒、道并存。

　　禅,梵语禅那,意为坐禅或静虑。僧徒一般都得坐禅,天台宗
所倡的止观,也就是禅的一种。自从鸠摩罗什译出《禅法要解》等
书,禅学始成专业。罗什弟子竺道生,用玄学解释佛理,已含有唐
朝禅宗思想的要旨。佛教在南朝重义学(讲义理),在北朝重禅学
(坐禅),因之,禅宗得在北方建立起基础来。

　　南天竺人菩提达磨,自称是天竺禅宗的第二十八祖,梁武帝
时,从海道来到中国。达磨不合南朝重义学的学风,转到北方传播
他的禅学。达磨的禅学是"直指人心,见性成佛,不立文字"。所谓
见性成佛,意思是觉悟到自心本来清净,原无烦恼,无漏智性,本自
具足,此心即佛,毕竟无异,如此修证,是最上乘禅。达磨教人首先
是安心,安心的方法是修壁观,要人心安静像墙壁那样坚定不移。
其次是发行,即一、报冤行(逢苦不忧),二、随缘行(得乐不喜),三、
无所求行(有求皆苦,无求即乐),四、称法行(法指空无之理,称法

而行,即无心而行)。达磨说法虽说离言说相,离文字相,但仍以
《楞伽经》为依据,所谓安心发行,都是逐步深入的修行法,所以达
磨所传的法,实际就是渐修法。《楞伽师资记》说达磨所说有《达磨
论》一卷,又有《释楞伽经要义》一卷,亦名《达磨论》。达磨和天竺
其他僧徒一样,跑到中国来,企图成立他的楞伽宗。他故意做出一
套神秘的姿态,自称他的禅学是教外别传,从释迦牟尼起,历代师
弟以心传心,不立语言文字,到他已经二十八代了。他带了一件棉
布袈裟来,说是历代传法的凭证。这些都是无从查考的妄说,不少
奴仆却被他俘获了。其中有一个"博通群书,尤善老庄",名叫慧可
的僧徒,达磨认为堪充法嗣,要他表示为法舍身命的决心。慧可自
己斩断一臂以表诚恳(一说被盗斩去一臂,这个盗可能是争夺法嗣
的同学),达磨才把那件袈裟付给慧可。如果真有这件事,可见禅
宗开始时,也带有天竺秘密传授的邪气。到了第三传僧粲(隋时
人),作《信心铭》一篇,含有明显的玄学思想,它的总结是"至道无
难,唯嫌简择",与庄子《齐物论》的说法相通。禅学与玄学进一步
地结合起来了。第五传弘忍,住黄梅县(湖北黄梅县)双峰山,门徒
多至千人以上。据说,他的本领是"缄口于是非之场,融心于色空
之境",这和庄周思想更接近了。弘忍门徒中,神秀早为上座并为
教授师,一日,弘忍宣称要选择法嗣,令门人各书所见,写成一个
偈,让弘忍挑选。门人都推崇神秀,不敢作偈。神秀夜间在壁上写
了一个偈:"身是菩提树,心如明镜台,时时勤拂拭,莫使有尘埃。"
弘忍见偈,唤神秀来,说你作此偈,只到门前,还未入门。你回去思
考,再作一个来,如入得门,我付法衣给你。神秀回房苦思数日,作
不得新偈。一个舂米行者(未剃发,在寺服役的人)慧能,不识文
字,请人代写一个偈,说:"菩提本无树,明镜亦无台,佛性常清静,
何处有尘埃?"又作一偈说:"心是菩提树,身为明镜台,明镜本清
静,何处染尘埃?"从空无的观点看来,慧能的空无观比神秀较为彻

底,因此,弘忍选定慧能为嗣法人,秘密给他讲《金刚般若经》,教他带着袈裟急速逃回新州(广东新兴县)原籍。一件袈裟从神秀手边突然失去,当然不肯忍让。从此,禅宗分南北两宗,慧能在岭南传顿教,被称为南宗,神秀在北方传渐教,被称为北宗。南北两宗都自称禅的正宗,因慧能传得袈裟,徒众又盛,门徒之一的神会,冒险到北方争夺正宗地位,最后南宗的正宗地位得到公认。实际上渐教是禅宗的正宗,达磨以下五代,都不曾提顿悟得法之说,神秀所写那个偈,弘忍本已承认它的嗣法资格,不料突然出现慧能两偈,比神秀说得深切,弘忍临时改选慧能为法嗣,授与传法袈裟,并给他秘密讲授《金刚般若经》。禅宗顿教,慧能是创始人。他的始祖实际是庄周,达磨不算是始祖。达磨依据的是《楞伽经》,弘忍弟子玄赜撰《楞伽入法志》,玄赜弟子净觉撰《楞伽师资记》,推南朝宋时中天竺人求那跋陀罗为第一代,达磨为第二代,弘忍门下神秀、玄赜、慧安三人为第七代,这七代人都奉《楞伽经》作立论的依据,以后排挤北宗出禅宗正统,纯是宗派斗争南宗获胜的结果。南宗所提倡的所谓顿悟,也无非是僧徒故作神奇,借以骗人的一种手法,其实慧能何曾有顿悟,他的父亲卢行瑫,唐初被贬官,流窜到新州为百姓,生慧能后三年死去,母寡居,慧能稍长,卖柴养母。不待言,这种穷苦绝望的生活,使他产生厌弃世间另求出路的想望。他偶在市上听店铺里有人诵《金刚般若经》,慧能问哪里学来此经。诵经人答,弘忍禅师劝人读此经,说即得见性成佛。慧能认为找到出路,在当时普遍崇信佛教的环境里,只要留心,听些佛教教义,是不难的。唐高宗咸亨年间,他听女尼刘氏读《涅槃经》,已能讲解经义,后来又到乐昌县,依附智远禅师,谈论禅理,智远承认他理解非凡,劝到弘忍处求印证去。慧能第一次答弘忍问,表示"唯求作佛",足见他为作佛探索了好多年。在弘忍处作舂米工役,王维《能禅师碑铭》说他听弘忍讲法,默然受教。因为他不识文字,一般人却总以为知识必须从文字书本中求得,感到慧能突然作偈,非顿悟不可,其实慧能早就对刘氏尼说过,"诸佛理论,若取文字,非佛意也。"穷苦生活迫得他求作佛,经过多年听受和思考,揣摩一切皆空的所谓佛意。如果他作偈叫做顿悟的话,那也只能说由渐悟积而成顿,并非无端忽然能作偈。佛教徒专爱造谣骗人,哄然相传,似乎真有所谓见性成佛的顿门,慧能一派徒众也俨然以顿门自负,这就使得人人可以自称为佛,天竺各宗派所虚构的高不可攀的佛,变成举目可见的平常人,这对破坏佛教起着重大的作用。南宗的信仰者,敢于说佛不在外,在我心中,我即是佛。《金刚般若经》说,"凡所有相,皆是虚妄,离一切相,即名诸佛。"南宗人想成佛,尽力扫相,佛即是诸相。

南宗宗旨,不外净心、自悟四字。净心即心绝妄念,不染尘劳,自悟即一切皆空,无有烦恼,能净能悟,顿时成佛。修行方法可谓极简便。又说,只有大智人,最上乘利根人能接受顿法。这些说法,使得怀才自负狂妄骄纵的士人,名利薰心所求不能满足的贪夫,仕途失意满心烦忧和富贵内热需要饮冰的官僚,生活优裕自称隐逸的地主,这些人都愿意借谈禅来医治自己的心病,南宗自慧能以后,迅速发达,徒党众多,压倒一切宗派,就是因为适合这些人的需要。

用成堆成堆的谣言诳话装扮起来的如来佛,要揭穿他的空虚无稽,天竺大乘谈空各宗,都只谈到适可而止,不敢公然说佛无法无,因为佛法皆无,所谓三宝之一的僧只好同归于无,饥寒而死。龙树真(谛)空、俗(谛)有的调和论,正是大乘谈空的代表。在中国,以玄学(庄周思想)为本质的禅宗南宗,谈空的程度远远超越天竺各宗派,彻底破坏了三宝中的佛、法二宝,同时,用我即是佛的说法保护了僧宝的存在。在这一点上,南宗比龙树更巧妙了。南宗创始人慧能不识文字,他不受佛教经论的拘束,采取佛教各经论中合用的句子,摆脱烦琐的旧解释,凭己意作出新解,大大丰富了南宗的话头。例如《坛经》解释四乘说:"见闻读诵是小乘,悟法解义是中乘,依法修行是大乘,万法尽通,万法俱备,一切无杂,且离法相,作无所得,是最上乘。"自然,所谓最上乘是指南宗的禅法。最上乘离一切法相,即心是佛,心外无佛,也就是说我即是佛,一切法相(包括佛在内)都该抛弃。他的继承人更加发扬这种思想,如宣鉴(慧能六世法孙,唐末八六五年死)教门徒不要求佛和祖(达磨等),说:"我这里佛也无,祖也无,达磨是老臊胡,十地菩萨是担屎汉,等妙二觉(等觉妙觉为二觉,即佛)是破戒凡夫,菩提涅槃是系驴橛,十二分教(十二部大经)是鬼神簿,拭疮疣纸,初心十地(菩萨)是守古冢鬼,自救得也无。佛是老胡屎橛。"又说:"仁者莫求佛,佛是大杀人贼,赚多少人入淫魔坑。莫求文殊普贤,是田库奴。可惜一个堂堂丈夫儿,吃他毒药了。"照佛经说,谤佛谤法都要入地狱受大苦,宣鉴看穿地狱佛祖佛经菩萨等等,只是一套骗局,全部佛教都被骂倒,与魏晋间嵇康阮籍骂倒儒学六经同有摧陷廓清的功绩。宣鉴骂拜师学佛人也很透彻,他说:"到处向老秃奴口里,爱他涕唾吃,便道我是入三昧,修蕴积行,长养圣胎,要成佛果。如斯等等,我看似毒箭入心。"又说,"他(大师)是丈夫,我何尝不是,我比谁也不差,为什么整天就他诸方老秃奴口嘴,接涕唾吃了,无惭无愧,苦哉苦哉。"南宗的长处,是把自己看作与佛平等的人,从奴仆地位站立起来。他说,"老胡(释迦)经三大阿僧祇劫,即今何在,活了八十年便死去,与你有什么分别,你们不要发疯受骗。"另一个禅师名叫义玄(慧能六世法孙,八六六年死)也是攻佛的一个勇将。义玄创临济宗,标出彻底反佛的宗旨。他说,"求佛求法,看经看教,皆是造业。你若求佛,即被佛魔摄你,你若求祖,即被祖魔缚你,你若有求皆苦,不如无事。"又说,"欲得如法见解,但莫受人惑,向里向外,逢着便杀,逢佛杀佛,逢祖杀祖,逢罗汉杀罗汉,逢父母杀父母,逢亲眷杀亲眷,始得解脱,不与物拘,透脱自在……夫大善知识始敢毁佛毁祖,是非天下,排斥三藏教。"天然禅师(慧能四世法孙,八二四年死)冬天取木佛像焚烧取暖,说木头该烧。五代时禅僧义存说:"三世诸佛是草里汉,十经五论是系驴橛,八十卷《华严经》是草头,博饭食言语,十二分教是虾蟆口里事。"这些说法,都说明南宗确实看穿了天竺传来的一套骗局,要创造中国式的佛教,即排斥天竺统治阶级理想化的腐朽生活(寄生虫生活),改变为中国统治阶级喜爱的腐朽生活(还是寄生虫生活),这些腐朽生活的集中表现就是佛。天竺的佛被赋予天上天下唯我独尊的至高权力,反映天竺统治阶级的无限贪欲。南宗创造的佛,性质不异于庄周书中所称的真人至人那种人物,反映一部分统治阶级(士大夫)在唐后期衰乱之世避灾祸享厚福的自私思想。希运(慧能五世法孙,八五七年死)提倡无心的禅法,说"但能无心,便是究竟"。他解释无心说,"无心者无一切心也。如如(真理)之体,内如木石,不动不摇,外如虚空,不塞不碍,无能所,无方所,无相貌,无得失。"怀海(慧能四世法孙,八一四年死)讲《大乘八道顿悟法要》说,"放舍身心,全令自在,心如木石,口无所辩,心无所行,心地若空,慧日自现。"南宗教人要无心,但仍强调要有自己的眼睛。怀海说,"须具自眼,莫依他人作眼,须具两只眼,照破两头事,莫只带一只眼,向一边行。要向无佛处,坐大道场自己作佛。"这里说的无心,只是口无所辩,避免是非的一种表现,内心却是并非无心,所谓具两只眼照破两头事,说出观察事物不受片面牵掣的方法。所谓兀兀如愚,如聋如哑,心如木石相似,目的是要人"内无一物,外无所求"(佛也不求,求佛菩提皆属贪欲),做个自由自在的人,也就是这样才算作佛。从谂(慧能五世法孙,八九七年死)答人问,如何是七佛师?答云:"要眠即眠,要起即起。"宣鉴也说,"诸子,莫向别处求觉(求佛),乃至达磨小碧眼胡僧,到此来,也只是教你莫造作,着衣吃饭,厕屎送尿，更无生死可怖，亦无涅槃可得，无菩提可证，只是寻常一个无事人。"义玄主张逢佛杀佛，逢祖杀祖，无非是想杀出一个自由自在的我来。自由自在的我只是一个厕屎送尿，着衣吃饭，困来即卧的无事人，这个无事人当然是不劳而食的剥削者。怀海作诗说，"放出沩山水牯牛，无人坚执鼻绳头，绿杨芳草春风岸，高卧横眠得自由。"又作诗云："幸为福田衣（袈裟）下僧，乾坤赢得一闲人，有缘即住无缘去，一任清风送白云。"这种自由自在纯任自然的舒适生活，与装模作样修苦行欺人的天竺佛教徒面目大异，同样是寄生动物，南宗比起天竺僧徒的虚伪作法，似乎较为率真一些。为了自由自在，有些禅师如慧寂（慧能六世法孙，八九一年死）不持戒，不坐禅；又如惟俨（慧能四世法孙，八三四年死）受戒后，声称"大丈夫当离法自净，岂能屑屑事细行于衣巾中耶！"有些禅师否认整个佛学，如惟俨答李翱问如何是戒定慧，说："贫道这里无此闲家具。"佛学不外戒慧定三部分，惟俨看作都是无用之物，因此，他不许门人看经。门人问他自己为什么看经。他说，"我只图遮眼，若是你们，牛皮也须看透。"李翱为朗州刺史，向惟俨请教益。惟俨用手指上下，问，懂得么？李翱说不懂。惟俨说，"云在青天水在瓶。"李翱欣然礼谢，作诗云，"炼得身形似鹤形，千株松下两函经，我来问道无余说，云在青天水在瓶。"云动水静，一任自然，不必看经行戒，这就是南宗的道。佛教徒死后，按天竺法火葬，并取碎骨称为舍利，南宗禅师自慧能起，多用全身葬法，漆纻涂尸体，安放龛中，此后禅师很多不按天竺法火葬。希运问门人们说，你见虚空曾有骨否？诸佛心同太虚，觅什么骨！从谂临死嘱门人们不可净淘舍利，说身是幻，何来舍利！佛徒说得神奇莫测的宝物，被南宗揭穿，一钱不值了。

南宗破坏天竺僧徒所传的佛教相当彻底，从千百万字的经论到一字轮王咒，从净土到地狱，从佛到饿鬼，从生前修行到死后舍

利,全部骗局都被"一切诸法皆由心造,但学无心,诸缘顿息"这几
句话一吹而散。南宗发挥了高度的主观能动性,与天竺式的佛教
勇敢地进行斗争,一切外在的佛和佛法,全被推倒,贡献是巨大的,
但他斗争的目的,只是要用内在的佛(我)代替外在的佛。我即是
佛的说法被人认可了,立刻成为受人供养礼拜的地主或尊官。这
些我即是佛的佛(得法者或法嗣),都是徒弄口舌的清谈家或攀附
名公卿的帮闲清客,挥麈尾,谈公案,魏晋玄风居然又见于唐后期。

　　为什么魏晋亡国遗风以南宗谈禅的形式重复出现?这是因为
唐后期,政权已被宦官执掌,士大夫间朋党争斗异常激烈,一般士
人看不出自己的前途,南宗给他们指点出似乎很美妙的一个出路,
即成佛或成自由自在的享福人。这和产生魏晋清谈家的社会原因
是类似的。有一个名叫李节的小官僚在《送潭州道林疏言禅师太
原取经诗》序里说:以儒为业的人,总喜欢排斥佛教,这种见解很粗
浅。佛教本是衰乱之世的产物,人生在衰乱之世,找不到任何可乐
的事情,如果没有佛教,精神将何所寄托!议者只知道佛教因衰乱
之世而生,不知衰乱之世需要佛教的解救,尤其不想佛教救世助化
的大作用,却憎恨它雕镂营造的小花费,这是知其然而不知其所以
然的见解。李节说出佛教的鸦片作用,由于他自己是个鸦片瘾者,
所以赞美毒品有救世助化的大作用。南宗的禅法是中国自制的毒
品,在口味上比天竺来的各宗派更适合中国士大夫的要求,因此大
大发达起来。

　　禅宗自称是释迦教外别传的心法,所谓心法,是师弟子间在十
分玄虚难以捉摸的某种动作或言语上相互默契,就算以心印心,师
弟子心心不异,师心是佛心,弟子的心也是佛心了。相传释迦在灵
山会上,拈花示众,众人都不懂得,只有大迦叶破颜微笑,表示会
心,释迦承认佛心传给了大迦叶。这种十分渺茫无稽的说法,成为
禅宗传法的根本规则。南宗自慧能死后,十个大弟子分头传教,求

作佛的人有很大的增加,求作佛的方法,也愈益离奇。谈公案就是重要的一种方法。公案都是含意隐晦,无人能确实懂得的事情或话头,如果弟子思索得一个公案的答案,说给师听,得师同意(称为印可),那就表示得道了。一个著名禅师门下常有弟子五百人乃至一千人以上,这些人从禅师口里取得成佛的印可。因此禅门师弟子间互斗心机(机锋)异常尖锐,弟子提出谜语式的问题,师不能理解,便输给弟子,所佩"最上乘离文字之心印"不得不让出。禅师当然不肯轻易印可,故意做出怪动作或怪话头,使弟子不能理解甘认失败,这些动作和话头成为新的公案,流传在丛林(禅寺)间,愈积愈多,禅学转化为公案学,黄檗禅师希运说,"既是丈夫汉,应看个公案。"禅宗不主张读佛经,看公案意思就是读禅经,公案中谈得最热闹的一个问题是"如何是祖师(达磨)西来意?"见于记录的答案多至二百三十余则。这些答案是各式各样的。例如有僧问慧能的法孙道一,说:"请师(道一)直指某甲(达磨)西来意。"道一答,"今天我疲倦了,不能对你说,你去问智藏罢。"僧问智藏。智藏说,"为什么不问和尚(道一)?"僧说,"和尚教来问你。"智藏答,"我今天头痛,不能对你说,你问海兄(怀海)去。"僧问海兄。海兄说,"我不会这个。"僧回到道一那里说明情由。道一说:"藏头白,海头黑。"又如一个名叫龙牙的僧人问翠微:"如何是祖师西来意?"翠微答,"给我拿过禅板来。"龙牙拿禅板给他,他接过便打。龙牙问,"打尽管打,究竟什么是西来意?"龙牙又问义玄,义玄说,"给我拿过蒲团来。"龙牙拿蒲团给他,他接着便打。龙牙说,"打尽管打,究竟什么是西来意?"又有一僧举同一问题问九峰,九峰答,"一寸龟毛重九斤。"又有一僧问从谂:"如何是祖师西来意?"从谂答:"板齿生毛。"这个所谓西来意的问题,根本是毫无意义的问题,谁要是作正面答复,谁就说死话,不配作禅师。所以这些怪诞的答案,禅宗中人却以为是合理的答案。还有一些问题,禅师无法作答,只能说些怪话来逃避。如某僧问从谂,"万法归一,一归何处?"从谂答:"我在青州作一领布衫重七斤。"有僧问省念和尚,"如何是佛心?"答,"镇州萝卜重三斤。"禅学是斗机锋的一种技术,慧能所作《坛经》,列举三十六对,教人"出语尽双,皆取对法,来去相因,究竟二法尽除,更无去处",意思是说话要超出两边,避免落在一边。佛所说诸法,也不过是一边之谈,禅家既不肯着边,那只能设想有"大道不称,大辩不言"的境界,这种境界不可言传,只可意会,禅宗叫做第一义或第一句。凡对第一义有所拟说,就不免有所肯定,也就不免执着一边,这种着边的话头,都叫做粗言,也叫做死语,又叫做戏论之粪。希运说,"佛出世来,执除粪器,蠲除戏论之粪,只教你除却从来学心见心,除得净即不堕戏论,亦云搬粪出。"禅门中人,有时用棒痛打,有时大声吃喝,有时用谜语问答,如果在打喝谜语中忽有领会,说话合师意,便算获得印证,达到顿悟的妙境。归根说来,禅门中人看公案,是要学习如何发问,如何作答,务必说得不着两边使问答双方都毫无所得。无所得即是禅学所追求的悟境。慧海(道一的门人)所作《顿悟入道要门论》说,"求解脱唯有顿悟一门。顿者顿除妄念,悟者悟无所得。"

禅宗自达磨创始,以谈空说无为专业,到六世慧能以后,禅宗大盛,压倒其他宗派,谈空说无的技术更高超了。存在于客观世界的一切事物,都被硬说是虚幻妄见,只有自己的心才是一切的根源。这种十分荒谬反动的思想,禅宗大师一生努力宣扬和传授千百徒众的禅学,不外是这种谬见。因之,禅宗虽然曾起过破坏佛教各宗派的作用,但本身就是谬见的产物,与佛教各宗派同样没有存在的价值。禅宗为求自己的生存,自唐至两宋教义趋于世俗化,僧徒关系俨然家族化,唐末五代出现了不少剃发出家的文士,下至两宋,许多禅僧说话类似儒生。同时,攻击佛教各宗派的勇气自动收起,不设佛像的禅寺,又恢复净土宗式的营造雕刻,陈设佛像及各宗派的菩萨,又采取密宗的某些方术,替人念咒超度,攻佛者不得不改为拥佛者,借以维持佛教的利益。口虽说空,行在有中,禅宗就在这个矛盾中不复能自振,只靠痴愚人的迷信,维持他们的寄生虫生活。

一切皆空的后果,必然否定佛和佛法,在天竺,龙树曾标真(谛)空、俗(谛)有的说法,借以保存佛教。禅宗南宗主张空无尤为激烈,但实际生活却不是证明一切皆空,而是它的反面一切皆有。禅宗普遍表现的行为,可举出几个特例,看出他们争名夺利,奔走钻营,并不比庸俗人看空一些。

(一)争取当大师的儿子(法嗣)。禅宗自达磨起,袈裟只传一人,得衣人即作为传法之子。第四世道信,传衣给弟子弘忍,后来又得一个弟子名叫慧融,道信允许他自立一宗。慧融所立宗称为牛头宗。慧融算是第一祖。弘忍有十个大弟子,以神秀为上首,当传衣时忽得慧能。弘忍秘密付给袈裟后,慧能逃回岭南,隐伏在猎户中多年。猎人以杀生为业,又多在山林中出没,避敌人的追踪,最为得计。日久敌人不再寻找,才敢出头传教。慧能出头传教,也是经过仔细试探,当时广州制旨寺,有一个印宗法师讲经,他拥有僧俗听众三千余人,慧能混在听众中。一日,僧徒辩论幡动的意义,一僧说,幡是无情物(非生物),它因风而动。一僧说,风幡都是无情,如何得动?一僧说,因缘和合,所以动。一僧说,幡不动,风自动耳。慧能大声停止诸人辩论说,"你们说这个动,那个动,都不过是你们自己心动罢了。"印宗法师在屋外偷听,大惊。第二天找到慧能,询知是禅宗的传衣人,即拜慧能为师。慧能得印宗法师等人的拥护,才敢公开宣扬他的南宗宗旨,与神秀的北宗对立。禅宗大师的门下一般总有一千上下的弟子,他们出家从师,都想被选为法嗣。被选中的人自然是一生安富尊荣,受用不尽,有些禅师生为帝师,死有谥号,俨然是一个大官。落选的广大僧徒,却是一生报废,毫无前途。因此,禅门中师弟子间同学间,互斗心机非常激烈,仕途中争夺名位,丑恶无限,禅门丑事,至少与仕途一样多。赵州真际禅师从谂,幼年因穷苦出家当沙弥,从师行脚,到南泉普愿禅师处参拜。普愿在方丈睡眠,见从谂来参拜,问,"你从那里来?"从谂答,"从瑞像院来。"普愿问,"还见瑞像么?"从谂答,"瑞像倒不见,却见卧如来。"普愿被他面谀,喜欢得坐起来,问,"你是有主沙弥,还是无主沙弥?"从谂说,"有主沙弥。""那个是你主?"从谂答,"孟春天气还冷,伏惟和尚尊体起居万福。"意思是说你是我的主。普愿唤管事僧来,教特别待遇这个沙弥。普愿是慧能的法曾孙,是道一的法嗣,地位极高,从谂说几句中听的话,钻入普愿这家高门,后来成为普愿的法子,在禅师中很著名。又如天然禅师,原来是儒生,往长安应试,旅店中遇一禅客。禅客问,"到那里去?"天然答,"选官去。"禅客说,"选官不如选佛。"天然问,"选佛应该到那里去?"禅客说,"如今江西马大师(道一)出世,是选佛的场所,你可即往。"所谓选佛,即被选为法子,当法子比当官不知要好多少倍,天然懂得这个,便前往江西见道一,初见时以手托头额(要求落发),道一看了很久,知道这不是好惹的学生,说,"南岳石头(希迁,也是慧能的法孙)是你的老师,你去罢。"天然到南岳,初见希迁,同样以手托头额,希迁说,"到槽厂去。"天然遵命入行者房,当烧饭工,前后凡三年。有一天,希迁令铲佛殿前草,天然用盆盛水洗头,在希迁面前跪下,希迁会意,便许他剃发。剃罢,给他说戒法,天然掩耳跑走,走到江西再见道一,未曾行参拜礼,便入僧堂内骑僧颈而坐。僧众大惊,奔告道一,道一亲来察看,说"我子天然。"天然立即下地礼拜,说谢师赐法号。天然得到希迁的剃发,道一的赐号,丛林中已有地位,他又出去游方,增高声望。他在慧林寺烧木佛取暖,在洛阳天津桥横卧,挡住留守郑某的车轮,郑某问挡车缘故,答称无事僧。郑某大加赏异,赠送衣粮,天然在东京大得声誉。天然用仕途奔竞的方法来选佛，做出各种怪行，使希迁道一望而生畏，不得不满足他的要求，师弟子间斗心机逞计谋，何曾有些万事皆空的意味。从谂擅利口，天然工心计，禅门大师大抵属于这两类人，忠厚木讷的学徒，被大师看作钝根，决不会有作法嗣的希望。因为禅师都是些工心计的人，还用编家谱的方式来表示自己是某大师的儿子，例如弘忍的弟子玄赜有弟子名净觉，作《楞伽师资记》，以南朝宋时求那跋陀罗为禅宗第一世，达磨为二世，神秀、玄赜、慧安三人为第七世，以普寂、敬贤、义福、惠福四人为第八世。记中又载弘忍临死时嘱咐玄赜的密语，抬高玄赜与神秀并列，净觉又自称受了玄赜的传授。这篇短记充满着僧徒卑污无耻的心理表现。第一，它根本不提传袈裟的慧能，第二，弘忍有十个大弟子，它只提神秀等三人，这三人曾作武则天唐中宗唐睿宗的国师，声势赫赫，被认为第七世，其他七人都被排除，第三，净觉写玄赜，又写自己，表示自己也得道获果，他写《师资记》，目的显然在于争取当玄赜的法子。与北宗神秀一派争禅宗正统地位的南宗，因慧能传得袈裟，自然以正（嫡）嗣自居，指斥北宗为傍支，南北二宗争斗的目的，南是要以正（嫡）灭傍（庶），北是要以庶灭嫡。同俗家妻妾之子争夺财产完全一样。

神秀原是弘忍门下的上座弟子，张说所作《神秀碑铭》里说，"大师（弘忍）叹曰，东山之法，尽在秀矣，命之洗足，引之并坐。"足见慧能传衣以前，神秀已是弘忍的继承人。武则天迎他入宫中，奉为国师，后来唐中宗唐睿宗两个昏君，也奉他为国师。他的弟子普寂，得唐中宗崇敬，王公大臣都来礼拜，普寂利用权势，推神秀为七祖（达磨算二祖），北宗大行于北方。传说北宗俗弟子到岭南做官，曾磨去南宗传法碑文，企图湮没嫡庶的关系。自称为慧能嫡传的神会，冒生命危险，来到洛阳，住荷泽寺，宣扬顿门，排斥渐教，遭北宗仇视，神会三次被谋杀，都得幸免。唐玄宗天宝年间，普寂俗弟子御史卢奕,诬奏神会聚众,形迹可疑。唐玄宗流放神会到弋阳郡(河南潢川),又移武当郡(湖北均县),第二年敕移至襄州(湖北襄阳),又移至荆州(湖北江陵),使神会经常迁移,没有安居传教的机会,这是北宗排斥南宗的阴谋,表示北宗政治上有势力。安禄山陷两京,神会为唐朝廷设戒坛度僧,收香水钱助军费。唐肃宗以为有功,召入宫中供养,又为造禅宇于荷泽寺中,神会得朝廷的助力,顿门大盛,北宗从此衰落不振。唐德宗立神会为禅宗第七祖,一场正傍争斗,到此才告结束。

(二)争夺袈裟,无异强盗谋财害命。达磨一件木棉布袈裟,把禅宗的真面目暴露得非常可憎。禅宗"烦恼即菩提,无二无别"的著名公式,改作"禅师即强盗,无二无别",是很合实际的。弘忍秘密授衣给慧能,三天后才宣告佛法已向南去了。当时就有军官出家的惠明星夜追赶,在大庾岭上追及慧能。慧能献出所传衣钵。惠明是普通僧人,自知地位还不合取得这些法物,告诉慧能说,"我不是为衣钵,我是想知道和尚(弘忍)传授的密言。"慧能如实转告,惠明满意,教慧能急去急去,后面大有人来追逐。第二天,果有数百人赶到岭上。惠明说,"我先在此,不见那人来,询问岭南来的人,也不见那人。想来还没有到此。"诸人被骗,回原路细查,慧能才得逃归岭南,隐在山林中避难凡十六年。指使数百人追赶的人自然是有得衣资格的神秀等大弟子。武则天拜神秀为国师,神秀推荐慧能,武则天派专使往迎慧能,慧能知道有危险,托病不去。武则天开口要传法袈裟,慧能只好献出。武则天将袈裟转给智诜禅师(弘忍十弟子之一),另送给慧能袈裟一件及绢五百匹,作为报酬。慧能换得袈裟以后,仍旧当作达磨袈裟,表示正统所在。智诜得袈裟,怕被劫杀,也是深藏若虚,临死才秘密传授给继承人。慧能依照弘忍旧例,允许弟子十人各自立门户,收徒传教,但停止传衣,对弟子们说,"我为了保存这件袈裟,三次有刺客来取吾命,吾命如悬丝,恐后代受衣人因此短命,不传此衣,汝等依然能弘盛我法。"慧能死后,尸体全身胶漆,并用铁裹头颈,开元末年,有刺客来取头,刀斩数下,寺僧闻铁声惊觉,刺客扮孝子形状奔逃出寺。当时神会在洛阳,攻击北宗,北宗怨恨,派刺客去取慧能头颅。南北两宗只是在成佛的方法上说有顿渐之别,成佛的最初步戒律是不杀不偷,以教人作佛的禅师却是杀偷兼备,甚至要杀死人的头。不管禅宗大师们口头上说得多么空,多么净,在争夺名利时,终究是禅师即强盗,无二无别。

(三)戒律荡然,从新收拾。禅宗所想做的佛,实际是自由自在,无拘无束,无忧无虑,享受闲福的单身地主。他们主张不持戒不坐禅,如道一在怀让门下,专事坐禅。有一天怀让取砖在寺前磨。道一问,"作什么?"怀让答,"磨作镜。"道一说,"磨砖岂能成镜。"怀让答,"磨砖既不成镜,坐禅岂能成佛。"怀让是慧能门下大弟子之一,道一原是北宗僧人,后来弃北投南。他坐禅是北宗的修行法,南宗必须打破这种修行法。《曹溪大师别传》记潭州瑝禅师问大荣禅师,"和尚(慧能)有何法教你?"大荣答,"和尚教我不定不乱,不坐不禅,是如来禅。"瑝禅师叹道,"我三十年来空坐坐而已!"足见自慧能起,南宗与北宗相反,教人不坐禅。希迁给天然剃发讲戒律,天然掩耳跑走,足见佛教戒律对南宗某些僧人已丧失拘束作用。天然说,"岂有佛可成,佛之一字,永不喜闻。"他连成佛都不信,当然不肯守戒律。南宗谈空的结果,僧徒不守戒律是很自然的。与天然同辈的怀海,采录大小乘戒律,别创禅律,号称《百丈(怀海居百丈山)清规》。以前禅僧多借律寺别院居住,怀海令僧徒不论地位高下,一律入僧堂。堂中设长连床,鼓励坐禅,免得游手好闲,出去作坏事。堂中设长架,僧徒所有道具(用具),都卷在长架上,免得私蓄财物。睡眠必须斜枕床边,称为带刀睡,又称带弓(人作弓形)斜卧。理由是说坐禅既久,不必多睡,用意是在防止淫秽之事。僧众早晨参见,晚上聚会,听石磬木鱼声行动,饮食用现有物品随宜供应,不求珍异,表示节俭。在寺内服役的人称为普请,表示上下合力。德高年长的大僧称为长老,居在方丈,表示只住一间小屋。长老的随从人称为侍者,替长老管事的人称为寮司。不立佛殿,只立法堂,表示法超言象。僧徒犯规,行施杖刑,焚毁衣钵,称为戒罚,实际是取消犯僧的寄生虫资格,没有衣钵,就无法冒充和尚。怀海建立新制度,各丛林普遍采用,禅寺开始离律寺而独立。天竺传来烦琐无比的大小乘律,被怀海推倒,这在反天竺宗派上是一个成就。禅宗谈一切皆空,摆脱拘束,本宗派有自然瓦解的趋势。怀海造新律加以遏阻,这是给猿猴颈上拴铁索,使跳跃有一定限度,势必溃散的宗派因此得继续保存,他教人说,"佛是无求人,以无着心应一切物,以无碍慧解一切缚。"他教人无求,自己却求保存宗派,即保存地主生活,所谓无求,只是欺人之谈而已!他改天竺式戒律为中国式戒律,大得儒生的赞赏,柳宗元《百丈碑铭》说:"儒以礼立仁义,无之则坏;佛以律持定慧,去之则丧。"柳宗元认为清规合于儒家的礼法,说明佛教教义经禅宗改造已经中国化,佛教戒律经怀海改造也中国化了。宋真宗时,佛教徒杨亿(临济宗徒众)向朝廷呈进《百丈清规》,原来私定的清规从此取得合法地位,全国丛林无不遵行。宋儒洛派大师程颢有一次游定林寺,偶进僧堂,见到周旋步伐,威仪济济,伐鼓考钟,内外静肃,一坐一起,并合清规,叹为三代礼乐尽在此中。这也说明清规是依据儒家礼仪改制的。清规碑侧有大众同记五条,是清规的补充条例。其中一条是所有投寺出家及幼年出家人都依归院主一人,僧众一概不得私收徒众。这样,院主有权收徒弟,立法嗣,其他僧众身死便了。又一条是住寺徒众不得内外私置钱谷。僧众生活完全依靠院主和寮司,不得不绝对服从院主。又一条是台外及诸处不得置庄园田地。台指寺院地界,地界外不得置庄园田地,足见地界内得置庄园田地,地界很宽,也可想见。寺院有院主,有法律(清规),有百官(寮司),有臣民(僧众),有土地,有嗣子(法嗣),院主俨然是个封建领主,在地界内拥有极大权力。所谓一切皆空,从哪里说起! 就是这个怀海,他的宗派特别发达,分出沩仰、临济两个宗派,临济在两宋流传尤广,与世俗间地主官僚结合在一起。如杨亿、夏竦、王安石、苏轼、苏辙、黄庭坚、张商英等人,或是名士,或是大官,哪个不是热衷名利的世俗人,临济宗大师和他们谈禅,并印可他们的心得,认作本宗俗弟子,事实上他们名利心热不可耐,借禅宗空谈,暂充清凉剂,好似口燥唇干渴热难忍的行路人,到汽水摊买瓶冰镇汽水喝,连声称赞凉爽,摊主人便拉他们作知己,共同摆摊,借以扩大本宗派的声望。"口虽说空,行在有中",禅宗就是这样言行相反的一群骗子。

《百丈清规》以忠孝为思想内容,以家族为组织形式,使一群僧徒处于子孙的地位,受寺院主的族长统治。清规前四章标题是祝厘、报恩(以上说忠)、报本、尊祖(以上说孝),完全仿效儒家口吻,可是儒家说孝,首先要娶妻生子,禅宗绝不敢提夫妇一伦,因之禅宗谈的孝,在天竺佛教中是毫无根据的。在儒家学理中也是不伦不类的。碑侧五条中还有一条更说明禅宗说教的虚伪性和脆弱性。这一条是寺院地界内不得置尼台尼坟塔及客俗人家居止。按照天竺佛教所宣扬的人世是火海、人身是毒器、死(涅槃)可爱、生可恶的怪僻观点,僧徒不婚配不生子是被认为合理的。禅宗提倡自由自在,但不敢突破天竺戒律,公开娶妻生子。尼台指尼寺,禅僧怕活尼,甚至死尼也怕。客俗人家有妇女,禅僧也望而生畏。怀海亲率弟子耕作,有一日不作,一日不食的训条,僧徒依律不种地,怕杀伤虫蚁,即杀七世父母,死后当入地狱。怀海不怕地狱,却怕尼姑和佃户家妇女,禅学所讲的一切,抵不过一个妇女,它的脆弱性是无可掩饰的。禅僧怕妇女到如此地步,足见禅僧要求婚配何

等迫切。武则天集合弘忍门下大弟子神秀、玄约、慧安、玄赜,问:
"你们有欲否?"神秀等都答无欲。武则天又问智诜有欲否? 智诜
答有欲。武则天问,"何得有欲?"智诜答,"生则有欲,不生则无
欲。"武则天认智诜答话较为老实,赐给他从慧能那里取来的达磨
袈裟。南宗禅师尽管有勇气否定十方诸佛,放弃大小乘戒律,敢于
饮酒食肉(拾得诗,"我见出家人,总爱吃酒肉。"),却同神秀等一
样,没有人承认有男女之欲,敢于公开娶妻,这不能证明他们确实
无欲,只能证明他们坚守封建领主的权利,决不让别人有所借口来
夺取。

(四)各式各样的蜕化僧。戒律规定了佛徒的面貌,遵守天竺
僧律,中国僧徒成为天竺佛教的奴仆。禅宗南宗不持天竺传来的
某些戒律,抛弃了天竺僧徒的怪僻面目,但禅宗是佛教的一个宗
派,不可能真正脱离佛教,例如爱慕妇女又严禁接近妇女的怪僻戒
律,至少在形式上,禅宗还是坚守的。大概在《百丈清规》被各丛林
采行以前,即唐中期后期及五代时期,禅宗僧徒的实际行动与世俗
人几乎没有什么区别。下面举出若干事例,可以推知禅僧生活的
一般情况。

孝僧——佛教自释迦创始时起,根本不存在有儒家所谓孝的
概念。义净论佛律与儒礼不同时说,"读经念佛,具设香华,冀使亡
魂托生善处,方成孝子,始是报恩,岂可泣血三年……不餐七日,始
符酬恩者乎! 斯乃重结尘劳,更婴枷锁……岂容弃释父之圣教,逐
周公之俗礼,号咷数月,布服三年者哉!"佛教因违反儒礼,遭受儒
家的攻击,儒家并用孝道来决定对佛教的态度。柳宗元《送元暠师
序》说得很清楚,因为元暠不敢忘孝,与儒礼合,所以接见他,作序
送行,抬高他的社会地位。某些禅僧想从孝道取得声誉,居然出现
以孝得名的和尚。如希运禅师的弟子道纵,俗姓陈,织卖蒲鞋养
母,时人号为陈蒲鞋。又如道丕乞食养母,与母匿岩穴中避乱。他

20世纪儒学研究大系

立志为孝子，到战场认亡父遗骸。据道丕自称，群骨堆中忽有骷髅跳出，转到道丕面前，道丕负骨归家。这是荒诞无稽之谈，道丕却因此孝声大增。原来佛教最重出家，俗尘爱网，一割两断，辞别父母，不愿再见，即使相见，也要父母对子礼拜，子拜父母便犯戒律，堕入轮回，禅僧敢于行孝取声誉，对天竺佛教说来是一个重的打击。

诗僧——做诗是文士求名的途径，禅僧为了求名，多学作诗，《五代诗话》僧可朋条说："南方浮屠，能诗者多矣。"禅宗南宗主要在南方流行，因此诗僧多是禅僧。诗僧奔走公卿之门，与进士求举无异。唐德宗时诗僧皎然上书包佶中丞，推荐越僧灵彻，书中有"伏冀中丞高鉴深重，其进诸乎！其舍诸乎！灵彻玄言道理，应接靡滞，风月之间，亦足以助君子之高兴也"等语。一个遁入空门的僧人，自认是个助兴者，求在大官门下陪侍助高兴，虽然品格很低，但与天竺式僧徒相比，似乎比较还知道些羞耻。天竺式僧徒，实际是统治者的助兴物，口头上却狂妄自大，自尊为人天师。与灵彻同时有道标，也以诗驰名公卿间，《宋高僧传·道标传》中列举他的交游，有宰相李吉甫、中书舍人白居易、隋州刺史刘长卿等数十人。道标俗姓秦，是南朝大族，祖先都是儒生，有名乡里，道标广交当代名人，不仅用诗作媒介，世俗门第也可能是一种凭借。皎然诗名尤大。他出身在没落世族中，幼年出家，专心学诗，作《诗式》五卷，特别推崇他十世祖谢灵运。中年参谒诸禅师，得心地法门。他具备门第、诗篇、禅学三个条件，与朝中卿相及地方长官交游。他交结官府，说是借做诗来劝令信佛，其实愿与僧徒交往的官员，大抵早就信佛，无待再劝，皎然无非借诗求名。《因话录》说他工律诗，曾求见韦应物，恐诗体不合，在船中作古体诗十数篇送给韦应物，韦应物全不称赏，皎然很失望。次日，写旧制献上，韦应物大加叹美，对皎然说，"你几乎丧失声名，为什么揣摩老夫的喜好，隐藏自己的长处。"皎然求名迫切，无异进士向名公献书。皎然死后，有文集十卷，宰相于頔作序，唐德宗敕写其文集藏于秘阁，这样的遭遇，文士都觉得很光荣，皎然一生求名也就算是如愿以偿了。唐末五代诗僧最著称的有贯休与齐己。贯休奔走藩镇间，先谒吴越主钱镠，献诗五章，每章八句，甚得钱镠赏识。后谒荆州割据者成汭，也颇蒙礼遇，后来被人诬告，成汭黜退贯休。贯休投奔蜀主王建，王氏正在图谋称帝，招募四方名士，贯休来投，大得王氏优待，赐号为禅月大师。一个禅僧取得大师称号，地位是不低了，可是作为禅僧，奔走各割据者间，献诗讨喜欢，还像个禅僧么？同时又一诗僧齐己，本是佃户胡氏子，七岁为寺院牧牛，用竹枝画牛背为诗常得好句，寺僧惊奇，劝令落发为僧。齐己与湖南割据者豢养的诸名士唱和，声名颇高，割据者加以优礼，封为僧正。齐己自称爱乐山水，懒谒王侯，作诗云，"未曾将一字，容易谒诸侯。"当了僧正，还说懒谒王侯，无非是欺人而已。皎然《诗式》说，"诗人意立，变化无有依傍，得之者悬解其间。"这是心得之谈，僧人如果不忘记自己是僧人，诗是不会做好的。因为依傍着佛，不能立自己的意，所作诗自然类偈颂，索然寡味。例如寒山拾得庞蕴等人诗，满篇佛气，不失佛徒身份，但去诗人却很远。

高艺僧——唐代宗时长沙有僧怀素，以草书驰名当世。怀素历引颜真卿等名士称谀的辞句作自叙一篇，显然是好名的僧人。贯休长于水墨画，曾为杭州众安桥张氏药店画罗汉一堂，奇形怪状，人不像人，与普通体制不同。唐德宗时长安庄严寺僧善本，弹琵琶妙入神。长安慈恩寺老僧秘密培养深红牡丹，一丛有花数百朵。僧徒原是游手闲人，有一艺擅长，得免闲人的恶名，比空弄口舌的禅宗祖师光荣得多。

茶酒僧——《封氏闻见记》说，唐玄宗开元年间，泰山灵岩寺有降魔师大兴禅教，学禅的方法主要是不睡，又不吃晚餐，只许饮茶。

禅僧各自备茶叶,到处煎煮。从此饮茶成为风俗。自山东到长安,大小城市多开店铺卖茶供客,不问僧俗,投钱取饮。茶叶从江淮运来,色额甚多。相传陆羽著《茶经》,首创煎茶法。照《闻见记》所说,开元时禅僧已盛行饮茶,陆羽是唐德宗时人,又生长在僧寺中,《茶经》记载贵族式饮茶法,正反映闲居无事的禅僧,至少在饮茶一事上与高级地主过着同样的优闲生活。

饮酒是五戒之一,天竺僧律禁止甚严。禅宗废弃戒律多有酒僧,如《五代诗话》载诗僧可朋,自称醉髡,作诗千余篇,号《玉垒集》。又释法常酷嗜酒,整天沉醉熟睡。他经常劝人饮酒,说,"酒天虚无,酒地绵邈,酒国安恬,无君臣贵贱之拘,无财利之图,无刑罚之避,陶陶焉,荡荡焉,其乐可得而量也。"僧徒公然称颂饮酒,与魏晋玄言家有何区别?无非说明唐五代禅学与魏晋玄学都是腐朽社会的产物。

禅学是庄周思想的一种表现形式,庄周怕死,无可奈何,只好勉强宽慰自己,听任自然。佛教也是怕死,妄想修炼成什么果(包括佛果),灵魂永远享乐。天竺传来佛教,宗派尽管不同,妄想却完全一致。禅学含有较多的庄周思想,对妄想发生疑虑,不敢肯定灵魂真能不死。牛头宗慧忠(所谓牛头六祖)的法嗣遗则说他的心得是:"天地无物也,我无物也,虽无物,未尝无物也。此则圣人(佛)如影,百姓如梦,孰为生死哉。至人以是能独照,能为万物主,吾知之矣。"既然我与天地都是无物,怎么又说未尝无物。明明有生有死,却硬说是影是梦,把死看作影灭梦醒,借以消除对死的恐怖。圣人和百姓,都不能免死,何必多此一番纷扰,自欺又欺人,归根还不是影与梦同样要死。南宗大师云门宗创始人文偃作《北邙行》一篇,不像遗则那样自称吾知之矣,他在诗中描写死的不可逃避,如说,"前山后山高峨峨,丧车辚辚日日过。"又说,"世间何物得坚牢,大海须弥竟磨灭。人生还如露易晞,从来有会终别离。"全诗以"安得同游常乐乡(净土),纵经劫火无生死"两句作结,也就是承认并无不死的方法。

　　佛教徒自夸佛法解决生死大事,比儒学道教都高妙,禅宗所谓直指人心,见性成佛,尤称直截快速。无奈骗术终究不能持久,骗子终究要被事实揭穿。懒残(馋)和尚歌:"我不乐生天,亦不爱福田,饥来吃饭,困来即眠,愚人笑我,智乃知焉。要去即去,要住即住,身披一破衲,脚着娘生裤。莫谩求真佛,真佛不可见。种种劳筋骨,不如林下睡,山云当幕,夜月为钩,卧藤萝下,块石枕头,不朝天子,岂羡王侯。生死无处,更复何忧!"懒馋二字足以说明佛教的寄生性。因为禅师把佛教本质看作懒馋二字,所有戒律和经论都是装饰品,直截揭出本质来,谁还苦修求不可见的佛? 宣鉴禅师说,"老胡(释迦)经三大阿僧祇劫,即今何在? 八十年后死去,与你何别?"释迦被看成与普通人无别,整个骗局破坏无遗了。有些禅师虽然已经看穿了骗局,但仍要保存已破的骗局来欺人,自己却不愿再受欺,因此,言行相违,步步行有,口口谈空,教人拨无因果,宣称"饮酒食肉不碍菩提,行盗行淫无妨般若"。这些话见于南宋初临济宗禅师宗杲的语录中,其实,寒山诗已说"又见出家儿……愚痴爱财色"等句,拾得诗也说"我见出家人,总爱吃酒肉",又说"我劝出家辈,辄莫染贪淫"。足见唐时禅僧早就饮酒食肉贪财贪色。禅僧如果在这个方向继续前进,可以消灭佛教其他宗派,也可以消灭禅宗本身。禅师如怀海等人,看到前途的危险,造出清规来约束僧众,阻止禅宗的崩溃。同时,禅宗的家族式组织,大有利于本宗势力的扩大。这些僧徒以父子兄弟叔侄等关系,互相援引,奔走官府,求得委任,在非禅宗的寺院里充当住持,得充住持后,便父子相传,变成禅宗的世袭财产。第一个住持,即成这个寺的创业始祖。道一门下被印可为一方宗主的入室弟子(法嗣)多至一百三十九人,他们依仗道一的声势,不难取得大小寺院作住持。如此代代扩展,几乎所有寺院都变成禅宗的寺院,例如天台国清寺,是天台宗的根据地,智颛四传弟子玄觉转为慧能弟子,成禅宗中人。华严宗大师宗密也转成禅僧。其他宗派因禅宗势盛,自动投靠禅门的人大概不少。唐武宗灭佛以后,各宗派大体归于消灭,只有禅宗却兴旺起来。禅宗相继成立五个宗派,最先是义玄(867年死)创临济宗,良价(869年死)与弟子本寂(903年死)创曹洞宗。灵祐(853年死)与弟子慧寂(889年死)创沩仰宗,以上都在唐亡以前。五代时文偃(949年死)创云门宗,文益(957年死)创法眼宗。五宗中只有临济宗在河北,其余四宗都在南方。九五九年周世宗灭佛,临济宗在北方依然盛行。南方诸国,如闽主王审知,吴越国主钱镠父子,南唐国主李昪、李璟、李煜等都崇信禅教。乱离之世,很多人需要宗教来麻醉自己,禅宗是适合中国士大夫口味的宗教,因之能够比其他宗派保持较长的流传。

(录自范文澜《唐代佛教》,人民出版社 1979 年)

范文澜(1893—1969),浙江绍兴人,北京大学毕业。曾在南开大学、北京大学、北京师范大学、中国大学、朝阳大学任教。曾任马列学院(延安)历史研究室主任、北方大学校长、中国科学院中国近代史研究所所长、哲学社会科学学部委员、中国历史学会副会长。主要著作有《中国通史简编》《中国历史简明教程》(上册)、《中国近代史》(上册)等。

在本文中,作者论述了禅宗怎样在与儒道斗争融合过程中产生,并且对禅宗主要思想主张进行分析批判,指出禅宗是适合中国士大夫口味的佛教宗派。

儒佛教义的生活领导

朱维焕

一、引　言

　　儒教是由孔子开宗立教,孔子的思想是继承尧舜禹汤文武周公一脉相承的道统。《论语·八佾篇》说:"子曰:'周监于二代,郁郁乎文哉!吾从周。'"这表示孔子的思想、孔子的生命是融化于我们华族三代相承的一贯道统之中。《述而篇》说:"述而不作"。"述而不作"即是"以述为作","以述为作",即是有其历史文化上的根据,有其历史文化上的根据之述作,就不是主观的偶然。我们华族这一脉相承的道统在历史的发展过程中,通过孔子的述作,透显其新生命,完成一次观念化、系统化的凝聚作用。因此,孔子的开宗立教乃是历史文化上的客观的必然,所以领导中华民族几千年而且还有它美丽的无穷未来。

　　佛教自从后汉时就已经传入中国,到了东晋,龟兹国人鸠摩罗什来华,广译经律论三藏,才大为弘布,于是盛行于隋唐。佛教传入中国是以道家思想为桥梁,道家思想流行于魏晋为清谈,清谈乃谈"三玄"(《老》、《庄》、《易》),谈玄理。清谈是当时知识分子意识生活的一种风雅,一种趣味,但是和现实生活不相应,和生命原理不相通,所以心灵中弥漫着怆凉空虚的情调,不能有充实饱满的精神生活。佛教传入中国,佛教的道理和道家思想有许多相通处,和儒家思想也有些微相契处，而且佛教的道理是和生活连在一起，可以领导人生活动，传入中国正好被这个怆凉空虚的时代所接受。因此魏晋清谈是接引佛教传入中国的契机。佛教传入中国除了这个契机，别无历史文化的必然理由，只是缘因于时代之怆凉空虚以接受之，所以只是偶然的而已。不过经过南北朝隋唐这四百多年的弘扬，已经在中国落地生根了。

佛教已具备了宗教形式，以宗教教义和宗教仪式指引人生、领导生活。儒教涵有宗教精神，却以教化活动领导人生活动，创造人文事业。兹论述如后。

二、人间常道的铺设

从自然主义的观点看人生，人生只有男女老幼的分别，生老病死的过程，趋利避害物竞天择的活动。如是人生未免太可怜了，如是人间未免太悲惨了。如何解脱？如何超拔？儒教佛教都从这里用心。佛教是观苦以发菩提心，儒教则就人间铺设常道。儒教铺设人间常道，二帝三王时代即已不自觉地进行。《书经·尧典》："帝曰：'契，百姓不亲，五品不逊，汝作司徒，敬敷五教，在宽。'"到了孔子已经自觉地环绕这个问题，就日常生活随机指点。《中庸》云："………君臣也，父子也，夫妇也，昆弟也，朋友之交也，五者，天下之达道也。"人与人间的关系大别为五项，依据这些关系而承担其所当行之道，就是父子有亲，君臣有义，夫妇有别，长幼有序，朋友有信。这就是天下之达道，人间的普遍理则。这些人间的普遍理则乃是根于天之理心之则以铺设于人间，以为日常生活的常道。人生的活动遵循着这些理则、常道，便是从自然主义层次上的超拔，而进于文化的生活。因此，儒教铺设人间常道，乃是开辟一文化世界。

佛教观苦发菩提心。苦,以痛恼为义,是指三界六道的苦根,大体上可分为身前的生老病死,心中的贪瞋痴,身后的地狱饿鬼畜生……。观苦即是察觉这苦谛的流转因果。苦不自生,亦非由一法生,世间诸苦乃由业力生。身所做的事,口所说的话,心所想的念都是造业,业力所生的连锁作用,便是苦谛的流转因果。人生在这世界上,就是套在由业因而感果报的苦海中。解脱之道在观苦而发菩提心,大觉大悟,而且立大宏愿,普渡众生,同登彼岸。因此佛教对于根身器界的看法,不必有自性上的意义,只是待撇拨的假相而已。

儒教铺设的人间常道可大别为三组,夫妇、父子、兄弟属家庭中事,君臣属国家间事,朋友属天下间事。既然肯定君臣、父子、夫妇、兄弟、朋友在人间活动中的意义,则必须肯定家、国、天下在人间活动中的价值。《大学》论修身、齐家、治国、平天下的次第乃是以家国天下为人间活动的基本架设。人间活动以人生为本位,人生之表现理想、表现精神乃是沿着这基本架设的次第层层推扩,以至涵容四海。人间的一切人文活动、人文事业都有其积极的意义,如是人生乃有其丰富的内容,充实的生活,才是从自然主义层次上的超拔。

佛教对人间的态度有世间法和出世间法。出世间法的小乘教义志在自了,大乘则志在度世(弘扬于中国的以大乘为主)。大乘度世,故为超出世间,但却得先适应世间,适应世间即是世间法。世间法必须随顺世间方便,对于人间常道、人间架设、人文事业便不否定,而且能够随顺众生方便,劝爱劝善,爱国爱家,鼓励科学研究、艺术创造、文化宣扬。为随顺世间方便而暂住世间,基本态度还是《华严经》开示的"不为自己求安乐,但愿众生得离苦",所以有其过程上的意义。到底还是以出世间法为究意义。

三、日常生活的指导

儒佛两教都是从人生的日常生活上用心。如何从日常生活上化导众生出迷入觉,展开一精神的生活世界?这精神生活既弥纶于日常生活之上,且内在于心性之中。心性是精神生活的原理之所在,日常生活乃其表现处。于是心性之开发,生活之指点,乃儒佛教义的用心所在。如何开发心性以指导生活践履,儒佛两教却大同小异,儒教是尽心知性以知天,佛教是开悟清净圆满觉性。

儒教的心性发现甚早。《书经·大禹谟》:"人心惟危,道心惟微,惟精惟一,允执厥中。"这是三代相传的心法,已经接触到生命的原理。孔子仁义并建,孟子主仁义内在以论性善。仁义内在乃因心灵中涵有仁义礼智诸善端,性善乃由仁义礼智而规定,人生的道德践履俱从这心灵中发,所以它是道德践履的根源。《中庸》云"天命之谓性,率性之谓道,修道之谓教。"性善之性乃是根于天而赋于人,所以心灵中的仁义礼智诸善端也是天之理,以为心之则。尽心知性以知天,即是道德心灵之全幅敞开,无隐曲,不执着,而能泛应曲当,然后能呈现其至善之本性以契合天道。由"天命之谓性"至尽心知性以知天,是为人天之圆融。如能有至纯至粹之证悟,则一念虔诚,即是天国。因此,儒教对日常生活之指导,是开辟心灵世界以为大本。人生的精神生活即是据于此而表现。

佛教开悟清净圆满觉性。《圆觉经》说:"善男子,知幻即离,不作方便,离幻即觉,亦无渐次。一切菩萨及末世众生依此修行,如是乃能永离诸幻。"佛教以身所做的事、口所说的话、心所想的念都是造业(虽有善恶之别)。造业含有两个意义:(1)身口意三业无论或善或恶都能熏习藏识,成为种子。众生藏识的业种其机缘挨次成熟,便转种受生(转世),没有止境,由业因而感果报,永堕轮回。

(2)造作之业本身没有意义,只是因缘和合,如幻如画的假相而已。今众生执着幻境,妄执根身器界为真实,迷途忘返,自找烦恼,永沦苦海。清净圆满觉性乃是幻境以上的另一层境界。佛教即是引导众生超越幻境,证悟此一境界。此一境界不但是普遍于一切法界,且存在于心灵之中,因其清净不污,圆满无缺,故曰清净圆满觉性。因此佛教的教义乃是开悟众生大觉悟、大解脱,这是顺道之真谛。但芸芸众生沉沦苦海未得解脱,为了普渡众生,同登彼岸,则当顺世、随顺众生,利乐众生,这是顺世之俗谛。真谛是实,俗谛是权,用权显实,合权归实,则真俗皆谛。但是真谛始为本质上意义,俗谛只是依于真谛有其过程上意义。超越幻境以证悟高一层的境界是精神生活之表现,利乐众生也是精神生活的满足。佛教的精神生活就表现在离幻即觉和利乐众生之上。

精神生活乃是不安于现实上之随缘流转,而要求从现实世界超拔,生活于高一层的境界上。道德宗教的精神生活大体上都是如此,儒佛两教也是如此。其根源在于心灵世界之开辟,其境界即在于心灵之中,所以儒佛两教表现精神生活同是从现实世界折返。不过,儒佛从现实世界折返,归憩于心灵之中,心灵中的仁义礼智诸善端,是要流露于生活中间,因此既从现实上折返,归憩于心灵之中,则复顺随仁义礼智之流露而游憩于人间生活上。铺设人间常道,从这里更显出其积极意义。顺随仁义礼智之流露以表现精神生活,表现于夫妇、父子、兄弟、君臣、朋友之间,则人间生活洋溢着天伦之乐趣。所以,《论语·学而篇》说:"有朋自远方来,不亦乐乎!"《孟子·尽心篇上》:"孟子曰:'君子有三乐,而王天下不与存焉。父母俱存,兄弟无故,一乐也。……'"这种精神生活是既高贵又平易的。《中庸》曰:"喜怒哀乐之未发谓之中,发而皆中节谓之和。中也者,天下之大本也;和也者,天下之达道也。"仁义礼智是天之理,喜怒哀乐是人之情,儒教的精神生活必须是喜怒哀乐之情中乎仁义礼智之节,所以既是天理的,又是人情的,是为情理圆融。到于在人间生活上的次第,则是顺乎修身、齐家、治国、平天下以及《孟子·尽心篇上》所说的"君子之于物也,爱之而弗仁。于民也,仁之而弗亲。亲亲而仁民,仁民而爱物。"由亲亲、仁民、爱物之次第,推扩其精神,以至涵容四海,则整个人间生活皆为精神生活所弥纶。

佛教之表现精神生活,(1)是超越幻境,以证悟一普遍法界的圆觉心,对于人间之曲折差等,委婉细腻处,均是跨越而过。(2)随顺众生,利乐众生,既然弘扬于中土,则当随顺中土之方便,因此每每顺乎儒教铺设的人伦常道为基础,劝忠,劝孝,爱家,爱国,倡和平,倡信爱……。究竟上还是以出世间法为依归,所以佛教的精神生活乃是表现于跨越一切虚妄分别,而向往涅槃彼岸。对于人间生活、人伦常道、天理人情,不能承认其积极的意义,则过人间生活便不能有充实饱满的内容,下意识地难免会有荒凉暗淡之感,也是无可奈何的事。

四、人生理想的归趣

儒佛两教都是领导人生活动,领导人生使其心思从现实世界超拔,归于自性,以求自己性分上之圆满。性分上之圆满即是人格之圆满,儒教谓之成圣,佛教谓之成佛。成圣成佛都是表示人格之圆满。因为儒佛两教心性内容略有不同,其圆满人格的意义也略有差别。

儒教人格之圆满、性分之圆满。《孟子·公孙丑篇上》云:"凡有四端于我者,知皆扩而充之,若火之始然,泉之始达。苟能充之,足以保四海;苟不充之,不足以事父母。""扩而充之"即是性分上之圆满,性分上之圆满必涵生命之净化。生命中有神性的一面,有动物

性的一面。神性的一面就是仁义礼智诸善端,动物性的一面以情
与欲为最烈。情与欲既是生命中所有的,虽可以为恶,但不必全
坏。如果泯灭天理,放纵情欲才是坏,便是生命的堕落;扩充善端,
节制情欲,才是生命之善化。人生常常跌宕在神性与动物性之间。
儒教的教义,就是要教人如何善化人生,如何扩充善端、节制情欲,
所以孟子说:"养心莫善于寡欲"(《尽心篇下》)。又说:"形色,天性
也。唯圣人然后可以践形。"(《尽心篇上》)即就人生的原始生命加
以善化,对生命中的情欲加以净化。净化之不等于戒绝之,而是节
制之,使它能适度的满足,顺乎天理之满足,则虽是情欲,却为天理
之所涵。性分上之圆满,除了扩充善端,还包涵情欲之调节以适度
满足之,所以孔子说"七十而从心所欲,不逾矩"。即是其情与欲能
从现实世界超拔,归于自性,复随善端之推扩,表现于生活之中,而
得适度之满足。

　　佛教以众生皆具佛性,人人皆可以成佛。其从现实世界超拔
以归于自性,以求性分上之圆满,乃因现实世界的万物皆因缘生,
皆无自性而以"空"为性。所以第一步"观空",从因缘中跳出来,即
是"觉"。"觉"即心境之止息不起念,心境止息不起念,即是寂灭、
涅槃。要使心境不起念,必须戒情绝欲。戒绝情欲,一方面不造
业,才能了脱生死,一方面乃是菩提心、圆觉心发出之智光为般若
智,般若智与涅槃相应,时时调护心思从现实世界超拔,归于自
性。因此佛教的性分上之圆满,乃是戒绝情欲,了脱生死,以修证
菩提,修证涅槃。

　　儒教成就人格的另一面意义是生命局格之开发。生命局格的
开发乃是生命活动凭借夫妇、父子、兄弟、君臣、朋友诸人间关系和
家、国、天下诸人间架设,以实践其理想,成就人文活动。举凡学
术、文化、政治、经济、士、农、工、商……一切人间活动,只要有功于
生民,有益于社会,皆可有其积极性意义。人生从事此些活动以成

就为学者、专家、士子、农夫……皆有其特殊性之价值。个体生命顺此途径以抒发理想以成就自己的人格,皆为性分之所涵,是为生命局格之开拓。其成就之人格乃有功德于社会,故为社会意义之人格。圣贤人格境界上高于社会人格,社会人格并不妨碍其为圣贤人格,且可使圣贤人格得以从广度方面之撑开,所以古往今来的圣贤每每兼事教育工作即是一例。因此儒教之人格修养,一方面是生命之善化,情欲之净化,一方面是生命局格之开发,则生命中神性和动物性两方面都能恰当的疏导而表现于生活上。

佛教教义教人上求佛道,下化众生。对于世间诸方便皆当随顺,所以对学术、文化、政治、经济、士、农、工、商……诸人间事业皆能随顺扶植,但是成就学者,成就专家……诸社会人格,终究与成佛无关,与性分上圆满无关。

五、结　论

儒佛两教同是面对人生以领导生活,但是儒教比较能够正视现实,就人生之现实情况解析其生命理则,开辟心灵世界,以领导人生从现实世界超拔,归于自性,然后复随顺天之理、心之则抒发理想,实践于人间,所以理想与现实不隔,是为圆教。

佛教则解析现实世界之形成,由于因缘和合,所以为"无常",而寄托理想于涅槃彼岸,随顺世间,利乐众生只是过程中的俗谛,佛化人生的究竟义必须观苦观空以趋凡入圣,所以理想与现实隔离,是为离教。

平情而论,如果人生不能脱离现实世界,则现实世界对于人生必有不可否定的意义。虽然现实世界对于人生是一拖累,如果善于安排,则人生既可从现实世界超拔,安憩于理想世界之中,复随理想之抒发而活动于现实世界,既合天理又遂人情,如此人生才能有丰富充实的意义。这是我们华族民情的一大特点。这个意思儒教表现得最圆满。佛教传入中国,通过中国历代诸大德的弘扬,所以盛行大乘教义,着重世间法,不能说不是因为随顺世间、利乐众生的教义与中土民情有其吻合之处。因此可以看出,儒佛两教之领导生活,其要义必须是理想与现实不隔,天理与人情圆融,始为究竟。

（选自《人生》第 262 期,1961 年 10 月）

朱维焕,曾任台湾静宜大学中文系、中兴大学中文系教授。著作有《周易经传象义阐释》、《老子道德经阐释》、《历代圣哲所讲论之心学述要》等。

　　本文从人间常道的铺设、日常生活的指导、人生理想的归趣三方面论述了儒佛两家的异同,指出两家同是面对人生以领导人生活动,但是又有不同。儒教比较正视现实,就人生之现实情况解析生命理则,开辟心理世界,以领导人生从现实世界超拔,归于自然,然后复随顺天之理、心之则,抒发理想,实现于人间,所以理想与现实不隔,是为圆教。佛教则解析现实世界之形成,由于因缘和合,所以为"无常",而寄托理想于涅槃彼岸,随顺世间、利乐众生只是过程中的俗谛,佛化人生的究竟义是观苦观空以超凡入圣,所以理想与现实隔离,是为离教。

北朝东方佛法与经学

汤用彤

释教东被,至晋而学理始称盛。初有法护,末有罗什,佛学中心,本在关西。但姚秦败灭,祸乱继起。太武毁法,始于长安。雍秦经教,扫地尽矣。乃文成以后,三宝再兴。康僧神清《北山录》曰,"南都尚华,北魏风淳"。盖北方重修行,与南方之重玄谈者异其趣。然就北朝论之,则关西佛法更为朴质。自关以东,则义学较盛。孝文以后之洛,孝静以后之邺,均为义解名僧辐凑之所。《续僧传》曰,"邺都构席相距二百有余,听者常过一万"。东方之浸于学,可以知矣。

东方义学之光大不但由于名僧之辈出,帝王之提倡,而亦由于其与南方之交道。彭城本为南北交通之枢纽,亦且为北方义学之渊泉。罗什弟子多避地淮北。道凭僧嵩并在徐州。其后有僧渊、慧静、道登、慧纪、昙度。凡此诸人,均与南方通声气。宣武之世,洛都朝臣之善佛义者,据各种史籍所载,有崔光、王肃、王翊、孟仲晖、冯亮、裴植、裴粲、徐纥数人而已。然除孟以外,诸人均系出江南而北徙者也。及至魏齐之际,士大夫为学颇重谈论,与南方之风从同。孝静帝召名僧于显德殿讲说佛理。杜弼、杨愔、邢邵、魏收并侍法筵。杜弼升师子座,当众敷演。昭玄都僧达及僧道顺并缁林之英,问难锋至,往复数十番,莫有能屈。弼耽好玄理,尝与孝静帝谈佛性法性。又在齐文宣时与邢邵扈从东山,共论名理,辩神形之生灭。孝静帝读《庄子》，弼注《庄子》、《周易》并注《老子》，且表上之。孝静帝诏答有曰："卿息栖儒门，驰骋玄肆，既启专家之学，且畅释老之言"。盖其时北朝君臣已略具江南之格调矣。《续高僧传》叙魏末佛教有云："山东江表乃称学海（菩提流支传）。"盖不但山东义学之盛有似江表，而二地学风至南北朝末叶已渐相同，因此而可并称也。

　　但概括论之，南北二朝究有不同。南朝之学，玄理佛理实相合流。北朝之学经学佛学似为俱起。合流者，交互影响，相得益彰。俱起者，则同因学术之发达，儒释之学各自兴盛，因而互有关涉。盖魏自道武帝以后即重经学，至孝文帝益崇儒术。于是北方经学，崇尚与南方不同（参看《北史·儒林传序》），而且亦较江左为盛（参赵瓯北《二十二史·札记》卷十五北朝经学条）。至宣武时，天下承平，学业大盛。如燕齐赵魏之间，横经著录不可胜数（迨及隋初，齐鲁赵魏儒学负笈者尤多。语均见《北史·儒林传序》）。儒风极盛之区，亦即佛教义学流行之域。此必因北朝文治此而大兴，儒经佛义同时在山东并盛，而非由乎二者互有影响而俱光大也。但北朝经术即与佛义俱弘，因而儒师乃不免与僧徒发生学问上之因缘。最初知名者高允，颇信佛法。刘献之注《涅槃经》（《魏书·本传》）。孙惠蔚正始中侍讲禁中，夜论佛经，有惬帝旨，诏使加"法师"之号。卢果裕在邺寓托僧寺，听讲不已。李同轨兼读释氏又好医术，在洛平等寺与僧徒论难往复可观（上均见《北史·儒林传》）。崔暹颇好佛经（令沙门明藏著《佛性论》）。而儒者权会馆于其家（《北史·本传》及《儒林传·会传》）。名僧昙迁乃会之甥，受其舅之《周易》，长于卜筮。曾言"《周易》辨阴阳，仍儒学之本"。杜弼好名理，知佛义，而亦通经术（见本传）。释道宠俗姓张，名宾。释僧范，俗姓李，名洪范。原俱游学于大儒熊安生之门（"熊"，《续僧传》原作"雄"。按《北史·熊安生传》云，"安生将通名，见徐之才和士开。以徐讳雄,其父名。和讳安,亦父名。乃自称触触生",云云。则熊雄二字同音相讳,而续传之雄安生即熊安生也)。时人语曰:"相州李洪范解彻深义,邺下张宾生领悟无遗。"二人后并背儒入释,均为地论大师。《续高僧传》曰:"僧范旋趾邺都,可谓当时明匠。遂使崔觐注《易》谘之取长(崔瑾受《易》于徐遵明,见《北史·儒林传序》。觐即瑾也)。宋景造历,求而舍短(宋景即《北史·艺术传》之宋景业,造天保历)"。则似范出家以后,仍讲儒术也。《传》又曰,大儒徐遵明李宝顶等(李铉字宝鼎,乃遵明弟子)一见信于言前,授以菩萨戒法。按熊安生受礼经于李铉,铉则传遵明之业。如范为安生弟子,则徐李受戒之说,恐不可信。然道宠僧范甚通经术,则当系实情,并非诬罔也。此外兖州沙门昙衍,定州沙门灵裕亦并早修儒书,后乃出家。而大师慧光门下称有十哲,儒生冯衮亦入此数(定兴北齐石柱颂与昙遵同学居士冯昆,字叔平,当即衮。昙遵本慧光弟子)。衮本冀人,通解经史,被贡入台,住候光师,因而笃信(慧光本为律学元匠。僧范、冯衮均为儒生),从之出家。而当时儒之三体,释之戒律,俱盛行于世。疑此中亦有关系。但证据缺乏,未敢臆说也。上均见《续传》。魏齐之际,儒佛二家常生关系,亦可谓至显著之现象也。

北朝经学本杂谶纬,而元魏僧人亦颇知术数。最初姚秦之鸠摩罗什凉州之昙无谶均亦以方术知名,释道安妙善七曜,谓曾注素女之经(见《续僧道辨传》)。魏世殷绍自言以姚秦之世受九章要术于游遁大儒成公兴(即寇谦之之师,见《释老志》)。后又问术数于阳翟九崖岩沙门释昙影(或即罗什弟子)及道人法穆。约在文成之世有沙门昙靖书提谓经,揉杂阴阳五行五方五常五脏十二月与五戒等(参看法琳《辨正论》一及《房录》九)。又李修学医术于沙门僧坦,略尽其术。崔彧在青州逢隐逸沙门教以《素问》九卷,及甲乙,遂善医术(医术本为阴阳之学)。僧氏识星分,案天占,以言灾异。

沙门灵远有道术,预言成败。綦母怀文有道术,遇一胡沙门及一蠕
蠕客,客有异算术(上均见《北史·艺术传》)。又胡沙门即勤那漫
提,见《续僧传》。此外有檀特师善法术。而精术数之陆法和自来
江南则行迹本类一沙门。胡太后会使沙门惠怜咒水疗百姓病。清
河王怿上表谏,谓为张角之法(见《魏书》二十二)。释僧范原业儒,
亦精七曜九章天文筮术。崔觐注《易》,宋景业造历,均有所谘禀
(已见前引)。而元魏之世,多有奸人假名佛法,兼用方术以谋叛乱
(散见《魏书·本纪》)。《续高僧传》超达传曰:"魏氏之王天下也,每
疑沙门为贼。"又曰:"魏帝(不知是何帝)禁图谶尤急,所在搜访。
有人诬达有之。"据此则沙门当尝藏图谶、善术数也。及至北周甚
重经术,而阴阳术数之学亦流行。萧吉博学多通,尤精阴阳数术。
阇那崛多译经会为笔受。而《五明论》(一声明,二医方明,三工巧
明,四咒术明,五符印明)婆罗门天文亦在关中译出。又周僧卫元
嵩善术数,能预言。原奉释教,后乃破僧。并著元包,幽赞易学。
则亦以一身而兼习释教及图谶之学也。由此言之,阴阳谶纬为北
朝经师以及沙门释子之所尝同习。则二者之所以常生关系,其故
应亦在乎此也。

　　总之,中国溯自汉兴以来,学以儒家为大宗,文化依中原为主
干。而其所谓外来之瞿昙教化,方且附庸图谶阴阳之说,以争得地
位于"道术"之林。汉末以后,世风渐变。孔教衰微,庄老兴起,中
朝文物经乱残废,北方士族簇次渡江。于是魏晋释子袭名士之逸
趣,谈有无之玄理。其先尚有与正始之风留迹河洛,后乃多随永嘉
之变,振锡江南。由是而玄学佛义和光同流,郁而为南朝主要之思
想。返观北方,王、何、嵇、阮本在中州,道安、僧肇继居关内。然叠
变乱,教化衰熄,其势渐微一也。桓灵变乱以迄五胡云扰,名士南
渡,玄学骨干不在河洛,二也。胡人入主,渐染华风,而其治世翻须
经术,三也。故自罗什逝世,北方玄谈因之消沉。后魏初叶衣冠士

族,多滞迹于北燕,儒师抱晚汉经学之残缺于陇右,而燕陇者又为其时佛法较盛之地。则佛教之于经学,在北朝开基已具有因缘。及北方统一,天下粗安,乃奖励文治,经术昌明,而昌明经术之帝王,又即提倡佛学最力之人,于是燕齐赵魏儒生辈出,名僧继起,均具朴质敦厚之学风,大异于南朝放任玄谈之习气。其所谓儒学仍承炎汉通经致用之义,终成北周之政治。而致用力行乃又北方佛子所奉之圭臬也。元魏经学上接东都,好言天道,不免杂以谶纬。而阴阳术数者乃北方佛子所常习,则似仍延汉代佛道之余势者也。及至隋帝,统一中夏,其政治文物上接魏周。而隋唐之佛学虽颇采取江南之学,但其大宗固犹上承北方。于是玄学渐尽,而中华教化以及佛学乃另开一新时代。夫佛学在北之与经学,固不如其在南与玄学之密契。然俱起俱盛,其间转移推进最相同。故在全体文化上,此一大事因缘实甚可注意也。

(选自汤用彤《理学·佛学·玄学》的《中国佛史零篇》,北京大学出版社,1991年)

汤用彤(1893—1964),湖北黄梅人,清华学堂毕业。曾留学美国,获哈佛大学哲学硕士学位。先后任东南、南开、中央、北京、西南联大诸大学教授和系主任。解放后,历任北京大学副校长、中国科学院历史考古专门委员和哲学社会科学学部委员、全国政协常委等。主要著作有《汉魏两晋南北朝佛教史》、《印度哲学史略》、《隋唐佛教史稿》、《理学·佛学·玄学》等。

本文通过对北朝佛法与经学的研究,揭示了佛学与经学俱起俱盛的现象。作者指出:"隋唐之佛学虽颇采取江南之学,但其大宗固犹上承北方。于是玄学渐尽,而中华教化以及佛学乃另开一新时代。夫佛学在北之与经学,固不如其在南与玄学之密契。然俱起俱盛,其间转移推进最相同。故在全体文化上,此一大事因缘实甚可注意也。"

儒佛两家同体精神之对照

朱世龙

一、前　言

儒佛两家同是心性实践之学,圣贤智慧理应有同趣之处。然后世学人好持"执异"之见,遂讳言两家义理上本源精神之融通,这是很可惜的。著者谨就同体精神,对儒佛两家作对照之观察。

儒家本于性天一贯之道,展现内圣外王之学,以成就我国的国家社会中道德文化的价值,实为中华民族立国数千年的精神基础。

佛家本于一性清净的一真法界之大觉,宏开自他兼度之知见,破妄执而维护世间,重善德而悲智双运,以极成本心本性与法界性冥合为一之圆满实现。此乃大乘佛道之极致而实昌明于我国,已成为我国文化的血脉。

两家的重点虽各不同,但同立根于心性,不独其内层脉络可以贯通,而其实践的义理亦可以互相辅成。唯两家圣贤的言论各有其独立的意趣,实不宜穿凿附会,以保持其原有之境域。著者之用对照,其意在此。

二、儒　家

先说儒家。孔子曰:"夫仁者,己欲立而立人,己欲达而达人。"

(《论语·雍也》)儒家自立立人自达达人之道，即是仁者之心。朱子《集注》引明道程子曰："仁者以天地万物为一体，莫非己也。认得为己，何所不至？若不属己，自与己不相干"。仁者之心是以天地万物为一体者，故天地间之事即是己分内事。万物的苦乐即是自己心上的苦乐。是故颜子问仁，孔子曰"克己复礼为仁，一日克己复礼，天下归仁焉。为仁由己，而由人乎哉？"(《论语·颜渊》)宋儒袁洁斋释此章之义最为精辟。其言曰："礼者，周流通贯乎天地万物之间，无体无力，无不周遍。人唯忍八尺之驱为己，于是去礼始远。苟不认己为己，则天高地下，万物散殊，皆礼也。吾亦天地万物中一物耳，无往非礼，而何有于己哉！故不克己，别礼失；既克己，则礼复。又发明之曰：'一日克己复礼，天下归仁焉。'玩一日字，正所谓朝闻道也，正所谓我欲仁斯仁至矣。凡人昏昏于物欲之中，如醉如梦，一旦勇决，无牵制，无拘滞，无二三，此身与天地万物了无阻隔，人即己也，天地万物皆非形驱之所能间也。故曰天下归仁焉，言天下皆在吾仁之内也。礼之复也，非是外归，本一而非二也。又发明之曰：'为仁由己，而由人乎哉？'"(见《宋元学案》中《洁斋学案》)此天下归仁之精神，即仁者与天地万物同体之精神，为宇宙人生之大体大心，实融摄天地万物皆在此一心之内，而不在此一心之外。

孔子的仁心同体之精神，到孟子时则发挥更为朗彻。孟子曰："万物皆备于我矣，反身而诚，乐莫大焉。"(《孟子·尽心》)万物之形成为万物，皆备于我的性理之中，即我与万物性体同理。此不能于外在形相之差别上求之，必须反观内照，了然于性体的真诚无妄处，即与万物一体同真，故得大乐。孟子彻悟到此同体大心，故其救济天下之悲怀极为恳切。其言曰："禹稷颜回同道，禹思天下有溺者，由己溺之也，稷思天下有饥者，由己饥之也，是以如是其思也。禹稷颜子，易地则皆然。"(《孟子·离娄》)此即儒家人溺己溺人饥己饥之道,为儒家学问最精华之所在。孟子殁后,儒家心性学问之绪中断,迨宋儒明道程子出,其义理始再为彰著。明道作《识仁篇》,开首即云:"学者须先识仁,仁者浑然与物同体。"(见《宋明学案》中《明道学案》)人与万物有浑然同体之理,此同体之理与德,在儒家即谓之仁。与明道同时,关中大儒横渠张子作《西铭》有云:"民吾同胞,物吾与也。"民胞物与即是人与人、人与物同体之精神。后之学人不明此本源之义,往往以"同情心"释之。此乃见之浅者,因为同情心是欧化以后心理学上之名词,其立词之意,是以吾人情绪为主,吾人对于他人或他物发为怜悯之情,则为同情心。此心由于刺激被动而生,其根甚为浅浮,非若同体精神乃吾人与他人、与他物是性体上有同一之德,我即人,人即我,我即物,物即我,性体元同,不分不二。此种同体大心实乃儒家宇宙人生学问本源之所在,岂可以同情心之说拟之!(今人喜以近代新名词顺释儒佛两家学问高深之义,类乎此者多有未妥,兹不具论。)

宋儒陆象山治学精神同于明道。其言曰:"宇宙即吾心,吾心即宇宙","宇宙内事,乃己分内事,己分内事,乃宇宙内事"。又尝曰:"东海有圣人出焉,此心同也,此理同也。西海有圣人出焉,此心同也,此理同也。南海北海有圣人出焉,此心同也,此理同也。千百世之上有圣人出焉,此心同也,此理同也。千百世之下有圣人出焉,此心同也,此理同也"(见《宋元学案》中《象山学案》)象山发扬孔孟的同体大心之精神直捷明快,本源洞彻,语语中的。明儒王阳明有云:"大人者以天地万物为一体也,其视天下犹一家,中国犹一人焉。若夫间形骸而分尔我者,小人矣。大人之能以天地万物为一体也,非意之也,其心之仁本若是,其与天地万物而为一也。岂唯大人,虽小人之心亦莫不然,彼顾不之耳。是故见孺子之入井而必有怵惕恻隐之心,是其仁之与孺子而为一体也,孺子犹同类者也。见鸟兽之哀鸣觳觫而必有不忍之心焉,是其仁之与鸟兽而为一体也。"(见王阳明《大学问》)此亦以同体精神释仁,并展现天下一家、中国一人之客观的大公精神。有此精神,故其心量与天地万物一体。

大程子(明道)、陆王的学问以心性为主纲,故同体精神特显。小程子的学问以性理为主纲,故同体精神较隐。但由其潜隐处加以抉发,则宇宙人生同体一理之光亦跃然纸上。伊川(小程子)语录有云:"一人之心即天地之心,一物之理即万物之理。""圣人之心未尝有在,亦无不在,盖其道合内外体万物。""物我一理,才明彼,即晓此,合内外之道也。"(《宋元学案·伊川学案》)此伊川对于天地万物的本源处见到有同一之理、同一之道。同理同道,即其本体相同。

朱子学说谨慎,对于本源处往往不肯一语道破。但我细读朱子的《中庸章句》,如二十二章"能尽其性,则能尽人之性,能尽人之性,则能尽物之性"朱子注云"人物之性亦我之性",是人与我,物与我,物与人,均为一性。又第二十六章"博厚配地,高明配天,悠久无疆"朱子注云:"圣人与天地同体。""同体"二字,朱子于此处点出,诚堪赞叹!我人依于孟子"人皆可以为尧舜"的说法,是即人皆可以为圣人,因人与圣人本性皆善。圣人与天地同体,亦即人皆与天地同体。综观朱子对此两章的注语,则天地人物实有同体一性之精神灼然可见。

所述自孔子孟子历宋儒明儒,其义理之本源,即在同体精神。此同体精神在儒家即谓之仁。仁者,即人与天地万物是一体的同然之理,同然之德。此理此德内在于吾人的本性中,亦内在天地万物的本性中,故就本性言则谓之为同体。此同体大心,一名为仁体天心,以其精神已超越小我之个体而为天心道体之遍在。

但儒家《周易》与《中庸》释性天之源,看起来似另有一理路,与上面所述者不同,其实若汇而通之,其究竟处应不违于孔孟之道。

《周易·系辞》有云："一阴一阳之谓道,继之者善也,成之者性也。"一阴一阳之谓道,乃气化流转不息之道,承受于此道,生生相续则为善,成就于此道以得其生则为性。照此解释,则性之源乃是气化流转,何能成为儒家之道体道心至诚不变之真常?殊不知一阴一阳之谓道的"道",非道体道心之道,乃第二义之道。因凡属气化流转,在《周易》则为"象数",此即是第二义。而"理",在《易》则为第一义。按,若由"理"以展示"象数",则为由源推流之顺扩,若由"象数"以显理,则为托事衬理之反显。《周易》通体的结构乃是由象数以显理,即是以第二义反显第一义,有时虽欲显示第一义,但因其义粘滞而不能超越,仍落在第二义中,而第一义反晦。"一阴一阳之谓道,继之者善也,成之者性也",此段彻头彻尾是第二义的叙述。虽然显第一义,而始终是粘滞在第二义上不能跃起,故其所谓之性,是承气化流转而来,乃生理自然之性,而非性体之本性。(《周易》为儒家道德大源,宇宙精神之哲典,其摄智归仁,结构亦高度严密,因此读《周易》急需了然其层境于胸中,庶不致为其所困。如《说卦传》中有云:"立天之道,曰阴与阳,立地之道,曰柔与刚,立人之道,曰仁与义"。此即是将气化的层境与性体的层境,用简练的句法,平排并列,最易困人。因阴阳刚柔均是气化层次,而仁义乃是性体之德的层次,照理说仁义是第一义,阴阳刚柔是第二义。数千年来,读书人入此迷中而能超拔者盖为不多。)

《中庸》开首即说:"天命之谓性,率性之谓道,修道之谓教。"此三句是《中庸》全书的纲领,也是儒家道德学问的根本纲领。此三句话,第一句难解,第二第三两句没有疑问。此处"天命"二字应作"天道的命体"言,天命即是天道的道体之另一名谓。故天命之谓性,即天道本体之谓性。如此解释,则天道的道体与人性的性体(即是人性的道体)这就是说同体不二,而与孔孟程张陆王诸圣贤所说同体精神之根本义理始可不背。即以《中庸》本身而论,与其后面所说"自诚明之谓性"、"唯天下至诚为能尽其性"诸义亦方可符合。因为在《中庸》上所说"诚"或"至诚"均指性体的真诚处而言,是根本的常道而非变化之道,是精神之体而非自然之理。假使吾人将"天命之谓性"的"天命"解释为天的命令,是即表示的气化流行赋予人以性,成为外在化被动化,此为以第二义来释第一义,根本不合。故其解释必须会归于孔孟的同体精神。

三、佛　　家

次说佛家。《涅槃经》云:"一切众生悉有佛性。"即一阐提亦有佛性。关于此,在晋代僧人间曾引起争论。晋之高僧道生(即生公),入庐山幽栖七年,钻研群经,后遊长安,从罗什受学,著有《二谛论》、《佛性常有论》等。守文之徒多嫌嫉之。又其时《涅槃经》至中国者仅前数卷,道生剖析经理,立阐提成佛之义。旧学以为邪说,摈斥之。生乃抽手入平江虎丘山,竖石为听徒,讲《涅槃经》。至阐提有佛性处,曰:"如我所说,契佛心否?"群石点头。后遊庐山,居销景岩,闻昙无谶在北凉续译《涅槃经》之后品,至南京见之,果如道生所言。是可见佛性为佛菩萨与众生同体之性,而无间于阐提。唯同一佛法在教义中其表达之名称则有多种。大乘《玄论》(唐延兴寺之吉藏撰)三有云:"太圣随缘善巧,于诸经中说名不同,故《涅槃经》中名为佛性,则于《华严经》中名为法界,于《胜鬘》中名如来藏、自性情净心,《楞伽》名为八识,《首楞严经》名首楞严三昧,《法华》名为一道、一乘,《大品》名为般若、法性,《维摩》名为无住、实际。如是等名,皆是佛性之异名也"。

关于佛性之同体异名犹不止此,如真如、真性、实性、实谛、一实、一如、一相、法身、无为、真谛、真空、实相、涅槃等均是。而天台家称之为诸法实相,华严家则称之为一真法界。

　　诸法实相者,乃指万法之体性,即诸法同共一真如本体。而此本体则真实常住,是为万法之实相,乃究极之真理。

　　一真法界者,《华严大疏》"以一真法界为玄妙体",《三藏法数》(明代一如等撰)云:"无二曰一,不妄曰真,交彻融摄故曰法界。即是诸佛平等法身,从本以来,非空非有,离名离相,无内无外,唯一真实,不可思议,是名一真法界。"此处所引两义均甚圆融玄妙。一真法界在佛法中为根本要义,其所涵摄高远、广博、深厚、幽遂、悠久。兹谨参诸经典,间以己意,析明如下:

　　(一)法界之义有约事、约理两层。约事言,法谓诸法,界谓分界,即边际,极尽法的边际而明其分界是为法界。如华严家四法界中之事法界即是。天台家就俗谛所说之十法界(1. 佛法界,2. 菩萨法界,3. 缘觉法界,4. 声闻法界,5. 天法界,6. 人法界,7. 修罗法界,8. 鬼法界,9. 畜生法界,10. 地狱法界)亦是。

　　(二)约理言,指真如之理性而谓之为法界,或谓之为真如法性。法,仍为诸法义,界,其义为因,或为性,为诸法所依之性。质言之,即诸法同一体性,故名法界。法界者,乃一切众生身心之本体。一切众生、色心等法虽有差别,而其体性则是同一,故名一真法界。此在华严家四法界中则为理法界。

　　(三)十法界中,唯佛的法身与法界性是完全合一而遍在的。其余九法界之众则均具备此法界性,含于如来藏中而为其本性,但依于心之觉迷而展现有等次之差。此项等差,绝非本体上有所差欠,乃因本性为妄所覆,只要妄除,则本体自现。如何除妄?应于本性起修,因本性通于法界性故。本性修明,即是大心朗显,而契于一真法界,符于诸佛的同体精神。

　　(四)世间一切有为诸法均是因缘和合而生,由此缘生法所现者皆为虚妄之假相,乃生灭无常。若执着之,以幻有为实有,则轮回生死。而诸法无自性,本属空相,其法性之真如,亦系真空如如,不生不灭。《华严·升须弥山顶品》有云："观察于诸法,自性无所有,如其生灭相,但是假名说。一切法无生,一切法无灭,若能如是解,诸佛常现前。法性本空寂,无取亦无见,性空即是佛,不可得思议。若知一切法,体性皆如是,斯人则不为,烦恼所染着。凡夫见诸法,但随于相转,不了法无相,以是不见佛。⋯⋯诸法无真实,妄取见真实,是故诸凡夫,轮回生死狱⋯⋯不了诸法性,恒受生死苦,斯人未能有,清净法眼故。⋯⋯一切诸法性,无生亦无灭。奇哉大导师,自觉能觉他⋯⋯能知此实体,寂灭真如相,则见正觉尊,超出言语道。言语说诸法,不能显实相,平等乃能见,如法佛亦然"。众生对和合幻成之假相而生我见妄念,处处取相,处处分别,业力由此而作,苦报由此而生。其对于佛法,亦以妄见测度之。追问其故,皆由不知一切众生同具如来真如法性,性体本同,而此性体元来清净无染,真空如如。若能离相会性,自见我与诸佛众生本是同此真如之体,无有差别;若能尽舍妄念,自得寂灭真如相,而见正觉尊。

(五)一切法,因缘生,无有自性,而其性体则是同一之真如法性,因为万法唯心,法由心现。《华严经·夜摩宫中偈赞品》有云:"若人欲了知,三世一切佛,应观法界性,一切唯心造"。法界性,即是真如法性,亦即是真心。心虽真空无法,而法由心现,故十法界之法,其本体不离乎一真心。此真心,即诸法所同具的真实无妄清净无染之理体。此理体贯通十法界而为一切法之真体,故名一真法界。

(六)菩萨则"了知法界体性平等,普入三世,永不舍离大菩提心,恒不退转众生心"。(《华严经·十行品》)此即菩萨深深透达诸佛众生的同体精神,本诸此同体精神发为大菩提心,永不退转化众生心。此大菩提心,即是心佛众生三无别的同体大心。凡是志修大乘者,必宜时时刻刻要修此同体大心,对于同体大心能多透达一分,则其修行佛法之心即相应地透进一层。若是渐次修行,能将个体的小心磨去,而使同体大心放光,则便与佛法相应。

(七)众生为我见妄念所困,故同体大心不易显现。而其毛病则在一个"执"字。我执固病,法执亦病,而空执更病。《说无垢称经》(玄奘大师译,即是《维摩经》)有云:"四大和合,假名为身,大中无主,身亦无我。此病若起,要由执我。是中不应妄生于执,当了此执,是病根本。因此因缘,除一切有情(众生)我想,安住法想。应作是念:众法和合,共成此身,生灭流转,生唯法生,灭唯法灭;如是诸法,展转相续,互不相知,竟无思念,生时不言我生,灭时不言我灭。有疾菩萨,应正了知如是法想,我此法想,即是颠倒。夫法想者,即是大患,我应除灭,亦当除灭一切有情如是大患。云何能除如是大患?谓当除灭我、我所执。云何能除我、我所执?谓离二法。云何离二法?谓内法、外法,毕竟不行。云何二法毕竟不行?谓观平等,无动无摇,无所观察。云何平等?谓我涅槃,二俱平等。所以者何?二性空故。此二既无,谁复为空,但以名字,假说为空。此二不实,平等见已,无有余病,唯有空病,应观如是空病亦空。所以者何?如是空病,毕竟空故。"众生通常犯我执法执之病,我是四大和合,法是心缘和合,均无自体性而归于空相,此空亦是假说为空。若执此空为究竟之法,亦是空病,如是空病,毕竟空故。因为佛性(即涅槃)通于一切法而为其体性,诸法空相,同体平等,返元归真,无智无得。若稍存所得之见,即是执异,而非透彻于同等平等之精神。

(八)众生困于我、法、空三执,无垢称居士谓"应愍险趣一切有情,发起大悲,除彼众苦"。《说无垢称经》卷三载称:"尔时,佛告妙吉祥(即文殊菩萨)言:汝今应诣无垢称所,慰问其疾。……妙吉祥言……世尊殷勤,致问无量,居士此病少得痊不?动止气力稍得安不?今此病源从何而起?其生久如?当云何灭?无垢称言:如诸有情,无明有爱,生来既久;我今此病,生亦复尔。远从前际生死以来,有情既病,我即随病,有情若愈,我亦随愈。所以者何?一切菩萨,依诸有情,久流生死;由依生死,便即有病;若诸有情,得离疾苦,则诸菩萨无复有病。譬如世间长者居士唯有一子,心极怜爱,见常欢喜,无时暂舍,其子若病,父母亦病,若子病愈,父母亦愈。菩萨如是,愈诸有情,犹如一子,有情若病,菩萨亦病,有情病愈,菩萨亦愈。又言:是病何所因起?菩萨疾者,从大悲起。"是可见佛菩萨与众生一体不二,同体大悲,故与众生同其忧患。有一众生未救,佛菩萨即视为其性体有亏,因"诸佛如来以大悲心而为体故"。(《摩严经·普贤行愿品》)

(九)世之学佛者往往以为悲心即哀怜穷苦之心,极不知大悲之义非止于怜悯心或同情心之谓。因为怜悯心或同情心乃出于一时感情的流露,缘境而生。凡由感情缘境而生者均是"作用",均是"爱缠",何堪为成佛之资粮!佛家所说"大悲心"绝不是作用,亦不是爱缠,因其非出于临时刺激故,非出于感情冲动故,而是十法界众生佛性同体,由同体之性理、性德、性慧,其心法尔运行大悲。故大悲心即是同体心,即法界性,亦即是心佛众生三无差别的大平等之精神。是故修大乘者,不可从作用上去模拟大悲心,亦不宜从感情上去激生大悲心,要知此是第三义的办法。修大乘者必须把握第一义。第一义为何?即是要将自家的本心放大,与十法界众生同体,凡诸含灵均是过去多生父母兄弟,而是未来之佛,应一律平等尊重之、敬畏之、度济之。同体的关切,为理性之当然,非感情之偶然,如是方是大悲心之真义。

(十)又大悲心宜从行为实践上见之。《虚云和尚年谱》载大照所述《慈悲心愿茶根香》一文中有云:"一日,有居士谒师(指虚云),问曰:'弟子有善根否?'师曰:'若无善根,安得到此?'又问:'弟子将来能成佛否?'师曰:'一切众生毕竟成佛,汝亦当成。'某人欢喜礼谢。师乃问曰:'汝持主斋否?'答云:'尚未。'师乃谕谓食众生肉者断大悲种,今后宜力持长斋方能与佛法相应。其人欢喜信受而去"。食众生肉断大悲种,盖丧失同体精神莫过于此。修大乘者因于众生发菩提心,因菩提心成等正觉,其行菩萨道,至于自舍其头目手足者有之,未闻有餐食众生肉以自肥者。同体大心之显现与否,大悲心之真切实践与否,均以能否断荤一事觇之。

(十一)众生违于一真法界而生六趣,悟于一真法界而复本心,若一念颠倒,取诸法相,此即是妄。若心不执着,心行处灭,诸法空相,即会归性源。性是大圆觉海,无量无边众生及诸佛菩萨,就性上说皆是一真法界,平等而无差别。禅宗修行,直指本心,即是要会归一真法界。《五灯会元节引》(智光法师抄)有云:"利山和尚。僧众问:'众色归空,空归何所?'师曰:'舌头不出口。'曰:'为什么不出口?'师曰:'内外一如。'"诸法空相,会归于性,而性原真空,真空如如,是为内外一如,即"法界如如常不动"(《华严经·世主妙严品》)。

(十二)净土宗修行净业成熟时,则往生净土。古德有云:"生则决定生,去则实不去。"此二语,前者言事,后者言理,乍看似相触,难为融解,其实此正是一真法界妙理之所显示。"生则决定生",乃修净土者本诸信愿行起修而功行成熟,得乘阿弥陀佛大愿船往生西方净土,此显示事修者功夫成时必确然获得往生之净果。"去则实不去",乃就一真法界之理而言。一真法界,即是法性同体大心,此大心如虚空,涵容阿弥陀佛,西方净土,念佛众生,娑婆世界,均在此大心中,此即是佛与众生同体的平等大心。今念佛众生净业修成,生于净土,即是生于同体平等的大心中。念佛众生与阿弥陀佛国均元本在此同一大心之内,绝非超出此大心之外另有西方净土。若如此解释,便不是内外一如。其所以不能内外一如者,因为只见到个别的小心。由于小心的差别,念佛人的心与弥陀的心未能通为一体,是心与心相隔。既相隔,岂但十万亿佛土为远,即近在咫尺,亦不能感通。若悟得佛心本是同体大心,本是一真法界,岂但咫尺不隔,即远在十万亿佛土,亦是弹指即生。创天台宗的智者大师有云:"但使众生净土业成者,临终在定心,即是净土受生之心,动念即是生净土时。为此《观经》云:弥陀佛国去此不远,又业力不可思议,一念即得生彼,不须愁远"。(见大师所著《净土十疑论》)大师之言即深透一真法界同体大心之理,实为修净业者之明灯。

四、结　论

总上所言,可见儒佛两家的圣贤探究心性之本源均有深悟于同体精神者。儒家的同体精神,因《中庸》"天命之谓性"在字面上似有所隔,但按诸孔孟程张陆王及程朱诸圣贤之义理,复参照佛家一真法界之精义,天道(宇宙精神)之体与心性之体应为同体,绝无疑义。此源一通,则儒佛两家之大本大源即相与融通而无碍。此层关系,实非浅鲜!

而佛家《华严经》为诸经之母,此经展现一真法界同体大心之精义,辉耀宇宙。笔者认为,此经不能只看作是华严宗之经,此经乃整全佛法大总持大本源之经。一真法界同体大心之义,宜贯通各宗而共同显扬之。每一学佛者其修持法门原可各别,但其信奉佛法似宜有根本共同之精神,为人人所必须信解者,如《华严经》部即是。有共同必修之经典,方可破除封域之见。

《华严经》乃佛经之"母",万法之源,其理之高、之广、之厚、之邃、之悠久,盖无有出其右者。此在佛家似宜特加弘扬于世。

(选自《狮子吼》5卷第8期,1966年9月)

朱世龙,安徽人,曾在政界历任官职,后来旅居美国。初专弘扬儒家学术,后皈依佛教,晚期则儒佛并阐,或汇通之。著《佛教哲理与中西文化》。

本文从"同体精神"方面对儒佛两家进行比较,主要探讨了儒佛两家的相通之处。作者认为,两家虽然言论不同、各有独立意趣,但是同立根于心性(不独内层脉络可以贯通,而其实践的义理亦可以相辅相成),探讨心性之本源,都深悟于"同体精神"。此源一通,则两家之大本源即相与融通而无碍。

佛之"三觉"与儒之"三纲"

芏　摩

中国在先秦之世已有佛教,而正式传入当在东汉明帝时代。不过在东汉时代虽有佛教,并未普及。真正研究宣扬和弘盛是始于东晋,迄于隋唐。其发达弘盛的原因是因佛教的学理与中国固有儒学甚为接近,尤其是儒学所阐述的人生善行,如三纲五常、四维八德,与佛学上所发挥的小乘法和大乘法如五戒十善、六度四摄更相融洽。所以其他的宗教学术传来中国,尽管大事渲染,曲尽其妙,而终未能在中国文化学术中生根,唯有佛教文化却被中国文化吸取精华,摄为己有。近代东方文化学者曾有把中国文化分成四个主流,即汉清经学、魏晋文学(似应为"玄学"——编选者)、隋唐佛学、宋明理学。在这四个中国文化主流,佛学不但在隋唐文化中占了一个主流,还有所谓"新儒学"的宋明理学亦是以中国的禅学为骨髓的,那么在宋明文化中佛学又算得上是半个主流了。这说明了佛学和儒学相融相洽是有它们在学理上的共通因素,并非偶然性的凑合。

现在单就佛学的"三觉"和儒学的"三纲"略为立言。佛学上所阐述的人生达到最高的理想境界,要有三种修养觉悟的学问,即是自觉、觉他、觉行圆满。

自觉的学问是由自己所修学的工夫、自己获得所觉所知而实际受用的学理。这种学理已为佛陀所觉所知内自证悟的境界,本

非文字言说所能形容,而为方便利世,须假言说文字,可得三种说明:

一、觉知缘起:说因缘法,阐明人生世界的一切诸法,皆从因缘而起,即每件事物生起皆有其自己的主因,而得成于其他众力之助缘,不能自己单独生起,单独存在。如一株椰树生长,以自己的种子为主因,以水、土、阳光、人工等他力之缘而助成。又如一个人的生长,先天已由自己生命总体的阿赖耶识为主因,到入胎时以父母的精血肉躯为助缘,才构成一个新的结晶体。后天在家庭赖父母兄姊的扶持,在学校赖师长同事的教导,在社会得亲族朋友的提携,从这许多助缘的关系才能造成自己一生景况。因此,知道自己的生存与全社会人士都有关系,则我之一举一动,或好或坏,皆足以影响全体社会,而全体社会的好坏影响于我亦然。即从此缘起互成之人生社会的关系发明人生应须互助互济的真理,据此真理而造成人生湿沫相濡休戚相关的相爱和乐的局面。

二、觉知因果:说四圣谛法,阐明人生世界一切缘起之法,其中种种的好坏转变,不是有什么神在操纵,也不是无缘无故偶然而生,而是都自有其前因后果的。由于过去积集种种的烦恼恶因,使人生招获苦果;由于修习种种善道之因,使人生灭除惑业,获得涅槃的乐果。因此启示我们,人生一切苦乐因果都是各人自己做的,好坏都要自己来负责,他人是不能越俎代庖的。我们求佛敬天,佛天不过是给我们一种真理路向的指示和威德智力的护助,并不是来包办我们的一切。尝见世俗人一边在作恶,一边又在买了几元钱的礼物去敬佛拜神,希冀佛天赐福,去掉他的恶果。自己作恶,不循善因而欲求好果,这种心理已不健全,而以几元钱的礼物去博取一个大的福果,或中了几十万元的彩票,这种不劳而获的取巧心理更要不得。况佛天无私,不受贿赂,且自作自受,为因果定理,岂可任有力者随意改变善恶、推翻因果?哪里有这个道理呢?

所以佛陀觉悟了因果定理,就是启示大家,要得好果,必循善因,若作恶因,必得恶报。所谓"自求多福"、"求人不如求己",因果所启示于人生的便是这个真理。

三、觉知平等:说佛性法,启示佛性平等。人人都有希望做佛,个个都有做佛的可能性。佛在菩提树下初觉悟时,就在《华严经》中说"大地众生皆有如来智慧德相,但以妄想执着不能证得"。本有的"如来智慧德相",就是本具的"佛性",只因被烦恼尘垢所盖覆,惑业丛生,就沉沦浩劫,枉受痛苦。佛陀今日自觉,就是能不被境转,智破诸惑,重光佛性,洞见真理,即禅宗所说"明心见性"了。佛最后在《涅槃经》中也说"一切众生皆有佛性,有佛性者皆可成佛",也是说的这个佛性。这个佛性是"在凡不减,在圣不增,悟之为佛,迷之为众生"。若能循于修养工夫,证验这个佛性,就是学佛自觉的学问达到成功了。

觉他,是佛陀从自己修证的经验,教人作利他的学问或工作。因自己的修证工夫到家,离苦得乐,达到一个安身立命的所在,而回顾许多众生为五尘六欲所迷,不知自己有个含容万法、具备众德的佛性,浮沉人海,枉受苦楚,乃发起大心,悲天悯人,创立言教,化导万机,使他们都能循着自觉正法的路线,做修进的工夫,也达到"明心见性"的领域,去粘解缚,离苦得乐。这便是佛陀利他觉他的学问。

觉行圆满,就是自觉行和觉他行并行,行到彻底究竟,在修学的过程中不因诸多违缘波折而中途放弃,自废前功。不论修自觉行或觉他行,中途一定会遇到很多困难,无论如何要坚持到底,克服困难。在修自觉行,真要做到"富贵不能淫,威武不能屈,贫贱不能移"的志节。在修觉他行,为人服务,在广大的社会群众中和光同尘,遇到不如意的困难一定更多,若不忍辱坚持,势难克竟全功。如舍利弗本发大心修利他行,而因施眼问题难忍未忍,竟退大心,落于小果。成佛之难也在于此,必须三觉圆,万德备,方称无上佛道而成"大人之觉",完成了智德圆满的伟大的人格。

　　现在再来讲儒教的三纲。但是现在要讲的儒学,不是属于礼教的"三纲五常"的那个"三纲",那个三纲是指君臣、父子、夫妇的三纲,现在要讲的三纲是《四书》之一的《大学》上说的"大学之道在明明德,在亲民,在止于至善"的儒学的三大纲领。这三大纲领是属于学理的,也是孔子教育的目的论。《四书》《五经》千言万语,教人为学和做人的方法都不外这个目的。朱熹曾说:"大学者,大人之学也"。朱子说的大人,也就是孟子说的"大人者,不失赤子之心者也"的大人。孟子心目中的大人,曾举出当时有个乐正子做代表。他说乐正子是善人,是信人,是具有美德的人。

　　他解释道:"可欲之谓善,有诸己之谓信,充实之谓美,充实而有光辉之谓大。"如此所谓大人之学的大学之道,即是教人修养德学充实而有光辉的人格,与佛教的三觉之道使人去恶就善、断惑证真、成为大人之觉的理路,亦很接近。而在三纲中所诠表的学理亦与佛学的三觉之理颇多相符之处。

　　第一纲:在明明德。明德,即指孔孟所说人性本善的光明德性,与生俱来,具备众理,足以应付万事,但有时为人欲所蔽,使昏迷不明。如日隐于乌云,明镜蒙于灰尘,看来似乎昏暗,本有性光却未消失。把乌云吹散了,灰尘拭净了,仍可恢复不从外来的本有的光明性德。所以说,"明明德"上面的"明"字是动词,可当"恢复"的"复"字解。人生能恢复明德,是修身的第一步工夫,也正是佛学上的自觉工夫。因自觉工夫便是叫人循着修养的方法,断除烦恼的不良心理而开发内在本有的佛性灵光罢了。

　　第二纲:在亲民。亲民是亲爱于民,为利人方面的工作,等于佛学上的觉他工夫。儒学的宗旨和佛学一样地要推己及人,自己觉悟了,还要觉悟他人,所以自己恢复了明德,还要使他人也个个都恢复明德。如我们现在因求学而知书达礼,同时也要使他人也知书达礼。盖礼者,理也。我一人明理,想做好天下的事就很难,必须人人都明理,大家做事都合于理,都顾住天下,那么天下的事就好办了。所以这亲民,是由自己推之亲族,由亲族推至社会全民,乃至推至世界所有的人类,所谓"平章百姓,协和万邦"。这在佛学上就是菩萨大人"自觉觉他,普渡众生"的境界,而在儒学的伊尹是"先知觉后知,先觉觉后觉",在孔子是"己欲立而立人,己欲达而达人",在《中庸》是"成己、成物",在孟子是"养其至刚至柔的浩然之气",在荀子是"物物而不役于物",在董仲舒是"正其谊而不谋其利,明其道而不计其功",在杜甫是"安得广厦千万间,大庇天下寒士尽开颜",在范仲淹是"先天下之忧而忧,后天下之乐而乐"。这些人物都是儒家历史文化学术精神的产物,也是由明明德而亲民的代表。所以这一纲领不但独善其身,还要兼善天下哩!

第三纲:在止于至善。至善是纯善、最善的意思。人生在世,为善最乐,能做到至善,自然是更大的快乐。但行善也须行得到家才好,不能中途而止,正是俗语说的"送佛送到西天"。若半途而止,便不能达到为善最高境界。所以这"止于至善",就是对于修己的明德、化他的亲民都要做到恰到好处的地步,也正是佛学上的自觉觉他而止于"觉行圆满"的境界。《大学》上还说:"为人君止于仁,为人臣止于敬,为人子止于孝,为人父止于慈,与国人交止于信。"这些都是人生每个单位上的善行,处世接物都少不了要学习的,但要综合每个行善的单位,做得完美不缺,那就非学佛学上的大智大悲的"觉行圆满"不可了。

从学术的角度来看,佛之三觉与儒之三纲意义颇为相近,所谓"佛法不离世间法"。佛儒之理是可以殊途同归的,因两者都是教育要达到的目的论,只不过是程度的浅深、目的的高低容有差异。因儒学的进取目的,止于佛学的人天乘境界而已。但如何能进取这目的呢?在佛教是注意"发心",要发殊胜的"无上道心",才能

"成等正觉"。在儒教则注意"立志"。孔子说:"吾十有五而志于学。"又说:"三军可夺帅也,匹夫不可夺志也。"坚固的立志,便是坚固的发心。可是发什么心呢?佛学上是"发菩提心"。梵语菩提,其义为觉为道,体即智慧。由正智慧而觉悟正道正理。循此正道正理行事,一面发起勇猛精进心以求自觉,一面发起勇猛精进心以求觉他。在这觉他方面还要发四种广大无比的胜心,叫"四无量心"。一、慈无量心,以无缘慈,等视众生,心无分别,任运度脱,不如凡夫的慈爱有亲疏之隔、厚薄之分。二、悲无量心,以同体悲,拔人之苦,如拔己苦,深知佛性平等,我与众生本属一体,作此观察,拔苦与乐,同情无限,虽赴汤蹈火,在所不辞。三、喜无量心,以平等喜,于诸众生,凡有喜事,不分冤亲,一样随喜,出钱出力,助其成功,不如普通人的心理,亲我者即喜而助之,冤我者便恶而损之。四、舍无量心,修缘起观,达我性空,凡有所作,心无贪着,不计其功,不图其报,即作即舍,量如虚空,了无阻碍。佛在《金刚经》中曾说:"菩萨救度了许多众生而不觉得有一个众生为他所救度"(原文"诸菩萨摩呵萨",应如是降伏其心,所有一切众生之类⋯我皆令入无余涅槃而灭度之;如是灭度无量无数无边众生,实无众生得灭度者。何以故?须菩提,若菩萨有我相、人相、众生相、寿者相,即非菩萨)。这是说菩萨大人若有一般人的功利观念,心即落于有限,不能度脱广大无量的众生了。

学佛的人能发此菩提胜心,志求佛道以自觉自利,复能以四无量心觉他利他,才能完成了修学三觉的神圣工作,即所谓"觉行圆满"。在这发无量心长远修学的过程中,还须赖有一种精进勇敢的心,才能坚持到底。若是姑息马虎,便难成功。从前西藏有个喇嘛,说西藏有一种适时的花,日出而开,日落而合,好似中国的含羞花,指头一触,它就合拢。一天向晚,一对蝴蝶飞入花中采蜜,不觉之间,花瓣合拢,把双蝶包在里面。这时一蝶欲勇敢地冲出,另一蝶则主张姑息,坚持着明晨花开,自然不费吹嘘之力便可飞出,此刻何必太费精神。结果待到明晨花未开时,忽有大象撞来吃草,把长鼻子一卷,连草带花都卷入肚中去了。试想这对蝴蝶到这境地,还活得了吗?只因姑息,丧了生命。而那只勇敢的蝴蝶,本可冲出花瓣,只因意志不坚强,随她姑息,结果也就难以再活。我们人生为学处事也是如此,勤勇就成功,姑息就失败。或自己虽有勤勇之心而意志不够坚强,随着环境的利诱而姑息,结果也势必如那只勇敢的蝴蝶听了同伴的话而姑息,遭到同样不幸的命运。所以佛学主张求法的人要先发心,儒学主张求学的人必先立志,而且这发心发愿要坚,这立志立誓要强,无非为要达到这个教育目的——三觉与三纲的先决条件。

不论宗教的立场,站在教育的角度看,三觉与三纲立名或说法虽有不同,而为人生教育的意义和理想目标是颇相似的。谁是人,谁要做人,谁要做好人、做圣人、做完人,谁都应该注意修学!我想圣人创教立化的目的在此,吾人办学或受教育的目的,亦应是在此的吧!

（选自《海潮音》47 卷 10 期,1966 年 10 月）

竺摩,浙江雁荡人,毕业于闽南、武昌佛学院。曾创办《无尽灯刊》,后落锡于槟城,创"三慧讲堂",并任马来西亚佛教宗会会长。

作者认为,"佛学与儒学相融相洽,是有它们在学理上的共通因素,并非是偶然性的凑合"。本文对佛家"三觉"与儒家"三纲"作了探讨、比较,进而指出:"不论宗教的立场,站在教育的角度看,三觉与三纲,立名或说法虽有不同,而为人生教育的意义和理想目标是颇相似的。"

中国形上学中之宇宙与人
——1964年第四届东西方哲学家会议论文

方东美

一

在本文中我所要谈到的中国形上学,其含意迥异乎一般所谓"超自然形上学"(Praerernatural Metaphysics)。根据后者的说法,人以及其所居处的宇宙,均各自为两种极不相容之力势所支配而剖成两橛,其致极也,遂于天堂地狱之间也划下了一道鸿沟。人,就其为一体存在而言,虽由灵肉两者所组成,而两者之间竟又彼此冲突不已。

我以"超越形上学"(Transcendental Metaphysics)一辞来形容典型的中国本体论。其立论特色有二:一方面深植根基于现实界;另一方面又腾冲超拔,趋入崇高理想的胜境而点化现实。它摒斥了单纯二分法,更否认"一元论"为真理。从此派形上学之眼光看来,宇宙与生活于其间之个人,雍容洽化,可视为一大完整立体式之统一结构,其中以种种互相密切关联之基本事素为基础,再据以缔造种种复杂缤纷之上层结构,由卑至高,直到盖顶石之落定为止。据一切现实经验界之事实为起点,吾人得以拾级而攀,层层上跻,昂首云天,向往无上理境之极诣。同时,再据观照所得的理趣,踞高临下,"提其神于太虚而俯之",使吾人遂得凭借逐渐清晰化之理念,以阐释宇宙存在之神奇奥秘,与人类生活之伟大成就,而曲尽其妙。

我们之心态取向既然如此,很自然地,中国各派的哲学家均能本此精神而百尺竿头更进一步,建立一套"体用一如"、"变常不二"、"即现象即本体"、"即刹那即永恒"之形上学体系,借以了悟一切事理均相待而有,交融互摄,终乃成为旁通统贯的整体。

职是之故,中国哲学上一切思想观念,无不以此类通贯的整体为其基本核心,故可藉机体主义之观点而阐释之。机体主义,作为一种思想模式而论,约有两种特色。自其消极方面而言之,(1)否认可将人物对峙视为绝对孤立系统;(2)否认可将宇宙大千世界化为意蕴贫乏之机械秩序,视为纯由诸种基本元素所辐辏拼列而成者;(3)否认可将变动不居之宇宙本身压缩成为一套紧密之封闭系统,视为毫无再可发展之余地,亦无创进不息、生生不已之可能。自其积极方面而言之,机体主义旨在统摄万有、包举万象而一以贯之;当其观照万物也,无不自其丰富性与充实性之全貌着眼,故能"统之有宗、会之有元"而不落于抽象与空疏。宇宙万象,赜然纷呈,然克就吾人体验所得,发现处处皆有机体统一之迹象可寻,诸如本体之统一、存在之统一,乃至价值之统一等等。进而言之,此类披纷杂陈之统一体系,抑又感应交织,重重无尽,如光之相网,如水之浸润,相与洽而俱化,形成一在本质上彼是相因、交融互摄、旁通统贯之广大和谐系统。

中国形上学思想之主流,就其全幅发展而论,大致上可譬作乐谱上之若干音节线,其间隔长短,容或错落参差不齐,然各种不同型态之思想潮流,均可借诸音节线而使之一一凸显,依三节拍,迭奏共鸣,而以各节拍之强弱,示其分量之轻重。自远古至公元前12世纪,中国形上学之基调表现为神话、宗教、诗歌之三重奏大合唱。自兹而降,以迄公元前246年,其间九百余年,是为中国哲学上创造力最旺盛时期,原始儒家、原始道家、原始墨家,一时争鸣,竞为显学。紧接着是一段漫长的酝酿、吸收与再创期(公元246—960年)。势之所趋,终乃形成具有高度创发性之玄想系统于中国大乘佛学。自公元960年以迄今日,吾人先后在新儒学(性、理、心、命之学)的形式中复苏了中国固有的形上学方面的原创力,而且新儒学多少染上了一层道家及佛家色彩。在此一段再生期之中,最突出而值得注意者,是产生了三大派形上学思潮:(1)唯实主义型态之新儒学;(2)唯心主义型态之新儒学;(3)自然主义型态之新儒学。

鉴于时间限制,有关中国形上学史上各派运动发展之详情,今天不遑细论。本文重点只集中于原始儒家、原始道家与大乘佛学三方面。三者相提并论,是基于其系统虽然歧异,然却同具三大显著特色:(1)一本万殊论;(2)道论;(3)个人品德崇高论。

首先,我要提出:何种类型之人物才配挺身而出,揭发中国智慧而为其代言人?诚如英国剑桥大学康佛教授(Prof. F. M. Cornford)所言,那必须是要集"先知、诗人与圣贤"于一身的人物,始足语此①。我不必列举种种历史上的事实理由,说明中国哲学家何以非如此不可,但看庄子对古代哲学家——"博大真人"——之欣赏赞叹不置,便足透露个中消息了。② 可惜古人这种自能独得天地大全之通观慧见,后来却由于为了应付社会变迁、种种现实需要而渐次丧失了,沦为"小知戋戋"式的分析知见。无怪乎在中国一切伟大的哲学系统之建立者都得要以一身而典"诗人、圣贤、先知"的三重身份,才能宣泄他们的哲学睿见。诚然,由于个人的性分差

---

① 参看康佛《智慧原理》(F. N. Cornford, *Principium Sapientiae*,英国,剑桥大学,1952年版),页90—91,93,96,102。

② 参看《庄子》(浙江书局,1876年版),《天下》,卷十,页18。

异,难免在三者的组合上,间或有特别偏重于某一面之倾向。

　　道家之诗人灵感或气质,可说是得天独厚,使他们得以凭借诗人之眼放旷流眄,但见人人之私心自用,熙熙扰攘,奔竞于浊世,均须一一加以超化,使之臻于理想的实存境界,方能符合高度的价值准衡①。在佛家之心目中,这便与解脱超度,蕲向"涅槃"之说十分相近,而涅槃说同时又为对应"真如"("如来"或"法身")之绝妙描绘。由是观之,道家哲学可说是替后来中国佛学朝着大乘方向发展,作了最好的铺路。

　　道家观照万物,举凡局限于特殊条件之中始能生发起用者,一律化之为"无"。"无"也者,实为"玄之又玄"之究竟真相,宛若一种生发万有之发动机。道家之终,即是儒家之始。与道家形成尖锐强烈之对照者,是儒家之徒往往从天地开合之"无门关"上脱颖而出,运无入有,以设想万有之灵变生奇,实皆导源于创造赓续,妙用无穷之天道。天德施生,地德成化,腾为万有,非惟不减不灭,而且生生不已,寓诸无竟。因此呈现于吾人之前者,遂为浩瀚无涯、大化流行之全幅生命景象,人亦得以参与此永恒无限、生生不已之创化历程,并在此"动而健"之宇宙创化历程中取得中枢地位。总而言之,儒家之宇宙观,视世界为一创化而健动不息的大天地,宇宙布护大生机,生存其间的个人生命可有无限的建树。宇宙之意涵既然如此,作为理想人格之圣人,其巍峨庄严,高明峻极,也当如是——是之谓"圣者气象"。

　　佛学在中国之初期发展,原本觉得儒家此种处处"以人为中心"之宇宙观过于牵强,于是乃转而与道家思想相结合,将人生之目的导向求圆满、求自在之大解脱界。然随着时间之进展,不久即

---

　　①　参看《老子》(浙江书局,1875 年版)第二章,卷上,页 1;第四十八章,卷下,页 6。

看出儒家思想中的种种优点,并发现其中与佛学思想在精神上有高度之契会。儒家当下肯定人性之"可使之完美性",佛家则谓之"佛性",而肯定为一切众生所具有者。佛家思想既是一套哲学系统,又是一派宗教教义,佛教弘法大师都具有先知的知能才性,把目光凝注在人类最后之归宿处,与夫未来一切有情众生之慈航普渡的大解脱上。

综上所言,我们现在可用另一种简明扼要的说法,借以烘托点出弥贯在中国形上学慧观之中的三大人格类型。在运思推理之活动中,儒家是以一种"时际人"(Time-man)之身份而出现者(故尚"时");道家却是典型的"太空人"(Space-man)(故崇尚"虚"、"无");佛家则是兼时、空而并遣(故尚"不执"与"无住")。

谈到中国形上学之诸体系,有两大要点首当注意:第一、讨论"世界"或"宇宙"时,不可执着其自然层面而立论,仅视其为实然状态,而是要不断地加以超化。对儒家言,超化之,成为道德宇宙;对道家言,超化之,成为艺术天地;对佛家言,超化之,成为宗教境界。自哲学眼光旷观宇宙,至少就其理想层面而言,世界应当是一个超化的世界。中国形上学之志业即在于通透种种事实,而蕴发对命运之了解与领悟。超化之世界即是深具价值意蕴之目的论系统。第二、"个人"一辞是一个极其复杂之概念,其涵意之丰富,非任何一套"一条鞭"之方法可以究诘。诚如意大利哲学史家鲁齐埃罗教授(Prof. G. D. Ruggiero)所谓之"日新人"(Homo Novus),在此种意味下,近代西方无人不视"个人"为瑰宝,无论在宗教、在认识论、在政经理论方面,都以"个人"一辞为誉辞,用作褒义①。个人在宇

---

① 鲁齐埃维:《欧洲自由主义发展史》(Guido de Ruggiero, *The History of European Liberalism*, tr. by R. G. Collingwood. 英国,牛津大学,1927 年版),页 24—28,51—52,66—73。

宙之中的地位如何？这不是一个可以一次解决了当的问题，其答案既无成例可循，又非一成不变；乃是个值得每时代的人类一问再问的问题。在不同的时代、不同的思想背景下，对于这个问题尽可以有根本不同的答案。旷观整个一部中国哲学史，杨朱(约公元前521—442年)是唯一敢于大胆倡言"为我主义"的哲学家，但是其他所有各派的思想家都不以为然。就儒家言，主张"立人极"，视个人应当卓然自立于天壤间，而不断地、无止境地追求自我实现；就道家言，个人应当追求永恒之逍遥与解脱；就佛家言，个人应当不断地求净化、求超升，直至每派所企仰之人格理想在道德、懿美、宗教三方面修养都能达圆满无缺之境界为止。就此三派之眼光看来，凡个人之人格，欲其卓然有所自立，而不此之图者，必其人之知能才性有所不足，而其思想发展犹未臻圆熟也。

现在我们且就作为中国形上学三大主要体系之儒家、道家、佛家，逐层分别讨论之。

二

儒家形上学具有两大特色：第一、肯定天道之创造力充塞宇宙，流衍变化，万物由之而出。(《易》曰："大哉乾元！万物资始，乃统天。")第二、强调人性之内在价值，翕含辟弘，发扬光大，妙与宇宙秩序，合德无间。(《易》曰："大人者，与天地合其德，与日月合其明，与四时合其序，与鬼神合其吉凶，先天而天弗违，后天而奉天时。"简言之，是谓"天人合德"。)此两大特色构成全部儒家思想体系之骨干，自上古以迄今日，后先递承，脉络绵延，始终一贯。表现这种思想最重要者莫过于《易经》。孟子与荀卿继起，踵事增华，发扬光大，除了补充一套极富创造性形上学思想之外，更发挥了一套

“哲学的人类学”之基本理论(按即“哲学的人性论”是也)。①

《易经》一书,是一部体大思精而又颠扑不破的历史文献,其中含有:(1)一套历史发展的格式,其构造虽极复杂,但层次却有条不紊;(2)一套完整的卦爻符号系统,其推演步骤悉依逻辑谨严法则;(3)一套文辞的组合,凭借其语法交错连绵的应用,可以发抉卦爻间彼此意义之衔接贯串处。此三者乃是一种“时间论”之序曲或导论,从而引申出一套形上学原理,藉以解释宇宙秩序。

关于以上三者诸专门性问题之讨论,自公元前二世纪起,迄今两千余年,经过无数学者专家之精心研究,其著作卷帙浩繁,无虑千百,今天自亦不克深论。

根据前人种种研究成果,以及太史公司马谈、司马迁父子之考证②,《周易》这部革命哲学,启自孔子本人(公元前 551—前 479年),再经过商瞿子木后学等人之承传与发挥,乃是一部经过长时期演变进化之思想结晶品。其要义可自四方面言之。(1)主张提倡“万有含生论”之新自然观,视全自然界为宇宙生命之洪流所弥漫贯注。自然本身即是大生机,其蓬勃生气,盎然充满,创进前进,生生不已;宇宙万有,秉性而生,复又参赞化育,适以圆成性体之大全。(《易》曰:“生之谓性”;“生生之谓易”;“易……曲成万物而不遗”;“成之者,性也”。)③(2)提倡“性善论”之人性观,主张发挥人性中之美善诸秉彝,使善与美俱,相得益彰,以“尽善尽美”为人格

---

① 参看拙著《中国人生哲学》(*The Chinese View of Life*,香港,友联出版社,1957 年版),第三章,页 87—115,尤其页 99—115。

② 《史记》(1746 年,乾隆武英殿本),卷六七,《仲尼弟子列传》,页 8 及卷一三〇,《太史公自序》,页 2。司马迁明载其父司马谈受《易》于杨何,孔子传《易》于商瞿子木,一脉相承,八传而至杨何。

③ 此论倡于孔子,见《象传》、《系辞传》以及《说卦传》上。

发展之极致,唯人为能实现此种最高的理想①。(3)形成一套"价值总论",将流衍于全宇宙中之各种相对性的差别价值,使之含章定位,一一统摄于"至善"②。最后,(4)形成一套"价值中心观"之本体论,以肯定性体实有之全体大用。(《易》曰:"一阴一阳之谓道,继之者善也;成之者,性也。")

显然地,作为"时间人"典型代表之儒家,自不免要将一切事物——举凡自然之生命、个人之发展、社会之演变、价值之体现,乃至"践形"、"尽性"、"参赞化育"等等——一律投注于"时间"铸模之中,以贞定之,而呈现其真实存在。

问题关键是:何谓"时间"③? 盖时间之为物,语其本质,则在于变易;语其法式,则后先递承,赓续不绝;语其效能,则绵绵不尽,垂诸久远而蕲向无穷。时序变化,呈律动性,推移转进,趋于无限,倏生忽灭,盈虚消长,斯乃时间在创化历程之中,绵绵不绝之赓续性也。时间创进不息,生生不已,挟万物而一体俱化,复又"会之有宗、统之有元",是为宇宙化育过程中之理性秩序。时间之动态展现序列,在于当下顷刻刹那之间,灭故生新,相权之下,得可偿失。故曰:时间之变易乃是趋于永恒之一步骤耳。永恒者,绵绵悠久,亘古长存;逝者未去,而继者已至,为永恒故。性体实有,连绵无已,发用显体,达乎永恒。职是之故,在时间动力学之规范关系中,《易经》哲学赋予宇宙天地以准衡,使吾人得以据之而领悟弥贯天地之重及其秩序(律则)("易与天地准,故能弥纶天地之道")(《系

---

①　此义发明于孔子,见《文言传》(乾文言及坤文言),而尤详于《彖传》。

②　价值观念以及由此引申之"价值中心观的本体论",发挥于《系辞传》。

③　按此问题在拙著《生命情调与美感》(《文艺丛刊》,第一卷第一期,南京,中央大学,1931年)一文中有所论列,详页173—204,尤其页192—203。

辞传》,第四章)。

基于上述之时间概念,可得三大形上学原则:

1. 旁通之理——含三义:(1)就逻辑意义言,指一套首尾融贯一致之演绎系统,而可以严密推证者[1];(2)就语意学意义言,指一套语法系统,其中举凡一切有意义之语句,其语法结构规则与转换规则,均明确标示一种对当关系与一种互涵与密接关系,足资简别正谬,而化舛谬为纯正[2];(3)就形上学意义言,基于时间生生不已历程之创化,《易经》哲学乃是一套动态历程观的本体论,同时亦是一套价值总论,从整体圆融、广大和谐之观点,阐明“至善”观念之起源及其发展。故旁通之理也同时肯定了:生命大化流行,弥贯天地万有,参与时间本身之创造性,终臻于至善之境。

2. 性之理(或“生生之理”)——孔子在《易经·系辞大传》(其纯理部分称为传),以及其门弟子在《礼记》里(含《中庸》),将广被万物之道[3] 析而言之,分为天之道、地之道与人之道三方面而论之:(1)天道者,乾元也,即原始之创造力,谓之“创造原理”。创造万物,复涵赅万物,一举而统摄于健动创化之宇宙秩序中,俾“充其量,尽其类”,“致中和”,完成“继善成性”、“止于至善”之使命。(《易曰》:“大哉乾元! 万物资始,乃统天(下万物)。”)(2)地道者,坤元也,乃顺承乾元(天道)之创始性而成就之,谓之“顺成原理”。使乾元之创始性得以赓续不绝,绵延久大,厚载万物,而持养之。

---

①　参看拙著《易经之逻辑问题》,见《易学讨论集》(长沙,商务印书馆,1941年),页31—54。

②　参看焦循《易图略》(讨论《易经》之逻辑结构及语法规范),卷一,页4,卷二,页13—14;《易话》(两卷,1818年),卷一,页3,12;《易通释》(二十卷,1813年);《易章句》(易经语法研究)(十二卷,1815年)。

③　参看《象传》、《文言传》、《系辞传》,第五章,第七章;《中庸》,第二十二章,并参看戴东原(震)《原善》,第一章。

（《易》曰："至哉坤元，万物资生，乃顺承天"；"坤厚载物，德合无疆，含弘光大，品物咸亨"。）（3）人道者，参元也（"参元"一辞借自《文心雕龙·原道第一》）。夫人居天地之中，兼天地之创造性与顺成性，自无深切体会此种精神，从而于整个宇宙生命创进不息、生生不已之持续过程中，厥尽参赞化育之天职。对儒家言，此种精神上之契会与颖悟，足以使人产生一种个人道德价值之崇高感；对天下万物、有情众生之内在价值，也油然而生一种深厚之同情感；同时，由于借性智睿见而洞见万物同源一体，不禁产生一种天地同根万物一体之同一感。儒家立己立人、成己成物之仁，博施济众之爱，都是这种精神的结晶。

3. 化育之理——视生命之创造历程即人生价值实现之历程。孔子在《大易·系辞传》中发挥其"继善成性"论曰：

> 一阴一阳之谓道，继之者，善也；成之者，性也。……显诸仁，藏诸用，鼓万物而不与圣人同忧，盛德大业至矣哉！富有之谓大业；日新之谓盛德。生生之谓易，成象之谓乾，效法之谓坤，极数知来之谓占，通变之谓事，阴阳不测之谓神（《系辞传》，第五章）

孔子在别处更曰："乾道变化，各正性命，保合太和，乃利贞。"（《彖传》）；"元者，善之长也；亨者，嘉之会也；利者，义之和也；贞也，事之干也。"（《文言传》）

从上面诸原理观之，宇宙之客观秩序乃是由于在时间动态变化的历程中，为乾元充沛之创造精神所造成者，人类个人所面对者是一个创造的宇宙。故个人也得要同样地富于创造精神，才能德配天地。因此，儒家此种动态观的与价值中心观的本体化，一旦完成之后，立刻启发出一套"哲学的人类学"。其要义在《中庸》二十二章里发挥得淋漓尽致：

> 惟天下至诚，为能尽其性；能尽其性，则能尽人之性；能尽

（竖排）20世纪儒学研究大系

人之性,则能尽物之性;能尽物之性,则可以赞天地之化育;可以赞天地之化育,则可以与天地参矣。(《中庸》,第十二章)

生命之自然秩序及道德秩序,既同始于乾元(天道)之创造精神,则人在创造之潜能上自然应当是足以德配天道的。准此,儒家遂首先建立起一套"以人为中心"("人文主义")的宇宙观,再进而导致出一套"价值中心观的人性论"。此孟子(公元前372—前289年)之所以要主张流贯于君子人格生命中的精神是"与天地精神同流"的道理了。孟子更进一步主张:一个身为真正的人之君子,凭借着先天的性善与种种优美的懿德,人人可以"充其量,尽其类",发展成为"大人";而此种人格上的"大人",在创造的过程中,再经过精神之升华作用,便可以发展成为"圣贤";最后,由"圣贤"终而发展至于"神人"。(《孟子·尽心下》)(孟子曰:"可欲之谓善;有诸己之谓信;……充实而有光辉之谓大;大而化之之谓圣;圣而不可知之谓神。"《尽心》章句下)

何止孟子一人如此! 即使那位从经验方法观察人性而主张"性恶论"之荀子(公元前313—前238年),也主张:经过不断的教化努力、薰陶与修养,人人皆可以成就伟大人格。在原始儒家之中,荀子似乎是惟一生来就厌闻那一套从价值中心的观点而侈谈天道者。惟其如此,他要完全摆脱天(或自然)之一切无谓而不必要的纠缠,从而重新树立起人之优越性,如平地拔起,壁立千仞。他认为:天不过是一种中性的存在,蕴藏着物质能源,供人开发利用而已(故主张"戡天役物")(《荀子》《天论》卷十一,页11—16,18,浙江书局,1876年)。就孟子看来,人仅凭与生俱来之性善(先天之"良知良能"),就是自然地(生就)伟大。而自荀子看来,人之所以伟大,完全是由于后天以努力与教化之结果。两人彼此看法上尽管不同,但对于"人毕竟伟大"这一点上,却毫无二致。孟子主张人皆可以为尧舜,荀子则曰涂之人可以为禹,尧舜禹固同为中华民族所景仰之圣人。

　　然则,人之所以伟大,其故安在?《大戴礼记》上有一段记述孔子应鲁哀公问政之对答:人之理性发展经历五个阶段,故可分五个等级(五品):从(1)一般庶民大众,经过教育,变化气质,可以成为(2)知书达理的士人。士人"明辨之,笃行之",娴于礼乐,表现为高尚之人生艺术,即成为(3)君子。"文质彬彬,是谓君子",其品格纯美,其心理平衡,其行仪中节合度,再进一步,加以陶冶,即可以成为(4)大人。大人者,其出处去就,——符合高度之价值标准,足为天下式;动作威仪之则,——蹈乎大方,而大中至正,无纤毫偏私夹杂其间;其品格刚健精粹,一言而为天下法。修养至最后阶段即进入(5)圣人(或神人)境界。圣人者,智德圆满,玄珠在握;任运处世,依道而行,"从心所欲,不踰矩",故能免于任何咎戾(《大戴礼记》,卢辩注,1758年卢见曾刻本,卷一,页4—6)。其所以能臻此者,端赖"存养"、"尽性"功夫,有以致之,明心见性无入而不自得。由此无上圣智,一切价值选择,取舍从违,无不依理起用,称理而行。其成就之伟大若是,故能德配天地,参赞化育,而与天地参矣!此种视人凭借理性作用可以由行能之自然人层次,逐步超升,发展至于理想完美之圣人境界,即儒家提倡人性伟大所持论之理由及根据所在。

　　准上所述,一言以蔽之,可引归一大结论:"天人合德"。[①]在天人"和合"之中,个人之宇宙性之地位于焉确立。当此时也,构成其人格中之诸涵德及一切知能才性,皆"充其量、尽其类",得到充分发展——"尽性"是也。

　　对中国人而言,儒家式之人格典型,"望之俨然,即之也温",巍巍然,高山仰止,宛若一座绝美之艺术雕像杰作,透过种种高贵之

----

　　① 《易经·文言传》:"大人者,与天地合其德,与日月合其明……。"

人生修养功夫而完成者。(《诗》曰:"如切如磋,如琢如磨。"《易》曰:"成性存存,道义之门。")其生命,笃实光辉,旁皇四达,由亲及疏,由迩致远,"致广大而尽精微,极高明而道中庸"。世人对之,如众星之拱北辰,于精神气脉上,深相默契,于道德志节上,同气相引,寝馈既久,不觉自化,而日进于高明峻极矣。夫圣贤气象之感人也,恒启人向上一机,而同情感召之下,见贤思齐,一种慕道忻悦向往之情,油然而生,发乎不容于已,沛然莫之能御,其感人有如是者(孟子谓之"善与人同")。此其所以能使中国人得以"出斯人于斯世"——出乎其类,拔乎其萃——于自然天地与夫人伦社会之中,平地拔起,开辟出一浃情适性之"德性民主"(或"道德民主")领域,复不断地提升之、超拔之,使臻于更完善、更高明之伦理德性文化境界者也。顾我华族,自孔子行教以来,其历史文化慧命得以一脉相传,绵延持续,垂数千年而不坠者,实系赖之。

三

吾人一旦论及道家,便觉兀自进入另一崭新天地,如历神奇梦幻之境。夫道家者,"太空人"之最佳典型也。(诚如庄子所喻之大鹏鸟:"怒而飞,其翼若垂天之云";"传扶摇而上者九万里……")道家游心太虚,骋情入幻,振翮冲霄,横绝苍冥,直造乎"寥天一"之高处,而洒脱太清,洗尽尘凡;复挟吾人富有才情者与之俱游,纵横驰骋,放旷流眄,据高临下,超然观照人间世之悲欢离合,辛酸苦楚,以及千种万种迷迷惘惘之情。于是悠悠感叹芸芸众生之上下浮沉,流荡于愚昧与黠慧、妄念与真理、表相与本体之间,而不能自拔,终亦永远难期更进一步,上达圆满、真理与真实之胜境。

"道"之概念,乃是老子(约公元前 561—前 467 年)哲学系统中之无上范畴,约可分四方面而讨论之。

　　1.就"道体"而言,道乃是无限的真实存在实体(真几或本体)。老子尝以多种不同之方式形容之(《老子》第四章),例如:

　　(1)道为万物之宗,渊深不可测,其存在乃在上帝之先。(《老子》第四章:"道冲,而用之或不盈。渊兮,似万物之宗;……湛兮,似或存。吾不知谁之子,象帝之先。")

　　(2)道为天地根,其性无穷,其相无状,其用无尽,视之不可见,万物之所由生。(《老子》第六章:"谷神不死,是谓玄牝。玄牝之门,是谓天地根。绵绵若存,用之不勤。")

　　(3)道为元一,为天地万物一切之所同具(同上,第三十九章)。(《老子》第卅九章:"昔之得一者——天得一以清,地得一以宁,神得一以灵,谷得一以盈,万物是一以生……其致一也"。)

　　(4)道为一切活动之唯一范型或法式。"曲则全,枉则直,洼则盈,敝则新……诚全而归之"(同上,第五章,第二十二章)。"虚而不屈,动而愈出"。(《老子》第五章)

　　(5)道为大象或玄牝。无象之象,是谓大象,抱万物而蓄养之,如慈母之于婴儿,太和、无殃(同上,第二十八章,第三十五章)。(《老子》第卅五章:"执大象,天下往";第廿八章"为天下溪,常德不离,复归于婴儿。"第五十二章:"复守其母,殁身不殆……无遗身殃。"第五十五章:"含德之厚,比于赤子。……精之至也……和之至也。")

　　(6)道为命运之最后归趋。万物一切,其唐吉诃德英雄式之创造活动精力挥发殆尽之后,无不复归于道,谓之"复根"(《庄子》),藉得安息,涵孕于永恒之法相中,成就于不朽之精神内。——自永恒观之,万物一切,最后莫不归于大公,平静,崇高,自然,……一是以道为依归,道即不朽。(《老子》十六章:"致虚极,守静笃。万物并作,吾以观复。夫物芸芸,各复归其根。归根曰静;是曰复命,复命曰常。知常曰明;不知常,妄作——凶。知常,容;容乃公;公乃王；王乃天；天乃道；道乃久，殁身不治(殆)。")

2. 就"道用"而言，无限伟大之"道"，即是周溥万物，遍在一切之"用(或功能)"，而取之不尽，用之不竭者。其显发之方式有二：一、"退藏于密；放之则弥于六合"——盖道，收敛之，隐然潜存在"无"之超越界，退藏于本体界，玄之又玄，不可致诘之玄境；而发散之，则弥贯宇宙万有。故曰："天下万物生于有，有生于无"(同上，第四十至四十一章，第四十五章)。"道生万物"。二、"反者，道之动"——盖实有界之能，由于挥发或浪费，有"用竭"之虞，故当下有界，基于迫切需要，势必向上援求于"道"或"无"之超越界，以取得充养。故老子之强调"反者，道之动"，实涵至理。

道之发用，呈双回向：顺之，则道之本无，始生万有(同上，第四十章)(故曰："天下万物生于有，有生于无")；逆之，则当下万有，仰资于无，以各尽其用，故曰："有之以为利；无之以为用"。(《老子》，第十一章)

3. 就"道相"而言，道之属性与涵德，可分两类，属于天然者与属于人为者。前者涵一切天德，属于这，只合就永恒面而观之，计得：

(1)道之全体大用，在无界中，即用显体；在有界中，即体显用；

(2)"无为而无不为"；

(3)"为而不恃"；

(4)"以无事取天下"；

(5)"长而不宰"；

(6)"生而不有"；

(7)"功成而弗居"。

反之，道之人为属性，即来自处处以个人主观之观点，而妄加臆测，再以人类拙劣之语言而构画之，表达之者。撇开此一切人为之偏计妄测等等，道，就其本身而言，乃是"真而又真之真实"、"玄而又玄之玄奥"、"神而又神之神奇"。惟上圣者足以识之。

4.就"道征"而言,凡此种高明至德,显发之而为天德,原属道。而圣人者,道之具体而微者也,乃道体之当下呈现(现身说法),是谓"道成肉身"。作为理想人格极致之圣人,凭借高尚精神与对价值界之无限追求与向往,超越一切限制与弱点,故能慷慨无私,淑世济人,而赢得举世之尊敬与爱戴。惟其能够舍己利人,其己身之价值乃愈益丰富(己能予人,己愈有)。惟其能够如此,其己身之存在愈益充实。"是以圣人常善救人,故无弃人;常善救物,故无弃物。"(《老子》,第二十七章)由于老子之教,使吾人觉悟到,尽性之道,端在勤做圣贤功夫,而人之天职即在于孜孜努力,精勤不懈,促其实现,故凡能有以挺然自立于天壤之间者,其所必具之条件,即内圣之精神修养功夫也。

老子哲学系统中之种种疑难困惑,至庄子(公元前369年生)一扫而空。庄子将空灵超化之活动历程推至"重玄"(玄之又玄),故于整个逆推序列之中,不以"无"为究极之始点,同理,也肯定存有界之一切存在可以无限地重复往返,顺逆双运,形成一串双回向式之无穷序列。原有之"有无对反"也在理论上得到调和("和之以天倪"),盖两者均消弭于玄秘奥妙之"重玄"之境,将整个宇宙大全之无限性,化成一"彼是相因"、交摄互融之有机系统。① 最后,庄子点出老子思想之精义:"建之以常无有;主之以大一,……以空虚不毁万物为实。"② 同理,"变常对反"也于焉消弭③。"万物无成

---

① 《庄子·齐物论》,卷一,页24;《天地》,卷五,页6—7;《秋水》,卷六,页9—12;《庚桑楚》,卷八,页9—10。

② 参看《庄子》,《天下》,卷一〇,页25;并参看马叙伦《庄子义证》(上海,商务印书馆,1930年),卷三三,页18—19。

③ 同上,《大宗师》,卷三,页7,10;《秋水》,卷六,页10;《田子方》,卷七,页24;《知北游》,卷七,页36,39;《庚桑楚》,卷八,页9;《则阳》,卷八,页34。

与毁,道通为一。"

庄子之所以能有如许成就,乃是因为他不仅仅是个道家,而且受过孔孟之相当影响①,同时也受过那位来自名家阵容的契友惠施之影响。孔子在《易经》哲学里俨然以时间在过去有固定开始或始点,只是向未来奔逝无穷。("逝者如斯夫!"孔子川上之叹。)然而庄子却只接受时间之向未来之无限延伸,而否认时间在过去,由于造物者之创始,而有所谓任何固定之起点之看法。他深知如何根据"反者,道之动"之原理,以探索"重玄",而毋需乎停滞在辽远之过去中之任一点上。其实,时间对过去与未来都是无限的。时间乃是绵绵不绝,变化无已的自然历程,无终与始。因此,儒家"太初有始","大哉乾元! 万物资始"之基本假定——事实上,为解释宇宙创始之必不可或缺者——在理论上也根本取消了。

不仅时间之幅度无限,空间之范围亦是无穷。庄子更进一步,以其诗人之慧眼,发为形上学睿见,巧运神思,将那窒息碍人之数理空间,点化之,成为画家之艺术空间,作为精神纵横驰骋、灵性自由翱翔之空灵领域,再将道之妙用,倾注其中,使一己之灵魂昂首云天,飘然高举,致于寥天一处,以契合真宰。一言以蔽之,庄子之形上学,将"道"投射到无穷之时空范畴,俾其作用发挥淋漓尽致,成为精神生命之极诣。

这是蕴藏在《庄子·逍遥游》一篇寓言之中之形上学意涵,通篇以诗兼隐喻的比兴语言表达之。宛若一只大鹏神鸟,庄子之精神,遗世独立,飘然远引,背云气,负苍天,翱翔太虚,"独与天地精神往来",御气培风而行,与造物者游。

《逍遥游》一篇故事寓言,深宏而肆,诙诡谲奇,释者纷纭,莫衷

---

① 同上,《徐无鬼》,卷八,页 22;《渔父》,卷一〇,页 9(见郭象注)。明释德清(憨山)大师注庄,力言庄生深受孟子影响。

一是。然克就上述之"无限哲学"及庄子本人其他有关篇章所透露之线索旨趣而观之,其微言大义,可抉发之如下:

1. 主张"至人"者,归致其精神于无始,神游于无何有之乡,弃小知,绝形累。(《庄子·列御寇》,卷一〇:"故至人者,归精神乎无始,而甘冥乎无何有之乡。""小夫之知……迷惑于宇宙形累,不知太初"。)

2. 主张"至人"者,"审乎无假,而不与物迁,命物之化,而守其宗。"(《德充符》)"审乎无假,而不与物迁;极物之真,能守其本。故外天地,遗万物,而未尝有所困也。"(《庄子·天道》卷五)

3. 主张"至人"者,"入无穷之门,以游无极之野,与日月参光,与天地为常";"守其一,以处其和。"(《庄子·在宥》卷四)。

4. 主张"夫圣人之道,能外天下;……能外物;能外生;……能朝彻,能见独,能无古今,能入于不死不生,其为物,无不将也,无不迎也,无不毁也,无不成也,其名为撄宁";"彼方且与造物者为人,而游乎天地之一气";"鱼相忘乎江湖,人相忘乎道术。"(《庄子·大宗师》卷三)(按:以上所言,指忘我、忘物、忘适、忘"忘"……者也。)

5. 主张"至人"者,"与造物者为人";"功盖天下,而似自己,化贷万物,而民弗恃";"无为名尸,无为谋府,无为事任,无为知主。体尽无穷,而游无朕。尽其所受于天,而无见得,亦虚而已。至人之用心若镜:不将不迎,应而不藏,故能胜物而不伤。"(《庄子·应帝王》卷三)夫惟如此,其个人之最后位格始完全确立于道之无限世界。

凡此种种之精神生活方式(象征生命之层层超升),俨若发射道家太空人之火箭舱,使之翱翔太虚,造乎极诣,直达庄子所谓之"寥天一"高处,从而提神太虚,游目骋怀,搜探宇宙生命之大全——极高明、致广大、尽精微,"逍遥游乎无限之中,遍历层层生命境界"乙旨,乃是庄子主张于现实生活中求精神上彻底大解脱之人生哲学全部精义之所在也。此种道家心灵,曾经激发中国诗艺创造中无数第一流优美作品,而为其创作灵感之源泉。

至人修养成功,即成为真正之圣人,圣人体道之神奇妙用,得以透视囊括全宇宙之无上真理,据不同之高度,依不同之角度或观点,而观照所得之一切局部表相,均一一超化之,化为象征天地之美之各方面,而一是皆融化于道体之大全。一切观点上之差别,皆调和消融于一统摄全局之最高观点(统会),形成一大实质相对、相反相成之无穷系统,遍及一切时空范畴,视宇宙一切莫非妙道之行。

斯乃《庄子·齐物论》之主旨也[①]。实质相对性系统(The system of essential relativity)乃一包举万有、涵盖一切之广大悉备系统,其间万物,各适其性,各得其所,绝无凌越其他任何存在者。同时,此实质相对性系统又为一交摄互融系统,其中一切存在及性相,皆彼是相需,互摄交融,绝无孤零零、赤裸裸而可以完全单独存在者;复次,此实质相对性系统且为一相依互涵系统,其间万物存在,均各自有其内在之涵德,足以产生相当重要之效果,而影响及于他物,对其性相之型成有独特之贡献者。抑又有进者,在此系统之中,达道无限,即体显用,而其作用之本身,则绝一切对待与条件限制,尽摄一切因缘条件至于纤微而无憾,然却初非此系统之外之任何个体所能操纵左右者也。人类个体生命,在未进入此无限之前,必先备尝种种限制、束缚与桎梏,始能参与此无限。今既透过超脱之精神,顿悟过去囿于种种狭隘有限中之荒谬可笑;且复分享此道之无限性,当下发现圣我之本真面目,自是乐于契会此无限界中不可言说、不可致诘之真宰,以突破一切在思想上、感受上、行动

---

① 　参看章太炎《齐物论释》,页 1,3,11,14,18—19,21—25,51—55。

上(如色、受、想、行、识等),由于种种人为偏计妄执所造成之藩篱与限制。据此实质相对性之无限系统中所展示出来之诸特色,庄子最后发挥为一大宗趣(玄旨):"天地与我并生,万物与我为一。"(《庄子·齐物论》)盖个人既与此无限之本身契合无间,在至人之精神生活境界,遂与天地万物一体俱化矣。

四

自公元前 241 年至公元 240 年,其间约五百年来,中国之于亚洲犹罗马之于西方,人人致力于事功征伐,忽于玄想,思想界玄风浸衰。

泊乎魏晋,何晏(190—249 年)、王弼(226—249 年)出,玄风复振。时公元 240 年事也。两氏旨在调和孔老间之歧异,倡"贵无"论以释道(《晋书》卷四十三)。质言之,何晏崇孔,故援道入儒①;王弼宗老,故援儒入道。然两氏同以"致一"——无限实体之统会——为玄学探究之基本核心问题,则毫无二致。

王弼注老,开宗明义,揭示中心主旨:天下万物,自其为有之观点而观之,虽成象纷颐,而为用有限,终必济之以道。道也者,名之曰:"无",实指万物穷神尽化,妙用无穷者也。(老子曰:"有之以为利,无之以为用";《易》曰:"神也者,妙万物而为言者也"。"妙",动也;"神",用也。复按:《老子》第一章:"'无',名天地之始;'有',名万物之母。故常无,欲以观其妙;常有,欲以观其终物之徼也。")由是观之,王弼实深于易者也。(《易》曰:"圣人者,有以见天下之动,而观其会通。")天下万物资始乾元,变动不居,然必归乎道本,是为

---

① 参看张湛引何晏《列子注》卷一,第一章,页 4—5;卷四,页 4—5,浙江书局,1876 年。

其原始统会。统会者,显诸理,寓诸常,而弥贯万有,匪不毕具。自王弼观之,儒家常有,欲以显万物之始源,道家常无,欲以观万化之终趋(究极归宿)。就永恒相言,万物纷赜,然穷神尽化,莫不复根(返初)。名之曰"无",或强字之曰"道"。"无"也者,"无在而无不在"之谓也,换言之,即道也①。万化之总汇,贞夫一而妙用无穷者也。于兹乃得识道之无限实体(即用显体,即无体道)。

此种致万有于本无,复以无限实体释之——"道"解"无"——风气所至,遂开后此数百年中国形上学发展中三派思想之反应。

1. 裴𬱟(267—330 年)与孙盛(约生于 334 年)派之消极性之反应——前者崇有而抑无,盖以绝对之无,不能生有,是即为虚而非实,成性之道,无所用之(参看《晋书》卷三五);后者另据逻辑理由,推演老氏之言,概归之为刺谬不通,自相矛盾者(参看孙盛《老聃非大圣论》,《老子疑问反讯》,见《广弘明集》,卷五)。

2. 向秀(约生于 262 年)与郭象(卒于 311 或 312 年)派之温和反响,皆基于庄子哲学,视有无为相待关系名辞,无不能化有,有不能还无(两者不能互相化除也)。在道之无限系统中,万物自生、自化,其实性亦皆生化使然。故毋需乎据无推有,视无为太初(或元母),始生万物者。(郭象《齐物论注》:"物皆自生,而无所生焉,此天道也。……造物者无主,而物各自造。物各自造,而无所待焉。")此派自然主义宇宙观意在肯定普遍实有,视一切皆无限之道化身或显现。②

---

① 参看《周易》王弼及韩康伯注,(甲)王弼部分,见卷三,页 4;卷一,页 2,5—6;卷二,页 11;卷四,页 2—3;(乙)韩康伯部分,见卷七,页 3—4,6—9;卷八,页 5—6。上海,中华书局,1922 年,另参看王弼《周易略例》卷十,页 1—3,6—8。版本同上。

② 参看汤用彤《魏晋玄学论稿》(1957 年),页 53—57。

3. 第三派即佛家积极、正面性之反应。实不止为一反应而已,盖由之而引发一大玄学运动,其成就之夐绝处,可媲美原始儒道两家。佛家思想精神通透"常"与"无常"两界:自生灭变化之现象界观之,是谓"无常界";然自永恒佛性或法界观之,是谓"常界"。若兼小乘而论之,吾人有充分理由反对世俗界之熙熙扰扰,迷迷惘惘。世人之愚而自用,沉溺于过失、痛苦、颠倒离奇等生死海中,不能自拔,其解脱之道,恒赖时间之巨流,滔滔汹涌,挟以俱去,以达于彼岸。就此义言,佛家亦不失为一"时际人",然不同于儒家之乐易精神。若论及大乘佛学,则由其所证之慧境,灵光烛照,而展现于吾人之面前者,是为上法界与法满境界(Dharma fulfilment)。至此境界,生灭变化界中之生命悲剧感遂为永恒之极乐所替代①。就此义言,佛家之解脱精神,无入而不自得,逍遥遨游于诗意盎然之空灵妙境。当此时也,佛家即能当作浑忘一切时间生灭变化中之生命悲剧感,而径与道家在精神上可相视而笑,莫逆于心矣。

五

中国佛学之全幅发展,历时七世纪(公元 67—789 年)之久,体始臻极盛。斯固有赖于翻译事业之不断进行②,与各宗开山著作之次第完成。自公元 789 至 960 年,佛学传承乃转趋细密精邃,尤

① 参看《大般涅槃经》(上海,1913、1962 年版),卷二,第二章,页 11,19;第三章,页 23—25,28;卷三,第四章,页 11,15 与《大般若经第十六分》(1940 年蜀版),卷五九六,页 4—6。

② 参看《梁任公近著第一辑》(上海,商务印书馆,1923 年版),页 1—23,81—134,155—254。

以第六世纪为主,前驱各派系统逐渐完成,逮乎隋唐(581—960年),十宗并建。至于各宗派理论系统之纲要,此处不及备述。其教养之复杂深邃,另有专书论列①。兹所言者,乃在抉发出若干佛学特色,以示中国哲学心灵之独创力。

佛学东来,惟藉托庇于中国思想主流影响之下,始能深入人心。诚然,中国佛学之形上思想所取资于道家精神之激扬与充实者为多,而非道家之仰赖于佛家也,固不待言②。道家素倡"本无",视为其系统中之无上范畴。佛教大师如支娄迦谶(179—189年间留华)、支谦(192—252年)、康僧会(死于280年)等,一脉相承,皆力倡"本无",而视之为与"真如"相通③。四世纪时,道家思想对般若学之影响于道安一支及其同时代他人最为显著。

关于"有无"对净,有六家七宗学说④,衍为十二派支流⑤,以区别真俗二谛。据昙济(约473年)、僧镜(302—475年)诸法师之考证,慧达(约481年)、元康(约649年)、吉藏(549—623年)等人之进一步鉴定⑥,上述各派理论系统源流可以表解如下:

---

① 参看高楠顺次郎《佛教哲学要义》(Junjiro Takakusu: *The Essentials of Buddhist Philosophy*,檀香山,文物供应社,1956年,第三版)与蒋维乔《佛学概论》(上海,1930年)。

② 汤用彤氏在其所著《汉魏两晋与北朝佛教史》(台北,商务印书馆,1962年,第三版),上册,第六章,页89—111,曾旁征博引,列举充分证据,以证明此层学术史实。

③ 参看支娄迦谶与支谦等人所译……《道行经》,《大正新修大藏经》,页453;第二五品,页474。

④ 参看慧达《肇论序》,见《大正藏》第一八五八,页150。

⑤ 参看元康《肇论疏》,同上,第一八五八,页162—163。

⑥ 参看吉藏《中观论疏》,同上,第一八二四,页29。

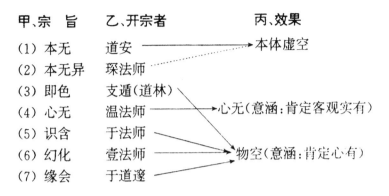

上表中,以为(1)宗最为根本,为其他六宗之所从出。据道安言:"无在万化之前;空为众形之本。"① 一切诸法实相,从真如来,本自虚空,清净无染,与其如不二。在四、五世纪之际,中国佛学思潮七宗竞秀,然其玄学基本要旨端在"本无"。自兹以降,佛道携手,形成联合阵线,对抗传统儒家。

鸠摩罗什(343—413 年)一派所受庄子影响尤著。什公贡献在于宏扬大乘空宗,以"空"为究极实在。空也者,空一切偏计妄执,显万物本质,纯净无染,是谓真如实相。什公门下高第,僧肇(384—414 年)、道生(374—434 年),堪称双璧,映辉不绝。

僧肇之卓识高慧表现于三大玄旨②:(1)物不迁论(动静相待观);(2)不真空论(即有即空,空有不二,体用一如);(3)般若无知论(知与无知,契合无间,融为无上圣智)。

1. 关于"物不迁论"方面之精辟论证,此处不遑深论,兹仅提示两点要义作结:(1)世人凡夫迷惘于生灭无常,浮沉于生死海中,

---

① 为吉藏所引。

② 参看僧肇《物不迁论》、《不真空论》与《般若无知论》,见《大正藏》,第一八五八,页 150—157。

直至死亡,人世间一切成就极可能刹那间化为乌有。生命毫无安全感,顿萌厌世之想,乃向往不可企及之涅槃境界。(2)然智者却能于变中观常,于无常中见永恒,知如何于精神上保持清静无为,复不遗人世间。惟有智者,其精神不朽,故能投身现世间生死海中,而无灭顶之虞。其趋向涅槃途中,得证涅槃,而不住涅槃。(生死涅槃,两不住著。)

2. 道安与其徒侣过于偏重本无,或肯定本(体虚)空,或物空,或心幻。僧肇则与此大异其趣。概言之,藉使用文字言说或假名,吾人得以论及某"物象"或"对境",该对象本身非有非空:非有者,以假定于有界故;非空者,以否定于无界故。同时该"物象"或"对境",可有可空,既有且空。自"中观论"观之,空耶、有耶、存耶、亡耶,(To be or not to be)乃是个半边问题,惟上上圣者始能于有中观空,于空中观有。性体与性智不二,折碎不成片段。

3. 僧肇之形上学乃是讨论究极本体、涅槃、法身、真如、法性等之"般若哲学"也。自僧肇视之,凡此等等,皆名异实同。然为避免误会计,般若上智与方便善巧,宜加以区别。前者之功用在于洞观本体法相;后者则在于方便应机,适时处世。藉般若上智,吾人得以明空(或证空);藉方便善巧,吾人得以适有。为适应存有大全,吾人不当于空性有所粘执。如是,则可入有而不执有,证空而不滞空。吾人遍历世相,体验所得,终可证入精神上大自在解脱之境,浑然无知。盖吾人之知苟仅限于某特殊固定事物或对象,则必于其他无数事物一无所知。上圣神智无特殊固定之对象,惟其如此,故能遍应一切,虚灵不昧,极空灵,极透脱之致。故般若无知之物,乃平等性智,周遍含容,普应一切,无所不知。此义乍闻之下,颇玄奥难解。然西方大天才如莎士比亚者早已一语道破:

> 这边厢,"无希望"
>
> 一声低叹;

那边厢，正揭示了；

　　希望无边；

纵雄心万丈，

　　壮怀齐天，

难窥见。

　　怎敌他——

　　蓦地里

　　兀现眼前

犹不见：

　　峰回路转

　　天机一片(莎士比亚:《暴风雨》,第二幕,第一景)?

　　"无知之知"，其目的在回眸内注，凝聚于精神灵府，其神凝，致虚极，绝尘虑牵挂，无烦扰相，故可谓之"一无所知"。此种"无知"，不同于一般所谓关于"空"、"无"之知，"无"也者，乃是有之化而为无。是以远超乎对应于种种有限界之小知戋戋，其为物也，绝一切愚昧迷暗。夫迷暗，直无知耳。一言以蔽之，斯乃菩提与正觉融而为一，谓之"独慧一如"。菩提与正觉，绝去一切外缘牵挂，灵明内照，现为无知；而般若深慧，则灵明外铄，扫尽尘世间一切灵妄幻相。

　　适才我尝论及僧肇、道生，喻为高悬中国佛学思辨苍穹之一对朗星或双璧。但两者成就，各有千秋：僧肇形成一套原理系统，以暗明智性；而道生则将大乘佛学理论化为一种精神生活方式，循之以行，藉使人性充分彰现，直参佛性，造登佛境。

　　先是，中国佛学家皆视现实界、人间世为痛苦烦恼之境，视现实界个人生命存在为过失咎戾之渊薮。(老子曰:"吾所以有大患者,为吾有身。")凡依虚妄表相而接受现实界者，以及但就人生种种昏念妄动而肯定个人真实存在者，概属荒谬。慧远(334—416

年)之看法则异乎是。世界可依永恒法相而存在,寓变于常,便可参与求真。人类常亲世尊,即可常具真我。此种思想对于道生之"佛性哲学"具有极大感发与影响力。简言之,道生立论之根本要义① 可缕述于次:

1. 般若起用,广大无边,与涅槃实性不可划分,共参真如本体,而真如本体含法界与圆成佛性,是谓"佛、法一如"。

2. 涅槃理想境界可于现实界、生死海中实现之,即生死即涅槃;如来净土不离人世间,即烦恼即菩提。藉道德精神修养之净化超脱作用,染界一切有漏众生,均可重登庄严法界,为理智(性智)显用故。常住佛智慧光之中,藉正眼法藏,可使人人洞见大千世界,诸法本来面目,清净无染,玲珑剔透,一一如如朗现。

3. 藉正理显用,克制迷暗,乃惟一之解脱道。为达到解脱,必由正心(正念)功夫,然后真我当下呈现。正心功夫,依理起用,即是复性返初,亦谓之"见性"(得见自家本来面目)。一切有情众生,理性具足,良知内蕴,佛慧外发,虽一阐提,亦不例外。以此观之,普天之下,人人皆为精神同道,一往平等,众生皆可成佛。

4. 藉上智灵光,直证内慧,人人皆可当下顿悟成佛。顿悟成佛者,顿悟其内在佛性俱足,不假外求,而当下立地成佛是也(靠自力,不靠他力)。斯乃大乘佛学之要旨也。

道生之"佛性哲学",具有极大之重要性。其理由如下:(1)于五、六世纪之间,引发出多种关于佛性之解释与学说;(2)着重人性之"可使之完美性",以佛性为典范,与儒家"人性纯善"之说,若合符节。诗人谢灵运(385—433年)深契道生"顿悟"之说,为之撰文

---

① 道生思想散见于《法华经疏》、《大般涅槃经疏》与《维摩诘所说经疏》。

畅论孔子与佛陀成就之比较①。(3)道生之"顿悟"说,主张一切返诸内在本心,开禅宗之先河。(4)重视理性之足以见礼,开宋代(960—1276年)新儒学"穷理尽性"之先河。总之,道生一方面代表佛道融会之巅峰;另一方面,为儒佛结合之桥梁,使佛家各宗与儒家诸派思想潮流相结合,而长足进展。

隋唐时期(581—960年),中华佛教十宗并建。限于时间,仅特举"华严"一宗为代表,其主要理论系统极能显扬中国人在哲学智慧上所发挥之广大和谐性。至少就理论上言之(历史上或未必尽然),华严哲学可视为集中国佛学思想发展之大成,宛若百川汇海,万流归宗。

华严要义②,首在融合宇宙间万法一切差别境界,人世间一切高尚业力,与过、现、未三世诸佛一切功德成就之总汇,一举而统摄之于"一真法界",视为无上圆满,意在阐示人人内具圣德,足以自发佛性,顿悟圆成,自在无碍。此一真法界,不离人世间,端赖人人彻悟如何身体力行,依智慧行,参佛本智耳。佛性自体可全部渗入人性,以形成其永恒精神,圆满具足。是谓法界圆满,一往平等(成"平等性智")。此精神界之太阳,晖丽万有,而为一切众生,有情无情,所普遍摄受,交彻互融,一一独昭异彩,而又彼此相映成趣。是以理性之当体起用,变化无穷,普遍具现于一切人生活动,而与广大悉备、一往平等之"一真法界",共演圆音。佛放真光(显真如理),灿丽万千,为一切有情众生之所公同证验,使诸差别心法、诸差别境界一体俱化,显现为无差别境界之本体真如,圆满具足。是成菩提正觉,为万法同具,而交彻互融者。

就其旁通统贯性而言,此"一真法界"(或"一真心法界")足征

①　参看谢灵运《辨宗论》,见《广弘明集》,卷一八,页13—19。
②　参看戒环《华严经要解》(1128年编,金陵刻经处,1872年版)。

"本心"之遍在与万能,形成一切诸现象(无常)界中之本体界(永恒法相)。其为用也,退藏于密,放之则弥于六合,遍在于:(1)差别的事法界;(2)统贯的理法界;(3)交融互彻的理事无碍法界;(4)密接连锁的事事无碍法界。

华严要义及其理论条贯系统[①],首创于杜顺(557—640年),踵事增华于智俨(602—663年),深入发挥于法藏(643—720年),宏扬光大于澄观(760—820年)与宗密(卒于841年)。其法界观含三重观门[②]:(1)真空观;(2)理事无碍观;(3)周遍含容观。

第一、"真空观"含四义:(1)会色归空观——色界诸法,可摄归性空,一若事法界之可摄归理法界然;(2)明空即色观——遮诸色相,以成空理,空不离色,色不异空,故曰"即有明空";(3)空色无碍观——空色契合,融贯无间;(4)泯灭无寄观——色界诸法,其质阻(或惰性),经心能起用,精神超化,性体实相点化,泯绝涤尽,超越一切空有边见,熔成中道理境。

第二、"理事无碍观"谓观诸法(事)与真如(理),炳然双融,理事相即相入,熔融无碍。真如理体,当体显用,重重无尽,佛遍在万法故。此义可申之如下:(1)理法界者,平等之理体(真如理笔),性本空寂,顿绝诸相,而遍在万差诸法,法性显现,无穷尽故。一一纤尘,理皆圆足;(2)万差诸法,必藉性体起用,始一一摄归真实(一如),譬如大海众沤,波波相续,其衡量渐远渐微,必摄归大海,始得其济(是谓"性海圆明")。故曰:事揽理成;理由事显。理事相融相即,非异非一:事外无理,理外无事,即事即理,故曰"非异";然真理

---

①　关于华严典籍,请参看《大正藏》,第一八三六,页71—76;第一八六六——八九〇,页477—792。

②　此处采用澄观之《华严法界玄境》(即杜顺之《法界观门注》)及宗密《注华严法界观门》,较之智严、法藏等人之早期解释更有系统。

非事,事能隐理;事法非理,以理夺事,故曰"非一"。

（译者按:华严经普贤行愿品疏、卷一,澄观述疏曰:"以理夺事门者,谓事即全理,即事尽无遗。……如水夺波,波相全尽。""事能隐理门,谓真理随缘而成事法,遂令事显理不现也。如水成波,动显静隐。"）

第三、"周遍含容观",谓观万差诸法,相融相即,以显真如理体,周遍含容,事事无碍。此义可申之如下:(1)理由事起,凡万差诸法,其存在法式、质量差别与变易迁化过程等等,皆理所致然,故理之为用,在使一切万法诸差别境界,一一摄归真实理体。(2)事揽理成,万差诸法,虽变动不居,为道屡迁,然不失其永恒常相者,为摄理故。(3)诸法既为理摄,其摄相有六:①一法摄一法;②一法摄诸他法;③一法摄一切法;④一切法摄一法;⑤一切法摄诸他法;⑥一切法摄一切法。准此类推,部分与全体,一与多,普遍与特殊,无不相摄互涵。

以上所论显示三大原理:(1)相摄原理;(2)互依原理;(3)周遍含容原理。总而言之,此诸原理,所以彰明法界缘起,重重无尽,而一体圆融之旨趣也。就相摄(相入)原理言:一法摄一法入一法;一法摄一切法入一法;一切法摄一切法入一切法。互依原理毋待深论。复次,周遍含容原理依下列诸条件成立:①一法摄一法入一法;②一法摄一切法入一法;③一法摄一法入一切法;④一法摄一切法入一切法;⑤一切法摄一法入一法;⑥一切法摄一切法入一法;⑦一切法摄一法入一切法;⑧一切法摄一切法入一切法。万法一切,熔融浃化,一体周匝。当此时也,是即法界全体之无上功德圆满(法满境界)。如上述诸条件因缘一一实现,则十玄门,六相圆融等妙义,皆可一一了然于心,无待深论矣。自此派哲学观之,吾人凡欲晋位于此一真法界者,必须生活体验于此无限之精神领域。

六

以上我已钩玄提要地点出中国玄想心灵及慧观如何陶醉于宇宙与个人,然两者俱自戏剧化(即理想化)之观点而立论①,而非仅就自然面之观点着眼。就自然层面而观之,宇宙及个人无非呈现为种种相关连之事实,有固定之内容、差别之性相、特殊之条件、明晰之法式、充实之内涵等,凡此一切,皆为科学解释之特色,于了解人类与宇宙,自属相当重要。然中国哲学家之玄想妙悟方式却百尺竿头,更进一步。从中国哲学家之眼光看来,现实世界之发展致乎究极本体境界,必须超越一切相对性相差别,其全体大用始充分彰显。从严格义之哲学眼光看来,现实世界应当点化之,成为理想型态,纳于至善完美之最高价值统会。中国人恒向往此价值化、理想化之世界,诸如象征精神自由空灵超脱之艺术境界、巍然崇高之道德境界、妙造重玄之形上境界以及虔敬肃穆之宗教境界。任何生活领域,其境界造诣不及于此者,即沦于痛苦忧戚之域,令人黯然神丧,生趣索然。此儒家之所以向往天道生生不已、创进不息之乾元精神,以缔造一广大和谐之道德宇宙秩序者也。此道家之所以宗尚重玄,一心怀抱"无"之理想,以超脱"有"界万物之相对性者也。此中国佛家之所以悲智双运,勇猛精进,锲而不舍,内参佛性,修善提道,证一乘果者也。

至于人性与其在宇宙中之地位,中国人,无论其为个人小我或社会大我,均不以遗世独立为尚,冀能免于与世界脱节,与人群疏

---

①　参看罗艾·摩根《心在十字路口》(Lloyd Morgan, *Mind at the Corssways*,伦敦,Williams & Norgate, 1929 年版)页 2—4, 13—14, 20—21, 200—204, 224—227, 230—235, 267—272。

离之大患。其志尚所趋,一心要就整个生命体验中,充分领略全宇宙之丰富意蕴与夫一切圣贤人格之笃实光辉与高明博厚气象。凡人生境界不克臻此者,必其内在秉彝有所不足,而其个人人格发展过程不幸中道摧折或遭遇斫伤,有以致之。故中国先哲无不孜孜致力,注重人格修养,借以提升至于"内圣外王"之理想境界。两者兼备,始是以圆成人之内在美善本性——此"个人"之所以终能成为"大人"者也。

(选自《哲学与文化》第 18 期,1974 年)

方东美(1899—1977),安徽桐城人,金陵大学毕业,曾留学美国。历任武昌高等师范大学(武汉大学前身)副教授、东南大学、中央大学、台湾大学、东吴大学教授、辅仁大学客座教授。主要著作有《科学哲学与人生》、《哲学三慧》、《生生之德》、《方东美先生演讲集》、《中国哲学之精神及其发展》等。

这是作者 1964 年 6 月在夏威夷大学主办的第四届"东西方哲学家会议"上宣读的英语论文,后译为中文,刊于《哲学与文化》。作者通过对儒、道、玄、释之形上学的探讨,阐明了关于中国形上学中的宇宙与个人的观点与特色。

20 世纪儒学研究大系

佛教《般若经》思想
与玄学的比较

杨曾文

佛教《般若经》是印度早期大乘佛教经典之一,其内容是逐步充实起来的。照传统说法,《般若经》按篇幅、品数的多少分为《小品》和《大品》两类。《小品》始译于东汉,迄于东晋,主要有这样几个异译本:东汉支谶译《道行般若经》十卷(三十品)、吴支谦译《大明度无极经》四卷(或六卷)(三十品)、后秦鸠摩罗什译《小品般若波罗蜜经》十卷(二十九品)。《大品》始译于西晋,主要异译本有:西晋竺叔兰和无罗叉译《放光般若经》二十卷(九十品)、西晋竺法护译《光赞般若经》十卷(二十七品)、鸠摩罗什译《摩诃般若波罗蜜经》二十七卷(九十品)。这些译本虽篇幅不同,前后次序不很统一,在汉译语句方面也存在很大差异,但其基本思想是一致的。

般若(梵文 Prajñā)意为"智慧"、"慧",与布施、持戒、忍辱、精进、禅定合称为"六波罗蜜"或"六度"。"波罗蜜"(梵文 Pāramitā)意译"到彼岸"、"度无极"或"度"。谓众生通过这六个方面的修行可从生死苦恼的此岸到达涅槃解脱的彼岸。"六度"当中最重要的是"般若",《般若经》称之为"诸佛之母",说"诸佛身皆从般若波罗蜜生"(《放光般若经·舍利品》)①,是诸佛所以成佛的凭借和依据。按照"般若"的观点,世界上一切皆"空",同时"空"即一切。这一方面是用"空"这个取消一切现象和差别的概念,来论证世俗认识及其面对的一切对象皆虚幻不实,而另一方面,又把"空"安置为世界万有的统一性基础、并说它就是超越时间、空间的"法性","真如"或"佛性"。《般若经》宣称,大乘菩萨与小乘的声闻(听闻佛法,悟四谛而解脱者)和缘觉(或译"辟支佛",谓独悟十二因缘而解脱者)不同,他们不以达到个人解脱为最后目标,而要用"般若"这种智慧去"度脱一切众生"。为此,菩萨以所谓"智巧"、"方便",化作各种形象进入众生之中,应机教化,使他们认识世俗之虚幻,体认"法性"、"真如"之"真实",而达到解脱。《般若经》内容庞杂,论证也有不少混乱和重复,但其基本内容大致如此。

《般若经》自从东汉被传译到中国内地以后,经三国,至两晋,逐渐风行社会,成为汉译佛典中最流行的佛经。魏晋盛行玄学,因《般若经》思想与玄学有若干相似之处,故特别受到统治阶级和文人学者的欢迎,曾对中国学术思想发生过重大影响。

那么,佛教《般若经》思想与玄学到底有哪些相似之处呢?

首先应当指出,《般若经》思想或般若学说在思想体系上与玄学是有严格区别的。佛教从印度中经古西域传到中国内地,虽然在它被介绍到中国社会的过程中难免要受到中国传统的思想文化的影响,但它的整个思想体系和一系列概念,与中国传统的思想文化形态是有显著差别的;它作为一种宗教,其一切教义和理论,包括般若学说在内,是直接为论证和宣传宗教信仰主义服务的。玄学则是魏晋时期适应门阀士族巩固统治需要,结合道家和儒家思

---

① 以下引文,凡《放光般若经》皆简称《放光经》;《摩诃般若经》称《摩诃经》。

想而形成的一种哲学体系和政治理论,是直接为巩固封建统治秩序提供理论依据和行为准则的。尽管如此,《般若经》思想与玄学仍有一些相似之处,这不仅在于二者的思想体系都属于唯心主义,在社会阶级倾向上都为封建统治阶级服务,而且在于二者的若干重要命题、概念和论证方法也有相似的地方。

下面把二者的相似之处试作对比说明。所引用的《般若经》以两晋最流行的《放光经》为主。

一、无　和　空

魏晋玄学的一个重要概念是"无",也称之为"道",虽直接取自《老子》,但与先秦道家某些学者认为它是"气"或"元气"的主张是不同的。三国魏王弼、何晏提出"以无为本"的唯心主义本体论学说,认为"无"无形、无体、"以空为德"(王弼《老子注》(二十一章)、无名(不可认识和表述),却是世界万物万象的本原和本体。"无"有时也被称为"本"、"一"、"自然"等等。西晋郭象虽主张"崇有",不承认"无"能生"有",但在有的地方却有意地模糊"有"和"无"的界限。按照其唯心主义的"玄冥"理论,不仅否认彼此、是非、大小、内外等差别,而且认为连本末、有无之间也没有根本差别,例如他说:"本末内外,畅然俱得,泯然无迹"(《庄子·齐物论注》);还说:"玄冥者,所以名无而非无也"(《庄子·大宗师注》);"道无所不在也。故在高为无高,在深为无深,在久为无久,在老为无老;无所不至,而所在皆无也"(同上)。这实际是说,"无"("道"、"本")和世界上在空间(高、深)、时间(久、老)方面存在着差别的万物是融为一体的,从而在认识上可以认为"所在皆无";可谓"无"就是"有","本"就是"末"。

玄学的"无"这个概念,与佛教般若学的"空"比较相似。

　　佛教般若学关于"空"的概念是起源于小乘佛教对生命和世界的分析。早期佛教基本经典《阿含经》认为构成宇宙万物的基本因素有五种,即色("地水火风及其所造",相当于物质)、受(感觉)、想(思想)、行(意志)、识(精神总体),称之为"五蕴"(旧译"五阴")。这五蕴中的任何一种,都没有一个质的规定性或常住不变的实体("无我"),也没有一个与之相应独立存在的客体("无我所"),并且都是变化无常的;而由这五种因素在不同条件下聚合("因缘和合")所形成的宇宙万物(包括各种生命),也同样既不永恒,也不实在;对于生命来讲,就难免有各种生死苦恼。因此它有时把五蕴和万物比做恒河中水的"聚沫"、春夏之际田野上的雾气("野马")、芭蕉树的树干、幻师(魔术师之类)幻化的象兵马兵等,说它们"无所有、无牢、无实、无有坚固。如病如痈,如刺如杀。无常、苦、空、非我。所以者何? 以彼诸行无坚实故。"(《杂阿含经》卷十)但早期佛教尚未把"空"与"无我"、"无常"等分开而加以专门发挥,"空"是着重就事物"无坚实"、变化无常讲的。部派佛教时期,一些部派对"空"的理论有所发展,但一般地讲,它们仍注重通过五蕴因缘和合的分析否定有情生命的真实性,即注重论证"人无我",而没有彻底否定包括客观物质世界在内的一切事物和现象——所谓"法无我"。至于在现象世界之上有没有一个共同的本质,这个问题还没有被提出来。

　　至大乘佛教般若学说,对"空"的理论有很大发展。"空"不仅仅是对客观事物真实性所做的一种否定判断,而且是宇宙万物共同所有的本质,是超越时间、空间和一切条件的绝对、一般和普遍性。在这个意义上,"空"与玄学作为世界本体的"无"确实有相似之处。

　　下面,让我们引证《般若经》的原文,并按照它的逻辑层次,对"空"这个概念进行一些考察。

第一，人我空，法我空，一切皆空。

《般若经》所说的"诸法皆空"、"诸法性空"、"诸法实空"等等，就是说世界上一切事物从本质到现象，包括"人我"（简称"我"，指众生）、"法我"（简称"法"，指一切有为法、无为法）皆为"空"。《放光经》卷一《放光品》提出大乘菩萨应学般若波罗蜜，修行（观想）十四种"空"①，说：

> 菩萨摩诃萨欲住内空、外空、大空、最空、空空、有为空、无为空、至竟空、无限空、所有空、自性空、一切诸法空、无所猗空（《摩诃经·序品》作"不可得空"）、无所有空，欲知是空事法者，当学般若波罗蜜。

参照卷四《问摩诃衍品》的解释，所谓"内空"是指眼、耳、鼻、舌、身、意六根"空"；"外空"是指色、声、音、味、触、法六境"空"；"大空"是谓"八方上下皆空"；"最空"（或作"第一义空"）是说泥洹（涅槃）"空"；"空空"是诸法之空亦"空"；"有为空"是一切有生灭变化的"有为法"皆"空"；"无为空"是说一切无生灭变化的"无为法"（如涅槃、虚空）亦"空"；"至竟"（或作"毕竟空"）谓诸法非常非灭、毕竟不可得；"无限空"；谓无限数量亦"空"；"所有空"（或"有法空"），谓一切存在"无有实"，为"空"；"自性空"（或"性空"），谓一切事物的本体（"法性"，解释见下）既非声闻、辟支佛所作，亦非佛或其他人所作，亦为"空"；"一切诸法空"，谓五蕴、十二处、十八界及一切有为法、无为法皆"空"；"无所猗空"（即"无所得空"），世俗认识于诸法无所得，故"空"；"无所有空"，谓不存在亦"空"。在有的地方还明确地说，不仅五蕴空、十二处空、佛十八界空、十二因缘空、众

---

① 本书卷四《问摩诃衍品》及《摩诃般若经》卷一载有十八空，西晋竺法护译《光赞般若经》卷一作二十一空，虽名称不一，但意多重复，此不详引。

生空、三世空,而且连"佛法"也"空",什么四谛、三十七道品①、佛十八不共法②、六波罗蜜,萨云若(一切智)、"阿耨多罗三藐三菩提"(或译"三耶三佛"、"道",意为"无上正等正觉",即最高觉悟)、阿罗汉、菩萨、佛等,也都是"空",有时也称之为"虚空"。总之,把宇宙一切物质现象和精神现象统统归结为"空"。

第二,空不脱离世界一切,空即一切。

《放光经》载:

> 五阴则是空,空则是五阴。(卷一《无见品》)
>
> 空性与五阴等无有异。(卷十八《信本际品》)
>
> 色痛(受)想行识无常……假令无常不空,则非无常,空亦不离无常。无常即是空,空则是无常。(卷二《本无品》)
>
> 色与空等无异,所以者何? 色则是空,空则是色,痛(受)想行识则亦是空;③空则是识,亦不见生,亦不见灭……亦不过去、当来(未来)、今现在……(卷一《假号品》)
>
> 空无有边际,大海无有边;诸法无边际故。(卷二十《法上品》)

这都是说,"空"与世界上一切事物和现象没有区别,"空"就是五蕴,"空"就是"诸法"。

那么,"空"到底是什么呢? 据《放光经》等的描述,"空"有这样一些特点:"无所有","无形","无相","等(平等)","无所来,无所

---

① 亦译"三十七菩提分",佛教所说为达到觉悟所应修持的三十七种方法和所依的条件,包括四念处(四念住)、四正勤(四正断),四如意足(四神足)、五根、五力、七觉支(七菩提分)、八正道。具体内容,此略。

② 佛教谓佛超越于声闻、缘觉、菩萨的十八种智能表现,如身无失、口无失、念无失、无异想等等。

③ 鸠摩罗什译《摩诃般若经·习应品》则译为:"色不异空,空不异色,色即是空,空即是色,受想行识亦如此……"

去"、"不生不灭"、"不合亦不散"、"无有边际"、"不可得见"、"无所得",等等。如果只按照这个描述,所谓"空"确实包含着对世界的彻底否定。然而,大乘般若学是为了适应新的社会形势深入传教需要而创立的,绝不以简单地否定一切为目的;否定现实正是为了充分肯定其新的宗教教义和哲学理论。实际上,在其虚构"一切皆空"和"空即一切"这两个理论框架的时候,已为建立大乘般若学说的神学本体论作了准备。既然把一切归结为"空",在逻辑上,"空"就有成为世界万有统一性基础的可能,就可以把它规定为世界的本体。这样,"一切皆空"可解释成一切皆为"空"的表现或现象,"空即一切"则可说"空"是一切的本体或依据。虽然《般若经》的论证还不够集中,不严密,但已这样做了。它把"空"解释为"法性"、"如"或"如如"(即"真如")、"真际"、"实相"、"涅槃"、"佛性"、"法身"等等,从而为以后大乘佛教建立以"真如"、"佛性"为本体的宗教神学本体论奠定了理论基础。

所谓"性"或"法性"就是事物的本质或本体。如《大智度论》卷三十一说:"性名自有,不待因缘,若待因缘,则是作法,不名为性";北魏昙鸾《往生论注》卷上谓:"性是本义","性是必然义、不改义";隋净影寺慧远《大乘义章》卷一曰:"性释有四义:一者种子因本之义";"二、体义名性";"三、不改名性";"四、性别为性。"唐窥基《成唯识论述记》卷一本谓:"性者,体也。"般若学说所说的"法性"是什么呢?是"空",例如说:"性空"(《放光经》)卷四《问摩诃萨品》①;

---

① 原文曰:"何等为性空?诸法所有性及有为无为(指有为法,无为法)性,非罗汉、辟支佛、诸佛世尊所不(按此"不"为衍字)作,是为性空"。《摩诃经·问乘品》:"何等为性空? 一切法性,若有为法性,若无为法性,是性非声闻、辟支佛所作,非佛所作,亦非余人所作,是性性空,非常非灭故。何以故?性自尔,是名性空。"

"一切诸法性皆空"（同上卷十八《信本际品》）等等。法性作为世界的本体是永恒存在的，统一的绝对，如说："法性常住"（同上卷十四《阿惟越致相品》）；"有佛无佛，法性常如故，亦不生亦不灭"（同上卷十五《无尽品》）；"法性无二也，……诸法性无有若干，一性"（同上卷九《明净品》）。由于认为它真实不虚，也称"如"、"如如"（"真如"）、真际，说："云何如如？佛言：如真际。云何如真际？佛言，如法性，如众生性，如寿命性"（同上卷十六《沤恝品》）。因为只有体认"空"的道理，领悟法性才能达到觉悟解脱，故也称此"法性"为"般若波罗蜜"、"道"（最高觉悟）、涅槃、佛性、法身。如说："般若波罗蜜及法性亦无有二"（同上卷七《舍利品》）；"诸法之性则为道"（同上卷十八《超越法相品》）；"佛之如者则为一切诸法之如，如诸法如则佛之如……一如无二，亦无作者……常一不二"（同上卷十二《叹深品》）；"道及佛性如事相（此谓"空"），亦不来亦不去"（同上卷五《衍与空品》）；"法性者，则是法身，亦不忘住，亦不以损住"（同上卷九《无作品》）。在《般若经》中，有时则直接把"空"称为"涅槃"，如《放光经》卷十八《信本际》说："泥洹者亦自至竟空。"（《摩诃经·实际品》）译为："诸法毕竟空，即是涅槃。"）据以上引证，可见《般若经》中的"空"，不是一无所有，不是"零"，而是一种精神性的本体，是法性、真如、佛性等等，是佛教所追求的至高精神境界和彼岸世界的抽象概念。① 关于这一点，中国古代一些般若学者也是清楚的，如东晋时道安在《合放光光赞略解序》中说：

其为经也，以如为始，以法身为宗也。如者，尔也，本末等尔，无能令不尔也。佛之兴灭，绵绵常存，悠然无寄，故曰如

---

① 南朝陈真谛译的《十八空论》（传为龙树著）中明确地说："问：空何所为？答：为清净佛性即空，故名性空；问：何故名性空？答：佛性者，即是诸法自性，何以故？自然有故。"这是对《般若经》说法的直接发展。

也。法身者,一也,常净也,有无均净,未始有名……(《出三藏记集》卷七)

《般若经》大谈"空"的目的,正是为了论证现实世界是虚幻的,而只有作为世界本体或最后归宿的真如、法性、法身才是真实永恒的。

从以上分析可以看出,《般若经》关于"空"的学说以及它的以"法性"、"佛性"为基础的神学本体论,与玄学对"无"的论证有相似之处,而其泯灭一切现象差别的论证方法,与郭象的"玄冥"论也有相近处。

在人类思想发展史上,人们对本质和现象、一般和个别、普遍性和特殊性的认识是反复进行的,并且在认识上也是逐渐深化的。从认识论来讲,本质、一般和普遍性确实不是直接通过眼、耳、鼻、舌、身等感官可以认识的,但它们毕竟是存在于现象、个别和特殊性之中,如列宁《谈谈辩证法问题》所讲:"个别一定与一般相联系而存在。一般只能在个别中存在,只能通过个别而存在。任何个别(不论怎样)都是一般。任何一般都是个别的(一部分,或一方面,或本质)。任何一般只是大致地包括一切个别事物。任何个别都不能完全地包括在一般之中,如此等等。"(《哲学笔记》人民出版社 1974 年版 409 页)玄学认识到世界有其共同本质的方面是对的,但把这种本质说成是一种超越于一切事物和时空的精神本体则是错的;佛教般若学作为一种宗教理论,虽也看到了本质和现象、一般和个别的一些关系,但却进行了种种歪曲,并加入了信仰主义的神学内容。它一方面夸大了二者之间的差别,割裂了二者的有机联系,另一方面,又把前者说成是离言绝象,不可认识,并予以神化,把它说成是佛教的彼岸世界,称之为"空"、"法性"、"如如"、"涅槃"、"法身"等等,以此来为其宗教目的服务。

二、"虚静"、"返本"与"诸法不动"

王弼、何晏的玄学贵无派为了论证封建等级制度的永恒性,关于运动变化的一个重要观点,是说静止是绝对的,是"本",运动是相对的,是"末",万有运动的必然归宿是所谓"返本",即复归于"虚静"的本体。王弼在《周易》复卦注中说:"复者,反本之谓也。天地以本为心者也。凡动息则静,静非对动者也;语息则默,默非对语者也。"这是说,世界虽在运动,但以"返('反')本"为终极;因此,静、默是绝对的,而动、语是相对的,它们只不过是前者的一种表现形态,而"寂然至无,是其本矣"(同上)。其《老子》十六章注说得更清楚:"凡有起于虚,动起于静,故万物虽并动作,卒复归于虚静,是物之极笃也。"是说世界万有及其运动,皆起源于"虚静",最后又复归于"虚静",而所谓"虚静"者,即作为世界的本体的"道"或"无"。

《般若经》对动静问题也有论证,尽管这种论证充满宗教内容,但其基本倾向是十分清楚的,即认为:现象世界虽有生灭变化,但作为其本体的"法性"、"空"是没有生灭变化的,从这个意义上讲,世界万有也没有变化,此即所谓"诸法不动"。

请看如下引文:

法性常住,道法及如、真际常住。(《放光经》卷十二《阿惟越致相品》)

有佛无佛,法性法如故。法性者,则是法身,亦不以忘住,亦不以损住。(同上卷九《无作品》)

佛言,法性不动转故。(同上卷九《明净品》)

诸如来常不动摇,亦不去亦不来;如来者如如,无所起灭,不起者,亦不来亦不去。不生者是如来,亦不知来时,亦不知去时。善男子,真际者亦不知来时,亦不知去时,真际者则如

来。虚空者亦无来亦无去,空者则如来。真谛(即第一义谛)
者亦不知来时,亦不知去时,真谛者则如来……如者一无有
二,亦不三,亦无若干之数,以法空故……莫以色身而观如来,
如来者法性,法性者亦不来亦不去,诸如来亦如是,无来无去。
(同上卷二十《法上品》)

　　道及法性如事相,亦不来亦不去,亦无住处。(同上卷五
《衍与空等品》)

这都是说,作为万有诸法本体的"法性"、"如如"、"真际"、"空性"、
"真谛"、"如来"、"法身"等等(实皆一回事),是常住不动、"无来无
去"的,但又"无所住",即它并非与流动不息的万有隔绝,而是体现
于万有之中,与万有不即不离。《放光经·超越法相品》说:"不见有
法离于法性与法性有别者……一切诸法皆是法性。"从这个意义上
讲,世界万有("诸法"、"一切法")如同"法性"、"空"一样,也无来无
去。所谓:

　　空亦无来亦无去,诸法所至亦无有相,亦无有愿……诸法
所至,亦无所至,亦无有行,亦无有生,亦无有灭。……诸法亦
不动,亦不不动,诸法亦不来,亦不去。诸法亦不合,亦不散,
诸法无我无命无寿。(《放光经》卷七《随真知识品》)

　　衍(指"摩诃衍①")与空等……所言摩诃萨,亦不见来时,
亦不见去时,亦不见住处。何以故?诸法不动摇故。诸法亦
不去,亦不来,亦无有住处。……(同上卷五《衍与空等品》)

　　菩萨摩诃萨从初发意以来,不见法有生灭,亦不见有增
减,亦不见著,亦不见断。(同上卷三《摩诃萨品》)

这是说,因为万有诸法本性空寂,故世界万有也无生无灭,无增无

---

　　① "摩诃"意为"大","衍"意为"乘",合为"大乘",亦称"如来衍。"

减,无来无去,即所谓"诸法不动摇。"但般若学说并不是从现象和
"俗谛"方面,从字面上否认事物变化,而是在表面上承认变化,如
上面所引"诸法亦不动,亦不不动"等,然而却认为这种变化只是一
种虚幻的假象,是不真实的。它宣称,人们如果认识到万有世界虚
幻不实,本无变化,就可以达到"无上觉悟"。它说:"知诸法如梦幻
者为识如来,于诸法不求有来往之相"(《放光经》卷二十《法上
品》),"当知诸佛亦无来往,一切诸法皆复如是,亦不生灭,汝知是
已,必至阿耨多罗三耶三菩。"(同上)

《般若经》一方面讲"一切所有,皆悉无常"(《放光经·住二空
品》),讲变化,另一方面又讲诸法"无来无去",讲"诸法不动",这岂
不矛盾? 但通观全经,这种讲法也是为其宗教目的服务的。讲变
化无常,是讲现实世界变化无常,是为了教人不留恋现实世界,不
计较现实的利益得失;讲常住不动,是就万有的本体讲的,说超越
万有现象之上的彼岸世界("空"、"法性"、"法身")永恒静止,是为
了诱引人们追求这一精神境界。

可见,在关于动静的观点方面,尽管《般若经》的论证方法和目
的与玄学不同,但在结论上却有相似之处,即都认为事物从本体上
说是静止不变的。

三、言意之辨和真、俗二谛

玄学在认识论方面一个重要内容是言意之辨。早在《老子》就
提出:"道可道,非常道;名可名,非常名。"谓作为世界本原的"道"
("常道"、"常名";"常"意为永恒)不可以用语言表述。王弼从其
"以无为本"的本体论的角度予以解释,谓:"可道之道,可名之名,
指事造形,非其常也;故不可道也。"(王弼《老子》一章注)谓由道生
成的具体事物可以表述,而作为世界本体的"常道"是不可表述的。

此外,《周易·系辞上》有云:"子曰:书不尽言,言不尽意。然则圣人之意,其不可见乎!"谓语言不能完全表达"圣人之意"。王弼以《老》、《庄》解《易》,乃援引《庄子·外物篇》之"得鱼而忘筌"、"得意而忘言"的说法,在《周易略例·明象章》中对此进一步发挥,认为既然"象"(卦象)是表达"圣人之意"的,"言"是表达"象"的,那么二者不过是达到"得意"这个目的的工具,主张认识应超越名言,直接体会其所蕴之义,谓"得意在忘象,得象在忘言。"另一位玄学家荀粲据《论语》所载子贡称"夫子之言性与天道,不可得闻",认为"六籍虽存,固圣人之糠秕。"(《三国志·魏志·荀彧传》注引何劭《荀粲传》)这种观点直到两晋仍很盛行。《般若经》中关于真、俗二谛的说法与此也有相似之处。"真谛"或"胜义谛"在《般若经》中译为"第一最要义"、"第一义谛",意为出世间的真理,称只有具有"般若"智慧的佛教圣贤才能认识;"俗谛"或"世俗谛",亦译"世谛",意为世间的真理,实际上指世俗认识及其面对的整个现象世界。

按照般若学说,"空"或称之为"法性"、"真如"、"佛性"等等,作为世界的本体,只有掌握"般若"智慧的菩萨和佛才能认识,故属于真谛或第一义谛,说它是超言绝象的。如《放光经》卷十八《住二空品》说:

> 于第一最要义者无有分数(按"分"为分别,认识;"数"为数法,指用言语表达)。何以故?是法常寂,无所分别,亦无所说。五阴亦无生灭,亦无著断,用(即"因")本空末空故。

后秦鸠摩罗什译《摩诃般若经·四摄品》对此段译得更清楚:

> 第一义实无有相,无有分别,亦无言说:所谓色乃至有漏无漏法,不生不灭相,不垢不净,毕竟空、无始空故。

其《实际品》又曰:"第一义亦名性空,亦名诸佛道。"《平等品》说第一义谛"过一切语言、议论、音声。"这些描述与它对"空"的描述是一致的,是为了强调"空"(真如、佛性)这种神秘本体的无限性、绝对性以及神圣性的。

　　然而自然界和人类社会是不以人们意志为转移的客观存在，事物和现象错综复杂，变化万千。正常的人们对此并不怀疑，并通过社会实践不断加深对客观事物的认识，给予各种事物以不同的名称和概念。但《般若经》把现象世界和人们对事物的正常认识统统称之为"俗谛"或"世谛"，认为都是虚幻不实的。说众生由于执著于"四颠倒"（认为事物常、乐、我、净）或执著"名字数"、"名相、虚妄、忆想、分别"的缘故，才把现实世界看成是真实的，并产生种种贪爱执著感情；宣称众生因为有这些执著，故流转生死，不得解脱①。

　　那么，《般若经》是不是简单地把"俗谛"否定掉呢？不是的。它一方面论证"真谛"真实，"俗谛"虚妄；另一方面又把真、俗二谛用宗教语言紧密地结合了起来。按照《般若经》的观点，菩萨的重要使命是"度脱众生"。既然众生执著名相，不以"俗谛"为假，从而不能摆脱生死苦恼，那么，菩萨应以般若指导下的"方便力"（"沤恕拘舍罗"，意译"智巧"）进入众生之中，利用众生熟悉的"俗谛"随机教化，即"以名相教授众生，欲令得解。"（《放光经》卷十六《沤恕品》）为此，提出善恶因果报应、五道轮回、五阴因缘和合法、四谛、八正道以至六波罗蜜等各种教义教法和大小乘修行果位等等，通过这些特定的"俗谛"使众生逐步认识到自己所执著的一切不过是些"假号"、"假施设"或"假名"，领悟"第一义谛"，达到解脱。《放光经》说：

　　　　佛言：众生者但共缚于名字数，著无端绪，是故菩萨摩诃萨行般若波罗蜜，于名字相拔济之。须菩提白佛言：何等为名

――――――――――

　　① 见《放光经》的《沤恕品》、《超越法相品》；《摩诃经·善达品》

字相？佛告须菩提：名字者不真，假号为名，假号为五阴，假名为人，为男为女；假名为五趣及有为、无为法，假名为须陀含、斯陀含、阿那含、阿罗汉、辟支佛、三耶三佛……诸吾我造作之法，但为名字数法故。凡诸愚人缚著于有为法，是故菩萨行般若波罗蜜，以沤惒拘舍罗教授众生言：是名但从相起，但以相故生母人胞胎，所有者无端绪，所有者无所有，诸智者不入于空。(卷十八《超越法相品》)

鸠摩罗什译《摩诃经·善达品》对这一段译作：

众生但住名相虚妄、忆想分别中，是故菩萨行般若波罗蜜，于名相虚妄中拔出众生。须菩提白佛言：世尊，何等是名，何等是相？佛言：此名强作，但假施设，所谓此色，此受、想、行、识，此男此女，此大此小，此地狱，此畜生，此饿鬼，此人，此天，此有为，此无为，此是须陀含果、斯陀含果、阿那含果、阿罗汉果、辟支佛道、此佛道……一切和合法皆是假名，以名取诸法，是故为名。一切有为法但有名相。凡夫愚人于中生著，菩萨摩诃萨行般若波罗蜜，以方便力故，于名字中教令远离。作是言：诸众生是名，但有空名，虚妄忆想分别中生，汝等莫虚妄忆想，此事本末皆无，自性空故；智者所不著。

此外，《放光经》还说：

假令五阴及如，乃至有为、无为等(按此"等"意为"平等")无异者，云何有善恶之报及五道生死，云何有三乘之法耶？佛言：以众生习于世俗谛故，便有道之名号；于第一最要义者无有分数。(卷十八《住二空品》)

所说教，但以世俗故，有是言教，非是第一义无言之教。(卷十六《沤惒品》)

以上引文概而言之就是：(1)世界的本性为"空"，而千差万别的事物和现象不过是些虚妄的名相、假名，但众生对此不认识，却执著这些名相假名,认为真实不虚;(2)众生执著于"俗谛"名相,佛菩萨也随机以"俗谛"进行教化,三乘(声闻、缘觉〔辟支佛〕、菩萨)之教即属于教化众生的俗谛;但大乘菩萨的责任,是运用般若智慧,以方便之力,把众生从一切"俗谛"名相虚妄中解脱出来,使其认识"诸法性空"之理,达到领悟"第一义谛"的至高精神境界;(3)"俗谛"有言之教是用以达到"第一义无言之教"的"方便"(权宜)手段或工具。从这里可清楚地看到,佛教般若学说的圣、俗二谛说与其"诸法性空"说一样,都是为其传教目的服务的。

据上所述,《般若经》在关于真、俗二谛的定义和论证方法方面,确实与玄学的言意之辨有某些相似之处,如"真谛"(第一义谛)有点像玄学的"圣人之意"、"天道";"俗谛"有点象玄学的"象"、"言"。但其论证的内容和目的与玄学是显著不同的。

四、名教自然之辨与般若方便

魏晋玄学的中心问题是:理想的最高统治者("圣人")应实行怎样的政治原则,应如何施政? 因此,关于名教与自然之辨是其论证的一个重要方面。玄学贵无派认为天地万物"以无为本",社会名教制度也是最高本体"无"(道、自然)之产物,因此,在政治方面,"圣人"应遵循"道"自然无为的法则进行统治。何晏认为:"圣人无喜怒哀乐",一切顺应天道自然。王弼则认为,圣人虽有与一般人同样的感情,但因为具有超人智慧("神明茂"),在言行中能体现"无"的自然原则,所以善于控制自己的感情,"应物而无累于物"(《三国志·魏志·钟会传》注引何劭《王弼传》)。至西晋郭象,认为天下万物"自生"、"自尔",所在皆"自然",因此,名教亦即自然,最高统治者国君("圣人")与隐遁山林之中体现"自然"的神人并无二致。其《庄子注》中有这样两段话形象地反映了这种思想:

夫神人即今所谓圣人也,夫圣人虽在庙堂之上,然其心无
异于山林之中,世其识之哉! 徒见戴黄屋、佩玉玺,便谓足以
缨绂其心矣;见其历山川、同民事,便谓足以憔悴其神矣。岂
知至至者之不亏哉! (《逍遥游注》)

夫理有至极,内外相冥。未有极游外之致而不冥于内者
也,未有能冥于内而不游于外者也。故圣人常游外以宏内,无
心以顺有,故虽终日挥形而神气无变,俯仰万机而淡然自若。
(《大宗师注》)

这是说自然与名教无任何矛盾,"山林"与"庙堂"等同,"游外"与
"冥内"一体,统治者日理万机,与隐遁山林也无区别。

《般若经》所论证的是一种宗教理论,中心问题是:大乘菩萨应
怎样认识世界,应如何进行传教(所谓"度脱众生")? 因此必然要
论证世间和出世间的关系。正是在这一方面,它的某些论证与玄
学有相似之处。

《般若经》宣称,大乘菩萨虽以"般若"智慧观悟"诸法性空",体
认法性、真如,但并不"中道取证"(或"中道涅槃"。这里的"中道"
相当于"中途",指成佛之前),不以修证阿罗汉等小乘果位达到个
人解脱为目标,而要"度脱一切众生",把他们从生死苦恼中解脱出
来。可是,既然世间和众生是污染的,空幻的,变化无常的,而出世
间和菩萨、佛是清净的,实在的,永恒的,那么,如何把二者连接起
来呢? 为此,《般若经》提出了"方便"说。

"方便"或"方便力",梵文 Upāya-Kauśalya,音译"沤惒拘舍
罗",简称"沤惒",也意译"方便善巧"、"善权方便",意为菩萨以各
种形象现身众生之中用世俗熟悉的语言、方法,应机进行教化。在
般若学说中,"方便"占有重要地位,称"般若"为菩萨之母,"方便"

为菩萨之父①,意为菩萨之所以成为菩萨,正因为兼有这两个方面。如前所述,作为体现空、法性、真如、法身等出世间的"真谛"或"第一义谛"是离言绝象的,而体现万有现象世界、世间众生的"俗谛"是可以说的。菩萨利用"俗谛"建立种种教法向众生进行教化,就属于"方便"。例如说:

> 菩萨行六波罗蜜,意念言:以三界众生著四颠倒,当以沤恕拘舍罗而度脱之,我当为众生故,行六波罗蜜……(《放光经》卷十六《沤恕品》)

> 菩萨以受贤圣无漏之法,善权变形,教化众生……以沤恕拘舍罗祐利众生,随类而入而教化之,以是故,不复受众苦之恼。(同上卷十九《毕竟品》)

> 菩萨摩诃萨行般若波罗蜜,为沤恕拘舍罗所持,殖诸功德,具足一切众善之本,一事不具,不中道取证。至成阿耨多罗三耶三菩、阿惟三佛②,功德具足,尔乃于真际作证……有志愿不舍一切众生故……(同上卷十四《问相行愿品》可参考《摩诃经·不证品》)

小乘佛教主张,除了释迦牟尼之外,一般出家者是不能成佛的,而通过佛教修行,体认苦、集、灭、道四谛之理,达到阿罗汉果位,就可以使个人永远摆脱生死轮回;因此把阿罗汉(也意译"无学",谓已无可学者)当做修行的最高目标。但《般若经》认为,在阿罗汉以上还有菩萨和佛这样的更高的修行果位。在菩萨修行"般若波罗蜜"

---

① 三国吴支谦译《维摩诘经·如来种品》:"母智度无极,父为权方便";后秦鸠摩罗什译《维摩诘所说经·佛道品》:"智度菩萨母,方便以为父"。

② 阿惟三佛,梵文 abhisambuddha,亦译"阿毗三佛陀",意译"现等觉",指佛的觉悟。与前面之"阿耨多罗三耶三菩"(意"无上正等正觉"、"正等觉")实际上是一回事。

的过程中,必须以"善巧方便""随类"而为世间一切众生说法教化,把他们从生死苦恼中救度到超现实的彼岸世界。菩萨以此"殖诸功德",最后成佛。

所谓"善权变形,教化众生","随类而入而教化之",就是说菩萨可以任何形貌出现于世间,不管是出家、在俗,是贫、是富,都可以行道说法;反过来说,在任何情况下的任何人,也都可能是行道说法的菩萨的显现。例如:

> 菩萨以沤恕拘舍罗示现有欲,于色欲中育养一切,无所沾污;观欲如火,譬如怨家,说欲之恶,志常秽之。菩萨虽在欲中示现,常作是念……(《放光经》卷一《无见品》)
> 菩萨摩诃萨习于五欲劝化众生,其菩萨摩诃萨不为五欲之所沾污。(《光赞经》卷一《顺空品》)

这是说,菩萨为度脱众生,可以不必远离"五欲"(追求色、声、香、味、触的五种情欲,泛指人的一切身、心欲望),只是在心中认识情欲污秽,使精神"无所染污"就可以了。过去小乘主张修行"远离之法",说修行者应到"山间树下,独处寂无人中",打坐禅观。《般若经》认为,菩萨所应修的"远离之法",则是"寂于(按指"不作"或"不起")声闻、辟支佛念(按指"不中道取证",成阿罗汉或辟支佛),寂于山间树下独处念……菩萨如是是为大远离之法。菩萨如是当昼夜行,是为菩萨寂然远离。若在人间随我寂教者,虽在城傍为与山泽等无有异……菩萨无沤恕拘舍罗者,虽在绝旷百俞旬(即"由旬",印度长度单位,相当于三四十华里)外,亿千岁禽兽飞鸟所不至处,鬼神盗贼所不至处,虽久在中,不知菩萨远离之法,会无所益"(《放光经》卷十四《阿惟越致相品》)。这是说,大乘般若理论不主张隐遁山林,脱离民众的修行,而主张应在人间随俗传教说法。

在这里使人联想到《维摩诘经》中所描绘的维摩诘居士的形象。《维摩诘经》是魏晋南北朝时与《般若经》同样风行士族上层社会的一部佛经。此经有吴支谦、后秦鸠摩罗什和唐玄奘所译的三个不同译本，这里引证前两个译本进行说明。此经说，维摩诘是释迦牟尼在时维耶离（或译"毗耶离"、"吠舍离"，意译"庄严城"）城中一个有钱有势而又妙解般若空理，神通广大的居士。他

> 深入微妙，出于智度无极（按即"般若波罗蜜"的意译），善权方便，博入诸道，令得所愿。人根名德，生而具足，造成大道，所作事胜。佛圣善行，皆已得立，觉意如海，而皆已入。诸佛咨嗟，弟子释梵，世主所敬。欲度人故居维耶离，矜行权道。资财无量，救摄贫民；以善方便，摄诸恶戒；以忍调行，摄诸恚怒；白衣精进，摄懈怠者；禅定正受，摄迷惑意；得智慧律，摄诸邪智（以上即施舍、持戒、忍辱、精进、禅定、智慧"六度"）。虽为白衣，奉持沙门至贤之行。居家为行，不止无色，有妻子妇，自随所乐，常修梵行①。虽有家属，常如闲居。现相严身，被服饮食，内常如禅。若在博奕戏乐，辄以度人。受诸异道，导以佛教，不离圣典。因诸世间俗教善语，以法乐而乐之。一切见敬，为供养中最。所有（或作"及"）耆旧，能喜世间。一切治生谐偶，虽获俗利，不以喜悦。游诸四衢，普持法律。入于王藏，诸讲法众，辄身往视，不乐小道。诸好学者，辄身往劝，诱开童蒙。入诸淫种，除其欲怒。入诸酒会，能立其志。入长者种，正长者意，能使乐法。入居士种，正居士意，能除其贪。入君子种（或作"刹利"，即刹帝利种姓），正君子意，能使忍和。入梵志种（或译"婆罗门"），正梵志意，使行高远。入人臣中，正群臣意，为作端首，使入正道。入帝王子，能正其意，以孝宽仁，率化薄俗……（支谦译本卷上《善权品》）

---

①　鸠摩罗什译本为："虽为白衣，奉持沙门清净律行。虽处居家，不著三界，示有妻子，常修梵行。"

鸠摩罗什的译本于其中一段是这样译的：

> 一切治生谐偶，虽获俗利，不以喜悦。游诸四衢，饶益众生。入治政法，救护一切。入讲论处，导以大乘。入诸学堂，诱开童蒙。入诸淫舍，示欲之过。入诸酒肆，能立其志……

据以上引文，维摩诘是个行六波罗蜜的大乘菩萨，他持"善权方便"，以各种身份、地位，进入社会各个阶层、角落，从事任何职业、社会活动、娱乐，用一切世俗手段、语言，对众生进行教化。在这里，在家和出家、世间和出世间的界限，已被取消，什么娶妻养子、从政经商，什么吃喝嫖赌，等等，皆可为佛道，皆可为"菩萨行"。这种混同世间与出世间的作法是一种"入不二法门"。鸠摩罗什译本卷中《入不二法门品》谓："世间、出世间为二。世间性空即是出世间。于其中不入不出，不溢不散，是为入不二法门。"象维摩诘那样，只要认识世界一切本性为"空"，认定以大乘教理去"度脱众生"，那么就不必认真计较自己以何种身份从事何种社会活动了。这样一来，在家即出家，俗务即为净行，在世即出世了。

从上述介绍可以看出，般若学说关于般若"方便"的某些论证，特别是其中混同在家和出家、世间和出世间的说法，与玄学中郭象的名教即自然的说法，虽然含义不同，但在形式上确实有相似之处。

五、"独化"、"自足其性"与因果报应的宿命论

西晋时期，以司马氏为首的门阀士族统治集团建立了统一的封建王朝。适应统治阶级巩固君臣上下等级制度的要求，郭象在《庄子注》中提出了"性各有分"、"足于其性"和"安其性命"的理论。他认为世界万物皆"自生"、"独化"，各自独立"自得"，从表面上看（"以形相对"）虽有大小、寿夭等差别，但如从天生"性分"来看，物

皆自足其性,事物之间没有任何差别,"无小无大,无寿无夭"(《齐物论注》)。社会上君臣上下、尊卑贵贱的等级制度,皆"天理自然",人们应安于其位,尽自己的本分。他说:"臣妾之才而不安臣妾之任,则失矣。故知君臣上下,手足内外,乃天理自然,岂真人之所为哉!"(《齐物论注》)各种人在社会上所处的不同地位,为命运注定,是不能改变的。又说:"天性所受,各有本分,不可逃,亦不可加。"(《养生主注》)"性各有分,故知者守知以待终,而愚者抱愚以至死,岂有能中易其性者也?"(《齐物论注》)人们如果懂得自己的"性分"不可改变,就不会有所追求,从而心安理得,"所居而安"(《庄子·大宗师注》:"所居而安为志。")。他说:"夫物未尝以大欲小,而必以小羡大,故举大小之殊,各有定分,非羡欲所及,则羡欲之累可以绝矣。夫悲生于累,累绝则悲去,悲去而性命不安者未之有也。"(《逍遥游注》)

郭象的这种玄学理论,虽没有佛教所主张的因果报应、三世轮回的内容,但从其主张命定论这一点来讲,确实与佛教也有相似之处。佛教的基本教义之一就是三世因果报应,宣称人生的富贫寿夭皆由前世善恶行为("业")决定,不是靠现实的主观努力所可改变的。关于因果报应,西晋白法祖译《佛般泥洹经》卷下说:

> 佛告阿难……天地有成败,无不弃身者。善恶随身:父有过恶,子不获殃;子有过恶,父不获殃,各有生死,善恶殃咎,各随其身。

社会上一切贫富差别、上下等级的原因,不应到现实社会中去找,而应到虚构的前世去找,故富者理应安享富贵,贫者本应自甘贫贱;如果信佛行善,只有到所谓"来世"才有改变命运的可能。

般若学说标志着佛教发展过程中一个阶段。它虽然强调"空"、"第一义谛",认为因果报应等佛法属于"俗谛",但又认为,"俗谛"可为菩萨教化众生的"方便"手段,故仍承认因果报应等佛法。例如它说:"假令五阴及如,乃至有为无为等无异者,云何有善恶之报及五道生,云何有三乘之法耶？佛言:以众生习于世谛故,便有道之名号……"(《放光经》卷十八《住二空品》)并一再表示,如有人"受持般若波罗蜜,若讽诵读习行其事者",就会受到好的报应,在来世"终不生三恶趣(指畜生、饿鬼、地狱),受身完备,诸根具足,终不生贫穷之家……"(同上卷七《持品》)。

不仅如此,佛教还认为,虽然社会一切差别皆由前世善恶行为决定,但对这些差别本身也不应认真看待,因为一切事物,包括人生在内,皆刹那生灭、变化无常,如同梦幻一样,值不得留恋,如白法祖译《佛般泥洹经》卷上说:"视天下人,帝王亦死,贫富贵贱,无有离死者,同生死之道。如人梦见好舍、好园,豪贵快乐,寤则不见;世间所有贫富贵贱,如人梦耳。自思惟世间,譬如人梦。"大乘佛教般若学说对这种理论又有发展,如从"第一义谛"或"真谛"来讲,世间一切皆空幻不实,没有任何矛盾差别,"一切所有,皆悉无常,无尊无卑,谁常安者?"(《放光经》卷十八《住二空品》)从修证菩萨的要求来说,不仅不应起非分之想、非分之求,即使有人以刀杖加身,也应"忍辱",此时应"起意念言:以刀捶杖加我者谁？受者为谁？当观法相,观法相者亦无所有,亦无所观。"(《放光经》卷十七《无倚相品》)由此达到"无生法忍"(体认诸法性空、无生无灭之实相)的精神境界。这种理论虽为玄学所没有,但从其教人安于现状来说,与郭象的"所居而安"的观点有相似之处。

综上所述,尽管玄学和佛教《般若经》思想的理论体系不同,社会作用也不尽相同,但二者在思辨方法、论证方式等方面,仍有一些相似之处。主要表现在以下几个方面:二者都认为世界万物有统一的精神性的本性,玄学一般以"无"("道")为本体,而佛教般若学说以"空"为本体,"空"也就是真如、佛性,即抽象化和哲学化了的宗教幻想和彼岸世界;二者都认为,现象世界从其本体上来讲,是没有运动变化的；玄学认为"天道"、"圣人之意"不是一般语言所能表达的，谓"言不尽意"，主张"得意忘言"，而般若学说认为"真谛"是超言绝象的，但为了教化众生，必须借助"俗谛"的有言之教来使他们最后体认"真谛"，超离"俗谛"而达到解脱；玄学主张名教反映自然，郭象进而主张名教即自然，而般若学说则认为，菩萨以"善权方便"可以任何身份、方式出入众生随机教化，从而取消了"世间"与"出世间"、在家与出家的界限；郭象的玄学理论认为万物天性自足，教人守本分、安性命，佛教主张因果报应的宿命论，般若学说除此之外还特别强调世间一切虚幻，亦教人安于现状。当然，相似不是相同，它们的用语和命题的具体含义是不同的。

尽管如此，由于魏晋时期盛行玄学，所以人们对《般若经》思想与玄学的相似之处特别予以注意，寄予极大兴趣，从而使般若学说得到迅速传播。一些佛教般若学者也利用这点来扩大佛教的影响。他们有意地吸收玄学的部分理论来论证般若思想，使般若学说玄学化。这可从东晋时期的中国般若学派——"六家七宗"的学说中得到证明。

（选自《世界宗教研究》1983 年第 4 期）

杨曾文（1939—），山东即墨市人，北京大学历史系毕业。现任中国社会科学院世界宗教研究所佛教研究室主任、研究员、博士生导师，兼任中国社会科学院佛教研究中心主任、中国宗教学会理事等。著作有《中国佛教史》、《日本佛教史》、《敦煌新本六祖坛经》、《神会和尚禅话录》、《唐五代禅宗史》等；译著有《日本佛教史纲》、《印度佛教史概说》等。

本文以《放光般若经》为主，就反映大乘佛教般若思想与

20世纪儒学研究大系

魏晋玄学这两种思想体系的若干重要命题、概念、论证方法进行了比较研究。作者指出：二者都认为世界万物有着统一的精神本体，玄学谓无，般若言空；都认为现象世界从本体看是没有变化的，玄学讲"返本"，复归"虚静"，般若说法无来去，"诸法不动"；玄学强调"言不尽义"，"得意忘言"，般若大谈"真谛""不可分数"，借"俗谛"体认"真谛"，并随机教化；玄学主张名教反映自然，进而把二者等同，般若力说"善巧方便"，从而取消了"世间"与"出世间"的界限；玄学鼓吹"独化"、"自足其性"，教人安分守己，般若宣扬因果报应、一切如幻，使人满足现状。

佛教禅宗与程朱理学

郭　朋

前　言

入宋之后,佛教禅宗表现出了两大特点:

其一,出现了大量的《灯录》和《语录》。这些作品的出现,一方面反映出在其宣传形式上一向标榜为"教外别传"、"不立文字"的禅宗,已经走上了大搞文字禅的道路;另方面反映出在思想内容上,禅宗进一步走上了蒙昧的神秘主义的道路。

其二,禅宗思想(包括它的文风)深深地渗进了儒家思想,其结果,在当时的时代背景下,导致了程朱理学的产生。

关于前者,将另文论述,本文仅就后者作一些尝试性的探索,并就教于方家。

关于两宋理学,我们的思想史、哲学史家们已写出了大量的专著,已经谈论的很多了,本文不对它作全面的论述(因而对于两宋理学产生的时代背景和阶级根源,也不拟涉及——只须指出:两宋理学,是适应宋王朝的那种对外屈辱、对内压迫的政治需要的时代产物),只想就其产生的主要思想渊源、也就是它同佛教禅宗的关涉,试谈一此个人的看法,并且把论述范围限制在程朱理学以内①。

程朱思想,都深受佛教禅宗的影响。例如:

程颢:"泛滥于诸家,出入于释老者几十年"(见《宋史》卷四二七《程颢传》)。常常"坐如泥塑人"(《二程全书》卷三七)。以致公然声称:"世事与我,了不相关!"(同上书卷三二)所以明儒说他"看得禅书透"(高攀龙语)。

程颐:"颐至愚,学道几五十年!"(同上书卷四九)这里所谓的"道",显然不光是"儒道",当必也有"禅道"在其中。因此,他"每见人静坐,便叹其善学。"(同上书卷三七)以致他竟也模仿佛教传说中的禅宗二祖慧可"立雪断臂"的"公案",表演出了"程门立雪"的故事②。

二程如此,程门弟子呢?

被称为程门"第一"的谢良佐,朱熹说他的思想"分明是禅"(《宋元学案》)卷二四《上蔡学案》附)!明、清学者说他是"以禅言儒"(全祖望语);"终身以禅之说证儒","阴稽禅学之说,托名于儒!"(黄东发语)他自己称赞"佛家大乘顿教,一闻便悟!"(《宋元学案》卷二四《上蔡学案》)

------

① 于北宋,只限于二程(和他们少数几个学生),而不涉及其余诸子(如周、邵、张等);而于二程,只是略为述及他们的几个主要的思想观点,并不对他们作全面评价。于南宋,只限于朱熹,而不涉及陆氏兄弟等;而于朱熹,也只是略为述及他的几个主要的思想观点,也不对他作全面评价。至于禅宗同陆王心学的关系,本文也暂不涉及。

② 据《宋元学案》卷一五《伊川学案上·正公程伊川先生颐》里记载:"(伊川)尝瞑目静坐,游定夫、杨龟山立侍,不敢去,久之,乃顾曰'日暮矣,姑就舍',二子退,则门外雪深尺余矣。"程门弟子,遂把这件事称之为"程门立雪"。

被称为程门"高弟"的杨时,认为:"学者所以不免求之释老,为其有高明处。"(《宋元学案》卷二五《龟山学案·语录》)而"其晚年,竟溺于佛氏"。(全祖望语)

被称为程学之中最为"淳正"的尹焞,既拜观音,又诵佛经。(详见《宋元学案》卷二七《和靖学案·附录》)

朱熹曾颇为感慨地说:"程门高弟,如谢上蔡、游定夫、杨龟山,下稍皆入禅学去!"(同上书卷一三)

朱熹呢?"熹旧时无所不学,禅道、文章,……事事要学。"(同上书卷四八《晦翁学案·语要》)明清学者说他"凡诸子、佛老……无不涉猎而讲究也。"(黄百家语)

上述情况,足以说明,程朱这些理学大师,尽管表面上他们都以"辟佛"者自居,而骨子里,却几乎无一例外地都在从佛教禅学中摭取思想养料以滋补自己,他们其实都是外儒而内佛的。所以,明儒总结性地说:"宋儒之学,其入门皆由于禅!"(黄绾语)正因为如此,在程朱理学中,也就处处散发着禅学气味!

从程朱理学的几个主要观点,看程朱理学同佛教禅宗的关系

程朱理学范围很广,这里只就能够从中窥测出其所受禅宗思想影响较深的几个主要观点,试作一些剖析。

(一)关于"理"的学说

在中国哲学史上,特别是先秦诸子,虽然也有讲到"理"的[1],

①　例如:孟子"心之所同然者何也? 理也,……"(《孟子·告子》)。荀子"物之理也"(《荀子·解蔽》)。庄子"天地之理,""万物之理"(《庄子·外篇》)等等。

但是,像程朱那样,把"理"上升为他们最高的哲学范畴、上升成了他们的本体论,却是更多的受了佛教、特别是禅宗思想的影响。在中国佛教史上,虽然魏晋南北朝以来,已有用"理"这一概念来表达他们的佛学思想的,但是较早的把"理"作为独立的哲学范畴使用的,却是华严宗。华严宗"四法界"①中的第二"法界",就叫做"理法界"。"理法名界,界即性义,无尽事理,同一性故。"(澄观《华严法界玄镜》卷上)这里的"理",也就是"真如"、"佛性"、"真空"等等这些宗教词汇的哲学化的称呼,它其实也就是华严宗的本体论。在《坛经》(指法海本《坛经》,下同)里,慧能说过"(梁)武帝不识正理"的话(见《坛经》第三四节),这里的"正理",也就是"真理"(即真如、真谛等等)的意思。受到慧能的"印可"、被禅宗史上称之为"一宿觉"的知名禅僧玄觉,在他撰述的《禅宗永嘉集》(共分十章)里,专门列了一章(第八章),叫做《理事不二》章,其中说到:"如是,则真谛不乖于事理,即事理之体元真。"(见《大正藏》卷四八,三九三页)这里,玄觉也把"理"作为哲学范畴使用了。沩山灵祐也曾说过:"事理不二,真佛如如。"(见《五灯会无》卷九)等等。程朱等人,正是在这些佛教思想影响之下②,对于"理"这个抽象概念,进行加工制作,并使之成为他们思想体系中最核心的东西。下面,就让我们来看一看程朱是如何演化这个"理"字的。

> 万物皆是一理。至如一物、一事虽小,皆有是理。(《二程全书》卷一五)

> 天下只有一个理。(同上书卷一八)

---

① 华严宗的"四法界"是:事法界,理法界,理事无碍法界,事事无碍法界。

② 泛而论之,程朱思想所受佛教的影响固不限于禅宗,但就给予程朱思想以更大更深的影响这一根本之点来说,则主要是禅宗

凡眼前无非是物,物物皆有理。(同上书卷一九)

动物有知,植物无知,其性自异,但赋形于天地,其理则一。(《宋元学案》卷一五《伊川学案上·语录》)

这说明,天地万物之间,只有一个"理","理",是天地万物的唯一本体。

性即理也,所谓理性是也。(《二程全书》卷二二七)

这简直是华严宗"界即性义,无尽事理同一性故"的翻版!

一草一木皆有理。(同上书卷一八)

这又是天台宗的"一色一香,无非中道"和禅宗的"青青翠竹,尽是法身"这种说法的模拟!

至显者莫如事,至微者莫如理;而事、理一致,微,显同源。(同上书卷二五)

这是华严宗的"理事无碍"、玄觉灵祐等人的"理事不二"思想的"理学"化。正是渊源于这一思想,二程又根据张载的《西铭》提出了"理一分殊"的命题。所谓"理一分殊",就是说,天地万物的本体——"理"是唯一的,而天地万物却是千差万别的。这,就其思想渊源说来,乃是对华严宗"事法界"和"理法界"的抄袭。

然事法名界,界则分义,无尽差别之分齐故。理法名界,界即性义,无尽事理同一性故。(澄观《华严法界玄镜》卷上)

二程把华严宗对理、事法界的释义,概括为"理一分殊",并把它装扮成为他们自己的哲学命题。

上面这些,还只是二程的"理"学观,下面,让我们再来看一下二程的四传弟子朱熹① 对于"理"的阐释:

眼前凡所应接底都是物,事事都有个极至之理,……若知

① 据史书记载,程至朱熹的师承关系是:程颐——杨时——罗从彦——李侗——朱熹。

得到,便着定恁地做,更无第二着,第三着。……若事事穷得
尽道理,事事占得第一义。(《朱子语类卷三《大学·经下》)

用禅家语言,讲理学思想,朱熹有着更浓的禅味!

　　世间之物,无不有理。(同上)

　　此个道理,人人有之。(同上书卷五《大学·或问上》)

　　天下之理,逼塞满前。(同上书卷六《大学·或问下》)

　　一物各具一太极。(同上)

"太极",是朱熹从《周易》①和周敦颐、邵雍等人的著作② 中抄来
的,在这里,它和"理"是同义语。

　　近而一身之中,远而八荒之外,微而一草一木之众,莫不各
　　具此理。……然虽各自有一个理,却又同出于一个理。……释
　　氏云:"一月普现一切水,一切水月一月摄"。这是那释氏也窥
　　见得这些道理。(同上)

在这里,朱熹直接同禅家挂上了钩。朱熹引文,出自玄觉的《永嘉
证道歌》。原文是:

　　一性圆通一切性,一法遍含一切法;一月普现一切水,一
　　切水月一月摄。(见《大正藏》卷四八,三六九页)

在其它一些佛教著作里,后两句也有作:"一月能映千江水,千江水
月一月摄。"意思则是完全一样的。在这里,朱熹显得很不坦率。
明明是他在抄袭"释氏",他却说成"这是那释氏也窥见得这些道
理",表示他朱夫子要比"那释氏"高明些。

　　万殊便是这一本,一本便是那万殊。(《朱子语类》卷一六
　　《论语·公冶长》)

　　盖能于分殊中,事事物物,头头项项,理会得其当然,然后

――――――――――――――――

　　①　如《周易·系辞上》有:"《易》有'太极',是生两仪。"

　　②　如周的《太极图说》、邵的《皇极经世》、《先天图》等。

　　方知理本一贯。……要得事事物物,头头件件,各知其所当
　　然,……只此便是理一矣。(同上)

这是对于"理一分殊"的另一种表述,另一种阐释。而这同如下的
话又是何等的相似:

　　乾坤万象,地狱天堂,一色一味,无非妙体;头头物物,悉
　　皆真现。(《人天眼目》卷二)

思想、语言都很相象!

　　问:天地未判时,下面许多都已有否? 曰:事物虽未有,其
　　理则具。(《朱子语类》卷五〇《中庸》)

　　有是理而后有是物。(同上书卷五一《中庸》)

朱熹以明确的语言表明:理,是先验的,是先于天地而存在的,它是
天地万物的最高本体,天地万物都是由它派生的。程朱理学的客
观唯心主义实质,在这里已经表述得很清楚了。

　　值得注意的是,在程朱大讲他们那玄妙的"理"的时候,居然也
还透露出了一些辩证思想。

　　天地万物之理,无独必有对。(《二程全书》卷一一)

　　天地之间皆有对:有阴则有阳,有善则有恶,……"(《同上
　　书卷一三》)

　　自然之理,必有对待:……有上则有下,有此则有彼,……
　　一不独立。(《宋元学案》卷一三《明道学案上·语录》)

　　盛则便有衰,昼则便有夜,往则便有来。(同上书卷一五
　　《伊川学案上·语录》)

二程初受学于周敦颐,周著《太极图说》①,大讲无极、太极、两仪、

――――――――――

　　①　南宋陆九韶(梭山)、陆九渊(象山)兄弟,曾因《太极图说》里提出了
"无极"的概念,而认为该书不是周敦颐所著;朱熹等人出而辩护,维护周说。
自尔以后,在哲学史上,一般仍都承认《太极图说》为周所著。

四象……之说。而备受二程推崇的邵雍,也是深究《易》理、象数之学的。二程(尤其是程颐)对《易》也颇有研究。所以,在他们的唯心主义思想体系里,透露出这些对立统一的辩证思想,用程颢的话讲,可说是"自然而然"的。但是,二程毕竟是唯心主义者,他们的这些辩证思想,正如列宁所曾经指出过的:"这是偶然的、不彻底的,尚未发展的、倏忽即逝的。"(《哲学笔记》,《列宁全集》第38卷,第419页)而且,最终将被他们的唯心主义"理"学思想所破坏。让我们继续浏览程朱对于他们心爱的"理"的演绎:

> 洒扫应对,便是形而上者,理无大小故也。(《二程全书》卷一三)

这也就是说,"洒扫应对"便是"理"。这简直是禅宗"搬柴运水,无非佛事"的翻版。

> 心所感通者,只是理也。(同上书卷二下)

"理"与"感应"论,联系到一起了。

> 大而化,则己与理一,一则无己!(《宋元学案》卷一五《伊川学案上·语录》)

程颐在这里提出了"理与己一"、"一则无己"的命题。"理与己一",正是佛教所谓"佛如,众生如,一如无二如"思想的"理"学化,而"一则无己",更是佛教"无我"思想渗进了程朱理学的直接反映。那末,既然"理与己一",为什么人们大都不明白此"理"呢?朱熹对此作了阐述:

> 人本有此理,但为气禀、物欲所蔽。(《朱子语类》卷二《大学·经上》)

> 自家元有是物,但为他物所蔽耳。(同上书卷三《大学·经下》)

这就是说,"理",是人所"本有"的,而"今人所以不见理"(朱熹语)者,乃是由于为"物欲所蔽"耳。这正是《坛经》所谓"世人性

净，……妄念浮云盖覆真如，自性不能明"(《坛经》第二○节)这一
思想的理学版。

> 圣人有此理，天亦有此理，故其妙处，独与之契合。释氏
> 亦云：'惟佛与佛乃能知之'，正此意也。(同上书卷二二《论
> 语·述而篇》)

朱熹是在"以佛注我"了。所引"释氏"，出自《法华经》，原文是：

> 唯佛与佛乃能究尽诸法实相，所谓诸法如是相，如是性，
> 如是体，如是力，如是作，如是因，如是缘，如是果，如是报，如
> 是本末究竟等。(《法华经·方便品》)

这就是天台宗所大讲而特讲的"十如是"，而"十如是"的核心就是
"诸法实相"，也就是"真如"、"佛性"等等。在这里，朱熹明白
地告诉人们，他所讲的"理"，也就是佛教所讲的"实相"、"真如"
等等!佛教讲"实相"，讲"真如"，讲"佛性"，而程朱讲"理"，"正此意
也"。

> 圣人言语，只是发明这个道理。这个道理，吾身也在里
> 面，万物亦在里面，天地亦在里面，通同只是一个物事，无障
> 蔽、无遮碍。(《朱子语类》卷二四《论语·子罕篇》)

孟子讲"万物皆备于我"，程朱讲"万物皆备于理"。所以，"圣人言
语"，应该改作"程朱言语"，因为孔孟"圣人"，并不曾"发明这个道
理"，"这个道理"，是由程朱这些"贤人""发明"出来——而且是参
照了禅宗思想"发明"出来的。

> 如是一切法，尽在自性。……于自性中，万法皆现。(《坛
> 经》)

> ……日月星辰，大地山河，一切草木，恶人善人，恶法善
> 法，天堂地狱，尽在……自性。(《坛经》)

> 众生本性……内外不住，来去自由，通达无碍，本无差别。
> (《坛经》)

朱熹讲的"这个道理",便是从这些禅宗思想中"发明"出来的,不过话说得更加质朴一些罢了。

上述情况,大致表明,程朱哲学的最高范畴、"理学"的核心东西、它的本体论——"理",在相当大的程度上是受了佛教、特别是禅宗思想影响的产物。

在程朱思想中与"理"相关的,还有所谓"天理"与"人欲"这么一对范畴。

> 万物皆是一个天理。(《二程全书》卷二上)

> 事有善恶,皆天理也;天理中物,须有美恶。(同上)

可见,"天理"也并不是那么圣洁的,原来它里面还"须有美恶"。在封建统治阶级看来,他们对于劳动联众的压迫剥削、巧取豪夺都是"善"的,他们那种骄奢淫泆、腐朽糜烂的生活也都是"美"的。而劳动人民如果起来反抗他们,造他们的反,那就是"恶"的。在程朱这些理学家看来,这就是"天理"。所以,程朱的"天理"论,完全是为了美化对外屈辱、对内压迫的宋王朝的封建统治而编制出来的。它是"凡是现实的都是合理的"这一命题的古代中国的理学版!

> 君臣父子,礼乐器数,都是天理流行,……(《朱子语类》卷二九《论语·颜渊篇上》)

封建阶级的伦理规范、典章制度"都是天理流行",违反不得的。程颐还明白指出:

> 礼,即理也。不是天理,便是人欲。(《宋元学案》卷一五《伊川学案上·语录》)

大家知道,"不下庶人"的"礼",完全是统治阶级的专用品,是维护统治阶级的利益而压制劳动群众的东西。在程朱这些理学家看来,这种性质的"礼",就是"理",就是"天理",也就是"天经地义"的,只能规规矩矩的遵守而丝毫也不能有所违反。否则,那就是

"人欲"横流,罪大恶极。

> 天理流行之妙,若少有私欲以间之,便如水被障塞,不得恁滔滔地流去。(《朱子语类》)卷二四《论语·子罕篇》)

为了使得"天理流行",就得克制私欲。

> 私欲既去,天理自明。(同上书卷一八《论语·雍也篇一》)

> 灭私欲,则天理明矣。(《二程全书》卷二四)

"天理"、"人欲"论,表明了程朱理学的阶级属性和社会作用,表明了这一理论完全是为封建统治阶级服务的。关于"天理",程颢还特别声明:

> 吾学虽有所受,"天理"二字,却是自家体贴出来。(《二程全书》卷三七》)

表示他要享有对"天理"的专利权。但是,据黄宗羲的儿子黄百家指出:"《乐记》已有'灭天理而穷人欲'之语"(《宋元学案》卷一四《明道学案下·附录》),不大肯承认程颢对于"天理"的专利权。不过,黄百家认为,天理之说,"到先生(按:指程颢)始发越大明于天下"(同上),承认他"发扬光大"了"天理"之说。程朱的"天理"论,并不到此为止,他们还要进一步地升华它:

> 天理云者,百理具备,元无少欠。(《二程全书》卷二上)

> 天理具备,元无欠少。(同上)

这又是"理"学化了的禅语:

> 真实法身,从古至今,与佛祖一般,何处欠少一毫毛!(《黄檗山断际禅师传心法要》)

二程简直是"述而不作"呵!

> 这道理,……且以屋喻之,……心安于内,所以为主;……心安于外,所以为宾。……佛经中贫子宝珠之谕,亦当!(《朱子语类》卷一九《论语·雍也篇二》)

朱熹又在"以佛注我"了!首先,这里所谓的"宾主"说,是从禅宗思想中抄袭来的。临济宗的开创者义玄,提出了"四宾主"的说法,那是就师资见面时双方的不同态度区分的:入门的"行家",被称为"主";门外汉称之为"宾"。朱熹袭用这一说法,在"道理"上、在一"心"上分"宾"分"主","心安于内",就叫做"主","心安于外",就叫做"宾"。这种"宾主"说,是纯思辨的。至于朱熹认为"亦当"的"佛经",系指《法华经》。"贫之宝珠之谕"的经文,出自《法华经》卷四《五百弟子授记品》(第八)。经的原文如下:

> 譬如有人,至亲友家,醉酒而卧,是时亲友官事当行,以无价宝珠系其衣里,与之而去。其人醉卧,都不觉知。起已游行,到于他国,为衣食故,勤力求索,甚大艰难,若少有所得,便以为足。于后亲友会遇见之,而作是言:咄哉丈夫!何为衣食乃至如是!我昔欲令汝得安乐,五欲自恣,于某年日月,以无价宝珠,系汝衣里,今故现在,而汝不知,勤苦忧恼,以求自活,甚为痴也。汝今可以此宝贸易所须,常可如意。"

经里"宝珠",比喻"佛性"。这段经文的意思是说,佛本来是以"大乘"教法化导一切众生,要令一切众生都能"成佛"的,可是有些"小根器"人不悟此理,得少为足,安于"小乘"。所以经文紧接着说:

> 佛亦如是,为菩萨时,教化我等,令发一切智心,而寻废忘,不知不觉,既得阿罗汉道,自谓灭度,得少为足。……我今乃知,实是菩萨,得授阿耨多罗三藐三菩提记(按:"阿耨多罗三藐三菩提",意为"无上正等正觉",就是"佛位"),以是因缘,甚大欢喜!

朱熹认为"亦当"的经文含意如此,表明朱熹把他的"道理"——"天理"和"宝珠"——"佛性"等同起来了!这样,程朱哲学中的"理"——"天理",确实具有了"彼岸"的意义。不过,程朱理学毕竟还是"世俗"哲学,而并不是"出世"教义,他们的立足点终究还在

"人间",而并没有高悬"天上"。程朱对此,也还是清醒的。所以尽管他们袭用佛教的某些思想来升华他们的"理"和"天理",但他们的两只脚却始终还不曾离开过地面。所以,他们对于"理"和"天理",仍还有如下这些比较"实在"的阐释:

> 有物必有则,一物须有一理。(《宋元学案》卷一五《伊川学案上·语录》)

> 凡眼前无非是物,物物皆有理,如火之所以热,水之所以寒。(《二程全书》卷一九)

> 且如这个椅子,有四只脚,可以坐,此椅之理也;若除去一只脚,坐不得,便失其椅之理矣。(《朱子语类》卷五〇《中庸》)

> 且如这扇子,此物也便有个扇子底道理:扇子是如此做,合当如此用。……(同上)

这里所谓的"理",就具有着"物理"和事物性能等意义。

> 一言一语,一动一作,一坐一立,一饭一食,都有是非,是底便是天理,非底便是人欲。(《朱子语类》卷二六《论语·乡党篇》)

这里的"天理"(人欲),则又是指的一种是非,当然是符合封建统治阶级的标准的是非。

> 君臣父子之间,皆是理。(《二程全书》卷一九)

> 先王制其本者,天理也。……(《宋元学案》卷一五《伊川学案上·语录》)

这又是把封建伦理和封建制度,说成是"理"和"天理"。如此含意的"理"和"天理",才是传统儒家的东西,也可说是程朱"理"学的起点,这是"实在"的。根据这一点说来,朱熹所引《法华经》义,对佛教来说,是"亦当"的,而对于儒家的传统思想说来,却是颇有那么点"不类"的。当然,程朱"理"学毕竟有异于传统儒学,为了适应时代的需要,他们抄袭了不少佛教、特别是禅宗的东西,这就使得传统儒学那种比较"实在"的东西,演变成了程朱"理"学这种颇为"玄虚"的东西,以致他们把"理"("天理")升华为本体论,甚至把它升华成含有"彼岸"意义的东西。但是,归根结蒂,程朱讲的"理"或"天理",毕竟还是一种逻辑范畴,而并没有演化为"彼岸世界",因为程朱的立足点终究还没有脱离开"人间"的大地!

(二)关于"道器"论

"道器"论,可以说是程朱理学的世界观。《周易·系辞上》里的"形而上者谓之道,形而下者谓之器"和"一阴一阳之谓道"的论断,成了程朱哲学世界观的理论基础。程颢说:

> 立天之道,曰阴与阳,……(《宋元学案》卷一三《明道学案上·语录》)

程颐说:

> 离了阴阳更无道。"所以"阴阳者,是道也。阴阳,气也。气是形而下者,道是形而上者。(同上书卷一五《伊川学案上·语录》)

黄百家在这段话的后面加了一个"谨案",说:

> "离了阴阳更无道",此语已极直截。又云"所以阴阳者,是道也",犹云阴阳之能运行者是道也。即《易》"一阴一阳之谓道"之意。"所以"二字,要善理会。(同上)

表明"阴阳"本身并不是"道",一阴一阳之理才是"道"。但程颢还说:

> 器亦道,道亦器。(同上书卷一三《明道学案上·语录》)

表明"道"、"器"是相即而不相离的。由于道器(理气)相间、阴阳运行,便有了天地万物。朱熹说:

> 理与气合,所以有人。(《朱子语类》卷四八《孟子·尽心上》)

又说:

> 只是一个阴阳五行之气,滚在天地中。精英者为人,渣滓
> 者为物。精英之中又精英者,为圣为贤;精英之中渣滓者,为
> 愚为不肖。(同上书卷一《大学·序》)

天地万物和人的贤、不肖,都是从"阴阳五行之气"中"滚"出来的。
从这一点看来,仿佛程朱认为,天地万物的根源是物质性的。但
是,程朱是唯心主义者,他们不可能坚持这种唯物主义观点。朱熹
说:

> 天地中间,上是天,下是地,中间有许多日月星辰,山川草
> 木,人物禽兽,此皆是形而下之器也。然这形而下之器之中,
> 便各自有个道理,此便是形而上之道。……(《朱子语类》卷五
> ○《中庸》)

这就表明,"形而上之道",才是根本的东西。那末,究竟什么是形
而上的"道"呢?

> 道,只是事物当然之理,只是寻个是处。(同上书卷一四
> 《论语·里仁篇上》)

事物的"当然理",事物的"是处",才是"道"。从字面上看来,仿
佛朱熹所讲的"道"就是指的客观事物的规律,其实并非如此。因
为如果是那样,那末程朱就该是唯物主义者了。所以,朱熹又说
"道本无体"(同上书卷二四《论语·子罕篇》),"道之本然之体不可
见"(同上)。他甚至说"道理在那无字处自然见得","真体虚灵而
不昧"(同上书卷二《大学·经上》)。这样的"道",这样的"真体",分
明只能是精神性的。二程更明确宣布:

> 立清虚一大,为万物之源。(《二程全书》卷二上)

这个"清虚一大",才是他们所谓"形而上之道"的"真体"。这就清

楚地表明了:程朱的世界观,确实是客观唯心主义的①,不仅如此,朱熹还走得更远些,他把他们所讲的"道",竟然又与临济宗的开山祖义玄所讲的"无位真人"挂上了钩。他说:

> ……禅老云:"赤团上有一无位真人,在汝等诸人面门上出入"云云。他便是只认得这个,把来作弄。(《朱子语类》卷五〇《中庸》)

朱熹所说的"禅老",指的就是义玄。义玄的原话是:

> 汝等诸人赤肉团上有一无位真人,常向诸人面门出入,汝若不识,但问老僧。(《景德传灯录》卷一二《镇洲临济义玄禅师》)

义玄所说的"无位真人",指的就是"真如","佛性"。朱熹一方面要与禅宗思想挂钩,另方面又要显得他比禅宗还要"高明"些,这又一次暴露出理学者流的很不坦直。

(三)关于"格物致知"说

程朱都非常讲究"格物致知"。他们都想通过"格物"的方法,达到"致知"的目的。"格物致知",其实也就是程朱理学的认识论。他们说:

> 致知在格物。格,至也,穷理而至于物,则物理尽矣。(《二程全书》卷二上)

> 又问:如何是格物? 先生曰:格,至也,言穷至物理也。(同上书卷二二上)

---

① 说程朱的世界观是客观唯心主义的,可以说是就其主要或基本方面而言的;因为,朱熹还说过这样的话:"天生一人,只有一个心,这腔子里面,更无些子其他物事,只有一个浑全底道理,更无些子欠缺。……"(《朱子语类》卷一九《论语·子罕篇》)"心"在"腔子里",则至少在朱熹的世界观里,还含有主观唯心主义的成分。

这里,把"格"作"至"解,所谓"穷理而至于物"。程颐说:

> 格,犹穷也;物,犹理也。犹曰穷其理而已矣。穷其理然
> 后足以致知,不穷,则不能致也。(《宋元学案》)卷一五《伊川
> 学案上·语录》)

这里,又把"格"作"穷"解,"格物"就是"穷理"。意思有些不同。朱熹说:

> 格物者,格,尽也,须是穷尽事物之理。(《朱子语类》卷三
> 《大学·经下》)

"穷尽事物之理"和"格物"本身就是"穷理",意思也有些差异。朱熹还说:

> 格,犹扞也,御也,能扞御外物而后能知至道。(同上书
> 卷六《大学·或问下》)

意思就更有所不同了。朱熹还把"穷理"上升为"知至道",改"理"为"至道",倒是显示出了朱熹确有那么点"道学"家的味道。尽管程朱对于"格"的解释有所不同,但"穷理"、"致知"的中心意思还是相同的。那末,到底如何"格物"、"格"什么"物、如何"穷理""致知"呢?

> 问:"格物,是外物,还是性分中物?"曰:"不拘。"(《二程全
> 书》卷一九)

不但格"外物",还要格"性分中物"——"性分中物",完全是佛家语言。

> 今人欲致知,须要格物。物,不必谓事物然后谓之物也,
> 自一身之中至万物之理,但理会得多,相次自然豁然有觉处!
> (《宋元学案》卷一五《伊川学案·语录》)

"豁然有觉处",完全是禅者口气。

> 或问:"格物,须物物格之,还是格一物而万物皆知?"曰:
> "怎生便会该通?若只格一物便通众理,虽颜子亦不能如此。

> 道须是今日格一件,明日格一件,积习既多,然后脱然有贯通
> 处。"(《宋元学案》卷一五《伊川学案上·语录》)

朱熹也说:"天下之物,不可胜穷",只能"今日格一件,明日格一
件,……"(《朱子语类》卷六《大学·或问下》)。这又表明并非"理
一"了,而是有多少"物"就有多少"理"。所以不能"一格一切格",
"一通一切通",而是要一件一件的"格",一件一件的"通"。(这样
说来,"理"却又是非常支离破碎的、而并不是"浑然一体"的了。)因
此:

> 穷理亦多端,或读书讲明义理,或论古今人物别其是非,
> 或应接事物而处其当然,皆穷理也。(《宋元学案》卷一五《伊
> 川学案上·语录》)

朱熹也说:

> 穷理,格物,如读经、看史,应接事物,理会个是处,皆是格
> 物。(《朱子语类》卷三《大学·经下》)

可见,"格物"、"穷理"的范围是很广的,途径也是很多的。朱熹还
告诉人们:

> 格物者,如言性,则当推其如何谓之性,如言心,则当推其
> 如何谓之心。只此便是格物。(同上)

这样,"格"又有了"推"究的意思。禅宗讲"参"究,朱熹讲"推"究,
用意已很相近了。程颐也曾直截了当地说:

> 有人欲屏去思虑,患其纷乱,则须是坐禅入定!(《宋元学
> 案》卷一五《伊川学案上·语录》)

佛教讲究"定能发慧"。"坐禅入定",确也是"格物致知"的好办法!
"格物"只是一种手段,一种方法,目的在于"致知"。

> 知者吾之所固有,然不致则不能得之,而致知必有道,故
> 曰致知在格物。(《二程全书》卷二五)
> 人之良知,本所固有。(《朱子语类》卷六《大学·或问下》)

"格物"就是为了"致知",致"良知"。而这个"知",这个"良知",

> 非由外铄我也,我固有之也。因物而迁,迷而不悟,则天理灭,故圣人欲格之。(《宋元学案》卷一五《伊川学案上·语录》)

"知"是"我固有"的,是先验的,"因物而迁,迷而不悟",所以须要"格物"而"致"之。这已很接近于禅宗思想了。

> 致知,所以求真知,真知是要彻骨都见得透。(《朱子语类》卷三《大学·经下》)

朱熹简直是在用禅宗语言讲"致知"了。他还说:

> 致知,乃本心之知。如一面镜子,本全体通明,但被昏翳了,而今逐旋磨去,使四边皆照见,其明无所不到。(《朱子语类》卷三《大学·经下》)

这里,朱熹既在抄袭神秀,又在抄袭慧能。"如一面镜子"云云,正是抄袭神秀的"身是菩提树,心是明镜台,时时勤拂拭,勿使惹尘埃"这一偈意,而"本全体通明,但被昏翳了"云云,则又是从慧能如下的一段话中抄来的:

> 惠如日,智如月,智惠常明,于外著境,妄念浮云盖覆,自性不能明;故遇善知识开真法,吹却迷妄,内外明彻,万法皆见。(《坛经》第二〇节)

看来,比起二程来,朱熹"神化"的程度要更深一些。

二程还把"知"分为两种,即"闻见之知"和"德性之知"。

> 闻见之知,非德性之知;……德性之知,不假闻见。(《宋元学案》卷一五《伊川学案·语录》)

非由"外铄"的、人所"固有"的"知",自然就是这种"不假闻见"的"德性之知"了。这种人人具有的"德性之知",只是"为物欲所蔽"而不能明见,一旦由于"格物"的工夫而把"物欲""剔拨去了",就"明处渐明",最后就能"识得本来是甚么物"!(上述引语,统见《朱

子语类》卷二《大学·经上》)——"识得本来是甚么物",不正是禅宗"识得本来面目"的模拟语吗?! 朱熹还直截了当地说:

> 佛氏云:"如来为一大事因缘故,出现于世"。某尝说:古之诸圣人,亦是为此一大事也。前圣后圣,心心一符,如印记相合,无纤毫不似处!(《朱子语类》卷六《大学·或问下》)

这里的"佛氏",首先指的是慧能。慧能说过:

> 《经》云:诸佛世尊唯以一大事因缘故出现于世。……一念心开,出现于世。心开何物? 开佛知见。佛犹觉也,分为四门,开觉知见,示觉知见,悟觉知见,入觉知见。开、示、悟、入,从一处入,即觉知见。见自本性,即得出世……(《坛经》第四二节)

所谓"《经》云",指《法华经》。经的原文是:

> ……诸佛世尊唯以一大事因缘故,出现于世。舍利弗,云何名诸佛世尊唯以一大事因缘故,出现于世? 诸佛世尊欲令众生开佛知见使得清净故,出现于世;欲示众生佛知见故,出现于世;欲令众生悟佛知见故,出现于世;欲令众生入佛知见道故,出现于世。舍利弗,是为诸佛唯以一大事因缘故,出现于世。(《法华经·方便品》)

所以,朱熹所谓的"佛氏",既指慧能,又指释迦。"佛氏"讲的"佛之知见",也就是程朱讲的"良知"、"真知"、"德性之知"。"佛氏"讲"开示",程朱讲"致知";"佛氏"讲"见自本性,即得出世",程朱讲"悟则句句皆是"(《宋元学案》卷一三《明道学案上·语录》)。所以,朱熹得出结论说:"前圣后圣,心心一符,如印记相合,无纤毫不似处!"在这里,简直是儒佛合流、禅理一家了! 由于朱熹把"格物致知"提到了如此的"高度",所以他公开宣称:

> 格物,是梦觉关! ……
> 致知,乃梦与觉之关……透得致知之关,则觉;不然,则

梦！(《朱子语类》卷三《大学·经下》)

他还郑重宣称:

> 知至……,是凡圣界分关隘！未过此关,虽有小善,犹是黑中之白;已过此关,虽有小过,亦是白中之黑。(《朱子语类》卷三《大学·经下》)

这也就是说:"格物致知",既是"梦觉关",又是"凡圣关"。"觉"则"圣","梦"则"凡"。"关"有两种,意思则一。在这里,朱熹已经把科学的认识论"提高"到了佛家的"解脱"论的地步了！当然,程朱的"格物致知"的认识论,并不是要人们按照客观事物的法则去认识客观世界,而是要人们按照他们那种"格物"的说教,去"体认"他们所"固有"的"德性之知"或"良知"、"真知",即他们所谓的"当处认取,更不外求"(《二程全书》卷二上),从而去过他们所谓的"梦觉关"和"凡圣关"！所以,程朱的"格物致知"的认识论,不仅是十足的先验主义的,而且确是饱含禅味的！

(四)关于"心性"论

关于心、性,程朱谈论的也很多,而且还有不少的"发明"。首先,他们对于心、性等等作了一些定义式的界说。例如,他们说:

> 在天曰命,在人曰性。(《二程全书》卷二四)

> 在天曰命,在人曰性,循性曰道。性也,命也,道也,各有所当。(同上书卷四六)

> 大抵禀于天曰性,而所主在心。(《宋元学案》卷一五《伊川学案上·语录》)

> 自理言之谓之天,自禀受言之谓之性,自存诸人言之谓之心。(《二程全书》卷二二上)

> 天之赋于人者谓之命,人与物受之者谓之性,主于一身者谓之心。(《朱子语类》卷二《大学·经上》)

> 性,其理;情,其用;心者,兼性、情而言,兼性,情而言者,

包乎性、情也。（同上书卷八《论语·学而篇上》）

心者，天理在人之全体；性者，天理之全体。（《朱子语类》卷四八《孟子·尽心上》）

心，包性、情者也。（同上书卷四一《孟子·公孙丑之下》）

性，是吾心之实理。（同上书卷四八《孟子·尽心上》）

性字，通人、物而言。（同上书卷五○《中庸》）

灵底是心，实底是性。灵，便是那知觉底。（同上书卷四《大学·释格物致知》）

可以看出，在上述对于心、性等等的"释义"中，程朱的解释并不是完全相同的。他们又宣称：

心即性也。在天为命，在人为性，论其所主为心，其实只是一个道。（《宋元学案》卷一五《伊川学案上·语录》）

在天为命，在义为理，在人为性，主于身为心，其实一也。（同上书卷一三《明道学案上·语录》）

理也，性也，命也，三者未尝异。（《二程全书》卷二一下）

心也，性也，天也，非有异也。（同上书卷二五）

理、性、命，一而已。（同上书卷三七）

性之本谓之命，性之自然者谓之天，性之有形者谓之心，性之有动者谓之情，凡此数者，皆一也。（《宋元学案》卷一五《伊川学案上·语录》）

最后他们得出结论：

心性本不可分。（《朱子语类》卷四八《孟子·尽心上》）

这就是说，心、性等等，叫法虽有不同，其实都是一个东西。不过，在程朱对于这些逻辑范畴的论述中，仍还有其不同的侧重点。例如，关于"性"，他们强调：

生之谓性与天命之谓性同乎？性字不可一概而论。生之谓性，止训所禀受也；天命之谓性，此言性之理也。今人言天性柔缓,天性刚急,俗言天成,皆生来如此。此训所禀受也。
若性之理也,则无不善。(《二程全书》卷二四)

这又是人把性区分为"天命之性"(也就是"本然之性")与"气质之
性"。既然如此,就必须"性"、"气"并重才行。所以程颐指出:

论性不论气,不备;论气不论性,不明。(《宋元学案》卷一
五《伊川学案上·语录》)

朱熹对此,大加发挥:

"论性不论气,不备;论气不论性,不明"。盖本然之性,只
是至善,然不以气质而论之,则莫知其有昏明、开塞、刚柔、强
弱,故有所不备。徒论气质之性,而不自本原言之,则虽知有
昏明、开塞、刚柔、强弱之不同,而不知至善之源未尝有异,故
其论有所不明。须是合性与气观之,然后尽,盖性即气、气即
性也。若孟子专于性善,则有些是论性不论气;韩愈三品之
说,则是论气不论性。(《朱子语类》卷四七《孟子·告子篇》)

这是说,"本然之性"是"至善"的,只是由于为"气质之性"所障蔽才
有了不善。所以程颐自设问答说:

问:"人性本明,因何有蔽?"曰:"此须索理会也。……"
(《二程全书》卷一八)

值得注意的是,程颐不说"人性本善",而说"人性本明",易"善"
为"明",这确是须要很好地"理会"才行。原来程颐也是在抄袭
禅宗:

人性本净,为妄念故,盖覆真如,……(《坛经》第一八节);
妄念浮云盖覆,自性不能明。(同上书第二〇节)

对照《坛经》,即可看出"人性本明"的来处。当然,程颐终究是个
"理学"家,而不是一位禅僧,所以他的答案仍然归结到人们的"气
禀"上。他说:

气有清浊,禀其清者为贤,禀其浊者为愚。(《宋元学案》

卷一五《伊川学案上·语录》)

这些话的社会意义是清楚的,所谓"贤"者,当然指的是封建统治阶级分子,所谓"愚"者,自然指的是劳动群众。"贤"者之所以为"贤",是由于他们禀受了"清"净的气质之性;而"愚"者之所以为"愚",则是由于他们禀受了浑"浊"的气质之性。这与佛教所谓的富贵者之所以富贵是由于他们种下了"善根"、而贫贱者之所以贫贱是由于他们造了孽的那种说教,不是很相似的吗? 正是由于这种论点具有如此的社会意义,所以程朱就非常地强调它,而且认为他们的这种观点是超越前人的。朱熹还说:

> 如孟子性善,是论性不论气;荀、杨异说,是论气则昧了性。程子只是立说,未指孟子,然孟子之言,却是专论性。(《朱子语类》卷四七《孟子·告子篇》)

"专论性"为什么就不对呢? 因为"欠了下半截,则收拾不尽"(同上)。"收拾不尽",宛然又是禅宗语言。为了要兼论性、气,朱熹又说:

> 须是去分别得他同中有异,异中有同始得。(《朱子语类》卷四七《孟子·告子篇》)

这几句话,又是套用禅宗的:

> 华严六相义,同中还有异,异若异于同,全非诸佛意;诸佛意总别,何曾有同异? (《人天眼目》卷四:《华严六相义》)

尽管程朱在讲"本然之性"的同时,也很强调"气质之性",但是只有"本然之性"才是根本的,而"气质之性"则终究是一种"浮念",是可以、也应该"断"除的。朱熹说:

> 惟其神随物者是浮念,……浮念断,便在此。(《朱子语类》卷四七《孟子·告子篇》)

"断"除了"浮念"的"本然之性",就"是个浑论底物"(同上书卷五〇《中庸》)。程颐还明确提出了"性即理也"(《宋元学案》卷一五《伊川学案上·语录》的命题)。朱熹对此,推崇备至。

> 伊川"性即理也",自孟子后,无人见得到此,亦是从古无
> 人敢如此道!(《朱子语类》卷四一《孟子·公孙丑上之下》)
> 伊川"性即理也"四字,颠扑不破!(同上)

程颐还说:

> 性即是理。理,则自尧舜至于途人,一也。(《二程全书》
> 卷一八——这样说来,"理"终究还是"浑然一体"的!)

"天下更无性外之物!"(《二程全书》卷一八)既然是"人同此
理","天下更无性外之物",自然是"人均此性",人人可以为尧舜。
因此,程颐认为:

> 孔子谓上智与下愚不移,然亦有可移之理。惟自暴自弃
> 者,则不移也。……自暴自弃,不肯去学,故移不得;使肯学,
> 亦有可移之事。(《宋元学案》卷一五《伊川学案上·语录》)

这不正是"一切众生皆有佛性"、"一阐提迦"(断善根者)也能"成
佛"这一思想的"理学"版吗?所以,程朱虽然在表面上讲"本然之
性"与"气质之性",但他们的着眼点却在于"本然之性",而且最终
他们还把它升华到接近于"佛性"的高度,"人性"论几乎成了"佛
性"论!因此,他们不仅"批评"了"亚圣",而且还"修正"了"至圣"!

正如程朱先把"性"区分为"本然之性"和"气质之性"、最终把
"本然之性"几乎升华到了"佛性"的高度一样,他们也同样先把
"心"区分为"物欲之心"和"义理之心"、最终把"义理之心"几乎升
华了"真如"的高度! 朱熹说:

> 收放心,只是收物欲之心;如义理之心、即良心,切不须
> 收。(《朱子语类》卷四七《孟子·告子篇》)

朱熹还说:

> 有两般心:一个是是底心,一个是不是底心。只是才知得
> 这是个是不是底心,只这知得不是底心底心,便是是底心,便
> 将知得不是底心,去治那不是底心。知得不是底心便是主,那

> 不是底心便是客,便将这个主,去治那个客。便常守定这个知
> 得不是底心做主,莫要放失,更那别讨个心来唤做是底
> 心。……人多疑是两个心,不知只是将这知得不是底心去治
> 那不是底心而已。(同上书卷五《大学·或问上》)

朱夫子的文字,也真够彆扭的了,不过意思还是让人看懂了。人们
都"有两般心",一个叫做"是底心",一个叫做"不是底心"。人们应
该用这个"是底心"去"治"那个"不是底心"。而且,朱熹在这里又
袭用了"主客"说。很明显,这里所说的"不是底心",也就是"物欲
之心","是底心",也就是"义理之心",即"良心"。这个"义理之
心",又称"天地之心"。

> 吾之心,即天地之心。(《朱子语类》卷二四《论语·子罕
> 篇》)
> 此心即与天地无异,不可小了他。(《二程全书》卷二上)
> 一人之心,即天地之心。(《宋元学案》卷一五《伊川学案
> 上·语录》)

既是"天地之心",自然是没有限量的。所以程颐自设问答说:

> 问:心有限量否? 曰:论心之形,则安得无限量?
> 但心即性也,……天下更无性外之物,若曰有限量,除是
> 性外有物始得。"(同上)

归根结蒂,"心"是没有限量的。不仅如此,程朱哲学的最高范
畴——那个不可思议的"理",还要受这个"心"的"管"束呢。

> 理遍在天地万物之间,而心则管之,心既管之,则其用实
> 不外乎此心矣。(《朱子语类》卷六《大学·或问下》)

所以,

> 此心至灵,细入毫茫纤芥之间,便知便觉六合之大,莫不
> 在此。(同上)

这颗同样不可思议的"心",真是放之则弥六合,收之则藏于密! 那

末,"此心"既然"至灵",为什么往往又很不"灵"了呢?对此,朱熹也有所论述。他说:

> 人心至灵,……何缘有不明?为是气禀之偏,又为物所乱,……所以不明(《朱子语类》卷三《大学·经下》)

> 此心至灵,……多是……被利欲将这个心包了。(同上书卷六《大学·或问下》)

> 此心本来虚灵,万理具备,事事物物,皆所当知,人人多是气质偏了,又为物欲所蔽,故昏而不能尽知。(同上书卷四八《孟子·尽心上》)

这些话,不简直就是《坛经》说的"世人性净,……妄念浮云盖覆,自性不能明"的"理学"版吗?那末,怎么才能恢复这颗"至灵"之心所本来固有的光明呢?

> 如明珠常自光明。但要时加拂拭耳!(《朱子语类》卷三《大学·经下》)

在这里,朱熹简直是不加改动地抄袭了神秀"时时勤拂拭,勿使惹尘埃"的话!经过"时加拂拭"之后,便"此心虚明广大,无所不知"(同上)了!"此心虚明广大,无所不知",则又是《坛经》"心量广大,犹如虚空"(第二四节)、"内外明彻,万法皆见"(第二〇节)的模拟呵!朱熹还提醒人们:

> 此一个心,须每日提撕,令常惺觉。(《朱子语类》卷三《大学·释诚意》)

能够尽得此"常惺觉"的心,便

> 洞然光明,事事物物,无有不合道理。(《朱子语类》卷四八《孟子·尽心上》)

不仅"洞然光明",而且"万物皆备于心":

> 具于心者,本无不足也。(《朱子语类》卷三《大学·经下》)

> 此心本来无有些子不备,无有些子不该。(《朱子语类》卷

四八《孟子·尽心上》)

此心本来虚灵,万理具备。(同上)

盖人只有个心,天下之理,皆备于此。(同上书卷八《论语·学而篇上》)

心之神明,妙众理而宰万物。① (《朱子语类》卷五《大学·或问上》)

心者,具众理而应万事。(同上)

圣人之心,未尝有在,亦无不在,盖其道,合内外,体万物。(《宋元学案》卷一五《伊川学案上·语录》)

这种"无所不备"而又"无所不在"的"心",便是程朱这些"先贤"们所要"传"的心。所以程颢说:

非传圣人之道,传圣人之心也;非传圣人之心,传己之心也。己之心无异圣人之心,广大无垠,万善皆备。欲传圣人之道,扩充此心焉耳。(《宋元学案》卷一三《明道学案上·语录》)

朱熹还说:

心心念念,只在这里,行也在这里,坐也在这里,睡卧也在这里。……此心元初自具万物万事之理,须是理会得分明。(《朱子语类》卷一九《论语·雍也篇二》)

这简直就是禅宗"行、住、坐、卧,不离这个"的再版!至此,程朱算是把他们那颗得意的"心"的含义、性能和神奇妙用,全讲清楚了。正如他们讲"理"时就无限地膨胀那个"理"、讲"性"时就无限地膨

---

① 朱熹对此,还有解释:"或问:'宰万物',是主宰之宰? 宰制之宰? 曰:主便是宰,宰便是制。

又问:《孟子集注》言:'心者,具众理而应万事';此言'妙众理而宰万物',如何? 曰:'妙'字便稍精彩,但只是不甚稳当;'具'字便平稳"。——《朱子语类》卷五《大学·或问上》。

胀那个"性"一样,他们讲"心"时,也同样无限地膨胀这颗"心"。因此他们得出结论说:

> 事外无心,心外无事!(《宋元学案》卷一五《伊川学案上·语录》)

"事外无心"是虚词,"心外无事"是实意。他们要用这颗"心"来吞噬一切!为了无限地夸大"心"的作用,他们竟然闹到这样荒唐的地步:

> 尝喻以心知天,犹居京师往长安,但知出西门便可到长安,此犹是言作两处;若要诚实,只在京师便是到长安,更不可别求长安,只心便是!(《二程全书》卷二上)

二程简直是在维妙维肖地学慧能的样!去长安不必动身往西走,只要呆在"京师"汴梁不动,便是到了长安!因为,"京师"汴梁和长安,都是"心中物","只心便是"汴梁,"便是"长安!完全是慧能的腔调!为了说明这一点,让我们再节引一段《坛经》以资对照:

> 六祖言:慧能与使君(按:指刺史韦璩)移西方刹那间,目前便见,使君愿见否?
>
> 使君礼拜:若此得见,何须往生?愿和尚慈悲,为现西方。
>
> 大师言:……心即是地,性即是王;……佛是自性作,莫向身(外)求。……自心地上觉性如来,……内外明彻,不异西方!……(第三五节)

慧能并不是在玩魔术,而是在向韦璩等人讲了一篇唯心主义道理:"随其心净,则佛土净"(同上),能够"净心",则东土"不异西方"。慧能说是"心净",二程说是"诚实"。慧能说"随其心净",东土"不异西方",二程说"若要诚实",汴梁就是长安!二程简直要做慧能的信徒呵!而到了这里,程朱也就把他们那颗得意的"心",升华到了接近"真如"、佛"心"的程度了!"一心之间,浑然天理"(《朱子语类》卷四九《孟子·尽心》),多么像佛教的"真如"!

与"心"有关的,还有所谓"人心"、"道心"之说。

《尚书·大禹谟》有所谓"人心惟危,道心惟微,惟精惟一,允执厥中"的说法,程朱对此作了些发挥。他们说:

> 人心私欲,故危殆;道心天理,故精微!(《二程全书》卷二四)

> 人心惟危,人欲也;道心惟微,天理也。(同上书卷二八)

这里,二程用"人欲"和"天理"来解释"人心"和"道心"。"人心"充满了"私欲",所以是"危殆"的,"道心"是"天理",所以是"精微"的。但程颐还有不同的解释,他说:

> "人心惟危,道心惟微。心,道之所在;微,道之体也。心与道,浑然一也。对放其良心者言之,则谓之道心。放其良心,则危矣。惟精惟一,所以行其道也。……(《宋元学案》卷一五《伊川学案上·语录》)

按照这种说法,"人心"与"道心",又仿佛是二而一的了。朱熹的说法,则又有些不同。他说:

> 人心、道心,便只是这两事。只去临时思量那个是人心,那个是道心。……使得人心听命于道心后,不被人心胜了道心。……今须是常拣择教精,使道心常在里面如个主人,人心如客样。……(《朱子语类》卷一九《论语·雍也篇二》)

看来,朱熹对于禅宗的"宾主"说很感兴趣,所以他一而再、再而三地使用它。朱熹还说:

> 此心之灵,其觉于理者,道心也;其觉于欲者,人心也。……(《朱子语类》卷五〇《中庸》)

这又是说,"此心之灵"原是一体,只是由于其"觉"的作用不同,所以才分出了"人心"与"道心"。"人心"、"道心"之词,虽是出自《大禹谟》,但对于它们的解释,对于它们的某些发挥,却是程朱的思想,而这些思想原也是程朱思想体系中的一个方面、一个部分。

从上述被升华了的"心性"论中，使人们清楚地看到了程朱的"禅化"程度。用朱熹的话来说，就是在他们的"心性"论里，只是"少些子'直指人心、见性成佛'底语"(《朱子语类》卷四七《孟子·告子篇》)。朱熹可算是"夫子自道"呵！

(五)关于"仁"学思想

仁在传统儒学里，原本只是一种伦理学的道德概念，而到了程朱手里却也把它变成了一种思辨的东西，把它改造成了一种逻辑范畴。首先，他们对于"仁"的传统含义提出了批评。韩愈曾经下定义说"博爱之谓仁"，程颐对此提出批评说：

> 退之言"博爱之谓仁"，非也。仁者固博爱，然便以博爱为仁，则不可。(《宋元学案》卷一五《伊川学案上·语录》)

有人问"爱人是仁否?"程颐回答说："爱乃仁之端，非仁也。"(同上)那末究竟什么才是"仁"呢?

> 仁，性也；仁，心也。(《朱子语类》卷八《论语·学而篇上》)

这就是说，"仁"就是"性"，就是"心"。朱熹还自设问答说：

> "如何是心? 如何是仁?"曰："心是知觉底，仁是理耳。"问："莫是心与理合而为一?"曰："不是合，心自是仁。然私欲一动，便不仁了。所以，仁，人心也。学，理会甚么事，只是理会这些子。"《朱子语类》卷一九《论语·雍也篇二》

绕了一个小弯子，最后还是归结到"仁，人心也。"心里动了"私欲"，"便不仁了"，去掉"私欲"，便"仁"了。朱熹进一步申述说：

> 仁与心，本是一物，被私欲一隔，心便违仁去，却为二物。若私欲既无，则心与仁便不违，合成一物。(《朱子语类》卷一九《论语·雍也篇二》)

朱熹还说：

> 仁即是心。……心犹如镜，仁犹镜之明。镜本明，被尘垢一蔽，遂不明；若尘垢一去，则镜明矣。……(同上)

这是说，"心"是体，"仁"是用①。而"镜本明，被尘垢一蔽，遂不明"，又是袭用禅家语言。

> 仁者，只是吾心之理。(《朱子语类》卷三三《论语·卫灵公篇》)

这一界说，又有所不同。

> 仁者，心之德。(同上书卷一九《论语·雍也篇二》)

这又接近于传统儒学对于"仁"的界说了。

> 仁，是浑然天理，无纤毫私欲处。(同上)

这是把"仁"升华到了"天理"的高度。

> 仁者，浑然与物同体！(《宋元学案》卷一三《明道学案上·识仁篇》)

至此，程朱算是完成了对于"仁"的彻底改造。"仁"，已经完全没有了传统儒学所赋予它的含义，它已经成了与理、心、性等这些逻辑范畴完全相同的抽象的东西。程朱对于"仁"的这种改造，不但反映出了他们的"理学"与传统儒学的大不相同，而且也反映出了他们"禅化"的明显痕迹。完全可以说，正是在禅宗那种唯心主义思想的影响下，程朱才有可能对于"仁"进行如此程度的改造。

正像程朱对于"仁"进行了根本的改造一样，朱熹对于所谓的"明德"，也作了禅味十足的发挥。

"大学之道，在明明德。"从此，"明德"就成了儒家议论中的一个重要范畴。而朱熹对它尤加注意，因而也就对它作了不少的发挥。他说：

> 人本来皆具此明德，……只被外物汩没了，不明。(《朱子

---

① 在二程的论述中，也确有"体"、"用"这样的范畴。如说："理、义，体用也。"(《二程全书》卷一一)"忠者体，恕者用。"(同上)"道是体，义是用。"(同上)"仁者，体也；义者，用也。"(《宋元学案》卷一三《明道学案上·语录》)等等。

语类》卷二《大学·经上》）

　　人皆有此明德，但为物欲之所昏蔽，故暗塞耳。（同上书
卷四《大学·释明德》）

这是把"明德"说成人人本有的精神实体。这种人人"自家心中具"
有的"明德"：

　　初无昧暗，……缘为物欲所蔽，故其明易昏。如镜本明，
被外物玷污，则不明了，少间磨起，则其明又能照物。（同上书
卷二《大学·经上》）

本来光明，为"物欲所蔽"，"外物玷污"，其"明"不显。完全是佛家
语言。在这里，朱熹又是拿"镜"子作比喻。看来神秀"心如明镜
台"的话，确是深深地印入了朱熹的大脑皮层里。在朱熹看来，这
个"明德"，是"虚灵不昧，以具众理而应万事者也。"（同上）朱熹还
说："禅家则但以虚灵不昧者为性，而无以具众理以下之事。"（同
上）这里，又暴露出朱熹的很不坦率。分明是自家在剽窃"禅家"，
却总是还要显得自家"高"于禅家。他在《大学注》里还说过这样的
话："真体虚灵而不昧，其用鉴照而不遗"（《朱子语类》卷二《大学·
经上》）。这又完全是禅家语言了。最后，朱熹宣称："明德者，只是
一个光明底物事"，"明明德者，是指全体之妙。"（同上）"光明底物
事"，"全体之妙"，禅味是多么的浓厚呵！我们似乎可以这样说：朱
熹是在用禅宗思想阐释儒家概念。

后　　语

　　由于程朱理学与佛教禅宗具有如此深厚的思想渊源，所以在
中国思想史上就出现了一种非常奇特的现象：一方面，尽量装扮出
一副"辟佛"者的模样，以维护他们自封的儒学"正统"的地位；另方
面，却又对佛教、对禅宗备加赞誉，感叹良深，甚至在语言、文风上

也尽量地模仿禅宗。例如:二程说:"佛老,其言近理"(《二程全书》卷一三),"释氏之学,亦极尽乎高深"(同上书卷一五),当有人问庄周与佛如何"时,程颐立即回答说"周安得比他佛! 佛说直有高妙处,庄周气象,大都浅近"(同上书卷三七)。程颐甚至不无感叹地说:"今僧家读一卷经,便要一卷经中道理受用;儒者读书,却只闲了都无用处。"(同上)程颢到一个寺院里去参观,正好赶上和尚们在吃午饭,他看到了和尚们吃饭时的那种"趋进揖逊之盛",竟然"叹曰:'三代威仪,尽在是矣'!"(同上)有人问:"佛当敬否?"程颐回答说:"佛亦是西方贤者","安可慢也!"(同上书卷一八)朱熹则说:"佛教最有精微动得人处"(《朱子语类》卷一三),"佛氏之学,超出世故,无足以累其心"(同上书卷二九),"其克己,往往吾儒之所不及"(同上)! 他甚至非常欣赏所谓"禅机":"禅家……撑眉、弩眼,使棒、使喝,都是立地便拶你承担,认取。所以谓之'禅机'。"(同上书卷二三)他们感触颇深地说:"释氏之说,若欲穷其说而去取之,则其说未能穷,固已化而为释氏矣!"(《二程全书》卷一五)"今人不学则已,如学焉,未有不归于禅也!"(同上书卷一八)"今之不为禅学者,只是未曾到那深外,才到深处,定走入禅去也。"(《朱子语类》卷六)以至程颐得出结论说:"今之学释者,往往皆高明之人。"(《二程全书》一八)程朱对于禅学的如此赞誉、感叹,正反映出他们受禅宗思想影响到了多么深的程度。由于在程朱思想中浸透了禅宗的东西,他们往往也就情不自已地流露出来。例如,以儒家卫道者自居的程颢竟然说出了这样的话来:"虽尧舜事业,亦只如太虚空中一点浮云过目!"(《宋元学案》卷一三《明道学案上·语录》)程颐甚至完全模仿禅僧的口吻说:"人有四百四病①,皆不由

---

① 佛教认为:人们的身体,是由地、水、火、风"四大"构成的。"一大"失调,"百一"病生;"四大"失调,便有"四百四病"。

自家。"(同上书卷一五《伊川学案上·语录》)列宁说过："哲学唯心主义是……通向僧侣主义的道路"(《哲学笔记》,《列宁全集》第 38 卷,第 411 页)。程朱就是如此。由于他们本身的唯心主义世界观,诱使他们接受了大量的禅宗思想,从而使他们走向了禅宗这一僧侣主义的门槛。由于程朱在思想上深受禅宗影响,便在语言、文风上也尽量地模仿禅宗。宋以前的儒家文献,有专著,有散文等等,却还不曾有过《语录》这种文体(《论语》虽然有点近似语录,但终究还不是语录),到了程朱,却出现了儒家的《语录》。这分明是受了禅宗各种《灯录》、《语录》的影响。至于在语言上,程朱(尤其是朱熹)更是经常模仿禅僧腔调谈"理"、说"道"。所以,我们不妨这样说:程朱理学,不但思想上很像禅宗,而且语言上也很象禅宗!当然,由于传统的儒家思想和封建地主阶级现实的阶级立场的约束和限制,程朱理学始终还只能说是一个"世俗"的哲学派别,而并没有升华到"出世"哲学的程度。所以,只能说它在相当程度上"像"禅宗——只是"像"而已。

我们的结论,程朱理学的出现,一方面标志着传统的儒家思想发展到了一个具有更为完备的哲学思想体系的新阶段,另方面确也标志着禅宗思想在中国思想史上有了影响更为深远的发展。就佛教本身说来,入宋以后,禅宗也和佛教其它各宗一样更趋衰弱了,但就中国思想发展史上说来,由于禅宗思想深深地渗入了程朱理学,所以它也就开辟了更为广阔的活动领域,以致使得它确实成了中国思想史上相当重要的一个部分,一个方面。

(录自《中国佛学论文集》,陕西人民出版社,1984 年)

郭朋,河南唐河人,研究员。先后在河南、北京、陕西、重庆等地寺院或者佛学院游学。曾在北京市或中共中央的统战和宗教部门、中国社会科学院世界宗教研究所工作。主要著作有《汉魏两晋南北朝佛教》、《隋唐佛教》、《宋元佛教》、《明清佛教》、《中国佛教史略》、《中国佛教思想史》、《佛教思想与中国文化》、《坛经校释》、《坛经导读》等。

本文选自 1980 年西安佛教学术讨论会论文集《中国佛学论集》。作者通过对受禅宗思想影响的程朱理学几个主要观点的剖析，说明程朱理学大师虽以"辟佛"自居，实际都从禅学摭取思想资料以滋补自己，都是"外儒内佛"。

佛教及于新儒家之刺激

张君劢

儒家的基本思想,无论是正统儒家或新儒家,所重视的主要是人与人的关系、道德价值和具体生活,这使儒家与佛家大为不同。后者乃高度思辨性的,富于想像和超越世俗的。中国思想肯定人生世界,印度思想则否定人生世界。

佛教在正统儒家没落之际传入中国,对中国人来说,完全是陌生的。佛教是宗教,是信仰,其最终目的是从痛苦世界中解脱。佛教拥有许多合理论证以稳固其基础。因此,就作为宗教和制度而言,佛教与儒者的生活方式极端不同。所以,当初反对佛教的人很多。

可是,尽管表面上儒家反对佛教,然而佛教的理论体系却引起了国人的兴趣。再加上佛教传入中国时,中国正处在动乱与战祸之中,儒家已失去影响力,人们都准备奉献于这来生之教。

晋朝(公元265—419年)时,老庄之说盛行,人们用这两位哲人的专门术语翻译佛典。佛教传入中国的初期,道家的许多名词如道、无为、空、自然等都用于佛教。"无为而无所不为",这种翻译的方法使国人容易了解佛法,因为这等于在生疏的观念上披上一件熟悉的外衣。不过,在进行翻译时,像般若波罗蜜多(超越智)、无常、五蕴、禅定等这种新的观念,道家的名词使用不上。

最初,翻译工作相当困难,因为中亚细亚和印度和尚不识中文,而不识梵文的中国人又不熟悉佛教思想,互相了解典籍内容及以浅显中文表达,事实上不可能。所幸有些中亚细亚和尚在来到中国以前已经学了一些中文,渐渐地由于累积的中文佛典,使一部分中国人也了解了部分佛理。

本章不能详细叙述从事实际翻译工作的中亚细亚及印度和尚,只能提到少数对建立佛教藏籍有过贡献的中国人和印度人。晋朝有个道安和尚,生于公元 312 年死于 385 年。他对佛教非常热心,读尽了所能找到的一切翻译佛书。他是第一个编纂中文佛典目录的人。还有一位是鸠摩罗什。罗什于公元 343 或 344 年生于库车。他翻译了主要的大乘经典。虽然他本身为印度婆罗门,可是对中国佛教的贡献最大。当他于公元 401—413 年居留长安期间,翻译了 35 部佛典计 294 卷。下面是他所译一部分经典的名称:

1.《佛说阿弥陀经》	大正　二〇〇
2.《思益梵天所问经》	大正　一九〇
3.《百论》	大正一一八八
4.《十诵律比丘戒本》	大正一一六〇
5.《大智度论》	大正一一六九
6.《中论》	大正一一七九
7.《十住毗婆沙论》	大正一一八〇
8.《十二门论》	大正一一八六
9.《成实论》	大正一二七四
10.《众经撰杂譬喻经》	大正一三六六
11.《金刚般若婆罗蜜经》	大正　一〇
12.《十住经》	大正　一〇五
13.《大庄严经论》	大正一一八二
14.《妙法莲华经》	大正　一三四

15.《庄严菩提心经》　　　　　大正　　九九

我们可以从这个表看出，佛教中论派是鸠摩罗什传来中国的，因为中论派的主要典籍(《百论》、《中论》、《十二门论》)都是罗什译成中文的。我们也可以看出，成实宗也是罗什传来中国的，因为《成实论》也是罗什译的。的确，罗什被视为建立中国佛教基础的人，人们往往拿他的贡献和玄奘、真谛相比。

佛经的翻译始于后汉(公元 25—219 年)，继续到唐宋两代，翻译工作进行的方式多少有点改变。在罗什之前和当时，翻译的人手边有什么翻什么。稍后，中国和尚希望翻译自己所要翻译的佛经，像玄奘曾将法相宗的典籍译为中文，这些典籍在中国本土是无法发现的。他又重译《大般若经》，因为他对旧译似乎不甚满意。总之，去印度求经的和尚希望求什么经，心里多少有个定数。像法显和尚就是如此，他去印度的目的是求律藏。罗什之后的印度和尚也有同样的趋势。他们译述中国从未有过的作品。由于中印两国和尚的合作，渐渐地整个经律论三藏都有了中文译本。

更有趣的是佛教如何地影响中国思想。在新儒家思想形成以前，中国有一段佛家思想骚乱的时代。由于翻译工作的发展，从南北分裂(371 年)到隋初(589 年)，中国产生了下列各宗派：

1. 成实宗

2. 三论宗(中论、百论、十二门论)

3. 涅槃宗

4. 地论宗

5. 净土宗

6. 禅宗

7. 摄大乘论宗(为真谛于西元五九三年首次译介)

8. 毗昙宗

9. 天台宗(纯粹中国本土产生的宗派)

唐代(公元 618—906 年)又多了四个宗派:律宗、法相宗、华严宗、真言宗。于是,中国境内的宗派多达十三个。不过,后来有两个宗派(地论宗和摄大乘论宗)消失了,还剩下十一个宗派。

佛教使中国人认识"空"、无我、无常、十二因缘、五蕴、如如、菩提等观念。即使没有其他理由,仅仅这些观念就对中国思想发生了很大的刺激力量,因为这些观念给予国人很多思想的材料。因此,当各派兴起后,国人便有更多机会探索它们之间不同的意义。

这一派说现象世界的客观或主观实在,那一派则说现象世界虚幻;这一派说诚心向佛者应研习代代相传的佛典;那一派则说唯有用自己的心才能体认佛法,不必诉诸佛典;这一派发见各派之间的歧异冲突,那一派则希望调和它们之间的冲突。佛教徒之间这些不同的想法盘据在国人心头,最后导致行动。

在十三个(或十一个)宗派中,三个宗派完全是中国本土产生的。这三派是(1)禅宗,(2)天台宗,(3)华严宗。禅相当于梵文 Dyana 和日文发音的 Zen。佛教每一派都和禅有关,但禅宗除了一般的禅定工夫以外,还有本身的特色。因此,禅的观点可说构成一特殊宗派。

禅宗是东土初祖菩提达摩创立的。达摩到达中国的时间和居留中国的时期,有几种说法,许多彼此矛盾的传说使他的生平多彩多姿。道宣《高僧传》说达摩是萧齐时代的人,同书中又说他是刘宋——萧齐之前——时来到广东的。这部书作于唐代,最先叙述达摩来中国之事,因此比较可靠。

根据道宣的叙述,我同意胡适的说法,胡适认为达摩来中国的日期必在 470—475 年左右。道宣也说过达摩去世的地点不明。传说他是 536 年下葬的。因此,他返回印度及与宋云会于葱岭之说不足采信。达摩教中国人的话可以归纳如下:

　　直指人心,见性成佛。教外别传,不立文字。①

　　后来,禅宗成为中国最有势力而盖过其他一切宗派的宗派。记载禅宗心脉相传的文献很多。于此,我们知道,达摩之后的二祖是慧可(486—598),三祖僧璨(606),四祖道信(580—651),五祖弘忍(605—675),六祖慧能(638—713)。六祖的法体,我曾亲眼见过,至今仍存放在广东一寺庙中。

　　禅宗的基本教理和一般佛法的根本教义无异,不过像五蕴、十二因缘及知识论的分析等教理,禅宗是没有的。现在,我举出印土禅家最初两祖所作的两首偈语。第一首是迦叶作的:

　　　　一切众生性清净,从本无生无可灭。

　　　　即此身心是幻生,幻化之中无罪福。

　　另一首是迦叶佛传法时,释迦佛在迦叶之前作的:

　　　　法本法无法,无法法亦法。

　　　　今付无法时,法法何曾法?(景德《传灯录》卷一)

　　禅宗强调空,心之用即是把握空的观念。"空"这个字在下述达摩与梁武帝(502——556)对话中表示得很明显:梁武帝问:"如何是圣谛第一义?"达摩对曰:"廓然无圣。"武帝又问:"对朕者谁?"达摩曰:"不识。"② 因此,"空"是禅宗的基本观念。

　　空的观念如何形成是很有趣的,我们研究一下禅者的对话或公案就可明了。例如:

　　有一居士,身缠风恙,来二祖慧可处,对二祖说:"请和尚忏罪。"慧可说:"把罪拿来,我替你忏。"这表示罪性不在内,不在外,不在中间,唯心所计。

---

　　①　这几句话,在道宣《高僧传》中见不到,而见于《契嵩传法正宗纪》。这几句话一定是后世人说的,不是达摩在世时说的。

　　②　达摩和梁武帝之对话,见于《传灯录》卷三,道宣《达摩传》中无之。

还有一件公案。道信求二祖："请和尚示弟子解脱之道。"慧可说："谁缚着了你？"道信说："没有人。"于是二祖说："如此，则何必求解脱？"（《传灯录》卷三）

日本学者铃木大拙描写了中国人的性格后说，禅宗思想与中国人的性格很相近。他说："儒者所谓君子不谈鬼神，乃是中国人心理的真正表现。中国人完全讲求实际。当用于日常生活中时，中国人自有其解释悟道说的方式，他们不得不产生禅以表示其最深的精神体验。"①

铃木在别处又说："中国人采取过空宗知解的方法吗？"他说："没有，这不合中国人的嗜好，更不在中国人心能范围之内。"②

中国人曾译述空宗的典籍，这事实证明空宗的方法是在中国人"心能"范围之内。这与铃木的看法有出入。

铃木又说："般若波罗蜜多是印度人产生的，不是中国人产生的。中国人能产生庄子或六朝时代的空想道家，但不会产生龙树或商羯罗。中国人的天才表现在其他方面。当他们内心接受佛法觉悟之教时，打开在他实践心灵前的唯一道路是产生禅宗的。"

铃木还说："自达摩东来中土以来，中国人即开始思量如何才能以合于本身思想和感情的方式，表现禅者悟道之说。直到慧能出现以后，这个问题才获得满意的解决，而创立所谓禅宗的伟大事业才告完成。"

铃木认为禅是中国人思想的产物，一点也不错。但禅与新儒家的关系更有可说者。（1）禅宗相信人性本善——这正是孟子所

① D. T. Suzuki, Essays in Zen Buddhism (First Series), Luzac and Co., London, 1927, p. 90.

② D. T. Suzuki, Essays in Zen Buddhism (First Series), Luzac and Co., London, 1927, p. 90.

说的。这是禅与儒家的基本相同处。(2)根据禅家的说法,一切有情皆具佛性。孟子则认为人人皆可以为尧舜。(3)禅者坚认,任何人只要直诉本心,都可以了解佛法。宋代新儒者陆象山和杨简也持这种看法。禅与新儒学关系密切的观念即由此而来。

现在,我们看看中国本土产生的第二个宗派天台宗。这个宗派的名称,充分表示它是中国本土创生的,不过天台宗还是希望上溯印土龙树,以龙树为初祖。许多学者接受了下述经论

《妙法莲华经》　　　　　《大智度论》

《涅槃经》　　　　　　　《大般若波罗蜜多经》

之后,进一步建立自己的系统。天台宗的真正创始者为智颛(513—597)。他居于天台山,寺中有四千多僧人。此宗之名即由山名而来。天台宗显著的特色,是希望找出一种解释,以说明许许多多互不相同的大乘文献。为此目的,天台宗提出一个原则,将佛陀之教理分为五期。如果学者谨记这一点,便会了解,佛家思想的不同面并不矛盾,彼此互为补充。

根据天台宗的说法,五期的分法如下:

(1)第一期是佛成道后的最初二十一天。在这个期间,佛为众菩萨和天王说《大方广佛华严经》。

(2)第二期为最初二十一天后的十二年,佛在这期间说《四阿含经》,转法轮,说"苦集灭道四圣谛"与"八正道"。

(3)第三期为二期十二年后的八年。佛告诉众弟子,救世的伟大工作摆在他们面前,他们应完成菩萨的理想。在这个期间,佛所说的是《维摩诘经》、《思益梵天所问经》、《入楞伽经》、《大方等陀罗尼经》、《金光明经》。

(4)此后的廿二年为第四期。佛陀试图说明小乘只是准备阶段,越过小乘,乃是更进一步的净智阶段。佛在这期间所说的是《大般若波罗蜜多经》。

（5）第五期是佛陀生命中的最后八年。在此最后期间,佛说人人皆可入涅槃。普渡众生的观念,具体表现于天台宗基本教理《法华经》中。佛入灭前的最后一天还说《涅槃经》,涅槃也属于此最后期间的作品。

五期说不只是中国佛教徒的改造或杰作,也是根据佛经而来的。这是中国人调和不同教派的调解例子。

天台宗有一概括其思想体系的要旨:(a)一心三观。(b)一念三千大千世界(十界演变为三千世界)。所谓十界,即:(1)地狱,(2)畜生,(3)饿鬼,(4)阿修罗,(5)人,(6)天,(7)声闻,(8)辟文,(9)菩萨,(10)佛。十界中的前三界为恶道,居于三界者究竟属于哪一界,则视其为恶的程度而定。同样,天、人、阿修罗乃为善者,居于此三界者究竟属于哪一界,则视其为善的程度。声闻行四谛,辟支了知十二因缘,菩萨行六度波罗蜜,最后则为佛道。辟支、声闻、菩萨、佛都属于禅界,只是功德圆满的程度不同。

十界相互影响,因此实际上产生了百界。每界又有十种特征,即:相、性、体、力、作、因、缘、界、报、本末究竟。

如乘以一百(代表十界特征的数目),便有一千种特色。最后,如以三乘一千(三代表蕴界,有情界和器世间),便得十界三千面相,或简称三千世界。

天台宗对一心三观的分析,提出中论派的逻辑。一心有三观,三观及三观最后借以显示中道的逻辑,从下表中多少可以看出来。

甲、空观

1. 非有　　　空道

2. 非空　　　假

3. 非有非空　　　中道

乙、假观

1. 执有　　　假

2. 执空　　　　　空道

3. 执有执空　　　　中道

丙、中观

1. 非有非空（非对待）　　　　空道

2. 执有执空（非对待）　　　　假

3. 非非有、非非空、非执有、非执空　　　　中道（*The Meaning of four Kinds of Teachings*. 大正藏, no. 1913, pp. 774—780, 东京）

以上所简述的体系为智颉所造。天台宗遍布全中国，还从中国传至朝鲜和日本，一直留存至今。

现在来看看中国本土所创的第三个宗派。这个宗派是根据《华严经》产生的。

温特尼兹博士（Dr. M. Winternitz）在其《印度文学史》中说："《佛学辞典》Maha-Vyutpatti 中，在提到 Satasahasrika, Pancavim satisaharika, Astasahasrika-Prajna-Pramitas 之后，立刻提到大乘经典中一部名为大方广佛的典籍。在中国三藏和西藏密宗的经籍中，许多典籍都有这样的名称。这是公元 557 与 589 年间中国兴起之华严宗与日本华严宗的圣典。根据中国资料的记载，《华严经》有六种，其最大者有十万偈，最小者亦有三万六千偈，为三藏佛度跋陀罗等于公元 418 年译为中文。实叉难陀则于公元 659 至 699 年间译四万五千颂本。虽然没有梵文本的《华严经》流传下来，却有一部《大乘密严经》（Gandavyuha-Mahayana Sutra）的大乘经典，相当于《华严经》中文译本之一。Gandavyuha 的主要内容，是叙述善财童子的云游，善财童子听文殊菩萨之劝，四处云游以求无上之觉悟智。他从一地游到另一地，求教于各种不同的人，包括和尚、女尼、俗家男女信徒、商人、国王、奴隶、小孩、夜之女神、释迦佛之妻瞿波、释迦佛之母摩耶夫人。最后，因文殊菩萨之眷顾，得普贤菩萨之助而成就圆满智。"（*M. Winternitz*, *A History of In-*

dian Literature, vlo. 2, *Translated from the original German by Mrs. S. Ketkar and Miss H. Kohn and revised by the author*, *published by the University of Calcutta*, 1933, pp. 324—325.)

以上是关于《华严经》的故事。我们应该特别重视中国华严宗。当然,中国所有佛教宗派都希望将其法承上溯某一印土创始者。于是,华严宗以龙树为初祖。可是,事实上,这个宗派始于下述的中国和尚:

初祖	杜法顺或杜顺	西元五五七——六四〇
二祖	智俨	六〇一——六六八
三祖	法藏(贤首)	六四三——七一二
四祖	清凉	七三八——八〇六
五祖	圭峰(宗密)	七八〇——八四一

关于这五位祖师生死日期的种种记载,互有出入。虽然这个宗派以《华严经》为主,其教理却是杜顺、智俨、法藏渐渐形成的。尤其是法藏,他被视为华严宗的真正创立者。有时华严宗又称为贤首宗(因法藏的另一名字而来)。

华严宗像天台宗一样,也想找出一共通原理以概括大多数佛教文献。天台宗将佛教文献分为佛陀说法的五期,华严宗不同,华严宗将佛教文献分为五教:

(1)小教:小乘教理基于六根(眼、耳、鼻、舌、身、意)所感的实有说。

(2)始教:大乘佛法的第一阶段,基于阿赖耶识。

(3)终教:大乘佛法的最后阶段,表现为真如之说。

(4)顿教:顿变阶段,基于维摩经。

(5)圆满阶段,基于《华严经》。

这种思想方式概括了佛教的各宗各派,而每派又保留着本身特有的观点。华严宗认为,《华严经》概括一切诸说。

华严宗希望创立一个无所不包的系统。在此系统中,现象世界与实相世界圆融无碍,一切世界融通为一真法界。

华严体系基于下述三观:(1)真空绝相观,(2)理事无碍观,(3)周遍含容观。若细而论之,此三观可衍为十玄门:

(1)同时具足相应门　Ａ物独存,但Ａ之独存乃由于Ｂ、Ｃ、Ｄ之存在而促成的。Ａ不能离开本身之过去未来,Ａ之本身具足通于过去、现在、未来三世。

(2)一多相容不同门　多可以归于一。然而,物物独存,同样,多亦是独存。

(3)诸法相即自在门

(4)因陀罗纲境界门　如一室千灯,千灯造成室中之光明,而每灯也是一光亮,一灯之光为他灯所助,因而光光相涉,成一整体。

(5)微细相容安立门　相贯通、类似之理虽复杂,而一念中具足。

(6)秘密隐显俱成门

(7)诸藏纯杂具德门

(8)十世隔法异成门

(9)唯心回转善成门

(10)托事显法生解门

铃木大拙谈到法藏时说:"印土天才使心演变为法界。在中国人心目中,天上超世的耀眼光彩,重归于此灰暗的尘世色彩。"①

铃木这段话的意思告诉我们,中土华严宗五祖——尤其是法藏,以人类理性的解释。从《华严经》创出一套哲学体系。

对中国本土所创的佛教三宗:禅宗、天台宗、华严宗,已经叙述

---

①　D. T. Suzuki, Essays in Zen Buddhism (Third Series), Luzac and Company , London, 1934, p. 52.

够多了。三派之产生乃中古中国人强烈心智活动的显著证明。中国人学习印土佛教,创造了自己的体系。当然,他们的体系还是接近佛教的基本概念。

除了这三个宗派以外,玄奘所创的法相宗,乃中国人心智成熟的另一表现。法相宗很重视译经工作,在所译经籍中,有一部名为《大乘唯识论》(即《成唯识论》)的,乃十论师的著作(Ten Commentaries)之"大要"而非译述。过去,中国人对此还没有发生兴趣以前,这种"大要"是不可能产生的。

佛教宗派的发展史实暂置一旁,现在我要叙述儒者和佛教僧人相处以及对他们观感的情形。中国读书人,自始就同情向国人介绍佛学的僧人。中国学者觉得印度及中亚细亚僧人离乡背井宣扬信仰,对他们献身宗教的勇敢和诚心非常敬佩。所以,对他们的工作时加协助。的确,儒家学者与佛家僧人的相处关系,比道家要好。从道安时代开始,国人与佛学僧人间的合作关系,一直密切未断。

到了唐代,佛教已成为中国人文化生活中的一部分。佛寺为政府所认可,皇帝发起译述梵文经典,而能文工诗的佛家僧人则为中国学者的密友。由于僧人献身于他们的宗教事业,所以对人生事务抱着一种超然的态度,儒者非常重视他们的友谊。

前章我曾叙述过韩愈对佛教的苛刻。可是,我们要知道,这只是他的表面感受,作为政府中政策制订者,在公共生活中不得不有这种态度。可是在私生活中,他和一个名叫大颠的和尚相交颇洽。有一次,一位批评他的人指出他在这方面言行不一致,他说:"来示云:'有人传愈近少信奉释氏',此传之者妄也。潮州时有一老僧号大颠(石头禅师之徒,公元 700—790),颇聪明识道理。远地无可与语者,故自山召至州郭,留十余日。实能外形骸以理自胜,不为事物侵乱。与之语虽不尽解,要自胸中无滞碍。以为难得,因与来

往。及祭神至海上,遂造其庐。及来袁州,留衣服为别。乃人之情,非崇信其法求福田利益也。"(《韩愈全集》卷十八)

韩愈这段辩词能不能使他清白呢?朱熹认为这对韩愈的卫道事业是致命打击。朱熹编《韩愈全集》时说过,虽然这位伟大文学家写过《原道》一文,可是在悟道方面修为不够,所以容易接受大颠的议论。

在《周敦颐全集》中我们发现他在潮州大颠堂壁上所题的一首诗:

退之自谓如夫子,

原道深排释老非。

不识大颠何似者,

数书珍重更留衣。(《周敦颐全集》卷八)

这件事证明了佛教如何地进入了中国学者的内心。韩愈弟子李翱与佛教的关系,在《复性书》一文中表现得更为明显。

另一位与佛教有关联的儒者是和韩愈同时,而文名仅次于韩愈的柳宗元。柳宗元似乎并不反对佛教,相反的却是佛法的信奉者。在《柳宗元全集》中,有一篇题为《曹溪第六祖赐谥大鉴禅师碑》的文章。柳宗元在该碑文中说:

而吾浮图说后出。推离还源,合所谓生者静者。梁氏好作有为,师达摩讥之,空术益显。六传至大鉴,大鉴始以能劳苦服役,一听其言,言希以究,师用感动。遂受信具,遁隐南海上,人无闻知,又十六年,度其可行。乃居曹溪为人师,会学去来,尝数千人。其道以无为为有。以空洞为实。以广大不荡为归。其教人始以性善,终以性善。不假耕锄,本其静矣。中宗闻名,使幸臣再征不能致。取其言以为心术。其说具在,今布天下,凡言禅皆本曹溪。(《柳宗元全集》卷六)

柳宗元是少数以公正和客观态度叙述释氏学说者之一。他提醒我们慧能教人始以性善终以性善。我们从慧能身上发现禅者与新儒家之间的相容相成。

佛教给中国人的最大刺激,是使中国学者回到儒家的基础上,并从儒家基础上创立他们的系统。当他们发现佛教为一巨大体系时,便立刻产生了一种想法,认为儒家也应有其宇宙论、人性论以及对人生、家庭和国家的态度。换句话说,儒家应有自己的形上学、伦理学、知识论等等。有些问题,他们可能用重新解释古代经文的方式来解决,而其他不可解的难题又只有究本探源才得解决。

现在,我们可以看看新儒家的观念与佛教的关系如何。

无疑的,新儒家运动中有一种爱国心的因素在内。中国学者觉得,几百年来,他们活在印度的世界观之下,真是一种耻辱。起初,想在两者之间加以调和。解释者始终认为佛陀和孔子所传的是同一之道。但是,这种态度实际上只是希望掩饰中国没有哲学背景之缺点。从韩愈以迄宋代新儒学之创立者,一种新的体系开始成熟了。例如,李翱曾说:"性体清静,恶始于情动。"这个观念显然出于佛家,只是佛家所谓情欲皆污染的中国式的说法。可是,当我们看到了宋代新儒学的成就,如周敦颐之太极图说、张横渠之论太和,便发现中国人对佛家空的观念提出了对立的观点。后来,二程子出现并将宋学建立在理性基础之上,于是,再也不能说中国哲学没有稳固的理论基础了。

这种广泛的理论结构,只能恢复一种基础以讨论孔孟所考察的道德价值。从这个意义上看,儒家被置于一新的基础之上。因为,它对思辨、理论和系统的研究有了初步的认识,这是以往从来没有过的。

总之,新儒家思想体系是受佛家影响而建立的。但是,尽管如此,却从未失去中国人对世界及肯定人生的基本态度。中国人不接受佛家空的观念,坚持其肯定道德价值的立场。他们以"仁"和

"智"(此乃人生活动的本源)解释佛家所谓的大悲心和大智慧。

在印度玄奥和海阔天空式的思想方式影响之下,过去中国人以亲身体验和具体方式所思想的,现在以整个宇宙为背景重加思考。因此,当张载从佛教认识所谓大地创生万物而无差别时,便在《西铭》中说:"天地之塞吾,其体;天地之帅吾,其性;民吾同胞;物吾与也。"(《张载全集·西铭》)张载的意思是说,爱心应普及整个宇宙。佛家认如来佛现于无量世界而普传法雨。同样,儒家以道及道之代表者圣人为无所不在而普化万物。

佛家以众生之心应保持清静。新儒家学者则恢复《礼记》所谓:"人生而静,天之性也。"(《礼记·乐记》)

新儒家也像佛家一样,教人尽量去欲,尽量不动心。换句话说,劝人消除人欲,服从理性的支配。那就是说,应以道德法则为生活的目标。

除了相当于佛家悲慧之德的"仁""智"以外,新儒家另增加一新的德行"敬",敬很接近佛家的"三昧"或"禅定"。

这里还有三个重要观念应加以讨论。性体或佛家所谓的自性、心及人性之性。佛家认为世界为幻相,而"我"乃因缘会合而生,本非实有。这里所用的"性"字乃指无体之自性。但中国人由于误解梵文自性两字的意义,以为即是中国人所谓的人性。这就是何以像韩愈及宋学创立者间普遍讨论人性的缘故。中国人从来不以世界为幻相。相反的,他们认为世界是实有的。因此,他们的思想以太极始,太极者既为空无,又为理之道。这就是说,他们的思想以实有始而非以空无始。当他们思想涉及人类时,便以为除非关系到事实是存在之具体的人,否则,讨论人性便没有意义。因此,人性问题不仅是形式上的,而且与普遍的实在分不开。

在这方面,有所谓明心见性之说。所谓明心见性意即"认识心,便能见实在之本体",这是禅家之言。最后的见性两字表示探究宇宙是否为实有或虚幻的,这就是佛家原来所指的意义。可是,中国人误解了这个字的意义,以为这个字所指的是人性,而非宇宙之性或性之本质。因此,中国哲学以及中国人被认为只涉及人性问题是最明显的,这是由于不了解梵文自性两字的真正意义而产生的。然而,由于人类为宇宙的一部分,这种误解便产生了对整个问题有意义的讨论。

其次,我们探讨一下心的观念,从孟子时代以来,中国哲学家即认为"思"为心之功用。但这种功用主要被当作逻辑上的推论以及道德上是非之辨。中国人从不知菩提达摩所谓的心的妙用。

禅家此种说法将心置于一种比中国哲学家以往所指的更独立更明湛的境地。中国人惯于以书籍为获取知识的来源。但是,菩提达摩认为,靠书籍是没有用的。菩提达摩这种看法有三种意义:

(1)人不能读书时也知是非之辨。(2)人本来就知道何谓是何谓非;这就是说,人本来就是善良的。(3)不诉诸现成知识,直指人心,使人心更为活泼。如果没有禅宗思想的产生,这种发现便不可能。

我们应该说,禅宗对中国儒家的复兴给予了强有力的刺激。虽然程朱学派非常反对禅宗,然而事实上唐宋学者很少不与禅者或佛书接触的。唐以后,在所有佛教各宗各派中,禅宗是唯一能够适应时代而保存下来的宗派,此后便成为最有势力的宗派。禅宗对宋儒的影响很大。

本章所要讨论的最后一个观念,为人性之性。自孟子以来,儒家即认为人性中先天地具有仁义礼智四端。四端乃道德上是非之标准。人具有四端,所以人必然知道是非。宋学产生之后,宋儒称此四端为理或天理。他们认为人心之活动可分两层次:天理的超越层次,此即是非之标准;经验或自然层次,此即知觉意欲功用。这是程朱学派的说法——读者也许会记得,在新儒学之中,还有陆王学派,陆王学派的看法与此不同,心同时有这两层功用,即心只有一层次。

所谓人性中先天具有道德标准这一中国古老信念,因佛家所谓如来藏乃如来性体所在之宝藏之说,或法相宗所谓阿赖耶识或末那识为周遍大智之说,或禅宗所谓人人皆具佛性之说,更加增强了。如果所有心理能力都藏在如来藏中,那么,孟子所谓人性中生而具有道德标准之说便不谬了。此种佛家之说不得不成为中国思想推动的力量,使中国思想立于坚固不移的基础上。

如果我们再进一步讨论佛教与新儒家关系的详细情形,便是多余的。不过,最后我要举出一些例子以表示这两个传统之间的相应情形:

(甲)

(一)菩提心包含两面:

(A)真如面(不生、不死);(B)生死面。

(二)根据新儒家的宇宙论:

(1)无极; (2)太极。

或:

(1)形而上之道世界; (2)形而下之器世间。

(乙)

(一)佛家的信念:

(1)形相世界即空; (2)空即形相世界。

(二)新儒者认为:

(1)万物不离道; (2)道不离万物。

(丙)

(一)人人皆具佛性。

(二)人人皆可以为尧舜。

(丁)

（一）一即多；多即一。

（二）理一万殊。

儒家和佛家接触以后，便在更思辨、更系统与更形而上的基础上加以改造了。这复活的儒家便是始于宋而终于清的新儒家。

（录自张君劢《新儒家思想史》，弘文馆出版社，1985 年）

张君劢（1887—1968），江苏宝山（今属上海）人。晚清秀才，日本早稻田大学毕业。曾留学德国，在欧洲游学三年。与人合办《新路》、创办《再生》杂志，创办民族文化书院。历任翰林院庶吉士，《时事新报》总编，北京大学、燕京大学、中山大学教授，民族文化书院、上海国立自治学院院长。主要著作有《比较中日阳明学》、《义理学十讲纲要》、《新儒家思想史》、《中西印哲学文集》等。

本文是张君劢《新儒家思想史》一书的第六章，对佛教给予新儒家的影响进行了探讨论述。作者指出，儒家与佛家接触以后，便在更思辨、更系统、更形而上的基础上加以改造，于是儒家得以复活。这复活的儒家就是始于宋代而终于清代的新儒家。

儒佛异同论

梁漱溟

作者附记:我于1966年8月24日在所谓"文化大革命"中,被红卫兵小将抄家,一切衣物书籍荡然无存,并迫我从北房移小南屋栖身。此时我初颇不怿,但旋即夷然不介意。闲暇中写成此稿,既无一书在手,全凭记忆以着笔。9月6日写出论一,嗣于11月10日写出论二,其论三则不复记忆于何时写出矣。

儒佛异同论之一

儒佛不相同也,只可言其相通耳。

儒家从不离开人来说话,其立脚点是人的立脚点,说来说去总还归结到人身上,不在其外。佛家反之,他站在远高于人的立场,总是超开人来说话,更不复归结到人身上——归结到成佛。前者属世间法,后者则出世间法,其不同彰彰也。

然儒佛固又相通焉。其所以卒必相通者有二:

一、两家为说不同,然其为对人而说话则一也(佛说话的对象或不止于人,但对人仍是其主要的)。

二、两家为说不同,然其所说内容为自己生命上一种修养的学问则一也。其学不属自然科学,不属社会科学,亦非西洋古代所云"爱智"的哲学,亦非文艺之类,而同是生命上自己向内用功进修提高的一种学问。

　　敢问两家相通之处其可得而言之耶?曰,是不难知。两家既同为对人而言其修养,则是必皆就人类生命所得为力者而说矣。其间安得不有相通处耶?且生命本性非有二也。生命之所贵在灵活无滞,滞而不活,失其所以为生命矣。生命之所贵在感应灵敏,通达无碍。有隔碍焉,是即其生命有所限止。进修提高云者,正谓顺乎此生命本性以进以高也。两家之所至,不必同,顾其大方向岂得有异乎?

　　譬如孔子自云"七十从心所欲不逾矩",而在佛家则有恒言曰:"得大自在";孔门有四毋——毋意、毋必、毋固、毋我——之训,而佛之为教全在"破我法二执",外此更无余义。善学者盖不难于此得其会通焉。然固不可彼此相附会而无辨也。

儒佛异同论之二

　　佛教传入中国后,社会上抵拒之者固有其人,而历来亦有不少躬行修养之儒者领悟于彼此相通之处辄相附会而无辨焉,是不可不再一申论之。

　　儒书足以征见当初孔门传授心要者宜莫如《论语》,而佛典如《般若心经》则在其大乘教中最为精粹,世所公认。《论语》辟首即拈出悦乐字样,其后乐字复层见叠出,偻指难计,而通体却不见一苦字。相反地,《般若心经》总不过二百数十字之文,而苦之一字前后凡三见,却绝不见有乐字。此一比较对照值得省思,未可以为文字形迹之末,或事出偶然也。

　　是果何为而然耶?是盖两家虽同以人生为其学术对象,而人生却有两面之不同,亦且可说有两极之不同。

何言两面不同?首先从自然事物来看,人类生命原从物类生命演进而来,既有其类近一般动物之一面,又有其远高于任何动物之一面。

复次,由于客观事实具此两面,在人们生活表现上,从乎主观评价即见有两极。一者高极。盖在其远高于动物之一面,开出了无可限量的发展可能性,可以表现极为崇高伟大之人生。它在生活上是光明俊伟,上下与天地同流,乐在其中的。一者低极。此既指人们现实生活中类近于动物者而言,更指其下流、顽劣、奸险、凶恶远非动物之所有者而言。它在生活上是暗淡龌龊的,又是苦海沉沦莫得自拔的。

两面之于两极,自是有着很大关联,但不相等同。人类近于一般动物之一面,不等于生活表现上之低极,人类远高于任动物之一面,不等于生活表现上之高极,此必不可忽者。

后一面与前一极为儒家之学所自出,而从前一面与后一极就产生了佛家之学。以下分别叙述两家为学大旨,其相通而不可无辨之处随亦点出。

儒家之为学也,要在亲切体认人类生命此极高可能性而精思力践之,以求"践形尽性",无负天(自然)之所予我者。说它"乐在其中",意谓其乐有非世俗不学之人所及知也。如我夙昔之所论断,此学盖为人类未来文化在古代中国之早熟品。它原应当出现于方来之社会主义社会中。出现过早,社会环境不适于其普及发展。历来受其教益,能自振拔者非无其人,亦殊不多矣。近代西学入中国后,留心及此者更少,其价值乃益不为人所知,正为世人对它缺乏现实经验故也。

人生真乐必循由儒家之学而后可得,却非谓舍此而外,人生即无乐之可言。人类生命无限可能性为人所同具,虽不必知此学,或由天资近道,或由向上有志,或由他途修养,均未尝不可或多或少有以自拔于前文所云低极者,其生活中苦之感受便为之减少,或且有以自乐焉。

于是要问:"苦乐果何由而定乎? 苦也,乐也,通常皆由客观条件引起来却决定于主观一面之感受如何,非客观存在而不可易者。俗说"饥者易为食",在受苦后辄易生乐感,掉转来亦复有然。其变易也,大抵寄于前后相对比较上,且不为直线发展,而恒表现为辩证地转化。即苦乐之增益恒有其适当限度,量变积而为质变,苦极转不见苦,乐极转失其乐。又须知主观一面——人的各自生命——是大有不同的,即在同一人又各时不同,从而对于同一客观条件往往可以引起大不相同的感受。凡此皆不及详论。

扼要言之:乐寄于生命流畅上,俗说"快活"二字实妙得其旨。所不同者,世俗人恒借外来刺激变化以求得其流畅,而高明有修养(儒学或其他)之士则其生命流畅有不假外求者耳。反之,苦莫苦于深深感受厄制而不得越。厄制不得越者,顿滞一处,生命莫得而流通畅遂其性也。《般若心经》之必曰"度一切苦厄"者以此。

为儒学者,其生活中非不有种种之苦如一般人所有,第从其学力苦而不至于厄耳。学力更高,其为感受当然又自不同焉。宋儒有"寻孔颜乐处"之说,明儒有"乐是乐此学,学是学此乐"之说,不亦可为很好佐证之资乎。

佛学以小乘教为其基础,大乘教表现若为一翻案文章者,而实则正是其教义之所由圆成也。"苦"、"集"、"灭"、"道"四谛是小乘教义,基于"起惑"、"造业"、"受苦"的人生观而来,而此人生观则得之于寻常见到的人类现实生活也。《般若心经》"无无明亦无无明尽,乃至无老死亦无老死尽,无苦、集、灭、道,无智亦无得"云云,则为对此表示翻案的说话。此一翻案是必要的,亦是真实语。设使世间一切之非虚妄无实也,则出世间又岂可能乎?

　　世间一切云何虚妄无实？世间万象要依众生生命（人的生命及其他生命）以显现，而佛家则彻见众生皆以惑妄而有其生命也。试看生命活动岂有他哉，不断贪取于外以自益而已。凡众生所赖以生活者胥在此焉。分析言之，则于内执我而向外取物。所取、能取是谓二取；我执、法执是谓二执。凡此皆一时而俱者，生命实寄于此而兴起。佛教目为根本惑（根本无明），谓由此而蕃衍滋蔓其他种种惑妄于无穷也。

　　起惑、造业、受苦三者相因而至，密切不可分。自佛家看来，人生是与苦相终始的。正以人之生也，即与缺乏相伴俱来。缺乏是常，缺乏之得满足是暂。缺乏是绝对的，缺乏之得满足是相对的。缺乏不安即苦（苦即缺乏不安），必缺乏而得满足乃乐耳。则佛家看法不其然乎？

　　众生莫不苦，而人类之苦为甚。何以故？正唯人类生命有其乐的可能之一极端，是乃有其另一极端之苦不可免地见于大多数人现实生活中。

　　佛家之学要在破二执、断二取，从现有生命中解放出来。在一方面，世间万象即为之一空；在另一方面则实证乎通宇宙为一体而无二。——自性圆满，无所不足，成佛之云指此。所谓出世间者，其理如是如是。读者勿讶佛家涉想之特奇也。既有世间，岂得无出世间？有生灭法，即有不生灭法。生灭托于不生灭；世间托于出世间。此是究竟义，惜世人不晓耳。

　　上文以厄制言苦，只为先以生命流畅言乐之便而言之，未为探本之论。苦乐实起于贪欲；贪欲实起于分别执着。——内执着乎我，外执着乎物。厄制之势盖在物我对待中积渐形成。它成于积重难返之惯性上，一若不可得越者；然果我执之不存也，尚何厄制可言乎？

　　我执有深浅二层：其与生俱来者曰"俱生我执"，主要在第七识

(末那识)恒转不舍;其见于意识分别者曰"分别我执",则存于第六
识(意识)上而有间断。自非俱生我执得除,厄制不可得解。色、
受、想、行、识五蕴(总括着身心)实即生命之所在;它既从我执上以
形成,而在众生亦即依凭之以执有我。必"行深般若波罗蜜多",
"照见五蕴皆空",乃"度一切苦厄"者,正言其必在我执之根除也。
我执根除必在行深般若波罗蜜多时,亦即诸佛所由之以成佛者;若
是,则我执根除之匪易也,可知矣!

　　一切苦皆从有所执着来。执着轻者其苦轻,执着重者其苦重。
苦之轻重深浅,随其执着之轻重深浅而种种不等。世有"知足常
乐"之语,盖亦从不甚执着则不甚觉苦之经验而来。俗云"饮食男
女人之大欲";此盖从一切生物之所共具的个体存活、种类繁殖两
大问题而来。前谓人之生也与缺乏相伴俱来者,亦即指此。众生
于此执着最深最重,其苦亦深亦重。人类于此虽亦执着深重,其为
苦之深重或且非物类所得相比。然以人类生命具有(自主)变化之
无限可能性,故终不足以厄制乎人也。

　　人心执着之轻重深浅,因人而异。且不唯各个生命习气有所
不同,在社会文化发展各阶段上亦复不相等同。譬如远古蒙昧未
开化之人群,心地淳朴,头脑简单,一般说来其分别、计较、弯曲、诡
诈较少,其执着即较浅,其为苦也不甚。同时,其于乐趣之理会殆
亦不深。然在二千五百年前的中国社会和印度社会,其文化程度
却已甚高,其人心思开发殆不后于今人,则表现在生活上高极者低
极者当备有之。设非有此前提条件则儒佛两家之学亦将无从产生
也。

　　儒佛两家之学均为人类未来文化在古代东方出现之早熟品,
旧著《东西文化及其哲学》《中国文化要义》各书均曾论及,且将有
另文申论之,这里从省。

　　孔门毋意、毋必、毋固、毋我之训,有合于佛家破我、法二执之

教义,固可无疑;然其间之有辨别亦复昭然不掩。试略言之。

如前论所云,两家同为在人类生命上自己向内用功进修提高的一种学问。然在修养实践上,儒家则笃于人伦,以孝弟慈和为教,尽力于世间一切事务而不怠;佛徒却必一力静修,弃绝人伦,屏除百事焉。问其缘何不同若此? 此以佛家必须从事甚深瑜伽功夫(行深般若波罗密多),乃得根本破除二执,从现有生命中解放出来,而其事固非一力静修,弃绝人伦,屏除百事不可也。儒家所谓"四毋"既无俱生执、分别执之深浅两层,似只在其分别意识上不落执着,或少所执着而已。在生活上儒者一如常人,所取、能取宛然现前,不改其故。盖于俱生我执固任其自然而不破也。

不破俱生我执而俱生我执却不为碍者,正为有以超越其上,此心不为形役也。物类生命锢于其形体机能,形体机能掩盖了其心。人类生命所远高于动物者,即在心为形主,以形从心。人从乎形体不免有彼此之分,而此心则浑然与物同体,宇宙虽广大可以相通而无隔焉。唯其然也,故能先人后己,先公后私,以至大公无私,舍己而为人,或临危可以不惧,或临财可以不贪,或担当社会革命世界革命若分内事,乃至慷慨捐生、从容就义而无难焉。俱生我执于此,只见其有为生命活动一基础条件之用,而曾不为碍也,岂不明白矣乎?

佛家期于"成佛",而儒家期于"成己",亦曰"成己、成物",亦即后世俗语所云"做人"。做人只求有以卓然超于俱生我执,而不必破除俱生我执。此即儒家根本不同于佛家之所在。世之谈学术者,其必于此分辨之,庶几可得其要领。

然而做人未易言也,形体机能之机械性势力至强,吾人苟不自振拔以向上,即陷于俱生我执、分别我执重重障蔽中,而光明广大之心不可见,将终日为役于形体而不自觉,几何其不为禽兽之归耶?

是故儒家修学不在屏除人事,而要紧功夫正在日常人事生活中求得锻炼。只有刻刻慎于当前,不离开现实生活一步,从"践形"中求所以"尽性",惟下学乃可以上达。

儒佛两家同事修养功夫,而功夫所以不同者,其理如是如是。

或问:儒佛两家功夫既如此其不同矣,何为而竟有不少躬行修养之士乃迷离于其间耶?应之曰:此以其易致混淆者大有深远根源在也。试略言之。

前不云乎,生灭托于不生灭,世间托于出世间。所谓生灭法世间法者非他,要即谓众生生命而人类生命实居其主要。其不生灭法或出世间云者,则正指宇宙本体也。儒佛两家同以人类生命为其学问对象,自非彻达此本源,在本源上得其着落无以成其学问。所不同者:佛家旨在从现有生命解放出来,实证乎宇宙本体,如其所云"远离颠倒梦想,究竟涅槃"(《般若心经》文)者是。儒家反之,勉于就现有生命体现人类生命之最高可能,彻达宇宙生命之一体性,有如《孟子》所云"尽心、养性、修身"以至"事天、立命"者,《中庸》所云"尽其性"以至"赞天地之化育"、"与天地参"者是。

然而菩萨"不舍众生、不住涅槃";此与儒家之尽力世间者在形迹上既相近似,抑且在道理上亦非有二也。儒家固不求证本体矣,但若于本源上无所认识徒枝枝节节黾勉于人事行谊之间,则何所谓"吾道一以贯之"乎?故"默而识之"是其首要一着,或必不可少者。"默识"之云,盖直透本源,不落能取所取也。必体认及此,而后乃有"戒慎乎其所不睹,恐惧乎其所不闻"(见《中庸》)之可言。其曰"不睹、不闻"正点出原不属睹闻中事也。后儒阳明王子尝言"戒慎恐惧是本体,不睹不闻是功夫",是明告学者以功夫不离本体。衡以体用不二之义,功夫必当如是乎。

宋明以来之儒者好言心性、性命、性天以至本心、本体……如是种种,以是有"性理之学"之称。凡西洋之所谓哲学者只于此仿佛见之，而在当初孔门则未之见也。此一面是学术发展由具体事实而抽象概括之自然趋势；更一面是为反身存养之功者，其势固必将究问思考及此也。顷所云迷离混淆于两家之言者皆出在此时。不唯在思想上迷混已也，实际功夫上亦有相资为用之处。虽儒者排佛更多其人，而迷混者却不心服，盖以排佛者恒从其粗迹之故。

　　吾文于本、末、精、粗析论不忽，或有可资学人参考者乎？然最后必须声明：一切学问皆以实践得之者为真，身心修养之学何独不然。凡实践所未至，皆比量猜度之虚见耳。吾文泰半虚见之类，坦白自承，幸读者从实践中善为裁量之，庶免贻误。

（1966 年 11 月 10 日写竟于小南屋）

儒佛异同论之三

　　儒佛异同既一再为之析论如上矣，忽又省觉其有所遗漏，宜更补充言之。

　　何言乎有所遗漏？人类实具有其个体生命与社会生命之两面，不可忽忘。儒佛两家同为吾人个体生命一种反躬修养的学问，是固然矣，顾又同时流行世界各地，为中国、日本、印度及其他广大社会风教之所宗所本，数千年来在其社会生活中起着巨大作用，有好果亦有恶果，种种非一，而右所论列曾未之及。是即须略为言之者。

　　在此一方面，佛家为世界最伟大宗教之一，而儒家则殊非所谓宗教，此其异也。儒非宗教矣，然其为广大社会风教之所宗所本，论其作用实又不异乎一大宗教焉。世人有由是而目以为宗教者，此即当下有待辨析之问题。

　　往者常见有"儒、释、道三教"之俗称，清季康有为陈焕章又尝倡为"孔教会"运动，民国初年议订宪法，亦有主张以"礼教"为国教者,其反对这一方颇辨孔子之非宗教,论争热烈。此正以其事在疑似之间,非片言可以解决也。求问题之解决,必先明确何谓宗教。

对于宗教,旧著《东西文化及其哲学》、《中国文化要义》各书皆曾有所阐说,读者幸取而参看,这里不拟再事广论。只申明夙日观点用资判断此一问题。

宗教是人类社会的产物,为社会意识形态之一种。如世界历史之所显示,自今以溯往,它且是社会生活中最有势力之一种活动。其稍见失势,只不过晚近一二百年耳。人世间不拘何物,要皆应于需要而有。宗教之为物,饥不可为食,渴不可为饮,其果应乎人生何种需要而来耶? 如我夙昔所说:

> (上略)这就因为人们的生活多是靠希望来维持,而它是能维持希望的。人常是有所希望要求,就借着希望之满足而慰安,对着前面希望之接近而鼓舞,因希望之不断而忍耐勉励。失望与绝望于他是太难堪。然而怎能没有失望与绝望呢?恐怕人们所希求者不得满足是常,而得满足的不多吧!这样一览而尽,狭小迫促的世界谁能受得?于是人们自然就要超越知识界限,打破理智冷酷,辟出一超绝神秘的世界来,使他的希望要求范围更拓广,内容更丰富,意味更深长,尤其是结果更渺茫不定。一般宗教就从这里产生,而祈、祷、禳、祓为一般宗教所不可少亦就在此。虽然这不过是世俗人所得于宗教的受用,了无深义,然宗教即从而稳定其人生,使得各人能以生活下去,不致溃裂横决。(旧著《中国民族自救运动之最后觉悟》第六节《解一解中国之谜》第二段)

据此而分析言之,所谓宗教者,一方面都是从超绝于人的知识、背反于人的理智那里立它的根据;一方面又都是以安慰人的情感、勖勉人的意志为它的事务。试看从来世界所有宗教,虽大小高下种种不等,然而它们之离不开祸福、生死、鬼神却绝无二致,求其所以然之故,正在此。——正为祸福、生死、鬼神这些既是人们情志方面由以牵动不安之所在,同时对于人们知见方面来说又恰是超绝莫测,神秘难知之所在也。①

上面所说如其肯定不错的话,则孔子之为教与一般所谓宗教者殊非一事,亦可肯定无疑。何以言之? 此从《论语》中征之孔子所言所行而充分可见也。略举数则如次:

季路问事鬼神。子曰:未能事人,焉能事鬼。曰:敢问死。

子曰:未知生,焉知死。

子不语怪、力、乱、神。

樊迟问知。子曰:务民之义,敬鬼神而远之,可谓知矣。

子疾病,子路请祷。子曰:有诸? ……丘之祷久矣!

王孙贾问曰:"与其媚于奥,宁媚于灶"何谓也? 子曰:不然,获罪于天,无所祷也。

即此而观,孔子之不走一般宗教道路,岂不昭昭乎?

孔子而后代表儒家者必数孟子、荀子。孟子尝言"莫之为而为者,天也;莫之致而至者,命也";其不承认有个"上帝"主宰着人世间的事情,十分明白。荀子则更属儒家左派,反对"错人而思天";又说君子"敬其在己,而不慕其在天"。其他例证尚多,不烦备举。一言以断之,世有以儒家为宗教者,其无当于事实,盖决然矣。

然而单从不随俗迷信,不走宗教道路来看孔子和儒家,尚失之

① 费尔巴哈的《宗教的本质》、《基督教的本质》各书有许多名言足资参考。例如:

依赖感乃是宗教的根源。

弱者而后需要宗教,愚者而后接受宗教。

唯有人的坟墓才是神的发祥地。

世上若没有死这回事,那亦就没有宗教了。

片面,未为深知孔子也。须知孔子及其代表之儒家既有其极远于宗教之一面,更有其极近于宗教之一面,其被人误以为宗教,实又毫不足怪焉。

儒家极重礼乐制度,世所知也。礼乐之制作,大抵因依于古而经过周公之手者,殊为孔子之所钦服,如所云"郁郁乎文哉吾从周"是也。其具体内容在形迹上正多宗教成分,如祭天祀祖之类是。孔子于此,诚敬行之,备极郑重。有如《论语》所记:

> 祭如在。祭神,如神在。子曰:吾不与祭,如不祭。

又且时加赞叹,如云:

> 禹,吾无间然矣!菲饮食而致孝乎鬼神,(中略)禹,吾无间然矣。

然于时俗之所为者又非漫无抉择也,如云"非其鬼而祭之,谄也"之类是。

孔子何为而如是,外人固未易识。墨家尝讥儒者"无鬼而学祭礼",正是感觉其中有些矛盾。然实非矛盾。孔子盖深深晓得尔时的社会人生是极需要宗教的,但又见到社会自发的那些宗教活动弊害实多,不安于心,亟想如何使它合理化,既有以稳定人生,适应社会需要,复得避免其流弊。恰在此时,领悟到周公遗留下来的礼乐制度涵义深远,与此有合,于是就"述而不作"——其实述中有作——力为阐扬。在不求甚解之人,辄从形迹上目以为宗教而无辨也,固宜。

假如孔子之垂教示范遂如上所举者而止也,则亦谁敢遽然判断儒家之果不为宗教?吾人之识得其决定非宗教者,实以孔门学风显示出其在积极地以启导人们理性为事也。人类理性之启导,是宗教迷信、独断、固执不通之死敌,有此则无彼也。

此在《论语》中可以证明者甚多,试举其两例如次:

(一)宰我问:三年之丧期已久矣。君子三年不为礼,礼必坏;三年不为乐,乐必崩。旧谷既没,新谷既升,钻燧改火,期可已矣。子曰:食夫稻,衣夫锦,于汝安乎? 曰:安。汝安则为之! 夫君子之居丧,食旨不甘,闻乐不乐,居处不安,故不为也。今汝安则为之。宰我出。子曰:予之不仁也! 子生三年,然后免于父母之怀。三年之丧,天下之通丧也。予也,有三年之爱于其父母乎?

（二）子贡欲去告朔之饩羊。子曰:赐也! 尔爱其羊,我爱其礼。

如所常见,宗教中的礼节仪式不论巨细,一出自神职人员之口,便仿佛神秘尊严,不容怀疑,不可侵犯。然在孔门中虽其极所重视之礼文,亦许可后生小子从人情事理上随意讨论改作。尽你所见浅薄幼稚,老师绝不直斥其非,而十分婉和地指点出彼此观点之不同,教你自己从容反省理会去。这是何等伟大可贵的人类理性精神! 何等高超开明的风度! 此岂古代宗教所可能有的?

又假如孔子后学于儒家礼乐具有之宗教成分,不明白地剖说其意义所在,则两千数百年后之吾人亦何能强为生解? 其迹近宗教而实非宗教,固早已由孔子后学自白之于两千多年前也。此从《荀子》书中可以见之。例如其《礼论篇》之论祭礼有云:

祭者思慕之情也,忠信爱敬之至矣! 礼节文貌之盛矣! 苟非圣人莫之能知也。圣人明知之,君子安行之;官人以为守,百姓以成俗。其在君子以为人道也;其在百姓以为鬼事也。[①]

又在其《天论篇》论及祈祷等事,有云:

---

① 《前汉书·韦贤传》:永光四年议罢郡国庙,丞相韦玄成等七十人议,皆曰:"臣闻祭非自外至者也,由中出于心也,故唯圣人为能飨帝,唯孝子为能飨亲。"——观此,则汉儒见解犹能代表孔子后学而未失其宗旨。

> 雩而雨,何也?曰:无何也,犹不雩而雨也。日月食而救
> 之,天旱而雩,卜筮然后决大事,非以为求得也,以文之也。故
> 君子以为文,百姓以为神。

儒家非貌为宗教有意乎从俗而取信也。独在其深识乎礼乐仪文为社会人生所必不可少耳。

人类远高于动物者,不徒在其长于理智,更在其富于情感。情感动于衷而形著于外,斯则礼乐仪文之所从出而为其内容本质者。儒家极重礼乐仪文,盖谓其能从外而内以诱发涵养乎情感也。必情感敦厚深醇,有发抒,有节蓄,喜怒哀乐不失中和,而后人生意味绵永乃自然稳定。

人们情志所以时而不稳定者,即上文所云"人们的生活多是靠前面希望来维持",失其重心于内而倾欹在外也。此则不善用理智,有以致之者。

理智之在人,原为对付外物处理生活之一工具,分别、计较、营谋、策划是其所长。然由是而浑融整个的人生乃在人们生活中往往划分出手段、方法与目的,被打断为两截,而以此从属于彼,彼则又有所从属,如是辗转相寻,任何一件事的意义和价值仿佛都不在其本身。其倾欹乎外而易致动摇者实为此。

又须知:人生若理智之运用胜于情感之流行,则人与大自然之间不免分离对立,群己人我之间更失其亲和温润,非可大可久之道。唯墨家未省识乎此,乃倡为节葬、短丧而非乐;唯儒家之深识乎此也,故极重礼乐以救正之焉。

孔子正亦要稳定人生,顾其道有异乎一般宗教之延续人们时时地希望于外者;如我在旧著所说:

> (上略)他(孔子)给人以整个的人生。他使你无所得而畅快,不是使你有所得而满足;他使你忘物,忘我,忘一切,不使你分别物我而逐求。怎能有这大本领? 这就在他的礼乐

(《中国民族自救运动之最后觉悟》第六节《解一解中国之迷》一节第三段)

何言乎忘物,忘我,忘一切? 信如儒家所云礼乐斯须不去身者,(《礼记》原文:"礼乐不可斯须去身。")人的生命时时在情感流行变化中,便释然不累于物耳。生死祸福,谁则能免? 但得此心廓然无所执着,则物来顺应,一任其自然,哀乐之情而不过焉,即在遂成天地大化之中而社会人生予以稳定。稳定人生之道孰有愈于此者?

鬼神有无,事属难知。"知之为知之,不知为不知,是知也";遽加肯定或遽加否定,两无所取。第从感情上丰富其想像仰慕,而致其诚敬,表其忠爱,却在古代社会稳定人生备极重要有力。孔子之"祭如在;祭神如神在";又说:"敬鬼神而远之";试理会其义,或在此乎?

是故我在旧著《中国文化要义》中说:

> 大约祀天祭祖以至祀百神这些礼文,(中略)或则引发崇高之情,或则绵永笃旧之情,使人自尽其心而涵厚其德,务郑重其事而妥安其志。人生如此,乃安稳牢韧而有味,却并非向外(神灵)求得什么。

又接着做结束说:

> 礼乐使人处于诗与艺术之中,无所谓迷信不迷信,而迷信自不生。(中略)有宗教之用而无宗教之弊;亦正唯其极邻近宗教,乃排斥了宗教。[1]

儒家以后世统治阶级之利用推崇,时加装点扮饰,乃日益渐具

---

[1] "宗教宜放弃其迷信与独断而自比于诗"之说,发之于西方学者桑戴延纳。时人冯友兰曾引用其说而指出中国古代儒家正是早将古宗教修正转化为诗与艺术,见其所著《中国哲学史》。

一宗教之形貌;然在学术上岂可无辨?"儒教"或"孔教"之名,自不宜用。我一向只说"周孔教化",以免混淆。周孔教化,从古人之用心来说是一回事;从其在社会上两千年来流传演变所起作用所收效果来说,又是一回事。论其作用暨后果有好有恶,事实俱在总不可掩。论周孔之用心,如我浅见,其务于敦厚人情风俗(仁)而亟望人们头脑向于开明,远于愚蔽(智)乎? 凡此,旧著《中国文化要义》既均有论及,今不更陈。

质言之,在社会生活方面,佛家是走宗教的路,而儒家则走道德的路。宗教本是一种方法,而道德则否。道德在乎人的自觉自律;宗教则多转一个弯,俾人假借他力,而究其实此他力者不过自力之一种变幻。

佛家作为一种反躬修养的学问来说,有其究竟义谛一定而不可易,从其为一大宗教来说,则方便法门广大无量而无定实。此其所以然:一则宗教原为社会的产物,佛教传衍至不同时代,不同地域,便有许多变化不同;再则当初释迦创教似早有种种安排,如中土佛徒判教有"五时八教"等说者是。由是须知佛教实是包涵着种种高下不等的许多宗教之一总称。人或执其一而非其余,不为通人之见也。(但时不免邪门外道之搀杂,亦须拣别。)

然而不可遂谓佛家包罗万象,既无其统一旨归也。中土佛徒判教之所为,盖即着重在其虽多而不害其为一。此一大旨归如何? 浅言之,即因势利导,俾众生随各机缘得以渐次进于明智与善良耳(不必全归于出世法之一途)。旧著《印度哲学概论》于此曾略有阐说,请参看。儒佛本不可强同,但两家在这里却见其又有共同之处。

榷论儒佛异同,即此为止。

(选自《东方学术概观》,巴蜀书社,1986 年)

　　梁漱溟(1893—1988)，毕业于顺天高等学堂。其后自学，潜心佛学。曾任北京大学哲学讲师。1922 年发表《印度哲学概论》和《东西文化及其哲学》，宣传"生命哲学"，提出东西文化比较观。在河南筹办河南村治学院、在山东创办乡村建设研究院，并主编《村治月刊》。1941 年赴香港办《光明报》。解放后曾任全国政协常务委员。主要著作有《印度哲学概论》、《东西文化及其哲学》、《中国文化要义》、《人心与人生》、《乡村建设理论》等。

　　本文对儒佛两家的根本异同点契合点进行了探讨论述。作者指出，儒家属于世间法，佛家属于出世法，两家修养功夫不同，存在种种显而易见的差别。但是两家同属于"对人而说话(佛家说话的对象或者不止于人，但是人仍是其主要的)"，同是生命上自己向内用功进修提高的一种学问，大方向是一致的。

佛教与儒教

任继愈

　　研读中国哲学史的人,都会发现宋、元、明理学家们,如周、程、张、朱、陆、王诸大家,在青少年时期都有"出入于佛老"的治学经历。已出版的中国哲学史中,不少的书也曾提到过,如朱熹的"理一分殊"的概念、"月印万川"的比喻来自佛教,有的指出来自佛教的华严宗。陆象山指斥朱学近"道"(道教),朱指斥陆学近禅(佛教)。王夫之也指出朱熹的学术来自佛教。王夫之自己以儒学正宗自居。王守仁也自称得自孔孟真传。这些相互攻击和自我标榜,都表明理学家们对于佛教、道教持反对立场。

　　如果仔细考察,会发现宋、明诸儒并没有真正反对佛教,倒是可以认为他们是佛教的直接继承人。也可以说,他们是接着佛教的一些中心问题,沿着他们的路线继续前进的。

　　中国哲学史是中华民族的认识史。中华民族在认识世界的道路上不断把哲学发展推向前进。试作粗线条地回顾,我们可以说,先秦哲学的世界观偏重在宇宙的构成论。好比人类幼年时期,对一件事物不了解,出于好奇,总要问一个是什么做的? 有的哲学家回答是水,是火,是地、水、火、风,精气,元气。古希腊的哲学是这样,中国哲学史也差不多是这样走过来的。秦汉时期,中华民族对世界的视野又有所扩大。秦汉哲学构筑了宇宙构成的总模式。以阴阳五行说填充了人类世界,把天地构成、人物化生、社会结构、政治治乱、人性善恶,都力图纳入一个总模式中,用五行模式统摄世界,五方、五行、五味、五德、五色、五情、五声,都给安排在一定的地位。中国哲学史进入了完整的宇宙论阶段。

人类认识不能停留在宇宙论的阶段,于是进而发展为"本体论"的阶段。魏晋之际,产生了玄学。玄学的中心议题是探讨现象与本质的关系,提出了本末、有无等重要范畴。玄学的出现,标志着人们的认识又向前发展了。不但要求认识事物大、小、方、圆,而且要求追问大、小、方、圆之"所以然"。这个"所以然"的提出,比秦汉时期的宇宙论阶段,显然又深入了一层。

认识的过程,总是从外到内,从物到己。先认识世界外界,然后反观自己。中国哲学史的发展,也恰好证明了这个道理。由考察宇宙万物的本体,进而探索人类自身的"本性"(人的本体)。

这也是从认识自然,进而认识社会、认识历史、认识人性的必然过程。关于人性善恶的探讨,先秦、秦汉都有不少流派谈到了。但他们停留在表面观察、简单地分类(如人性是善、是恶、是有善有不善、无所谓善不善,后来又有"善恶混"、"性有三品"等),还没有进一步探究,善、恶有没有起源,善、恶之间能否转化,如果能转化,是靠外因还是内因?善恶有没有生理的基础和心理基础?这些问题,在中国哲学史上有过相当充分的讨论,并且成了南北朝时期的"佛性论"的中心议题。当时关于成佛问题,实质上是为善、去恶,成圣、成佛对每一个人是否有同等的资格,有同等的机会?南北朝时期的"佛性论",就是"人性论"、"心性论"。

由南北朝到隋唐,佛教创立了许多宗派。影响较大的有天台宗、华严宗、禅宗、净土宗,等等。三论宗、唯识宗为时甚暂,影响不远。这些宗派共同感兴趣的问题,也是引起社会上重视的问题,是佛性问题,即心性论。

隋唐佛教讨论的心性问题,涉及的范围既深且广,它涉及人类心理活动、感觉经验、道德观、认识论、社会观、本体论的综合心理训练，宗教实践（修养方法）。所谓"明心见性"、"即心即佛"、"性体圆融"、"无情有性"，都是从不同的角度建立的各宗的心性论，并在各自建立的心性论的基础上构造各自的神学体系。这是各宗各派的学说共同的思潮和趋势。各个宗派之间有很大的分歧，有的接近中国传统的性善说，有的接近于性恶说，也有游移于两者之间的。心性论曾把最大的注意力放在"恶"的来源的解释上。止恶，向善，遏制欲望，发明本心，也是众多佛教宗派共同探讨的热门问题。

　　抓住了这个大的潮流和总的趋势，我们再看宋明理学所关心的许多问题，以至他们所提出的重要范畴，就不难发现他们接过佛教在隋唐三百年来反复讨论的心性论，与儒家的纲常名教相结合，从而形成了一种新的宗教哲学。社会上叫做理学，元朝人称为道学，西方学术界称为新儒学，以区别于孔孟的儒学，我称它为儒教，讲的都是一回事。"存天理，灭人欲"，朱熹说"人之有生，性与气合而已。即其已合而析言之，则性主于理而无形，气主于形而有质"。宋儒区别"人心"与"道心"并建立了"天命之性与气质之性"的学说。宋儒自认为"有补于后学，有功于圣门"。如果查一查隋唐诸宗派的心性论，这些议论似曾相识，并不生疏，俯拾即是。至于"人人有一太极，物物有一太极"、"理一分殊"的说法，那是明显的来自佛教，证据确凿，就不必多说了。

　　佛教与儒教有着直接继承的关系，特别在心性论这个问题上，儒教是接着佛教讲的。正因为佛教、儒教有这种内在的继承关系，所以佛教经过儒教加工改造后，好像被打败了，衰落了。实际上，佛教的宗教修养方法，特别是心性之学的修养方法在儒教中合法化，成了主静、主敬，禅定成了静坐，"克己复礼"成了"存天理、灭人欲"。《尚书·大禹谟》的十六字真言，"人心惟危，道心惟微。惟精惟一,允执厥中",宋儒按照佛教的宗教修养的标准,进行注解,完全变成了儒教修心养性的咒语。

不应停留在字句上找儒与佛的异同,要从他们共同关心的思想方法、修养目的、修养方式,以及他们研究的问题上着眼,更容易看到宋以后,三教合一的思潮已深入学术界的各个领域。三教之间互相影响、互相渗透,最后成为一个三教合一的整体。儒教以自己为主,吸收了佛教及道教。佛教、道教也走上三教合一的道路,向儒教的纲常名教靠拢,共同为封建宗法制度服务。

唐宋以后的哲学家中,不但唯心主义者继承了佛教,唯物主义者如柳宗示、刘禹锡、王夫之、戴东原也都是佛教心性论的继承者,只是他们的讲法有所不同。

这是一个有争议的问题。佛教是世界三大宗教之一,已被世界所公认;儒教是不是宗教,国内外都有不同的看法,有人说是,有人说不是。说儒教是宗教的,又有两种理解:一派以孔子为儒教的创始人,孔子是教主;一派认为宋明理学为儒教,孔、孟创立的是儒家,先秦儒家是学派,不是宗教。对后世以至当前的社会生活仍在起作用的,并不是先秦的儒家,而是宋明以来的儒教。对孔子的研究已引起全国的关注,恢复孔子的本来面目,并不难。对儒教(或称为宋明理学)的研究似乎还未引起重视,而且难度也较大,有些准备工作要做,现在条件还不大具备。困难是困难,它却直接关系到我们现代化的命运。远的且不说,史无前例的"文化大革命",可以说与孔子无关,却不能说与儒教无关。这不是篇把文章能说得清楚的。儒教的兴衰功过,我们的《中国哲学发展史》宋以后几卷,将有充分论述,这里不能深论。

(选自《文史知识》1986 年第 10 期)

任继愈(1916—)，山东平原人，毕业于昆明西南联大。随后考入北京大学文科研究所，研究中国哲学史和佛教哲学。先后任北京大学哲学系教授、中国社会科学院世界宗教研究所研究员和所长、国家图书馆馆长，兼任中国宗教学会会长、中国哲学史学会会长等。主要著作有《汉唐佛教思想论集》、《中国哲学史论》，主编有《中国哲学史》(四卷本)、《宗教辞典》、《中国佛教史》、《中国哲学发展史》、《中国道教史》等。

本文在重申和坚持儒学(宋明理学)是儒教这一观点的前提下，阐述了佛教对儒教(理学)的影响与作用。

儒 释 三 议

杜继文

　　怎样看待历史上的儒释关系，不是一个新问题。近些年来，它之所以又重新引起学界的注意，是因为涉及到我国传统文化或民族文化同外来文化的关系，使问题的性质带上了更强烈的现实感。不过就我接触的议论看，当前做理论性的概括似乎为时尚早，倒是有一些基本的历史事实需要进一步弄清楚。以下的三点想法，主要是从这方面考虑的。

一

　　一个民族要接受一种外来文化，首先会受到传统文化的制约，这大概是没有疑问的。但是，佛教在两汉之际传进内地，究竟是受到哪种传统文化的制约？

　　有一种相当流行的看法，认为佛教是经历了"方术化"、"玄学化"和"儒学化"，而后实现中国化的。就是说，于两汉之际，佛教被当作"方术"容纳进来，在魏晋南北朝依附于玄学，至于隋唐与儒学结合，是佛教"中国化"的最后完成。我以为，这种意见不能反映历史的全貌，可推敲处实多。

　　说佛教初传是依附于"方术"，在原则上是对的，但决不能认为"方术"只是以后道教弘扬的那种巫术或神仙术，因为当时的"方术"，其实就包容在汉武帝独尊的"儒术"中。董仲舒是"儒术"的首倡者，同时也是天人感应论的编造者。在佛教初传的年代，儒生的身价，主要不决定于能否精通《五经》正义，而在于是否善于图书谶纬、阴阳五行、占星望气，能否推算灾异。有史记载的第一个《浮屠经》的接受者是汉哀帝时的"博士弟子"，即当时最标准的儒生，决非偶然。楚王刘英畜养"桑门"、斋戒祀佛，同他招纳"方士"、造作图谶一样，并不被视为与"儒术"有什么抵触的事情。

儒术与方术混一，儒生与方士难分，这是佛教传进我国的一个总的社会文化背景。我们不能看到它表现为"方术"的一面，而忽略它初传就依附于儒学的一面。

从佛教文献看，佛教更多的是向儒学靠拢，对道家的神仙术则逐渐取排斥态度。传为中国第一部佛教译籍的《四十二章经》，力主离家别亲、弃妻子、财产而"为道"，这有悖于儒学一贯倡导的宗法观念，为了不招致反对，编译者要郑重地加上一段："二亲最神"，故"事先天鬼神，不如孝其亲矣"。汉末出现的第一部中国佛籍《牟子理惑论》，大量引用儒家典故，把佛学解释得似乎比儒学还儒学。也就是在这部论中，作者从佛教的立场，对道教的神仙术作了激烈地抨击。

到了三国，佛教的儒学化有了新的进展。一个叫做康僧会的僧侣，明确提出了"儒典之格言，即佛教之明训"的主张，在两晋佛教的发展上，开辟了足以与般若学并立的一条路线。

近现代的佛教研究者注意到康僧会的人不多，但在三国两晋，康僧会却很有名气，至南朝梁建业还绘有他的画像。东晋的著名文士孙绰为之作赞，称他"属此幽夜"，"卓矣高出"。他祖籍康居，生于交趾，对于儒家经典十分熟悉。东吴赤乌十年（247）到达建业，说孙权为舍利建塔，劝孙皓崇奉佛教。他通过编译《六度集经》，将佛教的"菩萨行"纳进儒学的"仁道"轨道，理论重点也从申诉个人痛苦和探索个人解脱，转向"悲愍众生"，"慈育人物"方面，强调发挥佛教的社会作用。中国佛教思想发展史上最终接受了佛教大乘一系的思想体系,在康僧会的言论中,已略见端倪。

康僧会用以贯通佛教儒学主要是《孟子》。他在《六度集经》中说:"诸佛以仁为三界上宝",故王者"为天牧民,当以仁道"。把佛、天、王、民在"仁道"上统一起来,并以此作为推进"菩萨行"的出发点,是康僧会的核心思想。他说,"天帝尊位,初无常人",唯"行仁者得以居之"。相反,"利己残民,贪而不仁",是"天道"的豺狼,对这样的君主臣民理应起来驱逐。他还坚持孟子的反战主张,"佛戒以杀为凶虐之大;活生,仁道之首也"。因此,"绝杀尚仁",终于"干戈戢藏,囹圄毁矣",成了菩萨行追求的一种社会理想。他认为,衡量君主是否尚仁有德,有一个客观标准,即看他能否施惠于民,以改变"父母冻饿,兄弟妻子离散"的惨状,创造一种人富家足、尊老育幼的生活环境。康僧会为菩萨行规定的社会任务很多,但归根结底,在运用五戒、十善等佛教手段,确立一种适合中国封建社会的伦理关系,所谓"君仁臣忠,父义子孝,夫信妇贞,比门皆贤。"西晋在译介大乘佛典中,加重了向儒学比附的风气,可能与他的倡导有关。

至于佛教与玄学的关系问题,比较复杂,一时难以讲清。但认为佛教依附玄学是魏晋南北朝的主流,则肯定是不全面的。这不全面的表现之一,也是忽视了儒学对佛学的改造。

这里,特别需要提出的是东晋慧远。他把佛教分为"二科",其一是"处世弘教",明确规定弘扬"奉上之礼,尊亲之敬,忠孝之义",乃是佛教当然的社会职责,由此促使佛教做到"与王制同命,有若符契";其二是"出家修道",现象上似是"内乖天属之情","外阙奉主之荣",实质上在令"道洽六亲,泽流天下",通过出家者的影响,"协契皇极,大庇生民"。他曾与戴逵论因果报应,与何镇南辩僧侣祖服,与桓玄争沙门不敬王者,从中可见,他是在自觉地用儒学改造外来的佛教,并为这种改造过的佛教争取有一个独立的社会地位。他在辩论中运用的理论武器,最后总是要归结到儒学上去。

众所周知,慧远的宗教哲学核心是"形尽神不灭"但很少有人注意到这个思想的本源是儒家的孝道,而非外来的佛教。他讲授《丧服经》,为江南学士所师。《孝经》云:"死以祭礼,有鬼来享",所以灵魂不死是祖宗崇拜的前提。最懂得这个道理的是梁武帝。他在发动对范缜的《神灭论》的大围攻时,引用的经典根据是《祭义》和《礼运》,而非佛经;宣布《神灭论》的罪状是"违经背亲",而非叛佛背祖。相反,与慧远同时代向在长安译经的大翻译家鸠摩罗什,则在《中》、《百》诸论中展开了对有"神"论的激烈抨击。他与慧远论色法,论佛身,直接斥责慧远的言论"近乎戏论",主要是反对慧远的执法实有,而执法实有可以直接引出魂灵不死的结论。鸠摩罗什的弟子僧叡为其译经作序,还特别指出,道安(慧远之师)在佛教理解上的基本错误,就在于受"存神之文"的影响。因此,慧远的"神不灭论"虽然维护了佛教业报轮迴这一宗教基石,但却是经过儒学观念改变了的,并曾为传播外来佛教的思潮排斥过。

我以为,迄于东晋,佛教同儒家在社会政治思想、伦理观念和宗教观念等主要点上,已经基本融合。此后不过是这种融合的展开和扩大。以号称"涅槃圣"的道生为例,他之提倡"顿悟"说的理论来源,虽然也有佛典译籍的依据,但用来作为统帅的却是儒家观念。谢灵运在《辨宗论》中就反复说明这一点,认为若不从儒学"一极"之理上了解,就无法把握"顿悟"的道理。

以鸠摩罗什译经集团的互解为契机,东晋末年以后,般若学的怀疑论倾向受到普遍的怀疑,佛性论和唯识学大盛,佛教同儒家在哲学上的融合也有了进一步的加强。佛性论肯定一切众生皆有佛性,且皆可成佛,南北朝的唯识学大都把"一心"归结为"净识"或"如来藏",这都很容易从儒家关于"人皆可为尧舜"的性善说上得到解释。以北朝后期的"地论学"为基础,同广州北上的"摄论学"相汇合,形成了隋代佛学的一股重要潮流。二者的主力都视"净识"为世界的本原和成佛的根据,尤其是地论学者,又大多受过儒家的良好教育。《地论》的翻译,由魏宣武帝主持,参加者为"义学缁儒"。缁即当代名僧,儒为彼时硕儒。儒释并弘《地论》,时髦了相当一阵。于魏孝武、孝明两代高踞要津的崔光,曾为《地论》作序,并有注疏。他就是一个精通儒学的人。《地师》学者,后分南北二道。北道地论师的创始者道宠,原是"国学大儒"熊安生的弟子,魏收、邢子才、杨休之等都曾参学过他的讲席。南道地论师的创始者慧光门下,从儒学出身的人更多,在他们中间,《孝经》、《论语》、《周易》等儒典相当流行。题为马鸣著、真谛译的《大乘起信论》一书,历来有人怀疑是地论师所造,这起码在理论体系上是说得通的。

总之,说佛教的传入曾依附过道家、方术、玄学等民族文化的既有形式未尝不可,但若因此掩盖或忽视了儒家从一开始就制约着佛教发展的基本方向,恐怕就会违背主要的历史事实,陷入片面。

我这里列举释依于儒的一些史实,都是来自佛徒方面。通过这些史实,还想说明历史上的中国僧侣虽然信奉外来的佛教,但并没有背叛传统文化的骨干而增多了"奴仆思想"。倒是相反,即使在研究思想史上,我们有时也自觉不自觉地表现一种排斥外来文化的情绪。创始三论宗的吉藏,祖居安息,奠基华严宗的法藏,原籍康居,似乎还没有把他们列入外国僧侣,但像上述的康僧会以及与他同时代的支谦等,就很少有人把他们列进中国国籍。至于世居敦煌,孙绰匹之为山巨源的竺昙摩罗刹(竺法护),以及出生于龟兹、终生活动于河西走廊和长安的鸠摩罗什等,更直接当作异国的佛徒了。我以为,不但应该恢复他们的中国国籍,也应该更换一下我们华夏的正统观念。在引进外来的佛教文化,并致力于佛教的中国化方面,国内的兄弟民族和侨居中国而后汉化了的佛教学者

20世纪儒学研究大系

是都起过重大作用的。

二

还有一种意见，以为儒学是属于我们"民族的"，是反佛排佛的旗帜，所以好像佛教只有向儒学依附的义务，儒学不可能吸取佛学的东西，二者更不能成为相互吸收又相互抗衡的力量。我以为，这也不完全符合历史事实。

同佛教依附过道家、也批驳过道家一样，佛学对儒学也是既依附又批驳。像《理惑论》所谓"书不必孔丘之言"，明确指出真理不一定都在儒家六经中。按照佛教有关"法身"的说法，儒学和儒家先师都只能算是如来应世变化的一种表现。至于从儒学的立场，写《均圣论》，主"内外两教本为一体"，或"殊途同归"的言论，更比比皆是。

其实，佛教若是完全依附中国的传统文化，而不能发挥传统文化中没有或不完全有的作用，那它同样不能在中国存在和发展。佛教正是以自己独特的思想体系，满足着传统文化所不能满足的社会需要，才使它能够在这么广大的土地上流传近二千年的。

就以儒学言，佛教以为它的缺门太多。《理惑论》谓："尧舜周孔，修世事也，佛与老子，无为志也。"儒学注重齐家治国平天下，热衷功名利禄，因而不能满足那些由于种种原因而超脱政治，或遁世，或在野，或不为名利所制，或志在混世的人的需要。

在朝或在野，处世或出世，在实践上不一定那么对立，但作为两种思想体系，确有明显的差别。儒学以社稷民族为本位，个人只是体现或实现特定政治伦理观念的工具；佛教从个人出发，视国家和家庭为樊笼，以不拘俗务，不问是非，求得个人解脱为目的。因此，在哲学上，儒家特别重视道德和政治的实践，以及由此积累的主观经验。同佛教相比,可以说是相当地忽视理论思维,对于人生观、本体论和认识论、方法论的探讨都很薄弱。古代的一些佛徒已经看出了儒学的这类不足。支遁说:"六合之外,非典籍所模",这典籍当然属于儒典。颜之推谓:"凡人所信,唯耳与目","唯耳与目",也是儒家的出发点。《庄子·齐物论》曾言:"六合之外,圣人存而不论;六合之内,圣人论而不议;《春秋》经世先王之志,圣人议而不辩。"这"不论"、"不议"、"不辩",无疑也是儒家的一贯态度。庐山慧远针锋相对地批评说:"六合之外","非不可论","论之或乖"而已;同样,不议不辩者,亦非不可议不可辩,唯是"辩之或疑","议之或乱"。为什么呢?"此三者皆即其身耳目之所不至以为关键,而不关视听之外者也"。此等评论当然在为佛教神学开路,但客观上也揭示出儒家过分切近的经验主义,使它自身无力解决人们需要深度思考和解决的问题,从而给佛教的扩展,留下了充分的余地。在我国历史上,极少出现传统观念与佛教在哲理上进行对抗和斗争的情形,反佛排佛的大师们,除了从政治的、经济的、伦理的和民族的角度提出异议外,几乎没有任何理论反驳的能力,宋明儒家哲学的空前丰富,倒实在是由于引进了佛理的结果。袁宏谓佛教"所求在一体之内,而所明在视听之外",这大体反映了一般初接触佛教的学者对它的惊讶和必然引起的兴味。

那么,有哪些理论领域是儒家所薄而为佛教所重呢?

首先,我以为是关于人的本原和社会不平等的起源问题。

儒学讲人性,但不讲或少讲人的本原。只是为了说明人伦家庭的必要,才涉及到男女居室;为了弘扬孝道无上,才讲到父母养育之苦。人自父母构精,天地合气,这算是大胆的言论了。至于人的社会差别和人生的不同遭遇,则大都归结为笼统的"天命",极少有系统的阐述。佛教则不然,特别是它的原始教义,着重要说明的恰恰是在天地父母之外人的本原和社会不平等问题。这就是著名的"缘生"说和"业报"论。"缘生"说的理论形式是"此有故彼有,此生故彼生",世界万有,包括人自身的产生及其命运,都是由"因缘"造成的结果。这"因缘"的分类很多,就内容言,所谓"惑"、"业"而已。"惑"指世俗的认识和情感,"业"指人的思想和言行。特定的思想情感及其引起的言论和行动,必然产生一定的后果,这后果就表现为作业者自己的心身状况及其可能遭遇到的生活条件。就是说,人自身创造自身,同时也创造自身存在的周围环境。这就是"业报"论的哲学含义。此论的神秘主义化,构成了因果报应、三界轮回这一佛教核心的宗教观念,其影响之广大深远,几乎是家喻户晓。

这种在儒家传统观念中缺少的"业报"论,在传进的当时,引起相当的震动,"王公大人观死生报应之际,莫不矍然自失"。

其次,关于宇宙万物的内部结构问题。

儒学讲"有",道家主"无",中国历来就有"有"、"无"两说。至于玄学"贵无"、"崇有"两派出现,使这一对最抽象的概念,更显得是本地风光。佛学内部也存在"空"、"有"两宗,但涉及到的却是完全不同的理论体系。

佛教空有两宗是从探讨人生观扩展到宇宙观的过程中形成的。有宗的共同特点是确立构成世界的基本因素以及由这些基本因素造就诸种实际事物的具体条件。基本因素有两大类,一类是构成事物的基本原素,所谓地水火风"四大",再加"空、识",称为"六大";亦可概括为色、受、想、行、识"五蕴"等。另一类是组成事物的最小单位:物体分解到不可再分解的程度,称为"极微"或"邻虚";分析包括精神现象在内的一切事物到单一性质,或称为"法性"、"法体"。前者近乎化学上的原素说,与中国的"五行"说相类似,后者近乎物理上的原子说,这在我国传统哲学中极为罕见。

佛教的这一类说法,在方法论上的意义,远超过它的那些具体规定。它不只是从整体上或宏观上,而且从它的组成部分或微观上把握事物的全貌。这对中国传统上习惯于用一般与个别的范畴分析问题的方法,就是很大的补充。整体与部分是佛教哲学的中心范畴之一,在解决二者的关系问题上它的错误百出,但它在我国传统哲学面前突出地提出了这个问题,就是一个贡献。

第三,关于宇宙的本体论问题。

佛教发展到大乘阶段,原始的带有多元性质的"业感缘起"论上升为唯心主义的一元论,所谓"三界虚妄,唯是一心作",成为被普遍接受的世界观。

三界唯心的基本内容是"识外无境"。重点论述这一内容,并由此指导道德实践和宗教实践的,是唯识学。在它看来,世界和人生不过是"一心"或诸识的变现,但这"一心"的性质,是杂染不净还是纯净无瑕,以及这"一心"是通过什么样的渠道、用什么方式变现世界、反映世界和改造世界的,说法众多。总归为两派:所谓"阿赖耶缘起"和"如来藏缘起"。前者大同于性恶说,后者近似性善说。

"性恶"、"性善"是儒家人性论上的两大派。但把"人性"问题改变成"心性"问题,而且把特定的"心性"当作创世的本体,则是儒家所从未涉想到的。儒家历来提倡"尽人事",极注意人的能动性方面,但比起佛教从认识的主观方面所作的发挥,实在是小巫见大巫。儒学至唐宋,有急剧地向主观唯心主义发展的趋势,内容也更见丰采,其向佛学吸取的痕迹异常明显。此外佛教对于宗教心理和道德心理的分析,以及对于因明逻辑的介绍等,都是儒家所缺乏的。

此外,学术界一般不甚注意,但对宋明理学却产生对重大影响的,是有关"法身"的思想。"法身"的本义,是指佛和佛经所说的道理,譬如"四谛"、"十二因缘"、"空"、"唯识"等,他们认为这些道理是实在的,永恒的,是普遍而不依人的意志为转移的客观实在。佛教大乘有部所谓的"真如"、"真谛"等,也往往是这种"法身"的演绎。它在人心的存在,亦称"佛性";在万物中的存在,或称"法性";各类佛菩萨、贤圣等,只是它的现化,它自身则"如如不动"。据此而探讨个别与一般的关系问题,内容也比传统的儒学丰富得多。儒学之由"天命"观转向"天理"论,佛教的这一客观唯心主义体系起了重要作用。

第四,关于认识的可靠性问题。

儒学视"知"为人的一种天赋能力,极少怀疑认识的可靠性。佛教则不然。它认为人是"无明"的产物,与生俱来,认识就是"颠倒"。因此,若从是非真伪上判断,佛学的认识论是绝对的荒谬。但若从探究认识的本性看,佛学所触及的问题,不论在广度或深度上,都大大超出儒学的水平。特别是被视作大乘空宗的般若学,相当细致地考察了对于同一个对象,不同的人可能有极不相同的认识,同一个人的认识前后也会发生变化。因此,它认为对象只是认识的自我选择、自我规定和自我创造,不可能是客观的实在。它还认为,人的认识不但受主体的特殊经历和所受教育的制约,而且也受到精神活动中的其它成分,尤其是情欲意念和感情因素的制约,所以认识总是主体的纯主观的整体运动。它把认识分为两类:一曰"现量",指不借助语言的直觉和感觉;一曰"比量",指概念思维。这两种认识都含有不可调和的矛盾,而矛盾就是不真实的表现。为了证明认识的不真实性,他们到处去寻找认识中的矛盾,尤其是概念的矛盾,诸如生灭、一异、断常、来去、有无、因果、得失、吉凶等,在一定程度上揭示了认识的辩证法。

般若学作为否定世俗认识的方法论,为一切大乘派别所共同使用。但以般若学为根本原则的某些派别,则是彻底的怀疑论和不可知论。他们不承认绝对真理,也怀疑有实在的佛和神,对世界和自我的一切认识,无不采取批判的态度。这种本质上带有反潮

流色彩的思想,在抗拒传统观念,助长不合作或叛逆精神上,比起
《庄子》的相对主义,有更加深厚的理论基础。相对于以中庸为美
德的儒学来说,它也算是一种呼喊个性和创造的力量。当然,它的
具体作用还要作具体分析。

第五,是关于宗教观念问题。

儒学正宗的宗教观念是天帝崇拜和祖宗崇拜,前者是自然经
济的反映,后者是宗法关系的产物,内容之简朴直观,连无神论与
有神论的界限都显得模糊。佛教带来的则是天外有天,帝上有佛,
地下有狱;飞禽走兽,精灵生灭,山川草木,万物有神;世界无限,时
间无限,轮回无限。其譬喻之机智,寓言之隽永,神话之丰富,在我
国的传统文化中是稀少的。

这类宗教观念,从一种角度讲,全是胡说八道。"子不语怪力
乱神",这是儒家的长处;但从另一角度说,它表现和训练了人们的
想象能力。虚构和想象能力,同经验和理论思维一样,既是文艺创
作,也是科学创造的主观条件。没有这些主观条件,就没有改造客
观世界的能动性。不注意想象力的提高,也是一大缺陷。

三

以上列举了一些佛教所长而儒学所短的方面,只是为了说明,
佛教得以在中国传播并非由于单方面地依附于传统文化,而且还
因为它能用自己的独特思想补充传统文化。因此,所谓"长短"云
云,并无褒贬的意思。

其实,佛教糟粕之多,几乎触目皆是。像它那种引人克己内省
的思维路线,教人苟安于现状的宗教观念和使人悲观颓丧的人生
哲学等,就很难令人恭维。它所特有的这些消极因素,在儒学中也
是没有或少有的,不过,这也是一种补充。社会机体对于文化的选

择,并不是按照某种绝对标准,譬如今人所说的"精华"和"糟粕"之类进行取舍的,更多的是决定于当时的社会需要,尤其是时代和阶级的需要。

儒学在我国传统文化中历史最久,尽管每个时期的表现形式和统治者对待它的对策往往有很大不同,但确乎存在亘贯古今、持久地影响着封建社会的稳定体系。据我看,那就是建立在自然经济上的农本思想,以宗法关系为核心的伦理观念,以及由此形成的大一统的政治理想。这个三位一体的体系,反映着我国封建制度的基本特征,没有哪种文化思想可以同它相背离。汉武帝尊儒,是出于巩固封建秩序的需要,有其历史的必然性。佛教的根本点上不得不依附于儒学恐怕也是这个原因。

然而靠天吃饭的农业异常脆弱,基本的社会活动是集中在糊口养家上。享受就是奢侈,只有对少数权势者才是合理的。土地集中和统治腐败,往往是小农经济衰败的直接原因。农业一旦崩溃,接踵而来的必然是社会的全面危机。君臣父子夫妇的典雅生活一旦不能照旧维持下去了,儒家的正统地位就不可避免地发生动摇。动乱的社会条件,需要超出儒学的多种哲学,其中佛教就提供了一种既能使人在苦难中得到精神安慰,也能使人适应离乱生活的世界观和处世哲学。佛教自传入到东汉桓帝年间,经历约160年,时续时断,社会影响极小。但以桓灵为起点,佛教得到突发性的扩展。按经录统计,汉代译介的佛籍334部,416卷,基本上是在桓帝以后的七十年中出的;三国45年,所译佛籍201部,435卷,数量也十分可观。佛典是佛教思想文化的主要负荷者,为什么它会以如此巨大的规模突然向内地涌进?我以为,这正是由于汉末社会的空前大动乱,使社会有了与稳定时期有显著差别的新需要的结果。

这次社会动乱,开端于汉桓帝,中经黄巾起义而迄于三国,恐怕是我国历史上破坏最大，人民遭受苦难最深的时期。饥饿、战争、瘟疫和其它灾害，全面夹击，不幸和痛苦带有全民的性质。原是论证君权神授的"方术"，被分化成了农民组织武装的手段，尊崇了三百余年的儒家六经连同它的观念体系，几乎被各个阶级摈弃。汉桓帝带头祭老祀佛，传统儒学首先在统治层中动摇。五斗米道以《老子》为教材，太平道用《太平清领书》作经典，农民唾弃了儒学。士大夫中也以研习《老子》为时髦，"竞录奇书"成为一代流尚。及至孔融谓父母与子女无亲无恩，阮籍以礼法为残贼乱亡之术，嵇康倡"越名教而任自然"，非汤武薄周孔，儒学的正统观念成了社会舆论批判的对象。

没有这样一个时代背景，佛教要得到如此迅猛的发展是不可能的。因此，是依附也好，是补充也罢，文化之间的关系，归根结底都要以社会的需要为转移，而社会的需要又总是植根于当时的社会经济状况和政治状况。佛教同玄学的关系，也是如此。

通常所谓佛教在魏晋南北朝是依附玄学的，也要作许多辨疑工作。这里只指出三点：第一，佛教在这三百六十余年中，已经介绍了多种性质的经典，出现了众多的"师说"。被认为是依附于玄学的，只是佛教中的般若学。其它类经典和师说，对当时的思想界也有很大影响，这是研究思想史和哲学史中不可忽视的。第二，般若学的主要经典是大小《般若经》和《维摩诘经》，其中小品《般若》的第一个译本，比之"正始之音"早六十余年；《维摩诘经》的第一次译出，也在"正始之音"前后。如果离开社会条件，把般若学的流传只看作是"格义"或比附于玄学的结果，与史实很难协调起来。第三，自向秀、郭象之后，"三玄"无所发展，而从姚秦开始，佛教义学被正式纳进玄学领域，玄学的含义大变。至于南北朝，除儒学复兴外，几乎全是佛教义学的阵地，而原来的般若学也为涅槃学和唯识学所取代。笼而统之，把南北朝也视作玄学与般若学的世界，不利于考察全国从分裂走向统一的思想趋势。

盛唐既是我国封建社会的繁荣时期,也是佛教的发达时期。这看起来有些怪异:它不是像汉末以来在战乱和危难中膨胀,倒是在和平与安定中发展。这原因,我以为同佛教的长期流传积淀而使自己的思想信仰多元化,从而具有了满足多种需要的能力直接有关。早在社会动荡时期,佛教就曾被当作吉祥的象征,福祐的神源,治安的手段,为人们所崇拜,被统治者利用。至于太平盛世,它更变成了讴歌现世、祈福未来,为祖先追福,为皇权装饰的风习。因此,它已不单是贫困和愚昧的呻吟,也是安宁富裕的花缀。来自官民两方的巨额布施,造就了隋唐实力强大的寺院经济,形成了一些文化重镇,出现了我国传统中少有的经院哲学。

整个封建社会的历史,确乎表现为一治一乱。在"乱"中总有谋求"治"者,在"治"中总存在着"乱"的成分,加上科学和文化知识的相对落后,致使内容庞杂的佛教总有自己存在的客观根据。我以为这才是佛教能够在中国土地上开花结果的根本原因。

其实,传统文化也不是一成不变的。它同外来文化有一个共同命运:最终都要接受时代和阶级的选择。从总体上看,为社会所接受的那些部分,不论是固有的还是外来的,对民族的发展和历史的进步,大体是起积极作用的;被拒绝和排斥的那些部分,是理该被淘汰的。当然,完全相反的情况也有,把人家的痈疽当成自家的宝贝,将历史的渣滓看成当今的国粹,一百多年来,不是屡见不鲜吗?但那样的时代和阶级或集团,恐怕是保守或没落的居多。因此,对外来文化的评价,不能限于同传统文化的比较,还应该放到特定的社会历史条件下加以考察。

总之,历史对文化的抉择,并非完全按照某种好坏或"精华"、"糟粕"的绝对标准进行,而是看它们能否满足社会的需要。这种需要之是否合理,以及据此接受的文化内容,又决定于这社会躯体自身的是否健康。健康的社会躯体,有强大的消化能力,足以化腐朽为神奇,相反,病态的躯体,即使对他人是健康的东西,也会转化成腐朽物。历史上的佛教文化之对于民族文化的关系,也可以作如是观。

(选自《孔子研究》1987年第1期)

杜继文(1930—),祖籍山东青岛,北京大学哲学系毕业。曾在南京佛学研究班随吕澂学习佛学。后任教于内蒙古大学哲学系,曾任中国社会科学院世界宗教研究所所长、研究员、博士生导师。著作有《中国佛教史》(合著)、《当代中国宗教问题》、《宗教辞典》(佛教教义部分)、《中国禅宗通史》(合著)等。

作者认为,对于儒佛关系问题,当前的要领是增强对史实的把握,把有关史实弄清楚。因此本文补充了一些材料,就儒佛关系提出了自己的一些看法。第一,通常把佛教的初传归结为对方术和玄学的依附,忽视一开始就有儒学对佛教的改造,这是对史实了解不全面而引起的重要误解。第二,视儒学为反佛排佛的旗帜,否认佛教对我国民族文化的巨大影响,这种观点尤其与历史实际不符。第三,本文强调,对儒释的相互作用不能作抽象的理解,它们是在特定的社会机体上进行的,受到特定的政治和经济的制约,最终由时代和人群的需要加以抉择。佛教之特别与儒学关系密切,就是因为儒学更稳定地反映了我国封建主义的基本结构。

儒、道、佛美学思想之比较

张文勋

在我国数千年光辉的文明史中,美学思想以其独有的民族特色而大放异彩。它的形成和发展,标志着我国古代文明发展的水平,也反映出我国历代学术思想发展和文学艺术发展的水平。在其源远流长的发展过程中,我国古代美学思想形成自己独特的传统,从审美观念的形成,到审美判断和审美趣味的发展变化,都具有鲜明的民族特色。直到如今,它还影响人们的审美观念,影响我国文学艺术的发展,对我们创作具有民族风格、民族气派的文学艺术,建立中国自己的具有民族特色的马克思主义文艺理论和美学理论,具有重要的意义。

研究我国古代文艺理论和美学思想的民族特色,是一个复杂的命题,要从多学科作综合研究,才能说清其来龙去脉,找到它发展变化的轨迹。然而,在这多学科、多方面的因素中,我认为儒、道、佛三家学术思想,对我国古代美学思想的形成和发展,起着至关重要的作用。先秦时期的儒学和老庄的道家学说,已包含着丰富的美学思想资料,直接影响我国古代文学艺术的发展。东汉以后,佛教传入,佛学思想在和我国固有的儒、道学说的又斗争、又融合的过程中,扎下了根,并渗透到文学艺术领域中。过去,我们的注意力比较多的是放在儒、道、佛三家学说的互相排斥斗争方面,而较少注意它们之间的互相渗透、互相融合一面。其实,经六朝而至于唐宋以后，许多学者和文学家的学术思想和美学思想，往往是儒、道、佛兼而有之，形成我国特有的美学理论和审美趣味。要讲民族特色，我觉得这是非常重要的一个方面。所以，研究我国古代美学思想的民族特色，亦必须从儒、道、佛三家学说中去溯其本而追其源。基于这样的认识，本文想就儒、道、佛三家的美学思想，作一番比较研究，并力图对他们在我国古代美学思想的形成和发展中所起的合流现象，作初步的探索。

一、审美观念

什么是美？这是古今中外的美学家们都想要回答的关于美学的一个基本命题。在还没有美学家从理论上加以研究的时候，实际上在人们的头脑中已萌生了美的观念，这种观念的产生，自然是和人们的生产劳动、社会生活的特定条件分不开。我们的祖先在创造"美"这个字的时候，用"大羊"来表示，自然是有其原因的。原始先民们在生产力极低下的情况下，也许还是以游牧生活为主吧？当他们看到羊群长得又肥又大时，意味着可以美餐，过着美好的生活，这不就是最原始的"美"的意识吗？然而，这是在特定条件下产生的美的意识，在另一种特定条件下，美的意识又可能有另一种含义。因此，在不同的国家，不同的民族，人们对"什么是美"的回答，也就有各式各样的答案。例如亚里斯多德认为"美是一种善，其所以引起快感正因为它是善"，并认为美的形式是"秩序匀称"，即"整一性"（亚里斯多德《诗学》）。而黑格尔则认为："美是理念的感性显现。"（黑格尔《美学》第一卷）意大利近代美学家克罗齐则又认为：美就是直觉，而直觉就是表现，也就是艺术。

美的观念有千差万别，这些差别使人们有不同的审美趣味，从不同的角度获得美感享受，这是客观事实。在我国儒、道、佛三家学说中,就表现出不同的审美观念,反映出不同阶层的人对于美的不同看法,他们各自具有不同的哲学基础。

首先,让我们来看看以孔子为代表的先秦儒家的美的观念。在先秦诸子文献中,美常常是和恶对举使用,恶就是丑,美也就是善,这在孔子那里尤为明显。"子曰:'君子成人之美,不成人之恶。小人反是。'"(《论语·颜渊》)这里的美恶,犹今之所谓好坏,也即是善恶、美丑。在孔子看来,美的东西,也即是善的东西。但是,他也看到,美和善毕竟是两个概念,善的必然是美的,但美的不一定都是善的,因为善主要是指伦理道德以及对事物的功利主义的评价,而美则除功利要求之外,还有形式美的要求。所以孔子在强调善的同时,对文学艺术则强调内容的善和形式的美的统一,这表现在"德"与"文"的关系上。孔子说"有德者必有言,有言者不必有德"(《论语·宪问》),"巧言令色鲜矣仁"。(《论语·学而》)德属善的范畴,而言是表现德的工具,本身有文辞之美的要求;德就是善,也就是美;反之,仅有文辞之美,不一定有德。最好是文德皆备,美善统一。所以说:"子谓《韶》尽美矣,又尽善也。谓《武》尽美矣,未尽善也。"(《论语·八佾》)这里的美和善是从美学意义上讲的,相传《韶》是舜乐,孔子认为是尽善尽美的作品,以至使他陶醉得"三月不知肉味"[①]。刘宝楠《论语正义》引《乐记》疏,以文德之说去说明善美之论:

> 舞以文德为备。故云《韶》尽美矣,谓乐音之美,又尽善也,谓文德具也。虞舜之时,杂舞干羽于两阶,而文多于武也。谓《武》尽美矣者,《大武》之乐,其体美矣;未尽善者,文德犹少,未致太平。

[①] 《论语·述而》:"子在齐闻《韶》,三月不知肉味,曰:'不图为乐之至于斯也'。"

可见,尽善尽美,善美统一,是孔子美学观的最高要求,而善是真正美的先决条件,离开善的内容,而徒有形式之美,那就不是真正的美。

美善统一,以善为主的观点,几乎成为先秦儒家的不移之论。当然,各人论述有所不同,侧重面也不一样,例如孟子和荀子就是如此。孟子主张人性善,就天性来说,人都是善的,因而也都是美的;而爱美之心也是人皆有之:"口之于味也,有同嗜焉;耳之于声也,有同听焉;目之于色也,有同美焉。至于心,独无所同然乎?"(《孟子·告子》)这是一种超阶级的人性论观点,自然是不能科学地解释人的审美活动。但是,孟子这里说的是先天性的人性之美,而对人的后天如何保持美的问题,他提出了独到的见解,即"充实之谓美"的观点。这一观点,是他在论述"善人"和"信人"时提出来的:

> 浩生不害问曰:'乐正子何人?'曰:'善人也,信人也'。'何谓善?何谓信?'曰:'可欲之谓善,有诸己之谓信,充实之谓美,充实而有光辉之谓大,大而化之之谓圣,圣而不可知之之谓神。(《孟子·尽心》)

按照赵岐的解释,所谓"充实"就是指人的"信"和"善"的修养,有了这种修养就是美,"充实善信,使之不虚,是为美人,美德之人也。"(见《孟子》赵岐注)孟子提出的"充实"的概念,和他谈养气的理论是一致的。他说:"我善养吾浩然之气"。"气"的内容是"配义与道",其特点是"至大至刚,以直养而无害";有了"浩然之气",才算得"充实"。可见,孟子的美的观念,也是和善联系在一起还加上一个"信"字,也可以说是真、善、美的统一了!

荀子主张人性恶,这和孟子的主张是针锋相对的。但是,强调仁义道德的修养,并以之为美的依据,这倒没有原则的分歧。荀子说:"人之性恶,其善者伪也"。(《荀子·性恶》)这里的伪字,有其特定的含义,荀子自己已有明确的解释:"性者,本始材朴也;伪者,文理隆盛也。无性则伪之无所加,无伪则性不能自美。"(《荀子·礼论》)又说:"凡性者,天之就也,不可学,不可事。礼义者,圣人之所生也,人之所学而能,所事而成者也。不可学不可事而在人者,谓之性;可学而能,可事而成之在人者,谓之伪。"(《荀子·性恶》)这就是说,性恶是天生的,性善是后天人为的;伪有人为的意思,即"可学而能,可事而成之在人者"。由这一基本观点出发,荀子认为人之美就在于道德修养,在于学习,在于使恶之性转入善的规范,也即是"礼义之化"。所以,归根到底,美和善是联在一起的,也可以说,美就是善。值得注意的是,荀子还提出了"不全不粹之不足以为美"的观点,这是他在《劝学》篇中提出来的。在《正论》篇中更明确地提出:"圣人备道,全美者也"。就其本义来说,所谓"全美",也就是"全善",全善就是"备道"。"不全不粹",就是道德修养还不完全,不深刻,因此就"不足以为美";只有"全"和"粹",达到"备道"之境,才可称为"全美"。

综合孔、孟、荀所述,足以说明先秦儒家的"美"的观念,和"善"的观念是不可分割的。他们所说的"善"的核心,就是"礼"和"仁";而"礼"和"仁"的目的,就是要使天下归于治,即和谐、统一、中庸……从而对文学艺术,也提出"中和之美"的要求。孔子提倡"温柔敦厚"的诗教和"广博易良"的乐教,皆本中和的宗旨。荀子在《乐论》中说:"故乐者,天下之大齐也,中和之纪也。"又说:"且乐也者,和之不可变者也;礼也者,理之不可易者也。乐合同,礼别异,礼乐之统,管乎人心矣"。这样,善和美统一而又约之以中和,就完全符合儒家以政教为中心的文艺思想,赋予美的观念以功利主义的性质,并把美学引入理性主义的哲学范畴。

和儒家的审美观相比较,以老庄为代表的道家审美观就成为鲜明的对照。我们说儒家的审美观念是理性主义的,那么可以说道家则是非理性主义的，这首先也表现在对于美的认识上。老庄的美学观是自相矛盾的，一方面，他们用绝对的相对主义否定美的存在，否定一切文学艺术，但另一方面又大谈无言之美，无声之美，无色之美，主张大美、全美。这究竟是怎么回事呢？我们只要看看老庄的哲学思想，这矛盾现象就不难理解了。《老子》第二章中有这样一段话：

> 天下皆知美之为美，斯恶已；皆知善之为善，斯不善已。
> 故有无相生，难易相成，长短相形，高下相倾，音声相和，前后相随。（以下引老子的话，俱见《老子》一书）

老子在这里，既承认世俗的美和善的存在，又认为它们可以转化为"恶"和"不善"，事实上，就是否定世俗之美和善，认为那不是真美真善。所以，他又认为："善之与恶，相去何若？"最后，美之与恶，善与不善，俱归于虚无。如果说，老子的这些理论中，还有一些辩证法的因素，那末，庄子则走向相对主义而从逻辑概念上否定一切，否定美与恶的区别和它们的存在。他有一则寓言说：

> 阳子之宋，宿于逆旅，逆旅人有妾二人，其一人美，其一人恶，恶者贵而美者贱。阳子问其故，逆旅小子对曰 其美者自美，吾不知其美也；其恶者自恶，吾不知其恶也。（《庄子·山木》）

在庄子看来，事物都是相对而言，所以肯定与否定，并不是绝对的："恶乎然？然于然。恶乎不然？不然于不然。物固有所然。物固有所可。无物不然，无物不可。故为是举莛与楹，厉与西施，恢恑憰怪，道通为一。"（《庄子·齐物》）用这样的观点去看事物，则美之与恶，并无绝对标准，因而也就无所谓美，无所谓恶。

那么，老庄是不是就否定美的存在呢？不！他们认为美就是"道"的本身，"道"是绝对的"大"和"全"，是自然，因此，美就是自然。这就是老庄哲学所推导出来的结论。老子把他所说的"道"看作是万物之本，是宇宙的本体，他说："有物混成，先天地生，寂兮寥兮,独立而不改,周行而不殆,可以为天下母。吾不知其名,字之曰道。"又说:"道生一,一生二,二生三,三生万物"。庄子也说:"道者,万物之所由也。……故道之所在,圣人尊之"。(《庄子·渔父》)那么,道究竟是什么呢?老庄的回答是"虚无"。老子说:"天地万物生于有,有生于无。"庄子说:"夫道,有情有信,无为无形,可传而不可受,可得而不可见。"(《庄子·大宗师》)这形而上的道,就是支配万物的自然法则,所以说是可得而不可见。老子说:"人法地,地法天,天法道,道法自然。"王弼注云:"道不违自然,乃得其性。法自然者,在方而法方,在圆而法圆,于自然无所违也。"庄子认为:"天下有常然,常然者,曲者不以钩,直者不以绳,圆者不以规,方者不以矩,附离不以胶漆,约束不以墨索。故天下诱然皆生,而不知其所以生,同焉皆得而不知其所得。"(《庄子·骈拇》)在老庄看来,这至高无上的道,才是绝对的善和美,谓之"大美",这是一种自然之美。老子说的"大音希声,大象无形","大巧若拙,大辩若讷";庄子说的"天地有大美而不言",主张"原天地之美,而达万物之理"(《庄子·知北游》)。这都是以自然为美。这个"自然",不是我们说的自然界的山水景物,而是指天地万物形成的自然力量及其天然形态,这种自然之美,具有两个基本特点:一大,二全。先说"大"。在老庄的哲学观念中,道是绝对大,老子说:"吾不知其名,字之曰道。强为之名曰大。"又说:"故道大,天大,地大,人亦大。"这个"大"的观念,是无穷、无限、无形、无声,是美和善的最高境界,故说"大音希声"、"大象无形"、"大方无隅"。庄子对此作了充分的发挥,他认为"天地之美",才是"大美",又说:"夫天地者,古之所大也,而黄帝、尧、舜之所共美也。"(《庄子·天道》)只有绝对大则"淡然无极而众美从之"。(《庄子·刻意》)再说"全"。老子所说的"有物混成,先天地生"的道,是一个整体概念,是无穷大,"道生一",一也是整体,不是局部。庄子也认为"道通于一",是整体,而"其分

也,成也;其成也,毁也。凡物无成与毁,复通为一"。他以昭氏鼓
琴为喻,说"有成与亏,故昭氏之鼓琴也。无成与亏,故昭氏之不鼓
琴也。"(《庄子·齐物》)奏出一支曲子是成,然而五音不全,是为亏,
不鼓琴则五音自全,这无声的音乐才是全美,故庄子特别推崇所谓
"天籁"之乐,这也就是老子说的"大音"。这就是要求放弃人为的
音乐,回到自然的本身。庄子还用浑沌因被凿七窍而死的喻言,说
明自然朴素之全美。要之,老庄的美的观念,是和道的观念联系在
一起的,他们"绝圣弃智"、"绝仁弃义",主张"擢乱六律,铄绝竽
瑟","灭文章,散五采",只有顺乎自然,未加人工雕琢者才为真美。
可见,儒家重人为,而道家重自然;儒家重礼乐修养,而道家则重天
真本性。他们的审美观是大异其趣的。

东汉时期,佛教传入中国,至魏晋南北朝而大盛。佛学和我国
原有的老庄哲学结合,形成独具特色的玄学。佛学后又演变为禅
宗,更具有哲理性和思辨性。由于佛学禅理的渗透和玄学的影响,
我国古代的审美观也起了变化。佛学中没有直接谈美学者,但是,
从认识论和思维方法去看,佛学的许多理论和我国古代美学思想
关系至为密切。什么是美? 佛学中没有明确的回答,但是,这不等
于说佛家没有美的观念。如果说,道家把"道"看作是最高的美,那
么佛家就把他们所追求的理想境界——彼岸世界,也就是西方极
乐世界(净土),看作是美的最高境界。道家把道视为虚无,而佛家
的道则是一个"空"字,这是大乘佛教的基本教义。生活在公元二
世纪中叶的印度大乘佛教奠基人龙树在他的《中论·观四品谛》中
说:"众因缘生法,我说即是空,亦为是假名,亦是中道义。"佛家说
的"因缘",是指事物之间相对的依存关系,"假名"是假借的概念名
相,"中道"就是排除事物间的这种因缘关系,离开名相,达到"空"
的境界,这也就是最高真理。"龙树这个空是主观与客观的泯灭,

没有任何性质和规定的内容,也是理智或科学思维所不能及的存在。"① 他在《大智度论》中说:"观一切法从因缘生,从因缘生即无自性,无自性故毕竟空。毕竟空者,是名般若波罗蜜。"般若,是智慧的意思,是第一等不可超越的智慧;而波罗蜜是到达彼岸的意思,即从生死之此岸到达涅槃彼岸。这彼岸世界,也就是佛家理想中的"万法皆空"的极乐世界。在佛家看来,现实世界是苦海,也就无美可言;一切物质现象,包括人的存在,都只不过是"因缘生法"中出现的幻影,不是实体,没有"自性",都是空的,所谓"色即是空,空即是色,只有那"非有,非无,非亦有亦无,非非有非无"的虚空境界,才是最高的实在。② 由此,我们可从中得到一点信息:涅槃——彼岸——极乐世界——空(美)。

　　再从佛教的"四谛"和"十二因缘"来看,核心也是一个苦字。"四谛"中第一个是"苦谛",讲人生是苦;第二是"集谛",讲造成苦的种种原因;第三是"灭谛",经过涅槃,超脱苦海;第四是"道谛",到彼岸的最高境界。这个"道谛",也就是实现超脱,到达空境的最高境界,这也就是"般若波罗蜜"之妙境。而悟道之法,就被称为"妙法"。《法华玄义序》说:"妙者,褒美不可思议之法也。"看来,佛家以"空"为核心的一切"妙境"、"妙色"、"妙土"、"妙旨"、"妙法"等等,都具有褒美之意,和美的观念是有联系的。佛学经典有《妙法莲华经》(简称《法华经》),以"妙法"和"莲华"命名,皆有褒美义,而莲华(即莲花)则更被视为最纯洁、吉祥之物,是美的象征。故佛祖的宝座为莲座,往生净土为莲胎。而这一切,又都是虚幻的现象,

---

① 参看黄心川《试论龙树的中观哲学》,《中国佛学论文集》,陕西人民出版社出版。

② 参看黄心川《试论龙树的中观哲学》,《中国佛学论文集》,陕西人民出版社出版。

统归空门。佛教的以空为美,以净土为美,以彼岸为美的出世思想,在我国古代文学中留下了深刻的烙印。有些作家刻意追求那种超尘脱俗、万念皆空的境界,像王维的"老来唯好静,万事不关心"的情怀,都具有佛学审美观的色彩。如果说,道家是从主观认识上希望调和矛盾而进入"虚静"的思想境界,那么佛家则是企图根本否定现实而遁入空门。

儒、道、佛三家的美的观念是那样的不同,甚至可以说是对立的。但是,在我国审美观念形成和发展的长期历史中,它们却又渐渐融合在一起。在刘勰的美学思想中,就已有明显的表现,他站在儒学立场上看文学的实用主义的美,同时也吸取了道家的自然之美和佛家"般若绝境"的审美思想。以后,在陶渊明、王维、李白、杜甫、司空图,以至苏轼、严羽、王夫之、王国维等等许多诗人、作家的美学思想中,这种合流的情况都有表现。当然,这是一种复杂的现象,并不是三家美学思想的机械相加。但儒、道、佛之间的相互影响,甚至相互融合,形成我国古代特有的审美观念,这是历史事实,是值得我们进一步探讨的。

二、审美判断

由于美的观念不同,美感经验也有很大差别。美感是人的主观精神活动,不同的阶级,不同的人,有不同的美感经验,从而也有不同的审美判断。儒、道、佛三家审美判断的内容,就截然不同。

先秦儒家认为美即善,而善的内容就是仁义道德这一套封建伦理。儒家是理性主义者,因此,他们以伦理道德作为审美判断的主要内容,也就是说,他们把理性判断作为决定审美感情的主要内容。孔子"《诗》三百,一言以蔽之,曰:思无邪"(《论语·为政》)。无邪就是正,正有两层念义:一是要合乎"礼"和"仁",一是要中庸和平,这都属于伦理道德范畴的理性判断。以下一些论点,清楚地表明了这一点。首先,儒家提倡"诗言志",这是关于诗歌审美的一个重要命题,虽然先秦两汉时期的儒家在讲"在心为志"的同时,也讲"情动于中",似乎情志二者之间没有什么区别,而事实上他们强调的是"志",并把"志"看作是思想志向的表现。而思想、志向,又必须符合儒家的教义,也即是他们所规定的一套伦理道德、典章制度。"情"和"志"本来是一致的,但毕竟又有区别,它们属于人的思想意识活动的不同层次。情包括感情、情绪等等心理活动,它不一定都直接受思想理智的支配。儒家看到了这一点,所以特别强调要引导,要把"情"纳入"礼义"的规范。《毛诗序》就明确提出"变风发乎情,止乎礼义"的主张,认为"发乎情、民之性也;止乎礼义,先王之泽也"。用这种规范作为诗歌审美的标准,作出了"思无邪"的审美判断,这是纯理性的审美判断。根据这种审美判断,诗歌的美就等于善,这和西方的古典主义美学是很类似的。

其次,儒家十分强调"诗教"、"乐教"和"礼教",孔子提出了"兴于诗,立于礼,成于乐"(《论语·泰伯》)这样一个教育模式,从外表看,似乎有诗歌音乐的审美教育,其实,这审美也是以政教为中心,以伦理道德为内容。在诗、礼、乐三者之中,又以"礼"为核心,所以说"非礼勿视,非礼勿听,非礼勿言,非礼勿动"(《论语·颜渊》)。又说:"礼之用,和为贵。先王之道,斯为美"(《论语·学而》)。这就要求诗教、乐教都服从于礼教,使文学艺术和审美教育,服从于伦常纲纪的礼法教育。《乐记》中说:"礼、乐、刑、政,其极一也。"这就是把乐教也纳入政教的轨道。这里还值得注意的是,儒家关于诗、礼、乐的教育,都是以"仁"字为核心。孔子说:"人而不仁,如礼何?人而不仁,如乐何?"(《论语·八佾》)又说:"礼云礼云,玉帛云乎哉?乐云乐云,钟鼓云乎哉?"(《论语·阳货》)离开了"仁",礼乐教流于形式,也就谈不上美。这一观点,也同样用之于诗,按儒家的理论,诗歌给人的艺术力量,似乎也仅在于它所包含的伦理道德的内容,孟子论诗就是根据这一原则,例如他对《诗·小雅·小弁》一诗的评论:

> 公孙丑问曰:"高子曰:《小弁》,小人之诗也"。孟子曰:
> "何以言之?"曰:"怨"。曰:"固哉,高叟之为诗也! 有人于此,
> 越人关弓而射之,则己谈笑而道之;无他,疏之也。其兄关弓
> 而射之,则己垂涕泣而道之;无他,戚之也。《小弁》之怨,亲亲
> 也。亲亲,仁也。固矣夫,高叟之为诗也!"(《孟子·告子》)

《小弁》这首诗中的主人公,是一个被放逐的儿子,抒发内心的忧愁和愤懑,充满怨气。高子因诗中有"怨"的情绪而斥之为"小人之诗",这显然不是艺术分析,而是伦理判断,是以儒家伦理为标准的。孟子不同意这种分析,认为《小弁》中的"怨"是针对"亲之过大者",这是"亲亲"的表现,是符合"仁"的精神的。所以孟子又说:"仁言不如仁声之入人深也"(《孟子·尽心》)。诗要合乎仁,乐也要合乎仁,才是"仁声"。其实,这也是以儒家伦理为标准的审美判断,是一种纯粹理性的判断。在他们看来,符合这种伦理标准的才是美的。

由于把政治伦理作为审美判断的主要标准,因此,对审美能力的培养,也着眼于道德方面的修养。孔子说:"诗可以兴,可以观,可以群,可以怨",这里当然包括了认识和鉴赏作用,但这都是以"事父""事君"的政治伦理作为标准的,所以,读诗、听乐所获得的审美经验,也仍以政治伦理作为主要标准。《左传》襄公二十九年记季札观乐一段,很可以说明这个问题。季札"观于周乐",大概"观"了十六七个音乐歌舞节目,对每个节目都作了评价,兹举数条为例:

> 使工为之歌《周南》《召南》,曰:"美哉,始基之矣,犹未也。
> 然勤而不怨矣。"为之歌《邶》《鄘》《卫》,曰:"美哉,渊乎! 忧而
> 不困者也。"……为之歌《王》,曰:"美哉! 思而不惧,其周之东

乎!"为之歌《郑》,曰:"美哉!其细已甚,民勿堪也,是其先亡乎!"为之歌《齐》,曰:"美哉泱泱乎,大风也哉!表东海者,其大公乎!国未可量也。"……

对每一种歌舞,季札都以"美哉"赞誉,可看出他从中获得美感享受,而这种美的感受,几乎都和政治伦理观念联系在一起。当季札见舞《韶箭》时,认为这是最高水平的艺术了,他赞美说:"德至矣哉,大矣!如天之无不帱也,如地之无不载也,虽甚盛德,其蔑以加于此矣。观止矣!"这里说的德,就是儒家的封建伦理,它是艺术美的至高无上的标准。因此,作为审美主体的艺术家和鉴赏者,都必须有很高的道德修养,才可能获得这种美感经验。孟子说的"我知言,我善养吾浩然之气"。知言也包括知音,即有分析、判断、鉴赏能力,要有这种能力,就必须"养吾浩然之气"。这个"气"究竟是什么东西?原来,"其为气也,配义与道;无是,馁也。是集义所生者,非义袭而取之也"。按朱熹的解释,"集义"就是"积善"。可见,在儒家那里,仁义道德就是善,审美主体必须"积善",才能获得最高的审美经验。这一切都表明:先秦儒家的重理性判断的美学,是重政治、重功利的美学。

与此相反,道家的审美判断则是非理性的,无功利目的的。他们认为主体的审美活动,是一种近乎直觉的精神活动,其特点是忘掉一切利害善恶,忘我忘物,达到物我同一的境界。这种理论,在老子那里已见端倪,而庄子则作了充分发挥,形成一套理论体系。首先,老子把善和美系之于道,而道的主体是虚无,是"不可道"、"不可名"的绝对理念,因此,他主张"绝圣弃知"、"绝仁弃义",否认理性知识和伦理道德的作用和价值。庄子进而否认一切理性知识,否认诗、书、乐、画的认识作用,提出"至乐无乐"、"昭氏之不鼓琴"、"知者不言,言者不知"等等主张,他说:"视而可见者,形与色也;听而可闻者,名与声也。悲夫,世人以形色名声为足以得彼之情!夫形色名声果不足以得彼之情,则知者不言,言者不知,而世岂识之哉!"(《庄子·天道》)按这种认识,美感经验只可能是一种非理性的直觉活动,所谓"天地有大美而不言",也就是无言之美,无声之美,无色之美。这种"大美",怎样才能感受得到呢? 怎样才能成为审美主体的美感经验呢? 庄子提出了"意致"和"坐忘"的办法,也就是一种非理性的近乎直觉的一种审美经验。他说:"可以言论者,物之粗也;可以意致者,物之精也。言之所不能论,意之所不能察者,不期精粗焉。"(《庄子·秋水》)对于这"物之精"者,是只可意会而不可言传的;而这种意会,并不是逻辑推理的知识,不是语言文字概念可以表达的知识,而是一种微妙的心理活动,是一种"静观默察"、"心融神会"的心理活动。然而这种"意致"活动,还只是第一层次的精神活动,要进入第二层次的精神活动,就要通过"心斋"达到"坐忘"的境地,那才是"道"的最高境界。所谓"心斋",按庄子的解释,是一种聚精会神、排除一切五官感觉和思维杂念的精神状态:

> 无听之以耳,而听之以心;无听之以心,而听之以气。耳止于听,心止于符。气也者,虚而待物者也。唯道集虚,虚者,心斋也。(《庄子·人间世》)

这种精神活动,是"言之所不能论,意之所不能察"的境界,也就是"堕肢体、黜聪明,离形去知,同于大通,此谓坐忘"(《庄子·大宗师》)的绝对精神境界。在庄子看来,只有进入这种物我两忘以至"万物与我为一"的精神境界,才能感受天地之"大美"。这种审美经验,比起儒家的理性主义的审美判断,显然是太玄虚了,太神秘了。然而,在这玄虚的言辞背后,却也蕴含着一些符合审美心理活动特征的奥秘。因为,审美是一种十分复杂的心理活动,就认识过程来说,它是由感知到理知又进入直观的境界之中;就思维活动的内容来说,它包括直觉、知觉、理解和直观观照的心理活动。儒家的理性主义,只是强调了理知、理解(伦理)的一面,那是认识的普遍规律;而道家则近于直觉主义,它注意到直觉活动的非理性的特点及其在认识活动中的特殊作用。但由于把它绝对化了,因此就陷入神秘主义的泥淖中去了。在这个问题上,佛学理论和道家有近似之处,但又有自己的特点。

佛教既以"空"为至高无上的善和美的境界,那么要达到这种境界的途径,既不是伦理道德的修养和社会政治的实践,也不是靠相对主义的思辨以达到否定一切的目的,而是通过主观精神的"悟",去领会"空"的妙谛,以达到出世的目的。佛教传入我国,逐渐演变为禅宗,虽然对"悟"的理解有发展变化,但有一点是共同的:他们对于佛道的认识,不是通过推理思辨的方法,不是通过伦理知识的灌输,而是用直观观照的方法,通过对具体的事物的直觉,去体验和领悟事物的真谛。在佛家看来,这种直觉性的体验,才是最高的体验,最真实的体验,也是最美的体验。佛典中"拈花微笑"的故事,很可以说明这个问题:

> 世尊在灵山会上,拈华示众,众皆默然,唯迦叶破颜微笑。世尊云:吾有正法眼藏,涅槃妙心,实相无相,微妙法门,不立文字,教外别传,付嘱摩诃迦叶。[①]

"拈华"就是"拈花",据说世尊拈的是莲花,这是被佛门认为是净洁的表现,是美的象征。释迦牟尼佛在灵山传道,"拈花示众",看大家能否领悟妙旨,众皆默然,这也难怪,谁知道世尊究竟是什么意思呢?看来,这些"默然"的弟子们倒还老实,不懂就不装懂嘛!但迦叶却十分乖觉,他不回答,但却装出一种会心的微笑,这正符合世尊要宣扬的佛旨,即以空为皈依的"涅槃妙心"、"微妙法门",其妙谛就是"不立文字,教外别传",也就是不用语言文字,不

---

① 引自《联灯会要》。此故事在《五灯会元》、《广灯录》等书中俱有记载。

假思计的一种心理活动,是靠直觉所获得的一种主观体验。获得这种体验的契机,就是那朵具有象征性的"花",通过花的启示,获得认识的一次完成,实现认识的飞跃,这就是"悟"。所以,我们说这种心理体验,也就是佛家的美感经验。那么,这种美感经验具有什么特点呢? 关键在于"悟"字。悟者,觉也,妙悟就是一种特殊的思维活动。首先,它具有直觉的性质,是凭藉某一直观的事物而引起的一种不可用语言表述的特殊感受和领悟。"世尊拈花"这是直观的启示,而迦叶微笑,就是藉花而获得妙悟。按心理学的研究,人对事物的认识活动有感性、知性、理性诸阶段,这知性又称悟性(Verstand),这种知性的心理特点,是它所感知的事物已不是物的个别属性,而是一个整体,成为表象,而对这事物的表象,又具有一定的理解,但还不是逻辑的理性的知识。概言之,它具有直观的性质和可以理解的性质。佛家说的"妙悟",有时又称为"妙觉",也具有这样的特点,所谓"自觉觉他,觉行圆满,不可思议,故名妙觉性"。(明代一如等撰《三藏法数》第二十六)其次,它具有偶然性和随意性。因为这种"悟"不是严密的逻辑思维,不是科学的推理论证,而是一种富于想象和幻想的心理活动,在各种偶然的情况下,只要有某种契机的触发,俱可突然妙悟,而一悟之后,则"万法皆空"、"万象冥会",进入认识的自由王国,即所谓"左右逢源,头头是道"了。再次,佛家认为一切感性的知识,即五官直接接触所获得的知识,都是假象;而一切理性的知识也都属于虚幻,这就是"道谛"。所以说:"玄道在于妙悟,妙悟在于即真"(《涅槃·无名论》)。"即真"就是佛家的"真知"、"真如",它是永恒的真理("不虚妄性"和"不变异性"),它是"空无"(即"虚空界"和"不思议界")。

综上所述,我们不难看出,儒、道、佛三家的审美判断是大不相同的。儒家重理性判断,强调伦理修养;道家主虚静坐忘,强调物我同一;佛家主"妙觉","妙悟",强调万法皆空。他们各自抓住认识过程中的某一方面或某一阶段的特征而片面加以强调,儒家强调理性的知识,道家强调非理性,无意识,而佛家却强调直觉,而且是形象的直觉。然而,从人类认识的普遍规律来看,他们之间并没有不可踰越的鸿沟。所以,儒、道、佛三家的这些理论,在我国古代稍后一个时期的美学理论中,就出现了合流、融合的情况。虽然这种合流情况几乎是不露痕迹的,很难作定量分析,但如果进行定性分析,就可看出其多成分、多元素的特点及其新的性质。例如苏轼的美学思想,就具有这种特点,在他那里,既不乏儒学卫道之论,又不少老庄任性自然之说,而佛家的参禅悟道之议,亦常见于其谈诗论艺之间。苏轼思想之通脱,其审美观之不拘一格而又自成一家,也得力于吸取各家之说。这实在是值得我们注意的现象:古人尚能包容并蓄,我们今天难道还不能众采博收,批判继承吗?

三、审美趣味

人们的审美趣味,千差万别,但也有相同或类似的时候,譬如说一幅优美的画,可能大家都喜爱,也可能这一些人喜爱,而另一些人不喜爱。在共同喜爱的人当中,所获得的美感经验,也还有深浅之别、厚薄之分。审美趣味,人皆有之,不一定只是美学家、文艺家才有,各人的审美趣味的形成,基于生活实践,同时与各人的文化素养、理论水平也有关系,所以表现出来的审美趣味也自不同。但不论怎么说,审美趣味总是人们的审美观念、审美判断的综合表现。我国古代的文学艺术所表现出来的种种不同的审美趣味,都可以根据不同的审美观念和审美判断去进行体验和辨析。在儒、道、佛三家美学思想影响下所形成的审美趣味,是迥然不同的。

儒家的审美趣味,是追求理性的胜利和功利的实现,因此在文艺创作和鉴赏中,都要求符合伦理的规范和具有经世致用的社会效果。就诗歌来说,孔子首先对其思想内容规定了"思无邪"的原则和兴、观、群、怨的标准,诗的最高目的则是"事父"、"事君",这样,他们的审美趣味,也就不能不受这些条规的约束。他们所欣赏的文学艺术,就必须具有以下这些特色:①抒情言志,即要表达明确的思想和有节制的感情。这情和志,都不能超越礼和仁的规范。②反映现实生活,表现政教善恶,宣传封建伦理、道德,为封建的政治服务。③据儒家中庸之道的原则,要求文学艺术具有中和之美。对诗来说,就是要"温柔敦厚"、"主文而谲谏"、"乐而不淫,哀而不伤";对音乐的要求亦然,季札观乐赞美《颂》是:"直而不倨,曲而不屈,迩而不逼,远而不携,迁而不淫,复而不厌,哀而不愁,乐而不荒,用而不匮,广而不宣,施而不费,取而不贪,处而不底,行而不流。"这也就是中和之美。孔子闻《韶》,被陶醉得"三月不知肉味",认为是尽善尽美的艺术,可惜我们今天已领略不到了。但从儒家的观点看,这无疑是一种雍容典雅、四平八稳的音乐。相形之下,生动活泼的郑卫之音(民间单乐)则被斥为"淫乐"而竭力加以排斥,这足以说明儒家的审美趣味。《乐记》中记了这样一则有趣的故事:"魏文侯问于子夏曰:吾端冕而听古乐,则唯恐卧;听郑卫之音,则不知倦,敢问古乐之如彼何也?新乐之如此何也?"子夏的回答,不外就是斥新乐是"奸声以滥,溺而不止"之类。但是,由此我们倒可以看出魏文侯的审美趣味和孔子及其门徒们是截然相反的。

儒家的这种审美趣味,在我国古代文学史上的影响是很深的,它被作为正统的思想而被传播和接受。以杜甫而论,他在诗歌创作中就体现了这种审美趣味。从思想上来看,杜甫是儒家的信奉者,他有一个"奉儒守官"的家风,(见《进鵰赋表》),自己也有"致君尧舜上,再使风俗淳"的理想,虽然,他也发过"儒冠多误身"的慨叹,但他并不因此而改变了自己的儒家思想。在政治上,他关心国事,表示对封建王朝的忠诚,由于亲身经历了颠沛流离的战乱生活,目睹人民的疾苦,自己也饱尝贫困生活的滋味,所以,作品中充分反映了现实生活状况,揭露了社会的黑暗和政治的腐败,使之成为伟大的现实主义诗人。当然,作为一位伟大诗人,杜甫在艺术上的造诣是很高的,他的诗不是枯燥无味的教条和口号,而是具有很高的艺术性。但是就其审美趣味看,他的诗富有政治性和伦理精神,兼以重现实,尚实际,如"三吏""三别"等名篇,"朱门酒肉臭,路有冻死骨"之类名句,都是符合这种审美趣味的。至于白居易的"文章合为时而著,歌诗合为事而作"以及"存炯戒,通讽谕"、"惩恶劝善""补察时政"等种种主张,更是儒家传统文学观的政治化,把美和政治等同起来了。

道家的审美趣味则大不相同,他们把伦理道德、礼法制度看作是对人性的束缚;把现实生活看作是"物累",甚至连一个人的存在("有身"),也被认为是物累。至于一切知识和智慧,都被视作是"道"的亏损。因此,他们的审美趣味,不在人为而重天然;不在现实而在幻想,不在伦理道德,而在自然本性;不受规矩方圆的约束,而要绝对的自由。这就是在"原天地之美"的审美观念下产生的审美趣味。这种审美趣味本身,就应该是像庄子说的"天下诱然皆生,而不知其所以生,同焉皆得,而不知其所以得",一切听其自然。在我国文学艺术史上,这种审美趣味的影响也是极为深远的,有时,它影响到一个时代的文艺,有时它影响到一个作家而成为个人独特的风格。魏晋玄学影响下产生玄言诗,无疑是受道家的一些影响而产生的畸形变种,其"嗤笑徇务之急,崇盛无稽之谈"的风气,固然是不足为训的,但其中崇尚自然的审美趣味,对陶渊明就有很深的影响。例如陶诗中追求返朴归真、恢复自然的思想及"欲辩已忘言"的物我两忘的情趣,还有忘情于田园山水之乐,"心远地自偏"这样一种主观精神上的自我超脱等等。当然,陶渊明毕竟是个儒者而不是道家信徒,但其思想上和审美趣味中受老庄影响的痕迹则是明显的。

审美趣味受老庄思想影响很深,而且形成自己鲜明的艺术风格的,当以李白为代表。对于李白这样一位伟大的诗人,绝非几句话可以加以评论和概括,但是,对他的基本思想、基本风格,还是可以勾画一个基本轮廓。"我本楚狂人,凤歌笑孔丘",自称"狂人"而嘲孔丘的李白,他喜欢求仙访道,也喜欢谈炼丹方术。虽然这种道教信仰和老庄的道家思想并不是一回事,但作为诗人的李白,他从老庄学说中接受了深刻影响,是毫无疑问的。首先,李白的任性而行,直道而趋,蔑视礼法,傲视王侯的思想,和老庄的"绝圣弃智"、"绝仁弃义"的思想有血缘关系。庄子在《马蹄》《骈拇》诸文中,提出摆脱一切礼法制度的束缚,返回"素朴"的"民性"的观点,其基本特点就是任性而行,不受限制,绝对自由。这种思想在李白的思想上留下很深的烙印,所以他才写出"安能摧眉折腰事权贵,使我不得开心颜"的诗句,追求放荡不羁的自由生活。这种思想,构成他的审美趣味的基调:放任、自由、天真、直率。而在艺术上,他追求的是"天真""清真""天然",反对人为的"雕虫""雕饰"之风。其次,李白的蔑视现实,充满幻想的浪漫主义诗风,与庄子的"天地与我并生,万物与我齐一"的思想也有内在联系。庄子推崇"独与天地精神往来,而不敖倪于万物"、"其于本也,宏大而辟,深闳而肆"的绝对精神,在创作上就形成"谬悠之说,荒唐之言,无端崖之辞"(《庄子·天下》)这样一种浪漫主义的风格。李白的作品中表现出来的这种艺术趣味和风格,无疑也受了庄子的影响。

这里,我们不妨把儒、道两家美学思想中表现出来的不同的审美趣味,再作概括的比较。可以这样说:儒家尚实用,道家尚虚无;儒家重理知,道家讲任性;儒家重人工,道家崇自然;儒家重现实,道家重幻想。这两种不同的审美趣味,在不同的时代、不同的作家那里,往往形成不同的流派,表现为不同的风格。但在很多情况下,两者也可以并存以至合流,这种现象,是难以作简单化的解释的。

至于佛家的审美趣味,虽有近似道家之处,可又不尽相同,在虚静空无的意境追求方面,他们有共同点,都希望摆脱现实的束缚,进入一个没有烦恼、没有矛盾的理想境界。但是,如何达到这个境界?这理想境界究竟是什么样子?佛道两家各自有不同的认识。庄子企图在相对主义的思辨中,获得人格上的绝对自由,而佛家则企图从主观精神上悟得空无的境界,即超现实的彼岸世界。我们常说的"目空一切",这大概也是从佛家观念中演变出来的一句日常用语。可以这样说,佛家的审美趣味,就是对"虚空"境界的追求。佛家以"虚空"、"无所有"、"不动"、"无碍"为"虚空四名",其基本特征概括言之,一是虚,二是静。如果说道家所说的"虚静",是在逻辑思辨中得之,那佛家的"虚空",则是在对世界万物的静观和直觉中得之。唯其静,故觉四大皆空;唯其直觉,故觉世界万物俱是静止不动的幻象,无自性,非实体。禅宗讲"悟",所悟者虽有形象直觉的特点,然一切俱属幻影,最终俱入空门。这种禅趣,体现在艺术境界中,就是追求心静、境静、神空、物空。像杜甫那样的诗人,有时也是喜悟禅机的,人们常以杜诗"水流心不竞,云在意俱迟","片云天共远,永夜月同孤"为例,说这是"入禅"之诗,无非也是取其内心虚静之意。至于王维对于禅,则更是刻意追求了。王维,字摩诘,这名和字都取自《维摩诘经》,亦足见其受佛门的影响和对禅趣的追求,这在他晚年尤甚。他"长斋奉佛",参禅悟道,写的诗,有不少是表现出虚静空无、无人间烟火味的审美趣味。"空山不见人,但闻人语响。返景入深林,复照青苔上。"(《鹿柴》)不见人,并不是无人;空山也不是一片死寂。但诗中所写,确是一种虚静之境,这种境界,和"人闲桂花落,夜静春山空。月出惊山鸟,时鸣春涧中。"(《鸟鸣涧》)所表现的境界是相似的。前者写夕阳西下时的空山,后者写静夜山空;前者以"人语响"衬托"空山"，后者则以"惊山鸟"衬托"山空"。整个意境的审美意趣就在于"空"字，它使人产生一种超尘脱俗、明心见性的感觉，而这都和佛家的禅趣是一致的。

以上，我们从审美观念、审美判断、审美趣味三方面，比较了儒、道、佛三家的不同之处，这主要是从作为三种学术思想流派去看它们的差异。比较研究它们之间的差异，是为了要看到它们在长期历史发展过程中，不断相互渗透，相互融合，形成我国特有的一些哲学思想和美学思想。例如魏晋时期的玄学，宋以后的理学，他们既不废儒学的冠冕，又化以道佛的哲理，形成一种独特的思想体系。而在历代美学思想中，无论是刘勰的《文心雕龙》，或是严羽的《沧浪诗话》，也无论是王世禛的神韵说，还是王国维的境界说，我觉得都有各家思想化合的痕迹。可以说，这是我国六朝以来美学思想发展的特殊现象，是否可以说，这也是我国古代美学传统的民族特色呢？

（选自《思想战线》1987年第3期）

张文勋，云南洱源人，云南大学中文系毕业，在读期间曾一度离校到起义部队工作。毕业后留校任教，后任教授、系主任、四川大学兼职教授。著作有《中国古代文论与文艺美学》、《华夏文化与审美意识》、《文心雕龙研究》、《诗词审美与鉴赏》、《艺文杂著》、《儒道佛美学思想探索》、《风樵诗词》十余种，汇编为《张文勋文集》。

本文把儒、道、佛三家作为三种学术流派，对三家美学思想的异同从审美观念、审美判断、审美趣味三方面进行了比较研究，梳理了三家学说相互对立、相互交融的发展情况，探讨了儒、道、佛三家对中国古代传统美学的影响及作用。

隋唐三教教育思想的比较

丁　钢

隋唐时期的中国古代教育,主要贡献在于学校教育系统体系的完善化以及科举制度的产生,尤其后者成为封建时期整个教育体系上的范本而立足于世界教育史之林。但是,由于思想上受佛道的强大影响,儒家的教育者思想理论上受到一定的抑制,缺乏与封建盛世所相符合的相应发展。只是在宋代,儒家的教育思想才得以长足进步。以往这种看法,可以说是有一定道理的。

然而,儒家教育思想的相对贫困,并不意味着整个时代在教育思想发展上的停滞不前,相反,正是隋唐尤其是唐代采取了对宗教宽容的政策条件下,佛道两教的教育得到了充分的发展。它们不仅确立了各自的教育制度、方式,使其教育呈现相对完备的局面,并且在三教长期融合斗争的过程中形成了各自独特的教育思想体系,对隋唐时期儒家教育思想产生强大的影响。由此,在以韩愈、李翱乃至柳宗元、刘禹锡等人复兴儒家教育的思想中,融合了佛道教育思想的成果,才得以构成宋明理学教育的雏形。从这个意义上说,隋唐时期儒佛道教育思想尽管各有侧重,但它们却共同构成了理学教育思想的前提,形成中国教育思想发展史上一个不容忽视的重要环节。

因此,离开对隋唐时期儒佛道三教教育思想的比较研究,便难以把握隋唐时代中国教育思想发展的全貌。鉴于这种考虑,在此我们主要从这时期佛教教育思想出发,综合佛、道、儒三家的教育思想来加以探讨比较,揭示它们的内在联系,力求为促进一种比较全面的认识与评价出现,提供一个新的角度。

从中国佛教教育的发展来看,在魏晋南北朝时期它主要是从教育的制度、仪式等方面影响儒道教育。到隋唐时期,一方面是佛教教育本身制度仪式方面完善确立(这对以后宋代出现的中国书院制度产生重大影响,下章将详加论述),另方面是在佛教中国化的过程中,建立了玄奥而又深刻的思辨哲学体系。在此基础上,中国佛教不仅成了中国封建后期学术思想的理论基础之一,同时也形成独具风格的教育思想,尤其是创立了与中国本土宗派相关的中国佛教的教育思想。其意义,不仅仅是对当时及后世教育思想产生深刻的影响,更为确切地说,它经过儒家的改造,实际上已成为后代教育思想——尤其是理学教育思想的理论基础之一。

隋唐时代中国佛教的教育思想主要表现为以下两个方面。

一是由佛性讨论所涉及的教育作用问题,这建立了中国佛教教育思想的理论基础。早在六朝时期,佛教就以“一阐提者皆可成佛”的宗教人性论成功地建立中国佛教的教育思想根基。在隋唐宗派大力发展之际,更是得到进一步的阐发。

如天台宗提出了“无情有性”的佛性说。湛然是个重要的人物。他在《始终心要》中认为,“一切众生”本具真如佛性,进而用大胆演绎的方法,在《金刚碑》中提出了“无情有性”的佛性说。认为一切生物都有佛性,甚至没有感情的一切生物与非生物(如草木砖石等)也具有佛性。他的目的在于“一者示迷,无从性变;二者示性,令其改变。是故且云,无情有性。”(《大正藏》卷四六,第782页)也就是说,要肯定佛性的普遍性,只有把一切东西都看作是佛性的体现,“故知一尘(客观对象)一心(精神活动)即一切生佛之心性”。这种学说的意义对于教育来说,便是把一切心性都看作是与佛性共同形成、共同变化、共同造成对象、共同改变一切行为的,因此教育的作用就在于显示真如佛性。

在华严宗那里,从一与多的关系上加以论证。他们虽则认为"一中有多,多中有一",但否定这种关系中一多相对关系中的数的连续性与质的规定性的辩证关系。他们认为"一者十,何以故?缘成故。十即一,何以故?若无十即无一故",用这种手法得出了"一即多,多即一"(《华严一乘教义分齐章》第四)的结论。于是在认识中,"见高广之时,是自心现作大,非别有大;今见尘圆小之时,亦是自心现作小,非别有小。"(《华严经义海百门》)一切只是主观感觉而已,所以应该取消一切差别的认识。主张"圆成实性(即佛性)虽复随缘成于染净,而恒不失自性清净。祇由不失自性清净,故能随缘成染净也。"(《华严一乘教义分齐章》第四)学佛成佛的关键也就在于此。

天台、华严在论述佛性显现中分别涉及到迷悟与染净的问题,尽管它们与法相宗还有着种种分歧,但法相宗也正是在这共同关心的问题上谈及教育的作用问题。法相学从一切唯识的角度出发,认为人们要从不正确的认识转为正确的认识,必须实现两个转依。一是在所谓精致细微、保存一切经验的活动着的基本意识("藏识"即"阿赖耶识")中,以分别为主的意识活动转为如实理解的无分别智慧,由此实现由染而净的转变,这叫"染净依"。但要做到按事物的本来面貌去理解事物,又必须摒弃"我"、"法"两执,以事物的共性,也即所谓"真如"、"如性"、"法界"(都指佛性)来实现由迷转悟。由迷而悟,才能由染而净,反之亦然。两种转依相为条件。染净依由于心,迷悟依由于理,这个理便是事物的共性或佛性。两种转依归根结底,只有以理为准才能实现转依。一切认识都与人的经验,人的意识相联系,而这一切的活动又都寄托于理来实现转依。教育的作用在于教人明白这些道理,而教育的过程则是实现两个转依。

　　以上可见,三宗的思想都把佛性看成是一种精神性的具有共性的实体,是教育人们学佛成佛的理论依据。然而法相宗由于其繁琐而难以理解,天台、华严虽简洁些但又不够明确,因此便出现了禅宗更为明确简洁的说法。

　　禅宗以为,既然佛性体现在自然、社会之中,自然也存人心之中。"如是一切法,尽在自姓(性)"(《坛经》),因此求佛不必远求,见性便可成佛。教育的作用便在于使迷悟者,"遇善知识开真法,吹却名(迷)妄,内外名(明)彻,于自姓(性)中,万法皆见。"(《坛经》)对于学佛者来说,则需"开佛知见。佛犹觉也,分为四门:开觉知见,示觉知见,悟觉知见,入觉知见;开、示、悟、入,从一处入。即觉知见,见自本性,即得出世"成佛(《坛经》)。

　　综上所述,佛教各宗在佛性问题上的阐述,很明显,已从以往强调佛性与实相、法性等同的佛性本体说逐渐转向一切归诸心性的心性说。这种转变,使佛性说与中国传统的人性论趋于一致,从而在儒佛交融过程中从竺道生至隋唐佛教各宗派的努力,确立了中国佛教教育的理论基础。而且,佛教各宗派尤其是禅宗,在汲取儒家性善说的基础上,又提出众生本性清净,只为妄念盖覆、情欲所蔽的觉悟理论。这为儒家所不及,对李翱"复性说"的产生形成了一定影响,并成为后来理学教育的一个重要思想来源。

　　李翱把性比作佛学中的真如佛性。性是善的。他说:"人之所以为圣人者,性也","诚者圣人之性也,寂然不动,广大清明,照乎天地,感而遂通天地之故,行止语默,无不处于极也"(《复性书》)。情是由于性之发动,但只要"循其源而反其性",就可"复性",去情恶,教育的作用就在于此。这种思想明显地受到佛教的影响。《坛经》所谓"世人性净,犹如青天,慧如日,智如月,智慧常明。于外著境,妄念浮云盖覆,自性不能明"。文中所提到的性与李氏"广大清明,照乎天地"之性十分相似,而所谓"情"者,即佛教的"无明"、"妄念"之谓。佛教认为,众心本净明圆觉,只是由于"无明"、"妄念"所蔽,不能发出,只有去掉这些,才能发明"本心"、"佛性"。李翱"复性说"的佛学意味是十分明显的。

李翱的思想对宋的理学影响很大,而把性情分开,强调"性善情恶",这开启了理学关于"天命之性"与"气质之性"的思想,成为理学中"天理"、"人欲"之辩的根源,从而对理学教育产生了不小的影响。仅以这点,便可印见佛教思想对儒家的渗透作用。实际上,正是突破儒学旧框框,汲取佛道思想来充实自身,才是由唐以后儒学复兴的真正出路。

另外,李翱的老师韩愈曾提出过"性三品说"。他认为"性也者与生俱生也",但性有上中下。上品人是"善焉而已矣",其"就学愈明",不须多加教化;下品的人是"恶焉而已矣",无须教化,只可刑惩;只有中品之人"可导而上下",可以教化。"学以明道",并"师以传道"和"授业"、"解惑"的便是针对中品之人而言。这种思想是远承董仲舒的人性论,但从近源看,与道教思想或也有关。如在韩愈之前的道教学者吴筠曾把人分为三种,即"睿哲"、"顽凶"和"中人"。这三种人所禀阴阳二气不同而致。第一种人不须教化,第二种人教化无用,因此第三种人才是教化对象。"教之所施,为中人尔,何者? 睿哲不教而自知,顽凶虽教而不移,此皆受阴阳之纯气者也,亦犹火可灭不能使之寒,冰可消不能使之热,理固然矣。夫中人为善则和气应,为不善则害气集,故积善有余庆,积恶有余殃,有庆有殃,教于是立。"(《玄纲论·天禀章》)董子认为"身之有性情也,若天有阴阳也"(《春秋繁露·深察名号》)因此性为质材,本身并不尽善,"待教而为善。"从抑情扬性上,三者都是一致的,吴筠是中间环节。但只是在李翱那里才明确提出"性善情恶",用佛家思想改造了儒家人性论,构成了理学教育的理论基础。所以我们说,李翱才是真正上承传统儒学下启理学的第一人。

这从理学的教育思想中不难证明。如张载提出天地之性与气质之性，认为教育的功夫就是要变化气质，而使之复归于天地之性之善。由此认为教育的目的就在于立人之性，"在学所以为人，复于本然之善"。"持性，反本也"（《理窟·礼乐》）。朱熹则说"圣人千言万语，只是使反其固有而复其性"，复性功夫便是学习过程。而朱熹的"性即理"与陆九渊的"心即理"的命题，都是改造儒学中对佛家学说的吸收而形成的不同教育思想的出发点。由此来看，宋代理学教育思想的根源确乎与隋唐佛教教育思想及李翱的汲取改造有关。

二是对教育思想的论述。魏晋南北朝时期，由于中国固有传统文化的影响，佛教教育在教学上也有各自偏重定慧、止观的倾向。随着隋唐大一统的局面再次出现，佛教的教学思想也有了进一步的发展，其突出表现在天台宗与禅宗对教学方面的论述。

在隋时兴起的天台宗产生了智颛为代表的定慧双修、止观并重的佛教教育思想。

从传统佛学来看，本是讲究定慧双修的，修习止观就是为了得定慧，从而解脱烦恼而成佛。如隋慧远在《大乘大义章》卷十《止、观、舍义》中说："止者，外国名奢摩他，此翻名止。守心、住缘，离于散动，故名为止。止心不乱。故复名定。观者，外国名毗婆舍那，此翻名观。于法推求，简释名观。观达、名慧。"（《修习止观坐禅法要》，《大正藏》卷四六，第 462 页）也就是说，"止"即静虑，专注一境；"观"即观想，进行慧解。六朝时，北方重定，南方重慧，而到智颛时有所改造。他加以综合并予发挥，他把止观的修持方法改造成义理之学，成为其宗教教育思想的重要内容。智颛认为："泥垣（涅槃）之法，入乃多途，论其急要，不出止观二法。所以然者，止乃伏结之初门，观是断惑之正要；止则爱养心识之善资，观则策发神解之妙术;止是禅定之胜因,观是智慧之藉由。"这是说,止通过止息散心,保持内心的本善,防止邪僻侵入。观则作内心自我省察的功夫,以产生佛教智慧。二者"如车之双轮,鸟之双翼,若偏修习,即堕邪倒"(同上),效用都是"明静"(见灌顶《摩诃止观序》,《大正藏》卷四六,第1页)。为什么要如此强调止观并重呢?智颛一言道破"诸佛如来,定慧力等,是故了了见于佛性"(《修习止观坐禅法要》,《大正藏》卷四六,第462页)。止观之法无非是为了显见佛性,为了更好地学佛成佛。

关于定慧止观,一直是佛教各派借以阐发自己的教育思想的核心内容,禅宗也不例外。但由于禅宗强调直指本心、见性成佛,因此于定慧学说有着很大的改变。

同天台宗相似,禅宗也把定(止)从单纯的坐禅修持方法上升为义理。他们认为禅定不在于坐禅,光是"住心观净,是病非禅",既然定的意义在于静心,因此应该"见本性不乱为禅"、"内不乱曰定。"这样,一方面"外离相即禅,内不乱即定",另方面要"无念",即"见一切法,不着一切法;遍一切处,不着一切处。常净自性"。这就叫"无相者,于相而离相;无念者,于念而不念"。(以上引文均见《坛经》)由此,智慧即可从中发出而大破愚迷,从而见性成佛。

佛教以上的思想理论对道教的教育思想也有相当的影响。如当时的道教思想家司马承祯(646—735)与吴筠(?—778)同为潘师正的学生,他们在修习方法上都主张守静去躁(情)与主静去欲。这固然与传统的道家思想有关,但也不排斥受佛学的影响所致。如司马承祯认为,学道之人要做到应物不为物累,"心不受外"也不"逐外",才能得道。如何去做呢?他以为"收心"十分重要。因为"心为道之器宇,虚静至极,则道居而慧生"(《坐忘论·泰定六》),"静则生慧,动则成昏"。(《坐忘论·收心三》)只有"净除心垢","收心离境",才能达到"静定"目的,进入"定门",否则"虽学无益"。由此进入"泰定"(即"无心于定,而无所不定"),人们本性所固有的智慧便始"自明"。他引《庄子·缮性篇》云:"'古之修道者,以恬养智;智生而无以知为也,谓之以智养恬。智与恬交相养,而和理出其性。'恬智则定慧也,和理则道德也。有智不用,以安其恬,养而久之,自成道德。"(《坐忘论·泰定》)这种主张人性固有智慧,静则生慧的思想,与佛教的定观思想非常相似。他自认为这套方法"非孔、释之所能邻",其实不过是三教思想的揉合物。他在《坐忘论》与《天隐子》中关于修养方法的论述都是如此产物。他在《天隐子》中以"存想谓之慧想",以"坐忘谓之定解",则十分明确地显示其与佛教思想的联系。而吴筠虽则反佛,但他在论述"学则有序"时,"皆以至静为宗,精思为用"(《玄纲论·学则有序章》)的说法,也透露出这种内在的关系。如把二位的思想与道家的原来思想作一比较的话,是不难证明的。

现在再来看李翱关于"抑情复性"的方法,就容易理解了。李翱认为要做到这点,先要"无虑无思",他说:"弗虑弗思,情则不生。情既不生,乃为正思。正思者,无虑无思也。"(《复性书》)要做到"无虑无思",还必须"不动心"。"动静皆离,寂然不动",便为最高的修养境界,便可至"诚者圣人之性"。这同天台宗所谓"发菩提性即是观,息邪僻性即是止",如出一辙。同禅宗的"无念"及司马承祯的"主静"学说亦有关联,而成为理学教育中"主静"说的来源之一。推至格物致知,他又认为,"物至之时,其心昭昭然,明辨焉,而不应于物者,是致知也,是知之至也。"(《复性书》)应物不为物累,既与庄子"胜物而不伤"相关,也与禅宗"于相而离相"相契,这些思想都对宋明理学教育所谓"定性"说有一定的影响。

这里,还必须提及禅宗关于宗教教学思想的内容。

禅宗是由慧能创立的,它与传统禅学的教授有所不同。传统禅学由南印度达摩禅师(?—536)来华得以显扬。传统禅学主张以经典教义为依据,如达摩主张"借教悟宗"便是此谓。(《续高僧传·菩提达摩传》)因此学习方法为"渐修"。另则达摩以"定学"为高,重视"壁观",也有"离文字"之谓,思想方法并不统一。因此,他在中土的后传,便有不同的侧重。如道信(580—651)从僧璨学禅,也还是"藉教悟宗"、"依教明禅"而非"离文字"。而弘忍(602—675)在继承道信法统后,虽然也有"藉教悟宗"的思想,产生了由他弟子神秀的"渐修"法门。但他更主张"息其言语,离其经论",以及"直入法界"、"以心传心"。发展达摩"离文字"的教学路线,而成为以禅学到禅宗的过渡人物。因此他传法于慧能,而未传于神秀。慧能(638—713)认为"一切万法,尽在自心中,何不从于自心顿现真如本性(佛性)。"(《坛经》)所以他主张"指直人心,见性成佛"、"顿悟"的观点方法,开创了与"藉教悟宗"、"渐修"的传统禅学不同的"教外别传"的禅宗。

由于慧能不主张学习经典。故他在教学方法上,则常以自然、社会中的种种对立现象来启发学徒自悟其心。告诫弟子"若人问法,出语尽双,皆取法对"即可。在他的倡导下,慧能以后的禅宗各派大多采取了师资辩难、互换机锋这种着意辩对、启发自心的教学方式。这在临济宗(禅宗五大宗派之一)表现很充分。

该宗在说教中,分别"学人"的基础差异,提出了"四料简"与"四照用"的教学方法。临济宗认为,学人对"法执"(执著外物,也即外境)、"我执"(执著自我)的程度不同,所在教学中应分别对待。对于"我执"严重的人,应先破除其对于自我的执著("夺人不夺境"或"先用后照",夺即破,用对自我、照对外物,都是破义);对于"法执"严重的人,应先破除其对于外物的执著("夺境不夺人"或"先照后用");对"我"、"法"二"执"都很严重的人,就须同时破除对于自我与外物的执著("人、境俱夺"或"照、用同时");而对"我"、"法"都不"执"的人,则不须破除("人、境俱不夺"或"照、用不时"),还必须加以肯定。

还有一种用于师生(或宾主)之间,根据教学双方的学识水平进行平等教学的方式,叫"四宾主"。即,如果在教学问答中问学者水平高,教师不行,叫做"宾看主";反之则叫"主看宾";水平都不错,叫"主看主";水平都很差,叫"宾看宾"。总之,在教学问答中,只要观点明确,态度坚决,就是"升堂入室"的"主"人,反之就是"门外汉"("宾")。

以上三种教学过程中,都不借经典(经教),而是运用"机锋",即因人因时因地的一种宗教教学方法,他们叫做"对病施药"。从教学方法上说,也并非全无可取之处,至少含有启发教育、教学平等的合理因素。但也正因为禅宗大师们只注意一味偏重机锋辩对而不重视经典文字,结果也产生了许多只是讲究看话头、当头棒喝的粗劣做法,造成很大的流弊。以至于到了明代,禅师们不得不出来重提经教,要求注意文字教育,以改革佛教教育的衰微局面。

然而,禅宗的"见性成佛"及其力主"顿悟"、辩对机锋的教学方式,毕竟为中国封建教育输入了新的血液,它为儒学教育的复兴与宋明理学教育提供了思想资料,构成了从玄学教育到理学教育的中间环节,丰富了中国古代传统教育的思想与方法。

诚然,从儒家教育思想的本身发展来说,隋唐时期尽管谈不上丰富多彩,但也有一定的贡献。如韩愈对于儒家道统的确立,关于"圣人无常师""弟子不必不如师,师不必贤于弟子"及对于以"传道,授业,解惑"为内容的传统师道的建立,并对佛老的批判等,都在中国古代教育思想史上具有重要的地位。但从当时教育思潮的特征来看,民族教育的融合,三教教育思想的会合是其根本的特征。儒家教育的复兴亦是如此,除韩愈之外的各位教育思想家,王通、李翱、柳宗元、刘禹锡等都曾为之努力过,李翱是其中的突出代表。李翱的教育思想并不单纯是他个人所为,更重要的是整个社

20世纪儒学研究大系

会思潮所致。从此推论,佛教乃至道教的教育思想都是隋唐教育思想中的有机部份,如果说李翱等人的教育思想是三教混合的产物,那么宋明理学教育实是这种混合的最终成果。佛道的教育思想改变了儒学的原来方向,而李翱的教育思想便是这种新方向的代表。宋明理学教育则是对这种新方向的确立。理学家们总结了三教融合的长期过程中的经验,在整合的基础上重新树立了儒学的形象。因此可以说,宋明理学教育是三教教育思想一体化的产物,它构成了一种新的教育意识形态,从而在保存了儒学的内核中,完成了三教融合的工作。

（录自丁钢《中国佛教教育——儒佛道教育
比较研究》,四川教育出版社,1988年）

丁钢（1953—）,黑龙江大学哲学系毕业,在华东师大古籍研究所获硕士学位,在华东师大教育科学研究所获中国教育史博士学位。现为华东师大教授、博士生导师、教育科学学院院长、普教研究中心主任。

本文对隋唐时期儒道佛三家教育思想的异同、相互影响与混合进行了探讨。作者指出,李翱等人的教育思想是三教教育思想混合的产物,后世宋明理学中的教育思想就是三教教育思想混合的最终成果。

论林兆恩的三教合一思想

林国平

在明代中后期的福建,出现了两位颇有影响的历史人物,一是李贽(1527—1602年),一是林兆恩(1517—1598年),他们被正统儒者诋为"闽中二异端"(《静志居诗话》卷十四)。关于李贽的研究,学术界不乏其人,而对林兆恩的研究,却很少有人论及。本文就林兆恩的三教合一思想作初步探讨。

一、林兆恩的生平及其著作

林兆恩,字懋勋,号龙江,又号子谷子,晚年门徒称之为夏午尼氏、三教先生、三一教主。生于明正德十二年,卒于明万历二十六年。林兆恩出身于世宦之家,其远祖林苇是唐代端州刺史,其七世祖林洪、祖父林富、叔父林万潮、长兄林兆金均为明代进士。生活在这样一个世代以读书求仕进的家族中的林兆恩,从小就接受封建文化熏陶,六岁读书,十八岁被拔置为高等补邑弟子员,并"有声黉序间,如经义论表,传赋书辞,皆彬彬乎迈秦汉而上之"(《林子本行实录》)。但仕途坎坷,屡应乡试均名落孙山。三十岁时,林兆恩又一次满怀信心参加省试,亲友也"咸以魁解期之",结果又是"放榜不与焉"(同上)。这一次落第使林兆恩在精神上受到了沉重的打击,回莆田后就毅然放弃了举子业,"锐志于心身性命之学,遍叩三门,自兹始也"(同上)。他企图以隐居山林,寻师访道来了此一生,求得个人精神的解脱。"数年间,如痴如醉,如颠如狂,凡略有道者辄拜访之,厚币之。或邂逅儒服玄装,虽甚庸流,亦长跪求教,故莆田人咸以教主为颠。"(同上)在他广泛接触三教九流的过程中,他对当时的儒道释三教产生了怀疑。他在回顾这段学道的经历时说:"(兆恩)弃举子之学,而从儒者讲道,徒见其详于手容足容之间,掊析支离之陋,恐孔门授受之指似不如此也。乃复弃去儒者之学,而从二氏者流,徒见其溺于枯坐顽空之习,搬精闭气之术,又恐释迦老子之道似不如此也。忧愁愤闷,殆若穷人之无所归焉。"(《林子年谱》)就在这个时候,林兆恩遇到了所谓"明师"的教导,"直指此心是圣",又"幸闻三教合一之旨,其于孔子之一贯,老子之得一,释氏之归一,颇能通其理而会其机矣"(同上)。经过"明师"的这一指点,林兆恩的思想发生了根本性的变化,终于走上了三教合一的思想道路。

嘉靖三十年,林兆恩三十五岁时,开始创立三一教,毕生从事三教合一的理论阐述和传播,门徒成千上万,分布在以福建为中心的江南数省。《闽书》载:"莆田从兆恩者,所谓与夫子中分。鲁江以南,方内方外,闻风麇至,北面师之,称三教先生。"(卷一二九,《林兆恩传》)由于林兆恩"随在与门人讲解,论答之言即为门人录而梓之,……或以各见编摘成集",因此出现了许多种"标名各别,卷帙浩繁,往往重叠混淆,散乱无纪,观者病之"的集子(《林子三教正宗统论》册一《目录纪因》)。林兆恩有见于此,于万历二十二年命其最得意门徒卢文辉"删改而编定之"(《林子本行实录》),辑成《林子三教正宗统论》三十六册。

二、林兆恩的三教合一思想

《林子三教正宗统论》大小著述八十多种,内容十分庞杂,但全书始终贯穿着三教合一思想这一主线。林兆恩三教合一思想的理论基础是阳明心学，他几乎全盘继承了王阳明的宇宙观和认识论，鼓吹"心"是宇宙的本源，人之心本然具足，不必向外追求，把人的认识归结为去掉"昏蔽"之"物欲"，以发明本心。诸如此类的言论在林兆恩的著作中随处可见，因此清代学者徐珂就认为林兆恩是属于"姚江别派"（《清稗类钞》宗教类）。

在阳明心学的理论指导下，林兆恩继承并发展了前人的"道一教三"的三教合一基本理论，认为唐虞三代和孔老释迦之时，教出于一，孔子之教并不名儒，老子之教并不名道，释迦之教并不名释，"无有乎儒道释三教之异名"（《林子三教正宗统论》册十四《道业正一篇》，以下凡引《林子教正宗统论》一书，只注册数、篇名），因此道术大明于世，天下安定繁荣。孔老释迦之后，由于后世学者"不知根本之学，不悟心性之原，徒以小慧私知揣度而臆逆之，以各趋邪径，以各相雄杰也"（册三十一《醒心诗摘注》），背离了孔老释迦之道，才分裂出儒道释三教。他们各立门户以自高，各执偏见以相诋，是非舛错，迷谬愈深，"若世之所谓释流者，以断灭为宗，入于幻焉，而非释也；道流则以迂怪为高，入于诞焉，而非道也；儒流则以习威仪腾口说为事，入于辟焉，而非儒也（册一《倡道大旨》），"以致道术不明于世，人心不古，社会动荡不安。所以林兆恩认为，要恢复唐虞三代那样的盛世，唯一的途径就是必须把已经分裂了的儒道释三教合而为一，"述而非作，而变而通，似有出于一人之所建立者，不知有儒，不知有道，不知有释，而为教之一也。非今非古，无是无非，此余三教合一之本旨，而非矫世以为异也。"（册一《三教合一大旨》）

那么，林兆恩是怎样建立起三教合一的思想体系呢？林兆恩认为，三教合一最关键的是要把三教统一在共同的本源"心"之上。在林兆恩看来，"心"不但是宇宙万物的本源，也是三教的本源，所谓"心一道一,而教则有三,譬支流之水固殊,而初泉之出于山下者一也"(同上)。"故孔子老子释迦,为万世而生,以开心学之源。而天下之道,亦未始不同归而致一矣。"(册二十五《孟子正义〉上)林兆恩这里所说的"心",不仅超越了三教祖师孔老释迦之上,而且还超越了三教经典的权威之上。他说:"儒之《六经》,道之《道德经》,释之《心经》、《金刚经》,皆说心性之理,又从心性中发出来,篇章虽繁,不过为后人之印证耳。"(册三十一《醒心诗摘注》)

然而在林兆恩看来,具有至高无上的这一"心"并不是孔老释迦这样的大圣人所独自占有的,而是天下万世人都具备的。他认为,每个人的心都与孔老释迦一样,"至理咸具,欲为儒则儒,欲为道则道,欲为释则释,在我而已,而非有外也"(册一《三教合一大旨》)。又说"圣人之道,人人具足"(册二十七《预章答语》),"吾心一圣人也"(册十四《道业正一篇》)。而圣人之所以不多见,根本原因在于"常人屈于物欲而不识心也,学者溺于所闻而不识心也"(册七《心圣教言》),从而丧失了心之虚明的本体。因此,要希贤希圣希天,关键在于向内反省,去掉"昏蔽"心之虚明本体的"物欲"和"所闻",发明本心。

林兆恩进而认为,要恢复心之虚明的本体,单纯依靠三教中的任何一教的内心修养方法是无法实现的,唯一的途径是要把三教有机地联系起来,使三教之道混于一身之内,互相贯通,融为一体。他一方面继承了"道一教三"的理论,另一方面又采取"而变而通"的办法,把"教"分为"立本"、"入门"、"极则"三部分,以儒家的纲常伦理为"立体",以道教的修身炼性为"入门",以佛教的虚空本体为"极则",认为要恢复心之虚明的本体,必须先立本、次入门、终极则,循序渐进,既缺一不可,又不能超越阶段。他说:"今以余之教言之,始之以立本,以明人伦也。既明人伦以立本矣,则必继之以入门,以明心法矣。既明心法以入门矣,则必终之以极则,以体太

虚也。故人伦未明,而曰我能明心法者未也。心法未明,而曰我能
体太虚者未也。故教之所当先者先之,而先其所不得先也。教之
所当后者后之,而后其所不得不后也。本末兼统以无遗,始终条理
而不紊。昔统之而一者,既已分之而三。今分之而三者,乃复统之
而一。三教既一,风俗自同,不矫不异,无是无非,太初太朴,浑浑
熙熙。此余三教之大都,合一之本旨也。"(册一《三教合一大旨》)

　　林光恩的这种通过内心修养的途径把三教合而为一的思想主
张,集中地体现在他对门徒的个人内心修养的具体规定上。凡是
初来受业的门徒,林兆恩首先要求他们严格地按照儒家的纲常伦
理的有关规定进行修养,"以三纲五常为日用,入孝出弟为实履,士
农工商为常业,修之于家,行之于天下,以为明体适用之学也。至
于义利之辨不可不明也,沉湎之凶不可不戒也,方刚之气不可不创
也。嗣续纲常,固于人为最重,而淫邪之僻亦不可不惩也。"(册六
《诸生疏启》)这就是三一教徒修养的第一阶段,即所谓"立本"工
夫。当门徒完成了上述的修养工夫后,才可以相继进入第二阶段
的"入门"和第三阶段的"极则"的内心修养。"入门"和"极则"的修
养方法和要求集中地体现在林兆恩的"九序心法"上。其中一序
"艮背,以念止念以求心",二序"周天,效乾法坤以立极",三序"通
关,支窍光达以炼形",四序"安土敦仁,以结阴丹",五序"采取天
地,以收药物",六序"凝神气穴,以媾阳丹"是属于"入门"阶段的六
个逐渐深化的修养步骤。这六序基本上承袭了道教的以神为用,
养神炼精,炼精化气,炼气化神,炼神还虚的内丹理论。完成"入
门"阶段的修养后,还必须经过七序"脱离生死,以身天地"和八序
"超出天地,以身太虚"的两个修养步骤,最后才达到九序"虚空本
体,以证极则"的最高精神境界(册六《九序摘言》)。第九序与佛教
的无余涅槃的境界相仿,而第七序、第八序则是道教的气神互凝,
结成金丹的境界向佛教的无余涅槃的过渡阶段。林兆恩认为,通

20世纪儒学研究大系

过立本、入门、极则三个阶段循序渐近的内心修养,就可以把三教之道混于一身之内,恢复心之虚明的本体。

林兆恩在论述儒道释个人内心修养的三个不可缺少的有机组成部分之后,进而从立身处世的角度论述了世间法和出世间法一体化的问题。林光恩既反对儒家片面强调世间法,也反对道教、佛教片面强调出世间法,认为世间法和出世间法不可偏废,"知经世而不知出世,有用而无体也,其流必至于刑名而术数;知出世而不知经世,有体而无用,其流必至于荒唐而枯槁。"(册三十四《世出世法》)他强调以修身齐家治国平天下为基本内容的儒家的世间法,和以心身性命之学为基本内容、以解决个人生死为目的的道释二教的出世间法,是每个人立身处世的两个不可缺少的有机组成部分,但二者又不能是同行并重的,而应该以世间法为先、为重,兼之以出世间法。在林兆恩看来,"不知世间法,则不可为人"(同上),更谈不上成仙作佛了,"自古至今,未有不忠不孝而能成仙作佛者,以人道至重故也"(册六《疏启条答》)。因此他要求门徒在内心修养的过程中,必须自始至终地立足于社会生活,周旋于人伦日用之间,既要在世间以了世间法,也要在世间以了出世间法。即使完成了内心修养的全过程,恢复了心之虚明本体,林兆恩仍然要求他们必须继续立足世间,将解决个人生死大事与齐家治国平天下有机地结合起来。林光恩在强调世间法对立身处世的重大意义的同时,也肯定了出世间法对立身处世的积极作用。他认为要完成世间法,必须要有出世间心(即"其心不著于世间也")作为精神支柱。因为有了出世间心,"然后可以声色不迩,货利不殖,而诸凡世间琐琐不美之事,悉皆不足以入其心";"可以外生死,杀身成仁,舍身取义";"可以忘是非,而多口有所不恤";"可以定危疑,而宠辱有所不惊";"可以善养吾浩然之气,配义配道,而塞乎天地之间";"可以包括乎天地,可以同体乎太虚"(册三十四《世出世法》)。

按照林兆恩世间法和出世间法一体化的理论,世间法相对于出世间法来说较为重要,因此林兆恩认为释迦、老子之教虽然也包含有世间法,但主要是出世间法,不适宜于民生日用和治国平天下。而孔子之教侧重于世间法,又兼之以出世间法,因此"最切于民生日用之常,而不可一日无焉"(册一《三教合一大旨》),而且"从古以来,所以治天下国家者,真有不能外于孔氏之教矣"(册一《三教正宗统论自序》)。所以,嘉靖四十四年,林兆恩在三教合一的基础上,又提出"归儒宗孔"的口号。

林兆恩的"归儒宗孔"的口号似乎与他的三教合一论相矛盾,其实不然。首先,林兆恩创立三教合一论并不单纯为了个人的内心修养和立身处世,更重要的是为当时的政治服务,而在林兆恩看来,孔子之教既"最切于民生日用之常",又是"治天下国家者"所"不能外"的学说,因此按照其思想逻辑必然会得出归儒宗孔的结论。其次,林兆恩的归儒宗孔的口号是针对当时的儒道释三教而提出来的,他一方面站在他所理解的孔子之儒(以世间法为主,兼之有出世间法)的立场上,用心身性命之学来反对"习威仪腾口说"的所谓后世之儒(实际上是程朱末流),主张后世之儒也要归于孔子之儒;另一方面又站在正统儒家的立场上,用纲常礼教来反对道释二教不论纲常伦理,不论士农工商,主张后世道释二教也要归于孔子之儒。特别应该注意的是,林兆恩这里所说的孔子之儒既不是春秋时期的孔子学说,也不是后世儒学者所鼓吹的孔子之儒,而是一种以儒家的三纲五常为常德,以士农工商为常业,兼及道释二教的心身性命之学的三教合一思想体系,他说:"然孔子之儒之所以可宗者,心身性命之学也,三纲五常之德也,士农工商之业也,此盖咸备于孔子之教,而见之《六经》、《四书》者,灿然而可考矣。"(册十《书三教会编卷端》)又说:"释老精微之致,孔子兼之矣。"(册二十二《论语正义》下)还有必要着重指出的是,林兆恩这里所说的

"宗孔",并不是真正以孔子为宗,而实际上是以"心"为宗。他说:
"夫孔子之所以可宗者,以孔子之所以圣者心也。"(册二《宗孔堂》)
又说:"余之所以为学者,宗孔也。余之所以宗孔者,宗心也。"(册
一《倡道大旨》)还说:"途人之心皆孔子也,故宗孔子者,宗心为
要。"(册三十《续稿》)可见,林兆恩的归儒宗孔,实际上是要把儒道
释三教归于他所创立的以"心"为宗,世间法和出世间法一体化的
三教合一的思想体系之上,只不过林兆恩打着孔子和孔子之儒的
旗号,没有勇气直截了当地说出来罢了。

综上所述,林兆恩的三教合一论是一种以阳明心学为理论基
础,以儒家的纲常礼教为"立本",以道教的修身炼性为"入门",以
佛教的虚空本体为"极则",以世间法和出世间法一体化为立身处
世的准则,以归儒宗孔为宗旨的三教同归于"心"的思想体系。这
一思想体系大致可以图解如下:

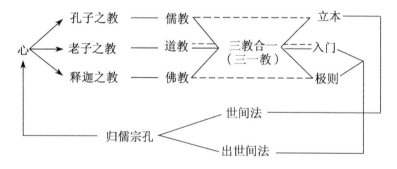

三、林兆恩三教合一思想的特点

三教合一论由来已久,早在东汉末年牟子的《理惑论》中就有
了三教合一思想的萌芽。魏晋南北朝时期,三教合一论开始出现,

如晋之孙绰、宗炳,南朝的周颙、张融、顾欢,北朝的颜之推等皆有是说。隋唐时期,三教合一论逐渐流行,如王通、司马承祯、神清、宗密、柳宗元、刘禹锡、白居易等都主张三教合一或儒佛融合、儒道合一。两宋金元时期,三教合一论更加流行,诸如北宋宰相张商英、南宋宰相李纲、元朝中书令耶律楚材,宋代名僧契嵩、智圆,道士张伯端、王重阳及其全真道,元代名流刘谧、道士陈致虚等等无不公开倡导三教合一。至于宋儒大量偷运道释二教的思想内容,更是众所周知的事实。到了明代,三教合一论继续发展,隆庆、万历年间,"三教合一之说倡言无忌"(《陆桴亭遗集》卷一),汇合成一股强大的社会思潮。

三教合一论虽然不是林兆恩独创,但他的三教合一论有其特点,比起前人前进了一大步,是我国古代三教合一思想发展史上最重要的环节之一。

1. 在历史上三教合一论虽然不乏其人,但大多只是片言只语,并没有形成比较完整的、系统的三教合一思想体系。宋明理学家虽然大量偷运佛道二教的思想内容,吸收它们的一些修持方法,但他们在表面上仍排斥佛道二教,就是王阳明也不敢公开倡导三教合一。而林兆恩毕生致力于公开倡导三教合一,其著作洋洋大观百余万言,自始至终贯穿着三教合一这条主线,创立了一个比较完整、系统的三合一思想体系。像他这样庞大的三教合一思想体系,据笔者所知,前无古人,后无来者。因此似乎可以这么说,林兆恩的三教合一思想体系既是魏晋以来儒道释三教逐渐融合的产物,又是魏晋以来三教合一论的集大成者。

2. 林兆恩之前的三教合一论主要是从政治作用的角度把三教合而为一。一般认为,三教虽同源于"道",但各自所包含的内容和所起的作用根本不同,儒教是"外王之学",道释二教是"内圣之学",儒教可以治世,道教可以治身,佛教可以治心,三教各有所用,

20世纪儒学研究大系

对于封建统治来说缺一不可。因此,他们仍然维持着三教的门户。并认为在个人内心修养上,只要按照各自所属的教门的有关规戒修行,就可以达到圣人或神仙、佛的最高精神境界,不必要再经过其它二教的修炼过程。这种三教合一论,实际上并没有消除三教之间的严格差别,也没有冲破三教之间的隔阂,可以说只是一种不彻底的、外在的三教合一论。

到了明代中后期,由于阳明心学的出现和流行,为打破三教之间的门墙壁垒,克服三教之间的严格差别提供了最有力的武器。三教合一论开始由不彻底的、外在的统一转向彻底的、内在的统一,即从政治作用的角度把三教合而为一转向从内心修养的角度把三教合而为一。林兆恩是实现这一转变的最重要代表。他依靠阳明心学无限夸大的自我,自由地解释三教经典,一方面企图消除三教之间的严格差别,认为三教不但所奉行的"道"是同一的,而且它们所包含的内容也基本相同,所不同的只是各自的侧重点有所差别而已。孔子之教侧重于纲常伦理以立本,兼之有修身炼性以入门,虚空本体以极则的内容;老子之教侧重于修身炼性以入门,兼之有纲常伦理以立本,虚空本体以极则的内容;释迦之教侧重于虚空本体以极则,也兼之有纲常伦理以立本,修身炼性以入门的内容。极力反对孔子之教专在于纲常伦理,老子之教专在于修身炼性,释迦之教专在于虚空本体的传统理论。在世间法和出世间法问题上,林兆恩也极力反对把孔子之教截然划归于世间法,把老子之教、释迦之教截然划归于出世间法的传统作法,认为孔子之教虽侧重于世间法,但也包含有出世间法,老子之教、释迦之教虽然侧重于出世间法,但都包含有世间法。另一方面,林兆恩力图冲破三教之间的隔阂,极力反对把三教割裂开来然后从外在的立场把它们拼凑起来的三教合一论,认为三教之间是互相联属、互相贯通的。他在分析自己的三教合一论与前人的不同时指出:"《平心论》

尝曰:'儒以正设教,道以尊设教,佛以大设教',余则以为正而未有
不尊,尊而未有不大者也。宋孝宗《原道辨》曰:'以佛治心,以道治
身,以儒治世。'余则以为治世而未有不本于治身,治身而未有不本
于治心者也。若李士谦之所谓'佛日也,道月也,儒五星也',张商
英之所谓'儒疗皮肤,道疗血脉,佛疗骨髓',亦岂知三教之道同归
而一致哉?近世有好持论而自奇者,谓一日之间,能寂灭者佛也,
能虚无者道也,能事事者儒也。岂不以三教之道合之一人之身,随
时而为儒,随时而为道,随时而为释?余则以为三教之道混于一身
之内,无适而非儒,无适而非道,无适而非释。盖能寂灭,便能虚
无,能虚无,便能事事也。"(册十三《三教会编》卷九)可见,在林兆
恩的思想体系中,三教之间的严格差别被克服了,三教之间的门墙
壁垒也被冲破了。因此可以说,林兆恩的三教合一论比前人更为
彻底。

3. 以往的三教合一者,没有一个人敢于否定道释二教的超自
然力量的"神"和彼岸世界的宗教观,林兆恩则不然,他吸收了道教
的内丹理论和佛教禅宗的思辨哲学,但摈弃了道释二教的鬼神和
彼岸世界的宗教观,并提出了一些颇有价值的见解。

首先,林兆恩否定了长生不死、羽化飞升的说教。他认为,人
体的死亡是一种不可抗拒的自然法则,说:"夫人之大常,生而少
壮,转而为衰老,转而为死亡,圣凡之所共也,上智之所弗幸免焉者
也。"(册十《三教会编》卷一)就是黄帝、老子、释迦、孔子也"无羽化
飞腾之术,又无长生不死之诀"(册二十八《破迷》),后世道士僧尼
以入山出家修道来了生死,希慕由此而长生不死,羽化飞升的坐
化,都违背了黄老释迦的宗旨。他极力主张将解决生死大事寓于
修身齐家治国平天下之中,认为人生在世,如果能建立丰功伟绩,
或创立具有巨大而深远影响的学说,或树立起高尚的道德情操的
话,那么他的躯体虽然死亡了,但后人怀念他的丰功伟绩,遵循他

的学说,景仰他的道德情操,在这个意义上说,他的精神并没有随着躯体的死亡而死亡,而是"炯炯不昧,万世如在也"(册三十一《醒心诗摘注》)。林兆恩这种变道教、佛教以出世来解决生死的消极人生观为入世的向上进取的积极人生观的思想,是相当可取的。

其次,林兆恩否定鬼、神、仙、佛等超自然的主宰。他认为,所谓鬼只不过是人做了亏心事,惶惶不安而产生的一种幻觉而已,"盖心中自邪,即是心中自鬼也"(册三十《续稿》)。并公开宣称"尚鬼之俗,真为可笑"(册四《崇礼堂》)。对于所谓仙佛,林兆恩也认为它们只不过是道士僧尼由于废寝忘食地日夜念经,过于疲劳而眼花缭乱造成的一种幻觉而已(册二十八《念经辨惑》)。在林兆恩看来,神、仙、佛的实际意义,并不是道士僧尼所鼓吹的超自然的主宰,而是人通过修心养性,使精神达到某种特殊的境界——心之虚灵知觉而已。尽管林兆恩只限于从生理的角度分析鬼神仙佛产生的原因,没有触及鬼神迷信产生的社会根源这一实质,但作为三教合一者,能做到这一点已经是十分难能可贵的了。

再次,林兆恩还否定彼岸世界和生死轮回、因果报应的宗教观。他认为,道教的所谓蓬莱岛,佛教的所谓极乐国、天堂、地狱,不在彼岸世界,而在人的心中。人做了好事心情舒畅,就到了所谓蓬莱岛、极乐国、天堂。人做了坏事,惶惶不可终日,就是到了所谓地狱。同时林兆恩还否定佛教轮回、业报,认为"人生聚之成形,散则成气,聚而复散,散而复聚,轮回之旨也"(册二八《破迷》)。又说:"诸佛不说轮回,而说轮回者释流之弊也。"(册八《梦中人》)并认为以业报说来恐吓百姓"鄙陋甚矣"(册十二《三教会编》卷五)。总之,林兆恩虽然对道释二教的宗教观分析批判得还不够全面和彻底,但这在三教合一思想史上还是前所未有的。

四、林兆恩三教合一思想产生的社会根源

林兆恩之所以走上三教合一论这条思想道路,与他所处的特殊的社会历史条件有着密切关系。

林兆恩的学术活动正当嘉靖至万历年间。这个时期,明代统治集团的腐败已从各个方面表现出来,出现了相当深刻的政治危机。另一方面,资本主义萌芽也在这个时期出现,它标志着封建社会已经日薄西山。在这样的历史条件下,一些较有作为的地主阶级思想家深感不安,大声疾呼"今天下大势,如人衰病已极,腹心百骸,莫不受患"(《明史》卷二〇九《杨爵传》)。因此,他们怀着"救世"的抱负,企图从思想上寻找出路,为明代社会沉疴开方疗疾,以挽救明王朝统治危机。但是,当时的儒道释三教经过千百年的发展,已经走到了它的尽头,难以继续发展下去,必须有新的突破。而这个时期的资本主义萌芽又刚刚萌发,还十分微弱,不可能给他们提供多少反映新的生产关系的思想材料,早期资本主义启蒙思想体系的产生条件尚未成熟。在这一特定的历史条件下,他们想另辟蹊径,只好走上了三教合一这条尚有一定发展余地的折衷调和的学术道路。当时的学者何心隐毫不隐讳地宣称:"昔儒道释三大教门,孔子、老子、释迦已做了,今只有三教合一,乃第一等事业,第一大教门也。"(《林子本行实录》)何心隐的话反映了明代中后期思想界寻求出路的一般状况,带有明显的时代特征。明代中后期,由于阳明心学的出现并很快风靡一时,为贯通融合儒道释三教提供了最有力的思想武器。因此,三教合一论十分盛行,成为当时的社会思潮。《四库全书总目提要》称:"盖心学盛行之时,无不讲三教归一者也。"(卷五《杂家类存目》九)又称:"盖万历以后,士大夫操此论(三教合一论)者十之八九也。"(卷二十四《杂家类存目》二)

诸如与林兆恩同时代的王畿、胡直、焦竑、罗汝芳、管志道、袁黄、袁宗道、萧云举、王图、吴应宾、邹元标、袾宏、真可、德清等等都主张三教调和、三教合一。甚至连所谓"异端之尤"的李贽也著有《言善篇》、《三教品》、《三教归儒说》，主张三教并重，三教归一。特别值得指出的是，明代的三教合一思想不仅在士大夫、僧侣道士中间流行，而且也开始在民间传播开来。当时的寺观多置三教图或三教像。曹安在《谰言长语》卷三中记载："世之人，多以儒道释为图，或塑像于寺观。"专门供奉孔老释迦塑像的三教堂在明英宗时也出现，至明末清初"相沿成俗"（《梵天庐丛录》卷二十九）。总之，林兆恩的三教合一思想就是明王朝统治危机加深，资本主义萌芽微弱的历史条件下，以及在三教合一思潮的推动下产生的。

（选自《中国哲学史研究》1988 年第 3 期）

林国平，历史学博士，福建师范大学历史系教授、闽台文化研究所所长。著作有《林兆恩三一教》、《闽台区域文化》等。

本文对前人较少论述的林兆恩三教合一思想的基本内容、特点及其产生的社会根源进行了探讨。

佛教的人生哲学*
——兼论佛儒人生哲学之异同

方立天

探讨和分析历史上各种学派的人生哲学,对于我们建设新的人生哲学是有直接的借鉴意义的,因而也是一项重要的课题。本文着重阐述佛教的人生哲学,同时也兼论佛儒人生哲学的异同。

一、佛教的人生哲学

佛教的人生哲学,着重阐述人生的本质、意义、价值、命运,人生应当追求的理想境界,以及实现这种境界的道路和方法等问题,这是整个佛教教义的哲学基础,是佛教思想的核心内容。下面就几个基本问题来阐述佛教的人生哲学。

(一)人类在宇宙中的地位。

佛教提出了宇宙的有情识的和证悟得道的生命体共分十类的说法。中国佛教学者把十类定名为"六凡四圣"。所谓六凡,也称为"六道"、"六趣"、"有情"、"众生",指没有超越生死轮回、没有获

* 1988年6月下旬,《中国哲学史研究》编辑部召开了第九次夏季学术讨论会,本文系据在会上的发言整理而成。

得解脱的凡庸者。具体说,由高到低,六凡是指:

天:因天然自然,清净光明,非人类世间所能比拟,故名。指一般的神,也称"天神"。天又分若干层次,其中"四天王天"是最接近人间的,"三十三天"即"忉利天"是较高层次的天。这些天神都是护持佛法的护法神。天是六凡中最优胜高妙的,但还有升进与堕落,还受生死轮回法则的支配,并没有真正解脱。

人:人类,有智能,有意识,能作恶也能从善者。

阿修罗:梵文音译,略称"修罗",意译为"非天",是魔神。佛教说阿修罗的能力像天,但因多怒好斗,失去了天的德性,被撵出了天界。

畜生:也称"傍生",谓傍行的生类,指飞禽走兽,以及蜻飞蠕动、水游地藏的一切动物。

鬼:因恐怯多畏,故名为鬼。依赖子孙的祭祀,或拾取人间遗弃的实物而生活。鬼的种类很多,如大财鬼、小财鬼、多财鬼、少财鬼等。鬼中的药叉罗刹是有大威德者,而饿鬼是鬼中处境最糟糕的,常受饥渴,千年万载也不得一食,即使得了也立即为猛火烧成灰烬。鬼类中饿鬼最多,所以通常讲的鬼也就是指饿鬼而言。

地狱:这是六凡中地位最低、最为痛苦的受罪处。作恶多端、罪行累累的就在这里受惩罚。佛教通常谓地狱里面烈火熊熊,布满炽热的铜床铁柱,堕落在地狱里的要受火焚烧。地狱有三类,第一类是根本地狱,其中又分八热地狱和八寒地狱。如八热地狱中的第八阿鼻地狱,也称无间地狱,罪人在此受苦永无间断,最为痛苦。第二类是近边地狱,第三类是孤独地狱,在山间旷野、树下空中等处。

所谓四圣是指声闻、缘觉、菩萨和佛。声闻是指听闻释迦牟尼言教的觉悟者。缘觉是指独立观悟佛说因缘道理而得道者。菩萨发大誓愿要普渡众生到彼岸,是后补佛。佛是修持取得最圆满的成就,是大彻大悟者。这四者虽然修持成就的大小、觉悟程度的高低有所不同,但都是属于觉悟者,都已超脱生死轮回,是超凡入圣的圣者。

由上可知,人类是六凡中的一凡,在宇宙中的地位很低,表现出佛教蔑视人生的基本立场。但在佛教又把人置于六凡中的第二个层次,接近天神,在六凡中地位是较高的。佛教宣扬,人如果相信佛教,努力修持,就能经过"天"再上升成为圣者。这是佛教对人类的许诺,表现出对人类的重视和期待。

(二)人的本质。

人是什么? 佛教认为,人身是五蕴和合而成的生命体。"蕴",也作"阴",聚积的意思。五蕴是指构成人的五种要素、成份:色、受、想、行、识。"色",物质,此指肉体。具体说,包括地、水、火、风"四大"。皮肉筋骨属于地大,精血口沫属于水大,体温暖气属于火大,呼吸运动属于风大。四大和合,组成人的肉体。"受",指感官生起的苦、乐、喜、忧等感情感觉(名曰"情")。"想",是理性活动,概念作用(名曰"智")。"行",专指意志活动(名曰"意")。"识",统一前几种活动的意识。色是物质现象,受、想、行、识是精神现象。人有肉体,也有精神活动,人是物质现象和精神现象的综合体。佛教宣扬,人是五蕴和合而生,五蕴分散而灭,成坏无常,虚幻不实的。人犹如流动不息的水流和自生自灭的火焰,并没有固定的实体存在,五蕴最终要分离而消散,人根本就没有一个真实的本体存在。因此,人的本质是"无我"(无实体),是"空"。这里所讲的空,不仅是指人死亡后五蕴散灭是空,而且在未死亡时,也只是五蕴和合,也是空的。后者也是佛教最为强调的空的真正意义所在。应当承认,佛教对人是物质现象和精神现象的统一体的看法,是有道理的,但由此推论出人的本质是空的观点是不正确的。

(三)人的本性。

佛教教人修持成就为佛,这又必然要论及人有没有成佛的内在根据问题,也就是所谓佛性问题。佛性问题又和对人的本性染净、善恶判断直接相关,也就是要对人的本性作出道德评价。一般地说,佛教认为人的本性是清净的,后来还进一步强调人的本性是觉悟的,其所以没有成佛,是人受现实世间的种种不良影响,形成各种欲望,产生各种妄想,但是成佛的内在根据是存在着的。也有的佛教派别把人分为不同类型,认为有一种人作恶多端、反对佛教,不具有成佛的内在根据和可能。还有的派别认为人的本性有善有恶,是两重的,人的修行成佛的过程就是去恶从善的过程。总的说来,强调人的本性是清净、善良的,人人都有成佛的根据和可能,是佛教对于人性的基本观点。

(四)人生的价值。

佛教断定人生是"苦",人的生命、生存、生活就是苦,苦就是人的命运,就是人的价值。所谓苦,主要不是专指感情上的痛苦或肉体上的痛苦,而是泛指一种精神上的逼迫性,即逼迫恼忧的意思。佛教认为,一切都是变迁不息、变化无常的,广宇悠宙不外苦集之场。由于人不能自我主宰,为无常患累所逼,不能自主,因此也就没有安乐性,只有痛苦性。佛教对于苦作了各种各样的分类,但最通常讲的是八苦,具体指:

生苦:人未出生,十月住胎,俨如关在黑暗的地狱里,母亲喝热汤,就要备受煮烧。出生时,冷风触身,犹如刀刮。住胎出胎都受逼迫。

老苦:人至老耄,发白齿落,肌肉松弛,五官失灵,神智昏暗,生命日促,渐趋死亡。

病苦:一是身病,从头到脚,从里到外,"四大"不调,众病交攻,十分痛苦;一是心病,内心忧愁悲切,十分苦恼。

死苦:一因生命无常,命终寿尽而死;一因意外事故或遭遇灾难而死。

怨憎会苦：人们对主观和客观两方面都有所不爱,对于怨仇憎恶的人或事,本求远离,但是冤家路窄,仇人相遇,互相敌对的人偏偏要聚集在一起,憎恶的事偏偏要纷至沓来。

爱别离苦：人们对主观和客观两方面都有所不爱,但是偏要分离,难以相爱。如父子、兄弟、夫妇、朋友,情爱融洽,欢乐相处,然而终不免父子东西,兄弟南北,夫妇分居,骨肉分离,甚至祸起非常,造成生死离别的莫大痛苦。

求不得苦：人们的要求、欲望、喜爱,往往得不到满足,求之而不能得,甚至所求愈奢,愈不能得到,痛苦也愈大。

五取蕴苦：也称"五蕴盛苦"、"五盛蕴苦"。这是一切痛苦的汇合点,即所有痛苦都归结到五蕴的苦。五蕴与"取"(指一种固执的欲望,执著贪爱)联结在一起就产生种种贪欲,称为"五取蕴"。这里,"取"即执著是关键。有了五取蕴就会产生苦,生、老、病、死、憎会、爱离、所求不得七苦天天向着五蕴袭来,人的身心盛贮众苦,又称为"五蕴盛苦"。

八苦分为两大类,前四苦是自然生理现象,也就是说,人生的过程就是连续产生不同痛苦的过程。第五至第七苦,即和憎恨的事物联结在一起的厌烦、和所喜爱的事物离别的悲伤、不能满足所求的痛苦,是着重就社会现象、社会生活、人与人的关系讲的。佛教把前面七种苦最后归结为五取蕴苦,是为了说明：五蕴就是苦,执著、贪欲就是苦,人的生命就是苦,生存就是苦。

佛教还在时间和空间两方面把人生的苦加以扩大化、绝对化,宣传人生的过去、现在和未来三世皆苦。人生所面对的世界也是苦,"三界无安,犹如火宅",人间世界是火宅,是无边苦海。芸芸众生,困陷于熊熊火宅之中,备受煎熬;沉沦在茫茫苦海之中,尽受苦难。

人生的苦的命题,是佛教对人生价值的总判断,是佛教人生观的理论基石。

佛教还详尽地阐发了人生痛苦的原因,归结起来主要是两条:无明和贪欲。无明即无知,对佛理的无知。这种无知主要表现在两个方面,一方面,人生由五蕴和合而成,是"无常"的,终归要死灭的,而人往往企求人生有常,这是一种很大的无明;又一方面,人生由五蕴和合而成,是没有实体的,没有实体也叫"无我",而人往往坚持有我——永恒不变的实体是实有的,这又是一种很大的无明。贪欲,指生理欲望、物质需求。人都追求感官的刺激、享受,对外界可以享受的一切,周遍驰求,执著不放。欲望本身就带来不幸,欲望不可能都得到满足,欲望必然给人带来种种痛苦。佛教着重从认识和欲望两个方面探求了人生痛苦的原因。

(五)人生的理想境界。

佛教把人生的趋向归结为两条相反的途径:一是人生的需求往往由于自身的原因或和环境不协调而产生种种痛苦,人们又不了解它的原因,找不出解决的办法,只好随波逐流,听任命运的安排,陷入不断轮回之中,称为"流转";二是对"流转"的生活采取相反的方法,破坏它,变革它,使之逆转,称为"还灭"。这就是所谓人生行事的两个相反系列,后者也就是佛教教人追求达到的人生最高理想境界。

原始佛教借用婆罗门的涅槃概念来标明佛教的最高理想境界,佛教所讲的涅槃,总的说是指灭除一切烦恼,灭除生死因果的意思。佛教各派对涅槃的看法并不相同,涅槃有不同的涵义和类别。重要的有有余涅槃、无余涅槃、实相涅槃和以返归本性为涅槃等。

小乘佛教提出有余涅槃和无余涅槃的主张。有余涅槃是指断除贪欲,断绝烦恼,即已灭除生死的因,但作为前世惑业造成的果报身即肉身还在,仍然活在世间,而且还有思虑活动,是不彻底的涅槃。无余涅槃是相对于有余涅槃而言,是比有余涅槃更高一层的境界。在这种境界中,不仅灭除了生死的因,也灭除了生死的果,即不仅原来的肉体不存在了,而且思虑也没有了,灰身(死后焚骨扬灰)灭智,生死的因果都灭,不再受生,是更高的理想境界。

大乘佛教中观学派反对小乘佛教以无余涅槃作为人生的最高理想境界。此派突破小乘佛教的思想模式,从新的角度提出新的主张。他们认为涅槃和世间的本性是一致的,两者都是"空",也都是不可言说的"妙有",是完全统一的。他们批评小乘佛教不懂得这个道理,厌恶和离弃世间,去追求超世间的涅槃,这样就不能真正达到涅槃境界。中观学派认为,众生所追求的目标应该是正确认识一切事物实相,实相就是本来面目,就是毕竟空,认识到一切事物是空无自性的,还事物以本来的清净面目,并且加以实际运用,也就是去掉一切戏论,"显示实相"。实相就是涅槃的内容,涅槃境界就是对实相的认识和运用,这就是实相涅槃。

中国禅宗以性净自悟为立宗的理论基础,强调众生的本性是清净的,众生之所以不是佛是由于本性受到妄念的蒙蔽,一旦去掉妄念,返归清净本性,众生就是佛。禅宗是以认识、觉悟、体验众生自身的本性,作为人生的最高理想境界的,这和印度佛教的涅槃观念是颇不相同的。

(六)人生的解脱途径。

佛教对于达到人生的最高理想境界的途径和方法,论述很多,各派的说法也不尽一致,其中最有代表性的主张是戒、定、慧"三学"。

戒是指佛教为出家和在家的信徒制定的戒规,借以防非止恶,从是为善。这既是个人修持的基础,也是维护僧团集体生活的纪律。戒有多种,多至比丘戒250条,比丘尼戒348条。戒律中最基本的是五戒:即不杀生,不得杀害任何生命;不偷盗,不得偷窃抢夺他人的财物;不邪淫,在家信徒不得乱搞男女关系,出家信徒更是应当不淫;不妄语,不得说假话;不饮酒,以免刺激神经,保持头脑清醒。

定即禅定,指心专注一境而不散乱的精神状态,也是为获得佛教智慧、功德、神通而修习所生的工夫。禅定的种类很多,如"四禅",是用以对治妄惑、生诸功德的四种基本禅定,其内容为:初禅,由寻求伺察而厌离充满食欲和淫欲的众生所居的境界,以产生喜乐的心情;二禅,进一步断灭以名言为思虑对象的寻求伺察作用,在内心对佛教形成坚定的信仰,并产生新的喜乐;三禅,舍去二禅所得的喜乐,住于非苦非乐的境地,并运用正念正知,继续努力修习,从而产生"离喜妙乐";四禅,舍弃三禅的妙乐,唯念修养功德,由此而得"不苦不乐"的感受。四禅就是经过四个层次的禅定,引导众生脱离欲界感受,专心于佛教的修养功德,而形成一种"不苦不乐"的特殊的心理感受。

慧,指能使修持者断除烦恼、达到解脱的佛教智慧。佛教通常把智慧分为三种:闻所成慧,指听闻佛法所得的智慧;思所成慧,依前闻所得慧而进行深思熟虑,融会贯通,是得于自己思索的智慧;修所成慧,依由闻和思所得的智慧,修习禅定,从而证悟人生和宇宙的实理,即得于证悟的智慧。

佛教强调戒、定、慧三学是统一的,由戒生定,由定生慧,由此智慧而断绝一切无明烦恼,进入涅槃境界,成就为佛。

以上阐述的佛教关于人类在宇宙中的地位、人的本质和本性、人生的现实价值和理想价值以及实现理想境界的道路的学说,构成了佛教人生哲学体系的基本内容。

二、佛儒人生哲学的异同

佛教和儒学几乎是同时在公元前 6—前 5 世纪出现的思想学

说,是人类文化在古代东方的早期结晶,两者遥相辉映,分别蔚成世界性的巨大学派和文化圈。儒学和佛教探讨的对象都是人,都是对人生的一系列基本问题作出独特的说明,各自构成了一套人生哲学体系。由于地理、历史和传统等因素,佛教和儒学在人生哲学问题上,虽有相通之处,但总的说来相距甚远。

(一)相异之点

1. 关于人类在宇宙中地位的异说:如上所述,佛教比较贬低人类在宇宙中的地位,儒家不同,重视人在宇宙中的地位,称人和天、地为"三才",又强调人优于禽兽,为万物之灵,带有人本的色彩。同时儒家倾向于人在人伦关系网中存在的意义,而比较忽视个体存在的价值。总的说来,在这个问题上,儒家的观点是比较合理和正确的。此外,佛教又认为,在六凡中天过于享乐,不会修行,畜生、饿鬼、地狱则太愚蠢,难得有机会修行,只有人身难得,可以修行,即重视人的地位的转化,教导人由凡转圣,这又和儒家重视对人的教化有相似之处。

2. 关于人生价值的异说:佛教认为,人的肉体是"臭皮囊",污秽之物。它还从变化、流动,即无常的视角去观察人生,强调人及其所处的环境都处于不断变化的过程中,人的生、老、病、死,作为生理规律是不可改变的。人类对自由、快乐的主观追求,与不断变化的客观现实形成冲突,这都造成矛盾的人生、痛苦的人生。儒家和佛教的看法不同,认为人生是乐,主张"自乐其乐","乐知天命"。孔子说:"知者乐","仁者不忧","君子不忧"。他还赞扬弟子颜(回)渊贫居陋巷,箪食瓢饮,安贫守俭,而不改其乐。后世儒家更有"寻孔颜乐处"之说。孟子说:"反身而诚,乐莫大焉"。他主张"与民同乐",说"君子有三乐":"父母俱在,兄弟无故","仰不愧于天,俯不怍于人","得天下英才而教育之"。佛教与儒家对人生价值的截然相反的看法,实际上反映了人生现实价值的不同方面。

3. 关于人生理想价值的异说:佛教认为人生是痛苦,人间世界是苦海、火宅,要求出家脱离日常生活,进而超脱现实世界,成就为佛。也就是以涅槃、解脱为人生最高理想境界。儒家重视人的地位并赞美人生,所以也重视社会组织和人与人的关系,即社会内部整体的事情。由此,人生的理想是修身、齐家、治国、平天下。也就是要立德、立功、立言,即提倡所谓"三不朽"。虽然佛教和儒家都重视精神境界,在价值取向上有近似之处,但是,儒家是积极涉世、入世的,具有强烈的现实性和政治性,佛教是超世、出世的,具有鲜明的虚幻性和超俗性,两者形成了尖锐的对立。

4. 关于人的生死的异说:佛教与儒家对人生价值和理想看法的不同,有其深刻的认识论根源,即对人的生死有不同的了解和态度,由生死问题的不同看法又必然引出鬼神问题。生死、鬼神问题,是牵动人们情志不安的大问题。佛教大讲"生死事大,无常迅速",宣传因果报应,轮回转世,强调人死后将按照生前的善恶行为而转化为另一种生命形态。儒家不同,一般地说,儒学认为人是由气构成,人的生死是气的聚散,有生就有死是自然现象。孔子关注人生,不重视人死,"未知生,焉知死?""未能事人,焉能事鬼?""敬鬼神而远之",独重现世而不讲来世。佛教重视人死的问题,由此又生出一套鬼神系统,儒家重视人生的问题,由此又从原则上排斥灵魂鬼神之说,这也是佛教与儒家带有根本性的差异。

由上可知,佛儒两家在人生的根本问题上的观点是对立的,人生价值观念的不同,导致佛儒的对立,以致长期来多数儒家学者对佛教持排斥的态度;也导致佛教不断地自我调节和改造,竭力和儒家的价值观念相协调,如禅宗等以返本归原为人生理想境界,又和儒家在人生哲学理论方面形成了互补的格局,对古代不同类型的人们发挥了支配人生道路的作用。

(二)相似、相通、相同之点

　　佛教和儒家的人生哲学也有相似、相通或相同之处,主要有以下三点:

　　1. 重视建设理想主体的共识:佛儒两家都以人为探讨对象,重视人生问题,追求人生的理想境界,致力于建设理想的主体。也就是说,从哲学的层面来看,儒学和佛教都是主体性的哲学,是阐述个体的自我塑造、改良和完善,以实现最高主体性的哲学。在价值取向上,儒佛两家有惊人的一致性。由此,虽然佛教淡漠人世,弃绝人伦,儒家重视现世,笃于人伦,但是两者都十分重视个体的自我道德修养,都十分重视教化,而且两者的道德规范也是相通的,如佛教的五戒和儒家的仁、义、礼、智、信"五常",虽然具体含义和实践目的不同,但又确是相应的,反映了佛儒两家代表人物对人们的基本道德规范的近似看法。

　　2. 性善论的共似理论基础:佛教的根本宗旨是教人信佛,通过长期的修持,成就为佛。人之所以能成为佛,其内在根据是有佛性。有的宗派还把佛性看为宇宙万物的本原。佛性论是整个佛教的理论基础之一。从道德价值来看,所谓佛性论也就是性善论。这和儒家在人性问题上的基本观点是一致的。儒家重视个人修养和道德教化,所以一直重视探讨性的善恶问题。从多数儒家学者的说法来看,强调人的特性,即人之所以为人者是善。孟子是这种主张的代表,他强调人性中有仁义礼智四端,仁义礼智是四种根本的善,在人性中已先天地具有其端,并不是后天修养而成的。荀子宣扬人性恶,好利多欲,但荀子所谓的性是指"生之所以然者",即生而完成的性质,与孟子所讲的性意义不同。荀子也承认人有善的可能,强调性是可化的,一切善都是性的改造。宋代理学家又以"天地之性"或"本然之性"为人生的究竟根据,从而为封建道德原则提供宇宙论的依据。儒家的这些人性理论都强调封建道德是善的,有的还把人性归结为人生乃至宇宙的根本,这和佛教把佛性看为成佛乃至宇宙的究竟根据,在理论思维路线上是一致的。

3．向内用功的近似修养方法:佛教和儒家都重视主体的道德修养,在修养方法上也都重视向内用功,强调心性的修炼,内心的体验。为了向内用功,佛教运用禅定、直观,儒家也提倡主静、省悟;佛教奉行禁欲主义,儒家倡导节欲主义,这都反映了佛教和儒家在主体修养方法上的近似之处。

由上可见,佛教和儒家在人生哲学问题上的相似、相通或相同之点,主要集中在心性学说和道德修养方法方面,这也是两家得以长期共存乃至互补融通的思想理论基础。

三、中国佛教对待与儒家人生哲学差异的态度

佛儒两家的人生哲学体系是根本对立的,佛教传入中国以后,在思想理论上遇到的最大挑战就是儒家的人生哲学、价值观念,这也是佛教难以排除和逾越的最大思想理论障碍。那末,佛教又是怎样处理与儒家人生哲学的差异呢? 综观佛教与儒学的交涉史,主要有以下几个方面:

(一)在生死、形神和因果报应等问题上坚持固有立场:佛教和儒家在人生哲学问题上的最大理论分歧,主要是生死、形神因果报应问题。自东晋以来,尤其是在南北朝时代,双方更是在这些问题上形成了全面冲突。在争论中,中国佛教学者强烈地坚持佛教观点,如东晋后期南方佛教领袖慧远,著文阐明"形尽神不灭"和因果报应、业报轮回的理论,梁武帝萧衍也撰文宣扬形尽神不灭的观念,他曾动员 60 多人,撰写约 70 篇文章,集中反对儒家学者范缜的《神灭论》,表现了中国佛教学者坚持有神论的坚定立场。

(二)高唱佛儒一致、互补论:中国佛教学者都主张从总体上与儒学认同,强调总体上的一致。如《牟子理惑论》,针对佛教传入中

国后在社会上引起的种种反响、疑难，广泛引用孔子、老子的论点，为佛教辩护，宣扬佛教与儒、道精神一致。文中高唱佛儒之间如同金与玉、精与魄的关系一样，是不相冲突的。又如东晋慧远一面弘扬佛法，一面讲授儒家的《丧服经》，他着力宣扬"内（指佛教）外（指儒学）之道，可合而明"，强调佛儒两者的社会功能的互补作用。通常佛教学者都宣扬佛教可以"治心"，儒学可以"治世"；佛教可以"治出世"，儒学可以"治现世"，彼此互补，以共同稳定社会秩序。

（三）高扬儒家的忠孝思想：佛教和儒家的伦理道德观念虽有相通之处，但从根本上说是对立的。无君无父、不忠不孝正是儒家攻击佛教的主要论点。这也是佛教和儒学在政治伦理思想上的最大矛盾。佛教为了求得在中国的生存和发展，早期来华的佛经翻译家，就以其特有的宗教敏感，通过删、改等方法，与儒家伦理观念相妥协，以消除矛盾。如早期译出的《六方礼经》、《善生子经》和《华严经》等，凡其中有关男女关系、家庭关系、主仆关系等人际关系的内容，译者都作了调整，以求与儒家道德观念相一致。后来，一些佛教学者进一步宣扬佛教的五戒和儒家的五常的一致性。唐代以来佛教学者更是公开提倡忠孝，沙门上疏改称为"臣"，寺庙上香首先祝颂"皇帝万岁万万岁"。佛教学者专门编造了讲孝的佛经，如《父母恩重经》，宣扬父母的养育之恩。印度佛教《盂兰盆经》叙述释迦牟尼弟子目连入地狱救拔饿鬼身的母亲的故事，被中国和尚视为孝经。寺院每逢 7 月 15 日要举行盂兰盆会，追荐祖先，影响深远。宋代名僧契嵩专门作《孝论》12 章，系统阐发了戒孝合一论，强调持戒就是孝，就是为前世、现世、后世即三世父母修福，由此契嵩还论定佛教比儒家还要重视孝，佛教的孝超过了儒家的孝。

从中国佛教对待与儒家人生哲学差异的态度来看，反映出佛教的自组织、自调节的功能，这种功能是佛教中国化的重要机制，也是佛教得以长期保持活力的内在因由,由此又体现出中国佛教的特色来。

(选自《中国哲学史研究》1989 年第 1 期)

方立天(1933—),浙江永康市人,北京大学哲学系毕业。中国人民大学哲学系、宗教系教授、博士生导师、佛教与宗教学理论研究所所长,兼任《五台山研究》顾问、中国文化书院导师、中国宗教学会副会长,中国哲学史学会副会长。著作有《魏晋南北朝佛教论丛》、《慧远及其佛学》、《佛教哲学》、《中国佛教与传统文化》及《中国古代哲学问题发展史》等。

作者认为,佛教的人生哲学着重阐述人生的本质、意义、价值、命运、应该追求的理想境界以及实现该理想境界的道路与方法等问题,这是整个佛教教义的哲学基础、佛教思想的核心。因此本文从人类在宇宙中的地位、人的本质、人的本性、人生的价值、人生的理想境界、人生的解脱途径几方面对佛教哲学内容进行了阐述,并且对佛儒人生哲学在上述方面的相异之点与相似、相通、相同之点以及佛教对待其与儒家人生哲学差异的态度进行探研。

儒佛人生价值观之比较

方立天

一、人生价值观是儒佛思想的核心

价值是近代出现的名词,在古代中国有与价值意义相当的词是"贵"①。儒学和佛学虽无价值这个名词,但关于价值的思想学说,尤其是关于人生价值的思想学说,是十分丰富的。

人生价值观是价值观的基本类型和主要方面,在价值观中具有最突出的意义和最重要的地位。人生价值的含义是多层次的:第一,生命价值。人的生命是实有的,还是空无的,人的生命有没有实际意义?第二,人类价值。人类在宇宙中的地位如何,有无价值?第三,人格价值。每一个人在社会中的地位如何,有无价值?第四,理想价值,即最高价值。人的价值的最高标准是什么?如何衡量一个人的价值?怎样生活才有价值?如何成就生活的最高价值?这些就是人生价值观的基本问题和基本内容。

儒学和佛学是几乎同时在公元前6—前5世纪产生的思想学说,是古代东方文明的巨大成果。佛教约在两汉之际传入中国,经过与中国固有文化的碰撞、交涉、融合,又日益成为汉以来中国传

---

① 此据张岱年先生说,见《中国古典哲学的价值观》,载《学术月刊》1985年第7期。

统文化的一部分。值得强调指出的是,儒学和佛学思想的核心都是人生价值观。儒学和佛学所探讨的对象都是人,都对于人生价值的一系列问题作出了独特的说明。儒家奠基人孔子创立仁学,其思想学说的核心是重视道德价值的观点。所谓"仁"就是"爱人"(《论语·颜渊》)。所谓"爱人"就是"己欲立而立人,己欲达而达人"(《论语·雍也》)。意思是说自己要求成立和提高,也帮助别人成立和提高。孔子强调"好仁者无以尚之"(《论语·里仁》),"仁"是最高的道德规范。在战国时代,儒家分化出不同的学派,其中影响较大的是孟子和荀子。孟子发挥孔子的"仁"的学说,提出"性善"论。孟子还强调"义",所谓"义"是指思想行为符合一定的标准。荀子反对孟子的"性善"论,主张"性恶"论。荀子讲仁、义、礼,并特别强调礼的重要。所谓"礼",是指行为规范和政治制度。十分明显,先秦时代儒家主要代表人物的思想学说主要是关于人、人的价值问题。此后,儒家一直继承这个心脉,在不同历史时期阐发了各种各样的人生价值理论。

　　佛教创始人释迦牟尼有见于人生的痛苦,为求解脱而创立佛教。原始佛教的基本教义是"四谛"和"三法印"。其核心内容是讲现实人生的苦难和解脱苦难的办法。"四谛"是苦、集、灭、道。"苦"指受逼迫苦恼的意思,主要指人有生死轮回的苦恼;"集"指人们贪嗔愚痴的行为能感召未来的生死苦果;"灭"指灭尽因果报应,解脱生死,达到涅槃寂灭境界;"道"是达到寂灭解脱的方法和手段。"三法印"是:"诸行无常",世界万物变化无常;"诸法无我",世界万物都是因缘和合而起,没有独立的实体或主宰者;"涅槃寂静",佛教徒经过修行,断尽烦恼痛苦,超脱生死轮回,达到寂灭解脱的境界。"四谛"和"三法印"都是从缘起思想出发,阐发现实世界和现实人生的痛苦和造成痛苦的原因,解除痛苦的途径和目标。原始佛教是解脱道,是一套解脱人生苦难的说教。虽然后来佛教又不断形成新的派别,但"四谛""三法印"这一套人生解脱之道是始终坚持的,而且一直是佛教各派思想的重心所在。

从儒家和佛教思想的内核来看,考察研究的对象都是人,主要内容都是人生哲学,是对现实人生在宇宙和社会之中的价值作出种种判断,指出提高人生价值和完满实现人生最高价值的道路、方法,是在古代中国和印度大地上产生的各具不同特色的人生哲学体系。儒学和佛学都着重研究人生价值,但由于地理、历史、社会和传统等因素的不同,形成了不同的人生价值学说。显然,对于东方这两大人生价值体系进行比较是有重要意义的。

儒佛人生价值观在中国思想文化史上具有极重要的地位。汉代以来,儒学被定于一尊,儒家的人生价值观成为占支配地位的统治思想。儒家的肯定人生价值,强调道德价值的重要,对于中国古代精神文明的发展起过非常巨大的作用,对于中国文化的发展产生了非常深刻的影响。实际上,儒家的人生价值观是汉以来中国古代文化的主导思想。佛教传入中国以后,在两晋南北朝和隋唐时代获得了广泛的流传,盛极一时。它的诸恶莫作、诸善奉行、业报轮回、因果报应、吃素念经、修持成佛的人生解脱之道深入人心,在民间的影响是相当巨大的;在藏、蒙、傣等少数民族地区,几乎成为人人恪守的人生信条;在汉族地区,其影响虽不及儒家,但超过了道家和道教。佛家的人生价值观与儒家不同,但适应了社会上某些有失落感、孤独感的人群的需要,从而又可作为居于统治地位的儒家人生价值观的补充。儒佛两家人生价值观既斗争、冲突,又统一、融合,在中国古代思想文化史上呈现出错综复杂的关系。从儒佛人生价值观的地位和相互关系来说,对它们的思想进行比较,也是十分必要的。

儒家和佛教都流传两千数百多年,内部派别众多,对于人生价值的具体学说并不相同,本文只选取两家的最基本、最典型、最具代表性的观点进行比较,对两家的内部分歧和枝末观点则略而不论。

二、儒佛人生价值观之异

儒佛两家的人生观表现出现实主义与出世主义的鲜明对立,在人生价值观方面表现为一系列的差异,尤其是在对待人的地位、生命、生活、理想、生死等问题上,都有着相异甚至截然不同的看法。

(一)对于人的地位高下看法的不同

关于人的地位,包括两个方面,即人在宇宙中和社会中的地位,也就是关于人类价值和自我价值的问题。

1.人类在宇宙中的地位。儒佛对于人类在宇宙中的地位所取的参照系很不相同。儒家是就与其他"物"尤其是一般动物的比较而论人在天地间的意义。佛教则主要就"佛"而言人在世间的地位。儒家创始人孔子区别了人与其他动物的不同,说:"鸟兽不可与同群,吾非斯人之徒与而谁与?"(《论语·微子》)强调人不能与鸟兽同群,只能与人合群,并应努力改善人群的生活。孟子强调人之性与其他动物之性不同,人性的特点是有道德意识。孔孟都认为人高于一般动物。关于这点,荀子讲得更加明确,他说:"水火有气而无生,草木有生而无知,禽兽有知而无义,人有气有生有知,亦且有义,故最为天下贵。"(《荀子·王制》)宇宙万物有水火、草木、禽兽和人类四个层次,人比其他物都高贵,因为人有"义",即有道德规范。《周易·系辞下》称人为"三才"之一:"《易》之为书也,广大悉备,有天道焉,有人道焉,有地道焉。兼三才而两之。""才"是本始、基本的意思,人和天地合成宇宙万物的根本,具有重要的地位。汉代董仲舒发挥《易传》的观点,说:"天地人,万物之本也。天生之,地养之,人成之。天生之以孝悌,地养之以衣食,人成之以礼乐。三者相为手足,合以成体,不可一无也。"(《春秋繁露·立元神》)他从天地人三者分工配合的角度,强调人能成就礼乐,是高于万物的。宋代理学家周敦颐、邵雍、朱熹等人也都肯定人有高于禽兽的价值,在宇宙中具有崇高的地位。邵雍喜欢谈"数",说一个人的价值等于一兆物的价值,最为卓越。可以说,儒家学者都是肯定人在宇宙中的优越地位的。

佛教有其特殊的宇宙结构论,它把宇宙间有情识的生命体分为四圣、六凡,即两类十等。第一类是佛、菩萨、缘觉、声闻,称为四种"圣者";第二类是天、人、阿修罗、畜生、饿鬼、地狱,称为"六凡"、"六道",也称为"凡夫众生"。从佛教对人的地位的排列来看,人与佛等相比有凡、圣本质的区别,是分别居住在两个世界的生类。四圣是超越生死、获得了解脱的,六凡则陷于生死轮回流转之中,没有解脱。人若不信佛教,就将在六道中轮回转生,永远不得解脱。包括人类在内的六凡,地位是低的。但是,人类在六凡中处于第二等次,地位又是比较高的。佛教学说毕竟是以人类为主要对象,以觉悟人群为主要目的,这样它又经常强调人类的优胜,"人生难得"。佛典云:"何故人道名摩菟沙(译为意)?此有八义:一聪明故,二为胜故,三意微细故,四正觉故,五智慧增上故,六能别虚实故,七圣道正器故,八聪慧业所生故。"(《立世阿毗昙论》)人类聪明,富有智慧,容易成就佛道。有的佛典还认为人道胜于天道,如《大毗婆沙论》说:"能寂静意故名人,以五趣中能寂静意无如人者。故契经说,人有三事胜于诸天:一勇猛,二忆念,三梵行。"(见《法苑珠林》卷五)天过于享乐,忆念也差,又不会修行,人则勇猛精进,长于忆念,又能坚持修行,在这些方面都超过了天。在六凡中,佛教对人寄予希望最大。人的地位在一般动物之上,在天之下,但在不少方面人又高于天。从这个意义上说,人的地位是比较高的。

佛教把人与畜生等同归于"众生"以及人在六道中轮回的说法,遭到儒家的反对。南朝宋代学者何承天根据"天地之性人为贵"的思想,批判佛教说:"夫两仪既立,帝王参之,宇中莫尊焉。……人非天地不生,天地非人不灵。……安得与夫飞沈蠕蠕并为众生哉?……至于生必有死,形毙神散,犹春荣秋落,四时代换,奚有于更受形哉?"(《达生论》)何氏强调不应把人与一般动物同等看待,人也没有来生来世。

关于人在宇宙中的地位问题,儒家排除了佛教中佛高于人的虚构,批评佛教把人与一般动物同等看待的观点。但需要说明的是,佛教一方面把人与一般动物并列为"众生",另一方面又认为一般动物愚蠢,难以修行,肯定人是高于一般动物的。

2. 人在社会中的地位。每个人作为人类中的一分子,是否具有价值? 这是关于人格价值的问题。对于个人在社会中的价值,儒家主要是从群体观念和等级观念出发去阐述的。儒家认为,社会是人群组合而成的集合体,每个人只有在群体中才能生存、发展、群体高于个体,个体利益应服从集体利益。群体内部是有不同等级区别的,每个人只有恪守分位,才能维系群体的稳定和实现自身的价值。孔子主张君臣父子的等级隶属关系,孟子更提出"父子有亲,君臣有义,夫妇有别,长幼有序,朋友有信"(《孟子·滕文公上》),把社会人际关系分为五个层次,不同身分的人具有不同的义务,并且相应地有一套严密的等级规范,以维护封建等级秩序。同时,儒家从群体观念出发,又强调要"爱人","博爱",更高的要求是要"博施于民而能济众"。再者,儒家一方面主张人的等级差别,一方面又肯定每个人的固有的价值。孔子说:"三军可夺帅也,匹夫不可夺志也。"(《论语·子罕》)肯定一般平民具有独立意志、人格。孟子更提出"良贵"观念①,明确肯定人的价值。他说:"欲贵者,人

①   张岱年先生首先阐述孟子的这一思想。

之同心也。人人有贵于己者,弗思耳。人之所贵者,非良贵也。"(《孟子·告子上》)"人人有贵于己者",是指"良贵",即人自有的价值。

佛教对于人在社会中的价值有其独特的看法,它从众生平等的观念出发,强调人与人之间是平等的。释迦牟尼在创立佛教时反对婆罗门的四种姓① 不可改变和"婆罗门"至上的观点,主张"四姓平等":一是在出家修行和僧伽内部实行平等,即所有人不问其出身如何都有权出家学道加入僧团,而且在僧团内部不管原来种姓高低,都是平等的。二是业报轮回方面的平等,即不管种姓、出身、职业的高低,都根据自身的业报决定生死轮回。三是成就正果方面的平等,所有人在成就正果的机会、条件方面也都是平等的。后来,虽然有的佛教派别主张有一种人没有善根种子,不能成佛,但是多数派别都反对这种说法,认为一切众生都具有成佛的根据。

儒家肯定群体观念和人的自我价值是很正确的,它所主张的"爱人"说、"博爱"说也有积极的意义。至于儒家宣扬等级观念,则与人的自我价值相悖,是应当批判的。佛教反对在现实人群中区分等级,这是它的合理之处。但它所主张的平等主要是宗教意义上的平等,而且以追求超越社会,进入彼岸世界为目的,这与儒家的现实主义人生价值观相比,又显示出它的脱离实际的倾向。

(二)对于人的生命——空有观点的对立

儒佛两家对于人的生命的看法也是对立的。儒家认为人是生物,人的生命是一种自然现象,是有实体的,且在天地间有重要地位。所以,儒家一般主张"保生命","君子不立危墙之下",不主张

---

① 四种姓指古印度的婆罗门、刹帝利、吠舍和首陀罗四个等级。

无谓的牺牲。据《论语·乡党》记载:"厩焚,子退朝,曰:'伤人乎'?不问马。"表示出孔子对于人的生命的重视。孟子也说过"生,我所欲也"的话。同时,孔孟都持这样的观点:一个人的生命价值与道德价值都应重视,但两者相比较,道德价值最为重要。所以,孔子有"杀身成仁"之说,孟子有"舍生取义"之语。后来宋明理学家又有"饿死事小,失节事大"之论,表现出强调道德价值、忽视生命价值的倾向,针对宋明理学家忽视生命价值的偏颇,王夫之提出"珍生"之说:"圣人者人之徒,人者生之徒。既已有是人矣,则不得不珍其生。"(《周易外传》卷三)人是生物,人应当珍视自己的生命,反对鄙视自己的身体。王夫之一方面充分肯定生命的价值,另一方面又强调人的生活只有合乎道义才真正有价值,在必要时也应当舍生取义。这是比较全面的观点。

佛教认为人也是自然的产物,原先是发光的气体,没有物质性的固定形态,后来因为在世界上食用香土和植物,逐渐形成粗糙的物质身体,并有了肤色和性别的区别。同时,佛教又认为人是没有实体的,是空的,称为"人无我"(人空)。为什么人是空无实体呢?因为人是由五蕴① 假和合而成,所以没有恒常自在的主体——我(主宰、灵魂)。佛教的"人无我"说,具有反对婆罗门教的宇宙间存在最高主宰和灵魂不灭说的积极意义,但是它的人空学说又不免导致否定生命价值,视人体为"臭皮囊",是污秽之物,不值得珍视;人只是在能修持佛法的意义上才被重视,人应当努力修持,超越生死,转凡为圣,成就佛果,进入另一境界。应当说,儒家对于人的生命价值的看法基本上是正确的,而佛教虽然在反对永恒的主宰和灵魂方面是合理的,但是它毕竟贬低了人的生命价值,这是不足取

---

① 五蕴指构成人的五种类别——色、受、想、行、识。

的。

(三)对于人的生活——苦乐感受的悬殊

人的生活有没有意义、价值？有什么样的意义、价值？儒佛两家的看法是截然不同的。儒家认为人的生活是快乐的，人生是幸福的，主张"自乐其乐"、"乐知天命"。孔子非常乐观，他说："仁者不忧"(《论语·宪问》)，"发愤忘食，乐以忘忧，不知老之将至"(《论语·述而》)。孔子对于弟子颜回坚持道德修养，能忍受物质生活的困苦，十分赞赏地说："一箪食、一瓢饮，在陋巷，人不堪其忧，而回也不改其乐"(《论语·雍也》)，鼓吹安贫乐道的思想。孟子主张"与民同乐"，并说君子有三乐："父母俱存，兄弟无故，一乐也；仰不愧于天，俯不怍于人，二乐也；得天下英才而教育之，三乐也。"(《孟子·尽心上》)以家庭成员健存，个人内省不疚和教育天下英俊贤才为快乐。宋代儒者周敦颐据孔子的"乐以忘忧"和颜回的"不改其乐"，提出"孔颜乐处"，作为人生追求的最大幸福。

佛教认为人生是痛苦的。佛教所讲的痛苦是受逼迫苦恼的意思，主要指生死轮回的痛苦。佛教从缘起、变化、无常的基本哲学观念出发，观察人间和人生，认为一切都在无常变化之中，人生没有快乐、幸福可言。佛典说："危脆败坏，是名世间。"(《阿含经卷九》)世间一切都在变异破坏，所以世间一切皆苦。又说："天下之苦，莫过有身。饥渴瞋恚色欲怨仇，皆因有身。身者众苦之本，祸患之源。"(《法句经》)由此佛教宣扬三苦、八苦说。三苦，指三类基本的苦恼。一是苦苦，即在受痛苦时的苦恼；二是坏苦，指快乐享受结束时的苦恼，所以有"乐即苦因"之说；三是行苦，指不苦不乐时，为无常变化的自然规律所苦恼，包括生、老、病、死在内。八苦即除生、老、病、死四苦外，再加求不得苦、怨憎会苦、爱别离苦、五阴盛苦。总之，在佛教看来，人的生命、生活就是苦，人世间是苦海无边，应当回头信佛，解脱苦难。

从儒佛对人的生活意义所作的判断来看,儒家侧重于从道德修养与事业成功的角度去揭示人生价值,如孔子以修成仁人君子为乐,孟子也以修身和教育为乐。佛教则着重从自然变化规律的作用去体察人生,从而得出低沉的结论。应当承认,儒佛两家对人生的一苦一乐判断,都有其合理内容,但又陷于绝对、片面。实际上,人生既有乐又有苦,是乐和苦的统一,重要的是要正确对待乐和苦。

(四)对于人的理想——佛圣境界的异趣

人的理想是什么?这也是儒佛两家着意探讨的问题。对于人生的理想价值,儒家以圣人为最高榜样,佛教则以涅槃成佛为理想境界。

儒家创始人孔子认为道德是至上的,他提出"义以为上"、"仁者安仁"的命题。孔子所讲的义,其内容就是仁,仁被视为最高的道德范畴。孔子主张"安仁",就是要安于仁而行之。董仲舒尊崇孔子,也提出"莫重于义"的价值观,认为道德具有最高的价值。儒家强调道德至上论,把道德价值看作理想价值。一个人具有崇高的道德,也就具有理想人格。儒家认为最高理想人格是"圣人",其次是"仁人"。所谓圣人是具有崇高的道德并"博施于民而能济众"者,所谓仁人是能爱人者。怎样才能成就人生的理想价值?儒家提倡三不朽说,即认为"立德"、"立功"、"立言"是一个人理想价值的标准,也是一个人成功的途径。所谓"立德",是指道德修养、人格不朽。所谓"立功",是指事业、英名不朽。所谓"立言",是指文章、学说不朽。三不朽说是强调人生应当道德高尚,有所创造,有所贡献。

佛教从人生是痛苦的价值判断出发,主张个人出家修行,成就为佛,进入涅槃境界。涅槃就是人的最高理想境界。涅槃的基本含义是灭除烦恼痛苦,超越生死,解脱自在。为了达到这种最高理想境界,佛教强调修习,先后提出"八正道","七科三十七道品"、"四摄"、"六度"等修持途径和方法。综括佛教的修行方法,主要是戒、定、慧三个方面,称为"三学",是佛教信徒必须修持的三种基本学业。"戒"指戒律,是为了庄严操守,防止思想、言语和行为方面的过失。"定"即禅定,是调练心意,排除杂念,专心致志,观悟佛理。"慧"指智慧,是排除各种欲望和烦恼,专心探求佛理,获得佛教最高智慧。在三学中,慧是根本,极为重要;戒、定是方便,是获得慧的手段。只有获得智慧,才能获得最终的解脱,达到涅槃理想境界。

　　从儒家主张的人生理想价值来看,它是以道德修养和事业成就来衡量人的价值。它所讲的道德和事业虽有其特定的历史内容和阶级内容,但又确有普遍意义,它所提倡的追求道德理想和献身精神在中国历史上起了积极的作用。佛教以解脱人的生死痛苦为目的,以超越世间,进入佛境为目标,这在基调上是与儒家的人生理想价值观不同的。应当承认,在这方面儒家的人生理想价值观具有可贵的现实性品格,有利于推动人类的进步。不过,佛家重视智慧,以智慧作为达到人生最高理想境界的根本,这在理论思维上也有其合理之处。佛教所讲的慧是和道德方面的"善"分不开的。从一定意义上说,善就是慧,慧就是善,这又与儒家的思想有相通之处。

　　(五)对于人的生死——轻重观念的差别

　　儒佛两家对于人的生死有不同的看法和态度。儒家重生轻死,佛教轻生重死。由对生死问题的不同看法,又必然引出在鬼神问题上的分歧。

　　儒家认为生死是自然现象,一切事物都有始有终,人也有生有死。由此对生和死分别持乐观和冷静的态度。人生是快乐、喜悦的,人死就是静息、安宁。孔子认为,一个人只要坚持道德实践,建功立业,就会自得其乐,感受到人生的幸福。以后的儒家也都持这种观点。儒家对人的死亡取顺乎自然的态度,据《荀子·大略》载,孔子的学生子贡曾说:"大哉死乎!君子息矣,小人休焉。"人活着就应当努力,只有死才是静息。宋儒张载更说:"存,吾顺事;没,吾宁也。"(《正蒙·乾称》)这种生则乐生,死则安死的观念,对后世影响极大。儒家重视人生,轻视人死,由此又排斥了灵魂鬼神之说。《论语·先进》载:"敢问死,子曰:'未知生,焉知死!'"孔子认为,人应当求知生,不必求知死。他还说:"未能事人,焉能事鬼。"(《论语·先进》)对服侍鬼神的一套毫无兴趣。南朝儒者范缜更是继承无神论的思想传统,著《神灭论》,猛烈地抨击佛教的灵魂不灭说。

佛教重视人死,即人死后的命运。佛教也有重视人的生命的一些言论,但其目的是为了修持,以求死后成佛。它重视人生是为了人死,为了人死之后的解脱。佛教大讲"生死事大,无常迅速",宣传因果报应,轮回转世,人死后将按照生前所作的善恶行为而转生为另一种生命形态,或转为鬼,或上升为神(佛),由此又推演出一套鬼神系统。

佛教的生死观和鬼神观受到了儒家学者的批判,这对于抵制宗教观念产生了巨大影响。在广大汉族地区,宗教观念比较淡薄,是和儒家的重生轻死观念深入人心直接相关的。当然,儒家的生死观在原则上正确,不等于没有缺陷。孔子不求知死的态度,未必是全面的。对人死的看法是对人生看法的延续,也正是由于儒家对人死置而不论的态度,有利于佛教在这方面大加发挥,并获得了相当的同情者和拥护者。

三、儒佛人生价值观之同

儒佛人生价值观存在着根本的对立,同时也有着某些惊人的相近、相似乃至相同之处。这主要是对人的理想价值和道德价值的重视,在人的修养方法上的相似,以及对人的本性看法上比较一致。

(一)突出道德价值的重要意义

儒佛两家同以人为探讨对象,重视人生的理想,追求人生的理想境界,并且都把道德价值视为理想价值的基础,认为有道德才有理想,道德就是理想。儒家甚至认为道德是最高理想。在儒家学者看来,就人与一般动物的根本区别来说是道德,道德应是理想人格的最大价值。就维护社会生活安定的群体关系来说,主要靠道德和刑罚,而二者相比,道德贵于刑罚,"德教行而民康乐","法令极而民哀戚"(《大戴礼记·礼察》)。儒家强调人应当讲道德,有精神。孟子说:"生亦我所欲也,义亦我所欲也,二者不可得兼,舍生而取义者也。"(《孟子·告子上》)"生亦我所欲",是重视物质生活需要;"义亦我所欲",是重视精神生活需要。在二者不可得兼时,应当舍生取义,肯定精神生活的价值高于物质生活的价值。在儒家重视道德价值思想的影响下,历史上涌现出许多志士仁人,为国为民英勇献身,是令人敬仰的。

佛教寻求人生的"真实",追求超越生死,解脱成佛。这个"真实",并不是从知识和科学方面讲的真实,而是从伦理道德方面讲的"善"。佛教认为成佛的前提是修持,不修持是不能成佛的。所谓修持,就是佛教的道德实践。在佛教徒中有这样的说法:"佛陀住世,以佛为师;佛陀灭后,以戒为师。"所有佛教徒都必须受戒、学戒、持戒。只有以戒为师,才能自度度人。戒,属于伦理道德规范。佛教的戒律有两重意义,一是止恶,二是生善。或者说,一是净化自身,二是利益群众。一方面防非止恶,远离思想言行的一切过患;另一方面是修善利他,积聚功德。佛法的总纲是戒、定、慧三学,佛法的修持次第是持戒修定,开发智慧,即由戒而生定,依定而发慧。戒被认为是定、慧的基础。前面说过,佛教很重视慧,把它看作是达到人生最高理想境界的根本,戒、定都以发慧为目的。也正如前文所说,慧就是善,慧实质上也属于道德范畴。

值得注意的是,儒佛两家的基本道德规范也颇有相近之处。如儒家的"五常"仁、义、礼、智、信,和佛教的"五戒"不杀生、不偷盗、不邪淫、不饮酒、不妄语,不仅有对应的关系,而且在某些含义上是可以沟通的。这实际上反映了维护古代社会安定和共同生活的需要,带有普遍意义。中国佛教还说"周、孔即佛,佛即周、孔"(孙绰《喻道论》),高扬忠孝思想,竭力会通儒佛,与儒家伦理道德保持一致,这是很有趣的现象。此外,儒佛的道德价值都有特定的内容和意义,有着时代和阶级的局限,这也是应当清醒认识到的。

(二)重视内向自律的修养方法

儒佛两家都重视人生的理想价值、精神价值、道德价值,由此也都重视修养,认为提高思想觉悟、培养高尚品德、完善理想人格、达到最高境界,必须坚持修养或修持。修养即修身养性。修持即修行,按照佛教教义去实行。修行也可以说是一种修养。儒佛两家在修养方法上的突出共同点是重内向、主自律,即都注重内向用功,律己甚严。儒家经典《大学》讲"齐家、治国、平天下",而其根本是"修身"。如何修身?在于"正心"、"诚意"。"正心"是端正心理活动,调节情感,正确思维。"诚意"是始终如一地坚持自己的善良意志。正心、诚意都是内向用功,是内心修养的方法。儒家还提倡"慎独",慎独就是靠理性的自律,严于律己,坚持原则。这种重视自我修养的方法是值得借鉴的。

佛教修行主要是持戒、禅定、直观。持戒是按照教义净化自己的心灵,使自身的言行合乎佛教道德。禅定是排除杂念,专心致志,体察佛理。直观是主体直接与观照对象合一,是一种内在体验。持戒、禅定和直观,实质上都是内心修养,其目的是为了获得

精神上的解脱。中国佛教各宗都盛谈心性,禅宗更是提倡明心见
性,顿悟成佛。应当说,在修行方面,出家佛教徒对自身的要求是
严格的,甚至是苛刻的。出家僧尼应奉行的戒条有 250 条,甚至
348 条之多,就足以说明这一点。

　　儒佛的修养动机、目的、境界是不同的,在修养的具体方法上
也并不都相同,但重视内向自律是相同的。应当承认,儒佛的修养
方法是古代道德修养实践的理性总结,它们的具体内容当然不能
吸取。但它们所包含的塑造理想人格的内向自律方法是有一定的
普遍意义。

　　(三)强调先天本善的人性学说

　　儒佛两家都突出道德价值的意义,重视内向自律的修养,这就
有一个道德如何形成的问题,即道德起源问题,也即善恶起源问
题。从儒佛的人性学说来看,两家探讨的中心问题就是人性善恶
的起源,而且基本观点也是相当一致的。在人性问题上,儒家学派
持性善论观点的有孟子、宋明理学家和戴震等人,持性恶论观点的
主要是荀子,董仲舒持性有善有恶论,韩愈主性三品说。于此可
见,儒家学派多数人是主张性善论的,而且这种学说的影响也最
大。儒家论性善的含义主要有二:一是孟子、戴震以“人之异于禽
兽者”为性。孟子认为,人类有异于禽兽的本性就是人伦道德的自
觉能动性。二是宋明理学家以“极本穷源之性”为人性,所谓“极本
穷源之性”就是天地万物的本原,这也就是说,以世界本原作为人
类本性。理学家还认为,“性即是理”,而理的内容是仁义礼智信。
这样,“五常之德”就是人的本性。儒家的这种理论成为其建立理
想人格和“人人皆可为尧舜”的理论基础。

　　佛教劝人修行成佛。成佛是否可能? 其根据何在? 这是一个
十分重要的问题,实际上也是佛教学说的一个重要内容。佛教各
派都着重探讨这个问题,形成了“佛性”说。“佛”是指觉悟,“性”是

不变的意思，"佛性"就是觉悟成佛的根据、可能性。佛教的佛性论相当于通常所说的人性论，更确切地说，相当于性善论。大乘佛教多数经典都主张人人皆有佛性。不仅如此，连其他众生如猫狗等动物也有佛性，也能成佛。有的中国佛教学者甚至认为草木瓦石也有佛性。同时，也有些佛典主张，一部分人由于根器的局限，即使勤修也不能成佛。这和少数儒家学者所主张的性恶论是相通的。但是这种主张不太流行，在中国几乎遭到佛教学者的普遍反对。还值得注意的是，佛教的一些派别也视佛性为宇宙万物的本原，即佛性是众生本性和世界本原的统一物，这和宋明理学家的思维理路是一致的。

性善论是儒佛两家人性论的主流，它在理论上是片面的，是一种道德先验论。应当说，人性本是无善无恶的，而在后天则可善可恶。儒佛两家都探讨了道德起源问题，承认人有同类意识，肯定人具有思维能力和自觉能动性，这在认识史上是有理论价值的。

综上所述，似可以得出如下几个基本看法：

第一，儒佛的人生价值观各有侧重，有异有同，它们的区别又是相对的。我们可以看到，在对待人生现实方面的问题，如在人的地位、生命、生活、理想境界、生死等问题上，表现出两家在价值取向上的鲜明对立；而在对待人生道德方面的问题，如道德理想、道德修养方法、道德起源等等，又表现出两家在价值取向上的惊人相似。同时，在人生的最高理想价值方面，两家所追求的理想境界截然对立，但在重视理想人格的塑造以及实现理想价值的方法上又有相当的一致性。这种交叉现象，表明双方的异同是相对的。它们的人生价值观是古代东方学者对人类自我反思的认识成果，是力求达到人的自觉和理想的历史尝试。

第二，儒佛的人生价值观是古代人生学说的两大不同类型。两相比较，双方的相异是主要的，相同是次要的。儒佛人生价值观的根本区别在于:儒主现实主义,佛主出世主义,由此生引出一系列的具体差异。这也是外来佛教传入中国之后,从汉代至清代,一直受到绝大多数儒家学者排拒的根本原因。应当承认,现实主义和出世主义的人生价值观各自适应了不同人群的需要,这是儒佛两家学说在当今仍然有重大影响的原因。但是在中国,自汉代以来儒学一直居于主导地位,佛教则大体上发挥了配角的作用,而且越来越向儒家靠拢。在确立个人的道德意识和建设人间的理想社会方面,佛学越来越向儒学趋同。出现这种历史现象的原因,显然要从中国古代社会的结构和特点中去寻找。

　　第三,儒佛的人生价值观既有需要否定的方面,也有值得肯定的方面。佛教的出世主义、儒家的等级观念以及两家轻视或忽视人的物质生活需要的主张,是不可取的。儒佛两家重视人格理想、道德价值和精神生活,也包含了一些合理的因素,值得有分析地继承。

　　　　　　(选自《中国社会科学》1990年第1期)

　　　　在本文中,作者指出,儒学与佛学所探讨的对象都是人,都对人生价值的一系列问题作出了独特的说明,人生价值观是两家思想的核心。儒家主张现实主义,佛教主张出世主义,由此在对待人的地位、生命、生活、理想、生死等问题上,两家有相异甚至截然不同的看法。儒佛两家在突出道德价值的重要意义、重视内向自律的修养方法和强调人性本善等方面又有相近相通之处。儒佛两家的人生价值观是古代东方学者对人类自我反思的认识成果,在弃除其中的等级观念、出世主义、轻视人的物质生活需要等内容的同时,应该有分析地继承其重视道德价值与道德理想的合理因素。

儒、佛以心性论为中心的互动互补

方立天

在中国文化发展史上,儒、佛互动是一重大现象。儒、佛之间,在互相碰撞、冲突、贯通、融会的过程中,终于在心性思想上寻觅到了主要契合点。

从儒、佛心性论互动的全过程来看,其最基本的特色是鲜明的互补性,即双方的互相借鉴、吸收、融会和补充。儒、佛心性论的互补现象不是偶然的:首先,从儒、佛学说的主旨、结构来看,儒家学说主要是教人如何做人,如何成为君子、贤人、圣人,为此它强调在现实生命中去实现人生理论,追求人生归宿,也就是要求在现实生命中进行向内磨励,完善心性修养。这样,心性论也就成为儒家理想人格和伦理道德学说的理论基础。佛教是教人如何求得解脱,成为罗汉、菩萨、佛,为此它强调修持实践,去恶从善,摆脱烦恼,超越生死,这也离不开主体的心性修养,离不开主观的心理转换,心性论也成为佛教转凡成圣、解脱成佛学说的理论基础。心性论作为儒、佛分别成就理想人格的理论基础,为双方在这一思想领域进行互动互补提供前提。其次,儒、佛两家由于重入世或重出世的区别,追求理想人格的不同,以致原来在心性思想的内涵界定、心性修养的途径、方法等方面都存在差异,这种差异为双方互动互补提供可能。再次,印度佛教心性论的内容虽然十分丰富,但是与中国重现实的人生哲学传统并不协调,为此,中国僧人必须作适当的调整,使之中国化。先秦儒家心性学说虽然也有一定的规模和基础,但是不够细密、深刻,缺乏体系化,而且后来一度衰落,亟需充实、发展,就是说,儒、佛心性论的互动互补也是各自思想文化发展的需要。

一、学术思想重心的共同转轨

儒、佛心性论的互动,首先表现为儒家人性论思想推动了佛教学术思想由般若学向佛性论的转变,随后佛教的佛性论思潮又反过来影响儒学的转轨,推动儒学定位于性命之学。儒、佛学术思想重心转变的原因是复杂的,其中彼此心性论的互动是重要原因。

（一）儒家心性论与佛教学术思想重心的转轨

儒家亲近社会,关怀现世,热心人事,不敬鬼神,体现出一种重现世轻来世、重此岸轻彼岸的现实的人文精神。与这种精神相一致,儒家心性论是与现实的社会政治生活密切相联系着的,儒家讲人性,是为了探讨伦理道德和治国之道的根据。儒家的现实的人文精神与心性论,作为中国的固有传统文化与佛教的外在文化力量,无形地又是强大地推动了中国佛教及时地确立自己的心性理论重心和心性理论轨迹的发展方向。正是由于孟子性善论和“人皆可以为尧舜”思想的影响,以及儒家学者批判灵魂不灭论的刺激,晋末宋初竺道生在佛教般若学风行之际及时进行理论转轨,大力阐扬佛性论,并一反当时译出的佛典所讲有一部分人不能成佛的说法,鼓吹人人都有佛性,一切众生都能成佛,这其间可以明显地看出儒家心性论思想背景的影响。又,印度佛教经典多讲众生的心性,也讲佛性,虽然众生心性、佛性实质上是指人性,但很少直接讲人性、用人性这一术语,而慧能的《坛经》则径直用人性这一术语,大讲人性,宣扬“人性本净”,实有以人性代替众生心性和佛性的思想倾向,从而使禅宗更鲜明地以人的心性问题为自身的理论要旨。这也是以儒家为代表的中国文化重视人和人性的传统观念对慧能思想发生作用的结果。

(二)佛教佛性论与儒家学术思想重心的定位

佛学对儒家心性论的影响,是与儒家的天人合一说、价值理想论,尤其是心性论思想的内在发展势态直接相关的。儒家心性论尤其是先秦时期儒家心性论的内容是比较丰富的,不同派别的儒家学者提出了种种观点,标志着对人的本性的深入探索,并对中国佛教心性思想产生了深刻的影响。但不可讳言,儒家心性论也存在着重大的缺陷:一是缺乏心性论体系结构,论点多、论证少,实例多、分析少,片断论述多、系统阐明少。二是对心性论缺乏深刻严谨的本体论论证。印度佛教心性论具有庞大的思想体系,传入中国后,又以儒家等中国传统的心性理论来调整、改造、充实自身,在理论上更具有博大精深又富于中国化特色的优势,从而构成为对儒家学说,尤其是心性论的强烈冲击和巨大挑战。正是在这种历史和文化的背景下,儒家典籍中涉及心性论思想较多的《孟子》、《大学》、《中庸》被表彰出来,与《论语》并列合称《四书》,形成儒家新的经典结构。同时,宋代理学家们也把学术思想重心转轨定位于心性论,提倡"道德性命"之学,并自觉地从本体论的高度,探讨心性与人生问题。由于心性思想是宋代理学讨论的核心问题,因此宋代理学也被称为"心性之学"。

二、自心地位的突出与心性本体的确立

一般来说,印度佛教以真心(如来藏、佛性)为成佛的根据,中国佛教则在儒家的重视现实人心的思想影响下,力求把真心与现实心统一起来,从而突出了自心的地位,有的甚至强调"自心即

佛"。同时,佛教从真心出发展开的理事说和本心说也刺激了宋明儒学,推动它克服了长期来缺乏本体论论证的理论缺陷,建立了心性本体论。

(一)重视现实人心与自心地位的突出

印度佛教对心有相当细密而深入的论述,重点是分析两类心:缘虑心和真心。缘虑心是对事物进行分别、认识的精神作用;真心是讲本有的真实清净心灵,是众生的心性本体和成佛根据。中国佛教宗派大多数继承了印度佛教的心论,也以真心作为众生成就佛果的内在根源;同时又在中国固有心性论包括儒家心性论的影响下,发展了印度佛教的真心说。儒家讲心有多重意义:一是以心为思维器官,如《孟子·告子上》的"心之官则思"。由此,心在后来又沿用为脑的代称。二是指思想、意念、感情,如《周易大传·系辞上》谓"二人同心,其利断金。"三是性情、本性,如《周易·复》:"复,其见天地之心乎。""天地之心"即天地的本性。就人心来说,儒家通常是指人的主观意识。中国固有哲学讲人心、讲现实心,不讲真心,不讲脱离具体人心的本体真心。儒家这种重视现实人心的思维指向,对中国佛教心性论是有影响的。《大乘起信论》就提出"一心二门"的命题,认为一心有心真如门和心生灭门,真如心(真心)和生灭心(现实心)和合而成阿梨耶识;在全书中更是侧重于对生灭心的分析研究,这都体现了儒、佛心性论的融合。天台宗人讲善恶同具的心,这样的心也带有鲜明的现实性,也可说是吸收儒家思想而加以改造过的真心。华严宗人喜谈"各唯心现"、"随心回转",而这个心虽指真心,但也确有现实心的含义①。至于禅宗慧能等人更是突出自心、人心,强调自心即是佛,这不能不说是深受儒家

①　参见拙著:《华严金师子章校释》,第 27 页,北京,中华书局,1983。

重视现实人心的思想传统影响所致。

　　(二)真心本体说与心性本体的确立

　　儒家的哲学思想及其核心价值理想,长期来一直缺乏本体论的论证。作为儒家思想的理论基石天人合一论,虽然也能论及道德本体,如《周易大传》把立天、立地、立人之道回归于"性命之理",但对天地之道与人之道如何贯通,缺乏严谨的说明。又如《中庸》说人道源于天道,人类社会道德是天道的自然体现,但是此论不仅带有天人二元的色彩,而且用"天"(天神、天命、天道或天体)来说明人、人道、人世间有其局限性,即缺乏对宇宙和人生统一的、整体的终极说明。融合儒、道的魏晋玄学,运用体用、本末的哲学范畴论证了名教与自然的关系,把儒家的社会理想提升到哲学本体论的高度。后来,吸取佛、道思想的宋明理学又以天人一体的哲学模式阐发心性论学说,为儒家的人格理想作出了本体论的调整、论述,建立起道德形上学,从而完成了儒家价值理想结构的建造,并在后期中国封建社会中发挥巨大的作用。儒家天人合一说发展到宋代出现了重大变化,著名儒家学者纷纷批评把天人视为二元、天人是二合为一的思想,强调"天人本无二","天人非二"。程颐在其重要著作《易传序》中说:"至微者理也,至著者象也。体用一源,显微无间。""体",本原、本体。"用",显现、作用。意思是说,隐微的理与显著的象,二者统一,无有间隙。物象本于隐微的理,理以其物象显示其意义。所谓一源,即源于理,理为根本。朱熹继承这一思想并更严密地在以理为本的基础上阐发体用显微的关系。王阳明则以心来讲"体用一源",强调心是体,是根本。这就是说,天与人、天道与人性,都是作为统一本体的"理"或"心"的体现。宋明儒家本体论的思维模式和用本体论的方法来阐述心性论,显然是受了佛学本心(真心)论和理事学说的影响。程颐讲的理和象,与中国化的佛教宗派天台、华严和禅讲的理与事概念的逻辑结构是一致的,这里暂不论说,我们着重要论述的是佛教心性论对儒家心性本体确定的启迪与借鉴作用。

中国佛教的一些重要宗派普遍地建立了本原化、本体化的心性学说。天台宗创始人智𫖮说:"心是诸法之本,心即总也。"(《妙法莲花经玄义》卷一上)把心视作一切现象的本体、总摄。华严宗人宣扬世间和出世间一切都是"一心"(清净心)随着各种因缘条件而显现的,是"各唯心现"。禅宗也提倡"自心显万法"的思想,《坛经》就说:"于自性中,万法皆见(现)";"性含万法是大,万法尽是自性"。融合华严和禅两家思想的荷泽宗还主张以灵知为心体。在中国佛教宗派看来,心是众生轮回流转或修道成佛的本原,也是一切现象的本体。佛教的这种心性论思维框架,尤其是禅宗的心性合一、体用合一、形上形下统一的理路,对于宋明儒学开出道德形上学的路子,追求在生命本然中体现内在性与超越性相统一的心性本体都有重要的影响。如程颐就说:"在天为命,在义为理,在人为性,主于身为心,其实一也。"(《遗书》卷十八)命、理、性、心是同一本体,天和人的性、心都统一于"理"本体,都是理的不同显现。朱熹为《中庸》的"博厚配地,高明配天,悠久无疆"作注说:"此言圣人与天地同体",认为圣人与天地是同体的,强调"理"是既内在于又超越于宇宙大化的本体,也是圣人的本体的存在,鲜明地确立了心性本体。

陆九渊把程朱所讲的理与心打通,提出"心理本体"论。他说:"人皆有是心,心皆具是理,心即理也。"(《陆九渊集·与李宰(二)》)又说:"心,一心也;理,一理也。至当归一,精义无二。此心此理实不容有二。"(《陆九渊集·与曾宅之》)这就是说,众人的心是同一个"心",万物的理是同一个"理",心与理是同一个东西,心就是理,不能把二者分割开来。这个心,陆九渊称作"本心"。而"本心"即人的内在善性。这样,陆九渊就把具有外在超越性质的"天理"内化为"本心"之理了。本心又是不受时空限制的,"万物森然于方寸之间,满心而发,充塞宇宙,无非此理"(《陆九渊集·语录上》)。心既是内在善性,又是超越的本体,由此理也既是内在的又是超越的。陆九渊讲的心,既是认识范畴,又是本体范畴。这也就把孟子的人心上升为宇宙的本体,把儒家主张"本天"转为"本心",发展了儒家的心性哲学思想。这里值得注意的是,早于陆九渊一百多年前的云门宗禅师契嵩在中国的心、理、气传统观念影响下,于《原论·治心》中就说:"夫心即理也";"理至也,心至也。气次也,气乘心,心乘气,故心动而气以之趋";"治心以全理,……全理以正人道。"(《镡津文集》卷七)契嵩强调理和心的至上性与统一性,既源于先前的儒家又影响了后来的儒家。

继陆九渊之后,王阳明倡导"心外无理",并把"心外无理"归结为"心外无善"(《王阳明全集·与王纯甫二》)。王阳明认为,"良知"既是心的"灵明",又是心的"本体",建立了道德形上学的"良知"本体论。他说:"良知是天理之昭明灵觉处,故良知即是天理。"(《传习录下》)良知既是主观的,又是客观的,是统一主观与客观的认识主体。又说:"良知只是个是非之心,是非只是个好恶。只好恶就尽了是非,只是非就尽了万事万变。"(同上)良知既是"知是知非"的知识心,又是"知善知恶"的道德心,而是非只是好恶,可见良知主要是至善的道德本体。王阳明认为,一个人只要把握住"良知"这个内在的道德本体,就能穷通万事,明白变化,实现超越,成就为贤人圣人。

建立心性本体和宇宙本体,是宋明儒家对儒学发展的最大理论贡献。宋明儒学心性本体论与佛教心性本体论,虽然在具体内涵、价值取向和终极目的上都有重大的差别,但是,在理论建构、思维框架和某些内涵方面的一致,是非常明显的事实。这个事实表明:华严宗和禅宗云门宗基于从真心出发展开的理事关系说对程朱以理为核心的心性论本体是有参照、借鉴作用的。求那跋陀罗禅师的"理即是心"的理心思想及禅宗的本心说对陆九渊心本体论影响是比较大的。荷泽华严禅的灵知心体说与王阳明良知本体论的思想渊源关系是尤为密切的。正如明代儒家刘宗周一方面说："吾儒自心而推之意与知，其工夫实地却在格物，所以心与天通。释氏言心便言觉……亦只是虚空圆寂之觉，与吾儒体物之知不同"；一方面又说："释氏之学本心，吾儒之学亦本心。"（《刘子全书·学言上》）这里刘氏是就儒、佛两家的心性论举例而言，但也说明了儒、佛两家之学本心既有差别又有一致之处，这其间儒家受佛教的影响往往是多数儒家学者所回避的，但却又是一个不能不承认的事实。

三、心性思想内涵的调整互补

儒佛互动也丰富了彼此心性论的思想内涵。中国佛教深受儒家以善、恶、静寂、觉知论性的影响，从而由印度佛教着重以染净论性，转向较多地以善、恶、静、觉论性，使心性的价值判断发生一定的变异。同时，在佛教心有真妄，性有染净的思维框架影响下，张载、二程和朱熹等理学家也都主张心和性可各分为两种，由心和性的一元论转向二元论。又有些心学家受禅宗空无思想的影响，也主张无心无著，为儒家心性论增添了新鲜内容。

（一）性善恶之辩与性有善恶论

这是儒家人性学说的两大主张，对中国佛教心性论都产生了不同的影响。儒家的心性思想的主流性善论，是从人与其他动物的区别立论的，并强调人与其他动物的不同是先天地具有同情心、羞耻心、恭敬心和是非心的萌芽，具有性善的天赋资质。印度小乘佛教讲心性本净，后来大乘佛教讲包括各种动物在内的一切众生都有佛性,也有的派别主张并非一切众生都具有佛性。佛教论性净是指无烦恼、无痛苦,是指空寂性,与儒家以先天道德意识为性善有所不同。但是佛教的性净论、佛性论与儒家的性善论在对人性的价值判断上有共似性,都突出人性的正面,肯定人性本具的完美性。如契嵩就说:"佛之为者,既类夫仁义,而仁义乌得不谓之情乎?……仁义乃情之善者也。"(《辅教篇上·原教》)径直以儒家仁义为善,并说明佛的品性。又如宋代东林党总禅师也说:"经中说十识,第八庵摩罗识,唐言白净无垢。……即孟子之言性善是也。"(《宋元学案·龟山学案》)特别应当指出的是,儒家的性善论为中国佛教强调人人都有佛性,强调现实人心在成佛上的作用,提供了借鉴,佛教的佛性论和儒家的性善论成为中国古代并行不悖的两大心性论学说。

儒家荀子的性恶论对天台宗心性思想颇具启发作用。荀子与孟子不同,他从自然与人为的区别立论,强调"性""伪"的区别。性是人的天然的生理素质,人生而具有的性质和本能反应,是先天的,与后天的人为("伪")不同。荀子认为:"性伪合,然后成圣人之名。"(《荀子·礼论》)本性和人为相合,人为对本性进行加工、改造,而后成为圣人。圣人本来也是性恶的,只是经过人为努力才成就为圣人。同时荀子又说:"涂之人可以为禹。"(《荀子·性恶》)认为普通人经过主观努力都可以成为圣人(禹)。汉代儒家学者中出现了调和、综合善恶两性的人性论。如董仲舒在《春秋繁露·深察名号》中说:"人之诚有贪有仁。仁贪之气两在于身;身之名取诸天,天两有阴阳之施,身亦两有贪仁之性。"认为天有阴阳两气,施之于人则有贪仁、善恶两性。杨雄在《法言·修身》中也说:"人之性也,善恶混。"强调人性中既有善又有恶,是二重的。应当说,荀子、董仲舒、杨雄的心性理论对天台宗的"性具善恶"、"佛也不断性恶"的观念是有启示作用的,荀子立性恶说,董仲舒、杨雄立人有善恶两

性说是为突出人性改造的必要性;天台宗讲性具善恶是为强调佛
教修持的重要性,这里也许可以说是"心有灵犀一点通"吧!

中国儒家学者论述心性问题的中心是善恶的道德价值判断问
题。与儒家的这种价值观念、思维方式相适应,佛教瑜伽行派的阿
赖耶识学说传入中国以后,中国佛教学者最为关注的也是阿赖耶
识的染净真妄问题,以及与此直接相关的成佛根据问题。如南北
朝时代的地论师就由于翻译困难、理解不同等原因,对阿赖耶识的
染净真妄的说法也有分歧而分裂为相州南道与北道两系。南道地
论师认为阿赖耶识即真如佛性,具足一切功德,也即如来藏,强调
众生本来就先天地具有成佛的根据。北道地论师则主张阿赖耶识
是真妄和合,同具染净之识,由此也强调佛性是修持成佛后始得
的。

(二)生静心知与性静性觉

如上所述,印度佛教讲心性本净,而值得注意的是,中国佛教
把性净加以新的阐释:一是以静止、静寂释净,一是以觉知、觉悟代
净。这种心净思想在中国的变化是与儒家的思想影响直接相关
的。印度佛教讲心性清净,是与污染、患累、烦恼相对的,是指摆脱
各种烦恼、排除各种欲念,也就是心性空寂。中国佛教学者往往把
心净转化为心静,以静止、静寂为清净。姚秦僧肇是主张动静一体
的,但他也说:"心犹水也,静则有照,动则无鉴。"(《注〈维摩诘经〉》
卷六)"照",观照、智慧。这是以水喻心,水静则有智慧观照,水动
则无,提倡心静。梁武帝萧衍更明确地以心静释心净,他说:"《礼》
云:'人生而静,天之性也;感物而动,性之欲也。'有动则心垢,有静
则心净。外动既止,内心亦明。始自觉悟,患累无所由生也。"(《净
业赋》)这就是说,静是人生的本性,动是人的欲望。心静就心净,
心动就心垢。停止外在的活动,内心也就明净了,烦恼患累也就没
有了。简言之,心静是心净的原因,或者说,心静就是心净。《大乘

起信论》也说："如大海水，因风波动，水相风相不相舍离，而水非动性；若风止灭，动相则灭，湿性不坏故。如是众生自性清净心，因无明风动，心与无明俱无形相，不相舍离，而心非动性。若无明灭，相续则灭，智性不坏故。"又说："若心有动，非真识知，无有自性，非常非乐非我非净，热恼衰变则不自在，乃至具有过恒沙等妄染之义。对此义故，心性无动，则有过恒沙等诸净功德相义示现"。这又是以水为喻，水无动性，水是因风而动，风止则水不动，而水的湿性不变。意思是说，众生的自性清净心也是不动的，心动是因无明（无知）而起，由此而有无量的妄染烦恼，而心性不动，智性不坏，则有无量的清净功德。这都是以心的动静论心的染净，心性动则染，心性静则净。中国佛教以性静释性净，除受道家主静思想影响外，还受儒家思想的影响，上述梁武帝引《礼记·乐记》的话强调"人生而静"是人的本性就是证明。此外《周易·坤》载："《文言》曰：坤至柔而动也刚，至静而德方。"坤是地，所以称至静。认为极静的坤德是方正的。《论语·雍也》："子曰：'知者乐水，仁者乐山。知者动，仁者静。'"智者是有智慧者，仁者是有德行者。水动（流）山静，有德行的人沉静。这些思想对于熟稔儒家典籍的中国佛教学者显然发生了作用。

关于性觉。"觉"，梵语、巴利语音译为菩提，旧译为道，后译为觉，是指证悟涅槃妙理的特殊智慧。又印度大乘佛教认为，声闻、缘觉只具有自觉，菩萨能自觉，也能觉他，只有佛才是自觉、觉他，且又觉行圆满者，至于凡人则是不觉的、无觉的。中国佛教重视以觉与不觉相对而论心性，提出以心性远离妄念而照用朗然为觉，以无明为不觉，从而用心性本觉说取代心性本净说。印度佛教的心性学说强调性净与性染相对，着重从排除烦恼、贪欲方面立论。中国佛教的心性学说强调性觉与无明相对，着重从排除无知、妄念方面立论。二者立论的角度、内涵是有所不同的。如前所述，《大乘起信论》就用"觉"与"不觉"来表述出世间与世间的差别,强调众生的本性是本来觉悟、众生本有清净的觉体(本觉)的。沈约在《佛不异众生知义》中说:"佛者觉也,觉者知也。……凡夫得正路之知,与佛之知不异也。……此众生之为佛性,实在其知性常传也。"觉是知的意思,佛知与众生知不异。唐代宗密更在《原人论》中宣布"一切有情皆有本觉真心",强调一切众生都有本来觉悟的真实心。中国佛教学者提出"本觉"、"觉性"、"本觉真心"的观念决不是偶然的,是深受儒家等中国传统哲学影响的结果。儒家重视伦理道德修养,为此也重视开发人的认知智慧。孔子就说:"不逆诈,不億不信,抑亦先觉者,是贤乎!"(《论语·宪问》)"億",同"臆"。这里的觉是察知、发觉的意思。孔子认为,不事先怀疑别人的欺诈,也不无根据地猜测别人的不诚实,却又能及时发觉,这样是贤人罢! 孟子也说:"是非之心,智之端也。"(《孟子·公孙丑上》)认为人具有天赋的区分是非的智慧萌芽。他还明确地提出"先知先觉"与"后知后觉"的区别,强调"天之生此民也,使先知觉后知,使先觉觉后觉也。"(《孟子·万章上》)"知",认知;"觉",觉悟。先知先觉,指对事理的认识、觉悟比一般人早的人,天生这些百姓是要使先知先觉的人去唤醒、觉悟后知后觉的人。我们认为,孟子把先知先觉与后知后觉相对立的说法,在思维框架上对《大乘起信论》的作者有着重要的启示,看来是符合历史实际的。荀子认为具有认识客观事理的能力是人的本性,说:"凡以知,人之性也。"(《荀子·解蔽》)荀子也重视觉悟说:"不觉悟,不知苦,迷惑失指易上下。"(《荀子·成相》)意思是说,一个君主不觉悟,不知苦,迷惑地作出失当的指示,就会使上下颠倒。《礼记·乐记》说:"夫民有血气心知之性,而无哀乐喜怒之常。"心知即心智。人本有心智之性,人本来就具有聪明智慧。儒家对人的认识能力、聪明智慧的肯定,无疑对中国佛教者在探索人的心性内涵方面是有影响的,在归结人的心性为本觉上是有作用的。

(三)真妄净染与心性二元

在北宋以前,绝大多数的儒家学者认为人心是一,人性是一,心和性是统一不可分的。而宋代的张载、二程和朱熹及其门徒则主张人性有两种,有的还认为人心也可以分为两种。如张载从其气本论的宇宙观出发,创建了"天地之性"和"气质之性"的性二元论体系,认为"天地之性"是人有形体前本来具有的、湛然纯一的、不偏不倚的善性,"气质之性"则是在人有了形体之后才有的、互相攻取的、偏驳的性,是有善有恶的性。张载此说与以往的性善、性恶论不同,较能自圆其说地阐明以往一直难以说明的善恶产生的根源问题,由此也受到朱熹等人的高度赞扬。二程和张载所持的观点基本相同,也把人性分为"天命之谓性"和"生之谓性"两种,同时强调两种不同的性是分别由理或气派生的。

朱熹综合了张载、二程的思想,对"天命之性"和"气质之性"作了系统的论述,尤其对"气质之性"的论述更为详尽。此外,朱熹还从心有体有用的思想出发,把心分为"道心"和"人心"两种,所谓道心是本体的心,是天理的体现;所谓人心是发用的心,有善与不善之分,不善是由于受物欲的引诱或牵累而发用的结果。宋代这些理学大家,从儒家心和性的一元论转轨到心和性的二元论(或近于二元论)是有其儒家心性思想演变发展的内在逻辑原因的,同时也不能不说是受了佛教心性论思想启发的结果。佛教心性论的一个著名论点就是心分为真与妄,性分为染和净两种。如曾受儒家重视现实人心的思维指向影响的《大乘起信论》,就以一心二门为纲,把心分为真如心和生灭心两种,相应地,性也有觉和不觉两种。此论作为中国大乘佛教的基本著作和入门书,不仅对中国佛教宗派发生了深远的影响,而且也对唐以来儒家心性论的重建发生了影响,应当说这是比较符合历史实际的。

（四）忘心无境与无心无著

一般说来,宋代以前,儒家多遵循孟子的"尽心知性知天"的理路,主张尽量发挥人心对主体和客体的认识作用。但是自宋代以来,尤其是南宋有的心学家们转而提倡人心空灵,无思无著,作为人生修养的境界。这是儒家深受佛教心性思想影响的又一突出表现。

北宋中叶的程颢在《答横渠张子厚先生书》中有一段重要论断:"与其非外而是内,不若内外之两忘也。两忘则澄然无事矣。"这和唐代黄檗希运禅师说的"若欲无境,当忘其心。心忘即境空,境空即心灭。若不忘心,而但除境,境不可除,只益纷扰"(《黄檗山断际禅师传法心要》)何等的相似!

曾对陆九渊的思想形成发生过重要影响的程颐高弟王蘋(字信伯),在回答弟子问及"孔颜乐处"时说:"心上一毫不留,若有心乐道,即有著矣。"(见《朱文公文集·记疑》)"孔颜乐处"是北宋理学家的最高境界,程颐认为,孔颜之乐是与道合一的精神喜悦,不是"乐道",不是以道为乐的对象。王信伯反对有心、有著,并以这种观念来阐发程颐思想,强调"心上一毫不留",不能对外界、对追求的对象有任何执着。这显然是佛教无我、无心、无著思想影响的结果。陆九渊也同样接受了这种思想的影响,他说:"内无所累,外无所累,自然自在,才有一些子意便沉重了。彻骨彻髓,见得超然,于一身自然轻清,自然灵。"(《陆九渊集·语录下》)"意",指意念。这是说,一个人"有意"便心头沉重,应当无意,即要内外无累,自然自在,轻清灵明,如此才是达到了超然境界。后来杨慈湖又发展了陆九渊的思想,进一步主张以"心不起意"为宗旨,认为人性本善,性恶的根源在于"意之起",他说:"但不起意,自然静定,是非贤否自明。"(《宋元学案·慈湖学案》)一个人只要不起意念,无思无为,心境自然保持静定,是非贤否也就历历照明,从而也就会达到去恶存善,由动归静的理想境界。

四、心性修养方式方法的吸取容摄

在心性修养方式方法上,儒佛两家的互相影响是广泛而深刻
的。在儒家重要修养方式方法——"极高明而道中庸"和"尽心知
性"的传统影响下,促使禅师提出"平常心是道"和"明心见性"的心
性修养命题;而佛教的一套性净情染理论和灭除情欲呈现本性的
修持方法,也为有的儒家学者所吸取,转而成为儒家道德修养方
法。

(一)"极高明而道中庸"与"平常心是道"

心性理论与人生理想是紧密相联系的,心性理论的差异直接
影响人生理想的实现途径、操作方式和内涵规定。相对而言,印度
佛教,尤其是小乘佛教基于心性本净的学说,强调灭除人生的现实
烦恼、痛苦,主张由烦恼心转化为清净心,由人转化为罗汉、菩萨或
佛,并把理想的实现寄托于来世,极富外在超越的色彩。中国佛教
有所不同,天台宗鼓吹众生和佛的体性一样,都具宇宙万有,互摄
互融并无差异的思想;"性具善恶",善性恶性本具不断的思想;以
及贪欲即是"道"的说法,都为理想与现实的沟通提供心性论的基
础。华严宗强调的佛和众生同由心造和一切圆融无碍的思想,为
佛与众生、理想与现实的圆融确立了充分的理论和逻辑的前提。
至于慧能禅宗更是主张发现、返归、证悟众生心性的本来面目、原
始状态,以顿求自在解脱,也就是在现实生活中实现理想,在现世
中成就佛果。马祖道一的"平常心是道"(《景德传灯录》卷二十八)
和临济义玄的"无事是贵人"(《镇州临济慧照禅师语录》)两个命题
最集中最典型地体现了这种思想。禅宗的这种思想,显然与印度
佛教视人的现实生活为苦难,现实世界为秽土,强调超俗出世,转

生超升彼岸世界的主张是迥异其趣的。禅宗与印度佛教在宗教终极旨趣上的巨大反差，是中印两国传统思想文化背景的不同所致。这方面，我们认为《中庸》所说的"君子尊德性而道问学，致广大而尽精微，极高明而道中庸"的哲学思想影响是至深且巨的。"高明"，广大精微的境界。"中庸"，平庸，平常。意思是说，君子尊崇天赋的性理，同时讲求学问而致知，使德性和学问臻于博大精微的境界，而又遵循平常的中庸之道。这里包含着强调在日常生活中实现境界提升的意义。这是一种在严酷的现实世界中的安身立命之道，是成就人生理想人格的重要模式，成为了中国古代士大夫为人处世的基本原则。由此形成的思维定势，必然影响到轻视印度佛教经典，重视自我心性修养的禅宗人的修持生活轨迹，这也就是在平常心态中实现内在超越，在平常生活中实现精神境界的飞跃。

(二)尽心知性与明心见性

儒家"极高明而道中庸"的思想给中国佛教宗派修持轨道以影响，而儒家的"尽心知性"说则给中国佛教宗派心性修养方法以启示。儒家重视伦理道德，提倡"反求诸己"，向内用功。孟子倡导的尽心知性就是一种反省内心的认识和道德修养方法。他说："尽其心者，知其性也；知其性，则知天矣。"(《孟子·尽心上》)这里讲的心是恻隐、羞恶、辞让、是非之心，孟子认为这是仁、义、礼、智之端，而仁、义、礼、智是苍天赋予人的本性。意思是说，一个人能尽量发挥心中的仁、义、礼、智诸善端，就能了解自己的"性"，并进而认识到所谓"天"。与孟子思想相近似，《中庸》强调尽性，即充分发挥自己以及事物的本性。文说："唯天下至诚，为能尽其性；能尽其性，则能尽人之性；能尽人之性，则能尽物之性。"《中庸》认为，人和物之性包含着"天理"；只有至诚的人才能尽量发挥自己的本性，并进而发挥他人的本性，再进而发挥万物的本性。儒家这种修养方法对中国佛教的影响是深刻的。

中国佛教天台宗人智颛就作《观心论》,所谓观心就是观照己心以明心之本性。智颛说:"前所明法,岂得异心? 但众生法太广,佛法太高,于初学为难。然心、佛及众生,是三无差别者,但自观己心则为易。"认为观自己的心是一个比较容易修持的法门,提倡观心修持。华严宗人提倡"妄尽还源观",主张在修持中,使妄念灭尽,内心澄莹,还复清净圆明的自性、本源,以得解脱。禅宗又称佛心宗,尤为重视心的修持。众所周知,菩提达摩讲安心;慧可、僧璨重自性觉悟;道信、弘忍主张守心、守本真心;神秀认为心有染净之分,提倡"看净",即观看心净;慧能提倡性净顿悟,主张径直彻悟心源,一举断尽妄惑;慧能后的南岳怀让和青原行思两系更是明确提出"直指人心,见性成佛"(参见《黄檗山断际禅师传法心要》)的明心见性思想,长期来一直成为禅修的基本原则和方法。中国佛教宗派的心性修养方法与儒家尽心知性的修养方法,在内涵界定、具体操作、价值取向和终极关怀等方面都是有所不同的,但是儒佛两家都重视发明心或善心,都重视认知或体证人的本性,都重视反省内心(内省),在心性修养问题的思维方式和思维方法上是一致的。这种一致性绝非出于偶然,这是长期来中国佛教学者受儒家经典的熏陶,以及积淀在民族心理深层的传统道德修养方法的影响的结果。

(三)情染性净与灭情复性

唐代反佛旗手之一的李翱,其实也深受佛教的思想影响。他的《复性书》虽以阐扬《中庸》思想相标榜,而实质上不过是佛教性论的基本思想——情染性净说的翻版。《复性书》宣扬人人本性是善的,由于心"动"而有"情",有"情"而生"惑"。《复性书》又说:"情者妄也,邪也。邪与妄则无所因矣。妄情灭息,本性清明,周流六虚,所以谓之能复其性也。"主张灭息妄情,以恢复清明本性。为了灭情,《复性书》还强调"弗虑弗思",若能"弗虑弗思","情"就不生,就能回复到"心寂不动"的境界。《起信论》讲一心二门,真如门和生灭门。生灭门的性是"动",一心由"静"到"动",就是由"本觉"到"不觉"的众生流转之路。相反,一心由"动"到"静",就是由"始觉"到"究竟觉"的众生解脱之途。这可以说是《复性书》关于人生本原和人生境界的直接思想源头。至于灭情复性的方法——"弗思弗虑",实同于禅宗的"无念";灭情复性的境界——"心寂不动",实也是禅宗的理想境界。此外,李翱灭情复性说与华严宗人的"妄尽还源"修行方式也是相当接近的。事实上,李翱对佛教义理是赞赏的,他说:"天下之人以佛理证心者寡矣,惟土木铜铁周于四海,残害生人,为逋逃之薮泽。"(《李文公集·与本使杨尚书请停修寺观钱状》)认为佛理对人的心性修养是有益的,只是大兴寺庙于社会有害。李翱的反佛实是反对建庙造像,劳民伤财,以及寺庙成为逃亡者的聚集之地,这与他吸取佛教思想,甚至如《复性书》实质上宣扬佛教心性思想,并不完全是矛盾的。

(四)识得本心与发明本心

如前所述,陆九渊的心性哲学特别提倡和重视"本心"。"本心",具体讲就是仁、义、礼、智四善端。本心人人皆有,本无少欠,不必他求,由此他进而主张"学问之要,得其本心而已"(《陆九渊集·袁燮序》)。在他看来,一个人只要发明本心,就是去欲尽性,恢复人心澄明的本来面目。这和视人心为罪恶之源,强调心外求道的主张不同,而和禅宗的"识得本心"、"明心见性"、"不假外求"、"自悟成佛"的修养之路在形式上是相同的。

(五)顿悟与神悟

宋代心学家还在心性修养工夫上提倡"神悟",如王信伯就说:"到恍然神悟处,不是智力求底。"(见《朱文公文集·记疑》)认为达到真正了悟,是在恍然之间,靠神秘的直觉体悟,而不是靠智力求得的。朱熹对此说不以为然,他批评说:"恍然神悟乃异学之语,儒学则惟有穷理之功,积习之人,触类贯通。"(同上)这里所说的异学,当然包括佛学在内。朱熹反对神悟说而主张格物穷理,触类贯通。陆九渊又批评朱熹的修养工夫是"支离事业",费神劳力,收效甚微,他称自己提倡的发明本心是"易简工夫"。他打比喻说:"铢铢而称,至石必谬;寸寸而度,至丈必差",而"石称丈量",则"径而寡失"(《陆九渊集·与詹子南》)。强调易简工夫能收到"一是即皆是,一明即皆明"(《陆九渊集·语录下》)之效。王阳明也宣扬良知本体工夫是"一悟尽透"。应当说,儒学本没有恍然神悟之说,宋代心学家的这一说法是吸取佛教顿悟思想的表现。佛教,尤其是慧能禅宗不赞成神秀的渐悟主张,提倡顿悟,认为"一了一切了,一悟一切悟",后来有的禅者甚至说"放下屠刀,立地成佛"。佛教内部一直存在顿渐之争,南宋儒学中出现的顿与渐的紧张,在思想上与佛教是有关联的。

(六)禅定与静坐

宋明理学开创者周敦颐提出"主静"说作为道德品质修养的基本原则。他所讲的"静"不是动静的静,而是"无欲","无欲故静"(《太极图说》自注)。后来有些理学家把"静"引向"静坐"。明代理学家陈献章说:"伊川见人静坐,便叹其善学。此'静'字发源濂溪,程门更相授受。晦翁恐差入禅去,故少说静,只说敬。学者须自量度何如,若不至为禅所诱,仍多静方有入处。"(湛若水《白沙子古诗教解》引,载《陈献章集》下)可知程颐是主张静坐的,朱熹恐与禅划不清界线,少说"静"而说"敬"。心学家与朱熹主张不同,认为静坐是求悟的重要途径和方式。陆九渊的门人就专门打坐。陆九渊的教学方式是:"先生曰'学者能常闭目亦佳',某因无事则安坐瞑目,用力操存,夜以继日,如此者半月。一日下楼,忽觉此心已复澄莹,先生目逆而视之曰:'此理已显也。'"(《陆九渊集·语录下》)这是讲通过较长时间的静坐而达到心体"澄莹"的境界,获得一种神秘的心理体验和心灵飞跃。

　　杨慈湖也主张静坐得悟,他还把这种方式称为"反观",说:"尝反观,觉天地万物通为一体。""吾性澄然清明而非物,吾性洞然无际而非量,天者,吾性中之象,地者,吾性中之形。"(《宋元学案·慈湖学案》)即在反观中产生出万物通为一体的神秘体验——自性澄然清明,洞然无际,非物非量,天与地都成自性中的象或形,而天象地形都是"我之所为"。也就是说,自心无体,清明无际,与天地万物同范围,无内外之别。心学家的静坐、反观与佛教的宗教实践方式十分相似。静坐是佛教禅定的重要方式之一,反观和止观的观心近似,至于天地万物通为一体,与禅宗的会万物为一的精神境界,即在自心的禅修了悟中达到消除主体与客体、此物与他物和部分与整体的差异、对立,实在没有本质的区别。虽然在历史上有一些儒者"坐在禅床上骂禅"的现象,但是,应当说,心学的确是受到了佛教尤其是禅宗的不小影响。明代黄绾就宋代大儒与禅的关系说过这样的话:"宋儒之学,其入门皆由于禅:濂溪、明道、横渠、象山则由于上乘,伊川、晦庵则由于下乘。"(《明道编》卷一)"上乘"、"下乘"是指禅法的上下高低区别。黄绾一语道出宋代最有代表性的儒家周敦颐、二程、张载、朱熹、陆九渊都是由禅入门的。这种文化交相渗透的现象是很值得深思的。

　　综上所述,儒、佛在心性论上的互动互补,极大地改变、丰富、发展了儒、佛的心性论思想体系。使佛教心性论富有中国化的色调,也使儒家心性论具有本体论的结构,从而共同成为当时人文思想的基石,并在伦理道德和人格培养方面发挥了重大作用。

　　附言:本文系在原稿(载时为内部刊物的《炎黄春秋》增刊第二期,1995年6月)的基础上修改而成。

(选自《中国哲学史》2000年第2期)

20世纪儒学研究大系

　　作者认为,儒佛思想主旨决定了心性论必然成为两者成就理想人格的理论基础,儒佛心性论内涵的差异又为双方互动互补提供了可能,儒佛心性论内涵的局限又决定了两者的互动互补成为了各自思想发展的需要。本文强调儒佛在互相碰撞、冲突、贯通、融会的过程中,在心性思想上寻觅到了主要契合点,并且着重论述儒佛在心性论上互动互补的四个基本内容:推动儒佛的学术思想重心分别向性命之学或佛性论转轨;促进佛家突出自心地位、作用和儒家确立心性本体论;广泛地调整、补充、丰富两者心性论思想的内涵,增添了新鲜内容;彼此互相吸收容摄对方的心性修养方式方法。最后,儒、佛心性论在历史上一度共同成为人文思想的基石,并在伦理道德和人格培养方面发挥了重大作用。

佛性与人性

——论儒佛之异同暨相互影响

赖永海

佛教对于中国古代文化的深刻影响,已越来越为人们所认识。同时,中国传统文化对于佛教的巨大影响,也日益受到佛学界的重视。研究佛教与中国文化的相互关系,已成为当前文化研究中的一个重要组成部分。

由于佛教与中国传统文化都经籍浩繁、包罗广博,这里不想也不可能面面俱到地去谈论二者及二者之间的相互关系,只准备就作为佛教核心问题的佛性理论与作为传统儒学根本问题的人性理论的相互关系,作一些力所能及的探讨。

一、佛教的抽象本体与儒家的人本主义

关于佛教与儒家的区别,梁漱溟先生曾说过这样一段话:"儒家从不离开人来说话,其立脚点是人的立脚点,说来说去总还归结到人身上,不在其外。佛家反之,他站在远高于人的立场,总是超开人来说话,更不复归到人身上——归结到佛。前者属世间法,后者则属出世间法,其不同彰彰也。"(《中国文化与中国哲学》,第429页)梁先生此说很有见地,颇得儒佛分野之要领。盖儒家之

学,自孔孟而理学家,虽千言万语,其主旨都是在谈人、谈人的本性,谈人的修养,目标是教人成贤作圣;佛教则不然,其学说虽包含广博,号称八万四千法门,然究其旨归,无非都是在论述何谓佛?佛的本质是什么?人有没有佛性?能不能成佛?若能成佛,根据是什么?怎样才能成佛?等等。儒家关于人的学问,通常称之为人性理论;佛教关于佛的学说,则是作为整个佛教(特别是大乘佛教)核心问题的佛性理论。

佛性一语,是梵文 Buddātā 的汉译,亦作佛界、佛藏、如来界、如来藏等,所谓佛性,亦即众生觉悟之因,众生成佛的可能性,这是中国佛教界对佛性的最一般理解。但佛性之"性"在印度佛教中原为"界"字,所谓佛性,亦即佛之体性。后来,随着佛教的不断发展,"界"义也不断发生变化,至大乘佛教时期,"界"字含有更深的意义,被作为形而上真理的别名,这样,佛性又具有本体的意义。

但是,如果从佛教最基础的理论——"缘起"说看,佛教是否认本体的,不但如此,释迦牟尼正是在反婆罗门教的"神我本体"论中创立"缘起"说的。但是,正如一切思想文化的发展不是对传统的简单否定一样,佛教在反对传统的婆罗门教的"神我本体"思想的同时,又不自觉地吸收了婆罗门教的思维方式。在原始佛教时期,这种吸收表现为潜在的形式,随着佛教的不断发展,便逐渐地流露、表现出来。例如,到小乘佛教后期,为了克服业报轮回与没有轮回主体的矛盾,就开始出现"补特伽罗"说。此"补特伽罗"作为轮回报应、前后相续的主体,实际上已是一种变相的实体。当然,此实体还不是严格意义上的"本体"。佛教"本体"说的出现,当在"般若实相说"之后,由于后期般若学在"扫一切相"同时,大谈诸法"实相",把"实相"作为一切诸法的本原,这就使"实相"成为一个穿上佛教服装的"本体"。后来,佛性理论又在"般若实相说"基础上,大谈"如来藏"、"佛性我",把原始佛教从前门赶出去的"神我",又从后门请了进来。这样,作为大乘佛教核心问题的佛性理论,就其思维方式说,完全建立在抽象本体的基础上。

具有本体意义的"实相说"、"佛性论"。晋宋之前的中国人很难理解——因为,中国古代传统的思维方法较接近于"本源"论,如"精气说"、"五行说"、"元气自然论"等,因此,常常以"产生"代替"体现",严重曲解了印度的佛教学说。特别是具有实体意义的"个体灵魂"思想,在中国古代更是根深蒂固,因此,以传统的"灵魂说"去理解佛教的佛性论,把"灵魂不灭"、"精神不死"作为佛法的根本义,更是汉魏时期中国佛教的一大特点。实际上,中国古代的"灵魂说"与印度佛教的佛性论,在思维模式上有着很大的差别,一个是"个体灵魂",一个是"宇宙本体",绝不可混为一谈。但由于魏晋之前的思想界几乎没有"本体"的观念,因此,无法准确理解和把握佛教的有关思想。魏晋时期,玄学盛行,玄学家们善于谈"有"说"无",喜欢作"本体"体会,"本体"观念逐渐为思想界所理解和接受,因之才有晋宋之际的竺道生首开中国佛性论之先河,比较正确地阐述了基于"本体"理论的佛性学说。

其实,在佛教学说中,不仅佛性论是建立在"佛本体"的基础上,而且整个大乘佛教都立足于某一抽象本体。此本体或曰"真如",或名"实相",或叫"法界",或称"佛性,"说法虽异,实质无殊,都是宇宙万法的本原。在佛教看来,世间万有,包括众生,都是一种假象、幻影,唯有"佛性"、"实相"是真实的。人们学佛的目的,就是要体证佛性,返归本体。因此,在佛教学说中,作为抽象本体的"佛性"、"实相",既是出发点,又是落脚点。

再来看看作为中国传统文化的儒家学说。儒家学说的思想旨趣,从特定的意义上说,可以一言以蔽之——"人"。儒家创始人孔子的思想重心是"仁学"。所谓"仁",从语源学的角度来说,是二人的组合。《说文》曰:"仁,亲也,从人二。"孔子赋"仁"以道德属性,用来论述人与人的相互关系。在《论语》中，孔子对"仁"有多种说法，或曰"爱人"，或曰"己欲立而立人，己欲达而达人"；或曰"己所不欲，勿施于人"，等等。这些说法虽不尽相同，但都是指"己"与"人"、"人"与"人"的一种关系。如果说，"仁学"是孔子学说的重心所在，那么，"人"则是孔学的立足点。孔子学说在中国思想史上的地位也许至今还没有一个统一的看法，但是，孔子之注重"人"，极力抬高"人"的地位，则是无可置疑、一致公认的。近现代一些治思想史的专家一再指出：孔子的"仁"是一种"人"的发现，它把人们的视野从"天"转向"人"。这种说法是合乎历史实际的。盖孔子所处的东周，是一个"天"、"神"统治一切的时代，孔子虽没有公开排斥"天"、"神"，但一再强调"未知生，焉知死"、"未能事人，焉能事鬼"、"不语怪力乱神"。这种"重人事，远鬼神"的思想倾向，对春秋时期的思想界确具有震聋发聩之作用，它唤醒当时的圣贤名哲把眼光从"天文"转向"人文"。此后，以人为中心的人本主义思想，一直成为儒学的主流。

在儒门中，地位仅次于孔子的是孟子，有"亚圣"之称。孟子之学，重心在人性理论和"仁政"学说。"仁政"学说的核心是倡"须有不忍人之心，斯有不忍人之政"；人性理论则致力于对人之本性的探讨。二者都以"人"为对象和归宿。后来的儒家，都循着孔、孟的思想路数走。凡所立论，多不离"人"，把"人"视为"天地之德"、"天地之心"、"五行之秀气"；至汉代董仲舒，思想路线有所偏移，倡"天人感应"，但所讲仍不离开"人"，仍把"人"视为"超然万物之上而最为天下贵"者。

儒学至宋又起一高潮。受佛教"佛性本体"、"心性本体"思想的影响，宋儒也开始谈"天道本体"、"心性本体"，曰："道之大原出于天"，曰："宇宙便是吾心，吾心便是宇宙"。但是，理学家"推明天地万物之原"的目的，是为了说明人，说明人性，说明人伦道德之常规。理学家千言万语,无非教人如何"修心养性",如何"存天理,去人欲",如何成贤作圣。虽然这个时期的儒学由于受到佛教佛性理论的深刻影响,因而带有浓厚的宗教色彩,但其立足点与思想归趣均在人。

总之,儒家学说在相当程度上是关于人的学说,是关于人与人相互关系的学说,是一种以人为本的伦理哲学,而不像佛教那样从抽象的本体出发,落脚点又回到抽象的本体。儒佛之间的具体的区别也许很多,但这一区别应该说是最基本的。

这里,有个问题顺便提及,谈论儒家的人本主义,人们很容易联系到西方的人本主义。毫无疑问,因同是人本主义,二者肯定有共同点,这就是都注重人,都以人为中心,都极力抬高人的地位。但是,由于中西方社会历史条件(其中包括思想文化背景)的差异,因此,两种人本主义的思想内容上是不尽相同的,特别在对"人"的理解上是很有差别的。西方人本主义者之看人,多从生物的、生理的角度着眼,把人视为具有情感、意志和理智的独立个体;儒家所说的"人",则往往强调其社会性和群体性,从人与人、人与社会的相互关系的角度入手,视人为社会群体的一分子。如果说,西方的人本主义的"人"往往较缺乏社会的性质,那么,儒家人本主义的"人"——用韦伯的话说——则没有形成一种独立的人格。实际上,人之为人,应该既是生物的,又是社会的,既是独立的个体,又是群体的一分子。从这个意义上说,中西文化乃至中外文化的交流,是绝对必要和有益的。

二、佛教的佛性论与儒家的人性论

儒家重人,佛教重抽象本体,这个差别导致了儒佛二家在许多基本点上的歧异。

首先，虽然儒佛二家均重"性论"，但所说之"性"含义不同。佛教谈"性"，多指抽象本体的本性，儒家所说之"性"，则多指人的本性。

其次，由于佛教的本体是抽象的、非人格的，因此，佛教之论"性"，多从"染"、"净"入手；儒家所说之"人"，是社会性的生物，是道德的主体，因此，儒家谈"性"，多从"善"、"恶"置论。以往的有些佛教学者曾看到佛学与儒学的这一区别，但没有指出其所以然来，实际上，儒佛的这一歧异，正是由于探讨对象的不同所致。

当然，儒佛的这一分歧也不是绝对的，特别到了唐宋之后，由于佛教受到注重人性、心性的中国传统文化的影响，也逐渐走上注重人性、心性的道路，因而也多有以"善"、"恶"论"性"的；同时，儒学受到以佛性为本体的佛教学说的影响，也出现了以人性、心性为本体的倾向。例如，产生于隋代的第一个统一的佛教宗派——天台宗，就大谈心性。天台宗的学说，就其总体说，最重中道实相。他们常常以中道实相为佛性，以中道实相为一切诸法的本原。这种思想明显地带有印度佛教注重抽象本体的痕迹。但是天台宗在论述诸法实相时，又经常把它归结于一念心，认为"心是诸法之本，心即总也"（《法华玄义》卷一上，《大正藏》第33卷，第685页）。也就是说，"心"才是一切诸法的本体，一切现象的总根源。这里，我们看到天台学说已开始把印度佛教的注重抽象本体，转向注重"心"；天台宗对《华严经》所说的"心、佛与众生，是三无差别"作了大量的论说阐述，认为"己心"、"众生心"与"佛心"是平等互具的，这一说法一定程度地沟通了作为抽象本体的"佛心"和作为具体心性的"己心"、"众生心"。其次，天台宗还把作为抽象本体的佛性归结于"觉心"，曰："佛名为觉，性名为心"（《大乘止观法门》卷二）、"上定者谓佛性，能观心性名为上定"（《止观大意》，《大正藏》第46卷，第406页），把佛性和成佛归结于"心性"和"反观心源"。

　　华严宗也有类似情形。本来，华严宗是以《华严经》为宗本的，而《华严经》中的"如来藏自性清净心"则是一个派生万物的抽象本体。但是，华严宗在阐述《华严经》的有关思想时，常常把"如来藏自性清净心"具体化为具有主体色彩的"灵知之心"，并且用迷、悟来说众生、诸佛，曰："特由迷悟不同，遂有众生及佛"（《大华严经略策》）。华严宗在阐发"无尽缘起"的理论时，更常以"随心回转"、"各唯心现"来说明万事万物的相入相即。

　　当然，天台、华严宗所说的"心"还不能说完全是指人心、具体心，它在相当程度上仍带有抽象本体的性质，因此，天台、华严的重心性只表现为一种倾向，这种倾向至禅宗倡"即心即佛"，把一切归诸自性、自心，"心"的具体化就被发展到一个新的阶段。

　　在禅宗的经典性著作《坛经》中，一个最基本的思想就是"心即佛"。惠能之后，"心即佛"的思想更被推到极端，到了后期禅宗，一个真常唯心，取代了三藏十二部经，对佛陀的崇拜在相当程度上变成对"心"的崇拜。

　　值得指出的是，禅宗的"心"已不像天台、华严二宗的"心"那样具有浓厚的抽象本体的性质，而是更加人性化、具体化。实际上，禅宗对传统佛教的改革，正是建立在改变"心"的内涵的基础上，而这一改变又是从惠能把着眼点由注重抽象本体变为注重现实的"人"开始的。惠能佛教学说的特点之一，是喜欢直接谈人，谈人心，谈人性，而不像以往的佛教思想家那样，喜欢作虚玄抽象的推衍论证。例如，在《坛经》中，惠能屡以人性谈佛性："世人性净，犹如清天，惠如日，智如月"，"人性本净，由妄念故盖覆真如，但无妄念，性自清净"，"世人性本清净，万法在自性"，等等。这种直接把佛性归结于现实的人性的做法和思想，与传统佛教总是把佛性诉诸抽象本体的思想，是迥异其趣的。而把眼光从抽象本体转向人，又导致了中国佛教的另一个根本性变化，即由传统的注重出世，一改而成为注重入世,倡即世间求解脱。

这里,我们碰到这样一个问题,作为中国佛教代表的禅宗,为什么在思想内容上会发生这样一些带根本性的变化?毫无疑问,中国古代的经济条件、政治制度都对这种转变产生过重要作用,但如果从思想文化背景角度说,儒家重人、重现实的思想风格,无疑是造成中国佛教的思想发生转变的重要原因之一。

当然,作为中国传统文化的儒家思想对佛教学说的影响,只是事情的一个方面,在儒学与佛学的相互关系中,影响往往不是单方面的,而是双向的。也就是说,佛教自传入中国后,既受到中国传统文化的影响,逐渐走上中国化的道路,又经常反过来影响中国的传统文化,使中国古代的传统文化带上了佛教的深刻印痕,这一点,在隋唐以后的儒学中表现得特别明显。例如,儒家向来重人、重人性而不谈抽象本体,但自隋唐之后,儒学便一反不谈本体的传统,而倡天人合一的心性本体论。在修养方法上,儒学也受佛教"明心见性"、"反观心源"等修行方法的影响,而大谈"复性"、"善反"、"修心养性"等。

要研究唐宋佛学对儒学的影响,唐代思想家李翱的《复性书》是一部特别值得注意的著作。《复性书》共三篇,上篇总论性情及圣人,中篇谈成圣之方法,下篇勉人修养之努力。全书以恢复孔孟道统为己任,以《周易》、《大学》、《中庸》为典要,以开诚明致中和为至义,以去情复性为旨归,以弗思弗虑、情则不生为复性之方。从表面上看,该书所据多为儒典,所语也多属儒言,其目的也在于恢复孔孟道统。但是,如果人们深入到思想内部,就不难发现,该书的思想旨趣及表达方法,与中国佛教的佛性理论,多有相近、相通之处,以致从某种意义上说,《复性书》是以儒家的语言,讲佛教的佛性理论。

宋明时期,儒学受佛学的影响更甚。宋明理学家大多反佛,但又都在反佛的旗号下,偷运了大量佛教的佛性理论。这样,宋明理学成为一个以儒家的《语》、《孟》、《学》、《庸》为构架,以佛教的心性理论为纲骨,以"存天理、灭人欲"为标帜的庞大的人生哲学体系。

宋儒自濂溪以降,就大大改变了儒家罕言性与天命,不讲本体的传统风格,而易之以天人合一为特征的宇宙观和以心性为本体的人性理论。

周子之学,带有浓厚的天道本体或人性本体的特色。他一方面把天道伦理化,另一方面又把伦理天道化。而他把天道伦理化的目的,是为了把伦理天道化。周子的《太极图说》,就其主旨说,是要"明天理之本源,究万物之始终",但是,作为落点,又常常回到人、人性、人伦道德之常规。而他"推明天地万物之源"的目的,是为了说明道之大源出于天。这种理论的思想路线,与隋唐佛教的佛性理论把佛性人性化、从而使人性佛性化走的是同一条路。

宋初另一大儒张载也深受佛学的影响。张载在宋儒中排佛最烈,斥佛家之性空、幻化诸说,抨击"浮屠以山河大地为见病"。但是,从思维方法的角度说,张载受佛学的影响也最大。

张子之学,可以说是中国哲学史上第一个具有严格本体论意义的哲学体系,而他的"天地之性"、"气质之性"说更是历史上第一个从"体"、"用"角度去阐述人性及其本质的理论。此说克服了以往各种人性学说在理论上所碰到的矛盾与困难,把历史上的人性学说在理论思维方面大大向前推进了一大步,又为宋明理学的人性论开了一条新路,成为"天命、气质之性"、"天理、人欲之辨"的嚆矢。张载人性理论对于宋明的人性理论确实"功不可没",而从理论思维的角度说,系得之于佛教的本体论哲学。

二程对佛教亦持两面态度,既反对排斥,又吸收融合。他们一方面认为佛教是"无伦类",要学者对于释氏之说,"直须如淫声美色以远之",另一方面对佛教的戒、定、慧三学大加赞扬,其治学、修养的三部曲——"静坐"、"用敬"、"致知",在一定程度上说,是受佛教戒、定、慧三学的启迪而推衍出来的。

作为理学集大成者的朱熹,对待佛教的态度,大体与周、程相类。一方面,朱熹反对、贬斥佛教,认为"禅学最害道","只是废三纲五常这一事,已是极大罪名"(《续近思录》),第(224、229 页),另一方面,又吸收了大量佛教的思想,特别是佛教的心性理论和修养方法。因此,朱子之学,在许多方面带有浓厚的佛教色彩。例如,朱熹所说的"天理"、"天命之性",就与禅宗所说的佛性颇相近。如果说禅宗所说的佛性多是披上一层佛性外衣的人心、人性,那么,朱子所言之"天理"、"天命之性",则是一种佛性化了的道德本体,外表有小异,内容无大殊。其二,朱熹学说中人物天地同一本性的思想,实是佛教"凡圣无二"、"众生即佛"、"万类之中,个个是佛"的异说。其三,朱熹所言"尽性知天",与禅宗所说之见性成佛亦异曲同工。其四,朱熹所谓圣人只是教人"存天理,灭人欲"等说,更是佛家去妄证真之翻版。

理学家们如此,心学家受禅学影响更深。朱熹在心性问题上,看法与禅学有些分歧,主张严分心性,认为心属气,性属理,心性非为一物。陆九渊以禅宗的思想方法,批评朱熹这是"叠床架屋",主张把性、理归诸一心,认为"千万世之前,有圣人出焉,同此心,同此理也;千万世之后有圣人出焉,同此心,同此理也;东南西北有圣人出焉,同此心,同此理也。"(《杂说》)"此心此理,实不容有二"。陆九渊这种"心即理"的思想,与禅宗所谓"心即佛"思想实际上没有多少区别。因为,陆九渊所说的"心",与禅宗所说的"心"一样,是一个包揽宇宙、古今的本体。在修养方法上,陆更以"发明本心"与禅宗的"明心见性"相呼应。至于如何发明本心,陆也像禅宗主张的"自心是佛"、"无须向外四处寻觅"一样,强调"道不外索"、"切己自反",认为"本心"乃我所固有,于自家身上用力即可,不必向外四处求索。总之,陆学之类禅入禅,至甚至深,朱熹及后儒在评论陆九渊的言论风旨时,或称其"全是禅学,但变其名号耳"(《朱文公文集》卷四十七),或说:"金溪学问,真正是禅"(《朱子语类》卷一百二十四)、"大抵用禅家宗旨,而外面却又假托圣人之言,牵就释意"(《朱文公文集》卷三十五)。

宋明心学的另一位代表人物王阳明在吸收融合禅学方面比陆九渊走得更远。王学在陆学的基础上,进一步倡鸟啼花笑、山峙川流,皆吾心之变化,主张"良知"生天生地,成鬼成帝,是造化之精灵,万物之根据,把心学推到极端,与禅宗的绝对唯心论更相契合。

王学中影响最大的当推"良知"说,此"良知"实是佛教之本体,亦即禅宗所谓"本来面目"。王阳明说:"良知只是一个天理自然明觉发见处,只是一个真诚恻怛便是他本体"(《答聂文蔚书》),"本来面目,即吾圣门所谓良知"(《答陆原静书》)。此外,在修行方法上,王学也多模仿禅宗:禅宗谓佛性本自清净,只因客尘烦恼盖覆,不能自见,若能"离相"、"无念",便可成佛作菩萨;王阳明则认为,人心本体本自明净,只因私欲习气染污蔽障不能自见,若能为学去蔽,复得明净之心体——良知,则离圣贤无远。惠能曾以人性本净,犹如天常清,日月常明,只因乌云盖覆不得清净为喻,说明偶性与客尘烦恼的关系;王阳明也有圣人之知如青天日,贤人之知如浮云日,愚人之知如阴霾日一说。禅宗修行方法的一个重要特点是"不立文字、直指心源"、"不依经教、超佛越祖",王阳明的修养方法也反对为经句文义所牵蔽,认为"六经皆吾心之记籍",强调要自信,"不要揣摩仿依典籍",主张"致良知成德性,漫从故纸费精神"。王门后学在修养方法上也与后期禅宗相类似:后期禅宗在修行方法上由直指心源、顿悟见性一变而为饥食困眠、纯任自然,王门后学自龙谿、心斋以降,也盛行自然无为之风。他们认为万紫千红、鸢飞鱼跃,无非天机之动荡;花落鸟啼,山峙川流,都是良知之流露,主张"率性工夫本自然,自然之外更无传","七情不动天君泰,一念才萌意马狂","此心收敛即为贤,敛到心无识性天",教人功夫应做到如无识小童,嬉游笑舞,皆是鱼跃鸢飞景象,并说:"吾人心体活泼,原来如此"。王学及王门后学不论在思想内容还是思想风格上都与禅宗极其接近,有时甚至很难分清哪是禅学,哪是王学,因此,后来的许多思想家径直称王学为禅学。

三、佛教伦理与儒家纲常

宋明理学在思维方式、思想内容等方面受到佛教特别是禅宗的深刻影响,但是,在纲常伦理方面,理学家乃至中国古代的儒者们对佛教却采取坚决的抵制和排斥的态度,这一点是导致儒佛之间长期激烈斗争的一个重要原因。

儒家的伦理学说,是中国古代宗法制度的思想基础,特别是作为儒家伦理学说核心的"三纲五常",更是中国古代宗法制度的根基所系。此"三纲五常",从某种角度说,又可进一步归结为"忠"、"孝"二字。所谓"忠"即臣民对君王要忠,"孝"者,即子女对父母要孝敬。此忠、孝是伦理之纲、百行之首,在中国古代社会根深蒂固、影响深远。因此儒家常常借此攻击、排斥佛教。佛教为了在中国这块土地上求得生存和发展,长期以来进行了大量的艰苦的解释与辩白,但由于佛教是一种出世的宗教,其伦理思想与儒家伦理思想有着许多根本性的区别,因此,一直到唐宋时期,其伦理思想仍是儒家攻击的一个重要目标。这种情况向中国佛教提出一个问题,如果它不在伦理观方面有所改变,就很难在中国长期存在下去并求得较大的发展。现实的需要,终于迫使唐宋时期的中国佛教在伦理观方面作出较大的调整。

佛教原自认为是方外之宾,故主张不受世俗礼仪之约束,反对跪拜君亲；在伦理思想方面，也以不存身顺化，而以反本求宗之"大孝"抵制世俗之事养孝敬，但是，受中国传统文化的影响，唐宋时期的佛教在这方面开始发生变化。例如，宋代名僧契嵩写了一篇全面论述佛教孝道的著作，名《孝论》，声称"夫孝，诸教皆尊之，而佛教殊尊也"，认为，"夫孝，天之经也，地之义也，居之行也"，"圣人之善，以孝为端"，并且把父母作为"天下三大本"之一，主张"律制佛子，必减其衣盂之资，以养父母"，与以往佛教所说的"大孝"颇相径庭，而与儒家所说的孝道更为接近。明代僧人也著有《孝闻说》、《广孝序》等文，大谈孝道。更有甚者，宋明时期社会上还经常出现一些"孝僧"，提倡"三年必心丧"等。所有这些，充分说明唐宋之后的中国佛教已被相当程度的伦理化了，同时也说明，传统的儒家文化在改造外来文化方面，有时具有巨大的力量。

另外，传统的儒家伦理哲学不仅在孝道方面深刻影响着中国的佛教学说，而且在人伦五常方面也给中国佛教以很大的影响。中国古代的许多僧侣及佛教信徒经常以佛教的五戒比儒家之五常。南朝时的颜之推在《归心篇》中就曾指出："内典初门，设五种之禁，与外书仁义五常符同。"宋契嵩的《孝论》也把佛之五戒比诸儒家的五常，并且说："儒佛者，圣人之教也。其所出虽不同，而同归乎治"，认为儒佛二教殊途同归。实际上，唐宋之后，儒学与佛学确实日趋合流，盛行于宋明时期的理学，正是这种合流的产物。

最后，有一个问题必须强调指出，即隋唐之后的中国佛教为什么会被人性化、伦理化？对此，似不宜单纯认为这是佛教为了适应中国的传统思想，避免遭攻击、受排斥所做的一种姿态，一种让步。实际上，由于隋唐之后的中国佛教已不像传统佛教那样把着眼点放在抽象本体上，而是日益注重人，日益把抽象本体归结于现实的人性，变成一种世俗化，人性化的宗教，因此，注重人与人之间现实的伦理关系，已是隋唐之后中国佛教的一种内在的需要，而不单纯是一种让步、一种策略。

（选自《哲学研究》1989 年第 11 期）

赖永海(1949—)，哲学博士，南京大学哲学系教授、博士生导师，南京大学中华文化研究院院长、南京大学佛教与宗教学研究中心主任，《禅学研究》（杂志）主编。著作有《中国佛性论》、《中国佛教文化论》、《佛学与儒学》、《宗教学概论》、《楞伽经释译》等。

本文认为，唐宋以后，佛教受注重人性、心性的儒家和中国传统文化的影响而逐渐走上注重人性、心性的道路，多有以"善""恶"论性者（由于把眼光从抽象本体转向人，也导致了中国佛教注重入世，倡导即世间求解脱。）；儒家受以佛性为本体的佛教学说的影响而出现以人性、心性为本体的倾向，宋明理学家大量吸收佛教的佛性理论，心学家受禅学影响更大更深。由于儒家一直攻击排斥佛教伦理，宋代以后佛教在伦理观方面作出很大调整。唐宋以后，佛儒合流，中国佛教变为一种世俗化、人性化的宗教，注重人与人之间的关系已成为中国佛教的一种内在需要，而不单纯是一种让步、一种策略。

儒道释与内在超越问题（节选）

汤一介

论儒家哲学中的内在性和超越性

一个民族的哲学有它的源起，就像一个民族的文化有它的源起一样。但是，一个民族的哲学的源起又和一个民族的文化的源起不同。一个民族的文化从有这个民族就有了这个民族的文化，然而并不是有了这个民族就有了这个民族的哲学。有些民族很可能一直处于没有创造出它自身的哲学体系的阶段，甚至可以在这个民族还没有自己的民族哲学时就完全衰落以至于灭亡了或者完全接受其他民族的哲学而继续存在着。中华民族是一个包含着许多民族的广泛名称，这个民族从野蛮进入文明时期至少有四五千年了，但是这个民族的哲学、特别是形成较为完整体系的哲学应是产生在春秋末期。

在春秋末期，中国产生了几个伟大的哲学家，孔子、老子、墨子等等。照说老子是早于孔子，但《老子》这部书又是形成于战国时期，因此把孔子看成中国最早的一个真正哲学家也许是可以成立的。在现存的《论语》一书中包含着许多长期影响着中国哲学发展的哲学问题。我认为其中有一个很重要的问题就是关于"超越性和内在性"的问题。照我看这个问题应是一个真的哲学问题，有了真的哲学问题才可能有为解决这个问题的哲学理论体系。

在《论语》中记载了子贡的一段话:"夫子之言性与天道不可得而闻也。"这句话非常重要,因为它是一个真正的哲学问题。为什么孔子的"天道"与"性命"的问题不可得而闻呢? 这就是因为所谓"天道"的问题是个宇宙人生的"超越性"的问题,而所谓"性命"的问题则是一个宇宙人生的"内在性"的问题,这两个问题本来都是形而上的哲学问题,照中国哲学的说法它是"超言绝象"的。"超言绝象"自然不可说,说了别人也不懂,所以子贡才说了上面引用的那段话。那么超越性的"天道"如何去把握,内在性的"性命"如何去体证,这两者的关系究竟如何,就成了中国哲学的重要课题。儒家从孔孟一直到程朱陆王,他们的哲学大体上都是在解决或说明这两个相互联系的问题。儒家哲学是如此,中国传统哲学的另一大系道家何尝不是如此。《老子道德经》五千言所言"道"、"德",所谓"道"是一超越性的本体,而所谓"德"则是指得之于"道"的"内在性",当然庄子更是如此了。关于道家不是本文讨论的范围,我将在另一篇文章《论老庄哲学的超越性和内在性问题》一文中阐述,这里就不去讨论了。

儒家哲学中的"超越性"和"内在性"指什么,当然可以有各种各样的解释,但据上引子贡的那段话看,所谓"内在性"应是指"人的本性",即人之所以为人者的内在精神,如"仁",如"神明"等等;所谓"超越性"应是指宇宙存在的根据或宇宙本体,即"存在之所以存在者",如"天道"、"天理"、"太极"等等。而儒家哲学的"超越性"和"内在性"是统一的,或者说是在不断论证着这两者是统一的,这样就形成了"内在的超越性"或"超越的内在性"的问题。"内在的超越性"或"超越的内在性"就成为儒家哲学"天人合一"的思想基础,是儒家所追求的一理想境界,也是儒家之所以为儒家的精神所在。我这样说,正是因为子贡把孔子关于"性命"与"天道"问题同时提出来,所以这两个问题实为一个问题的两面。

　　子贡说:"夫子之文章,可得而闻也;夫子之言性与天道,不可得而闻也。"其实《论语》一部所讲的许多都是和"天道"与"性命"有关的问题,大概子贡还没有真正了解孔子和孔子哲学。孔子说:"古之学者为己,今之学者为人。"这句话非常重要,"为己之学"应是一内在性问题,即"做人"应发挥其内在的精神来实现其自我完善;"为人之学"是外在表现的,它带有很大的功利性。荀子说:"古之学者为己,今之学者为人。君子之学也,以美其身;小人之学也,以为禽犊。"(《劝学》,杨倞注:"禽犊,馈献之物。")《论语集注》:"程子曰:为己欲得之于己也,为人欲见知于人也。"可见"为己之学"是一种内在精神的体现,它可以不受外在环境的影响,所以孔子说:"为仁由己,而由人乎哉!"孔子尝称赞他的弟子颜回说:"贤哉,回也! 一箪食,一瓢饮,在陋巷,人不堪其忧,回也不改其乐,贤哉,回也!"这是说的一种内在的精神境界,它可以不受客观条件的影响。这种"为己之学"不仅是内在的,而且是超越的。照孔子看,"为己之学"就是"尧舜之道",他说:"唯天为大,唯尧则之。"所以尧舜的精神是神圣的、永恒的,因此也是超越的。但儒家思想中的"超越性"并非不与世事,并非外在于世间的,而是超世间又即世间的。孔子说:"朝闻道,夕死可矣。""道"是超越的,但闻道的人可以为"道"而舍弃一切,这正是一种"内在的超越精神",是可以做到的。也许最能代表孔子的内在的超越精神应该是他说的他自己的实现其"为己之学"的过程,他说:"吾十有五而有志于学,三十而立,四十而不惑,五十而知天命,六十而耳顺,七十而从心所欲不逾矩。""知天命"是知"天道"之超越性,故仍以"天"为知的对象;"六十而耳顺",朱熹注说:"声入心通,无所违逆,知之之至,不思而得。""知之之至"是说"知"达到了顶点而至于"不思而得"的境界,此乃是发挥其"内在性"的体现。郭象《庄子序》中说庄周虽"可谓知本",但仅仅是达到"应而非会"的境地,所以庄子只是把"道"看成是"知"

的对象,而还达不到与"天道"会合的地步,孔子至六十而可与"天道"会合了。至"从心所欲不逾矩"则达到了完全的"内在的超越"的境界了,或者说这就是儒家哲学所体现的"内在的超越性"精神所在。"天道"不仅是超越的,而且是内在的,因此它本身就是"内在超越的","人性"同样不仅是内在的,而且是超越的,因此它本身也是"内在超越的"。由此可见,我们说孔子的哲学是中国传统哲学的源头,从这方面看也许不为过当。

当然本来在孔子思想中也有若干"外在超越"的因素,不过这方面没有得到发挥。例如孔子说:"君子有三畏:畏天命,畏大人,畏圣人之言。"此处的"畏天命"实是把"天"看成一种外在的超越力量。但是我们从《论语》中可以看到,在孔子思想中这种以外在超越形式出现的"天"多半是以一种情绪化的语言表达出来的,没有多少理论上的意义,如他说:"获罪于天,无所祷也";"天生德于予,桓魋其如予何?""不怨天,不尤人,下学而上达,知我者其天乎?"据《论语》记载:"颜渊死,子曰:噫,天丧予,天丧予!""子见南子,子路不说,子矢之曰:予所否者,天厌之,天厌之",如此等等。从这些情绪化的言语中,我们可以看出孔子并非认真地把"天"看成是对人有绝对影响的外在的超越力量。当然孔子思想中还有所谓"命"的问题,最典型的就是"死生有命,富贵在天"这句话了。所谓"死生有命"无非是说生和死是一客观存在的事实,人是无能为力的;而"富贵在天",此"天"可以理解为"天生如此",这正是当时中国社会的宗法等级制度的体现。因此,我们说孔子思想的基本方面是一种以伦理道德为基础的人生哲理或人文思想,而非一种典型意义的宗教,只能说他的思想带有某种宗教性。总之,孔子哲学是以"内在超越"为特征的。

继孔子之后有孟子,孟子充分发挥了孔子哲学中"内在性"的思想,他说:"尽其心者,知其性也。知其性,则知天矣。"这表现了

孟子由知"人"的"内在性"而推向知"天"之"超越性"。照孟子看，
人人都有"恻隐之心"、"羞恶之心"、"辞让之心、""是非之心"，此四
端为人之内在所具有的，发挥它就可以达到"仁"、"义"、"礼"、"智"
等人之本性，"这是天"所付与的，而"天"是至高无上的，故为超越
性的。所以孟子又说："存其心，养其性，所以事天也。"又说："莫之
为而为者天也，莫之致而至命也。"非人力所能作成的是"天"，非人
力所能达到的是"命"。盖"天命"是一超越的力量。这里或者可能
产生一个问题，是否可以说孟子认为有一个外在超越性的"天"？
我想也许并非如此。我们知道，古希腊哲学有这样的问题。在柏
拉图和亚里士多德那里大体上是把世界二分为超越性的本体与现
实的世界。其后基督教更是如此，有一外在的超越性的上帝。在
孟子哲学中至少这个问题没有那么突出。照孟子看，"天"虽然是
超越的，但并非与人对立而外在于人，这点我们可以从以下两方面
来看：第一，孟子把"天道"和"人道"看成是统一的，他说："诚身有
道，不明乎善，不诚其身矣。是故诚者，天之道也；思诚者，人之道
也。至诚而不动者，未之有也；不诚，未有能动者也。"使自己完成
"诚"的方法首先要明白什么是"善"，所以"诚"虽然是"天之道"，但
追求"诚"则是"人之道"，能实现"诚"就能动天地。这里的关键在
"明乎善"，"善"乃"天道"和"人道"之本，朱熹说："天理乃至善之表
德"盖此之谓也。第二，由《万章上》"万章曰：尧以天下与舜有诸"
一节可见。孟子引《泰誓》"天视自我民视，天听自我民听"以说明
超越性的"天"并不脱离现实性的"人"，此可谓"超越性寓于现实
性"之中。而"民"之所以接受舜，是在于他们都有一内在的"善
性"，所以归根到底"天道"的超越性与"人性"的内在性是统一的。
因此，"天道"与"人性"均为"内在超越"的。孟子的哲学也是一种
以"内在超越"为特征的思想体系。

　　《易经》的《系辞传》长期以来虽有以为是先秦道家思想之发

展,但我认为从总体上看仍当属儒家,至少以后的儒家多发挥《系辞》以建立和完善其形上学体系,故《系辞》仍应属儒家哲学系统。《系辞》中说:"一阴一阳之谓道,继之者善,成之者性,仁者见之谓之仁,知者见之谓之知,故君子之道鲜矣。"此说"天道"变化深不可测,故仁者见仁,智者见智。虽深不可测,但"顺继此道,则为善也;成之在人,则为性也。"(程子语)它仍为人性之内在根据。盖"人性"从"道"而来,所以从根本上说它是善的。由此"天道"之超越性而之"人性"之内在性(善)。《系辞》又说:"形而上者谓之道,形而下者谓之器,化而裁之谓之变,推而行之谓之通,举而错之天下之民谓之事业。"这里的"道"就是"一阴一阳之谓道"的"道",把"道"和"器"相对用"形上"、"形下"提出,就更肯定了"道"的超越性。《易经》系统可以说建构了一种宇宙存在的模式,它"范围天地之化而不过,曲成万物而不遗",所以它是超时空的,是天地的准则,"易与天地准,故能弥伦天地之道"。这就是说,"易"的系统中的形而上的原则和自然社会的原则是一一相当的,所以它包罗了"天地之道",任何事物都不能离开"道",都不能违背"道"。因此,照我看《易传》哲学和孟子哲学相比,它是由"天道"的超越性推向"人性"的内在性,而不是像孟子那样由"人性"的内在性推向"天道"的超越性。但两者都认为,"天道"的超越性和"人性"的"内在性"从根本上说是统一的,是不能分开的,所以《易传》仍是一以"内在超越"为特征的思想体系。

　　宋明理学是儒家思想发展的第二期,从根本上说它是在更深一层次上解决着孔子关于"性与天道"的问题,从而使儒家哲学"内在超越性"的特点更加系统和理论化了。程朱的"性即理"和陆王的"心即理",虽入手处不同,但所要解决的问题仍是一个。程朱是由"天理"的超越性而推向"人性"的内在性,陆王则由"人性"的内在性而推向"天理"的超越性,以证"性即理"或"心即理",而发展了儒家哲学"内在超越性"的特征。

如果说先秦的儒家大体上是求证"天道"的超越性和"人性"的内在性是一致的,那么到宋明理学中"天理"和"人性"都表现为"内在的超越性",而成为同一问题的两面了。因此,在宋明理学中说"超越性"即是说"内在的超越性",说"内在性"即是说"超越的内在性",这样中国儒家哲学的特征就更为突出了。

程朱的"性即理"的理论是建立在"天人非二"的基础上的,程颐说:"天有事理,圣人循而行之,所谓道也。"故"道一也,未有尽人而不尽天地也,以天人为二非也"。"天理"不仅是超越的,而且是内在的,这是因为它不仅是一超越的客观标准,"所以阴阳者道","所以开阖者道",而且是一内在的主体精神,"穷理尽性至命,只是一事","性即理也,所谓理,性是也。天下之理,原其所至,未有不善"。程颐又说:"在天为命,在义为理,在人为性,主于身为心,其实一也。"这就是说,存在于人身上的理就是心性,心性与天理是一个。天理是客观的精神,心性是主观的精神,客观的精神与主观的精神只是一个内在的超越精神。朱熹虽认为"天理"从原则上说是可以先于天地万物而存在的,如说:"未有天地之先,毕竟也只是先有是理,便有此天地。若无此理,便亦无天地,无人,无物,都无该载。"但是,"天理"并不外在于人物,故朱熹说:"理无情意,计度,无造作,只此气凝聚处,理便在其中。"所以"天理"虽为超越性的,却并非外在超越性的,而为内在超越性的。朱熹又说:"性只是理,万理之总名。此理亦只是天地间公共之理,禀得来,便为我所有。"钱穆《朱子新学案》中说:"此是说天理禀赋在人物为性"。所以"性即理"。朱熹更进一步认为:"心、性、理,拈著一个,则都贯穿。"这就是说:从"心"、从"性"、从"理"无论哪一说,都可以把其他二者贯通起来,这是因为"性便是心之所有之理","心便是理之所会之地"。"心"、"性"、"理"从根本上说实无可分,理在性而不离心,所以"天理"既为内在超越的,"人性"亦为内在超越的。

"心即理"是陆象山的根本命题,他在《与李宰书》中说:"人皆有是心,心皆具是理,心即理也。""心"何以是"理"? 他证论说:"心,一心也;理,一理也。至当归一,精义无二,此心此理实不容有二。"这就是说,人人的心只是一个"心",宇宙的理只是一个"理",从最根本处说只是一个东西,不可能把心与理分开,所以心就是理。那么什么是"心"? 陆象山所谓的"心"又叫"本心",他解释"本心"说:"恻隐,仁之端也;羞恶,义之端也;辞让,礼之端也;是非,智之端也,此即是本心。""本心"即内在的善性。"本心"不仅是内在的善性,而且是超越的本体。照象山的弟子看"象山之学"是"道德、性命、形上的",所以如此,盖因象山以"人心至灵,此理至明,人皆有是心,心皆具是理。"因此,"本心"并不受时空的限制,"万物森然于方寸之间,满心而发,充塞宇宙,无非此理"。"心"既是内在的又是超越的,故"理"也是既是内在的又是超越的。

王阳明继象山之后,倡"心外无理",此当亦基于其以"心"为内在而超越的,"理"亦为内在而超越的,如他说:"心即理也,此心无私欲之蔽,即是天理,不须外面添一分。"人之人如不被私欲所蒙蔽,即可充分发挥其内在的本性(良知)而达到超越境界,这是不需要任何外在超越力量所强制的。盖儒家学说无非教人如何"成圣成贤",即寻个所谓"孔颜乐处"。照王阳明看,如果人能致其良知,则可达到圣人的境界,他说:"自己良知原与圣人一般,若体认得良知明白,即圣人气象不在圣人而在我矣。""体认得良知"即可超越自我与圣人同,所以他说:"良知是造化的精灵,这些精灵,生天生地,成鬼成帝,皆从此出,真是与物无对,人若得他完完全全,无少亏欠,自不觉手舞足蹈,不知天地间更有何乐可代。"充分发挥良知、良能即是圣人,即入天地境界(借用冯友兰先生《新原人》用语),此天地境界是即世间又超世间的。如何达到此超越的天地境界,照王阳明看,盖因"知(按:指"良知")是心之本体,心自然会知,见父母自然知孝,见兄自然知弟,见孺子入井自然知恻隐,此便是良知,不假外求"。"良知"是人之所以为人者的内在本质,不是由外在力量给与的,因此必须靠自己的力量来使之充分发挥作用,这样才能达到圣人的悟道的超越境界,阳明说:"道之全体,圣人亦难与人语,须是学者自修自悟。"(以上王阳明语均见《传习录》)可见王阳明的"心外无理",亦当其于其"心"为内在而超越的,故其"理"亦为内在而超越的,其哲学体系也是以"内在超越"为特征的。

总上,程朱与陆王学说入手虽不同,然其所要论证者均为天道与性命合一的以内在超越为特征的哲学体系。

据以上所说,我们或可得出以下结论:

(1)儒学哲学是一种以"内在超越"为特征的思想体系,这一思想体系对中国社会影响甚巨。盖因儒家哲学虽也提倡"礼"这一外在的规范作用,但它从来就认为"礼"这种外在规范必须以内在的道德修养或内在的本心的作用为基础,孔子说:"人而不仁,如礼何?"即此意也。《大学》首章中说:"物格而后知至,知至而后意诚,意诚而后心正,心正而后身修,身修而后家齐,家齐而后国治,国治而后天下平。自天子以至庶人,壹是皆以修身为本,其本乱而末治者否矣。"(重点为笔者所加)照儒家看,道德修养为一切之根本。社会之兴衰治乱均以道德之兴废为转移。为什么儒家特别强调人的内在的心性修养,我想这很可能和中国古代社会是以亲亲的宗法制为基础的社会,一切社会关系都是从亲亲的宗法关系推演出来的,《论语》载有子说:"孝弟也者,其为仁之本与。"儒家所要求维护的人际关系从根本上说是要用道德来维系的,而不是由法律维系,因而在中国长期的封建专制社会里儒家思想就表现为一种泛道德主义的倾向,它往往把政治道德化,也把道德政治化,维系社会主要靠"人治"。因此,我们是否可以说,一种以"内在超越"为特征的哲学思想体系是不利于建立维系社会的客观有效的政治法律制度的。

(2)四百年前西方的一位传教士利玛窦曾经评论过儒家学说之得失,他说过不少赞美儒家道德学说的话,但他同时提出:"吾窃贵邦儒者,病正在此常言明德之修,而不知人意易疲,不能自勉而修;又不知瞻仰天主,以祈慈父之祐,成德者所以鲜见。"(引自《天主实义》)如上所述,儒家哲学与西方哲学与宗教很不相同,古希腊哲学在柏拉图、亚里士多德那里大体上把世界二分为超越性的本体与现实世界,其后基督教更要有一个外在超越性的上帝,而儒家哲学则是以"内在超越"为特征的。利玛窦认为,仅仅靠人们自身的内在道德修养是很难达到完满的超越境界,必须有一至高无上的外在的超越力量来推动,因此要有对上帝的信仰。这里我们不想来评论中西哲学的高下,中西哲学自各有其身的价值,都是人类文化中的宝贵财富。但西方社会为什么比较容易建立起客观有效的政治法律制度,我认为不能说和西方哲学与基督教无关。

(3)如果说宋明理学为儒学在中国的第二期发展,那么儒家思想可不可能有第三期发展呢?本世纪20年代后,中国一些学者提倡儒学,这是在中国传统哲学受到西方思想的冲击后,又是在人类社会走向科学与民主的时代的背景下,他们希望找到儒家在现代社会中的价值所在。对这些学者所继承和发挥或建立现代的儒学是否可以视为第三期儒家姑且不论,因为这个问题太大,太难作出断判。我只是想说,儒家如果可以有第三期发展,就必须解决两个问题:即能否由此以"内在超越"为特征的"内圣之学"开出适应现代民主社会要求的"外王之道"来,和能否由此以"内在超越"为特征的"心性之学"开出科学的认识论体系来。照我看也许困难很大,因为以"内在超越"为基础的"天道性命"之学基本上是一种泛道德主义,它把道德性的"善"作为"天道性命"的根本内容,过分地强调人自身的觉悟的功能和人的主观精神及人的内在善性,要求人由其内在的自觉性约束自己。这样的结果可以导致"圣王"的观念,以为靠"圣王"就可以把天下治理好。但人并不能仅仅靠其内在的善性就自觉,多数人是很难使其内在的超越性得到充分发挥的,所以"为由"之学只是一种理想,只能是为少数人设计的。而且实际上也不可能有什么"圣王",而往往造就了"王圣",即以其在"王"(最高统治者)的地位就自己认为或被别人推崇是有最高道德和最高智慧的"圣人",这样势必造成不重"法治",而重"人治"的局面。当然我无意否认这一"为己"之学对人类文化的贡献,更无意否定以内在超越为特征的哲学的特殊价值,因为它终究是人类的一美好理想。但是,我们面对现实社会,是否也应要求一种"外在超越"的哲学呢? 我想也是必须的。对于人类社会来说,要求有一种外在超越的力量来约束人,例如相信外在超越力量的宗教和西方哲学中外在的超现实世界的理论,以及与这种宗教、哲学相适应的政治法律制度,这套政治法律制度的哲学基础也是根据其外在超越性的。如果以"内在超越"为特征的中国传统哲学能充分吸收并融合以外在超越为特征的宗教和哲学以及以此为基础的政治法律制度,使中国传统哲学能在一更高的基础上自我完善,也许它才可以适应现代社会发展的需要。我认为,这个问题也许应是可以认真讨论的一个问题。

附记:此文为 1988 年 8 月在新加坡召开的儒学讨论会所写,除收入该会论文集,并刊于 1990 年《中西哲学与文化》中,1990 年10 月又作了修改补充。

论禅宗思想中的内在性与超越性

佛教传入中国至隋唐分为若干宗派:天台、唯识、律、净土、华严、禅等等。至唐以后,其他宗派均先后衰落,而禅宗的影响越来越大,终至独秀,究其原因或有许多方面,但就禅宗更能体现中国哲学以"内在超越"为特征这点说,似应为研究者所注意。

佛教作为一种宗教自有其宣扬教义的经典、一套固定的仪式、必须遵守的戒律和礼拜的对象等等,但自慧能以后的中国禅宗把上述一切都抛弃了,既不要念经,也不要持戒,没有什么仪式需要遵守,更不要去礼拜什么偶像,甚至连出家也成为没有必要的了,成佛达到涅槃境界只能靠自己一心的觉悟,即所谓"一念觉,即佛;一念迷,即众生。"这就是说,人成佛达到超越的境界完全在其内在本心的作用。

(一)中国禅宗不重经典、不立文字,一切自任本心

中国禅宗有一个"释迦拈花,迦叶微笑"的故事,据《指月录》载:

> 世尊在灵山会上,拈花示众。是时众皆默然,唯迦叶尊者,破颜微笑。世尊曰:吾有正法眼藏,涅槃妙心,实相无相,微妙法门,不立文字,教外别传,付嘱摩诃迦叶。

禅宗自称其宗门为"教外别传"即依此类故事以说明他们和佛教其他宗派的不同。印度佛教开始在释迦牟尼时也是比较简单,本是一种人生哲学,对一些与人生实际无关的理论往往避而不论,如当时印度讨论的"宇宙是常还是无常"、"宇宙有边还是无边"、"生命死后是有还是无"、"生命与身体是一还是异"等等,均少论及。但印度佛教在发展过程中越来越繁琐,越来越远离实际人生,体系越来越庞大,礼拜的对象越来越多,名词概念多如牛毛,这与中国传统思想全然不相合。到隋唐以后,中国的一些佛教宗派都已在想方设法克服印度佛教的这种繁琐,例如天台宗纳三千于一念,华严宗融理事于真心,都强调人的本心的作用,这一趋势到禅宗慧能以后更是变本加厉了,而有不立文字,废除经典之说。

慧能本人还没有简单地否定经典和倡导不立文字,据《坛经》记载,慧能尝为门人说《金刚经》、《法华经》,但他认为"一切经书,因人有说",只是引导人们的工具,不能执着经典,以为靠诵读经典就可以成佛,解脱只能靠自己的本心。这是因为:一方面,成佛得解脱的道理和路径本来就在你自己的本心之中,"三世诸佛,十二部经,亦在人性中本自具有"(《坛经》),不必外求,不必到心外觅佛,成佛的觉悟全在自己,外在的文字是没有用处的。另一方面,文字是一种外在的东西,如果执着了外在的东西就是"着相","本性自有般若之智,自用智慧观照,不假文字"(《坛经》)。慧能以后的禅宗大师破除经典的束缚,干脆反对念经,反对一切语言文字。伪山灵佑问仰山慧寂:"《涅槃经》四十卷,多少是佛说?多少是魔说?"仰山回答说:"总是魔说。"(《五灯会元》卷九《伪山灵佑禅师》)如果把佛经持着为佛法本身,本身就是着了魔,为魔所蒙蔽;所以《古尊宿语录》中说:"只如今作佛见,作佛解,但有所见所求所著,尽是戏论之类,亦名粗言,亦名死语。"(卷二)《景德传灯录》中记义玄"因半夏上黄檗山,见和尚看经。曰:我将谓是个人,元来是唵黑豆老和尚。"(卷十二)一切经典全是废话,执着这些废话,人如何得以解脱,如何得以成佛?既然佛教经典为"死语"、"魔说",非悟道的工具,那么自然不能靠它来达到成佛的目的。《古尊宿语录》中说:"(南)泉(普愿)云:道不属知不知,知是妄觉,不知是无记,若真达不疑之道,犹如太虚,廓然荡豁,岂可强是非也。"(卷十三)道不属知识,知识有主体和对象即有分别心,悟道在心之自觉;悟道既在自觉,自不能是不自觉的,如为不自觉,既是"无明",故"不知是无记"。

禅宗的大师们不仅认为文字不必要,就是语言对得道成佛也是无益的。语言并不能使人了解佛法,有问文益禅师:"如何是第一义?"文益回答说:"我向汝道,是第二义。"(《文益禅师语录》)佛法是不可说的,说出的已非佛法本身。那么用什么方法引导人们觉悟呢? 照禅宗看,几乎没有什么方法使人悟道,只能靠自己的觉悟。不过禅宗也常用一些特殊的方法,如棒喝之类。《五灯会元》卷七《德山宣鉴禅师》中载:

> 僧问:如何是菩提? 师打曰:出去,莫向这里屙。问:如何是佛? 师曰:佛是西天老比丘。雪峰问:从上宗秉,学人还有分别也无? 师打一棒曰:道什么? 曰:不会。至明日请益,师曰:我宗无语句,实无一法与人。峰因此有省。

《景德传灯录》卷十二载:

> (临济义玄)见径山,径山方举头,师便喝;径山拟开口,师拂袖便行。

这就是所谓"德山棒,临济喝"。这种方法是破除执着的特殊方法,目的是要打断人们的执着,一任自心。照禅宗看,人们常因有所执着而迷失本性,必须对之大喝一声,当头一棒,使之幡然觉悟,自证佛道,故佛果禅说:"径山棒,临济喝,并是透顶透顶,直捷剪断葛藤,大杖大用,千差万别,会归一源,可以与人解粘去缚。"(《佛果禅师语录》)义玄的老师在其《传法心要》中说:

> 此灵觉性……不可以智识解,不可以语言取,不可以景物会,不可以功用到,诸佛菩萨与一切蠢动众生同大涅槃,性即是心,心即是佛,佛即是法。

人所具有的这一灵觉性,既然不是能用知识、语言等使之得到发挥,因此只能用一棒一喝(当然不一定必须用棒喝,其他任何方法都可以,只要能打断执着即可)打破执着,使心默然无对,而达到心境两忘的超越境界。

(二)中国禅宗破去陈规,废去坐禅,唯论见性成佛

坐禅本是原来佛教一切派别所必须的一种修持法门,释迦牟尼在菩提树下证道,坐四十九天;达磨东来,仍有三年面壁,都是坐

禅。但到慧能以后,中国禅宗起了很大变化,《坛经》记载慧能说:"唯论见性,不论禅定解脱。"盖慧能主张"见性成佛",认为靠禅定并不能得到解脱,所以他说:

> 迷人著法相,执一行三昧,直言坐不动,除妄心不起,即是一行三昧。若如是,此法同无情,却是障道因缘,道须通流,何以却滞?心不住法即通流,住即被缚,若坐不动是,维摩诘不合呵舍利弗宴坐林中。(《坛经》)

执着坐禅,以为可以妄心不起,这实是把人看成如同死物,而不知"道须通流",心不能住而不动,住而不动就是心被束缚住了,那怎么能得到解脱呢?《古尊宿语录》卷一记马祖道一"居南岳传法院,独处一庵,惟习坐禅,凡有来访者都不顾,……(怀让)一日将砖于庵前磨,马祖亦不顾,时既久,乃问曰:作什么? 师云:磨作镜。马祖云:磨砖岂能成镜? 师云:磨砖不能成镜,坐禅岂能成佛?"马祖坐禅,被坐禅所束缚,怀让用"磨砖作镜"这种比喻的方法启发他使之觉悟,这叫作依他人为之"解缚"。又有长庆慧棱禅师,二十余年来坐破了七个蒲团,仍然未能见性,直到有一天,偶然卷帘时,才忽然大悟,便作颂说:"也大差,也大差,卷起帘来见天下,有人问我解何宗,拈起拂子劈头打。"慧棱偶然卷帘见得三千大千世界原来如此,而得"识心见性",解去坐禅的束缚,靠自己豁然贯通,而觉悟了。《坛经》中说:"不能自悟,须得善知识示道见性;若自悟者,不假外善知识。"道一是靠怀让的启发,而慧棱是靠自悟,但无论前者还是后者都必须是"识自心内善知识",也就是说必须靠自己的内在本心才可以达到超越境界。慧棱颂中"卷起帘来见天下"是他悟道的关键,因照禅宗看,悟道成佛不要去故意作着,要在平常生活中自然见道,就像"云在青天水在瓶"那样,自自然然,平平常常。无门和尚有颂说:

> "春有百花秋有月,夏有凉风冬有雪,

若无闲事挂心头,便是人间好时节。"

禅宗的这种精神境界正是一种顺乎自然的境界:春天看百花开放,秋天赏月色美景,夏天享凉风暂至,冬天观大雪纷飞,一切听其自然,自在无碍,便"日日是好日"、"夜夜是良宵"。如果执着坐禅,那就是为自己所运用的方法所障,而不得解脱。临济义玄说:"禅法无用功处,只是平常无事,屙屎送尿,著衣吃饭,困来即卧,愚人笑我,智乃知焉。"(《古尊宿语录》卷十一)要成佛达到涅槃境界,不是靠那些外在的修行,而是得如慧稜那样忽然顿悟,有僧问马祖:"如何修道?"马祖说:"道不属修,言修得,修成还坏"。道如何能修得,靠所谓"修"就是要勉强自己,这种不自然的做法,当然会"修成还坏"。所以修道不能在平常生活之外去刻意追求。有源律师问大珠慧海禅师:"和尚修道还用功否?"慧海说:"用功。"源律师问:"如何用功?"慧海回答说:"饥来吃饭,困来即眠。"源律师又问:"一切人总如是,同师用功否?"慧海说:"不同。"源律师问:"如何不同?"慧海说:"他吃饭时,不肯吃饭,百般须索;睡时不肯睡,千般计较,所以不同也。"(《景德传灯录》卷六)平常人吃饭,挑肥拣瘦;睡觉胡思乱想,自是有所取舍、执着,不得解脱。真正懂得禅宗的人"要眠即眠,要坐即坐","热即取凉,寒即向火"。有僧问赵州从念:"学人乍入丛林,乞师指示。"从念说:"吃饭也未?"僧曰:"吃粥了也。"从念说:"洗钵去。""其僧因此大悟。"(《指月录》卷十一)吃过饭自然应洗碗,这是平平常常的,唯有如此,才能坐亦禅,卧亦禅,静亦禅,动亦禅,吃饭拉屎,莫非妙道。禅定既非必要,一切戒律更不必修持了,陆希声问仰山:"和尚还持戒否?"仰山说:"不持戒。"李翱问药山:"如何是戒定慧?"药山说:"这里无此闲家俱。"戒定慧本是佛教"三学",学佛者必须之门径,但照禅宗大师看这些都是无用的东西。禅宗的这一否定,似乎所有的修持方法全无必要,从而把一切外在的形式的东西都否定了。禅宗如是看是基于"平常心是道心"，在平常心外再无什么"道心"，在平常生活外再不须有什么特殊的生活，如有此觉悟，内在的平常心即可成为超越的道心，正如印顺法师的《中国禅宗史》中所说："性是超越的(离一切相，性体清净)，又是内在的(一切法不异于此)，从当前一切而悟入超越的，不要不异一切，圆悟一切无非性之妙用。这才能入能出，有体有用，事理如一，脚跟落地。"(台湾正闻出版社 1987 年版，第 375 页)

(三)中国禅宗不拜偶像，呵佛骂祖，一念悟即成佛

印度文化中颇多神秘主义色彩，印度佛教也不能不受印度传统文化这种神秘主义影响，特别是释迦牟尼以后更是如此。例如在佛教中有所谓二十八重天，十八层地狱，每个层次又是无数天堂和地狱，以及众多的具有超自然伟力的佛和菩萨，这些当然都是受印度传统文化的影响而有。即使是比较平实的"教外别传"的印度禅也有不少神秘色彩，传说印度禅的二十八祖都有所谓六神通：天耳通、天眼痛、他心通、宿命通、神足通、漏尽通等。就是印度禅修行的四种境界"四禅天"也颇具神秘性。而中国禅自慧能以后却不如此。慧能说："我心自有佛，自佛是真佛。"基于此，禅宗反对神通和偶像崇拜。《五灯会元》卷十三载，有云居道膺禅师"结庐于三峰，经旬不赴堂。洞山(良价)问：子近日何不赴斋？师曰：每日自有天神送食。山曰：我将谓汝是个人，犹作这个见解在。汝晚间来。师晚至。山召：膺庵主。师应诺。山曰：不思善，不思恶，是什么？师回庵，寂然宴坐，天神自此觅寻不见，如是三日而绝"。良价批评道膺的基本点，就在于道膺是个人怎么会相信那些神秘的神通呢？"不思善，不思恶"是什么意思？这正是慧能叫人不持着那些自己想像出来的莫须有的东西。《禅宗传》载："明上坐向六祖求法。六祖云：汝暂时敛欲念，善恶都莫思量。明上坐乃禀言。六祖云：不思善，不思恶，正当与时么，还我明上坐父母未生时面目。时上坐于言下，忽然默契，便拜云：如人饮水，冷暖自知。"所谓"天神

送食"只是道膺的幻想,当他一旦觉悟,幻想尽除,再无天神可寻觅了。人本来应是人,有人之本来面目,一切全靠自己觉悟,根本不需要外在的超越力量的帮助。契嵩本《坛经》有《无相颂》一首:

> 心平何劳持戒,行直何用修禅,
> 恩则孝养父母,义则上下相怜。
> 让则尊卑和睦,忍则众恶无喧,
> 若能钻木取火,淤泥定生红莲。
> 苦口的是良药,逆耳必是忠言,
> 改过常行饶益,成道非由施钱。
> 菩提只向心觅,何劳向外求玄,
> 听说依此修行,天堂只在目前。

这首颂不仅否定了外在的神秘力量的存在,而且否定了所谓的天堂和地狱的存在,认为人们只是要在现实生活中平平常常地尽职尽责的生活,在眼前生活中靠自己所具有的佛性(即内在的本性)即可以成禅。宗果大慧禅师说:"世间法即佛法,佛法即世间法。"

《五灯会元》卷五载:天然禅师"于慧林寺遇天大寒,取木佛烧火向,院主呵曰:何得烧我木佛。师以杖了拨灰曰:吾烧取舍利。主曰:木佛何有舍利? 师曰:既无舍利,更取两尊烧。"木佛本是偶像,那会有佛舍利,烧木佛无非烧木制之像而已,否定了自己心中的偶像,正是对"我心自有佛,自佛是真佛"的体证。临济义玄到熊耳塔头,塔主问:"先礼佛,先礼祖?"义玄曰:"佛祖俱不礼。"(《景德传灯录》卷十二)禅宗对佛祖不仅全无敬意,还可以呵佛骂祖。德山宣鉴说:"这里无佛无祖,达摩是老臊胡,释迦老子是干屎橛,文殊普贤是担屎汉。"(《五灯会元》卷七)照禅宗看,自己本来就是佛,那里另外还有佛? 他们所呵所骂的无非是人们心中的偶像,对偶像的崇拜只能障碍其自性的发挥。《景德传灯录》卷七载:"问:如何是佛? 师云:他是阿谁?"卷十一载:"灵训禅师初参归宗,问:如何是佛？……宗曰：即汝便是。"每个人自己就是佛，那能问"如何是佛"，问"如何是佛"就是向心外求佛了。而且对自身成佛也不能执着不放，黄檗说："才思作佛，便被佛障。"一个人念念不忘要成佛，那就不能自自然然的生活，而有所求，这样反而成为成佛的障碍。有僧问洞山良价："如何是佛？"答曰："麻三斤。"（《五灯会元》卷十三）或问马祖："如何是西来意？师便打，曰：我若不打你，诸方笑我。"（《景德传灯录》卷六）良价所答非所问，目的是要打破对佛的执着；马祖更是要打断对外在佛法的追求，因为照马祖看："汝等诸人，各信自心是佛，此心即是佛心。"（同上）这正是禅宗的基本精神，正如《坛经》中说："佛是自性作，莫向身外求。自性迷，佛即众生；自性悟，众生即佛。"

　　据以上所述，可知中国禅宗的中心思想或基本命题是"识心见性"、"见性成佛"。在《坛经》中应用的基本概念是"心"和"性"。"心"或叫"自心"、"本心"、"自本心"等；"性"或叫"自性"、"本性"、"法性"、"自法性"等。"心"和"性"大体是一个意思，都是指每个人的内在生命的主体，它本来清净、空寂，它又是超越于现象界的，但它的活动可变现为种种不同的事物，如《坛经》说："心量广大，犹如虚空，……虚空能含日月星辰，大地山河，一切草木，恶人善人，恶法善法，天堂地狱，尽在空中，世人性空亦复如是。"又说："世人性本自净，万法在自性，思量一切恶事，即行于恶；思量一切善事，便修于善行。知如是一切法尽在自性，自性常清净。"善与恶、天堂与地狱，山河大地，草木虫鱼等等都是因"心"之"思量"作用而从自性中变现出来的。一切事物的出现，都不能离间"自性"，就像万物在虚空中一样。如果人的"心"迷悟了，就不能见自性，只能是凡夫俗子；如果人的自心常清净，就是"见性"，则是佛菩萨。《坛经》说："我心自有佛，自佛是真佛；自若无佛心，向何处求佛。"

　　照禅宗看，人的自性（或本心）本来是广大虚空一无所有，但它并不死寂的,而是能"思量"的,一切事物皆由"思量"出。如果这些"思量"活动一过不留,那么对自己的"自性"就无任何影响,则自性常处于清净状态。"自性常清净",就好像日月常明一样,只是有时为云履盖,在上面的日月虽明,但在下面看到的则是一片昏暗,致使看不到日月的本来面目。如果能遇到惠风(按:指大善知识的指点和启发)把云雾吹散卷尽,那么常明之日月等等自然显现。《坛经》中说:"世人性净犹如青天,惠如日,智如月,智慧常明。于外著境,妄念浮云盖覆,自性不明,故遇善知识开真法,吹却迷妄,内外明彻,于自性中,万法皆见。"善知识只能对人们有启发作用,觉悟不觉悟还在自己,"自有本觉性,将正见度,般若之智,除却愚痴迷妄,各各自度。"(《坛经》)

敦煌本《坛经》"佛性"一词很少见,但元宗宝本"佛性"则多见。《坛经》有两处说到"佛性"较重要:一是慧能在黄梅五祖处所作的偈:"佛性常清净";另一处是答韦使君问,说"造寺、布施、供养"等"实无功德"时说:"功德在法身,非在福田;自法性是功德,平直是德。内见佛性,外行恭敬。"前一条说明"佛性"的本质是"常清净",这与"自性"一样,所以所谓"佛性"即"自性",亦即为人之本性,它是每个人的内在生命的主体。后一条说明"佛性"即"自法性",而为人之内在本质。基于此,禅宗即可立其"识心见性"、"见性成佛"的理论。"识心见性"是说,如对自己的本心有所认识就可见到"自性常清净";得其"自性常清净"就是使其内在的本性显现为超越的佛性,"识心见性,自成佛道"(《坛经》),这一切皆在"悟即成智"也。

那么人如何能"识心见性"?禅宗指出了一条直接简单的修行法门,这就是他们所立的"无念为宗,无相为体,无住为本"的法门。《坛经》中说:

> 我此法门,从上以来,顿渐皆立无念为宗,无相为体,无住为本。何名无相?无相者,于相而离相。无念者,于念而不

念。无住者,为人本性,念念不住,前念、今念、后念,念念相
续,无有断绝;若一念断绝,法身即离色身,念念时中,于一切
法上无住,一念若住,念念即住,名系缚;于一切上,念念不住,
即无缚也。此是以无住为本。

"无相"是说,对于一切现象不要去执着(离相),因为一般人往往执
着现象以为实体,如以坐禅可以成佛,那就是对于坐禅有所执着;
如以拜佛可以成佛,那就是对拜佛有所执着,这都是"取相着相"。
"取相着相"障碍自性,如云雾覆盖明净的虚空一样。如能"于相离
相"则可顿见性体的本来清净,就像云雾扫除干净而现明净虚空。
所以无相不仅仅是不要执着一切现象,而且因离相而显"自性常清
净",《坛经》说:"但能离相,性体清净,是以无相为体。"所谓"无住"
是说,人的自性本来是念念不住的,前念、今念、后念是相续不断
的,如果一旦停留在某一物上,那么就不能是念念不住而是念念即
住了,这样"心"就被"系缚"住了,"心不住法即通流,住即被缚"。
如能对一切事物念念不住,过而不留,如雁过长空,不留痕迹;放过
电影,一无所有,这样就不会被系缚,"是以无住为本"。"无念"不
是"百物不思,念尽除却",不是对任何事物都不想,而是在接触事
物时,心不受外境的任何影响,"不于境上生心"。"念"是心的作
用,心所对的是境(外境,即种种事物),一般人在境上起念,如境美
好,那么就在境上起念,而有贪;如境不好,那么就在境上起念,而
有瞋,因此一般人的"念"是依境而起,随境变迁,这样的"念"是"妄
念",经常为境所役使,而不得自在。如果能"于诸境上心不染",这
样就可以不受外境干扰,虽处尘世,却可无染无杂,来去自由,自性
常清净,自成佛道。以上所论"无相"、"无住"、"无念"实均一心的
作用,且迷与悟均在一念之间,故成佛道当靠顿悟。

　据以上所说,我们或可得以下结论:

　(1)中国禅宗之所以是中国的思想传统而区别于印度佛教,正

因其和中国的儒家和道家哲学一样也是以"内在超越"为特征。它之所以深深影响宋明理学(特别是陆王心学),正在于其思想的"内在超越性"。如果说以"内在超越"为特征的儒家学说所追求的是道德上的理想人格超越"自我"而成"圣",以"内在超越"为特征的道家哲学所追求的则是精神上的绝对自由,超越"自我"而成"仙",那么,以"内在超越"为特征的中国禅宗则是追求一种瞬间永恒的神秘境界,超越"自我"而成"佛",就这点说禅宗仍具有某种宗教的形式。

(2)禅宗虽然仍具有某种宗教的形式,但由于它要求破除念经、坐禅、拜佛等一切外在的束缚,这样势必又包含着否定其作为宗教本身的意义。这就是说,禅宗的世俗化使之成为一种非宗教的宗教在中国发生影响,它把人们引向在现实生活中实现超越现实的目的,否定了在现实世界之外与之对立的天堂与地狱,表现出"世间法即佛法,佛法即世间法"的世俗精神。

(3)禅宗作为一种宗教,它不仅破除一切传统佛教的规矩,而且认为在日常生活中不靠外力,只靠禅师的内在自觉,就可以成佛,这样就可以把以"外在超越"为特征的宗教变成以"内在超越"为特征的非宗教的宗教,由出世转向入世。从而克服了二元的倾向。这样转变,是否可以说禅宗具有某种摆脱传统的宗教模式的倾向。如果可以这样说,那么研究禅宗的历史,将对研究现实社会生活中的宗教有着重要的意义。

(4)如果说在中国有着强大的禁锢人们思想的传统,那么是否也有要求打破一切禁锢人们思想的资源呢? 如果确有这样的资源,禅宗应是其中重要的一部分。禅宗否定一切外在的束缚,打破一切执着,破除传统的权威和现实的权威,一任本心,从这个意义上说人自己可以成为自己的主宰,这样的思想解放作用在我国长期封建专制社会中应是难能可贵的,似乎应为我们注意。当然禅宗由此而建立了以"自我"的内在主体性为中心的权威,虚构了"自我"的无限的超越力量,而又可以为以"自我"为中心的内在主体性所束缚,这可能是禅宗无法解决的矛盾。

（5）禅宗这种以"内在超越"为特征的思想体系,有着鲜明的主观主义特色,它必然导致否定任何客观标准和客观有效性。这既不利于对外在世界的探讨和建立客观有效的社会制度和法律秩序,同时在对探讨宇宙人生终极关切问题上也不无缺陷。因此,我们是否可以提出一个问题,即能否建立一个包容以"内在超越"为特征的思想,同时也包容以"外在超越"为特征的思想的更完满的哲学体系呢? 我认为,这个问题或者是中国哲学发展应受到重视的问题。

（6）如果说有可能建立一包容"内在超越"和"外在超越"的中国哲学体系,那么能否在中国传统哲学中找到内在资源? 我认为,中国传统哲学中是有这方面内在资源的。本来在孔子思想中就有两个方面:一方面有"为仁由己"、"人能弘道,非道弘人"的说法;另一方面也有"畏天命,畏大人,畏圣人之言"的说法。前者是孔子思想中的"内在超越"方面;后者是孔子思想中"外在超越"方面,或者说从后者可以看出孔子思想也有"外在超越"的因素。但后来儒家发展了前一方面,而后一方面没有得到发展。如果能使上述孔子思想中的两个方面同时发展,又有所结合,是否可以沿着孔子思想发展出一包容"内在超越"和"外在超越"的哲学体系呢? 我想,这是一个值得我们探讨的问题。比孔子稍后的哲学家墨子,他的哲学可以说是以"外在超越"为特征的哲学体系。墨子哲学可以说由两个相互联系的组成部分:一是具有人文精神的"兼爱"思想;另一是具有宗教性的"天志"思想。这两方面看起来似乎有矛盾,但在墨子思想体系中却认为"兼爱"是"天"的意志最根本的体现,所以"天志"应是墨子思想的核心。墨子的"天志"思想认为"天"是有意志的,它的意志是衡量一切事物最高和最后的标准,它可以赏善罚恶,它是一外在于人的超越力量,或者说它具有明显的"外在超越性"。因此,墨家哲学发展到后期墨家就更具有科学因素和逻辑学和认识论思想。可惜在战国以后墨家思想没有得到发展。墨家思想是否可以成为我们建立一包容"内在超越"和"外在超越"的中国哲学体系的内在资源呢? 我想也应是我们可以研究的一个课题。

(节选自《儒道释与内在超越问题》,江西人民出版社,1991年)

汤一介(1927—),湖北黄梅人,北京大学哲学系毕业。现为北京大学哲学系教授、中国哲学与文化研究所所长、博士生导师,兼任中国文化书院院长、中国哲学史学会顾问、中华孔子学会副会长、中国东方文化研究会副理事长、中国炎黄文化研究会副会长、国际价值与哲学研究会理事。著有《郭象与魏晋玄学》、《魏晋南北朝时期的道教》、《论中国传统文化中的儒道佛》、《在非有非无之间》、《汤一介学术文化随笔》、《佛教与中国文化》等。

作者认为,儒家哲学与中国禅宗哲学都是以"内在超越"为特征的哲学思想体系,在忽视以至于否定"外在超越"方面以及由此造成的不利于建立维系社会的客观有效的政治法律制度等方面也有相同之处。二者又有不同之处,例如,如果说以"内在超越"为特征的儒家学说所追求的是道德上的理想人格超越"自我"而成"圣",以"内在超越"为特征的禅宗则是追求一种瞬间永恒的神秘境界,超越"自我"而成"佛"。

儒、道、佛的生死观念

汤一介

生死问题是人类关注的终极问题,无论哪种重要的哲学和宗教都对生死问题有所讨论。儒家、道家和中国化的佛教禅宗在生死观上都对中国人有着深深的影响。虽然它们对生死问题的看法不同,但却都反映中国文化的特点。

(一)儒家的生死观:道德超越,天人合一,苦在德业之未能竟

儒家生死观的基本观点是"死生有命,富贵在天",因此,它重视的是生前而非死后。孔子说:"未知生,焉知死。"生时应尽自己的责任,以努力追求实现"天下有道"的和谐社会的理想。人虽是生活在现实社会中的有限之个体,但却能通过道德学问之修养(修道进德)而超越有限之自我,以体现"天道"之流行,"天行健,君子以自强不息"。孟子说:"存其心,养其性,所以事天,夭寿不贰,修身以俟之,所以立命。"一个人如果能保存自己的本心,修养自己的善性,以实现天道的要求,短命和长寿都无所谓,但一定要修养自己的道德与学问,这样就是安身立命了,就可以达到"天人合一"的境界。这种"天人合一"的境界是人生的"不朽"。因此,儒家认为,虽然人的生命有限,但其精神可以超越有限以达到永存而不朽,所以有所谓"三不朽"之说。"太上有立德,其次有立功,其次有立言,虽久不废,此之谓不朽。"明朝的儒者罗伦有言:"生必有死,圣贤无异于众人。死而不亡,与天地并久,日月并明,其惟圣贤乎!"圣贤

不同于一般人只在于他生前能在道德、事功和学问上为社会有所建树,虽死,其精神可"与天地并久,日月并明"。这种不朽只是精神上的,它只有社会、道德上的意义,而和自己个体的生死没有直接联系。宋代张载《西铭》的最后两句说:"存,吾顺世;没,吾宁也。"人活着的时候应努力尽自己的社会责任,那么当他离开人世的时候是安宁的、问心无愧的。

由此看来,儒家并不以死为苦,那么儒家的学者有没有痛苦呢?照儒家看,从个人说,如果"德之未修,学之未讲"是个人的痛苦,而更大的痛苦是来自其社会理想之未能实现。南宋的文学家陆游在他临终前写了一首诗留给他的儿子:"死去元知万事空,但悲不见九州同。王师北定中原日,家祭无忘告乃翁。"陆游在死前的痛苦不是为其将死,而是没有能看到宋王朝的统一。南宋末还有一位儒者文天祥,在他临刑时的衣带上写着:"孔曰成仁,孟曰取义,唯其尽义,所以至仁,读圣贤书,所学何事,而今而后,庶几无愧。"文天祥视死如归,因为他以践履孔孟的"杀身成仁"、"舍身取义"的道德理想而无愧于天地之间。因此,对于儒家说,痛苦不在于如何死,而在于是否能做到"成仁"、"取义"。在儒家的生死观念中,所感到痛苦的是"苦在德业之未能竟"。

(二)道家的生死观:顺应自然,与道同体,苦在自然之未能顺

道家生死观的基本观念是"生死气化,顺应自然"。照道家看,生和死无非都是一种自然现象。老子讨论生死问题的言论较少。他认为如果人不太重视自己的生命,反而可以较好保存自己,这和他所主张的"无为"、"寡欲"思想相关联。他还说:"死而不亡者寿。"王弼注说:"身没而道犹存。"照老子看,"道"是超越的永恒存在,而人的身体的存在是暂时的,如果人能顺应自然而同于道,那么得道的人就可以超越有限而达到与道同体的境界,所以老子说:"从事于道者,同于道。""同于道"即是"与道同体",它是一种极高的人生境界,是对世俗的超越与升华。庄子讨论生死问题比较多,在《大宗师》中说:"夫大块载我以形,劳我以生,佚我以老,息我以死,故善吾生者,乃所以善吾死也。"生、老、死都是自然而然的,死不过是安息。进而庄子认为生死无非是气之聚与散,所以《知北游》中说:"人之生,气之聚也;聚则为生,散则为死。若死生为徒,吾又何患?"如果死和生是相连属的,我对之有什么忧患呢?《至乐》载,庄子妻死,惠子往吊,见庄子"箕踞鼓盆而歌",惠子不以为然,但庄子认为生死就像春秋夏冬四时运行一样,所以"生之来也不可却,其去不能止"(《天运》)。西晋的玄学家郭象对庄子的生死观有一重要的解释。他说:"夫死生之变,犹春夏秋冬四时行耳,故生死之状虽异,其于各安所遇一也。今生者方自谓生为生,而死者方自谓生为死,则无生矣。生者方自谓死为死,而死者方自谓死为生,则无死矣。"这就是说,生和死只有相对意义,只是事物存在的不同状态,对"生"说"生"是"生",但对"死"说"生"是"死",对于"生"说"死"是"死",但对于"死"说"死"是"生"。因此,说"生"、说"死"只是从不同的立场上所持的不同看法,故应"生时安生,死时安死",这样就可以在顺应自然中得到超生死而与道同体了。

那么道家在生死问题上以什么为苦呢? 照道家看,以不能顺其自然为苦。在《应帝王》中有一个故事:"南海之帝为儵,北海之帝为忽,中央之帝为浑沌。儵与忽时相与遇于浑沌之地,浑沌待之甚善。儵与忽谋报浑沌之德,曰'人皆有七窍,以视听食息,此独无有,尝试凿之。'""日凿一窍,七日而浑沌死。"这个故事说明,一切应顺应自然,不可强求,虽出于好心,但破坏了其自然本性,则反受其害,这是庄子的忧虑。照庄子看,人往往喜欢追求那些外在的东西,从而"苦心劳形,以危其真",这样就会远离"道"而陷入痛苦之中,故"苦在自然之未能顺"。

(三)禅宗的生死观:明心见性,见性成佛,苦在无明之未能除

佛教认为,人世间是一大苦海,人生有不能逃避的"八苦",即生、老、病、死、爱离别、怨憎会、求不得、五蕴聚。人之所以不能逃避这种种苦难,是由于"无名"(不觉悟)引起的。佛教的教义就是教人如何脱离苦海。要脱离苦海就要照佛教的一套来修行,出家和坐禅等等都是不可少的。佛教传入中国,经过六、七百年,在中国形成了与中国传统文化相结合的若干个宗派,其中以禅宗影响最大。

禅宗的真正缔造者是唐朝的和尚慧能,这个佛教宗派以"明心见性"、"见性成佛"为其生死观的基本观念。慧能认为,佛性就是人的本心(或本性),明了人之本心,即洞见佛性,"汝等诸人,各信自心是佛,此心即是佛心。""佛性"是什么? 照慧能看,佛性就是每个人的内在生命本体,如果一个人能够自觉地把握其生命的内在本体,那么他就达到了超越生死的成佛的境界。用什么方法达到这种超越生死成佛的境界呢? 禅宗立了一直接简单的修行法门,它把这门法叫做"以无念为宗",即以"无念"为其教门的宗旨。所谓"无念",并不是"百物不思,念尽除却",不是对任何事物都不想,而是在接触事物时心不受外境的任何影响,"不于境上生心"。因此,人并不需要离开现实生活,也不需要坐禅、读经、拜佛等等形式的东西,在日常生活中照样可以达到超越生死的成佛境界,"挑水砍柴无非妙道。"这种达到超越生死成佛境界,全在自己一念之悟,"自性迷,佛即众生;自性悟,众生即佛"。"悟"只是一瞬间的事,这叫"顿悟",瞬息间克服"无明"(对佛理的盲无所知)而达到永恒的超生死的境界,这就是禅宗所追求的"成佛"境界。

中国的禅宗虽不否认在人生中有"生、老、病、死"等等之苦,但是只要自己不以这些"苦"为苦,那就超越了"苦",而"苦海"也就变成了"极乐世界",这全在自己觉悟还是不觉悟。因此,人应该自自然然的生活,"春有百花秋有月,夏有凉风冬有雪,若无闲事挂心

头,便是人间好时节。"一切听任自然,无执无著,便"日日是好日","夜夜是良宵"。超生死得佛道,并不要求在平常生活之外有什么特殊的生活,如有此觉悟,内在的平常心即成为超脱生死的道心。所以照禅宗看,人的痛苦是在于他的不觉悟(无明),苦在于无明之未能除,只要人克服其迷悟,就无所谓"苦"了。

　　总观中国的儒道佛对生死问题的看法虽不相同,但是否其中也有共同点? 照我看,儒道佛都不以生死为苦,而以其追求的目标未能达到为"苦"。儒家以"德之不修,学之不讲"为"苦",即以不能实现其道德理想为"苦";道家以"苦心劳形,以危其真"为"苦",即以不能顺应自然为"苦";禅宗以"于外著境,自性不明"为"苦",即以执着外在的东西,而不能除去无明为苦。

　　今天在现代化的社会中,科学技术有了空前的发展,把人作为自然人看,对人的生和死都可以或者大体可以作出科学的解释,但人们的生死观仍然是个大问题,因为它不仅是个科学问题,而且也是个人生态度和价值观念的问题。由于人们的生活态度、价值观念和社会理想的不同,因此会形成不同的生死观,这大概是无可置疑的。因此,我们把中国古代儒道释对生死问题的不同看法作为一种理论问题来讨论,这大概和其他理论问题同样有着重要的意义。

（选自《天津社会科学》1997 年第 5 期）

　　本文对儒、释(禅宗)、道三家生死观念异同点进行了考察研究。作者认为,儒家的生死观是道德超越,天人合一,苦在德业之未能竟;道家的生死观是顺应自然,与道同体,苦在自然之未能顺;禅宗的生死观是明心见性,见性成佛,苦在无明之未能除。三家对生死问题的看法虽不相同,但是又有相同点,那就是都不以生死为苦而以其追求的目标未能达到为"苦"。

20世纪儒学研究大系

儒佛道的境界说及其异同

蒙培元

中国哲学有儒、道、佛三大流派,三派哲学有一个共同点,就是主张境界说而反对实体论。正是这一点使它们同西方哲学区分开来而成为"中国哲学"。但是,它们各自又提出了不同的理想境界,以及实现理想境界的不同方法,这又是同中之异。虽然如此,它们在其历史发展中又是互相影响、互相渗透的,并且最终达到了某种程度的融合,这又是异中之同。

一

境界者心灵之境界,即"心境"之同异或高低,不是在心灵之外有一个与心灵相对的境界,更不是心灵对外部世界的"认识"。正因为如此,儒、道、佛三家都很重视心灵问题,并且建立了各自的心灵哲学。它们都主张,心灵有二层次,即感性经验层次和超验或先验的形上层次。但不像西方哲学那样,分为两个对立的实体或截然不同的世界。

前期儒家有"本心"与"欲心"、"道心"与"人心"、"未发"与"已发"之分,认为人人都有道德本心,人人都有善或向善的潜在能力。这是实现心灵境界的内在根据。道家主张认知心与道德心之分,后者是实现"道"的境界的主体根据。佛教哲学主张"一心开二门"

（即"真如门"与"生灭门"），又有"自性清净心"与"染心"的对立，前者可称之为宇宙心，后者可称之为个体心。后来，佛教又明确提出本体心与作用心之分，这一思想的提出就意味着，它很重视二者的"相即"、"无碍"和"圆融"，这才是中国佛学的特点。

很清楚，儒、道、佛的心灵哲学都是从"存在"的意义上解释心的，即认为心是一种精神存在。他们既不承认有不死的灵魂，也不承认任何观念实体或精神实体（唯识宗有些例外），但它们承认，"心"是存在的，境界就是心的存在方式或存在状态。所谓"本体心"，并不是从实体意义上讲本体，而是从本源意义上讲心的本真状态或本然状态，或者叫"本来面目"（禅宗），它的实现即所谓境界。所谓"作用心"，则是从功能上解释心的，即认为心有知觉、情感、欲望、意向等活动，本体境界就是靠功能、作用实现的。所谓"体用一源"，就是存在与功能的统一，通过功能而显其本体，通过活动而实现其境界。这一点在佛学和理学中表现得非常明显。

正因为儒、道、佛的境界说都是建立在心灵哲学之上，而心灵不是实体，只是"本真"状态及其活动，因此，他们都主张，人人都可成圣、成真、成佛。理想境界既在彼岸，又在此岸，能不能达到，关键在于心灵自身，并不需要外在力量的启示和拯救。从这个意义上说，中国的儒、道、释具有某种人文精神，不同于西方的宗教神学。

三家的最大区别在于对心的存在内容的不同解释。儒家肯定道德心的存在，而佛、道则持否定态度。（此"道德心"指"仁义心"）在"知"的问题上，儒家肯定经验知识，主张"下学而上达"；道与佛则主张"静观"与"空观"，即通过排除经验认识而实现超越。

<h1 style="text-align:center">二</h1>

"境界"二字，既不出于儒家，也不出于道家，而是出于佛家经

典。但是境界作为一种普遍性学说，却是三家所共有的。

佛教哲学以破除一切主客、内外之对立为手段，以实现绝对超越的涅槃境界为目的，但它又不能不"设对"以说明其理论，因此有能所、性相、根尘、智境等相对概念。境是对智而言的，境界是对智慧而言的，但这又不是通常所说的主客关系，也不是通常所说的因果关系，而是"观心"（智颉：《法华玄义》卷一上）之说。由一心开出智境，而又归于一心，这就是境界。（见智颉：《四念处》卷四）般若智慧是没有对象的，如果有对象而取境成智，就不是般若智慧。但既名为智境，则必有所"观"，这所谓"观"，是心之自观，不是他观，即以心观心，而不是心外观，但它能展现出一个"境"来。"处者境也"（同上），可见，境界便是智慧所处之地或场所。其实，智与境并无分别，无智之境，便不是境，无境之智，便不是智，"无二无别"，才是境智，才是境界。这种境界，以其无限，故名之为"虚空"，以其永恒，故名之为"涅槃"。"涅槃"就是息灭生死烦恼而获得彻底解脱的境界。但是，按照中国佛教的一般特征，它并不是"断灭空"，不是"顽空"，真正的"涅槃"境界，不必出离世间，只是获得了心灵的彻底解脱，实现了无限与永恒。《大乘起信论》所说的"境界随灭"，按照这种解释，并不是指消灭，而是无生无灭的永恒境界，也可以说，连"境界"这个名字也不必说。因为到了这个境界，便是"不可思议"，便是"言语道断，心行处灭"（智颉：《摩诃止观》卷五）。涅槃境界是不以说的，因为凡有所说，都是"名相"，而"名相"都有所系，只有不"着"名相，才无所系，才能解脱，实现永恒境界。

道家以"道"即"自然"为最高境界。这所谓"自然"不是与人相对的自然界，更不是机械论的必然性或因果律之类，它只是自然而然、没有任何目的或意志之义。这一点同佛教所说"如如"很相似。佛教所说的"如如之境"、"如如之智"，就是本来如此、原来如此，没有任何外在的神力或作用。后期禅宗则讲"本自天然"、"本来面目",也是一种境界,既没有任何"佛祖",也没有任何人工"雕琢",完全是一种无我无人无一切相的"自然"状态。"道"的境界也就是"无"的境界,"道"不仅没有目的性,而且没有规定性,所以道家不讲"是什么",而是讲"不是什么",正因为"道"不是什么,所以它不能言说。这一点同佛教的"言语道断"也有相似之处。此外,庄子的"道"的境界,还是一种光明境界,能照亮一切,穿透一切,使万物没有任何"遮蔽",因而能够"齐物"。佛的境界也是光明境界,因此有"光明寂照"之说。禅宗的"浮云遮日"之喻,就更是如此。

但佛、道虽有相近、相似之处,但毕竟不同,其最大区别是入世法与出世法的区别。有人说,道家特别是庄子主张出世,我不同意这种说法。(略)只有佛教是主张彻底解脱的,庄子并不回避"命",但在佛教看来,"命"也是必须解脱的。

相比之下,儒家是完全入世的,但这并不意味着,儒家没有批判精神,不意味着儒家不讲超越。中村元教授认为,中国传统哲学特别是儒家,缺乏形而上的超越思维,我认为这是一种误解。儒家的最高境界是"仁"和"诚"的境界,二者都是从道德情感、道德意志出发的,但又是超越的,"仁"就是"天人合一"境界。如果说孔孟以"仁"为道德境界,那么新儒学即理学则以"仁"为宇宙境界,具有超伦理、超道德的宗教意义。"天地万物一体之仁"是一种真正的宇宙关怀,具有宗教超越性。

总之,儒家从正面回答心灵问题,以肯定的方式实现自我超越,以"仁"为最高境界;道与佛则从负面回答心灵问题,以否定的方式实现自我超越,以"无"和"空"为最高境界。"仁"的境界除了完成一种理想人格,还要实现普遍和谐的理想社会,"无"的境界主要是实现个人的精神自由,"空"的境界则是实现彻底解脱。但是在实现心灵的自我超越这一点上,它们又是共同的。

三

　　中国哲学境界说，具有一个重要特点，这就是非常重视并强调实践修养功夫，而不是偏重于理论思辩，从某种意义上说，中国哲学所说的境界，就是功夫境界。这是儒、道、佛三家共同的。

　　儒家把仁看成最高境界，连孔子都说，"圣与仁，则吾岂敢？"但他们从未把仁作为知识概念去讨论，而是主张在躬身实践中去体会，去把握。理学家对"仁"的最富理论意义的解释就是"生理"、"生意"、"生物之心"，而要得到这样的"认识"，必须在生命体验和实践过程中去获得，其中包括"静中体验"和"静坐"。这显然是从佛、道哲学中吸取过来的。"静中体验未发气象"，就是体验圣人境界即"仁"的境界。"气象"就是境界，"体验"则是全身心地投入。理学家有"主静"与"主敬"之说，后来更加强调"主敬"，所谓"涵养须用敬"，就成为儒家修养的根本功夫，其中有一种宗教精神，具有宗教实践的性质。

　　道家也是强调实践功夫的，是主张"修之于身"的。但道家以"静"为其根本的修养方法，老子的"致虚极，守静笃"以及庄子的"虚静恬淡"都是提倡"静"的功夫，其特点是排除人为的欲望和知识，体验心中之"道"即"德"，如果说老子更多地关注于直观，那么庄子则更多地关注于体验，其著名的"坐忘"法，就是静中体验"道"的境界，即所谓"同于大通"。

　　与儒、道相比，佛教以更重视理论思辩，特别是前期般若学与心性，提出了很多范畴，进行了很多分析和论证，但有趣的是，对"心"分析最为详细的唯识学却没有在中国继续传播与发展，倒是天台、华严和禅宗得到了很大发展，特别是以宗教实践为特征的禅宗，得到了持久发展。这个事实说明，中国化的佛教，其境界说同样是重视实践修养功夫的。佛教修养的基本方法是"止观双修"和"定慧不二",即主张把智慧和修行结合起来,这同儒家的"知行合一"也是一致的。天台宗所说的"止",实际上有二义,一是使根尘之心止息,一是止于"涅槃空寂"之境界。根尘生灭之心一旦止息,"涅槃空寂"之境即可现前。而禅宗所说的"定",则进而具有本体意义,"定慧不二"也就是体用不二。以修行功夫为本体,这正是中国禅宗的根本特征,说明它是实践的宗教,有活力的宗教,因而是被中国人所容易接受的宗教。

　　如果将儒、道、佛的修养功夫作一简单概括,那么可否说,儒家"主敬",道家"主静",而佛教"主定"。"敬"以庄敬严肃为特征,"静"以无欲虚静为特征,"定"以止寂无念为特征,三者各有所重,但都以实践为宗旨。特别值得指出的是,儒、佛不仅提倡"体即是用,用即是体"的"体用一源"说,而且提倡"本体即功夫、功夫即本体"的修养论,这标志着境界与功夫、目的与方法的最终统一。"成圣"、"成佛"的目的已转变为实践过程,以修行程度衡量其境界之高低。目的即方法,方法即目的,最高境界的实现是现实的,又是永无止境的,这就是它的辩证法。

（选自《世界宗教研究》1996年第2期）

　　蒙培元(1938—）,甘肃庄浪人,北京大学哲学系研究生毕业。中国社会科学院哲学研究所研究员、中国哲学史研究室主任。主要著作有《理学的演变》、《理学范畴系统》、《论儒家关于乐的思想》等。

　　本文指出,三大流派哲学上的共同点是主张境界(即心境、心灵境界)说而反对实体论,并且都主张心灵有感性经验层次和超越或者先验的形上层次。但是三大流派又有着彼此不同的理想境界和实现理想境界的方法,而在历史发展过程中又互相影响、渗透,并且最终达到某种程度的融合。

关于儒、道、佛三家的理论极限

韩东育

几乎每一个学说都有其理论所难以阐释和证明的最高限度。这个最高限度,我们称之为"理论极限"。在中国古代,诸子百家均有自己无法逾越的理论极限,这其中最为突出的,当属儒家、道家和佛学。东晋大和尚慧远,《高僧传》说他"少为诸生,博综六经,尤善老庄。"但抚今追昔,慧远却每每对儒、道两家颇多贬抑。"每寻畴昔,游心世典(指儒家经典),以为当年之华苑也。及见老庄,便悟名教是应变之虚谈耳。以今而观,则知沉冥之趣,岂得不以佛理为先?"(《与隐士刘遗民等书》,《广弘明集》卷二十七上)这一心得,除了证明他悟道境界之不断提升外,却也说出了儒、道两家在思想理论上各存极限的客观事实。实际上,佛教,尤其是中国化了的佛教——禅宗,其本身亦存在着类似的极限。准确地找到这三个极限,对于重新认识儒、道、佛三家在中国哲学思想史上的不同地位和作用或许会提供一个新的视角。

一、"天命"——先秦儒家的理论极限

先秦时期有一个特殊的理论现象,即争鸣的诸学派几乎无一例外地均把"道"视为本学派理论的最高范畴,但"道"的内涵显然是千差万别的。"道不同,不相为谋"(《论语·卫灵公》)的讲法,道

出了这一事实。那么,儒家的"道"是什么呢?

作为儒家思想的基本理论发轫,"孔孟之道"包含着儒家关于"道"的全部萌芽和终极属性。儒家虽也重视世界万物存在本体和天地运行变化大规律意义上的"道",即"天道",但它更重视的则是社会发展之根本目标和最高准则意义上的"王道"与个人的"正心诚意"、"修齐治平"并由此而优入圣域的途径方法。因而从实际上讲,该"道"乃是人生的最高理想和永恒原则。《孟子·滕文公下》即把"道"的目标瞄准了"天下","居天下之广居,立天下之正位,行天下之大道。"而"道"之所以具有公正的意义,相当程度上也是以天下的"民"为尺度而量得的结果:"达不离道,故民不失望焉"(《孟子·尽心下》)、"道也者,治之经理也"(《荀子·正名》)、"水行者表深,表不明则陷;治民者表道,表不明则乱"(《荀子·天论》)。不难看出,这种"道"带有相当浓重的人本色彩,这可以从"人"、"仁"、"道"三者间的互训关系中明察。"仁也者,人也;合而言之,道也"(《孟子·尽心下》),说明"人道"即"仁道",亦即"王道",所谓"尧舜之道,不以仁政,不能平治天下"(《孟子·离娄上》)是也。看来,《论语》所谓"士志于道"(《里仁》)也好,"君子谋道不谋食"、"君子忧道不忧贫"(《卫灵公》)也好,《荀子》的"士君子不为贫穷怠乎道"(《修身》)也罢,其"道"之所指,均未尝逾此。就连心理上的耻感反应,亦未离其大旨,"邦有道,贫且贱焉,耻也;邦无道,富且贵焉,耻也"(《论语·泰伯》)、"邦有道,谷;邦无道,谷,耻也"(《论语·宪问》)。显然,此"道"已成为儒家士子的"终极关怀"。张岱年先生指出:"中国古代的儒家思想,堪称为"发扬人生之道"的"终极关怀"(《中国哲学关于终极关怀的思考》,《社会科学战线》,1993 年第 1 期)。其实,说到这里,结论性的东西已经露呈,即先秦时代的儒家之"道"更多的只通用于天地之间的人类社会。就是说,与人生无关的,或离人生稍远的抽象存在,一般不在讨论和探究之列。孔子弟子子贡说过："夫子之文章,可得而闻也;夫子之言性与天道,不可得而闻也。"(《论语·公冶长》)对此,荀子有一段比较达意的发挥和总结:

> 君子敬其在己者,而不慕其在天者。……传曰:万物之怪书不说。无用之辨,不急之察,弃而不治。若夫君臣之义,父子之亲,夫妇之别,则日切磋而不舍也。(《荀子·天论》)

就是说,这样的"道"是不离人世的,也是不离人事的,"道不远人。人之为道而远人,不可以为道","道也者,不可须臾离也。可离非道也"(《礼记·中庸》)。可是,儒者在知行活动中,却实实在在感觉到有一种高于此"道"并指导和决定此"道"的大规律客观地存在着。孔子说:"道之将行也欤? 命也;道之将废也欤? 命也。"(《论语·宪问》)这表明,孔子已意识到,在儒家的"道"之上,还应有一个特殊的存在,这就是"命"。可究竟什么是"命",却又很难说清,只觉得冥冥之中有一种东西,它决定人事的发展变化,却又不为人的意志所左右,使人们在它面前无可奈何。《孟子·万章上》说:"莫之为而为者,天也;莫之致而至者,命也。"《庄子·人间世》称:"知其不可奈何,而安之若命。"《庄子·达生》篇释"命":"不知吾所以然而然,命也。"一个有趣的现象是儒家的"命"有时就是"天","天"亦常常被称作"命"。如"死生有命,富贵在天"(《论语·颜渊》)中有"命"与"天"之互训关系等,故"天命"每每连用。《左传·宣公三年》称"周德虽衰,天命未改",《论语·为政》篇亦有"五十而知天命"之说。而且,孔子对于"天命"是常怀敬畏之心的。他说:"君子有三畏:畏天命,畏大人,畏圣人之言。"(《论语·季氏》)有学者认为,"命,作为儒家历史哲学的重要范畴,与'天'、'天意'属同一层次,天与命可以相合成'天命'。"(方同义《儒家道势关系论》,《孔子研究》1993年第 1 期)而人类的主体之道与历史发展不可预知的内在必然性之间所发生的矛盾,使"孔孟之道"的有效范围也只能局限在人世间而已。"尽人事而待天命"等说法表明,人事尽处即是"命"。说明儒家之"道"已无力解释虽在人世之外却能决定和制约人间事务的更高层次的规律。显然,"天命"已成为先秦儒家的理论极限。

理论极限意味着无话可说。好像有一种预感,当孔子发现了这个极限后,就已经意识到了它的危险走向,即流布于民间的"天命论"可能会染上浓重的先验迷信色彩,所以他才竭力防范和阻止之,所谓"子不语怪力乱神"(《论语·述而》)是也。荀子亦曾对"天命"讹滥成"宿命"后的卜知祷求现象进行了严厉的斥责,认为这些行径,"学者不为也"(《荀子·非相》)。可是,理论极限所形成的诠释真空,事实上是无法阻止异端邪说的乘势填充的。历史上,这种染上了迷信色彩的"天命观",早已散入民间,甚或在某些权势者口中,也每每成为无可奈何时的最高安慰和推卸责任的唯一借口。殷商将灭,纣王喊道:"呜呼!我生不有命在天?"(《尚书·西伯戡黎》)项羽兵败乌江,不自忖过失,末了却仰天长叹:"天亡我,非用兵之罪也!"(《史记·项羽本纪》)迄至东汉,此风非但未衰,反发展成较完备的理论说教。如王充在《论衡·命禄》篇中所云者。它最终凝成一句先验论格言,叫做"否泰有命,通塞听天"(《抱朴子·外篇·应嘲》)。这显然是儒家理论极限的负效应,它导致了迷信。

二、对"天命"超越与"无极而太极"

荀子曾非议道家,说它"蔽于天而不知人"(《荀子·解蔽》)。可是,反向的思考亦同步成立,即道家的天论,又何尝不是对"蔽于人而不知天"之儒家理论及其极限的一大超越呢?如果说,儒家的"命"就是"天",那么,它的层次则刚好处于"老庄之道"的下面,即孔孟与老庄之间的关系实乃"人法地,地法天,天法道,道法自然"(《老子·二十五章》)中的"天"与"道"的关系。"大道废,有仁义"

(《老子·十八章》)一语,已至为明确地披露了这一关系。因此,可以说,儒家抛出的理论极限,刚好是道家哲学的出发点,即道家所喋喋不休的,正儒家之所阙如者。日后互补的原因,盖存乎此。

儒家之所以推出"天命论"这一理论极限,某种意义上,实出于对瞬息万变之社会现实的无可奈何。雅斯贝尔斯认为,在"轴心期"时代,整个世界的不确定性,使人们经常不断地面临着现实性的丧失(参见《智慧之路——哲学导论》第十三页,中国国际广播出版社一九八八年版)。不过,不确定性也好,不断丧失的现实性也罢,都在说明一个问题,即儒家所遵奉的伦常道德和社会秩序,在更广泛的意义上讲,都不过是一种有限的存在,唯其有限,因而才无法对超出这一范围的事物做出准确的判断。特别是当现实的实际状况与按正常价值尺度之要求所产生的结果每每相左时,人们便只好对天长叹,把这最高裁决权拱手让与老天,让与命运了。"老庄之道"的意义在于,它要求人类在大规律、大背景下来寻找终极和永恒,即把人放进宇宙世界中以后,再去抓取生命的价值和意义。也就是说,人生的价值和意义,只有和无限合一,才有永恒可言,才不致患得患失,更不会软弱到将生命前程寄托给命运和鬼神的程度。

为了突破儒家的理论极限,庄子曾设计过一个反差极为悬殊的大、小之境。《庄子·秋水》篇云:

> 吾在于天地之间,犹小石小木之在大山也。方存乎见小,又奚以自多!计四海之在天地之间也,不似礨空之在大泽乎?计中国之在海内,不似稊米之在大仓乎?号物之数谓之万,人处一焉;人卒九州,谷食之所生,舟车之所通。此其比万物也,不似毫末之在于马体乎?五帝之所连,三王之所争,仁人之所忧,任士之所劳,尽此矣!

这一大一小的强烈对比告诉世人,当人感受到无限并回视人间时,人和由人组成的社会该是如何渺小和不值一提！社会既已如此，于其间往来运作的人生价值标准又何足道哉！而面对这不值一提的"人间世，"还有什么是非曲直看不开呢？又何苦"为轩冕肆志"、"为穷约趋俗"，甚至慨叹命运、怨天尤人呢？显然，这里的"小"，是指有限，而"大"则是无限的存在。可以说，"老庄之道"的理论体系，便依此而立，即无限审视有限，有限化解于无限。用他们自己的话来讲，叫做"以道观之"和"道通为一"。

那么，究竟是哪些不确定性事物促成了儒家理论极限的形成呢？庄子说："死生、存亡、穷达、贫富、贤与不肖、毁誉、饥渴、寒暑，是事之变、命之行也。日夜相代乎前，而知不能规乎其始者也。"（《庄子·德充符》）这里，有时间上的概念，亦有空间上的概念，更有人事上的纠葛。可这一切，在无限的"道"面前，显然都是稍纵即逝的有限，即："井蛙不可以语于海者，拘于虚也（空间）；夏虫不可以语于冰者，笃于时也（时间）；曲士不可以语于道者，束于教也（人事）。"（《庄子·秋水》）结果，无限的"老庄之道"既破了这个"虚"，也破了这个"时"，更破了这个"教"，它实现了"至大无外"的理想，也实现了"道通为一"的夙愿。于是乎，有限世界中形成的理论极限，在无限的世界里便再也无"极"可言。就连儒家"天命论"在民间所造成的迷信，在"老庄之道"的纵横捭阖下，也全部烟消云散，"以道莅天下，其鬼不神"（《老子·六十章》），"夫道……神鬼神帝，生天生地"（《庄子·大宗师》）。

无限，在《老子》、《庄子》和《列子》书中每每被称作"无极"或"无穷"。《老子·二十八章》说：天下万物，"复归于无极"。有人说，"广成子"即老子。广成子云："彼其物无穷，而人皆以为有终；彼其物无测，而人皆以为有极。……故余将去汝，入无穷之门，以游无极之野。"（《庄子·在宥》）在这个意义上，"道"的别称——"无"，则径被解释成"无穷"或"无极"。《庄子·则阳》篇："无穷无止，言之无也,与物同理。"《列子·汤问》篇载:"殷汤问:'然则上下八方有极尽乎?'革曰:'不知也。'汤固问,革曰:'无则无极,有则有尽。朕何以知之?'"显然,"无",作为"无限"的代名词,是一个无所不包的物质实存。程明道说:"道之外无物,物之外无道。"(《语录》四)可是,对这个无边无际的存在,究竟怎样做才能把握得了,这却难坏了所有的先哲。王弼"圣人体无,无又不可训"(《世说新语·文学》)云者,说的正是这份苦恼。我认为,这与道家哲学物质无限论所产生的新的理论极限,密不可分。如果说,"天命"是儒家诸子宥于"有限"而形成的理论极限,那么,宇宙无限论的难以把握("大道不称")这一事实本身,则构成了道家诸子的新的理论极限,这便是后世周敦颐和朱熹所经常讨论的重要命题——"无极而太极"。

　　如前所述,"无极"一词出自《老子》第二十八章。而"太极"的名称,则最先始于《易·系辞上》,即所谓"易有太极,是生两仪"。邵雍的《皇极经世书》卷八称:"太极,道之极也。"朱子释"太极",谓"太极""是无之极"。然此"无"却并非空无,因为"至无之中,乃至有存焉"、"至无之中,乃万物之至有也"。"只是极至更无去处了"、"太极者如屋之有极,天之有极,到这里更没去处。"(均见《语类》卷九十四)这个"没去处",显然不是行走之穷途,而是逻辑之穷途。庄子在《大宗师》篇中,曾把"道"列诸"太极"之先。对此,朱子门人陈淳之于《北溪字义》中论云:"庄子谓道在太极之先。所谓太极,亦是三才未判浑沦底物,而道又是一个悬空底物,在太极之先,则道与太极分为二矣。不知道即是太极。"邵雍亦称:"道为太极"(《皇极经世书》卷七)而"谓道为太极者,言道即太极,无二理也。"(《北溪字义》)既然"道"就是"太极",而且如前所述,"道"也是"无极",那么,由周敦颐最早提出的"无极而太极"的命题,便颇让人费些解释上的周折。有人说,"无极而太极",是指"太极"之前复有"无极",其顺序自应是"无极"在先,"太极"在后。但朱子认为,这不过是对庄子"道"在"太极之先"之记述谬误的一种放大。其实，"无极而太极，不是太极之外，别是无极，……'无极而太极'此'而'字轻，无次序故也。"(《语类》卷九十四)此亦如冯友兰所说："无极、太极，及无极而太极，……统而言之，我们名之曰道。"(《新理学》第九十七页，商务印书馆，民国二十八年版)可见，"无极"就是"太极"，无限就是极限。就是"无极'，道家之理论极限就是"无极"，就是"道"本身。因为无限的"道"也只能以自我为极，故曰"道法自然"。

"无极"之所以就是"太极"，就是道家的理论极限，从更根本的意义上说，是由于对"无限"的无法说明。因为古往今来，任何一位试图对"无限"作出说明的人，恐怕都不可避免地要遇到表述上的巨大困难。困难的原因在于，"无限"(雅斯贝尔斯称为"统摄"，冯友兰称为"全")指的其实是某种非对象的存在。可当你去思考它时，它就成了你思想的对象。于是，主、客对立产生了，因为这是认识的前提。而一旦它已成为你思想的物，那就必然是分裂之中的存在物。由于分裂是一个本来统一的东西被撕裂开的状态，因此，在这种状态下获得的认识，便肯定不再是囫囵一体的无限。道理很简单，假如这是包容一切的"一"，那么，当我要研究这个"一"的时候，"一"与我便成了相互对待的存在，而"一"与"我"一旦成了相互对待的存在，那么此时的"一"，便决不再是包容一切意义上的"一"了，因为至少我已经不再包括在此"一"中。与此同理，当你去说明"一"的时候，说明本身便成了"一"的对待物。"一"的无所不包性，自然也要包括你的语言才行，而你若说明它，那么被说明的对象便也肯定不再是无所不包的"一"了。即"无限"变成了"有限"，"无"转化成了"有"。

显然，老庄的无限论，亦不可避免地遇到了以上的苦恼。《老子·一章》就向世人披露了这一苦恼："道可道，非常道;名可名，非常名。"道"是给"无限"起的名字，如果用这个概念来说明，并且可以说明那无所不包的"无限"，那么，这个无限便不成其为"无限"了。因为既然无限无所不包，那就应该包括这个"道"字，而一旦用"道"来说明"无限"，"道"与"无限"便成了相互对待的存在。正因为如此，老子才讲，"道"，说得出的，便不是永恒的"道"；"名"，叫得出的，便不是永恒的"名"。老子为什么要说"道常无名"、"道隐无名"，为什么要强调"是以圣人，处无为之事，行不言之教"和"希言自然"，恐怕也都是基于以上的苦恼。对此，庄子在认真总结老子思想的同时，更给后人留下了一道最大的难题："夫大道不称，大辩不言。……孰知不言之辩，不道之道？若能知之，此之谓天府。"（《庄子·齐物论》）形成于唐朝中叶的禅宗哲学，历史地承载起这至为艰巨的理论任务。

三、"心法"——禅宗对道家理论
极限的超越与被超越

　　道家的理论极限，实源于把握上的一个悖论。这个悖论是：用经验去感受超经验的存在，用语言去陈述超语言的东西。要破除这个悖论，只有一个办法，即抛却感受和陈述的经验、语言前提而直入肯綮。禅宗及其"心法"要妙，即存乎此。

　　依禅宗的说法，释迦牟尼有一种秘密传道法，称为"密意"或"心法"。这个"密意"或"心法"，在印度经过了二十七代的传授，到梁武帝时，始由达摩传至中国。又经五代传人，始衣钵慧能，是为"六祖"。慧能生前传道的方法，被弟子记录下来，辑成《六祖坛经》。任继愈先生认为，"禅宗在西方的传法世系，恍惚迷离，完全是中国禅学者补造的，不足信。"（《农民禅与文人禅》，《传统文化与现代化》一九九五年第一期）实际上也确乎如此。一定意义上说，禅宗基本上是由中国人自创的,因为其理论本身乃是对中国传统哲学的一个顺势发展和继续,这种发展和继续形式中所呈现的突破或超越,也是对前一种哲学所遇到的理论极限而进行的突破与超越。外来哲学的影响,充其量只是助力,而非主力。范文澜先生说:"(慧能)的始祖实际是庄周"(《唐代佛教》第六十八页,人民出版社,一九七九年版),说甚确。

禅宗的立意本旨是"即心即佛"。慧能说:"故知万法,尽在自心"、"识心见性,自成佛道"、"识自本心,若识本心,即是解脱。既得解脱,即是般若三昧。"唯其如此,其传授的方法,也只能是"以心传心"的"心法"。当年慧能受法时,五祖弘忍对他说:"法以心传心,当令自悟。"慧能也说:"迷人口念,智者心行。"(以上均见《六祖坛经》)慧能的弟子神会亦道:"一念相应,便成正觉。"(《神会语录》)它至少道出了禅宗的以下三大特征:1. 废止语言,不立文字;2. 追求顿悟,废止渐教;3. 但求体道,不拘仪式。

道家的最高困惑,是如何以非语言形式来状摹"道"或"无限"。而禅宗的理论,便刚好从这里起步。据《楞伽人法志》载,弘忍大师不喜言说,亦不喜为文,平素总是"萧然静坐,不出文记,口说玄理,默授与人"、"缄口于是非之场,融心于色空之境"、"生不瞩文,而义符玄旨"。所谓"不立文字,直指人心"云者,正得其旨。北宋大师契嵩在《六祖大师法宝坛经赞》中说:"默传,传之至也。……《涅槃》曰:始从鹿野苑,终至跋提河,中间五十年,未曾说一字者,示法非文字也,防以文字而求其所谓也。曰依法不依人者,以法真而人假也。曰依义不依语者,以义实而语假也。曰依智不依识者,以智至而识妄也。……示法非文字,故至人之宗尚乎默传也。"(《镡津文集》卷三)相传,慧能生来不识文字。可是他极高的悟性,不但使不识文字无法构成他体道的障碍,反倒成了一大天然长处。据《曹溪大师别传》载:"尼将经与读,大师曰:'不识文字。'尼曰:'既不识字,如何解释其义?'大师曰:'佛性之理,非关文字。能解,今不识文字何怪?'"(《续藏经》第二编乙)"甚至有人认为,慧能自谓不识文字,非不识也,乃有意为之。契嵩即谓:"夫至人者,始起于微,自谓不识世俗文字,及其成至也,方一席之说而显道救世,与乎大圣人之云为者,若合符契也。固其玄德上智生而知之,将自表其法而示其不识乎?"(《镡津文集》卷三)同时,历史上,也每每有人提出这样的问题:既然废止语言,不立文字,可是,禅经所见,又安之而非语言、非文字耶? 元朝宗宝云:"或曰:达磨不立文字,直指人心,见性成佛,卢祖六叶正传,又安用是文字哉? 余曰:此经非文字也,达磨单传直指之指也。"(见《普慧大藏经》四本《坛经》合刊本)实际上,如果把禅宗的发展大致分为前后两个不同时期的话,那么,前期的弘忍,慧能等创立成长时期的确是主张不立文字、直指本心的。而《灯录》、《语录》等文字记录在悟道时的渐居主位,则是化为"五宗"后的后期情形。因此,从体道水平而论,后期往往不及前期。当然,这也并非绝对,临济宗的许多做法,常常可视为反例。

"以心传心"的最高境界,便是禅宗大师们所津津乐道的"拈花"之境了。"妙道虚玄,不可思议,忘言得旨,端可悟明,故世尊分座于多子塔前,拈花于灵山会上。似火与火,以心见心。"(见《普慧大藏经》四本《坛经》合刊本)禅宗自称,佛陀在灵山会上对着百万人众,默然不语,只自轻轻地手拈一枝花,对大众环视一周,人皆不解,唯大弟子迦叶会心,展颜一笑,于是佛祖便肯定只有他获得了佛说的主旨,并当众宣布"我有无上正法,悉已付嘱摩诃迦叶矣!"(见《镡津文集》卷三)

那么,禅宗最高境界之"心境"究竟是怎样一种存在呢?《曹溪大师别传》中有下面一段话:

其年四月八日,大师为大众初开法门曰:"我有法,无名无字,无眼无耳,无身无意,无言无示,无头无尾,无内无外,亦无

中间,不去不来,非青黄赤白黑,非有非无,非因非果。"大师问众人:"此是何物?"(《续藏经》第二编乙)

一望便知,这乃是"不可称"、"不可名"的"道"和不能视、不能闻的"混沌",是"统摄"、"大全"和"一"。在这个"无限"面前,任何语言文字都是不能达意的("第一义不可说"),任何外在的体道方法和手段都因其有限而无法与无限冥通为一。经验和语言这些道家在体道过程中所欲舍而不可、欲罢而不能的前提条件,却在禅宗的"默传"与"微笑"中得到了化解。而"默传"与"微笑"的凭借,则是由外在世界的无限内化与内在世界的无限外化之相互交融所形成的"真心一元"。慧能说:"何名'摩诃'?'摩诃'是'大'。心量广大,犹如虚空。……既空,能含日月星辰、大地山河、一切草木。……性含万法是大,万法尽是自性。"(《六祖坛经》)禅宗通过"心法,"把道家的"游心于物之初"变成了佛教的"万法归心"。《坛经》说:"菩提只向心觅,何劳向外求玄?听说依此修行,西方只在眼前。""心法",实现了佛教对道家理论极限的超越。

由以上可见,在无限的意义上,佛、道境界是一致的。但道家的体道过程,却颇费时日,亦非常人之力所及。如庄子曾叙述道:

> 吾犹守而告之,叁日而后能外天下。已外天下矣,吾又守之,七日而后能外物。已外物矣,吾又守之,九日而后能外生。已外生矣,而后能朝彻。朝彻而后能见独,见独而后能无古今,无古今而后能入于不死不生。(《庄子·大宗师》)

这种对"无限"的思维把握显然是直觉式的,然而,其对永恒的接近却是渐进式的。它与禅宗的体认方法,可谓大相径庭。"直指人心,见性成佛"等说法表明,禅宗是主张"因缘渐修,佛性顿见"的"顿悟"的。即超越所有过程,达到"瞬间——永恒"。一般认为,禅宗中"北宗"、"南宗"之不同,主要是以了悟之迟速分界,即所谓"南顿北渐"。其实,这是不确切的。实际上,弘忍、神秀也都主张顿悟。神秀《观心论》即谓:"悟在须臾,何烦皓首?"《大乘无生方便门》亦云:"一念净心,顿超佛地。"禅宗的这种体认方法,把道家的"过程"变成了佛教的"瞬间",把道家的"不守即失"的"无限"感受,变成了佛教之"一旦了悟,即为永恒"的终极存在。显然,这是佛教对道家的又一超越。

也正是在上述意义上,我们才可能对禅宗不拘一格且多彩离奇的悟道方式做出较为合理的解释。

首先看"棒喝"。

禅门悟道时,师傅往往对将悟而未悟者当头棒喝,据说这样做可以促其顿悟,达到"心佛一体"之境界。《五灯会元》"枉费精神施棒喝",《碧岩八则评唱》"德山棒,临济喝",《禅林句集·坤》"喝大地震动,一棒须弥粉碎"。但是,学界却每每以为此乃禅宗之堕落和低俗化表现,实则不然。理由是:既然第一义不可以语言文字言说,那么,便只好凭借其他语言形式来传递了,拈花会意是心理语言,而这种对肉体的击打与喝斥,则属于促人顿悟的物理语言。它适用于、也只能适用于禅宗式的悟道。尤其当悟得"平常心是道"的时候,则问道者本身,即属该打之列。临济曾经说过:"我二十年在黄檗先师处,三度问佛法的大意,三度被打。后于大愚处大悟,云'元来黄檗佛法无多子'。"(《古尊宿语录》卷四)

其次看所答非所问。

谜语式的"机锋"问答,是禅宗僧徒间经常出现的对话方式。由于很多问题原本就不需要回答,所以,以何作答,便是件无所谓的事。僧问马祖:"'和尚为什么说即心即佛?'曰:'为止小儿啼'。"(《古尊宿语录》卷一)为什么会经常出现这样的对话呢? 我以为,这也正是语言文字对禅宗不再具有意义的缘故,既已无意义,那么,答非所问甚至信口胡诌,都不犯教规。语言,在禅宗那里,实成为一种做语言游戏的玩具。

第三看"担水砍柴,无非妙道"。

参禅打坐,是禅宗悟道方法之一种,是有限。既然连语言文字都可弃置不理,那么,经典自然无用,削发为僧、双掌合十又何用之有? 慧能说:"生来坐不卧,死去卧不坐。一具臭骨头,何为立功课?""若欲修行,在家亦得,不由在寺。"(《六祖坛经》)其实,由于"即心即佛",内在的"心"才是一切,因此,无论什么外在形式,都变得无足轻重。"担水砍柴,无非妙道"的意思,实际上是说,既然干什么都对悟道无妨,那么,干什么亦都可以悟道。弘忍即说过:"四仪(行、住、坐、卧)皆是道场,三业(身、口、意)咸为佛事。"(《楞伽人法志》)之所以敢这样做,是因为"但终日吃饭,未曾咬著一粒米;终日行,未曾踏著一片地"、"终日说事,未曾挂著唇齿,未曾道著一字;终日著衣吃饭,未曾触著一粒米,挂著一缕丝。"(《古尊宿语录》卷三、卷十五)显然,悟道者已进入了灵肉分离的状态,"直向那边会了,却来这里行履"(《古尊宿语录》卷十二)。这也是少林禅僧"酒肉穿肠过,佛祖心中留"之俗令所由以产生的理论根据。既然干什么都不妨碍悟道,那么,自己养活自己的农事劳作,显然是生存下去的最实际选择。这也是对任继愈先生把禅宗归结为"农民禅"的我的解释。

禅宗常讲:"百尺竿头,更进一步"。冯友兰先生解释说:"一个人爬竿子,竿子的长有一百尺,爬到了百尺,就是到头了,还怎么往上爬呢? 这就需要转语。"(《中国哲学史新编》第五册,第九页,人民出版社一九八八年版)如果说,禅宗"心法"实现了对道家之"道"的理论极限的超越,那么,超越后的"相对无语"和"拈花而笑",便成了禅宗爬到了尽头的"百尺竿",这就是禅宗哲学所难以逾越的理论极限。"更进一步",只不过体现了它超越自身的愿望而已。然而实际上,禅宗的理论极限,在它形成的一刹那,就已经被其废弃语言、不立文字原则所导致的正常反应所超越,所突破,尽管这是不自觉的。这一切,均体现在必然要下的那个转语上,体现在"出圣入凡"的行为中。因为既然"担水砍柴"无非妙道,那么,出家与否又有何别?既不出家,则"事君事父"又安非妙道?这个转语由宋明理学所完成。在那里,最终实现了对儒、道、佛三家的超越与综合。

（选自《东北师范大学学报》1996年第3期）

韩东育(1962—),吉林通榆人。在东北师范大学历史系获硕士学位。任东北师范大学历史系副教授、副系主任。现在日本东京大学留学,攻读比较思想史学博士学位。著作有《天人·人际·身心:中国古代终极关怀思想研究》。

本文作者认为,从理论"终极关怀"的视角看,三家皆有自身的理论极限。在儒为"天命",在道为"无极",在佛为"拈花之境"。三家理论既有纵向的衔接性,又有横向的涵纳性。道家以"无限"实现了对儒家的超越,佛家以"心法"实现了对道家的超越,最后由宋明理学完成了对三家的综合性超越。准确地找到这三个极限。这对于在宏观上重新认识儒、道、佛三家在中国哲学史上的不同地位和作用或可提供一个新的视角。

出世之教与治世之道
——试论儒佛的根本分际

徐文明

儒、释、道三家并称三教,构成了中国传统文化的主体部分。虽然佛教是外来的,两汉之际始传中土,但经过长期的融合与消化,已经成为中国文化的一个重要部分。三教并立不仅是汉魏以来的历代国策,也是一种实在的文化现象。因此在讨论中国传统文化时不能光讲儒道互补,儒道主从,儒释的对立与互补同样是值得研究的问题。

一

佛教作为一种外来文化,能够在中国的文化土壤中植根生存,并且长期繁荣发展,以至成为中国文化的一个不可分割的部分,实是不易。这一方面是由于它与中国文化有相互吻合的一面,特别是与道家思想,这一点不少学者已经论及,但另一方面,它也必有与此前的中国传统思想如儒道两家有不同的一面,不然也不会有被消化吸收的必要,这一点往往为学者所忽视。虽然党同伐异是人的本性,但人性同样有喜新厌旧的一面,如果一种外来学说与本土文化没有任何共同之处,当然就不存在相互容纳的可能,不可能得以植根,反之,如果它没有任何新鲜的东西,也同样难以引起人的兴趣,初传时的佛教一方面披着黄老的外衣,一方面散发着空灵的气息,就像一阵清新的西风一样吹遍了东土,很快就顺利地扎下根来,在以后的过程中,佛教也尽可能地避免与儒道两家的冲突,甚至不惜改变自己的某些教义,但是随着它在中国的发展和壮大,其包含着深刻的哲理和鲜明的个性的文化内核便逐渐凸显出来,特别是它的主张平等自由、强调出世独立的思想与儒家的突出社会伦理、讲究在世治世的理论形成了强烈的对照。

佛家强调出世,儒家强调入世,这已经成为一般学者的共识,但对其背后隐含的思想内涵则似乎较少发见,儒家也说"有道则仕,无道则隐",并不一味强调入世,佛教也谈在世而离世,不光入世,甚至还要下地狱救度众生,亦未单说出世。因此只是从现象上来看问题,还不足以说明问题的本质。

分判一种教说是出世的还是入世的,关键要看它对社会世间和人性的根本态度观点,如果说它是采取否定的态度,就说明其为出世之教,如果是肯定的,就说明其为入世之道。佛教认为人生是苦、世间不净、人性有贪嗔痴三毒,当然是出世之教,而儒家对世间生活和人性是基本肯定的,只能是入世之道。

一般来说,以彼岸世界为终极目标的宗教都有强烈的出世色彩,佛教更是将此推至极致,它对人生世间甚至人性本身采取了彻底否定的态度。这种态度在原始佛教时期表现得更为突出,释迦牟尼最初说法,即宣示了苦、集、灭、道四圣谛,其中又以苦谛为根本。人生是苦是全部佛教的出发点,也是佛教对人生的一种根本态度。人生是苦,不是说人生之中有痛苦,而是说苦是人生的根本体验和感受,有受皆苦,在现实生活之中,根本没有快乐可言。

佛教的这种人生观决定了它的出世倾向,而在儒家那里,我们却看不到这种从世俗的观点来看极端消极的人生观的影子。虽然儒家也承认人生之中有痛苦,但这种痛苦只是与快乐相对应的痛苦,是现实生活中不如意的一面,并非人的全部生活感受。在儒家看来,现实生活中可乐的地方太多了,天下太平可乐,家庭和睦可乐,衣食足用可乐,身体康健可乐等等。即便是在艰难困苦的环境之中,儒家的圣贤同样能够感受到常人无法感觉到的精神的快乐,颜回一箪食,一瓢饮,人不堪其忧,回不改其乐。孔子被围于匡,绝粮三月,犹自弦歌不绝,其乐融融。所谓"孔颜乐处",已经成为儒者所向往和参究的一种最高境界。

有人提出西方文化是一种罪感文化,中国文化是一种乐感文化,这种观点有一定道理。对现实生活的肯定,对人生价值的肯定,这种儒家思想的基本原则使人们的双脚牢固地站立在大地上,减弱了对星空的仰望和对彼岸世界的向往,多了一份满足与平和,少了一份反思和忏悔。

佛教不仅否定人生价值,也对人生世界和现实社会进行彻底的否定。出离轮回的佛国净土很难在现实社会中找到自己的影像,佛教众生平等、自由自在的理想也根本无法在人间得以实现,因而只能通过离世出世的方式实现自己的追求,对现实社会只能采取批判和否定的态度。佛教的这一立场对它的发展是不利的,也往往成为其他教派攻击的口实,东亚慧远倡导沙门不敬王者,坚决维护佛教徒的社会地位,使佛教僧人在至高无上的王权面前同样保持了自己的尊严,但也为此遭到了以王权至上为原则的儒者的批评。禅宗秉承不结交国王大臣的宗旨,与统治者采取不合作的态度,结果屡受打击,后来不得不有所改变,法如神秀的亲近帝王也是迫不得已的。

儒家则与此相反,对现实社会基本上采取的是肯定的态度,因为它本来产生于专制主义的土壤之中,不论它是否愿意承认,它确实是封建统治的政治工具,尽管它要求的是清明的政治,是王道治

世。上下等级式的君臣父子制度就是儒家的政治理想,只是它要
求"君君,臣臣,父父,子子"(《论语·颜渊》),希望君圣、臣忠、父慈、
子孝,上下双方各安其份、各尽其职而已。正是由于儒家具有这一
特点,它才会成为历代统治者宣扬推崇的对象,成为匡赞王化的圣
教,被立为传统思想的主导。当然儒家也不乏对现实社会的尖锐
批评,但这种批评都是小骂大帮忙,是"善意的",只是想改良,并不
愿意推翻封建专制制度,不想革命。

　对现实社会的不同的政治态度决定了儒佛两家不同的精神趋
向,而这种政治态度同人生观一样,又取决于各自的根本思想特别
是对人性的理解。

　佛教认为人生是苦,现实社会无可留恋,而造成这些问题的根
本原因在于人自身,在于人与生俱来的弱点和本性。佛教将人生
之苦具体分为八种,即生、老、病、死、怨憎会、爱别离、求不得、五取
蕴八苦。其中前四种是自然的痛苦,难以避免,后三种是社会现
象,反映了不合理的社会现实,而苦的总的原因和概括则是求不
得,欲求长生不老不得,欲求身体健康不得,欲求不遇怨敌不得,欲
求爱侣不分不得,这些都是痛苦,有求不得,有愿不遂,当然全使人
痛苦。而求不得的原因又在于五取蕴。所谓五取蕴,是指色、受、
想、行、识,其中色为物质性的存在,受为感受,想为思想,行为意
志,识为意识,为前三种的统称,后四种属于精神性的东西。五蕴
聚集构成人身,因此人生痛苦的根本原因在于人自身。五蕴与贪
取联结在一起,所以叫做五取蕴,五蕴与取的联结产生种种贪欲,
贪欲才是苦的真正原因。

　五蕴幻身是人类苦难的源泉,人性本身的弱点造成了人的痛
苦,因此人并不是什么完美的生命,而是充满了污垢和邪欲的有情
众生之一。佛教一方面强调人身不净,一方面指出人性有贪嗔痴
三毒,对世俗的人进行了彻底否定。

三毒是对人性弱点的概括,所谓贪,是指人的贪欲,尤其是人的身体的各种欲求,嗔指嗔怒,指人的喜怒哀乐等情绪及情感,痴指愚痴,指人的不发达的智慧。佛教认为人的身体是贪欲的渊薮,人的情绪是不稳定的,是好怒不善的,人的智慧是低下的。总之,对人性是彻底否定的。

佛教贬低人性、指出人的种种弱点是有自己的目的的,其目的是让人们认清自身的缺点,了知人身的无可爱乐,从而消除人对色身的贪欲,破除人的傲慢自大,使人不再对现实世界产生留恋,厌弃世俗生活,出家修道。因此佛教并非有意使人丧失信心,而是为了达到诱使众生出离世间的目的。

与此相反,儒家则对人性基本上持肯定的态度。众所周知,性善论是儒家人性论的主流,尽管荀子主张人性本恶,但他认为可以"化性起伪",通过后天的教化改变人性,这就是礼乐文明。荀子意在强调道德教化的作用,并非有意贬低人性和人的价值。

孔子对于人性的善恶未曾明言,只说"性相近,习相远"(《论语·阳货》),但从他的整体思想来看,对于现实的人和人类社会他一向是充满信心的。尽管他也认为人有种种弱点,但这种弱点在他看来并不是不可改变的。他特别强调后天的教化的力量,认为"唯上知与下愚不移"(《论语·阳货》),除了绝顶聪明的圣人上智和先天痴呆者之外,人的聪明程度取决于后天的学习和教育,与此同理,人的道德修养也主要取决于后天的条件,取决于人的主观选择。

孔子一向主张高扬人性和人格的力量,对人的价值和意义毫不怀疑。他认为君子有智、仁、能三德,"智者不惑,仁者不忧,勇者不惧"(《论语·子罕》)。虽然这是君子才能具备的优秀品格,但君子同样是人,其品格也代表了人的优秀品格。将儒家的三德与佛教的三毒相比较,就可以明显的看出二者对人和人性的不同态度。

三德与三毒都是对人的身、心、意的观照和看法。儒家认为,人的身体强健有力,可以产生勇敢的品格,使人无所畏惧,一往无前;人心充满仁爱,以仁待人,故心无忧戚;人的智慧足以认识人事物理,格物致知,并且知道如何行事,不背天理,不违人情。儒家是从正面的角度来看待人的,故发现的是人的美好的一面,积极的一面。而佛教则主要从负面来看待人,发现的只是人的丑恶的一面,不完美的一面,因此对同样事物的观察,由于看问题的角度不同,得出的结论就完全相反。

正是由于认识到人性的丑恶,佛教提出了一整套理论对之进行限制和改造,使之经过脱胎换骨,超凡入圣。佛教以戒定慧三学来对治贪嗔痴三毒,戒其贪欲,定其乱心,除其愚痴,从而使人身心清静,生大智慧。佛教对人性主要是进行限制和破除,因为人性本恶,无可保留,因而其所达到的目标也是超越人类,成为出离轮回、不住三界的诸佛菩萨。对人可谓贬之也深,期之也高。

儒家则由于认识到人的可贵和人性的美好,提出了一整套理论对之进行发扬和提升,使之更进一步,成贤成圣。儒家注重对人性和人格的发掘和培养,主张对人的先天的善性要保持勿失,同时要通过后天的教化和培植使之显现出来,并且发扬光大,成为现实的美德。儒家的理想人格是圣人贤人,其目标不是将人培养成非人,成为神仙,而是充分体现人的价值和人的尊严的善人、完人。儒家的圣贤与现实社会并不矛盾,而是维系合理的社会秩序的中坚力量。

佛教以佛性取代人性,以佛国净土取代人间世界,以自在自由、平等无二的个人独尊取代相互联系、相互牵制的现实社会,体现了彻底的出世精神。儒家则高扬人性,立足现实,注重社会伦理,积极主张人人参与,使现有的社会变得更加合理,体现了强烈的入世精神。尽管儒家也讲隐居,但这只是身居危邦乱世之时不得已的明哲保身之道,并非终极目标。虽然佛教也讲入世,然其入世的目的是为了让更多的人达到出世的终极目标。因此儒佛两家的分际还是很分明的,正因为一出一入,才有了对立互补,使得中国文化更加发达。

二

对于儒佛两家的分际,历代统治者都是十分清楚的。即便是最崇奉佛教的帝王,也不会将佛教规制作为治国经世的模式,而是仍然推行儒家的典章礼制。这也决定了两种完全不同的政治命运。

自秦始皇"焚书坑儒"以后,儒家的政治命运一向亨通。因为统治者认识到了儒家的政治价值,不管个人是否喜欢它,但作为治世之道,儒家的作用是不可替代的。尽管统治者个人的爱好不同,他们也不甘心于做一个儒家要求的圣王、明君,因为那样做太累,太苦,而是想长生不老,永享富贵,因此或求仙术,或慕空门。但是作为一国之主,作为各种权力集于一身的绝对专制者,他们又不能不面对与权力和尊荣相应的责任和义务,不得不为大大小小的政务而烦恼。这时候他们又不得不运用儒家的宪章典制来治理国家。因为儒家的治术一方面保证了帝王的绝对权威,一方面也包含了一整套成熟的制度和权谋。而且尽管帝王对于成佛成仙有兴趣,但要他们真正做到清心寡欲,放弃眼前的现实享受,他们是不大情愿的,他们只想获得,不愿付出,因此自古帝王慕道者多,得道者无。在遥不可及的仙佛之乐和现实的至尊至荣之间,几乎所有的帝王都最终选择了后者,因此也就选择了儒家。以孔子的不断被加封为标志,儒家的政治地位在封建社会越来越高,其作用和影响也越来越大。

与此相反,尽管佛教也一度在梁朝成为国教,受到历代统治者的重视,维持了作为三教之一的地位,但统治者对其大多是利用,真正崇信者少。武则天以崇佛著名,她对神秀尊崇至极,许其肩舆进殿,亲加礼拜,还将释氏列于道教之前,但是在神秀不惯宫室,屡请还山之时,她却不予恩准,不仅她如此,她的儿子中宗也是不许。这表面上是表示对神秀如佛教的尊礼,事实上是怕他在外边不好控制,有碍治化,神秀门徒成千上万,那么多人聚集山林,总是一件让统治者担心的事,将迎入宫中,使其力量分散,群龙无首,就好控制了。至于武则天的抬佛贬道,只不过是为了打击唐朝李氏的气焰而已,并非真是由于崇信佛教。信佛者尚如此,就不必说那些不喜欢佛教的人。佛教自北魏以来,蒙受四次法难,至于其间所受排斥打击,更是不计其数,不能不表明它在中国长久以来的政治地位之低。

对于儒释两家的分际,两家学者更是心明如镜。这一方面往往成为儒士攻击佛教的最重要的借口,他们借助儒学在封建社会的主导地位,指出佛教非圣毁法,残裂身体,与正统的观念和传统的意识不合,属于夷狄之教、化外之学,应当加以禁止。同时指出佛教主张平等,不敬王者,割舍至亲,有违孝道,对于封建礼教不利。更为重要的是,佛教让人出家,提倡布施,一方面使人口减少,一方面财产流入寺院,有害国家财政,对于统治者的经济基础有一定的危害。

这些指责都击中了佛教的要害,而佛教徒的还击则很软弱,主要是退让和回避。作为一种外来宗教,佛教在与儒家和道教对抗时具有先天的不足,因此只是解释和妥协,很少回击,因为它主要是争取自己的生存权,希望能在中国植根固本,得以存在下去,不愿与根深蒂固的儒道两家为敌。佛教一方面宣扬一切平等,淡化夷夏之别,一方面又尽量在教义和形式上把自己中国化,以改变"外来户"的形象。同时在戒规和教义方面做了很大的改进,以缓解与正统的儒家思想的矛盾,譬如编造了一些报父母之恩的经典和传说,以与儒家的孝道调和,并且在实际行动中发扬孝道,在父母年老时,专门抽出时间回家养亲尽孝,如五祖弘忍便是一个著名的孝子。为了改变佛教徒不劳而获的印象,禅宗还不惜一改印度旧规,坚持农禅并作,自食其力。

为了减少与儒家治世之道的矛盾,中国佛教逐步淡化了自己出世之教的色彩。禅宗强调在世而离世,主张世间即涅槃,涅槃即世间,色不异空,空不异色,反对宴坐山林,离世独修。净土宗更是以称名念佛这一简易的法门风靡内外,道俗共行,改变了佛道难修、儒术易行的印象,为佛教在民间的普及奠定了基础。逮至近世,佛教更成了民主革命的理论工具,梁启超、谭嗣同、章太炎等无不假借佛教的平等自由、不怕牺牲等精神为变革现实服务,这使佛教的现实色彩更加浓厚。直至今日,佛教界以创立"人间佛教",建设人间净土为己任,使得佛教随顺世间的意味与日俱增。

佛教在与儒家妥协的同时,也未曾忘记对儒家的批评。佛教认为,儒家所谓的圣贤最多不过是人天小果而已,无可称道。对于佛教的批评,儒家则是一方面回击,一方面悄悄地加以弥补。宋明以降,儒者对于儒家思想缺乏形而上的思索,拘泥于伦理说教之一隅的毛病有所反省,故出入释老,兼纳诸家,以求建立儒家的形而上学体系,使之与释老抗衡。同时试图将孔子神圣化,杂取释老的形式,建立一个所谓的儒教,以增加儒学的出世色彩,提高其吸引力。这种努力是可以理解的,时下流行的新儒家仍在做这种努力,不仅要将儒家与释老抗衡,还要使之吸收西方精神,在世界精神园地中独树一枝,笑傲群芳。这也体现了出世与入世从相反、相对到相辅相融的发展过程。

然而,尽管儒释两家有相辅相容的一面和趋向,但根本特质是不可改变的。正如儒者无论怎样努力都无法改变孔子缺乏神性的一面,使创立儒教的努力总是归于流产一样,佛教无论怎样世俗化都无法改变自己作为出世之教的性质,避免不了与现实社会的冲突。不过,正是由于各自的特质不变,才有了两家生存的意义,在建设新文化、繁荣民族精神的今天,双方各自独特的价值都会在融合和冲突中显现出来,共同成为继往开来的有生力量。

（选自《北京师范大学学报》1997 年第 3 期）

徐文明(1965—),河南濮阳人。1987 年毕业于郑州大学哲学系,1994 年于北京大学哲学系获哲学博士学位。现为北京师范大学哲学系副教授,中国人民大学佛教与宗教学理论研究所兼职研究员,河北禅学研究所兼职研究员,北京佛教研究所研究员。著作有《中土前期禅学思想研究》、《轮回的流转》、《出入自在——王安石与佛禅》,发表论文数十篇。

　　本文认为,佛家强调出世,儒家强调入世,这已经成为一般学者的共识,但对其背后隐含的思想内涵则似乎较少发见,儒家并不一味强调入世,佛教亦未单说出世。因此判别一种教说是出世的还是入世的,关键要看它对社会世间和人性的根本态度、观点,如果采取否定的态度,则为出世之教;如果是肯定的,则为入世之道。佛教认为人生是苦、世间不净、人性有贪、嗔、痴三毒,所以是出世之教;儒家对世间生活和人性是基本肯定的,所以是入世之道。正是由于各自的特质不变,才有了两家生存的意义。

20 世纪儒学研究大系

儒佛之辩与宋明理学

张立文

　　在全球哲学的视野下,民族哲学的存在何以可能? 如何通过范畴逻辑结构体贴宗教超越情感? 通过心灵自由境界觉解人文和合精神? 顺着哲学逻辑路径一以贯之的文化精神,逆径而上,以至宋明理学。从宋明理学所探索的天道自然与人道觉解,道德价值本体与思维智能主体,内在心性意义规矩与外在义理价值规矩的和合关系中,可以超越历史的时间差,获得对上述问题的悟解。

一、儒佛之辩

　　宋明时期,西方哲学对中国哲学寂然未通。西域的丝绸之路,方便了印度佛教哲学的传入,中土的儒教和道教哲学在佛教哲学的冲击下,不得不改弦更张。三教互相批判,相互吸收,为三教互动提供了新的参照系和新的价值导向,独尊儒学、罢黜百家的文化传统被三教的兼容并蓄所代替,兼容并蓄所蕴涵的价值取向,是融突和合三教而诞生新的哲学和合体,这便由程颢所体贴出来的以"天理"为形上学的道德价值本体哲学。
　　儒佛道三教如何兼容并蓄? 如何冲突融合? 其文化整合的载体,即冲突融合的和合体——宋明理学这个新理论形态,如何体现三教的冲突与融合? 笔者不从佛教如何影响理学理论体系的结构或理学如何吸收佛教哲学的顺向契入，而通过对朱陆和湛王两次儒佛之辩的考察，倾听理学家自己对于儒佛之辩的陈述和诠释，将有益于对问题的体认和解决。

理学家出入佛老，钻研三教典籍，为其统合儒释打下扎实的功底，而承传道统又是其文化慧命和人生责任。统合儒释和承传道统的生命担当，使他们不能无视儒释之辩。我们则从其互相批判中体知其如何吸收和吸收什么佛教哲学，以及批判什么？

朱熹与陆九渊鹅湖会后，两家论争不免要涉及谁是道统本真心传的正宗，而批判论争对方为禅。这次论争主要围绕以下问题：

第一、太极、心与禅。朱熹哲学以"太极"（理）为形上学本体，陆九渊哲学以"心"为形上学大本。陆九渊曾批评朱熹说："尊兄两下说无说有，不知漏泄得多少。如所谓太极真体，不传之秘，无物之前，阴阳之外，不属有无，不落方体，迥出常情，超出方外等语，莫是曾学禅宗，所得如此。"（《与朱元晦二》，《陆九渊集》卷二，中华书局 1980 年版，第 30 页）陆氏认为，朱熹立"无极"、"太极"为体，并赋予"超出方外"、"不落方体"，不属有无等性质和特征，显然是从禅宗那里学得的。揭出朱熹太极哲学形上学本体的来源，这里并非指"太极"这个范畴的来源，而是指朱熹哲学的整体精神。不过，"平时既私其说以自高妙，及教学者，则又往往秘此，而多说文义，此漏泄之说所从出也。以实论之两来都无着实，彼此只是葛藤末说"（同上）。既"私其说"，而又"秘此"曾学禅宗，这样既病己而又病人。陆氏劝戒朱熹毋"久习"，而应"自反"。

朱熹对于陆氏的批判进行了反驳。他说："来书云'夫乾'止'自反也'。太极固未尝隐于人，然人之识太极者则少矣。往往只是于禅学中认得个昭昭灵灵能作用底，便谓此是太极，而不知所谓太极，乃天地万物本然之理，亘古亘今，颠扑不破者也。"（《答陆子静》，《朱熹集》卷三十六，四川教育出版社 1996 年版，第 1582 页）

朱熹批评陆氏所理解的太极,是依傍佛教禅宗那里体认得来的"昭昭灵灵能作用底"的"本心",而不是朱熹所说的"天地万物本然之理"。至于所谓"迥出常情",并非禅家所专有,而是俗谈,儒者毋需回避。即使偶然谈及,亦非"禅家道理"。又"如曰'私其说以自妙而又秘之',又曰'寄此以神其奸',又曰'系绊多少好气质底学者',则恐世间自有此人可当此语。熹虽无状,自省得与此语不相似也。"(同上)这里,朱熹把陆九渊对他的批评,回敬给了陆氏。直以陆氏阴用禅学,而阳讳之。

朱陆之争虽不断深入,但朱熹指斥陆学为"禅学"不变。鹅湖之前,以陆学"脱略文字,直趋本根"为禅。南康前后,以陆学有禅意味,以至"昭昭灵灵"。朱熹谓陆学为禅学与后人斥陆学为禅有异,朱熹的所谓禅,主要指陆学重内遣外的学风,存心绝物的工夫,易简之方的倾向等与禅相似,以及昭昭灵灵的心体与禅宗"以心法起灭天地"相近。淳熙 15 年朱陆"无极太极"之辩,陆氏(与胡季随)书论颜渊"克己复礼"。朱熹批评说:"看此两行议论,其宗旨是禅,尤分晓。此乃捉著真赃正贼,惜方见之,不及与之痛辩。"(《朱子语类》卷一二四)又说:"今金溪学问真正是禅,钦夫伯恭缘不曾看佛书,所以看他不破,只某便识得他。试将《楞严》、《圆觉》之类一观,亦可粗见大意。"(同上)张栻和吕祖谦对佛学没有研究,看不破陆九渊是禅。陆氏以"克己复礼"不是克去己私利欲之类,而以思索讲学为人病,这便是学禅"真赃正贼"。实是以陆学为"看话禅"。它以厌弃文字,禁遏念虑,遏心于内,超悟本心等内省为特征。

第二,虚实与禅。陆九渊认为,儒佛之别的实质不是虚与实,因为儒佛道三教理论都有虚与实两重性,而虚说中有浅深、精粗、偏全、纯驳之分。陆氏在《与王顺伯》信中说:"故凡学者之欲求其实,则必光习其说。既习之,又有得有不得。有得其实者,有徒得其说而不得其实者。说之中又有浅深,有精粗,有偏全,有纯驳,实之中亦有之。"(《陆九渊集》卷二,第 16 页)儒佛道三家的同异、得失、是非,不能以虚实来判断和分辨。以虚实为儒、佛、道三教差分的标准不成立:一是虚实是"三家之所均有";二是虚实亦非三家之分的至论。

朱熹对此作出了回应:"向见陆子静与王顺伯论儒释,某尝窃笑之。儒释之分,只争虚实而已。如老氏亦谓:'恍兮惚兮,其中有物;窈兮冥兮,其中有精。'所谓物、精,亦是虚。吾道虽有寂然不动,然其中粲然者存,事事有。"(《朱子语类》卷一二四)儒与佛、老之别就在于虚无与实有。朱氏坚持"吾儒万理皆实,释氏万理皆空"(同上)。"释氏虚,吾儒实;释氏二,吾儒一"(《朱子语类》卷一二六)。朱陆两家判教标准的差异是其形上学本体论的贯彻。朱氏以伦理价值本体的实有性为依据,判别佛教一切皆空,指其为虚说,虚无;陆氏以道德实践主体的相融性为支撑,判分佛教与儒教皆涵虚实,儒之虚实与佛之虚实无别。

第三,义利公私与禅。陆九渊主张以义利作为判别儒佛的标准。他说:"某尝以义利判儒释,又曰公私,其实即义利也。儒者以人生天地之间,灵于万物,贵于万物,与天地并而为三极。……人有五官,官有其事,于是有是非得失,于是有教有学。其教所从立者如此,故曰义曰公。释氏以人生天地之间,有生死,有轮回,有烦恼,以为甚苦,而求所以免之……其教之所从立者如此,故曰利曰私。惟义惟公,放经世;惟利惟私,故出世。儒者虽至于无声无臭,无方无体,皆主于经世;释氏虽尽未来际普度之,皆主于出世。"(《与王顺伯》、《陆九渊集》卷二,第 17 页)陆氏以儒为义为公,释氏为利为私。儒对人生价值,人在自然、社会中的地位有充分的肯定。他以人为万物之灵,尽人道而与天地之道并立,其教所立便是义和公。佛教不讲尽人道,亦不谈与天道、地道并立为三极,也不知道人并立于天地之间的义务和职责是无不该备,无不管摄,而只讲个人超脱轮回,解脱烦恼,涅槃成佛。佛教为"了此一身,皆无余事。公私,义利于此而分矣"(《语录下》,《陆九渊集》卷三十五,第474页)。原其始,要其终,其教所立便是私和利。陆氏以义利、公私区分儒释,自以为抓住了儒释在伦理道德实践上分歧的要旨。

朱熹不同意陆氏主张,认为陆氏判教未中肯綮。他说:"至如《与王顺伯书》论释氏义利公私,皆说不著。盖释氏之言见性,只是虚见;儒者之言性,止是仁义礼智,皆是实事。今专以义利公私断之,宜顺伯不以为然也"(《朱子语类》卷一二四)。所谓释氏言见性是虚见,实是指陆氏不知有气禀之性。"陆子静之学,看他千般万般病,只在不知有气禀之杂,把许多粗恶底气都把做心之妙理,合当怎地自然做将去"(同上)。气禀之性,是每个人所具有实性,尽管自胸中流出,但不一定全是天理之善性,而有粗恶的气夹杂其中。陆氏把粗恶底气亦作为"心之妙理",就把天理之性与气禀之性混淆了,实把性架空而浅为虚见,便同于佛教。朱熹又指出:"向来见子静与王顺伯论佛云:释氏与吾儒所见亦同,只是义利、公私之间不同。"(同上)朱熹认为,不能以佛儒所见同。若其异只是义利、公私,批判佛教的"惟私惟利"的出世人生价值观,显然对佛教心性本体及觉悟工夫,便是采融合态势。正如朱熹批判的未能从"源头"上辨其异。

朱陆儒佛之辩以二家出入佛老同,同扬弃、同互补,然其思维进路异趣。朱熹性理之学和象山心性之学皆系统汲取佛教心性之学以及思辨方法。朱熹的太极(理)本体论,在逻辑结构上得益于华严宗理事说和二程"天者理也"相融合,而构建为形上学本体天理(理);以"一多相摄"、"月印万川"的"理一分殊"、"一分为二"分离规则为中介,构成一多关系网络,自上而下,自外而内地衍生推演;以阴阳二气的周流六虚、生生不息"安顿"天理,使形而上伦理价值本体"挂搭"于现实的人物之中,以呈现人人有一太极,事事有一太极。陆九渊识得"一切唯心",一切唯识所造。"子静'应无所住以生其心'"(《朱子语类》卷一二四)。先立乎其大,发明本心,精义不二,得益于禅宗"何不从于自性顿现真如本性"(《坛经校释》);以道体不外吾心,吾心充塞宇宙,融摄佛教定慧二学,构成归一无二意境;以心智觉解,顿悟无声无臭、无形无体的"心即理"世界;以易简工夫,不立文字,不定规矩,随机发明本心,相承禅风;以艮背行庭,无我无物相融合,把佛教"诸法无我"和心性修养理论提升为道德意境与诚明气象的圆融无碍境界。

朱陆儒释之辩,影响深远。王守仁便接着"子静'应无所住以生其心'"的话头,陈述圣人与佛都讲心体的虚无,说明"致良知"与《金刚经》"应无所住而生其心"的圆融。"圣人致知之功至诚无息,其良知之体皦如明镜,略无纤翳。妍媸之来,随物见形,而明镜曾无留染,所谓'情顺万物而无情'也。'无所住而生其心',佛氏曾有是言,未为非也。明镜之应物,妍者妍,媸者媸,一照而皆真,即是'无所住'处"(《答陆原静书》、《王文成公全书》卷二)。明镜应物,一照皆真,一过不留,即"无住"。说明良知本体无妍无媸,无善无恶,圣人致知之功至诚无息。

如果说朱陆儒释之辩是宋明理学中道学与心学为主旨的论争,那么,明中叶的湛甘泉与王守仁的儒释之辩,基本上是心学内部的论争,其间也有罗钦顺、黄绾的参与,其论辩如下:

第一,儒释是否同圣。守仁认为佛老同是圣的枝叶。湛甘泉在《奠王阳明先生文》中说:"辛壬之春,兄复吏曹,于吾卜邻。自公退食,坐膳相以,存养心神,剖析疑义。我云圣学,体认天理,天理问何?曰廓然尔。兄时心领,不曰非是,言圣枝叶,老聃释氏。予曰同枝,必一根柢,同根得枝,伊尹夷惠。佛与我孔,根株咸二。"(《甘泉文集》卷三十)正德六年(辛未1511)两人在京比邻而居,经常切磋学术,剖析疑义。守仁认为圣学与佛老之学可以为一,佛老犹圣学树干上的枝叶,并不冲突。湛氏认为,圣学在于体认天理,天理即廓然大公。同枝必同根,圣学根柢上发出的枝叶是儒学的圣贤,如伊尹、伯夷、柳下惠等,释老与圣学,根柢和枝叶不一而二。

湛王这次儒释之辩并未取得一致。正德九年,守仁在滁州督马政,湛氏从安南北还,相会于滁阳,两人继续儒佛是否同根的讨论。"奉使安南,我行兄止。史迁太仆,我南于北。一晤滁阳,斯理究极,兄言迦聃,道德高博,焉与圣异,子言莫错。我谓高广,在圣范围,佛无我有,中庸精微。同体异根,大小公私,歝叙彝伦,一夏一夷……。分呼南北,我还京圻"(同上)。守仁认为从追根究极来看,佛老道德意境高深渊博,与圣学无异,不同意湛氏儒佛"根株咸二"的提法。湛氏认为,尽管佛老道德意境高广,并未超越儒学范围,儒学的"道中庸","尽精微",关注现实的心性道德修养和伦理实践的提升,而圆融"极高明"与"致广大",为佛老所无。儒佛之分为大公与小私,夏与夷,儒佛无论从极高明的形上学思想体系、逻辑结构而言,还是社会伦理道德生活实践而言,儒佛并不同根。

第二,"学竟是空"之辩。湛氏说:"遭母大故,扶柩南归,迂吊金陵,我戚兄悲。及逾岭南,兄抚赣师,我病墓庐,方子来同。谓兄有言,学竟是空,求同讲异,责在今公。予曰岂敢,不尽愚衷,莫空匪实,天理流行。兄不谓然,校勘仙佛,天理二字,岂由此出。予谓学者,莫先择术,孰生孰杀,须辨食物。我居西樵,格致辨析。兄不我答,遂尔成默。"(同上)正德十年湛甘泉扶母柩回增城守丧,守仁迎吊于南京,两人都很悲痛。后方献夫来墓庐见湛氏,并说守仁有"学竟是空"的倡导,以佛教的"空"作为学问终极境界。方献夫请湛氏辩明异同。湛氏认为,天地上下"天理流行",没有空只有实。"昨叔贤到山间,道及老兄,颇讶不疑佛老,以为一致,且云到底是空,以为极致之论。若然,则不肖之惑滋甚。此必一时之见耶!抑权以为救弊之言耶。"(《寄阳明》,《甘泉文集》卷七)叔贤即方献夫,即奠文中所说的"学竟是空"之论。湛氏指出:"上下四方之宇,古今往来之宙,宇宙间只是一气充塞流行,与道为体,何莫非有,何空之云?虽天地弊坏,人物消尽,而此气此道亦未尝亡,则未尝空也。"(同上)宇宙之间即使天地弊坏,人物都没有了,但此气此道充塞流行,无始无终,存有而不亡,无所谓空。朱陆儒释之辩,朱熹以虚实、有无辩儒释,即以佛为虚无,儒为实有。虚无即空。宋儒屡屡指斥佛为虚空之论,守仁学竟是空,以佛老"空"为极致之论,无疑会引起湛氏的批判。湛氏强调一气流行的实有,以辨儒佛,与朱熹近;同时湛氏又以公私辨儒佛,乃承陆九渊义利公私之辩。"儒者在察天理,佛者反以天理为障。垂人之学,至大至公;释者之学,至私至小,大小公私,足以辨之矣"(《新泉问辨录》,《甘泉文集》卷八)。湛氏圆融朱陆,批判阳明以佛老空为极致之论,两人在儒释道三教一致论,及佛教生存智慧与儒教的道德境界比较论中,意见相左,无法归一。

第三,良知与禅之辩。守仁自揭致良知之教后,斥其类禅屡屡有人,守仁亦不否认。他说:"'不思善、不思恶时认本来面目',此佛氏为未识本来面目者设此方便。'本来面目'即吾圣门所谓'良知'。……'随物而格',是'致知'之功,即佛氏之'常惺惺',亦是常存他本来面目耳。体段工夫,大略相似。"(《王文成公全书》卷二)"本来面目"指本有清净佛性。"常惺惺"指常常警觉以保存佛性。"不思善不思恶"是指排除一切思想欲念的工夫,以体认本来佛性,使主体还原本来面目,即心体。他把佛教的"本来面目"与其"良知"相比附,以"常惺惺"与他的致知之功相类,而与陆原静批判佛教不思善恶可悟得佛性的工夫,异于儒家格物致知的方法。

黄绾作为守仁的弟子和亲密友人,一直信奉阳明"致良知"之教,晚年转而批判守仁。黄氏记述:"又令看六祖《坛经》,会其本来无物，'不思善、不思恶'，见'本来面目'，为直超上乘，以为合于良知之至极。又以《悟真篇后序》为得圣人之旨。以儒与仙佛之道皆同，但有私己同物之殊。以孔子《论语》之言皆为下学之事，非直超上悟之旨。予始未之信，既而信之，又久而验之，方知空虚之弊，误人非细。"（《明道编》卷一，中华书局1959年版，第11页）黄氏叙述了对致良知之教始未信到信，经验证而体认其空虚弊病的过程，也是其思想转变过程。黄氏批判守仁以禅宗的"本来无一物"，"不思善不思恶"，"本来面目"，合于良知的至极的思想，深中肯綮。

儒释道三教如何兼容并蓄？佛老思想精华如何融合到儒学中？儒学如何汲取佛老超越境界而成新的理论形态和合体？这是宋明理学家的首要课题。程朱开出了"无极而太极"、"穷理尽性以至于命"的路向；陆王开出了"天地万物本吾一体"的"致良知"的路向；张（载）王（夫之）开出了"太虚即气"，"心统性情"的路向；胡（宏）张（栻）开出了"性立天下之有"、"心妙性情之德"的路向。道学、心学、气学、性学各以自己之学回应儒释道三教的兼容并蓄的文化整合，而融佛老于儒。无论四家路向各异，融佛老于儒的内涵有别，但都不违儒者"有"的立场。宋明新儒学作为道德形上学，不遗人伦，不绝物理，明体而达用；佛教遗人伦、绝物理，有体而无用；理学家以为天地立心，为生民立命，为往圣继绝学，为万世开太平为己任，视天下为一家的大公为价值理想；佛教修炼心性，为解脱个人的烦恼，独善其身，落入自私自利之中。

尽管佛教以"四大皆空"，"运水搬柴无非妙道"，以无念，无用，无住为旨归，然实著了相，而有住，有执。儒学著相，而实不着相，有住，而实无住，有念而实无念。守仁以佛怕父子、君臣、夫妇之累，而逃了父子、君臣、夫妇，而为君臣、父子、夫妇著了相，儒学有父子、君臣、夫妇，而讲仁、义、别，恰恰不著相。佛学若以世事形相为空，何必出家离世？此正是不著相而著相之证。

二、理学的道德形上学

宋明理学是儒、释、道三教长期冲突融合的结果，由于它吸收中外文化之长，发展为中国古代文明的高峰，也发展为世界文明高峰之一，而传播影响东亚、南亚各国。

理学是道德形上学的重建，是宋明时期特有的哲学理论思维形态。明末清初，中国社会出现了所谓"天崩地裂"的局面。许多知识分子对严酷的社会现实进行了历史反省，将明亡的原因归结为理学的空谈心性。从此，空谈心性，祸国殃民，几成宋明理学的历史定论。尽管他们看到了明朝覆灭的部分思想诱因，但未能说明导致明儒空谈心性更为深刻的社会历史根源，而且单纯用学术思想来担当明亡的历史责任，也不符合历史实际。"五四"以来，人们对宋明理学基本上是否定的，所谓反封建的批判矛头也主要指向宋明理学。不少人认为，理学是"吃人"的礼教，是替封建统治效劳的反动学说，是中国思想史上的一股浊流。可以肯定地说，哲学的、思想的批判是促使旧的宗法制度和观念向新的社会意识形态转变的必要手段。但"五四"以来对宋明理学的批判，也有其偏颇，既没有严格区分作为学术文化思潮的理学与作为官方意识形态的理学之间性质上的差别，也没有正确处理学术批判与政治批判之间方式上的不同，以致宋明理学中合理的、有价值的学术文化精神得不到客观地分析和积极地弘扬。可见，对宋明理学精神的理解和把握，对其学术思想内涵和性质的体认，亦是曲折而漫长的。

宋明理学是什么？从朱熹和吕祖谦共同编辑的《近思录》中，可窥其梗概。此书章次的确定，材料的取舍，都体现了他们的道学思想。此书共分14卷：1.道体，2.为学大要，3.格物穷理，4.存养，5.改过迁善、克己复礼，6.齐家之道，7.出处进退辞受之义，8.治国、平天下之道,9.制度,10.君子处事之方,11.教学之道,12.改过及人心疵病,13.异端之害,14.圣贤气象。《近思录》作为理学入门之书,基本上概括了宋明理学的内涵。朱熹说:"盖凡学者所以求端用力,处己治人之要,与夫辨异端,观圣贤之大略,皆粗见其醒概。"(《书近思录后》,《朱熹集》卷八十一,第4170页)元代撰《宋史·道学传》,基本上依此而陈述。认为三代之时,便以道为政教、职业、讲习,没有一人一物不受道的恩泽,以成其性情。孔子使圣人之道昭明于世,至孟子而无传,道统便中断了。周敦颐得圣贤不传之学,推明阴阳五行之理,掌握天命人性;张载极言理一分殊之旨,道之大原出于天;二程融会贯通帝王传心之奥和初学入德之门;朱熹以格物致知为先,明善诚身为要。后世君主,要恢复天德王道之治,必来此取法,从历史发展的角度,说明了"道体"的演变,格物穷理,明善诚身的存着工夫,齐家、治国、平天下之道等。

朱熹和吕祖谦所概括的14个问题,其基本内涵是以道体为核心,以穷理为精髓,以居敬、明诚为存养工夫,以齐家、治国、平天下为实质,以成圣为目的。据此略述于后:

第一,以道体为核心。所谓道体,就是指在自然和社会在场背后或之上,有一个隐在的、根本的原理、道理,即形而上的存有。这便是理学家所说的"所当然之则"和"所以然之故"。此"则"与"故"即是原理、道理。"理也者,形而上之道也"(《答黄道夫》,《朱熹集》卷五十八,第2947页)。形而上存有自身是"寂然不动"、"无造作"、"无计度",然却能"感而遂通",或"感应之几",是自然最终根据和社会的终极关怀。这个道体,在宋明理学的主流派程朱那里便是理,此理是性与理的融突和合;在陆王那里便是心,此心是心与理的融突和合;在张(载)王(夫之)那里便是气,此气是气与理的融突和合。他们都以道体一理的核心范畴之一,而构建其主理、主心、主气的哲学逻辑结构。在非主流派王安石那里道体便是道。

"道有本有末。本者万物之所以生也,末者万物之所以成也"(《老子》,《王文公文集》卷二十七);在苏轼、苏辙那里亦是道,"夫道之大全也,未始有名"(《昆陵易传》卷八)。虽各派外在形式各异,但认为自然和社会在场背后有一形而上的道体,则大体认同。试图以理学思想回应自然、社会的挑战,追求其原因或根据。

第二,以穷理为精髓。"穷理尽性以至于命",无论是对于自然,社会形而上存有天理的体认,或是人生伦理道德的践行和人格理想的完成,穷理是其根基。在某种意义上说,穷理不仅是对理(道体)的自省和回归,而且是"圣贤气象"的人格理想的自觉,即所谓"脱然有悟处"、"豁然有个觉处"(《朱子语类》卷十八)。穷理既是"欲知事物之所以然与其所然者而已",亦是"尽性至命","寻个是处"(同上),追求性命的根源。因此,理有未穷,知有未尽;不能穷得理,不能尽得性;不能穷得理,不能尽得心。穷理是贯通道体、理、性、命、心的枢纽,是明明德的工夫。所以后来陆世仪概括说:"居敬穷理四字,是学者学圣人第一工夫,彻上彻下,彻首彻尾,总只此四字"(《思辨录》卷二)。理既是超越的形而上存有,又是一种条理、法则、规范;它是普遍地统摄一切的所以然,与建筑在所以然基础上的作为行为准则的所当然。因而,抓住穷理这个精髓,便能联结"天人合一","己与天为一"(《朱子语类》卷六十一)的万物与我同体的境界,"万物与我为一,自然其乐无涯"(《朱子语类》卷六十)的和乐的理想世界。

第三,以存天理,去人欲为存养工夫。理作为人和物之所以为人和物的真正的内在根据,它在神化伦理纲常的同时,把人的存在,人的本性,人的价值,提升为形而上存有的理,而赋予人生和世界真实、永恒、崇高的价值。这样人生和社会便获得真、善、美、光明的意义,这便是"天理",与它相对待的便是人欲,是人的存在、本性、价值未提升的感性情欲的生理层面,处在这个层面的人之所以为人的尊严和价值,并没有获得自觉或自由,这便是"人欲"。尽管人欲并非都是恶或不好,但亦属于居敬、诚身的存养工夫所需要除去之列的东西。

宋明理学中的主流派和非主流派,都在理与欲、义理与功利、公与私等的冲突中,强调理、义理、公的方面,以控制欲、功利、私的方面。主流派程朱陆王都以"人心惟危,道心惟微,惟精惟一,允执厥中"为圣人心传的秘旨。强调以道心制约人心,以公灭私,以理去欲,以找回唐末五代以来被破坏了的伦理规范和价值理想,重新发扬"富贵不能淫,贫贱不能移,威武不能屈","一箪食,一瓢饮,人不堪其忧,回也不改其乐"的乐感精神,重建精神家园和价值理想。

第四,以齐家、治国、平天下为实质。理学既具有超越的理性精神,又具有当下的实践精神。他们推崇《论语》、《孟子》、《大学》、《中庸》四书,并非以正心诚意,修身养性为独善其身,而是以齐家治国平天下为匹夫之责。张载"为天地立心,为生民之道"的精神;程颢的"明于庶物,察于人伦,知尽性至命,必本于孝悌;穷神知化,由通于礼吊。辨异端似是之非,开百代未明之惑"(《明道先生行状》,《河南程氏文集》卷十一,《二程集》第 638 页)。人与天、地,作为三才,人是天地的中心,天地无心,以人心为心,自然、社会由人而有价值和意义,"故天地之塞,吾其体;天地之帅,吾其性"(《正蒙·乾称篇》,《张载集》第 62 页)。这样,人对天地负有特殊的义务,也对生民具有"立道"的特殊责任,这便是人作为人而存在的尊严和价值。人只有把"尽性至命"与孝悌忠信相融合,"穷神知化"与"礼乐"相融合贯通,把"理"这个普遍的原则、原理与人的现实伦理道德、行为规范的冲突融合起来,才能实现齐家、治国、平天下的理想目标。

第五,以成圣为目的。宋明理学家大多都以辟佛老,辨异端,弘扬圣人之道为文化使命,"谓孟子没而圣学不传,以兴起斯文为己任"(《明道先生行状》,《河南程氏文集》卷十一,《二程集》第 638 页)。只有兴起圣学,才能学作圣人。在中外文化融合中,特别在佛教文化挑战下,出现儒衰佛盛的形势,理学作为对佛教挑战的回应,是民族理论思维的自觉。狭隘的民族意识对中外文化的交流并非有益,这在当时并非每个人都有这样的认知,而是从民族文化削弱的情感出发,认为是传统儒学的屈辱。韩愈,孙复都带有情感的色彩。孙复说:"矧以夷狄诸子之法乱我圣人之教,其为辱也大矣"(《儒辱》,《泰山学案》,《宋元学案》卷二)。张载、朱熹都有民族意识,直至王夫之仍指出"羯胡主中国而政毁,浮屠流东土而教乱"(《论蓼莪二》,《诗广传》卷三)。理学批佛,是民族文化思想精神的自省。理学家这种自省,不是封闭地拒斥,而是开放地接纳,所以理学家都出入佛老,又融突佛老于儒,从而建构了有别于佛老的新儒学的理论形态。

理学吸收佛道成佛、成仙的修炼工夫和过程,提出了儒教成圣的标准、内涵、功夫等等。周敦颐便具体探讨了成圣的可能性和人性的根据,圣人之为圣人标准,成圣的仁、义、中、正、公的内容以及主静窒欲,改过迁善的成圣工夫。"成圣"是理学的人格理想和终极关怀。

宋明理学是指在外来印度佛教文化哲学与本土道教文化哲学挑战下,将滞留于伦理道德层次的心性之学,从形上学本体论层次给以观照,使传统儒学以心性为核心的伦理道德和价值理想建构在具有理性力度的形上学本体论思维之上,通过诠释心性与本体、伦理与天道的联结以及人与生存世界、意义世界和可能世界的关系,使儒家道德学说获得了形上性和整体性的论述,传统儒学内部的逻辑结构、价值结构、道德结构等经此调整,获得了新的生命。

三、宋明理学的分系

从宋明理学内涵来考察,已成功地回应了当时所面临的价值理想、外来文明、理论形态转型等三大挑战,而成为时代精神和社会思潮。

宋明理学作为社会思潮,有主流派和非主流派之分,其区别就在于其作用和影响不同,社会效应有异。所谓主流与非主流,是指是否起主导作用或居首要地位,还是起非主导作用和居次要地位。濂、洛、关、闽(周、程、张、朱),加上邵雍、张栻、陆九渊、王守仁等为主流派;王安石的"新学",苏轼、苏辙的"蜀学"、吕祖谦的"婺学"等为非主流派。

熙宁前后,一批有识有志之士,不满于当时"积贫积弱"的局面,要求革新,以图富国强兵,但由于对革新的具体政策、方法、步骤的看法不同,而产生政治上的分野,形成不同的学派。其中有主流派"关学"张载,"洛学"二程和邵雍;非主流派的"新学"、"蜀学"、"朔学"等。在主流派与非主流派之间,以至两派内部,都存在不同程度的冲突,而展现程度不同的论争和党争。"新学"曾支配思想学术界数十年,但从宋明理学的全过程而言,仍属非主流派。

非主流派并不是不属于宋明理学范围,宋明理学作为思想解放运动和义理心性之学,王安石新学的推动之功不可抹煞。在当时司马光、李觏批孟子之时,"韩文公、荆公皆好孟子"(俞文豹:《吹剑录》,《宋人劄记八种》,世界书局)。王安石复兴孟学,他所作"《淮南杂说》行于时,天下推尊之以比《孟子》"(马永卿:《元成语录解》卷上)。《四库全书总目》认为,"唐以前《孟子》皆入儒家,至宋乃尊为经。元丰末遂追封邹周公,建庙邹县,亦安石所为"。后理学家推尊孟子,以《孟子》为四书之一,不能不说与王安石有关。此其一;其二,王安石服膺孟子心性之学,而作《原性》、《性说》、《性情》等。认为"未发于外而存于心"为性,"发于外而见于行"为情,发挥思孟的心性论,阐发思孟学统,而与宋明理学要旨相符。

苏氏蜀学出入佛老,而归宗于儒,是理学家治学之道。他们弹指佛老之弊,而取其有裨于儒学的内涵。并承认佛老有其存在的合理性,"不去而无害于世者"(苏辙:《策问(二)》,《栾城三集》卷六)。虽然佛老长于自然之道,儒学长于"礼乐刑政"之器,但应该融合,以补儒家治国平天下之策。决不可"舍礼乐刑政"而行佛老之道。否则"其弊必有不可胜言者"(《历代论·梁武帝》,《栾城后集》卷十)。再者,苏氏蜀学弘扬心性之学,"夫《六经》之道,惟其近乎人情,是以久传而不废"(《诗论》,《苏轼文集》卷二),又说"夫圣人之道,自本而观之,皆出于人情"(《中庸论·中》,《苏轼文集》卷二)。心性之学离不开人情,"性之于情",非有善恶之别也"(《东坡易传》卷一)。他们强调"复性"的修养工夫,体现了理学的心性义理之学的性格。

吕祖谦"婺学"继承吕氏家学重史学的传统,"中原文献之传,独归吕氏"(《紫微学案》,《宋元学案》卷三十六)。吕祖谦由经入史,通过对历史著作的诠释,开启"言性命者必究于史"的浙东史学学风。他调和"性命义理"与功利之学的冲突,以及朱熹与陆九渊的冲突,在协调中他博采众议,使自己哲学思想呈现"杂博"的色彩。"理之在天下,犹元气之在万物也"(《颖考叔争车》,《东莱博议》卷一)。"天地生生之理,元不曾消灭得尽"(《易说·复》,《东莱文集》卷十三)。作为不灭的生生之理,犹元气在万物。理与元气究竟是何关系?吕氏既认为"天下只有一个道理"(《杂说》,《东莱文集》卷二十),又认为万物"皆吾心之发见"(《卜筮》,《东莱博议》卷二)。理与心究竟是何关系?吕氏未能建构其自身的哲学逻辑结构。他虽与朱熹、张栻被誉为"东南三贤",但未能以独特哲学颖颃其间。

王安石、三苏、吕祖谦等虽属宋明理学的非主流派,但在推动理学的发生和由汉唐向宋学的转变,以及心性义理之学的倡导,都有其地位和作用,是理学思潮中所不可缺少的。

宋明理学主流派中,传统上分程朱道学,陆王心学,而无第三系,牟宗三增五峰蕺山系,而为三系。其实由胡宏所开的湖湘学统,得张栻而发扬。胡宏会通天人,天人的根基是性。尽心——知性——知天,性是心与天的中介。从而胡宏提出"性天下之大本也"(《知言疑义》,《胡宏集》,中华书局1987年版,第328页),"性也者,天地之所以立也"(同上,第333页),提出性本论的哲学。张栻虽讲性,但性被泛化为太极、理、心、道,"太极,性也"(《答周允升》,《南轩先生文集》卷三十一),"有是性则具是道"(《阃范序》,《南轩先生文集》卷十四),"有是理者,性也"(《孟子说》卷四),"人心也,率性立命知天下而宰万物者也"(《潭州重修岳麓书院记》,《南轩先生文集》卷十)。其泛化的结果,是削弱了性本论的特性和淡化了湖湘学派的学派性。因此,张栻以后,湖湘学派虽有承传,但呈离析之势。其原因有:其一、由于遵循"体用合一,未尝偏也"(《与原仲兄书》,《胡宏集》第122页)的原则,湖湘学派追求内圣成德与外王事功的合一,但没有在这方面作出突出的理论贡献,没有建构两者合一的独特的理论体系,在朱熹集理学之大成之时,张栻又在其思想未臻完善之时而早逝,而显后继无人或后继者中未形成足以凝聚的核心人物。其二,基于此,湖湘弟子纷纷改换门庭,另投名师。胡宏之子,张栻高弟胡大时,先后从学永嘉学派的陈傅良、闽学朱熹及心学陆九渊;沈有开从学吕祖谦、薛季宣、陈傅良;彭龟年、游九言、张巽等从学朱熹等。这样湖湘学统不能保持其独有风格。其三,湖湘弟子承注重经世致用之传统,"多留心经济之学"(《岳麓诸儒学案》,《宋元学案》卷七十一),而脱离学术领域。

特别他们目睹南宋严重的政治危机，积极投身于经世济民的政治和抗金活动，作出了重大贡献。

正因为这种情况，以刘宗周与胡宏为一系不妥，且历来浙东学派与湖湘学派各有自己的风格与特性，两者指趣有异。刘宗周师事明代心学家湛若水的弟子许孚远，为心学旁枝。他对阳明心学的态度，"始而疑，中而信，终而辩难不遗余力"（《子刘子行状》，《刘子全书》卷三十九）。早年在顾宪成、高攀龙的影响下崇信朱子学，中年后信奉阳明学，晚年提出慎独诚敬为宗旨的思想，臻力于"证其所以为人者，证其所以为心而已"（《人谱》，同上卷一）的探究。尽管他对阳明致良知说有所修正，企图融会心体与性体（理体），但基本上属于心学范围，而与湖湘学派的胡宏等异趣。因此刘氏高足黄宗羲说："五峰之门，得南轩而有耀。从游南轩者甚众，乃无一人得其传"（《南轩学案》、《宋元学案》卷五十）。假如黄氏老师承胡宏之学统，黄氏恐不能作如此断语。假如刘宗周真的是胡宏学统的继承者，则湖湘学派的地位可因刘氏这样理学大儒而大大提高和弘扬。正由于湖湘学派无总结性的、集大成的学者，才说"无一人得其传"，而显冷落。所以，以胡宏、刘宗周为宋明理学中与程朱、陆王相并列的一系，实难成立。

综合前人的研究，我曾在1982年写成的《宋明理学研究》中提出三系说：一系是程朱道学（亦可称理学）派；一系是陆王心学派；一系是张（载）王（夫之）气学派。程朱道学为一系当无疑，二程（程颢、程颐）中，程颐对朱熹影响最大，但不能否定程颢对朱熹的影响。朱熹编《程氏遗书》，包括程颢语录，且从第一卷至第十卷为"二先生语"，无加分别，可见二程思想有其内在的相同处。不仅朱熹家学、师学渊源为二程，而且庆元年间反道学之士亦攻击朱熹"剽窃张载、程颐之绪余"（《道学崇黜》，《宋史纪事本末》卷八十）。二程曾师事理学开山宗主周敦颐。周氏之所以为开山；一是在回应外来佛教文化的挑战中,不是采取韩愈、孙复、李觏简单批判拒斥的方法,而是援佛道入儒,吸收佛道的思辨哲学和宇宙生成模式,以及其人生佛性观念,为理学家出入佛道开辟新路,为现实社会需要提供理论体系;二是周敦颐融会五经、《易传》、《中庸》以及佛道思想,提出和阐述了一系列为理学家不断解释的哲学范畴。其核心是关于孔子弟子所"不可得而闻"的"性与天道"的奥妙,经由周氏的发挥,而成为宋明理学所探讨的重要问题;其三,提出"立人极"的成圣标准,圣人之道的内涵、修养功夫等,而成为宗主。

二程洛学和张载关学为宋明理学的奠基者。程颢说:"吾学虽有所受,天理二字却是自家体贴出来"。之所以讲是"自家体贴出来",是指建立了以理为核心的哲学体系,开启了理学的新学风。张载以"太虚即气"为道体,他们从不同的层面探索了形上学问题,并多层次地论证了理气范畴,凸现了理气范畴在理学中的地位,为理学家追求自然、社会、人生"所以然"与"所当然"奠定基础。此其一;其二,在探讨自然、社会、人生内在根据上,二程、张载从道德形上学、人性伦理,格致和行等方面,成为理学诸多命题的奠基人。在人性论上,从先秦以来人性善恶之争,到张程"天命之性"与"气质之性"立,以往诸说均可泯灭;其三,伦理道德得到形上学的支撑和论证,性(人性伦理)即是理(形上学本体),或天理(本体)与人伦(伦理)的会通构成了道德形上学,强化了存天理的理念,造成天理与人欲的紧张。

朱熹是道学的集大成者,他所代表的闽学是在南宋学派涌现,众星聚奎中成长起来的。当时有永嘉学派,永康学派,金华学派(婺学),金溪学派(陆学),湖湘学派等。他们之间互相辩论,切磋学术,或集会、或访问、或通信,往来密切,相互促进,相得益彰。朱子学就是在这种学术开放的氛围中形成发展的。其一、对自然、社会现象不在场本质和根据的道体的探索,把所以然与所当然用理气范畴表述。如果说张、程各自提升理与气，作为其形上学本体的话，那么，在朱熹看来显然是一冲突对待，他融合理与气，使理气成为不离不杂的和合体；其二、朱熹"致广大，尽精微，综罗百代"（《晦翁学案》,《宋元学案》卷四十八），被认为是集孔孟以来中国文化之大成者。他融合儒、释、道及诸子各家之学，而归宗为儒，把自然、社会、人生，以及生存世界，意义世界和可能世界都统摄在其博大的理学逻辑结构之内，是中国哲学发展的一个高峰。他不仅克服了张、程哲学内在的冲突性和理与气之间的紧张，而且提出了一些新的范畴并对原有范畴作了新的解释。如果说张程对许多范畴的解释缺乏明确的规定性的话，那么，朱熹则作了更加严密、完整的解释。朱熹把自然、社会、人生的必然性升格为一种普遍性的原理、道理或天理，而获得形上学品格。圆融了终极世界与经验世界层面的疏离；其三，形上学的理世界与万物观象世界是相互渗透的。这种渗透的另一方面便表现为对于万物之性的规定，所以说人人有一太极，物物有一太极。这种规定性，不仅指万物的性质，而且指人的德性。朱熹思想虽然体现了历史的脉搏，时代的精神，成功地回应了当时所面临的重建价值理想，外来文化的冲击和理论形态转型的挑战，但他在世时并没有被社会所认识，而被作为伪学逆党受到批判。

　　朱陆在世时，有一次鹅湖之会。吕祖谦初衷是弥合朱陆之异，其结果是明确了两者的分歧。陆九龄和陆九渊兄弟认为自己的学说是"易简工夫"，切己自反，直指本心。批评朱熹学说是"支离事业"，烦琐庞杂，不及本体。陆氏明确宣称"古圣相传只比心"，"斯人千古不磨心"。我之心与古圣贤之心，同此心，同此理。无需"留情传注"，要先立乎其大的本心，批评朱熹格物穷理的支离。于是针对朱熹的心外求理，无极与太极、道与器等，提出"心即理"，太极之上不可加无极，阴阳即道，道器合一等命题，从而建构了"心即理"的心学哲学逻辑结构。

元代科举取士,非朱子之说不用,朱学被作为官方意识形态。致使陆学受压抑,以至逐渐湮没无闻。明代朱子学作为官方意识形态被强化,造成一是以朱子学为正统,视其他学说为异端邪说,扼杀了学术争鸣的学风,亦限制了朱子学自身的发展;二是朱子学既为科场所主,便成为士子们猎取功名利禄的工具和牵制人们思想的教条,丧失了作为价值理想和精神家园的功能;三是朱子学内在道德理性与现实感性之间的冲突更加显露,从而孕育了王守仁心学的产生。"有明学术,白沙开其端,至姚江而始大明"(《姚江学案》,《明儒学案》卷十)。陈献章认为理在心外,"吾心"与"此理"怎能"凑泊吻合"? 只有把程朱的理(道、太极)收摄于心,在吾心的应然处讲理(《复赵提学佥宪书》,《陈献章集》卷二,中华书局 1987 年版,第 145 页)。陈氏弟子湛若水与王守仁有学术往来,但王守仁从未提及与陈氏的学术关系,自以直承陆九渊心学之旨,并克服了陆氏的"未精"处,而成为宋明理学中心学的集大成者。在王氏看来,朱熹追求现象形器世界背后或之上的形而上本体理世界,就把形上学本体理世界与形而下形器世界分二了。理既为形而上世界,是超感性现实的先验本体,又怎样返回感性现实世界? 这两个世界的分二,只有在心世界里获得一致和合一。这样心便升格为理与气,太极与阴阳、道与器的统摄者。此其一;其二,朱熹把天地的"所以然之故"和人的伦理道德的"所当然之则"提升为形上学的理之后,此故此则便成为必然之理,必然便成为应当。现实世界应当如此,如事君当忠,事父当孝,但需主体人去承担忠和孝的道德行为。主体人应当知孝行孝,但朱熹知行分二,又使道德知识与道德行为之间产生冲突。王氏认为必然之理与主体承担、知与行都是合一的,从而圆融了冲突;其三、王氏从"人人皆可为尧舜","满街都是圣人"出发,要人学圣、为圣,以成圣为宗旨。既然"人胸中各有个圣人"(《传习录·下》,《王文成公全书》卷三),那么每个人为圣的气质、义务、权利都是同一的、平等的,而无气禀之别,血缘等级之差;同时,既然"满街都是圣人",圣人被泛化,亦就无所谓"圣人",丧失了超人的光环和神圣,也就意味着价值理想的失落,精神家园的暗淡。它造成了以全体自我心去否定孔子之言的真理性,客观上起着反对旧权威、旧教条的思想解放的作用;另外高扬自我心去代替外在的"天理",人们解除了外在的枷锁,获得自我心的自由,即心灵世界的自由,亦必然与现实社会的一切规范发生冲突,而被目为异端。王氏确实把中国哲学中的心学发展到了一个高峰,亦从宋明理学内部瓦解了理学。

　　明清之际,中国社会正处在"天崩地解"的大变动的风暴之中,明亡而清入主中原,促使一批有识之士的历史反思,追究明亡的历史原因,或将其归于"程朱之害",或归于王学末流,指斥心学。在这种情境下,王夫之忧国忧民,在抗清失败、南明腐败的颠沛流离中,对宋明理学有深入的体验。他出入佛道,以"六经责我开生面"的精神,以归宗和发扬儒学为职志。他所谓的"生面",是试图在儒学、特别是宋明理学中开出新的生命智慧,相对于程朱、陆王而开出新的面向。这便是"希张横渠之正学"。他以张载之学是孔孟之后的"正学"。"孟子之功不在禹下,张子之功又岂非疏浚水之岐流,引万派而归墟,使斯人去昏垫而履平康之坦道哉!"(《张子正蒙注序论》,《船山全书》第十二册,第12页)。故此张子之正学,实乃孔孟以来之"正学",由而发宋明理学中气学一脉,而成为气学的集大成者,把中国哲学中的气学发展到一个高峰。

　　其一,王氏承张载之学统,在程朱、陆王的理气、太极阴阳、道器、心物等关系中,升格理、太极、道、心的形上层面形势下,王氏升格气、阴阳、器、物的层面。气、阴阳、器、物究竟是什么? 王氏认为可以实有之诚来表示。王氏以气的实有性来统摄理、太极、道,"理者理乎气而为气之理也"(《孟子·告子上篇》,《读四书大全说》卷十,《船山全书》第六册,第 1076 页),"道者器之道"。建构了细密的气本论哲学逻辑结构。

其二,气的实有性。王氏认为,程朱之学夸大了理的绝对性,忽视了主体的能动性;陆王之学凸现了理的随意性和心的形上性,而忽视了客体的必然性。王氏认为程朱、陆王都有偏失,理是客观事物的固有属性,只有"实有"才能为形而上本体。实有本体为知识论的成立确立了一个前提。于是,王氏对格致、能所、知行等知识论范畴作了新的发挥和解释;对目所共见,耳所共闻的经验世界的起初无妄作了肯定。建构了实有论的知识论。实有在经验世界范围内,语言、词谓在把握经验对象方面具有可靠性和确定性,这就是"实",名与实相当是知识的基本特征。由此才能有"执名以起用"的有效性。在知识论层面发展了中国古代知识论。

其三,张载开气学之端。当明中叶程朱道学被官方意识形态所强化以后,其内在的理论破绽亦逐渐显露,其理论思维生命力渐次削弱。在王守仁从心的方面批判程朱道学之际,罗钦顺从程朱理气的关系中,表现了由道学向气学发展的倾向。"理只是气之理"(《困知记续》卷上,中华书局 1990 年版,第 68 页),"仆从来认理气为一物"(《与林次崖佥宪》,《困知记附案》,第 151 页)。理气合一,否定理的形上学本体性,理是气本体的固有的属性和条理。王廷相依据其"实践处用功,人事上体验"(《与薛君采二首》,《王廷相集》中华书局 1989 年版,第 478 页)的宗旨,作《横渠理气辨》,恢复张载气本论的本义,批评程朱对于张载理气关系误解,指出张载《正蒙》理气辨,乃"阐造化之秘,明人性之源,开示后学之功大矣"(《王廷相集》,第 602 页),王氏绍承张载气学,认为"理根于气,不能独存也"(同上,第 603 页)。气是"造化"之实体,理以气为根据或根本,是气的一种条理、秩序;并以气为道体,道为气具。王氏之继张载气学之学统,而集其大成,宋明理学中气学一系,当可无疑。韩国性理学原于中国,徐敬德继承张载,而宣扬"太虚即气"、"气外无理"说,而构成了韩国性理学的主气派。李滉宣扬朱子学,而建构主理派哲学逻辑结构;奇大升虽与李滉的四七理气之辩有异,但他仍站在朱子学立场,批判罗钦顺的"理气为一物"说。李珥批评李滉四七理气互发论,而主张"气发而理乘之"的主气说,开主气派一系。这也可旁证宋明理学气学派一系的成立。

道学、心学、气学外,还有胡宏创建,张栻完成的性本论,亦可谓四系。究竟如何界定?可见仁见智。笔者主张以开阔的视野来进行比较梳理,探索其思想演示脉络、特征,做出更切实的宋明理学分系的论述。

（选自《中国哲学史》2000 年第 2 期）

　　张立文(1935—),浙江温州人,中国人民大学哲学系毕业。中国人民大学哲学系教授,博士生导师,中国文化与经济发展研究所所长。兼任中国哲学史学会常务理事、中国孔子基金会理事与学术委员、中国周易研究会常务理事、中国文化书院院长等。主要著作有《周易思想研究》、《宋明理学》、《中国哲学范畴发展史》、《传统文化与现代化》、《和合学概论》等。

　　本文认为,宋明理学是儒释道三教互相冲突融合的和合体。佛学精华哪些被理学所汲取?理学如何融合佛学?本文通过对朱熹与陆九渊、湛甘泉与王守仁两次儒佛之辩的考察,以彰显这个长期困惑宋明理学研究的问题。理学的基本内涵是以道体为核心,以穷理为精髓,以居敬、明诚为存养工夫,以齐家、治国、平天下为实质,以成圣为目的的道德形上学。

佛性论与儒家人性论的重建
——试析宋明理学人性论对
佛性论的吸收与改造

韩焕忠

宋明理学兼综释老而归本孔孟的总体特征,在其进行的儒家人性论重建中表现的尤为突出。这里所谓的儒家人性论重建,是指宋明理学家们在先秦和汉唐儒家人性论的基础上,汲取和吸收佛性论的思想资料,对儒家人性论所进行的重新建构,其结果就是形成了二程、朱熹一系的理学人性论和陆九渊、王阳明一系的心学人性论。

佛性论是中国佛教思想的基本内容。中国佛教的世界观、修养论、解脱论都是在佛性论视域内展开的,隋唐时期宗派佛教的盛行,实际上就是佛性论的如日中天。儒家人性论是儒家哲学的重要组成部分,它上连着天道,下通着人事,是儒家下学而上达,上学而下达的转折点,为儒家的人生修养、伦理政治提供理论方面的基础和前提。

在晋唐时期,佛教的盛行对儒学的社会地位、社会影响造成了强大的冲击,究其原因,佛性论较之儒家人性论的思辨善巧是一个重要方面。宋明理学吸收佛性论重新建构儒家人性论,不仅使儒学的发展走上了一个崭新的阶段,而且使人性论在儒学中的地位大为提升,理学也由此常被称为"心性义理之学"。因此,对佛性论与儒家人性论重建的关系作一番探讨,不仅有利于我们理解佛教哲学的基本特点及其对中国传统文化所产生的重大而深远的影响,有利于我们理解儒家学说批判地吸收转化异质思想以实现自身形态转化的智慧和技能,从而为两种文化的融合提供一个成功的实例,并且有助于我们理解宋明理学既坚持儒家基本的价值立场又具有极强的宗教超越品格这一思想特质。

一、儒佛性论的差异

宋明理学家在重建儒家人性论时,主要有两方面的思想资料可资借鉴。一是自先秦到唐末的传统的儒家人性论,二是佛道二家的心性论(本文只及于佛性论)。这两种理论虽然同是对自我所进行的一种理论审视,但由于分属两个不同的思想体系,所以在许多方面又有着显著的差异。宋明理学诸子站在儒家的立场上对佛性论进行批判地改造和吸收,就是以对这种差异的清醒认识为前提的。因此,理解了这种差异,就有利于理解这两种理论在新的高度上的互相融合——宋明理学对人性论的重建。

儒家人性论与佛性论的差异主要表现在价值取向、思想方法、修养途径、政治功能等几个方面。

(一)价值取向

就价值取向来讲,儒家人性论关注现实的善恶是非,佛性论追求来世的涅槃解脱。

儒家探讨人性问题是为现实的伦理实践中为善去恶、实现王道乐土寻求根据的。孟子认为人人皆有恻隐之心、羞恶之心、辞让之心、是非之心,以此为人禽之别,作为修善成治的内在于人性的根本可能。荀子以人生而有好嫉恶、好声色、好逸乐而认为人性恶,他为隆礼重法、亲近师法之化找到了内在于人性的必要。世硕、董仲舒、扬雄、韩愈等人实际上是在这两方面进行综合,从而为禁恶于内、成善于外进行理论论证。通过对人性的探讨、分析及价值判断,儒家希望实现君为臣纲、父为子纲、夫为妻纲、兄友弟恭、朋诚友信的社会性的安定和谐,其要求为善去恶的价值取向在此得到了集中的体现。

佛教探讨佛性问题,是为了出离烦恼苦海、超脱生死流转、证成清净妙明而进行理论论证的。佛性一词具有多重含义,就中土佛性论的思想实际来看,主要有两种。一表界义,即佛的清净妙明之性,人能修证而得,也即果义;一表因义,即众生觉悟成佛的可能、根据、原因。二义在表述上虽有差异,所指却是相同的,即都是指佛界的庄严美好,界义直显本体,因义表其在众生中随缘潜在的状态。佛的境界是一种没有任何现实规定性的澄明之境,入此境界,不只是对现实苦难的解脱,而且也是对封建伦常的超越,因为达此境界,"凡所有相,皆是虚妄"(《金刚经》),君臣、父子、夫妇、兄弟、朋友等世间一切有为法皆不在此境界。

儒家人性论的价值取向是封建国家希望稳定封建秩序、规范伦理行为的集中体现,但封建剥削的沉重、各集团间的争权夺利等都使此王道理想无法实现,人世间总是充满各种苦难,挣扎在水深火热之中的劳苦大众将希望寄托于佛的境界,锦衣玉食的富贵人家也向往更为高妙的极乐世界。向往出世之境,就意味着在内心深处有一种超越封建伦常的主观愿望,在理论上不以封建伦常为究竟义的思想倾向,在行动上表现出对封建义务的疏远和离违。这是作为官方学说为封建伦常的普遍必然性进行论证的儒家人性论所坚决不能容许的。儒与佛的思想交锋也多发生在这一价值取向上。华严宗五祖圭峰宗密写过一篇《华严原人论》,直接在人性论视域里对儒家以气禀、天命为人性之本的解释进行诘问,最后得出一个"无始以来,昭昭不昧,了了常知"的"一真灵性"作为人性之本,以其思辨的善巧,将人性论转化为佛性论。而约略同时的儒家营垒里的旗手韩愈则写了《原道》、《原性》、《谏迎佛骨表》等文章奏疏,要求对佛教实行"人其人,火其书,庐其居"(韩愈《原道》),将佛骨等佛教法物"投诸水火,永绝根本,断天下之疑,绝后代之惑"(韩愈《谏迎佛骨表》),从物质形体上予以消灭。两家在价值取向上的激烈争夺,于此可见一斑。

(二)思想方法

就思想方法来说,儒家人性论使用的主要是一种心理体验和价值判断的方法,佛性论使用的却是一种本体论的思想方法。

儒家所说的性善、性恶、性有三品等多是就心理体验而对人性结构所进行的价值判断。孟子以见孺子将入井而自然涌发的那种恻隐之心、见父母自然知敬见兄自然能悌等自发显现的伦理情感,认为人性本善。这很明显地是出于人们在伦理实践中的心理体验,而在一定的社会中这样的心理体验又具有某种普遍性。这也是孟子之论在一定程度上有其合理性的事实依据。荀子以人有所好恶、自然欲求期望满足而认为人性恶,与孟子看似相反,但就对人性结构中的某些倾向进行价值判断而言却并无不同。董仲舒、韩愈等人的性三品论依据心理倾向的恒定性对人性进行价值判断,对这一方法体现得尤为明显。

佛性论所谈的真如、佛性、法性、涅槃、宾实相等都具有本体的意味。中国佛教深受《大乘起信论》"一心开二门"的影响,以真如有不变、随缘二义。佛性即真如,它不一不异,不生不灭,不常不断,不来不住,超善恶,断染净,不具时空实体之意,是为一切世间、出世间万法众生的本体。因缘而显,以有世间森然罗列的万事万物;万事万物林林总总,虽然相状各异,但总是此一不变真如法性理体的显现。就真如佛性现而为世间、出世间一切善恶染净诸法而言,天台宗讲性具。就万事万物总为一真法界(或称一真灵性、真觉灵性等)因缘所起之相而言,华严宗讲性起。就这所有的一切皆为当下现实之心所感受而言,禅宗讲"即心即佛"。就是在这种巧妙的宗教思辨中,佛性论以"贪欲即道"、"触处即真",将自己的影响遍及于社会生活的各个角落,在各个方面都对儒家封建伦常造成强烈的冲击。

同佛性论相比,儒家人性论的思想方法非常明显地只有原始、简朴、直观等特征,佛性论的理论优势是显而易见的。佛教除了靠其宗教允诺吸引社会各个阶层而外,对于以儒家人物为主体的知识分子阶层的吸引主要就是靠这种宗教思辨所带给人的精神慰藉。韩愈在长安排佛固是堂堂之阵,正正之旗,但贬官潮州之后也与禅僧大颠相交契。而他的朋友柳宗元、刘禹锡等人都明确提出要统合儒释,他的弟子李翱作《复性书》即是以儒融佛的理论尝试。这些人物都是中晚唐时期儒学阵营里的中坚,他们认为佛教有补于儒家名教,主要是隐约认识到佛性论的思想方法比较高明,与此相关的许多理论建构都可资借鉴。

从历史上看,宋以前的儒家反佛,虽对封建伦常的基本立场持之甚固,但对佛性论趋于虚无寂灭的基本取向却驳而不倒,就在于佛性论居于本体论的理论高度,思辨精微,而儒家则不过人世间的一般经验之谈,显得粗浅,难与力敌。宋明理学诸子对佛性论的这种理论优势看得就很透彻,往往出于不得已而承认,甚乃赞扬释子论性的高明。其实,佛性论之所以较原来的儒家人性论高明,就高明在这种本体论思想方法上。

(三)修养途径

就修养途径而言,儒家人性论成善禁恶的办法是自身修养与政令教化相结合,既主张个人的自觉,又提倡君亲的范导、约束与强制。佛性论证圣成佛的办法则主要是自家的转迷开悟,外界只能起启发、开导的辅助作用。

儒家人性论既以为善去恶、化成人文为职志,所以其主张的修养途径也就不仅包括个人对封建伦常的自觉,而且还包括君父对臣子的约束、引导乃至国家暴力的强制。孟子既以人性本善,那么存此善心,养此善性,使其处于知觉状态之中,在事君事父事兄长之中尽心表现出来,自然地也就是其题中应有之义。这就是孟子所说的"独善其身",即使处于贫贱困穷之中,也可以约之以为操守。而他所谓的"兼善天下",也就是指有国有家者若能"推其不忍人之心",以行"不忍人之政",就可以"老吾老以及人之老,幼吾幼以及人之幼"(《孟子·梁惠王上》),从而轻徭薄赋、视民如伤、爱民如子、与民同乐,为王道乐土奠定社会政治的、经济的基础,然后设庠序之教,使人的善心善性都能得到充分发挥和体现,从而实现社会的治理。可见孟子的性善论虽然侧重于对道德情感的存养省察,但并不轻视国家对社会成员的引导和规范。

荀子认为人性本恶,因此就个人修养来说,他主张用作为"道之主宰"的心的征知功能去控制自然情感欲望的发用流行,主动地去亲近师法之化,以化性起伪,积善成德。就整个国家来讲,他则主张隆礼重法,对社会依照亲亲、尊尊的宗法伦理原则进行强制性的规定、区别,以实现社会生活的秩序井然。而董仲舒、韩愈等人的性三品论,则以圣人之性为王者受命明教化民的内在依据,以中民之性有善有恶为王者明教化民的可能性、必要性进行论证,而斗筲之性的存在则充分表明国家设刑制禁、行刑作罚的合理性,整个理论的重心都倾斜到对国家政令的论证上。

中国佛性论在论述如何证圣成佛时,主要强调自家的转迷开悟,主张自性自度、自我解脱。中国佛教各宗派,无论是天台、华严还是禅宗,大都认为"心佛与众生,是三无差别",而之所以有凡圣之异,乃在于迷悟不同。迷即佛是众生(佛性微而不显),悟则众生是佛(佛性现而不遗)。因此中国佛教各宗派虽然都讲止观同运、定慧双修,但总的来说则是以定发慧,甚至以慧代定。天台宗最重实修,然而也只是以定止纷纭之念,以利于观照实相;华严宗强调一旦开悟,便能圆融相即,相入相摄,随心回转,事事无碍。禅宗中,北派神秀主张拂尘看净,方便通经,积渐成顿;南派慧能主张"顿渐皆立无相为体,无念为宗,无住为用",要求"于念而离念"、"于相而离相"、"于住而离住"(《坛经》),在一切事为中都不执着,从而也都不为系缚,即是大自在,即是佛、天人师。

佛性论强调的转迷开悟,主要是一种自性自悟。虽然他们也主张可以找"大善知识"开示,但这种开示只能起一种辅助作用,最终得以解脱、悟入涅槃仍须靠自心的觉悟。一旦觉悟了,就能于一切事为中见诸法实相(天台),见圆融无碍(华严),见佛性作用(禅宗),即是证悟解脱。所以说,中国佛性论在修行途径上很重视自性自悟,自我解脱,以之为入道证佛的不二法门。

儒家的修己治人之道在现实的社会生活中无疑具有规范人伦行为的重大作用,而佛性论的宗教觉悟则可以给苦难中的人们以身心的安慰。所以当那些禅客释子们在宗教觉悟中实修实证时,程朱陆王等理学巨子也一再对他们的身心贯注表示赞叹,而儒家的名教之所以不能起到收束人心、安顿精神的作用,在很大程度上就是缺乏这样一种全神贯注的自觉修行。

(四)政治作用

就政治作用来看,儒家人性论直接为封建政权的合理性进行论证,为政权行为寻找合理的途径;佛性论虽然也为君父的优越性进行论证,但将其列入世间法之内,为不了义,非究竟义。

儒家人性论既是一种心性修养学说,同时也是一种政治理论。孟子的性善论比较侧重于为封建政权的行为寻找合理的途径,所以他具有较为浓厚的规范君主、官僚的意味,其有较多的民本主义思想和社会现实批判精神；荀子则反是，他没有孟子"说大人则藐之"的巍巍然大丈夫气概，而多了些封建等级秩序天然合理的论证；性三品论是儒学官学化以后的儒家人性论基本形态，它限制了孟子的民本主义色彩和现实批判精神，发扬了荀子的王霸并用、隆礼重法的思想倾向，官方政治理论的意味更加浓厚。

佛性论立三世两重因果，以人因无明贪爱造作诸业而流转生死，沉没苦海，认为现实的一切都是前世所行之因的果报，而现在的所行又将是来世福祸的根因。这样，现实等级差异的合理性以及伦常之善的当然性在三世轮回中得到了论证，天堂地狱、因缘果报、生死轮回的宗教义理使封建伦常得到了超现实的肯定。但是，佛教是解脱道，它教人的终极目的并不在于得人天胜果，而是超脱生死流转，出离三世轮回，证菩提，入涅槃，成佛或作菩萨。佛教认为，积德行善，只是一种福田，是有漏根因；觉悟出离，方是无上功德，是无漏根因。因此说，佛性论只是在被大多数宗派判定为教门初阶的人天教中为封建伦常进行论证，在求证佛智的终极目标上，它是超越封建伦常这些世间法的。

儒家人性论、特别是性三品论，其强烈的政治色彩乃是儒家关注社会人伦的逻辑必然。而佛性论以三世两重因果对现实所作的论证，对于稳定封建秩序无疑也具有极为重要的政治作用。正是在这个意义上，儒家人物才意识到佛教能够"阴助教化"、"有利于世道人心"，从而宽容，甚乃在必要时扶持佛教的存在与发展。但佛教到底是一种出世间法，由其基本的价值取向所决定，它对政治合理性的论证只保留在世间法的范围之内，所以他最终仍是封建伦常的一种离心力，这又是作为官方学说的儒家所不能容许的。

从以上对比可以看出，儒家人性论立足于社会现实，其有人伦和政治等多方面的优势；而佛性论作为一种宗教学说，具有理论思辨和心灵慰藉等方面的长处。佛性论的基本特征可以概括为：理想人格(佛)、最高境界(涅槃)、所以然之理(缘起)、所当然之则(觉)合而为一;而儒家人性论的价值取向、修养方法就是缺乏本体层面的理论论证,从而不如佛性论那样对人的心灵有吸引力和说服力。周敦颐、张载、程颢、程颐、朱熹、陆九渊、王阳明等理学诸子服膺儒学,出入释老,对儒家人性论与佛性论的诸多差异是非常清楚的。但由于儒家人性论与佛性论在诸多差异之中又有某些相通之处,例如都以现实人性为理论起点,以自觉修养为理论中介,以得道成圣为理论归宿。因此,宋明理学诸子可以站到儒家的基本立场上,以这些相通之处为渠道,输入佛性论的思想素养,重新建构儒家的人性论思想体系,以便在新的历史条件下为封建伦常的绝对必然性和普遍有效性进行理论论证。从前文的比较来看,儒家人性论重建中的援佛入儒必然是:大力挖掘原始儒家思想资料中的心性论成分,对孟子所说的性善进行本体化提升,使那个毫无任何现实规定性的佛性本体变而为儒家的善性本体,并引入佛教的修行方式,丰富自家的修养理论,同时坚持自家的政治、人伦方面的功能,从而实现儒家的理想人格(圣人)、最高境界(天道)、所以然之理(理)、所当然之则(善)的合而为一。当然,由于个性气质及生活经历等各方面的差异,程朱与陆王在重建儒家人性论方面表现出明显的不同,这种不同,既有对原始儒学理解的不尽相同,也有对佛性论资取、借鉴的不同等原因。

二、程朱援佛入儒重建人性论

入宋以后,随着经济、政治文化和社会状况的变化,程朱理学应运而生。理学的创立者们吸收和借鉴佛性论的思想方法和修行途径,努力挖掘自家特别是思孟学派的心性论思想资源,对儒家人性论进行了卓有成效的重建。程朱认为,人有天命之性,有气质之性,这两种人性通过人之一心表现出来,人们应该按照"性其情"的原则去"格物致知",完善自我,变化气质,成就圣贤。

(一)佛性与天命之性

佛性论的涅槃实相、涅槃性空本体论具有极强的理论思辨意义,可以给人们带来宗教慰藉,但随着佛教在晋唐的盛行,它也给儒家所关注的封建伦常造成了强烈的冲击,仁义礼智由于在本性中没有位置,其普遍必然性受到怀疑。程朱等理学诸子出入佛老数十年,对佛性论的这种思想方法和理论优势非常熟悉,他们为了论证封建伦常的普遍必然性,就直接利用了佛性论的这种思想方法,把以虚无寂灭为旨归的涅槃佛性改造成以仁义礼智为内涵的天命之性,使佛性由虚无缥缈的生死彼岸还俗到现实人生的庄严世界,从而使佛性论转化为人性论。

程朱所说的这个天命之性,有时又称天地之性、本性、德性或直接称为性。佛教以缘起性空的涅槃实相作为世间、出世间一切法的本体,其在有情众生中被称为佛性。天命之性与此相似,程朱以理为万事万物的本体,这一本体在人而被称为天命之性。天命之性虽有着佛性论的思想渊源,但程朱所肯认的还是其中所包含的儒家血脉。早在先秦时期,儒家学者就认为"天命之谓性"(《中庸》)。孟子也讲"此天之所以予我也","非由外铄我也,我固有之也"(《孟子·尽心上》)。这种思想一直是儒家不言而喻的理论前提,使人性论与天道观互相关联,从而形成一种颇具儒家特色的天人合一论。在这个意义上,也可以说天命之性就是对这种人性论前提所做的理论上的总结和综合。只是程朱在做这种总结和综合时引入了佛性本体论的思想方法,使本属于宇宙生成的天命变而为世界本体论的天理,使人受之于天的本性变而为人所本具的性之本体。所以,宋以前的儒家常以"天人合一"为至论,而程朱却认为"天人本一,更不必言合"(《二程遗书》卷18)了。

正因为这个天命之性有着浓郁的儒家正宗血脉,所以便与佛性有着重大的差异。佛性作为本体,是没有任何现实规定性的空寂,它引导人们追求一种宗教解脱式的虚无寂灭,是出世间法。天命之性却是一种世间人伦的规则,它有着非常现实的规定性,即儒家极为关注并努力论证的仁义礼智信。这五种德目中,仁是总名,义、礼、智、信是就其具体发用而言,程朱之所以如此规定,乃在于本体论的思想品格所决定,本体标示着世界的本真存在,具有统一性的特征,仁素为儒家所重,自然也就据此要津。所以朱熹说:"人之所以得名,以其仁也。"(《朱子语类》卷81)就这样,统治者所要求于社会成员的伦理义务,就以一种先天的形式预设在人的本性之中,人如果不依此而行,就是"悖其性也"(《二程遗书》卷15)。

又因为天命之性还有着佛性论的渊源,所以它与思孟意义上的"天命之谓性"也很有差别。这个天命之性,作为封建伦常道德的本体,被预设在人的本性之中,虽然程朱一再宣称此说宗自思孟,但这个天命之性的显现却与孟子的善性扩充表现出完全相反的运行方向来。在孟子那里,是心具恻隐、羞恶、辞让、是非四种善端,这四端发用流行,扩而充之,才是现实的仁、义、礼、智四德。程朱论性则不然。在程朱那里,仁、义、礼、智作为本性已圆满实在、毫无欠缺地内在于人的本性之中,是人之所以为人的根本依据,其发用流行,形成恻隐、羞恶、辞让、是非四种善端。很明显,孟子讲的是善端的扩充、培养,而程朱说的是本性的显现;孟子是以情成善,程朱是以善显性。口口声声祖述孔孟的程朱与孟子有如此大的差异,归根结底,就在于程朱重建人性论时借鉴和吸收了佛性本体论的思想方法,使孟子所说的其有本根、本源意味的本性变而为一种本体属性。

天命之性是程朱重建的儒家人性论中关键性的一个范畴。通过理学诸子的阐发,孟子的善性上升为世界的本体。这里要说明的是,孟子的性善论与孟氏之儒,在中唐以前不过是儒家人性论中的一种和儒学各派中的一派,并未获得特别的称述性善论不唯在先秦受到荀子的批判,入汉以后,还受到了董仲舒的诘难;王充论性,也以世硕为最得其本,中唐时期,即使推尊孟子的韩愈,也主张性三品论而整个汉唐时代,儒家人性论的基本形态都是性三品论;只有到了程朱理学,孟子的性善论才获得本体论的提升,被理学家们誉为最得论性之本。孟子性善论在思想界的升格,使封建伦常的普遍必然性获得了充分的强势论证。在程朱那里,天命之性就是天理。天理先天而有,"未有天地之先,毕竟是先有此理";天理万古长存,"万一山河大地都陷了,毕竟理却还在这里";在社会人生层面上,就表现为绝对的"君臣依旧是君臣,父子依旧是父子"(《朱子语类》卷一)。佛性论以"凡所有相,皆是虚妄"所否定的君臣父子等封建伦常,被规定为人性本体乃至世界本体,君臣父子夫妇兄弟朋友的大义也就得到了保证。这样,程朱建构的这种人性论最终被归结为理本体论,但理性本体相对于现实存在的高标一格,却正与佛性论的实相本体异曲而同工。

(二)生死性与气质之性

佛性论以现实人生为无明、妄惑所引起的生死流转之苦海,其论证出的那一清净妙明之性就是在扫除这种世相百非之后所呈现的澄明之境。佛教修行的目的,就是出离此生死苦海,入彼妙明之境。所以,佛性论出世观的理论始点乃是现实人生的种种痛苦——我们且称之为生死性,理应超脱。儒家既不满于佛性的虚无寂灭,又疾其往而不返的了却生死之论。儒家所努力论证出来的这个天命之性,这个纯善无恶的理性本体,却不是现实苦难的避难所,而是规范现实社会人生的精神力量。天命之性作为纯粹的实践理性,要对人生在世的现实活动进行规范、约束和引导。

在程朱那里,人生现实活动的承担者是气质之性。气质之性,有时又称气禀之性,气质或直接称之为气、才等。程朱以气为构成物质的基本质料。气依其自身性质的清浊、偏正、厚薄、精粗、通塞等构成不同的事物,如较浊、较偏、较薄、较粗、较塞的气构成无生命的土石瓦砾等,较清、较正、较厚、较精、较通的气构成各种有生命的植物、动物等,至其最为清、正、厚、精、通的气则构成了人。就人而言,禀气固较动植物为清、正、厚、精、通,然在人类内部,也仍有程度上的不同和差异,因而人之中也就有了善恶、美丑、寿夭、贫富、穷通、贤愚等种种差异。而气构成事物乃至人类的这种差异性的最终根据乃是理,就人而言,即天命之性。有了气质,天命之性才有了着落,才有了挂搭处;天命之性纯善无恶,气质依其自身的清浊、偏正、厚薄、精粗、通塞等来显现其中所禀赋的天命之性,就形成了式样各别的气质之性。

　　根据程朱所言,气质之性的善,就是气质较清、正、精、厚、通,可以比较全面地呈现气质内所寓的天命之性;气质之性的恶,就是气质较浊、偏、粗、薄、塞,不能较充分地呈现其中的天命之性而使之处于隐蔽难现的状态。就这样,天命之性成为人世间一切善的本体和根源,而通过气质之性,人世间的一切具体善恶,特别是恶,也得到了人性上的解释。程朱这种人性论之所以较其前的儒家人性论细密、谨严,其诀窍就在这里。程朱认为天命之性本自孟子,孟子是论性不论气,虽最为得本,但有些不完备;张载、二程发明气质之性,并进行了详尽、明晰的阐发,朱熹认为这是"大有功于名教,大有益于后学"(《朱子语类》卷四),应该获得后人的无限感激。

　　从上面的分疏中,我们可以看出,如果说在天命之性那里,程朱利用佛性本体论的思想方法,对孟子的性善论进行了本体化提升,从而廓出了一个纯善无恶的德性本体的话,那么,在气质之性这里,程朱则是利用了佛性本体论的思想方法,比照佛性论中的因缘和合、生死流转之性,对荀子至韩愈等各种儒家人性论做一综合概括,从而形成对社会现实中善恶差异的解释和说明。

程朱认为,荀子以人性为恶,是只见得气质之性中那些不好的,扬雄以人性为善恶混,是只见到气质之性中那些不好不坏的,韩愈讲性三品,见得似乎最为全面,但也没有看到人的本性;但就气质之性而言,荀、扬、韩诸子是皆有所见,有其一定程度上的合理性。这样,在非究极的意义上,程朱对荀子至韩愈的人性论作出了某种肯定,从而也就使自己重建的人性论容纳了以前儒家人性论对于王者受命、制礼作乐、明教化民、刑罚禁制所作的合理性论证。但程朱在此气质之性之上复设天命之性,使气质之性成为天命之性的寓所,呈现天命之性的工具,这则明显地是佛性本体论的思想方法。佛教以心是尘因,尘是心缘,因缘合和,幻象方生,世间万事万物,皆是本心本性的因缘所起。在程朱那里,气质之性地位就如佛教中因缘和合生死流转之性的地位,都是呈现本体之性的工具;所不同的是,佛性论以人生在世为空、为幻、为假有,需要破除;儒家人性论则以现实人生为实、为真、为无妄,需要进行规范和改进。

(三)一心二门与心统性情

程朱理学依照佛教"一心开二门"的理论模式,以"心统性情",引出"道心"、"人心"一对范畴,使其人性论由静态的结构分析转入动态的功能探讨。

中国佛教深受《大乘起信论》影响,以"一心开二门"为理论纲骨。"一心",即"众生心",也就是人的当下现实的心理意识活动;"二门",即"心真如门"、"心生灭门"。心真如门是此心向上提撕而达到的清净本体,此为真如佛性的"不变"之义;心生灭门是此心向下沉沦而展现的八识变灭、生死流转的人生现实,此为真如佛性的"随缘"之义。在程朱人性论中,天命之性就是心真如门的世俗表达方式,气质之性就是心生灭门的儒家用语,如佛教将真如、生灭二门统归于人的当下一念心一样,程朱也将天命之性、气质之性归之于一心,由此提出了"心统性情"的命题,在对这一命题进行阐释和展开的过程中,程朱以天命之性去规范、引导气质之性的人性修养主张得到了充分的体现。

在程朱人性论中,"心统性情"的"心"是就气质而言,但并非指生理意义上的,而是指生理之心的功能。"性"是指寓于气质之性的天命之性,程朱以之为心之本体,相对于"情"而言是先天未发。"情"是心感物而动形成的心理情感意识,是寓有天命之性的气质之性的发用流行,是后天已发,是心的表现形式,情的强烈化表现即是"欲"。情中有些内容是直接源于天命之性的,如恻隐之心、羞恶之心、辞让之心、是非之心等四端心,程朱称之为"道心",实际上是人的实践理性的自觉,有如"一心开二门"中向上提撕的心真如门,这是程朱主张人性本善的心理情感依据,属于"发而皆中节"的"和之至也";有些则是源自"形气之私",即气质之性的作用流行,相对于作为内在尺度的天命之性而言,或过或不及,皆因形气之蔽而不能使天命之性全体显现,故而有善有恶,程朱称之为"人心",实际上就是人的现实的心理意识活动,有如"一心开二门"中向下沉沦而展现的心生灭门,是人作为知情意统一体的具体存在。"统"指兼有、贯通。就静态的结构分析而言,性是情之体,情是性之用,性与情都在人的一心之中;就动态的功能探讨而言,性是未发,情是已发,心则贯通未发已发。程朱一再强调,道心、人心只是一心,非是二心,二者之间就如理气,天命之性与气质之性的关系一样,道心就在人心之中,是天命之性发用流行出来的人心,非是在人心之外别有一心,所以朱熹常说"上智不能无人心,下愚不能无道心"(朱熹《四书集注·中庸章句集注·序》)。

既然人心中皆具道心,那么为何人心还会有善有恶呢?程朱以为,这是由于人心为私欲客气所蔽,使道心不能全然显现而处于一种微而难见的境地,此即"道心惟微";由于道心隐微,私欲客气也就直情而行、肆行无忌,此即"人心惟危"。因此,就个人来讲,要修成圣贤,就社会来讲,要实现家齐国治天下平,就必须"使道心常为一身之主,而人心每听命焉"(朱熹《四书集注·中庸章句集注·序》)。即用天命之性去规范、约束、引导气质之性的发用流行,使人的心理情感意识活动都合乎封建伦常。这就是程朱所谓的"正心"、"诚意",而一旦"心诚"、"意正",人人皆依封建伦常而行,天下何愁不太平呢?此即程朱主张的"性其情"的人性修养原则;这种原则的极致,就是"存天理,灭人欲"。

我们知道,佛性论在"一心二门"的理论体系之下,主张提撕此心,超脱轮回,复归本性;程朱人性论在"心统性情"的理论展示中,主张用道心去规范人心、存理灭欲,与佛性论虽有着价值取向上的不同,但思想方法上的相近或相同仍是不言而喻的。因此,我们可以说,"心统性情"乃是程朱利用儒家的价值取向改造了的"一心开二门"。

(四)定慧修行与格物致知

佛性论历来标榜定慧双修,止观并运。这种宗教修行论的实质,就是将宗教理论与宗教实践紧密结合起来,以定发慧,以慧入定,使二者互相促进,共同发展。这种修行方式为程朱人性论所借鉴,成为其发掘阐释"格物致知",将其改造成为儒家修养方式的龟镜。

在朱熹综合程氏之意所作的"格物致知"补传中,我们可以看出,程朱认为,事物皆有其理,人心莫不有知,运用人心之知去"即物穷理",积而久之,就会达到"吾心之全体大用无不明,而物之表里精粗无不到"(朱熹《四书集注·大学章句集注·补格物致知传》)的豁然贯通之境界。如果脱离程朱理学的基本思想倾向来看,这种表述显然具有重大的认识论意义,即通过研究事物而获得关于事物规律的认识;然而一旦放到整个程朱理学的思想体系之中,其认识论的意义也就被局限在封建伦常的修养自觉之域了。因为程朱所谓的物,虽然不排斥外在于人的客观事物,但主要是指封建人伦等级制度,如君臣、父子、夫妇、兄弟之类。程朱所说的这个"知",虽然也包括对外界事物规律和属性的认识,即程朱所谓的"见闻之知",但主要的还是指对封建伦常的自觉,即程朱所谓的"德性之知"。明于此,格物致知的人性修养意义也就显而易见了。在程朱那里,这种修养主要有两层意义:一是从德性培养上讲,是努力树立封建伦常的自觉意识,由于为其理论的先验性所限,程朱认为这是使自己本有的天命之性呈现于意识之中,即前所谓的"吾心之全体大用无不明"。一旦对天命之性形成自觉,就意味着主体深切地感受、体味到自己所应承担的伦理义务,此即所谓"敬以直内"。二是从伦常实践上说,就是努力把天命之性的基本内涵表现到君臣、父子、夫妇、兄弟、朋友等社会关系中,在社会生活之中,使主体的视听言动都符合封建伦常,此即所谓的"事物之表里精粗无不到",实即用封建伦理道德去规范人的存在和行为,这就是"义以方外"。前一层重在明理,可以通过读书、讨论、观察、思考、实践、讲学等多种途径;后一层重在达用,主要表现为对自身承担的伦理义务的自觉遵守和实践。

可以看出,格物致知作为人性修养方式和认识方法,与佛性论的修行途径有相同或相通之处,也有不小的差异和区别。程朱所言的事物皆有其理,与禅宗所说的"头头是道,触处即真"极为相似;程朱从明理的角度上所说的格物致知与佛性论的"扫相显空"、"拂尘看净"、"以定发慧"约略相同;程朱从达用的角度所说的格物致知与佛性论"起般若观照","于念离念"、"以慧入定"深相契合。实际上,理学诸子出入佛老,不唯学来了其本体论的思想方法,也学来了佛性论的宗教实践(定)与宗教理论(慧)紧密结合的修行途径。二者在修养论上的一致、相同或相似,就在于程朱在重建儒家人性论时接受了佛性论的影响,从而使程朱人性论的修养方法较之原来的儒家修养论更加绵密、细致,更加体现了封建伦常在社会实践层面上的深化和强化。但程朱对佛性论修行方法的吸收和借鉴是经过了儒学化的改造的。在佛性论中，头头是道，触处即真，道、真皆是空无寂灭，没有现实规定性，在程朱这里，事物之理却都是实实在在的，主要是以五常为基本内容的天命之性；在佛性论中，扫相显空、拂尘看净都是指向彼岸，要超脱生死、往而不返的，而儒家实际上讲的却是对伦常德性的培养，对社会行为的规范，是重视现实的。程朱人性修养方法与佛性修行途径在思想方法上虽大致相同，但在价值取向上却又有着重大差异，在此则体现着程朱理学对传统儒家立场的坚持和弘扬。

就这样，程朱通过借鉴、改造佛性论，挖掘、提升儒家思孟学派的性善说，把佛性变为儒家的天命之性，从而使封建伦常具有了德性本体的地位，其普遍必然性在那个时代获得了最充分的强势论证；通过综合、概括荀子至韩愈的儒家人性论，使气质之性成为现实人生种种差异的承担者，成为天命之性进行规范、引导、约束的对象。由天命之性、气质之性、心统性情、格物致知所构成的这种新的人性论思想体系，实际上就是程朱理学家们在佛性论对原有的儒家人性论造成强大冲击之后，对儒家人性论进行的卓有成效的理论重建。经此重建之后，儒家夺回了在心性之域的优越地位，加强了对社会的影响，是儒学实现形态转换的一个理论关键。程朱理学家们的重建并非十全十美，但在当时及其后相当长的时期内对于人们摆脱出世意识的束缚和局限，积极进行改造社会、完善自我的活动，有着极为重要的思想意义，是中国思想史上的一次重大发展。

三、陆王援禅入儒重建人性论

程朱理学所建构起来的以天命之性与气质之性、道心与人心为主要结构的二元人性论固有其殊胜之处,但在封建伦常实践中也有不少弊端,这引起陆九渊、王阳明等心学思想家的不满。他们一方面严格地坚持儒家关注人伦物理的基本立场,另一方面大量地吸取禅宗佛性论的思想资料,对儒家人性论进行了有别于程朱理学的重新建构。

(一)即心即佛与本心良知

陆王心学吸收禅宗"即心即性"、"即心即佛"的思想,提出了"心即性"、"良知即性"等命题,使人心与人性合而为一。

非唯陆王心学重"心",即便是程朱理学,对心也是非常看重的。朱熹喜欢并且常向人道及"心统性情"。朱熹所说的"心之本体",实际上就是心的"知觉灵明"的先验属性。朱熹认为,当此知觉灵明知觉到人所禀受的天命之性时,便是"道心";当其为气质之性所局限和束缚时,便是"人心"。虽然朱熹一再宣称"心具众理",但仍可以看出,他所说的心实际上是空洞的抽象的认识作用,它与实在的性理并不一致。这就是为陆象山、王阳明等人深为不满的"理在心外","析心与理为二"。

禅宗标榜"直指本心",盛称"即心即性"、"即心即佛"。慧能认为,"心量广大,犹如虚空",能含山河大地、草木城郭及一切恶法善法。这实际上就是以心为世界本体。当此心"不思善,不思恶"时,就呈现其"本来面目"(《六祖坛经》),这就是清净妙明的佛性本体。人在此种境界里,即与佛无二。但是世人往往不守本心,妄起分别,遂使各种思量计较覆盖了真如佛性,缘生烦恼尘劳与生死流转。虽则如此,一切烦恼生死总不外自心所作,总在自性本心之中。由此可见,禅宗佛性论的基本特点就是佛性与人心的一而不异。这正是程朱理学所深诟的禅宗"以作用为性"(《朱子语类》卷四),也是陆王心学心性合一人性论资取于禅宗的地方。

陆九渊认为,无论往古来今,还是东南西北,圣贤之所以为圣贤者,以其同具此心此理。这就是说,此心此理,至当归一,精义无二,是人之所以能成圣成贤的本性依据。陆九渊还以心为世界本体。所以他说:"万物森然于方寸之间,满心而发,充塞宇宙,无非此理。"(《陆象山集·语录》)象山所谓的"心",仍是就心的知觉作用而言,这与程朱、禅宗基本相同;但他认为心的知觉灵明本身就是发用流行中的实践理性,实不容在此之外再去感觉什么"天理"、"本性",则与程朱异趣而与禅宗相似了。

如果说陆九渊对心的探讨还略显粗疏的话,那么,王阳明由治朱子学入手,揭橥良知之旨,确可称得上是"极高明"、"尽精微"了。阳明认为心之本体就是心的知觉灵明,这与程朱无异;但他同时又认为这样知觉灵明就是人的天命之性,即良知,这就与程朱以天命之性为知觉灵明的对象有所不同了。程朱就是担心心的知觉灵明耽空沉寂,故而设定天命之性于其上,以保证封建伦常的普遍必然性。阳明虽然也像禅宗以作用为性那样以心的知觉灵明作为天命之性,但阳明毕竟是儒者而非禅师,他对这知觉灵明的内在规定不是"无住"、"不染"、"清净"或"涅槃",而是"无善无恶"的"生生不已"的"万物一体之仁"。这就较象山为绵密、细致。

阳明以良知为"心之体",同时又称"无善无恶心之体"(《传习录》下),这就意味着良知是无善无恶的。为什么这么说呢?因为阳明所谓的良知本性,实际上是指知觉灵明的验前属性,善恶是经验界的事情,是知觉灵明的具体化、现实化。当一念未萌,正所谓良知还没有具体化、现实化之时,确实是无所谓善恶的,所以阳明说"无善无恶心之体"。通过这种规定,阳明保证了本心良知的先验本体属性,也透露出了直取禅宗"本来面目"的内部消息。但在阳明看来,这"无善无恶"的良知本体,并不是趋向超验的涅槃寂静、虚无寂灭,而是具有着"生生不已"的特征,阳明称之为"仁";并不是出离世间的"往而不返",而是指向人伦日用中的伦理至善,作为价值判断的标准,要"与天地万物为一体"。依其生生不已之性,必然要成"生意",而一旦生"意",就必然会有好恶,有好恶便会有是非,有是非就会有善恶。所以阳明又说:"有善有恶意之动。"(《传习录》下)良知本性稍涉经验,便成念想。一念才动,良知即能"是者知他是,非者知他非",这就是"知善知恶是良知"(《传习录》下)。也就是说,良知在先验中即具有价值判断的功能。它将价值或意义朗现出来,从而也就具有了"生天生地、神鬼神帝"、"与物无对"的超越性特征,从而保证了儒家关注的封建伦常的普遍必然性。

很显然,陆王之"本心"、"良知"有着禅宗心性论的渊源,但它避免了心与性理的分离,从而为明心、致良知的人性修养论和随才成就的人性教育论奠定了理论基础。

(二)见性成佛与明心致知

陆王心学吸取禅宗佛性论的修行方法,在人性养成上,重视伦常德性的体证,强调道德实践的自然品格。

在人性修养论上,程朱理学主张"性其情",即用天命之性去规范、约束、引导、限制气质之性,使人的视听言动都符合伦常规范。用朱熹的话讲,就是"使道心常为一身之主,而人心每听命焉"(朱熹《四书集注·中庸章句集注·序》)。其具体展开,就是通过格物致知、居敬穷理等一系列的条目工夫,使人人本具的天命之性在人的视听言动中表现出来。其实也就是逐步积累地自觉培养伦常之德,使之成为动静事为的最高准则。这种人性修养论无疑暗含着天命之性相对于气质之性、道心相对于人心的内在紧张,表现出一种理性主义的自我克制,从而忽视了道德实践的自愿原则和自然品格,极易流于虚伪化、形式化、工具化或者极端的禁欲主义。事实上,当时社会上"口说仁义、心怀利禄的假道学与"饿死事小、失节事大"的修行即是这种理论的必然结果。

　　与程朱人性修养论重视逐步积累、强调自我克制有所不同，禅宗从"即心即性"出发，主张"见性成佛"、"当下即是"、"一切现成"、"任运自然"。禅宗认为，人心本无不同，都具有"常清净"的佛性，而之所以有凡圣之别，乃在于有迷悟之不同，"迷即佛是众生，悟则众生是佛"（《六祖坛经》），只要使此人人本具的清净佛性呈露，彰显于思想、言行上，生佛凡圣便处于"一如是同"的境界之中。所以禅宗修行论的重点就放在如何转迷开悟上。禅宗南宗反对"拂尘看净，方便通经"、"长坐不卧"、"息心止念"的渐修之法，主张"于念而离念"、"念念而不住"（《六祖坛经》）的顿悟成佛。后期禅宗更将其发展成为"天然具足"、"当下现成"、"无修无证"、"任运自然"，从而把佛门宗旨贯彻到运水搬柴、拉屎送尿、穿衣吃饭等日常事为中去，在宗教实践中开发出一派清新、活泼、生机盎然的生动景象。陆王心学鉴于程朱人性修养论的内在紧张，吸取了禅宗修行实践的这种清新、活泼，使其"发明本心"、"致良知"的成性理论较多地注意到了伦常实践的自愿原则和自然品格。

　　陆九渊从"心即理"出发，主张"发明本心"。陆氏因读《孟子》而悟道，认为仁义礼智，我心固有。任心而行，事父自然能孝，事兄自然能悌，见孺子入井自然恻隐，当机而发，自然如此，不待商量，拟议即乖。人不依恃于自己本具的圣贤之心，而去留意传注、讲习讨论，结果便是自蔽本心、玩物丧志，既未真知本心真性，又难力行封建伦常。可以看出，象山所主张的，与禅宗之风极相契合；而其所反对的，却有似于程朱门风。

　　王阳明以良知为心之本体，以"致良知"为自己的学术宗旨，把陆九渊的"发明本心"之说推向深入。阳明所谓的致良知，就是使自己本心所具有那种生生不已的万物一体之仁在现实的伦常实践中朗现出来，实实落落，自然情愿地去为善去恶，此即阳明所说的"格物"（《传习录》下）。致良知可以在静中存察涵养，使其达到精觉明察的状态,更应在事上磨炼,使其在发用流行中体现出真切笃实的品格。王阳明与慧能一样反对"无念"、"不起心"之说,认为那是根本不可能的,致良知不在于无念、不起念,而在于一念发动,本然的良知即知其是非善恶。是者、善者任其流行,不用丝毫的矫饰,即是人伦至善;非者、恶者就此克倒,斩绝净尽,就是去恶。这种为善去恶、存理灭欲的工夫,意味着伦理实践深入到个人意识的深处。

作为一种人性修养理论,致良知实际上已逻辑地蕴含着"知行合一"之说。王阳明认为,上根之人一悟本体,即侪圣位,动静云为无一不是良知的具体化,这与禅宗顿悟成佛极为相似;中下根人不能顿悟良知,所以必须有一番加致工夫,以消其习心,此则与禅宗北宗"拂尘看净"相近。通过致良知,王阳明要达到的人格境界是"时时无是无非,时时知是知非"(《传习录》下)。无是无非,是良知本体整体显现,大机大用,一时明了,如孟子所谓"由仁义行"而不存丝毫的"行仁义"之念,这里强调的是伦理实践的自觉自愿,不待勉强。知是知非,是良知要对人们的一切念想事为进行价值判断,使其始终充注着伦理精神,此处注重的是伦理实践的自然而然。达到这种境界,事君尽忠、事父尽孝也就成为内外如一、心行相副、当行而行、欲罢不能的事情。

从上可知,程朱理学在人性修养上所重的是德性的自觉,但其实践理性一方面有理论化、认知化的倾向,另一方面又有外在性、强制性的特征。陆王心学汲取禅宗重视体证和自然的修行方式,融铸成"发明本心"、"致良知"的新说,强调封建伦理实践的真诚无妄与自然而然,以救程朱人性修养论之弊。这种汲取,不可避免地使陆王心学具有了许多禅味,但在最终的价值取向上,陆王无非是要将程朱高标一格的天理内化为人心,在实践中进一步强化封建伦理。

(三)随机摄化与随材成就

在教导他人培养良好德性,完成人性修养方面,陆王吸收禅宗"因缘说法"、"随机摄化"的观点和方法,形成了"随材成就"、活泼自然的教育风格。

实际上,随材成就的思想在儒家也早有渊源。孔子就非常强调因材施教,注意根据学生的特点把握适当的施教机会予以启发诱导。到了程朱理学,由于儒学自身具有的政治优势,也由于天理相对于人心的高标一格,理学家的施教往往重在成就天理而未能因势利导。程颐式的一本正经、强人从己,固然是尊严了师道,但也使许多人望而却步,视为畏途,同时也影响到教育的后果,使封建伦常不能充分、完全地体现在学生的人性培养之中。在这方面,就显出儒家的成就圣贤不如禅宗的成佛作祖方法灵活、操纵自如、随机利导、安稳方便了。

禅宗各家在接引参学者方面虽然宗风有别,但都主张随机摄化,方便说法,依据参学者根机差别及见道浅深而予以适当的开示,俾其悟入。禅师们在这方面积累了丰富的经验,他们或使喝、弄棒、竖拂、擎拳,或料简、回互、敲唱、评弹,或夺人不夺境,或夺境不夺人,或人境俱夺,或人境俱不夺,或大机大用,全体并收,或细致绵密,引人入胜……当我们翻阅禅宗灯录时,对其付法传灯之际的奖掖诱进之灵活、多变、清新、周密会有一种深切的体会。由此可以想见,陆王心学的思想家们沉浸其中,出入有年,从中经受到的那种心灵震撼和思想启发该会有多么巨大了。

象山以"明心"、"立大"为教,很明显地是受到禅宗"直指本心,见性成佛"思想的影响。他一再宣称:"学者苟能知本,六经皆我注脚。"(《陆象山集·语录》)教人把对外部行为规范的遵从转变为对内心律令的尊重。他见人博闻强记,就斥为"胡说"、"玩物丧志",一如禅宗夺人夺境之法。他从学者的语默动静处指点"本心"、"本

20世纪儒学研究大系

性"，使学者亲身证知其立言宗旨。象山门风，较之程朱，确实是极大地增强了伦理教育的实践性、随机性。

王阳明在这方面承象山遗绪而更加细密，其禅味也更为浓厚。从《传习录》所载来看，他不仅经常夸奖、叹羡禅宗接引参学者的善巧，而且他诱导学人的方法在许多地方与禅师的开示参学极为相似。对于悟性资质较好的，他主张直悟本体，立跻圣位；对于悟性资质相对差一些的，他主张应加致良知的工夫，以消习心。他声称圣人教人，不是教人通作一般，而是要随材成就，狂者从狂处去成就他，狷者从狷处成就他。明朝中后期，阳明学曾一度如日中天，风行海内，当与阳明教法的灵活有效有很大的关系。

陆王在教导他人成就人格培养德性方面虽有借鉴于禅宗，但并不是照抄照搬，而是经过了加工改造，使其能够为宣传儒家宗旨服务。而陆王教人，要人去做开物成务、仁民爱物的圣贤君子，成为封建伦常的中流砥柱。陆王与程朱虽有教育风格上的显著差异，但在这一点上却又高度一致。

综而言之，陆王心学对儒家人性论所进行的这种重建，是鉴于程朱人性论之弊援引禅宗佛性的思想资料，使封建伦常的进一步强化和内化。经此重建，原来在程朱人性论中相对于心的知觉灵明高标一格的天命之性变而为本心良知，封建伦常内化为意识、知觉的作用本身，君臣父子的大义也就真正彻底地无所述于天地之间了。但这种重建也埋下了撕裂、冲破封建伦理的伏笔，那就是"心即性"的陈述暗含着肯定心的一切知觉的意蕴，强调伦理实践的自愿原则和自然品格，注重主体能动和个性差异，又为这种意蕴的明朗化提供了精神动力和理论支持。个中缘由，当在于陆王援禅入儒强化封建伦常的同时也带进了禅宗注重解脱的基本精神。

结　语

应该说,宋明理学援佛入儒,重建儒家人性论,是非常成功的。这可以从下两个方面进行理解。

从儒佛思想论争上来看,宋明理学把佛性变为天命之性、本心、良知,避免了佛性论在价值观上的虚无寂灭的取向,在本体层面上确立了封建伦常的普遍必然性,是儒家价值取向在哲学领域里的重大胜利,也是封建社会后期以宗法血缘为基础的君主专制中央集权的加强在思想观念上的反映。从此以后,儒家哲学占据了心性之域的理论高峰,恢复和增强了对社会各个层面的影响力。

从儒家人性论的发展演变来看,宋明理学引入佛性论的思想方法,将孟子所谓的"善性"提升为性之本体,这不仅使《孟子》性善论从诸家人性论中迥然独出,确立了宋明理学的经典依据,而且还表明了封建伦常的内向强化。在宋以前,性三品论最为盛行,禁恶成善主要依靠国家的政令教化,刑罚禁制。而宋明理学各派均主张人性本善,为善去恶主要靠个人的"格致诚正修"。很显然,前者注重外在的约束与规范,后者至少是在道德实践领域里重视了人的主观能动性。

然而,宋明理学在人性论上的援佛入儒所带来的问题也是非常明显的。

首先,在对本性的探讨中,它牺牲了儒家追求人禽之别的基本原则。在原来的儒家人性论,"性"是指的"人之所以为人"。无论性善还是性恶之说,说的都是人性的善恶,追求的是如何弃恶向善的。佛性论则不然,佛性不是人性,当它表示诸法清净妙明的本体之意时,就会像后期天台宗和后期禅宗那样自然地推出木石、黄花、翠竹等物皆有佛性。当宋明理学诸公按照佛性本体论的思想方法将人伦之善提升为理性本体之后,它便不能再作为人禽之别的根本标志了。朱熹称天命之性"人与禽兽若不有异"(《四书集注·孟子集注·公孙丑上》),语虽略有含混,却表达出了人与禽兽共有天命之性的基本思想。王阳明则非常坦率:"草木瓦石无人的一点灵明,也不成其为草木瓦石了。"(《传习录》下)就这样,在口口声声祖述孔孟中,"人之所以异于禽兽者几希"的善性变而为人禽共有的本体。

其次,在修养方法上,它导致了理欲善恶的截然对立。佛性论思想方法的基本特点就是,以清净妙明为本体,以染污流转为蔽,因此主张转染为净、脱离生死而证入涅槃。宋明理学援引此种思想方法,以粹然至善为体,以情识欲望为蔽,将理与欲、善与恶截然对立,视作天渊。这不仅使儒家人性论的义务论倾向得到了绝对强化,而且使人的主体能动性都消融在对君父家国的忠孝之中,无法形成独立自主的主体性人格,甚至还导致了以理杀人的思想史惨剧。

再者,在社会实践上,它强化了儒家重内而轻外、重德而轻才的不良倾向。宋明理学将伦常之善提升为人的本体,势必导致佛教"观照"式的内省致思取向的加强,从而不可避免地使儒家更加重视内在观念的净化而忽视外在功业的建树。佛性论以见闻觉知为本性之蔽,宋明理学也主张德性之知不由与此无关见闻,如此的重德而轻知识才能,是理学家们无能、迂腐的思想根源。

宋明理学人性论之所以会有这些重要问题,最根本的一点就在于缺乏社会实践的观点,而追求一种绝对的先验。佛性论教人寻求"父母未生时"的本来面目,儒家借用了来并加以大力发展,努力去寻求那个所谓的"先天未发之中",这就必然地要脱离具体的社会实践和现实生活,从而形成这种理论的片面性、抽象性和荒谬性。

　　我们今天在思考人性问题时,一定要汲取儒家人性论重建中的经验教训。概而言之,我们今天仍然要关注道德品质的培养、理想人格的树立、人伦之善的形成,确立一种现实的、积极有为的,而非虚幻的消极出世的价值取向。在这方面,我们有取于宋明儒家那种"为天地立心、为生民立命、为往圣继绝学、为万世开太平(张载语)的宏伟的理论抱负,有取于古人对道德的重大意义、修养的方式方法、人文化成的各种途径所进行的探讨。然而,今天的人性论却不能仅仅局限于道德之域,也不能在先验本体中对人性进行抽象的预设,而应立足于现实的、活生生的社会实践,追求权利与义务、才能与品德、社会规范与个人志愿等多方面的具体统一。在这方面则需要完成对古代人性论的超越和转化。

　　[指导教授:李景明]

(选自《法藏文库·中国佛教学术论典·硕博士
学位论文》,台湾佛光山文教基金会,2000 年)

　　韩焕忠(1974—),山东大学历史系本科毕业。曾在济宁建筑(集团)公司工作。后在曲阜师范大学专门史(思想史)学科获硕士学位。现为中国人民大学哲学系、宗教系博士生,研读佛教思想史。发表儒学佛学论文多篇。

　　本文从价值取向、思想方法、修养途径、政治作用等方面论述了儒佛性论的差异,并且指出了儒佛各自的优长,进而从"佛性与天命之性""生死性与气质之性""一心二门与心统性情""定慧双修与格物致知"几点论述了程朱援佛入儒重建人性论,从"即心即佛与本心良知""见性成佛与明心致知""随机摄化与随才成就"几点论述了陆王援禅入儒重建人性论的问题。

论著目录索引

论　文

蔡元培　佛教救国论　（1900 年 3 月）《蔡元培全集》,中华书局
　　　　1984 年版

梁启超　佛教与群治之关系　《新民丛报》第 23 号,1902 年 12 月
　　　　30 日

梁漱溟　究元决疑论　《东方杂志》第 13 卷第 5—7 号,1916 年

马　浮　与蒋再唐论儒佛义　（1918 年）《中国现代学术经典·马
　　　　一浮卷》,河北教育出版社

太　虚　论荀子　《海潮音》第二卷第二期,1921 年

太　虚　性释　《海潮音》第 4 卷第 12 期,1924 年 1 月

李荣祥　佛教与人生　《海潮音》第 8 卷第 2 期,1927 年 3 月

谢扶雅　儒释三教所启示宗教发展之原理　见其《宗教哲学》书,
　　　　1927 年

汤用彤　唐太宗与佛教　《学衡》第 75 期,1931 年 2 月

张慰西　佛与孔子并世考　《海潮音文库》三编第四期,1931 年 10
　　　　月

李石岑　人生之意义与价值　《海潮音》第 13 卷第 5 期,1932 年 5
　　　　月

杨大膺　宋明理学与佛学异同　《青鹤杂志》2 卷 20－23 期,1934
　　　　年 9－10 月

林一新　谭嗣同的思想及其与儒佛之关系　《文化建设》1 卷 12 期,1935 年 9 月

姚宝贤　佛教入中国后之变迁及其特质　《中山文化教育馆季刊》第 3 卷第一期,1936 年 1 月

熊十力　与张东荪论学书　(宋明理学取佛家修养方法问题)《中心评论》第 4—9 期,1936 年 4 月

高观如　唐代以前儒佛两家之关系　《微妙声》1 卷 1 期,1936 年 11 月

欧阳渐　孔佛　《论学》第 6 期第 7 期,1937 年 6 月

高观如　唐代儒家与佛学　《微妙声》第 1 期第 3 期,1937 年 1 月

欧阳渐　孔佛概论之概论　《孔学杂著》,1941 年印

熊十力　论体相　《思想与时代》第 12 期,1942 年 7 月

吕　澂、熊十力　辨佛学根本问题　《中国哲学》第 11 辑

冯友兰　新儒家的兴起及其所受佛教和道教的影响　(美国哈佛)《亚洲研究》1942 年

吕　澂　谈"学"与"人之自觉"《吕澂佛学论著选集》第一册,齐鲁书社 1991 年

杨胜南　理学家与佛教之关系及其排佛原因　《弘化月刊》第 8 期,1942 年 2 月

熊慕新　论宇宙事物的中心与儒佛的中道　《海潮音》第 23 卷第 10 期,1942 年 10 月

钱　穆　说良知四句教与三教合一　《思想与时代》第 73 期,1944 年 11 月 1 日

汤用彤　隋唐佛学之特点　《图书月刊》第 3 卷第 3、4 期,1944 年 5 月

钱　穆　禅宗与理学　《思想与时代》第 38 期,1944 年 12 月

钱　穆　再论禅宗与理学　《思想与时代》第 39 期,1945 年 1 月

钱　穆	三论禅宗与理学	《思想与时代》第 40 期,1945 年 2 月
谢慧霖	论佛儒与华严	《志学》第 15 期第 22 期,1945 年 7 月
谢慧霖	论儒佛与理学	《志学月刊》1945 年第 19、20 期
冯友兰	新原道	重庆商务印书馆 1945 年
太　虚	佛法与孔子之道	《太虚大师全书·国学》,善导寺佛经流通处印
太　虚	论王阳明	《太虚大师全书·国学》,善导寺佛经流通处印
太　虚	易理与佛法	《太虚大师全书·国学》,善导寺佛经流通处印
太　虚	论韩愈	《太虚大师全书·国学》,善导寺佛经流通处印
太　虚	王阳明格竹衍论	《太虚大师全书·国学》,善导寺佛经流通处印
刘法中	佛法与老孔耶教义之异同	《海潮音》1947 年第 28 期
陈立森	中国的儒释道三教	《建国月刊》台北版新 1 卷第 3 期,1947 年第 12 期
王　明	儒释道论报应	《世间解》第 7 期,1948 年 1 月
季羡林	佛教对于宋代理学的影响	《申报·文史副刊》第 24 期,1948 年 5 月 22 日
胡先骕	佛教与宋明道学对于中华民族之影响	《文化先锋》第 9 卷第 2 期,1948 年 7 月
法　舫	佛学与中国文化	《海潮音》第 29 卷第 8 期,1948 年 8 月
张君劢	儒家受佛教影响后之复活	印度协会 1949 年印
娄良乐	儒家的中庸和佛家的中道	《人生》第 255 期,1950 年 3 月
心　源	中国佛学的特质在禅	《台湾佛教》第 6 卷第 4 期,1952 年 7—8 月

巴胡天 禅的思想 《中国文化论集》第 1 集,1953 年 3 月

印 顺 中国的宗教兴衰与儒家 《海潮音》第 34 卷第 4—6 期,
1953 年 4—6 月

顾敦鍒 佛教与中国文化 《学术季刊》第 2 卷第 2 期,1953 年 12
月

融 熙 评袁中郎的佛学思想 《海潮音》第 35 卷第 10—11 期,
1956 年 10、11 月

常任侠 佛教与中国绘画 《现代佛学》1958 年 10 月

虞 愚 佛家哲学 《现代佛学》1959 年 2 月

吴因明 晚明江南佛学风气与文人画 《新亚书院学术年刊》第 2
期,1960 年 9 月

遁 翁 我国传统学术与佛教 《海潮音》第 41 卷第 9 期,1960
年 9 月

朱维焕 儒佛教义的生活领导 《人生》第 262 期,1961 年 10 月

胡谷怀 宋明理学与佛学 《人生》第 24 卷第 6 期,1962 年 8 月

白 圣 中国的禅宗 《菩提树》第 121 期,1962 年 12 月

黎 明 宋明理学与佛老之学 《人生》第 25 卷第 2 期,1962 年
12 月

林继平 从阳明憨山之释大学看儒佛疆界 《人生》第 293、294
期,1963 年 1 月

饶宗颐 刘勰文艺思想与佛教 《文心雕龙研究专号》,1965 年 2
月

朱世龙 儒佛两家同体精神之对照 《狮子吼》第 5 卷第 8 期,
1966 年 9 月

范文澜 禅宗——适合中国士大夫口味的佛教 《中国通史简编》
(修订本),人民出版社 1965 年 11 月

竺 摩 佛之"三觉"与儒家之"三纲" 《海潮音》第 47 卷第 10

期,1966 年 10 月

黄公伟　宋明理学与佛学的心论　《学园》第二卷第九期,1967 年
　　　　5 月

黄公伟　佛教思想在中国传统文化中的地位　《狮子吼》第 6 卷第
　　　　9 期,1967 年 9 月

东　初　宋明理学与禅宗文化　《海潮音》第 50 卷第 5 期,1969
　　　　年 5 月

竺　摩　佛教如何观察人生　《无尽灯》第 37 期,1967 年 9 月、
　　　　1969 年 5 月

远　光　原始佛教的中道思想　《南洋佛学》第 3、4 期,1969 年 7、
　　　　8 月

梁隐盦　儒佛两家思想的异同　《海潮音》第 50 卷第 8 期,1969
　　　　年 8 月

张晋国　孔子思想与佛学　《菩提树》第 210 期,1970 年 5 月

曾普信　禅学与道儒思想　《狮子吼》第 9 卷第 6 期,1970 年 6 月

陆宝千　乾隆时代之士林佛学　《国立中央图书馆馆刊》第 3 卷第
　　　　3、4 期,1970 年 10 月

太　虚　佛教对于中国文化之影响　《太虚大师全书·宗用论》,
　　　　1970 年 11 月

南怀瑾　宋明理学与禅宗　《孔孟学报》第 23 期,1972 年 4 月

刘果宗　支道林在玄学盛兴时代之地位　《中华文化复兴月刊》第
　　　　5 卷第 7 期,1972 年 7 月

默　如　中国文化之核心　《海潮音》第 54 卷第 1 期,1973 年 1
　　　　月

唐君毅　略谈宋明儒学与佛学之关系　《哲学与文化》第 3 期,
　　　　1976 年 1 月

　　煜　从瑜伽与禅定以陆象山王阳明王龙溪之学非禅非佛

《新亚书院学术年刊》第 18 期,1976 年 6 月

张东荪　中国哲学史上佛教思想之地位　《中国哲学思想论集》第三册,1976 年 10 月

姚思周　从宋明儒之儒佛之辨说起　《铎声》第 15 卷第 4 期,1977 年 4 月

黄公伟　从知德一致论儒佛精神的融贯　《中华国学》第 4 期,1977 年 4 月

东　初　佛教对中国文化思想的影响　《海潮音》第 58 卷第 8—11 期,1977 年 8—11 月

陈正夫　儒、佛、道的融合与程朱理学　《江西大学学报》1979 年第 4 期

殷　鼎　晋宋佛教般若学派与魏晋玄学在哲学思想上的歧异　《南开学报》1980 年第 4 期

方立天　论魏晋时代佛学和玄学的异同　《哲学研究》1980 年第 10 期

陈国钧　朱熹理学与儒、佛、道的关系　《江西师范学院学报》1981 年第 4 期

刘国盈　唐代古文运动和佛教　《北京师范学院学报》1982 年第 1 期

胡　啸　谭嗣同的佛教信仰略议　《复旦学报》1982 年第 1 期

高振农　梁启超的佛学思想　《中国哲学史研究》1982 年第 4 期

唐文权　辛亥革命前章太炎的佛学思想　《中国哲学》第 8 辑

贾顺先　儒释道的融合和宋明理学的产生　《四川大学学报》1982 年第 4 期

任继愈　朱熹与宗教　《中国社会科学》1982 年第 5 期

文　丁　早期佛教般若学和贵无派玄学的关系　《中国哲学史研究集刊》(2)(上海人民出版社 1982 版)

潘桂明　从智圆的"闲居篇"看北宋佛教的三教合一思想　《世界宗教研究》1983 年第 1 期

黄宝华　论黄庭坚儒、佛、道合一的思想特色　《复旦学报》1983 年第 1 期

唐文权　梁启超佛学思想述评　《华中师范学院学报》1983 年第 4 期

杨曾文　佛教般若经思想与玄学的比较　《世界宗教研究》1983 年第 4 期

朱日耀　略论程朱理学之援佛入儒　《宋明理学讨论会论文集》，浙江人民出版社 1983 年

高振农　欧阳竟无的佛学思想简述　《哲学文集》，上海市哲学学会 1983 年编印

陈　兵　略论全真道的三教合一说　《世界宗教研究》1984 年第 1 期

任继愈　唐宋以后的三教合一思想　《世界宗教研究》1984 年第 1 期

何乃川等　朱熹"逃禅归儒"的思想转变　《泉州师专学报》1984 年第 1 期

石　峻、方立天　论魏晋时代佛学和玄学的异同　《中国佛学论文集》，陕西人民出版社 1984 年

郭　朋　佛教禅宗与程朱理学　《中国佛学论文集》，陕西人民出版社 1984 年

赖永海　柳宗元与佛教　《哲学研究》1984 年第 3 期

韩秉方等　林兆恩三教合一思想与三一教　《世界宗教研究》1984 年第 3 期

陈士强　中国早期佛教形神论与其它形神论之比较研究　《中国哲学史研究》1984 年第 4 期

王国炎　魏晋南北朝的儒佛融合思潮和颜之推的儒佛一体论
《江西大学学报》1984 年第 4 期

张君劢　佛教对于新儒家之刺激　［美国］《中国佛教》第 28 卷第
6 期,1984 年

卢莹通　由儒释道三家之人生观谈安身立命之道　《中国国学》第
12 期,1984 年 10 月

乐九波　佛教禅宗对王阳明哲学的影响　《中国哲学史研究》1985
年第 2 期

林安梧　《当代儒佛之争》编序　《鹅湖月刊》第 125 期,1985 年 11
月

赵朴初　要研究佛教对中国文化的影响　《理论信息报》1986 年 4
月 14 日

曾召南　汉魏两晋儒释道关系简论　《四川大学学报》1986 年第 3
期

王文亮　陆九渊思想是"阳儒阴释"吗?　《中山大学研究生学刊》
1986 年第 3 期

孔　繁　魏晋玄学、佛学和诗　《世界宗教研究》1986 年第 3 期

梁漱溟　儒佛异同论　《东方学术概观》,巴蜀书社 1986 年

杜继文　儒释三议　《孔子研究》1987 年第 1 期

赖永海　从魏晋南北朝佛学的中国化看外来宗教与传统思想的关
系　《浙江学刊》1987 年第 2 期

雷　莹　佛教对中国传统文化的渗透　《北京大学研究生学刊》
1987 年第 2 期

乌以风　中国儒释道三教同源思想的历史演变　《安庆师院学报》
1987 年第 2 期

洪修平　也谈两晋时代的玄佛合流问题　《中国哲学史研究》
1987 年第 2 期

张文勋　儒道佛美学思想之比较　《思想战线》1987 年第 3 期

张　武　论柳宗元"好佛"的两重性特征及其评价问题　《广西社会科学》1987 年第 4 期

丁绍华　试论道佛儒的内感体验　《安庆师院学报》1987 年第 4 期

张立文等　中国传统哲学与儒释道的融合统一　《传统文化与现代化》，中国人民大学出版社 1987 年

林国平　论林兆恩的三教合一思想　《中国哲学史研究》1988 年第 3 期

孙昌武　论"儒释调和"《哲学研究》1988 年第 5 期

许抗生　儒家与佛、道两教的纷争与融合　《文史知识》1988 年第 10 期

余秉颐　唐甄评儒、道、释三教　《学术月刊》1988 年第 6 期

方立天　佛教的人生哲学——兼论佛儒人生哲学之异同　《中国哲学研究》1989 年第 1 期

赖永海　佛性与人性——论儒佛之异同暨相互影响　《哲学研究》1989 年第 1 期

戢斗勇　二程的"以易胜佛"与儒学的突变　《江西社会科学》1989 年第 1 期

黄新亚　论佛教的中国化问题　《人文杂志》1989 年第 2 期

方立天　佛教中国化的问题　《世界宗教研究》1989 年第 3 期

卢升法　现代新儒家梁漱溟的儒佛会通观　《南开学报》1989 年第 4 期

李尚全　简论佛教的中国化　《兰州学刊》1989 年第 4 期

张恒寿　佛性与人性——六朝儒经注疏中之佛学影响　《中国社会与思想文化》，人民出版社 1989 年 8 月

方立天　儒佛人生价值观之比较　《中国社会科学》1990 年第 1

期

杨仁忠　略论二程"援引佛学改造儒学"的思想　《河南师大学报》
　　　　1990 年第 3 期

李天纲　"补儒易佛"——徐光启的比较宗教观　《上海社科院学
　　　　术季刊》1990 年第 3 期

武　文　佛陀与孔子　《辽宁教育学院学报》1990 年第 3 期

孙实明　唐宋间儒释道的地位及其相互关系　《学术交流》1990
　　　　年第 4 期

李锦全　柳宗元与"统合儒释"思潮　《晋阳学刊》1990 年第 6 期

唐仲容　王恩洋先生在佛学儒学上的贡献　《法音》1990 年第 8
　　　　期

魏　琪　简述儒学借鉴佛道宗教文化的历史必然性　《西藏民族
　　　　学院学报》1991 年第 2 期

颜晨华　儒佛之争与《四书》的崛起　《齐鲁学刊》1991 年第 2 期

周可真　试论儒释道之联结点　《苏州大学学报》1991 年第 3 期

徐民和　融通儒释道之滥觞的六朝"格义"：读陈寅恪先生有关中
　　　　外思想接触史论述札记　《孔子研究》1991 年第 4 期

陈志明　明中叶学者的儒释之辩(以王守仁、罗钦顺为例)　《孔子
　　　　研究》1991 年第 4 期

方光华　张载在批判佛学中建立的哲学体系论析　《中州学刊》
　　　　1991 年第 5 期

汤用彤　北朝东方佛法与经学　《理学·佛学·玄学》,北京大学出
　　　　版社 1991 年版

崔连仲　论佛陀与孔子的道德观　《南亚研究》1992 年第 1 期

陈　来　南宋的心学与佛教　《世界宗教研究》1992 年第 2 期

石　峻　宋代正统儒家反佛理论的评析　《世界宗教研究》1992
　　　　年第 2 期

楼宇烈　中国近现代佛教的融合精神及其特点　《1991 年佛学研究论文集》，台湾佛光出版社 1992 年

郑晓江　论佛家的死亡智慧——兼及佛儒道死亡观之区别　《青海社会科学》1992 年第 2 期

郎宝如　柳宗元"统合儒释"思想评价　《内蒙古大学学报》1992 年第 3 期

常为群　论苏轼的人生态度及与儒释道的交融　《南京师大学报》1992 年第 3 期

王显春　儒道佛文化合流与元杂剧的道德观　《社会科学研究》1992 年第 3 期

严昌洪　中国风俗与传统文化——风俗与儒释道的关系　《华中师大学报》1992 年第 4 期

武　文　佛陀的"六方"与孔子的"五伦"　《辽宁大学学报》1992 年第 6 期

赖永海　出世与入世——儒佛修行目标之异同及其相互影响　《漳州师院学报》1993 年第 1 期

卞　敏　儒释道与中华民族精神学术研讨会述要　《学海》1993 年第 1 期

张　弓　隋唐儒释道论议与学风流变　《历史研究》1993 年第 1 期

冯菊盛　草草　佛学对儒家价值理想建构的影响　《世界宗教研究》1993 年第 1 期

唐长孺　南朝高僧与儒学　《传统文化与现代化》1993 年第 1 期

张　弓　北朝儒释道论议与北方学风流变　《孔子研究》1993 年第 2 期

史继忠　儒道佛的纷争和融合　《贵州民族学院学报》1993 年第 3 期

李存山　罗钦顺的儒释之辨　《中州学刊》1993 年第 3 期

方立天　儒家人生哲学与道家佛家的比较心性论——佛教哲学与中国固有哲学的主要契合点　《新华文摘》1993 年第 3 期

袁作兴　儒释道与真善美理想境界的追求　《怀化师专学报》1993 年第 3 期

任继愈　隋唐政治社会与佛道儒三教　《国故新知：中国传统文化的再诠释》，汤一介编，北京大学出版社 1993 年

王晓毅　汉魏佛教与何晏早期玄学　《世界宗教研究》1993 年第 3 期

陈宝良　明太祖与儒佛道三教　《福建论坛》1993 年第 5 期

夏金华　试论佛教曹洞宗对《易》的利用　《周易研究》1994 年第 1 期

曾　红　儒道佛理想人格的融合及其对国人的影响　《江西师大学报》1994 年第 4 期

杜道明　儒道禅美学思想异同论　《中国文化研究》1994 年秋之卷

郭德茂　中：儒道释的智慧与误区　《孔子研究》1994 年第 4 期

金太军　试论中国传统文化的儒释道互补格局　《青海社会科学》1994 年第 5 期

陈启智　儒佛关系及其对现代文化建设的启示　《文史哲》1995 年第 2 期

高玉春　巴哈伊教与中庸之道——兼论与儒教的中庸和佛教的中道的关系　《世界宗教文化》1995 年第 2 期

童　辰　理学与中国佛教　《江西教育学院学报》1995 年第 2 期

邓　刚　从《理惑论》看东汉末年儒佛之争及其影响　《江西教育学院学报》1995 年第 2 期

20世纪儒学研究大系

高长江　儒道禅审美观素描　《云南师范大学社科学报》1995年第3期

张树卿　简论儒、释、道婚姻家庭观　《东北师范大学学报》1995年第5期

郭德茂　儒、道、释论"中"　《暨南学报》1996年第1期

方立天　儒道佛人生价值观及其现代意义　《中国哲学史》1996年1—2期

陈翠芳　道教的发展与"三教合一"　《厦门大学学报》1996年第1期

魏道儒　从伦理观到心性论——契嵩的儒释融合学说　《世界宗教研究》1996年第2期

蒙培元　儒、佛、道的境界说及其异同　《世界宗教研究》1996年第2期

刘学智　心性论：三教合一的义理趋向　兼谈心性论与当代伦理实践　《人文杂志》1996年第2期

唐大潮　论明清之际"三教合一"思想的社会潮流　《宗教学研究》1996年第2期

张再林　论儒道之异同　《西安外国语学院学报》1996年第2期

韩东育　关于儒、道、佛三家的理论极限　《东北师大学报》1996年第3期

李　申　三教关系论纲　《世界宗教研究》1996年第3期

刘仲宇　儒释道与中国民俗关系述要　《世界宗教研究》1996年第4期

郭熹微　三教合一思潮：理学的先声　《江海学刊》1996年第6期

马　融　儒释道要义简释　《东北文献》1997年第2期

徐文明　出世之教与治世之道——试论儒佛的根本分际　《北京师范大学学报》1997年第3期

郭　　朋　中国汉传佛教简论　《世界宗教研究》1997 年第 3 期

崔大华　论理学之消化佛学　《中国文化研究》1997 年第 4 期

宫云维　宋初文化政策与儒佛道之关系　《孔子研究》1997 年第 4 期

汤一介　儒道佛的生死观念　《天津社会科学》1997 年第 5 期

陈　　鹏　儒释道交融与中国传统文化学术研讨会综述　《哲学动态》1997 年第 11 期

李存山　诸子百家与儒道佛三教的社会文化功能　《中国哲学史》1998 年第 1 期

张树卿　略论儒释道的生死观　《东北师范大学学报》1998 年第 3 期

曾召南　佛道兼融的王畿理学　《宗教学研究》1999 年第 1 期

陈晓萍　薛侃儒佛道三教同异论探析　《韩山师院学报》1999 年第 3 期

杨丹荷　熊十力思想与儒、道、佛及西学的关系　《华侨大学学报》1999 年第 3 期

漆　　侠　儒家的中庸之道与佛家的中道义：兼评释智圆有关中庸中道义的论点　《北京大学学报》1999 年第 3 期

李兴武　道儒佛与真善美　《社会科学辑刊》1999 年第 5 期

郑佳明　陈先枢　儒佛道的融合和湖湘学派的形成　《湖南社会科学》1999 年第 5 期

方立天　儒佛以心性论为中心的互动互补　《中国哲学史》2000 年第 2 期

马兰州　韩愈崇儒反佛思想论析　《天津外国语学院学报》2000 年第 2 期

金周淳　陶渊明诗文中的儒佛思想　《赣南师范学院学报》2000 年第 2 期

张立文　儒佛之辩与宋明理学　《中国哲学史》2000 年第 2 期

董　群　论华严禅在佛学和理学之间的中介作用　《中国哲学史》
　　　　2000 年第 2 期

李广良　近代儒佛关系史述略　《学术月刊》2000 年第 2 期

向世陵　见礼见性与穷理尽性——传统儒学、佛学(华严禅)与理
　　　　学　《中国哲学史》2000 年第 2 期

何　静　程颐天理论之建构及与佛学之关联　《浙江学刊》2000
　　　　年第 3 期

方立天　《佛教与儒、道的冲突与融合——以汉魏两晋时期为中
　　　　心》序　《中国哲学史》2000 年第 3 期

张怀承　试论中国传统文化三教互补的伦理精神　《湖南社会科
　　　　学》2000 年第 4 期

张树卿　简论儒释道的义利观　《松辽学刊》2000 年第 5 期

韩焕忠　佛性论与儒家人性论重建　《法藏文库·中国佛教学术论
　　　　典·硕博士学位论文》,台湾佛光山文教基金会 2000 年

任继愈　从佛教到儒教　杨增文等编《佛教与历史文化》,宗教文
　　　　化出版社 2001 年

李斌斌　唐前期道儒释三教在朝廷的斗争　杨增文等编《佛教与
　　　　历史文化》,宗教文化出版社 2001 年

潘桂明　梁肃与李翱的儒释会通思想　杨增文等编《佛教与历史
　　　　文化》,宗教文化出版社 2001 年

楼宇烈　中国近现代佛教的融合精神　杨增文等编《佛教与历史
　　　　文化》,宗教文化出版社 2001 年

著　作

杜而未　儒佛道信仰研究　台湾学生书局 1977 年

严北溟　儒道佛思想散论　湖南人民出版社 1988 年

20世纪儒学研究大系

汤一介　中国传统文化中的儒道释　中国和平出版社 1988 年

张文勋　儒道佛美学思想探索　中国社会科学出版社 1988 年

赖永海　中国佛性论　上海人民出版社 1988 年

丁　钢　中国佛教教育:儒佛道教育比较　四川教育出版社 1988 年

曾锦坤　儒佛异同与儒佛交涉　谷风出版社 1990 年

赖永海　佛学与儒学　浙江人民出版社 1992 年

卢升法　佛学与现代新儒家　辽宁大学出版社 1994 年

李　军　变异与整合——玄儒佛道教育思想比较研究　湖北教育出版社 1997 年

汤一介　儒释道与内在超越(论文集)　江西人民出版社 1991 年

彭自强　佛教与儒道的冲突与融合——以汉魏两晋时期为中心巴蜀书社 2000 年

王心治　中国宗教思想史大纲　三联书店上海分店 1988 年据民国 23 年本印

谢扶雅　宗教哲学　上海青年协会书局 1928 年

冯友兰　中国哲学史　商务印书馆 1934 年

蒋维乔　中国佛教史　商务印书馆 1935 年

梁启超　佛学研究十八篇(饮冰室专集之一)　中华书局 1936 年

张东荪　明日之中国文化　上海商务印书馆 1936 年

冯友兰　新理学　长沙商务印书馆 1939 年

黄忏华　中国佛教史　商务印书馆 1940 年

欧阳渐　孔学杂著　支那内学院蜀院 1941 年刻

冯友兰　新原道　重庆商务印书馆 1945 年

熊十力　读经示要　重庆南方印书馆 1945 年

太　虚　太虚大师全书　台北善导寺佛经流通处印

谢扶雅　道德哲学　商务印书馆 1948 年

20世纪儒学研究大系

石　峻等　中国近代思想史讲授提纲　人民出版社 1955 年

熊十力　原儒　上海龙门书局 1956 年

吴经熊　禅宗的黄金时代　台湾商务印书馆 1956 年

汤用彤　魏晋玄学论稿　人民出版社 1957 年

熊十力　体用论　上海龙门书局 1958 年

熊十力　明心篇　上海龙门书局 1959 年

石　峻等　中国哲学史　人民出版社 1963 年

任继愈　汉唐佛教思想论集　三联书店 1963 年

唐君毅　中国哲学原论·原教　新亚出版社 1975 年

唐君毅　生命存在与心灵境界　台湾学生书局 1977 年

吕　澂　中国佛学源流略讲　上海人民出版社 1979 年

范文澜　唐代佛教　人民出版社 1979 年

方东美　生生之德　台湾黎明文化事业公司 1979 年

黄忏华、吕澂等　中国佛教史略(《中国佛教》第一辑)　东方出版
中心 1980 年

郭　朋　隋唐佛教　齐鲁书社 1980 年

郭　朋　宋元佛教　福建人民出版社 1981 年

任继愈　中国佛教史　中国社会科学出版社 1981 年

张东荪　中西印哲学文集　台湾学生书局书馆 1981 年

方立天　魏晋南北朝佛教论丛　中华书局 1982 年 4 月

郭　朋　明清佛教　福建人民出版社 1982 年 12 月

汤用彤　汤用彤学术论文集　中华书局 1983 年

牟宗三　中国哲学十九讲　台湾学生书局 1983 年

梁漱溟　人心与人生　学林出版社 1984 年

冯友兰　三松堂学术文集　北京大学出版社 1984 年

梁启超　梁启超哲学思想论文集　北京大学出版社 1984 年

邱汉生等　宋明理学史　人民出版社 1984、1987 年。

冯友兰　三松堂全集　河南人民出版社 1985—1989 年

张东荪　新儒家思想史　弘文馆出版社 1985 年

牟宗三　圆善论　台湾学生书局 1985 年 8 月

梁漱溟　东方学术概观　巴蜀书社 1986 年

严北溟　中国佛教哲学　上海人民出版社 1985 年

郭　朋　汉魏两晋南北朝佛教　齐鲁书社 1986 年

方立天　佛教哲学　中国人民大学出版社 1986 年

梁漱溟　中国文化要义　学林出版社 1987 年

苏渊雷　佛教与中国传统文化　湖南人民教育出版社 1988 年

方立天　中国佛教与传统文化　上海人民出版社 1988 年

郭　朋、廖自力等　中国近代佛学思想史稿　巴蜀书社 1989 年

梁漱溟　梁漱溟全集　山东人民出版社 1990 年

郭　朋　中国佛教简史　福建人民出版社 1990 年

苏渊雷　佛教与中国传统文化　湖南人民教育出版社 1990 年

顾伟康　禅宗:文化交融和历史选择　知识出版社 1990 年

汤用彤　理学·佛学·玄学　北京大学出版社 1991 年

吕　澂　吕澂佛学论著选集　齐鲁书社 1991 年

任继愈　任继愈学术自选集　北京师范大学出版社 1991 年

杜继文　佛教史　中国社会科学出版社 1991 年

洪修平　禅宗思想的形成与发展　江苏古籍出版社 1992 年

东　初　中国佛教近代史　东初出版社 1992 年

杜继文、魏道儒　中国禅宗通史　江苏古籍出版社 1993 年

魏道儒　宋代禅宗文化　中州古籍出版社 1993 年

邓子美　传统佛教与中国近现代化　华东师范大学出版社 1994 年

张　英　彼岸世界:东方民族与佛教　四川民族出版社 1994 年

黄河涛　禅与中国艺术精神的嬗变　商务印书馆 1994 年

20世纪儒学研究大系

王守常等编　人间关怀——20 世纪中国佛教文化学术论集　中国广播电视出版社 1999 年

杨曾文　唐五代禅宗史　中国社会科学院出版社 1999 年

汤一介　佛教与中国文化　宗教文化出版社 1999 年

周　群　儒释道与晚明文学思潮　上海书店出版社 2000 年

程恭让　抉择于真伪之间——欧阳竟无佛学思想探微　华东师范大学出版社 2000 年

李书有　儒家仁爱与佛教慈悲之比较(纪念孔子 2550 国际学术讨论会论文集)　国际文化出版公司 2000 年

陈　兵　邓子美　二十世纪中国佛教　民族出版社 2000 年

杨曾文等编　佛教与历史文化(论文集)　宗教文化出版社 2001 年

[陈东霞、程兴爱整理]